Las hijas de Danao: Un rodaje desde Málaga a París
© Fran Kapilla
© Primera edición. Nov.2020. Revisión Marzo 2021. Nueva revisión Junio 2023.

- Fotografías disponibles a máxima calidad en la web
- Ebook disponible con todas las fotografías en color

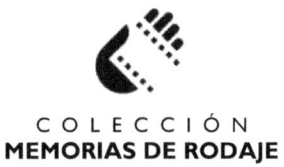

COLECCIÓN
MEMORIAS DE RODAJE

Sobre el autor:

Fran Kapilla, realizador de cine y diseñador audiovisual. Ha realizado el largometraje *Las hijas de Danao* y numerosos cortometrajes entre los que destacan *Matryoshka, Disonancias* y *Desde las Sombras*. También ha participado en la realización de documentales y spots para conocidas marcas textiles británicas.

Estudió historia (Alicante), dirección y guion de cine (Valencia), equipos de televisión (Málaga) y finalizó su formación en el ciclo superior de imagen (Málaga). Actualmente se dedica a la preproducción de un segundo largometraje y varios proyectos de ilustración y diseño de videojuegos.

Revisión de textos: Escarlata Godiri.

Para más información, visita la página:
www.frankapilla.com

FRAN KAPILLA
LAS HIJAS DE DANAO
-Un rodaje desde Málaga a París-

Nueva revisión 2023

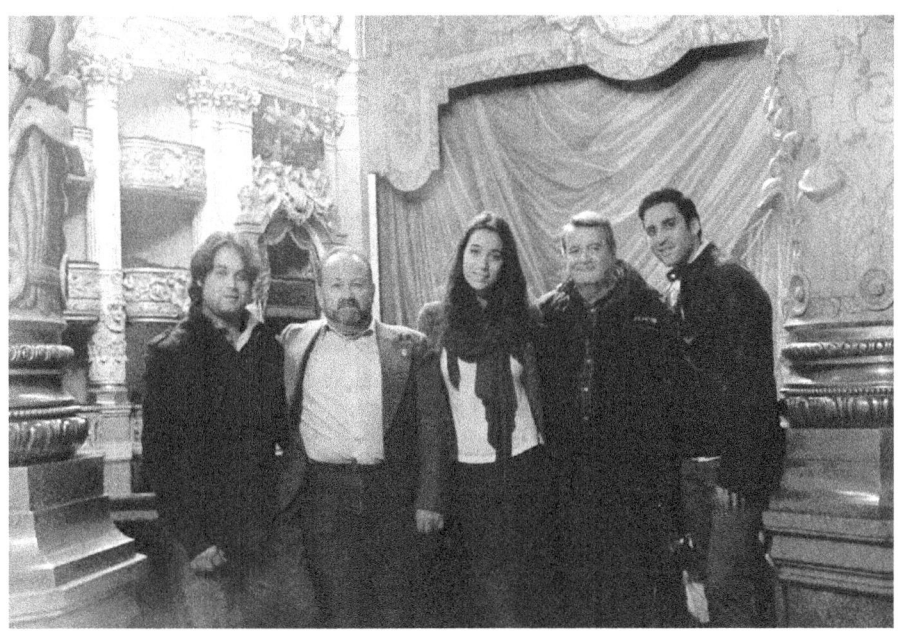

COLECCIÓN
MEMORIAS DE RODAJE

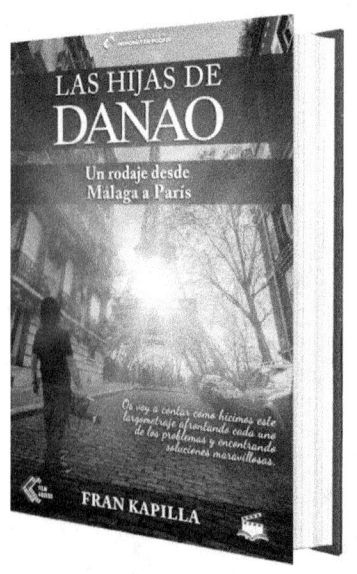 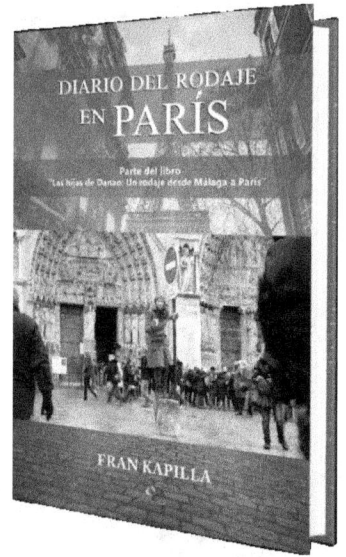

ESTE LIBRO ES UN PRODUCTO COMERCIALMENTE DESVINCULADO DE LA PELÍCULA, UN LIBRO PERSONAL DE FRAN KAPILLA. ESTE LIBRO ESTÁ REGISTRADO EN LA OFICINA DE PROPIEDAD INTELECTUAL EN EL EPÍGRAFE LITERARIO, Y SE COMERCIALIZA COMO "MEMORIAS DE RODAJE".

DESDE ESTAS PÁGINAS AGRADEZCO LOS MOMENTOS VIVIDOS A OTRAS PERSONAS QUE SE ACERCARON AL PROYECTO DEL RODAJE DE AQUELLA PELÍCULA "LAS HIJAS DE DANAO". VIVENCIAS QUE HE PLASMADO EN MI MEMORIA PERSONAL.

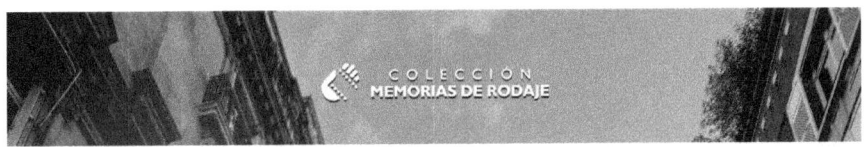

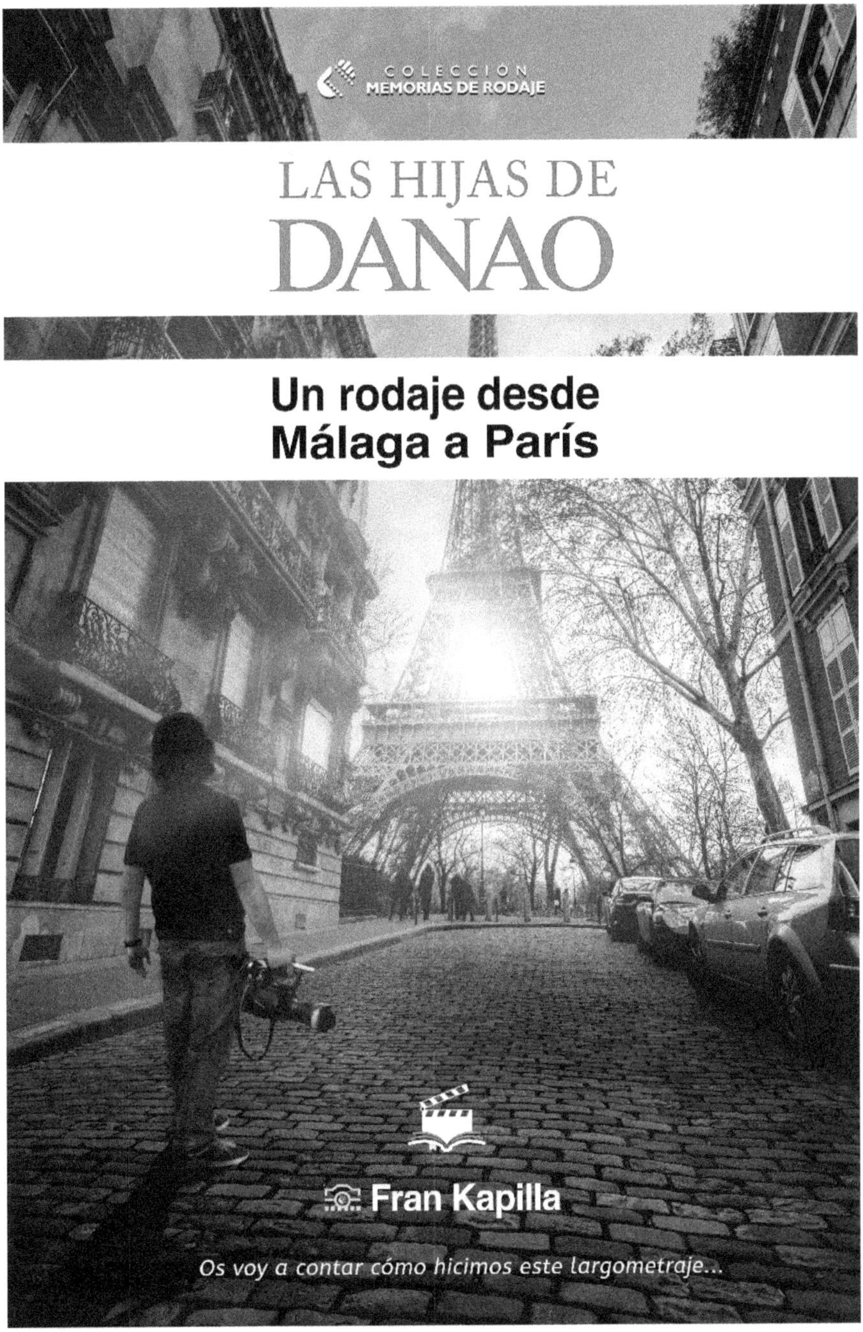

Portada del libro de mis memorias (2020)

Permisos fotográficos:

Todas las fotografías contenidas en este libro provienen del archivo fotográfico del proyecto de "Las hijas de Danao".

En fechas circundantes al rodaje, se firmaron cláusulas cooperativas en las que **cada persona del equipo cedía el uso de las imágenes para cualquier medio** como promoción del proyecto.

Este libro, al igual que las notas de prensa, redes sociales, televisión… utiliza fotografías de ese archivo fotográfico, como ayuda a la difusión y promoción de la película "Las hijas de Danao".

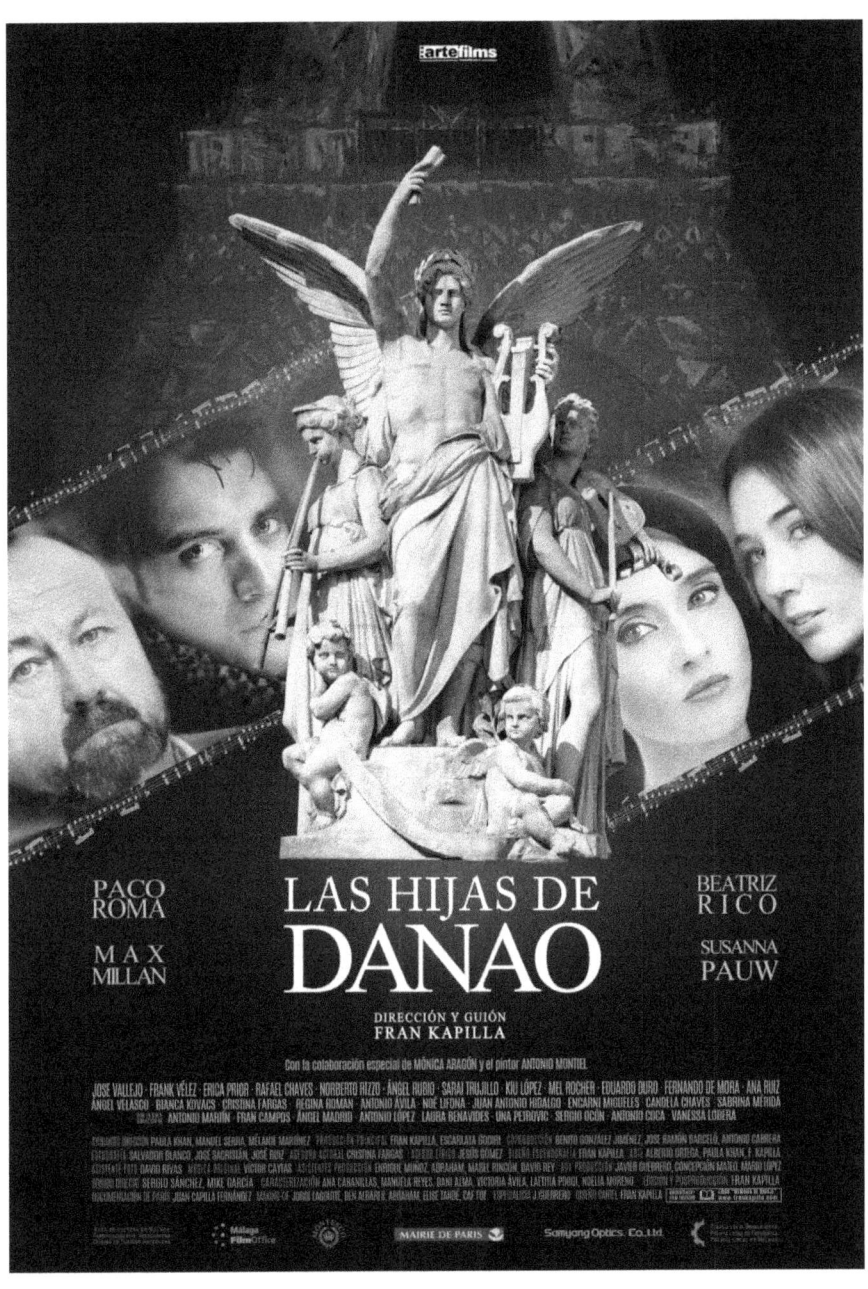

Nuevo cartel para el "director's cut" de 2021

*A mi padre, que me dio a
conocer el cine y su querido París.*

*A mi familia,
por su amor incondicional.*

*A mi esposa Escarlata,
que es mi principal apoyo.*

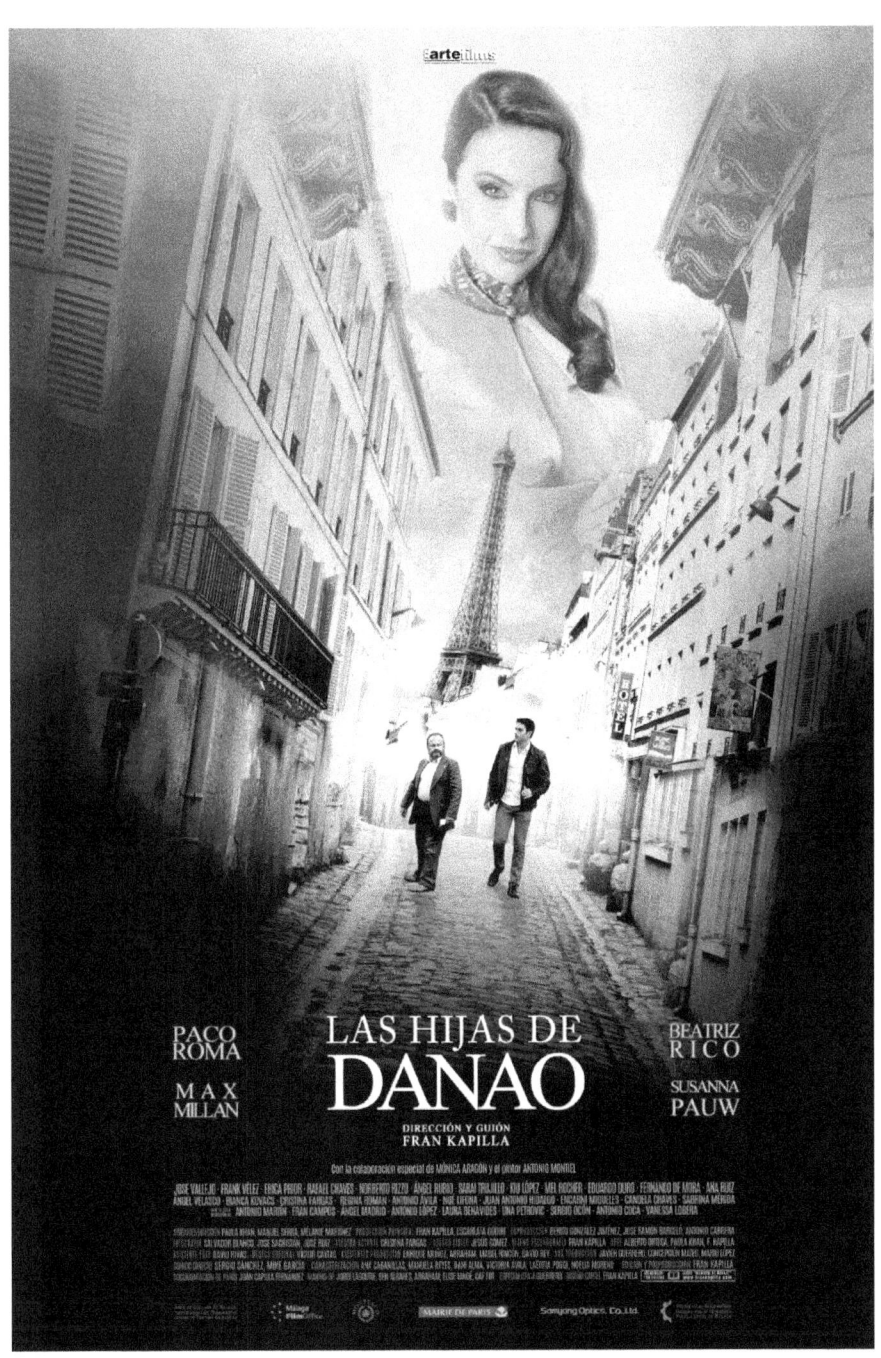

Cartel similar al estreno (2014) pero mejorado en 2021

*Sous le ciel de Paris
S'envole une chanson*

*Elle est née d'aujourd'hui
Dans le cœur d'un garçon*

*Sous le ciel de Paris
Marchent des amoureux*

*Leur bonheur se construit
Sur un air fait pour eux*

(Duvivier, Bretonnière, Piaf, Montand, Mathieu...)

ÍNDICE

Prólogo

Parte I del libro
Preproducción y rodaje en España

Capítulo 1. La ficha técnica
Capítulo 2. La sinopsis
Capítulo 3. Disfrutando de Las hijas de Danao
Capítulo 4. De lo imposible a lo posible
Capítulo 5. El origen del guion
Capítulo 6. Documentación sobre parís
Capítulo 7. El significado del título
Capítulo 8. Personajes
Capítulo 9. El mapa es un tablero estratégico
Capítulo 10. La composición y la estética
Capítulo 11. ¿Por qué la ópera y la música clásica?
Capítulo 12. Sobre esta ópera: *Les Danaïdes*
Capítulo 13. Nuestra adaptación cinematográfica de la ópera
Capítulo 14. Rodaje en el hotel *Beatriz Palace*
Capítulo 15. Nuestro propósito de rodar en París
Capítulo 16. *La casa invisible* como piso parisino
Capítulo 17. Rodaje en el baño
Capítulo 18. Rodaje en el antiguo Juzgado
Capítulo 19. En el ojo del huracán: Antequera
Capítulo 20. Jornadas de rodaje operístico
Capítulo 21. La orquesta
Capítulo 22. La subtrama de las manifestaciones
Capítulo 23. Escenarios para los disturbios
Capítulo 24. Rodaje de los disturbios
Capítulo 25. Escenarios de cafeterías
Capítulo 26. El vestuario
Capítulo 27. Rácord de corbata y de cazadora
Capítulo 28. Los vehículos
Capítulo 29. La fotografía
Capítulo 30. El arte
Capítulo 31. Un buen equipo es fundamental
Capítulo 32. La difícil producción
Capítulo 33. Cristina Fargas y Jesús Gómez Baena
Capítulo 34. Paco Roma
Capítulo 35. Max Millán
Capítulo 36. Susanna Pauw
Capítulo 37. Beatriz Rico
Capítulo 38. Antonio Montiel
Capítulo 39. Rafa Chaves, Erica Prior y Norberto Rizzo
Capítulo 40. Jose Vallejo y Frank Vélez
Capítulo 41. Mónica Aragón
Capítulo 42. Fernando De Mora

Parte II del libro
Diario de rodaje en París

Capítulo 43. Una experiencia inolvidable
Capítulo 44. Jueves 10 de enero de 2013
Capítulo 45. Viernes 11 de enero de 2013
Capítulo 46. Sábado 12 de enero de 2013
Capítulo 47. Domingo 13 de enero de 2013

Parte III del libro
Posproducción y conclusiones

Capítulo 48. El cartel
Capítulo 49. El tráiler
Capítulo 50. El montaje
Capítulo 51. La banda sonora
Capítulo 52. Las escenas inéditas
Capítulo 53. El valor de esta película
Capítulo 54. Gestión y participación
Capítulo 55. ¿Quieres acceder a la galería de fotos?
            ¿Quieres ver cómo se hizo?
            ¿Quieres ver el tráiler?

Prólogo

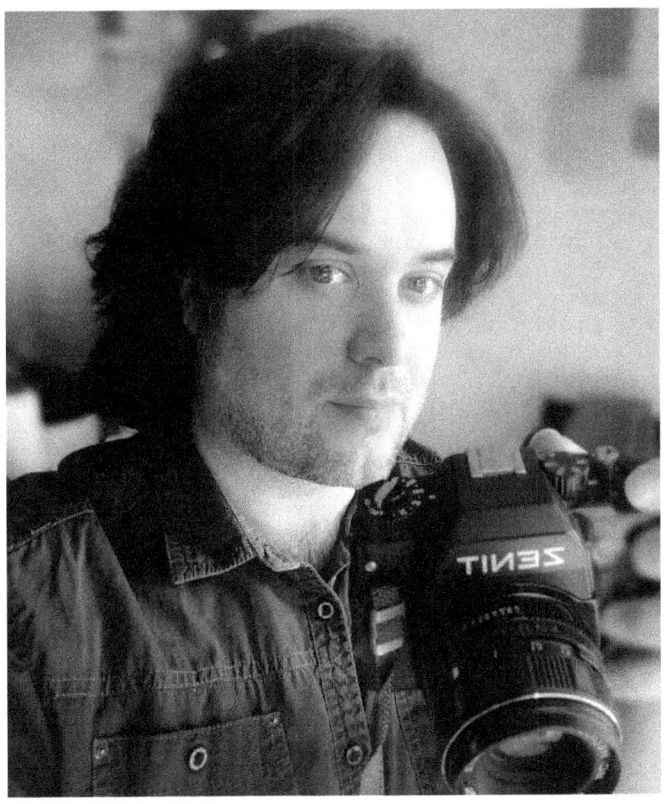

Nota a la nueva revisión de este libro:

Hace ya tres años, en pleno confinamiento por la pandemia que escribí y publiqué este libro. Lo hice como repaso y recordatorio de todo aquel rodaje maravilloso, varios años atrás. El libro fue más vendido de lo que esperaba y me di cuenta que la gran mayoría de las personas que lo compraron eran creativos de otras ciudades, de Madrid, de Barcelona, de París, etc. Gente de la dirección de cine, de departamentos técnicos o incluso actores que no conocía demasiado. Me di cuenta entonces que mi historia y nuestra película interesaba más a personas que aman el cine y que no conociéndome de nada, no tienen ningún prejuicio o amistad u opinión (buena o mala) sobre mí. Y eso me gustó porque significa que nuestra película y este libro interesa a gente creativa.

Al mismo tiempo que publicaba el libro, se iniciaba (por fin) la distribución de la película en territorios de Estados Unidos y Reino Unido. Pero a los compradores del libro en 2020, en exclusiva, les regalaba un acceso privado para poder ver el film en zona española. Ahora, en 2023 he conseguido que la película se distribuya también en Europa (y cualquiera puede verla libremente) y me ha parecido buena idea publicar esta revisión del libro, que es casi el mismo libro, aunque con algunas páginas menos.

No quería quitar nada, pero es que la primera edición consta de ¡600 páginas! Con demasiadas fotos. Por eso he decidido quitar las partes más técnicas musicales, las de las partituras y dejar el libro algo más liviano. Así el precio también se hace más asequible. El resto de los capítulos son los mismos que antes.

Muchas gracias a quienes habéis adquirido este libro tan especial para mí. Espero que disfrutéis mucho con la lectura y os recuerdo que además de este libro, existen otros de la misma colección "Memorias de rodaje" (de mis rodajes de otros proyectos).

Un abrazo muy grande y gracias por apoyar a un pequeño creador como yo, gracias por apoyar un granito de arena dentro del mundo artístico.

Fran Kapilla, junio 2023.

Prólogo (ahora ya sí)

Dice uno de mis mejores amigos, Juan Salvador Sanchís, creativo visual, que *"las cosas hay que hacerlas como uno las siente, sin más"*. Sentí muchísima ilusión en el inicio de aquel rodaje, después sentí una agotadora responsabilidad a la hora de terminarlo y ahora, pasados los años, lo que siento al escribir este libro, es un profundo agradecimiento a todos. Un agradecimiento sincero a todos los que han colaborado en este proyecto.

Cuando me puse a escribir este libro no supe por dónde comenzar y, aunque tenía muchos recuerdos y anécdotas en la cabeza sobre el rodaje de la película *Las hijas de Danao*, no sabía ni siquiera si debía contar algunos detalles. Sin embargo, tenía muchos deseos de reflejarlos por escrito ya que al fin al cabo forman parte mi vida. Por otro lado, inicio con este volumen una serie de libros donde hablaré de mis experiencias en los rodajes; si todo va bien, seguirá un libro de *Memorias de rodaje de "Matryoshka"*, otro de *Memorias de rodaje de "Disonancias"* e incluso las *Memorias de rodaje de "Desde las Sombras"*. En cada libro daré consejos a quienes deseen embarcarse en proyectos similares, tomando como ejemplo mis propios aciertos y errores.

En 2018, falleció mi padre y estuve reflexionando sobre lo que este proyecto significó para él y para mí. Él siempre me decía: *"Tengo muchas ganas de que la gente pueda disfrutar de la película en sus casas, en cuanto la publiques"*, a lo que yo le contestaba que aún no era el momento porque estábamos intentando darle algún otro tipo de distribución que no fuera simplemente colgarlo en internet.

A mi padre le encantaba esta película, de verdad (de hecho, la película está "dedicada a nuestros padres", tal como reza al comienzo). Recuerdo que, cuando yo le pedía que había que evitar las filtraciones, que no se copiara la cinta sin antes haberla estrenado, aun así, mi padre me preguntaba si podía enseñársela a alguna amistad suya y me prometía que no saldría de su televisor. Yo sonreía y le decía que sí, que adelante.

Pero el tiempo ha pasado, mi padre ya no está y este largometraje ha llegado al fin de su recorrido en festivales de cine, un trayecto que ha ido por otras vías convencionales, pero con unos resultados de los que me siento feliz. Por eso se me ocurrió la idea del libro: aquí quedarían todas mis vivencias relatadas y de paso, adjuntaría la película de regalo mediante un enlace de internet.

El hecho de que exista este libro constituye para todos los que vamos de la mano, un triunfo por sí mismo. En aquellos días de 2012 y 2013 **había quienes apostaban a que la película no se terminaría jamás.** Pocas personas podían imaginarse que además de terminarla, se iba a estrenar felizmente en festivales, iba a obtener algunos premios y que muchos años después, hoy, me permito escribir este libro donde explico, con orgullo, que **hay que luchar siempre por un proyecto sin tirar la toalla.**

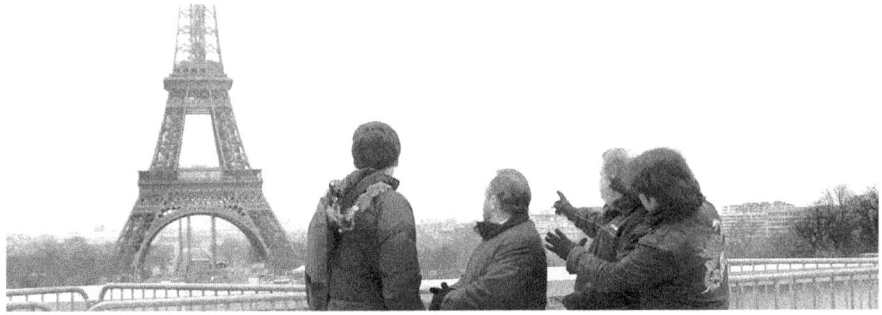

Cuando tenía el libro casi escrito, Escarlata Godiri se ofreció a leerlo y corregirlo. Ella hizo una revisión completa; me ha ayudado tantísimo a terminar este libro que casi podría decir que ella es co-autora o al menos colaboradora literaria. No sólo ha corregido erratas ortográficas, tipográficas, gramaticales, léxicas... sino que ha mejorado la cohesión textual y me ha recordado muchísimas anécdotas que ya casi tenía olvidadas.

Este libro trata, ante todo, de mi visión, de tal como percibí la "maravillosa locura", como la veo ahora que ha pasado el tiempo. Con esto quiero decir, que probablemente no estén todas las anécdotas ni todos los detalles técnicos del rodaje; ya que cada una de las personas implicadas en el proyecto (192 personas) podrían ofrecer otras 192 memorias de rodaje.

Hablar sobre todas las personas que han pasado por esta película se me hace muy difícil porque han sido muchas, contando entre protagonistas, equipo técnico, figurantes, etc. Aunque todos ellos están en los agradecimientos finales de los créditos. También hay una gran cantidad de personas que a lo largo de estos años han aportado tanto a la difusión de *Las hijas de Danao*, personas que no son del equipo de rodaje pero que han apoyado el proyecto con ímpetu. Todos ellos también merecerían estar nombrados en algún lugar, aunque son tantos que me es imposible.

Por eso, de antemano pido perdón a las amistades a quienes no haya nombrado y que, de alguna manera, aunque sea sosteniendo este libro, se sientan parte de este maravilloso proyecto.

Que sepan que a todos les llevo en mi corazón, tanto a los que han ayudado más, como a los que han podido ayudar algo menos, e incluso a los que por sus motivos se marcharon del proyecto.

De todos guardo un especial cariño, me quedo con la parte positiva, con los días de risas, de compañerismo, de ilusión por un sueño. Una película, un largometraje por nuestros propios medios. Una ilusión que estuvimos viviendo. Si en algunos (pequeños) momentos he escrito sobre los problemas y lo mal que me sentí, he intentado omitir nombres para que nadie quede afectado directamente, sin embargo, los hechos están ahí, tanto positivos como negativos son los que han dado a luz esta película.

Años después, hablando con la actriz Susanna Pauw, me dijo que a veces se acordaba de todo aquello y que le parecía como un sueño, que no parecía real de lo intenso que fue, de la pasión y de lo mágico que resultó el rodaje. Echo la vista atrás y me parece increíble, una odisea. Me entra la nostalgia por la gente que ya ha fallecido y que formaba parte de este bonito proyecto. El viaje y rodaje a París fue posible gracias a un esfuerzo común y en ese esfuerzo estaba mi padre, que falleció en septiembre de 2018, dos años antes de la publicación de este libro. También parte de ese esfuerzo estaba José Ramón Barceló Castellnou, que falleció también a comienzos de 2018. José Ramón fue uno de los dos mecenas que pusieron dinero para el viaje a París (el otro mecenas fue Benito Jiménez).

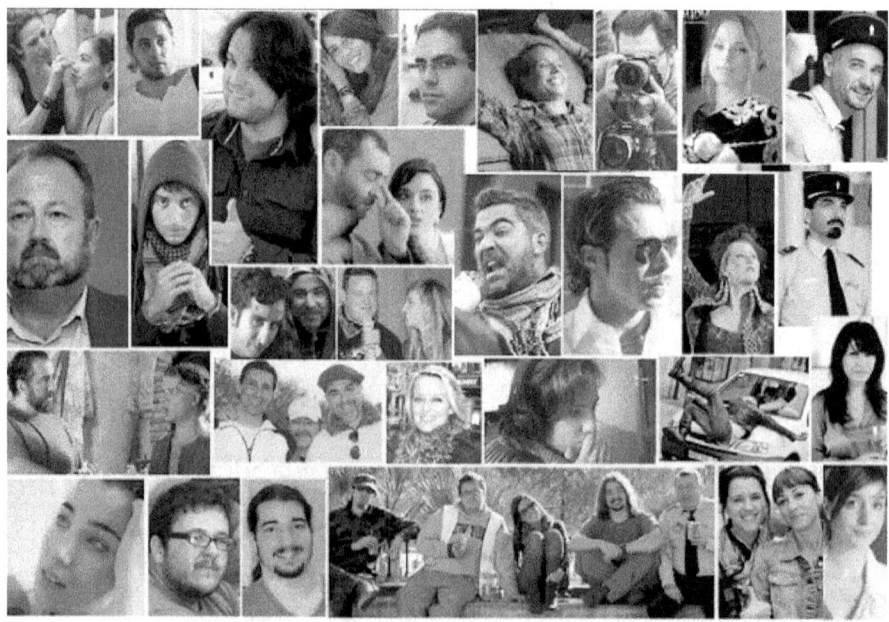

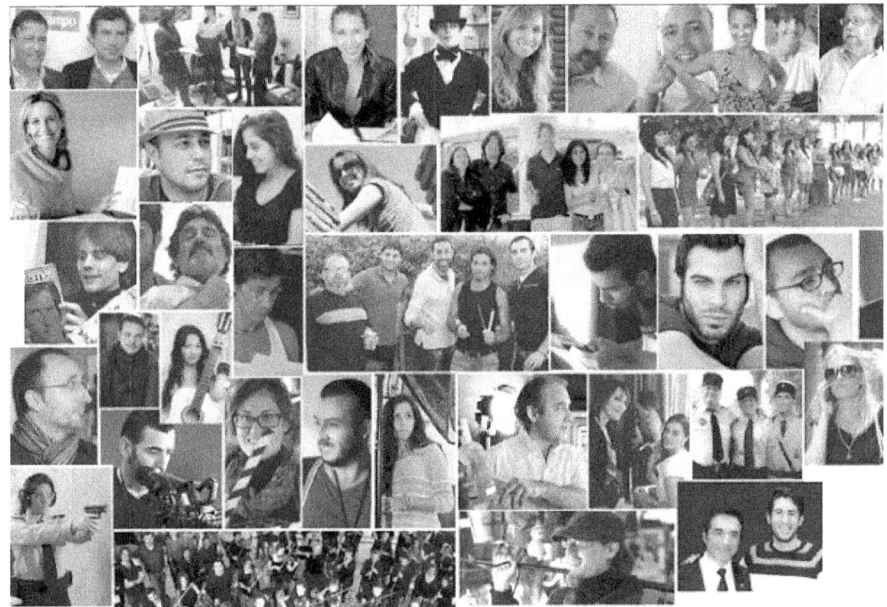

No podemos decir que hayamos tenido grandes presupuestos y la distribución ha llegado años más tarde, en ésta época de plataformas *streaming*, pero no en la época de cines y taquillas. Nuestros recursos han sido muy limitados, con nuestras herramientas hemos hecho ingenios que han dado por resultado imágenes muy bellas que formaron un puzle en forma de largometraje. Un largometraje que, tras haber sido proyectado en festivales de cine, ha tenido muy buena acogida. Tan buena que algunas personas han creído el presupuesto del film era muchísimo más alto del que realmente tuvimos.

Pienso en el esfuerzo de tanta gente tan maravillosa, en muchas cosas que nos ocurrieron, en nuestros triunfos, en nuestros obstáculos y también pienso en los que ya no están en este mundo, que vieron la película en su día pero que no van a poder leer este libro. Pienso en todo ello y creo que es bueno que existan estas páginas, aunque haya escrito nuestros obstáculos en el rodaje, también he escrito sobre nuestro triunfo final. Hay que quedarse con todo lo positivo y recordar que fue un sueño hecho realidad, que conseguimos rodar un largometraje completo y de cierta ambición.

CREÍMOS EN EL SUEÑO, CREÍMOS EN NOSOTROS
Y POR ESO ESTA PELÍCULA EXISTE.

Espero que este libro, además, sirva para inspirar a otros creadores: directores, actores, técnicos, músicos, caracterizadores, realizadores... El cine siempre requiere un gran esfuerzo. En un rodaje surgen tantos contratiempos... A mí me ocurrió durante aquel rodaje, pero incluso en los peores momentos, me paré a meditar y entendí que sencillamente todo merece la pena.

**El camino merece ser recorrido,
y la meta, en la forma que sea,
merece ser disfrutada.**

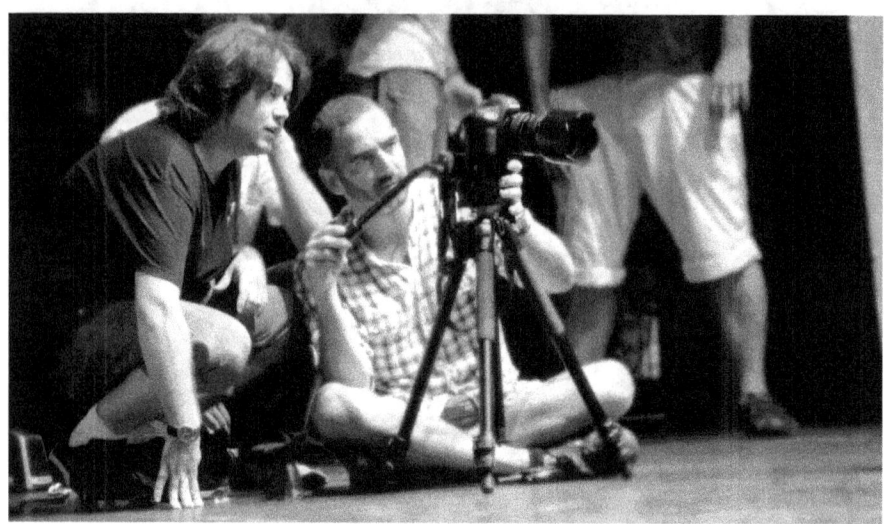

Por todo ello quiero lanzar este libro (aunque haya pasado tiempo) **porque ahora que la película tiene una distribución en plataformas** *streaming* **en Estados Unidos y Reino Unido (Amazon Prime Vídeo) y hasta once plataformas diferentes en Europa, pues me parece interesante que la gente conozca cómo se hizo este film.**

Ahora sí, comienza este libro. Adentraos conmigo en este viaje atrás en el tiempo y lo que supuso para nosotros rodar desde Málaga a París. Fue un viaje emotivo, un camino lleno de momentos alegres y de momentos tristes. Un viaje hacia momentos únicos con un resultado maravilloso.

PARTE I
Preproducción y rodaje en España

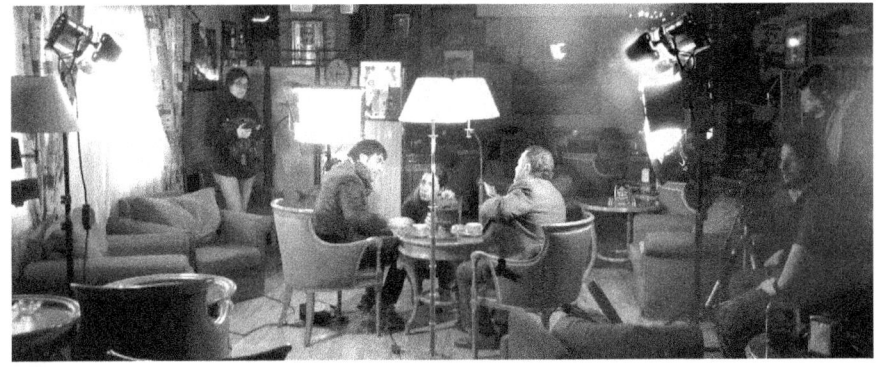

MEMORIA PERSONAL DE FRAN KAPILLA

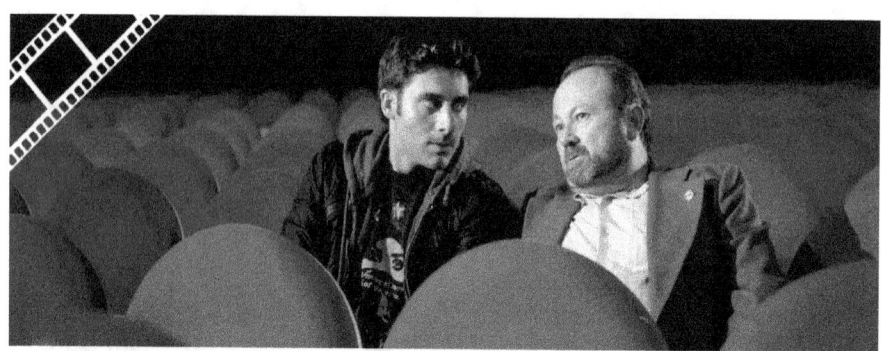

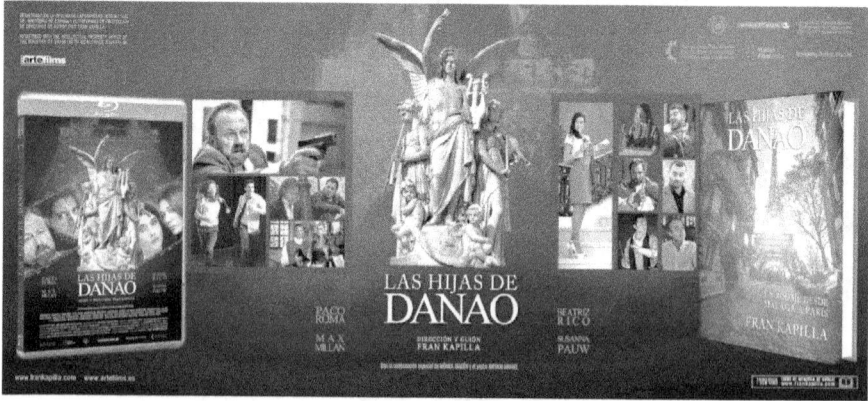

Capítulo 1 La ficha técnica

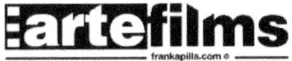

Las hijas de Danao

(*The daughters of Danaus* / *Les filles de Danaüs*)

Guion y dirección: Fran Kapilla
Rodada en España y Francia

Estreno: 24 de marzo de 2014. Director's cut: agosto de 2020
108 minutos (*director's cut*). Thriller. Subtítulos en inglés y francés.

Distribución autorizada: Artefilms

Paco Roma (Pierre Lerosse, detective)
Max Millán (Alain Beaumont, manifestante)
Beatriz Rico (Thérèse Voiron, directora de la revista *Le Journal de la Musique*)
Susanna Pauw (Michelle Lambert, escultora)

Mónica Aragón (Blanche Girard, directora de escena)
Antonio Montiel (director de orquesta)
Jose Vallejo (Denis Hubert, guardaespaldas)
Frank Vélez (Paul, guardaespaldas)
Erica Prior (Larissa Vilvorde, soprano: Hypermnestre)
Rafa Chaves (Georges Marchand, bajo: Rey Danao)
Norberto Rizzo (Serge Bertrand, tenor: Lyncée)
Ángel Rubio (Maxime Debande, manifestante)
Sarai Trujillo (Françoise Giles, brigada)
Antonio Martín (Dupont, comisario)
Kiu López (ministro)
Mel Rocher (Jean Voiron, marido de Thérèse Voiron)
Eduardo Duro (inspector Janvier Mignon)
Fernando de Mora (Louis, barman)
Encarni Migueles (Nicole Cézanne, reportera)
Ana Ruiz (Anne Sadoul, soprano: Plancippe)
Ángel Velasco (bajo: Pélagus)
Bianca Kovacs (cantante: Midea)

· *Equipo técnico*

Dirección y guion
FRAN KAPILLA

Ayudantes de dirección
PAULA KHAN
MÉLANIE MARTÍNEZ
MANUEL SERRA

Productores principales
FRAN KAPILLA y ESCARLATA GODIRI

Co-productores
BENITO JIMÉNEZ
JOSÉ RAMÓN BARCELÓ
ANTONIO CABRERA

Asistentes de fotografía
SALVADOR BLANCO
JORGE SACRISTÁN
JOSÉ RUIZ

Auxiliar de fotografía
DAVID RIVAS

Asesora actoral
CRISTINA FARGAS

Asesor lírico-escenográfico, tenor
JESÚS GÓMEZ BAENA

Asistentes de arte
ALBERTO ORTEGA
FRAN KAPILLA

Asistentes de producción
ENRIQUE MUÑOZ
ABRAHAM
MABEL RINCÓN
DAVID REY

Auxiliares de producción
JAVIER GUERRERO
CONCEPCIÓN MATEO
MARIO LÓPEZ
VÍCTOR CASTILLA

Caracterización, estilismo y maquillaje
ANA CABANILLAS
MANUELA REYES

LAËTITIA POGGI
NOELIA MORENO

Auxiliares de caracterización
DANI ALMA
VICKY ÁVILA

Sonido directo
SERGIO SÁNCHEZ
MIKE GARCÍA

Edición y postproducción
FRAN KAPILLA

Especialista de acción
JAVIER GUERRERO

Making-of y cámaras auxiliares
JORDI LAGOUTTE
BEN ALBARES
ABRAHAM
SOLEDAD SÁNCHEZ
ÉLISE TANDÉ
CAF Fotografía
VIRGINIA ROTA
JESÚS PONCE
PILAR MENDOZA

Fotos promocionales
BEN ALBARES
JORDI LAGOUTTE
MANUELA REYES

Diseño de carteles
(2014, 2020 y *banners* publicitarios)
FRAN KAPILLA

Realización en París
FRAN KAPILLA
JORDI LAGOUTTE
SUSANNA PAUW
JOHN CHAPELLE
VALÉRIE THÉNOT

MÚSICA

ANTONIO SALIERI
Les Danaïdes

WOLFGANG AMADEUS MOZART
Allegro del concierto para violín n3 en sol mayor, K216
Adagio del concierto para clarinete en la mayor, K622
Ave verum corpus, motete en re mayor, K618
Cuarteto para oboe y cuerdas en fa mayor, K370
Licencia expedida por Polo Digital/Naxos Classic

Música original
VICTOR CAYTAS

Capítulo 2
La sinopsis

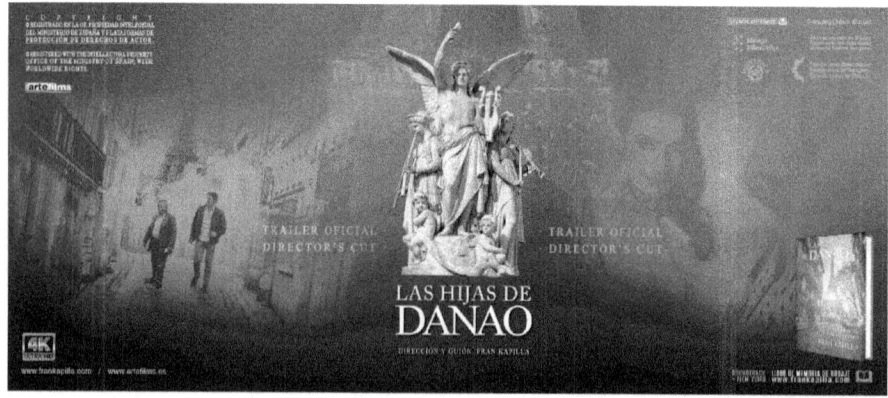

SINOPSIS

Durante los ensayos de la ópera "Les Danaïdes", una soprano recibe una amenaza anónima. Coincidiendo con importantes disturbios en las calles parisinas, un gendarme retirado y un joven conflictivo se adentrarán en el misterio que gira en torno a la famosa ópera de Salieri.

J'ai beau me dire
Qu'il faut du temps
J'ai beau l'écrire
Si noir sur blanc

Quoi que je fasse
Où que je sois
Rien ne t'efface
Je pense à toi

(Jean-Jacques Goldman)

Capítulo 3
Disfrutando *Las hijas de Danao*

A parte del libro, quiero contar que existen varios canales de distribución y otros productos relacionados. Tengo que decir con orgullo que la película ha estado (quizá aún está) en *Amazon Prime Video*. Amazon se interesó en dar cobijo a esta edición final; sin embargo, debido a los acuerdos de Amazon con España, solamente se puede ver desde Estados Unidos y Reino Unido.

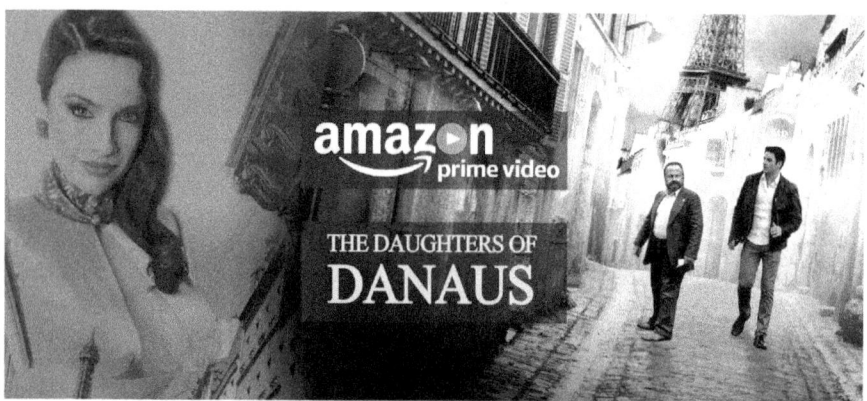

Para los que vivan fuera de Reino Unido o Estados Unidos podrán ver la película en otras plataformas. A día de hoy está **visible en varias plataformas de cine** gratis o por suscripciones, que también tienen su prestigio y en canales de vídeos más estándares. Solamente tienes que buscar un poco para poder verla, y si no lo conseguís, no dudéis en escribirme a la sección de contacto de mi página web.

Es más, después de que veáis la película, **os pido por favor que dejéis algún comentario** por las redes sociales o en las fichas de cine de internet, para que otras personas puedan saber vuestra opinión y recomendación.

LIBRO EXTRA A LA VENTA
Diario de rodaje en París (color)

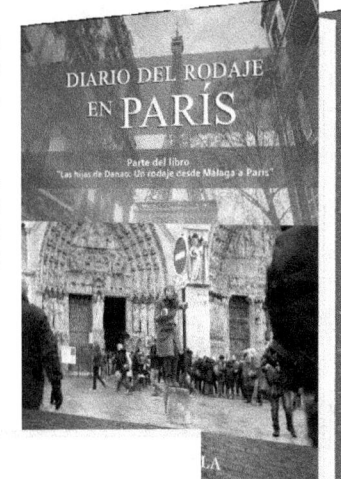

En mi web, además del libro *"Las hijas de Danao: Un rodaje desde Málaga a París"*, encontraréis disponible el *"Diario de rodaje en París"*.

Este precioso diario es ideal para los que tengan un especial interés sobre nuestra filmación en París. Tiene 115 páginas a **súper color *Premium***. Toda una experiencia para disfrutar una edición con fotografías a todo color y de gran calidad.

➢ frankapilla.com/librodanao/

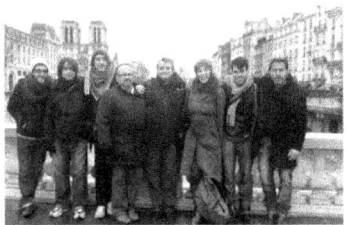

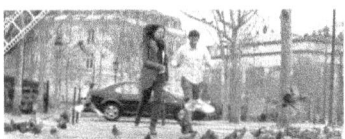

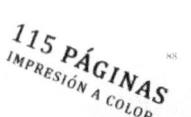

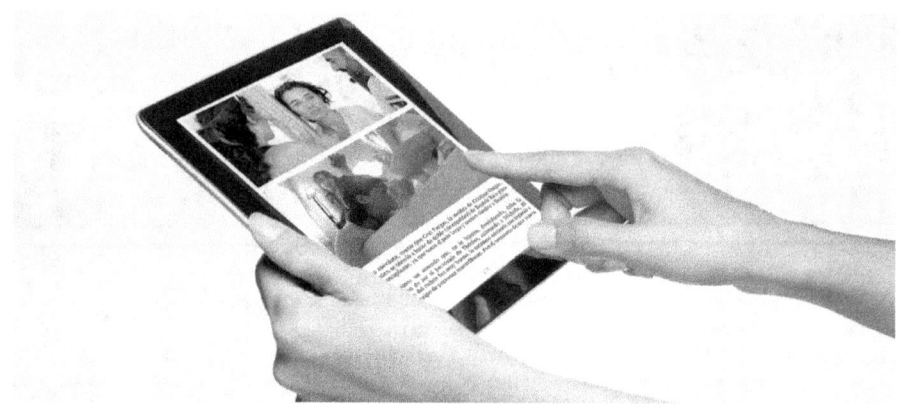

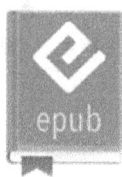 ## El libro electrónico
¡Ebook a la venta!

El *ebook* también está a vuestra disposición. Es una manera fabulosa de disfrutar de las imágenes, fotografías y *storyboards* a máxima calidad y a todo color, desde la comodidad de vuestros dispositivos. Es un formato ecológico, rápido y muy versátil.

> frankapilla.com/epubdanao/

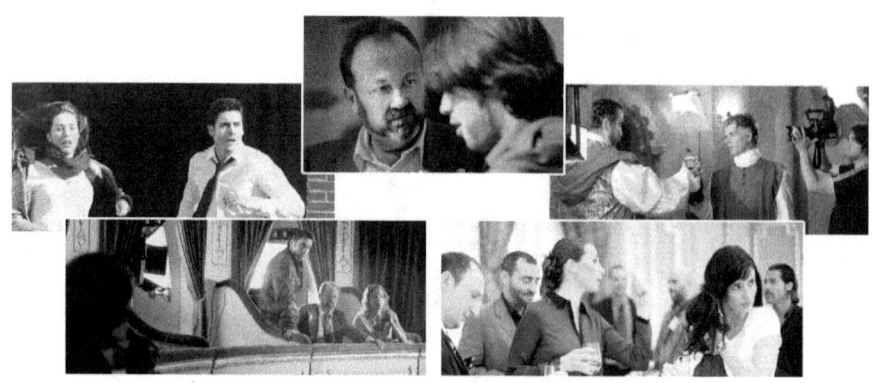

UN REGALO ÚNICO
PARA EL COLECCIONISTA

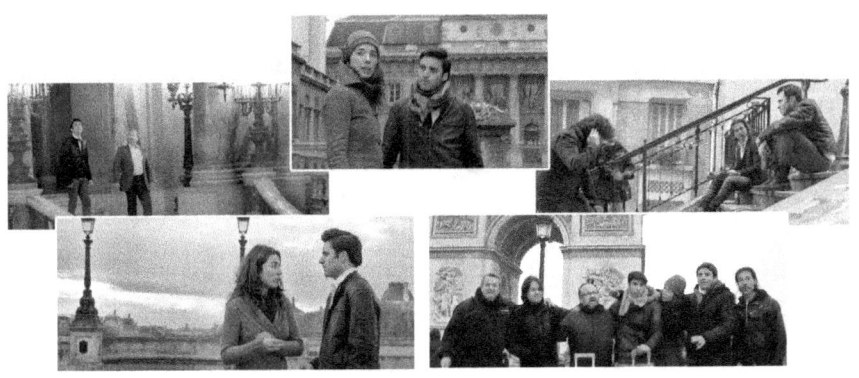

Capítulo 4
De lo imposible a lo posible

"COMO NO SABÍAN QUE ERA IMPOSIBLE,
ELLOS LO HICIERON." (MARK TWAIN)

Esta frase la tengo grabada a fuego en la mente, es la frase que mejor define este proyecto. Estando en París rodando esta película, uno de los días que regresábamos al apartamento, vimos esta inscripción. Estaba escrita en un colorido imán de nevera. La actriz Susanna Pauw nos enseñó el hallazgo y rápidamente la adoptamos como una señal, como un lema.

Hoy, varios años después, puedo afirmar que aquella frase fue providencial, como si la hubiese enviado un sabio para nosotros. Aquel proyecto era un "imposible" a todas luces, desde todos los puntos de vista. Si nos hubiésemos parado a analizar con detenimiento nuestras posibilidades reales y el gran esfuerzo que suponía, seguramente hubiéramos dudado de nuestra capacidad, aunque lo hubiéramos llevado a cabo igualmente.

Ahora que han pasado los años, mucha gente espera que dé un consejo de prudencia, de no rodar sin presupuestos ni tener todos los elementos necesarios para rodar cine. Sin embargo, he de reafirmarme sobre mi pensamiento de aquellos años pasados. Me explico: es posible que rodar *Las hijas de Danao* fuese una locura total, pero no importa. Hoy, a nadie le duelen las fatigas que pasamos en su creación, pero hay una cosa que sí es importante: que la película existe. Si hubiésemos esperado a tener un gran apoyo financiero o los acuerdos con grandes empresarios, podrían haber pasado dos cosas: o que no se hubiera hecho jamás la película o que se hubiera podido rodar de manera más cómoda (y comercial) al cabo de uno o dos años más de preparativos. Sin embargo, todos sabemos que el porcentaje de posibilidades era mucho mayor para la primera opción, es decir, la de que no hubiéramos tenido oportunidad de hacerla.

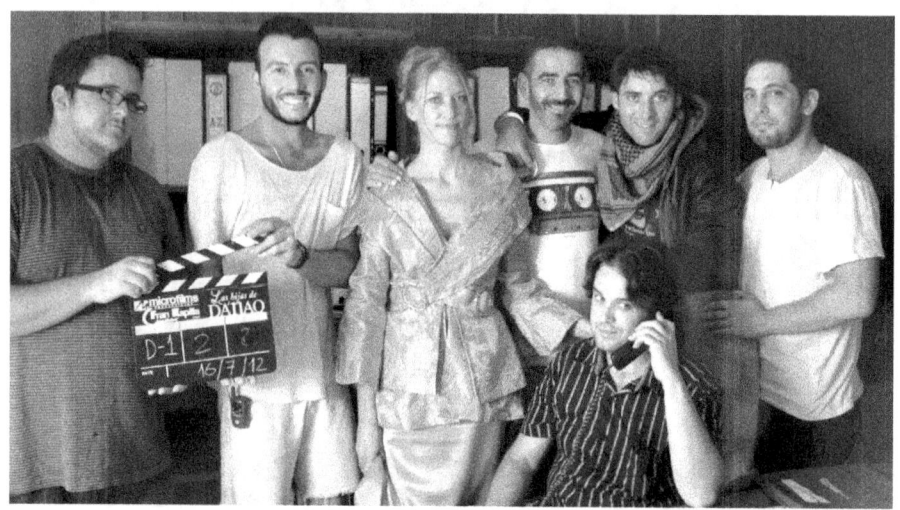

Podría habernos pasado como a tantos guionistas que han dejado sus películas escritas en cajones olvidados. Por eso estoy orgulloso de mi decisión (junto a quienes me acompañaron): *"vamos a realizar la película sea como sea y con nuestros medios"*. Desde primera hora sabíamos las incomodidades que debíamos pasar, sabíamos que tendríamos que rodar siempre al límite presupuestario, rodar siempre con los permisos justos, pidiendo muchos favores y encontrando muchas puertas cerradas y absentismo.

Tuvimos varias promesas y preacuerdos de colaboración con marcas a cambio de financiación, fue entonces lo que nos impulsó a meternos en la película definitivamente. Como eran tantas escenas, decidimos comenzar a rodar algunas sencillas para ir teniendo algo de material de muestra y aplazar todas las escenas complicadas para cuando llegasen las inversiones... que finalmente no llegaron.

A pesar de intuir de antemano todas las dificultades, nos atrevimos a rodar y mi consejo actual para cualquier otro cineasta es que no se lo piense. Que intente realizar su película pese a todo; yo lo volvería a hacer igual, con la misma ilusión y las mismas ganas, que son las que aún conservo para mis proyectos actuales.

Por eso, cuando en aquel enero de 2013, en París, encontramos la plaquita metálica con la frase de Mark Twain, comprendimos que esas palabras constituían la realidad que estábamos viviendo, la de haber llegado donde habíamos llegado con el rodaje simplemente porque creímos en este sueño.

En fin, fueron muchos factores los que podían haber hecho imposible la existencia de esta película. Sin embargo, todos los superamos: la película existe. Se estrenó, se disfrutó, recorrió algunos festivales, obtuvo premios.

Hablar sobre este precioso proyecto no me es fácil, son muchas las cosas que tendría que contar, muchas vivencias, muchas anécdotas, muchas celebraciones y también, por qué no decirlo, algunas lágrimas. Abrazos por haber realizado todo lo que nos parecía imposible, lágrimas porque en el transcurso del rodaje, no todos los miembros del equipo supieron ver más allá del esfuerzo del momento. Afortunadamente hubo muchísimos más momentos felices y reconfortantes.

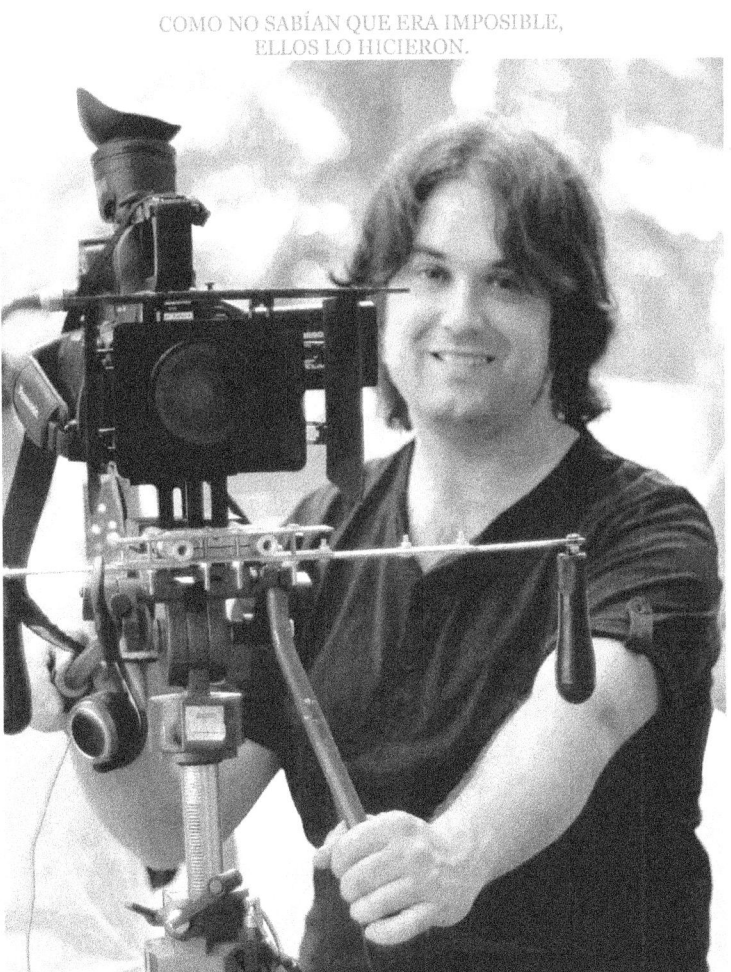

COMO NO SABÍAN QUE ERA IMPOSIBLE, ELLOS LO HICIERON.

Las hijas de Danao es uno de esos proyectos inusuales que surgen al margen de la industria cinematográfica. Esta película es un largometraje que en muchísimas otras circunstancias no existiría, el hecho de que se pueda disfrutar, es la conclusión de un trabajo constante que llega incluso hasta hoy, con el remontaje del *Director's Cut*, el nuevo diseño de los carteles y su promoción mediante la escritura de mi libro.

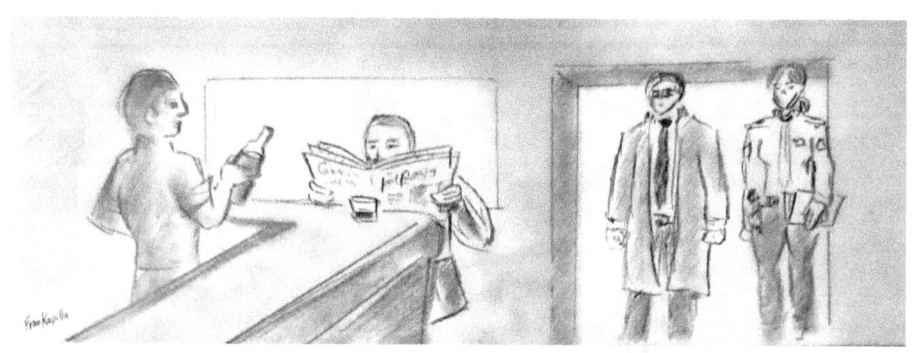
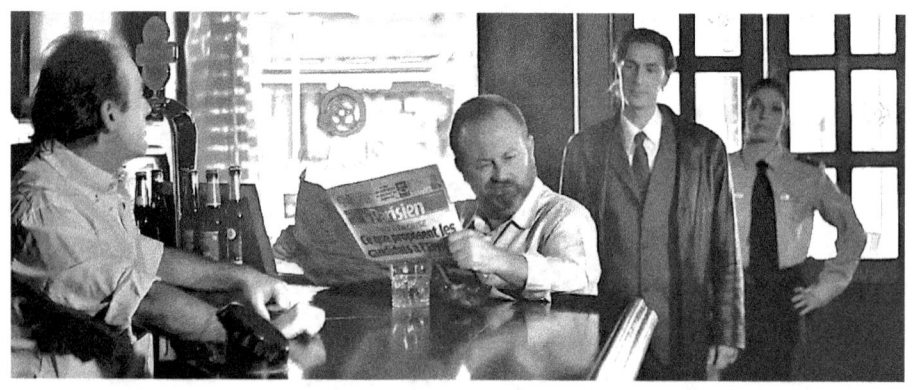

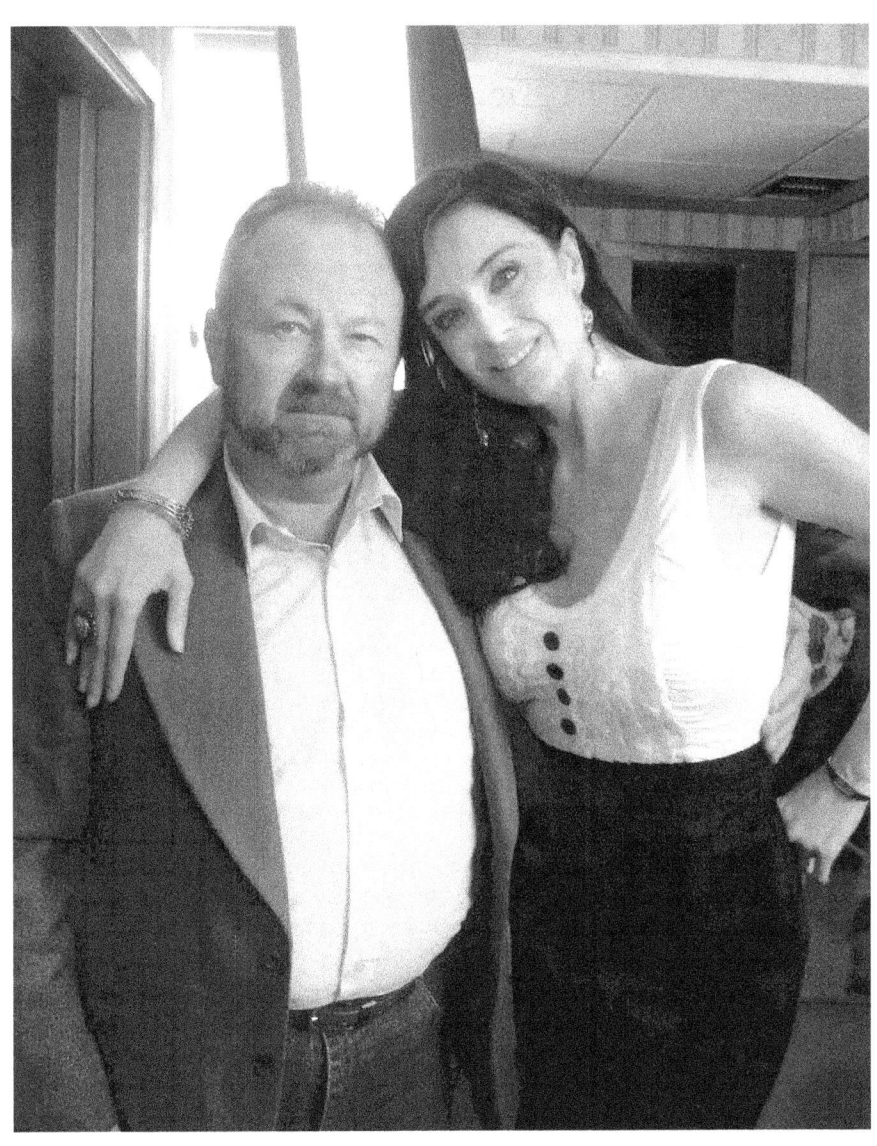

Capítulo 5
El origen del guion

Siempre he dicho: *"Para comenzar un viaje no hace falta tener buenos zapatos, sino ganas de caminar"*.

El origen del guion discurre por la época en que empecé a ver mucho cine *noire* francés de los 70 y 80. Estuve un tiempo viendo filmografías de Alain Delon, Jean-Paul Belmondo, Philippe Noiret, Jean-Pierre Melville, etc. Además, por esas fechas empecé a leerme la colección de novelas de *El comisario Maigret*, de George Simenon, libros a los que me aficionó mi padre. Si sumamos, por último, que mi padre era de origen francés, parisino, el resultado es que estaba altamente motivado por realizar una película detectivesca en el contexto de mi querido París.

Así, empecé a escribir este guion en mayo de 2011. Escribía casi siempre por las noches. Yo aconsejo que cada guionista descubra cuál es su mejor momento del día o de la noche para trabajar, y que dedique al menos una hora todos los días para avanzar su guion. Para mí, sin duda, mi mejor momento, con más energía y más creatividad, es por la noche después de cenar.

Por aquel entonces, trabajaba como jefe técnico audiovisual para una empresa británica establecida en Torremolinos. Dicha empresa contaba con un entorno muy creativo que me permitía experimentar todos los días con la imagen. Eso me hizo ensayar una serie de efectos de posproducción que me ayudaron mucho en la realización de la película, incluso desde su guion. Es muy importante que el guion que escribáis, lo vayáis visualizado como película en vuestra cabeza, desde el primer momento. No estáis escribiendo una novela ni una obra de teatro.

Trabajaba mucho y de forma intensiva en aquella empresa. Aun así, lejos de agotar mi creatividad, ese trabajo me proporcionaba aún más estímulo para cuando llegaba a casa, seguir escribiendo mi guion.

Durante los trayectos del trabajo a casa en tren, siempre telefoneaba a los actores, actrices y técnicos de la película. Les contaba cómo iba el guion, las nuevas páginas escritas y les animaba diciendo que íbamos a conseguir rodar, que no lo dudasen nunca.

En julio, mi trabajo en esa empresa terminó ya que la empresa se trasladó a Bélgica. En ese momento pensé que, sin empleo, iban a venir meses muy malos económicamente y que no iba a poder producir el largometraje. Lejos de todo eso, el "viaje" estaba a punto de comenzar.

En agosto de 2011 terminé el guion completamente. Luego comencé a subrayar con varios colores los elementos plausibles de mejora. El guion llegó hasta la versión número doce. Le hice muchas revisiones, correcciones, cambios en diálogos (sobre todo, ajustes de jerga y forma de hablar basados en la personalidad del personaje), acotaciones, mejoras narrativas.

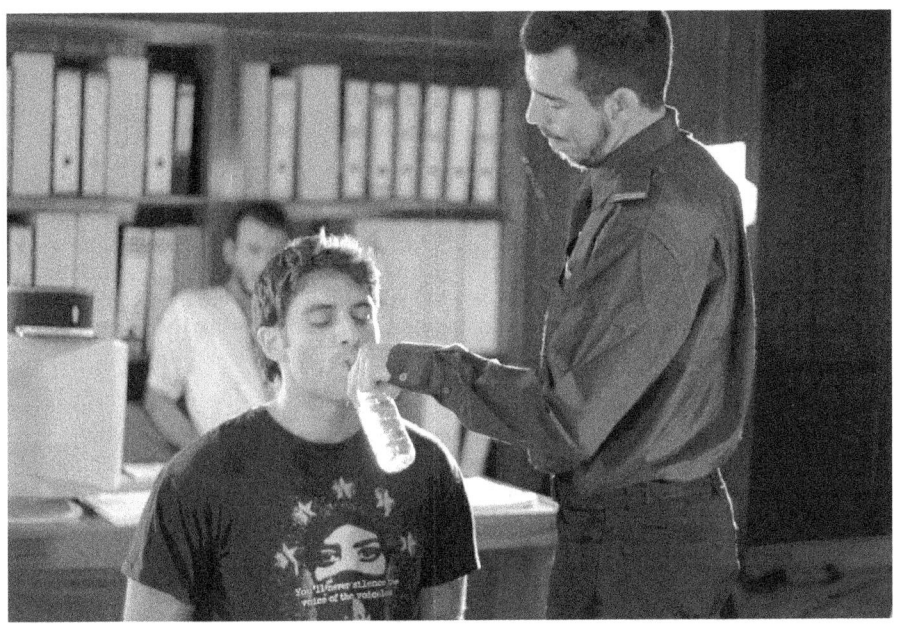

Era mi primer guion de largometraje (nunca había escrito otro, ni siquiera de prueba) y lo trabajé mucho tiempo, como yo digo "mastiqué lentamente" cada línea del guion. El resultado creo que fue muy positivo. Quedó algo muy dinámico y en la película se puede ver que la trama no aburre, sino que te mantiene enganchado hasta el final. Pese a que la calidad técnica de la película no es absolutamente genial en todo momento (hay momentos mejores y otros más discretos), la trama en sí atrajo a mucha gente. Para cuando acabé el guion, yo ya había leído más de cincuenta libros de *El comisario Maigret* y casi todos los de *Sherlock Holmes*. Resultaron muy buenos referentes que me ayudaron a tener construir un guion de misterio, y a dotarlo de elementos del género.

De este modo, antes de escribir vuestro guion, no sólo es importante la documentación (contexto histórico, fechas, lugares, costumbres sociales, vehículos, vestimenta...), sino que es igualmente imprescindible empaparse sobre el género que estáis escribiendo. Por ejemplo, en mi caso, es importante conocer la estructura narrativa del género de misterio que se han venido usando desde el siglo XIX en la literatura y durante todas las películas que abordan este tema. Sabiendo cómo se forma dicho género, desde la ortodoxia, uno puede modificar elementos a su gusto sabiendo que cualquier cambio puede afectar de alguna manera estética final.

Para mi guion creé una estructura narrativa y audiovisual con:
- Arquetipos de personajes (el detective protagonista, el ayudante, los sospechosos...).
- Elementos de interés en la trama (una máscara, una nota anónima, etc.).
- El lenguaje narrativo (con varios grupúsculos de personajes que se mueven en diferentes secuencias hasta que confluyen al final).
- Narrador dinámico (la película comienza con la voz en *off* de Alain y

termina de ese mismo modo, pero durante todo el metraje intermedio vamos pasando del protagonismo de Pierre y a la perspectiva de Michelle).

- Transiciones de una secuencia a otra (decidir cómo cortar una secuencia y continuarla con un "punto y aparte" visual, que aporte un buen ajuste narrativo y estético).

En una entrevista, la actriz Susanna Pauw dijo: "*Kapilla siempre incluye elementos del mundo del arte en sus películas*". De hecho, en mi cortometraje *Aléjese del área* (2009) y *Pasaporte por favor* (2010), Pauw interpretaba a una pintora y ahora en *Las hijas de Danao* se mete en la piel de una escultora. Efectivamente, el arte clásico, tanto el pictórico como musical, me fascina. Por eso, en *Las hijas de Danao* encontramos: una ópera, una orquesta. Luego, en mi cortometraje *Disonancias* (2020), hay una audición para buscar a una soprano.

Quiero contar una anécdota sobre este asunto del guion. Y es que no es fácil ni hacer un guion ni hacer que otra gente sepa visualizarlo e imaginarlo en su mente. Recuerdo que hubo personas que quisieron darme "consejos" sobre cómo debía ser el guion, consejos para hacerlo "más comercial, más vendible y más atractivo".

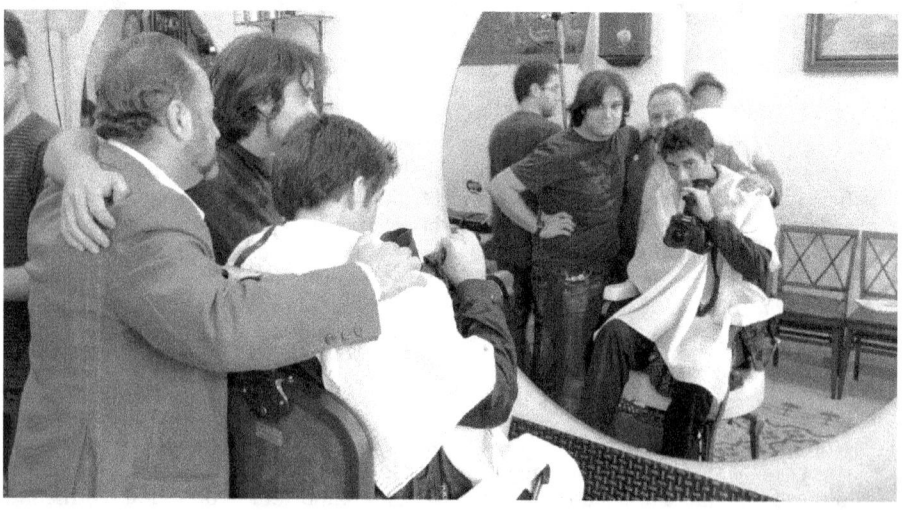

Me decían que tendría que poner más acción, más coches, más tiros, hacer una película "más estilo *Arma Letal*". Menos mal que no hice caso; no se puede crear un proyecto artístico de autor sólo con la idea de hacerla un *blockbuster* súper comercial, encima imitando pelis de acción. El cine de acción de Hollywood es único en hacer estas cosas (a base de millones de dólares), pero querer competir en esa línea con nuestros medios resulta absurdo, además, que mi guion no iba por esos caminos. Ni me atraen demasiado esos géneros de acción ni *Las hijas de Danao* ha sido nunca un proyecto de cine de acción para engrosar la larga lista de películas *palomiteras*. *Las hijas de Danao* es un *thriller* de autor.

HAZ LO QUE TE GUSTA, NO LO QUE TE DIGAN

En la imagen siguiente >

Cuando llegamos a la catedral de *Notre-Dame,* Susanna, con una bebida caliente en la mano, se subió a esta señal con emoción. Me dio tiempo a realizar esta fotografía con la cámara de rodaje. Durante unos años el archivo anduvo perdido, pero la encontré justo para la edición de este libro. Fueron momentos maravillosos.

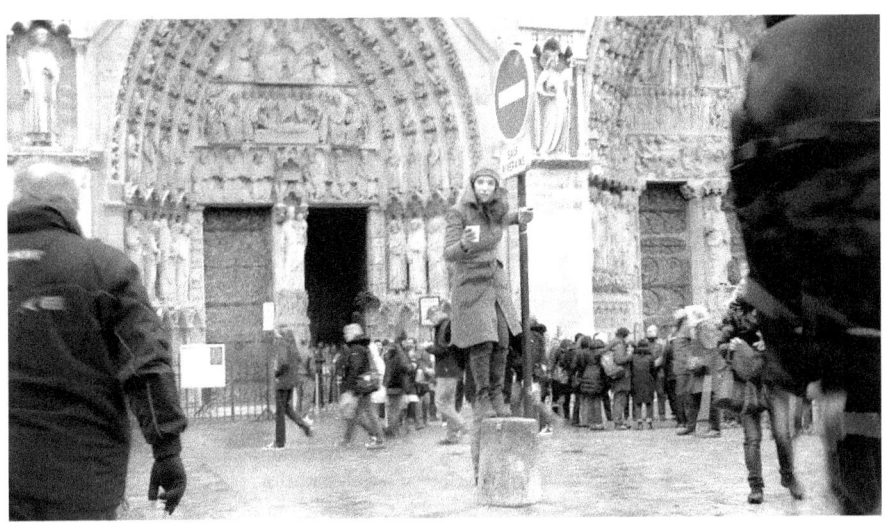

Capítulo 6
Documentación sobre París

Decía Federico Fellini que *"Todo arte es autobiográfico"* y tenía razón. El hecho de situar en París *Las hijas de Danao*, no es por casualidad, sino porque esta ciudad está muy ligada a mi familia paterna.

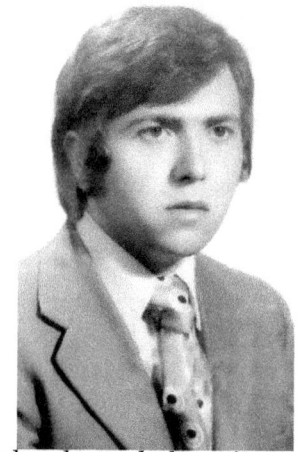

Permitidme unos párrafos dedicados a mi padre. Como ya dije antes, mi padre, Juan Capilla, siendo hijo de inmigrantes españoles que trabajaron en el país galo, creció desde su infancia hasta ser un adulto en París. El idioma y la cultura francesa llegaron a ser su primera nacionalidad. Mi padre tuvo la suerte de conocer un París en plena expansión económica y cultural, era la Francia de los años 50, 60 y 70. Tuvo el privilegio de estudiar en la escuela oficial de IBM (mi padre era un apasionado de la tecnología, de los ordenadores, de los primeros sistemas robóticos, etcétera). Fue participante del *mayo del 68*. Tuvo la fortuna de crecer en un país más avanzado que la España de la misma época; esto le brindó muchas oportunidades. A la edad de veintitrés años, mi padre visitó a su hermano en España y se aventuró a cumplir otro de sus sueños, relacionado con el mundo de la aviación: se hizo militar, especialista en telecomunicaciones para la legión paracaidista. Después de ser premiado por la implantación de un invento de sistema de codificado de morse unipersonal, terminó su etapa de voluntario en las Fuerzas Armadas, y se casó con la que sería mi madre.

Cuando yo nací, mi padre y mi madre se dedicaron a un modelo de negocio que, a día de hoy, ya casi no existe: el videoclub, donde se vendían y alquilaban películas en soportes físicos. El auge de este negocio, y la afición de mi padre por el cine, le hicieron regresar a París donde creó una filmoteca de cine español en París, haciendo un puente cultural entre España y Francia. Durante un tiempo, a comienzos de los 90, llegó a convertirse el referente para conseguir cine español en París incluso para las instituciones francesas. Todo este ambiente es en el que crecimos mis dos hermanas y yo.

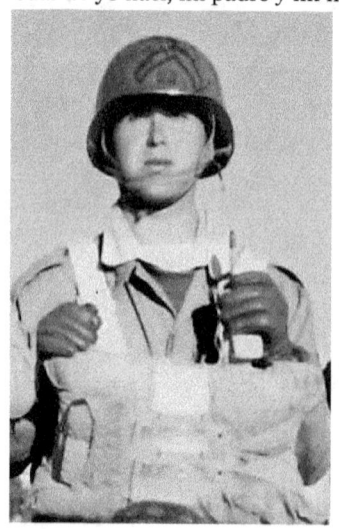

Cuando le pasé el guion ya escrito, le encantó. Mi labor documentativa en el guion era extensa, sin embargo, se podía pulir más y añadir otros enfoques que no fuesen solamente el estético. Mi padre hizo una revisión cultural del guion, reordenó las ubicaciones que debían verse en cada escena para darle una coherencia en distancia.

Me aconsejó unos horarios específicos para según qué barrios y monumentos e impregnó los diálogos de personalidad parisina.

Durante las navidades de 2012, en diciembre, planificamos el futuro rodaje en París que iba a tener lugar en enero de 2013. Mi padre y yo nos pusimos a analizar el guion para enmarcar cada secuencia en lugares exactos sobre el mapa de París. Desplegamos un enorme mapa en la mesa y fuimos anotando cada localización por donde pasarían los personajes. Elegimos los monumentos más representativos que podrían salir en la película y cómo encajar cada ubicación con la trama, con el guion desglosado al lado. Cada cafetería, cada monumento, cada calle y el orden de presentación fue sugerencia suya, siguiendo mi guion.

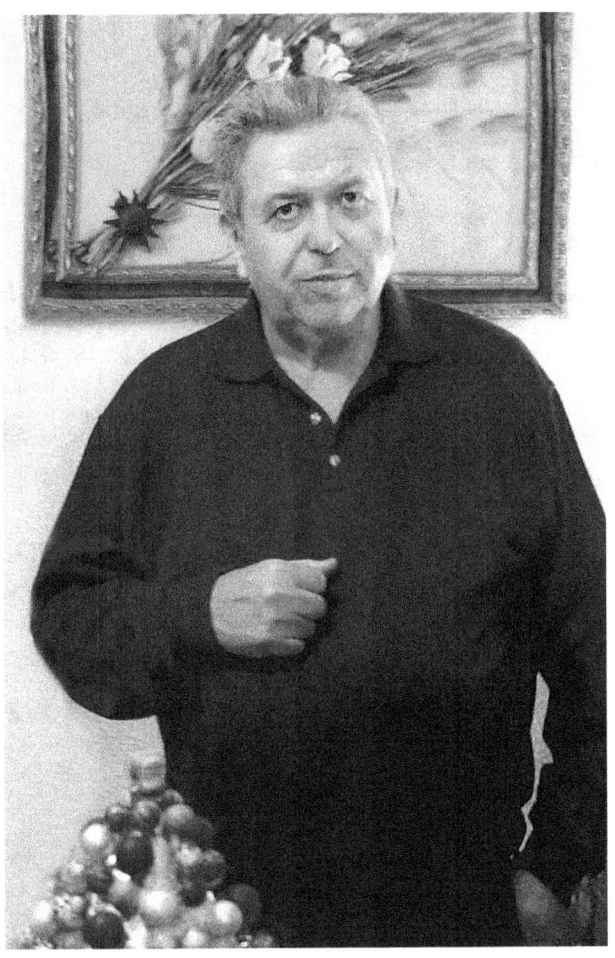

Recuerdo que cuando terminamos de realizar toda la planificación de París, dijo: *"Qué envidia... me dan ganas de acompañarte...";* yo le contesté que sería genial, que se viniese sin pensarlo. Mi madre también le animó a que me acompañase; sin embargo, en el último momento, mi padre dijo que no era el mejor momento porque ese viaje quería hacerlo tranquilamente con mi madre, tenían planeado visitar París cuando se jubilase. Ese viaje nunca tuvo lugar por culpa de las enfermedades que estaban a punto de llegar. Aunque mi padre no pudo acompañarme durante el rodaje en París, yo siento de alguna manera que nos acompañó, no sólo con por sus escritos en la planificación del rodaje, sino también espiritualmente.

Al menos, pudo disfrutar del resultado de la película y le encantó. Recuerdo que la vio muchas veces y que, además, la veía pausándola cada diez minutos para contarnos detalles de París y de su infancia. Por eso, la documentación de la parte de París en esta película es tan especial para mí, por la implicación de mi padre.

La otra vertiente documentativa sobre París la planificó la actriz Susanna Pauw. Nunca antes conocí a un actor/actriz que se implicase tanto en este apartado documentación/producción. Cuando terminé la planificación que hice con mi padre, se la envié a Susanna y ella se dedicó a trazar una ruta de transporte en metro exacta, reflejando los horarios, las líneas y los transbordos de cada paso que deberíamos de dar durante los días en París. Una ruta muy exigente para aprovechar todo el tiempo y poder filmar todo lo que teníamos en la planificación y en el guion. Susanna también se encargó de reservar los billetes de avión y de documentarse en posibles donde comer a lo largo de nuestra ruta.

Yo por mi lado, mientras ella hacía todo eso, me encargué de las reservas hoteleras, de la compra de entradas a la Torre *Eiffel,* las entradas de la *Opéra Garnier* (aunque teníamos los permisos de rodaje, preferí comprar entradas por si acaso tenía que recurrir a un plan B de rodaje como turista encubierto) y también me ocupé en contactar con todos los que nos ayudarían en París. Con el fotógrafo Jordi Lagoutte y con los actores/actrices Valérie Thenot, Aude Hermine, Daniel De la Sobera y Hélene Pierre.

Tardamos una semana en planificar todo con detalle; cuando terminamos, llamé a Susanna para repasar e hicimos planes alternativos de cada cosa, para tener un plan B si hiciese falta.

Lo que ninguna documentación del mundo podría imaginar es el horrible desastre que *Notre-Dame* sufriría por el fuego en el futuro año 2019. Si hubiésemos sabido que en 2019 un gran incendio iba a hacer mella en la catedral, nos habríamos quedado una semana más en París hasta que desmontaran el escenario de hierro. Si hubiésemos sabido que en 2020 la gran pandemia iba a encerrarnos a todos en casa, me hubiese quedado un mes en París, para rodar mucho más, dos películas llegado el caso.

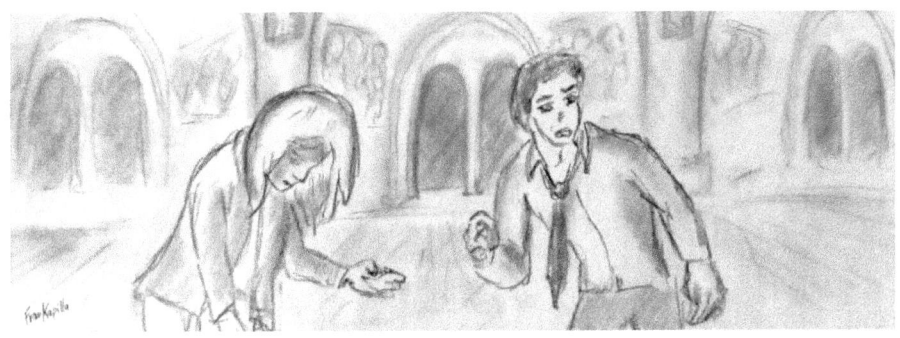

El fondo iba a ser Notre-Dame, pero finalmente se rodó delante del Palais de Justice de París.

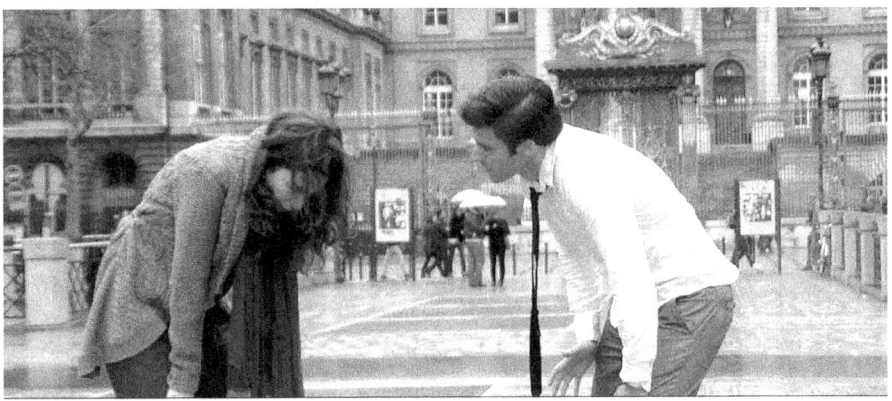

Aquel enero de 2013 cambiamos de sitio para la escena allí concebida porque no nos quedaba más remedio, pero... no desistí del todo y se me ocurrió una idea para poder filmar un plano, al menos, de *Notre-Dame*. Es un plano de cuatro o cinco segundos, pero que nos deleita durante un momento; está filmado con un trávelin a través de los árboles y un paneo hacia arriba, hacia las torres de la catedral, al final se introduce un precioso rayo de sol.

El rodaje en París supuso para nuestra película el apartado visual necesario para dar credibilidad a la trama y el apartado estético que la otorgan cierta belleza. Toda la aventura del viaje a París está en la segunda parte de este libro, en los capítulos 43 al 47 (Parte II "Diario de rodaje en París").

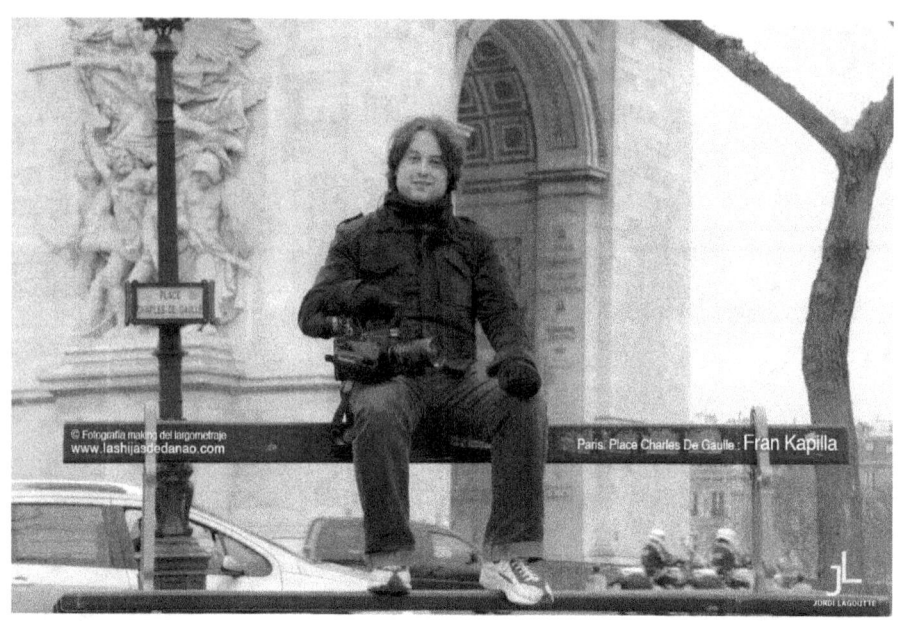

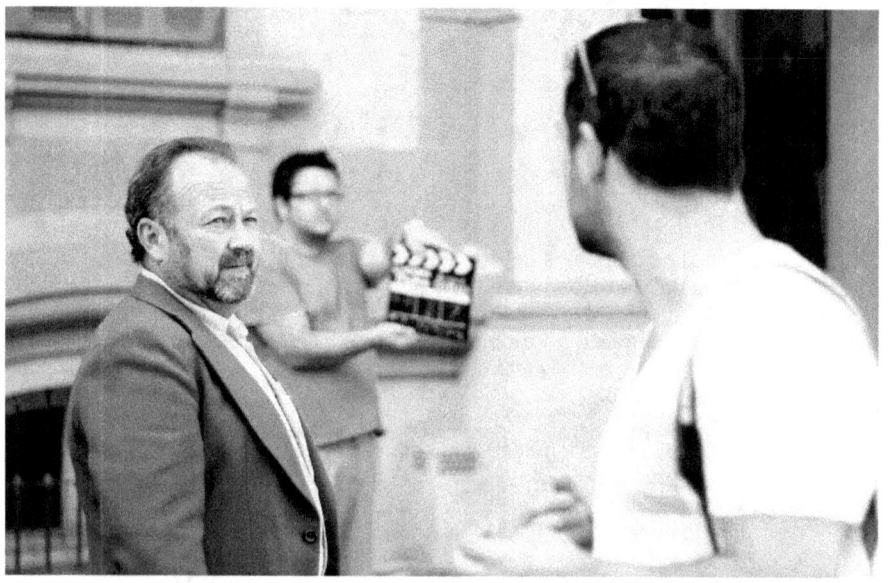

Capítulo 7
El significado del título

"EL MISTERIO ES LA FUENTE DE
TODO ARTE VERDADERO." (ALBERT EINSTEIN)

Antes de nada, quiero advertir al lector que este capítulo revela algunos datos del final de la película. Por eso, aconsejo que lean estas líneas después de haberla visto.

Dicho esto, paso a escribir sobre el significado del título. A nivel estético, creo que se trata de un título bello. He notado durante un tiempo que hay muchas de novelas y algunas películas con una fórmula parecida *Las hijas de..., Los hijos de..., La hija..., El hijo...*, etc. De alguna manera, aludir a la descendencia de alguien consigue el efecto de evocar el misterio desde el primer momento.
Un día que fui a casa de uno de los actores principales, Paco Roma, a charlar sobre el guion, le enseñé mi libreta con los diferentes títulos que podrían ser posibles. Éste, *Las hijas de Danao* fue apoyado por Paco como el mejor. Los dos nos convencimos rápidamente.

Pero, ¿quiénes son esas hijas y quién es Danao? En la trama de la película, todo gira en torno a una ópera: *Les Danaïdes*, de Antonio Salieri. "Danaïdes" es una forma gramatical arcaica que significa "las que son hijas de Danao".

Además, la trama de esta ópera resuena en la trama de nuestra película. Danao (interpretado por Rafa Chaves) es el rey de Argos y tiene muchas hijas (las cantantes líricas que están interpretadas por Erica Prior, Bianca Kovacs, Ana Ruiz, Laura Benavides y Una Petrovic).

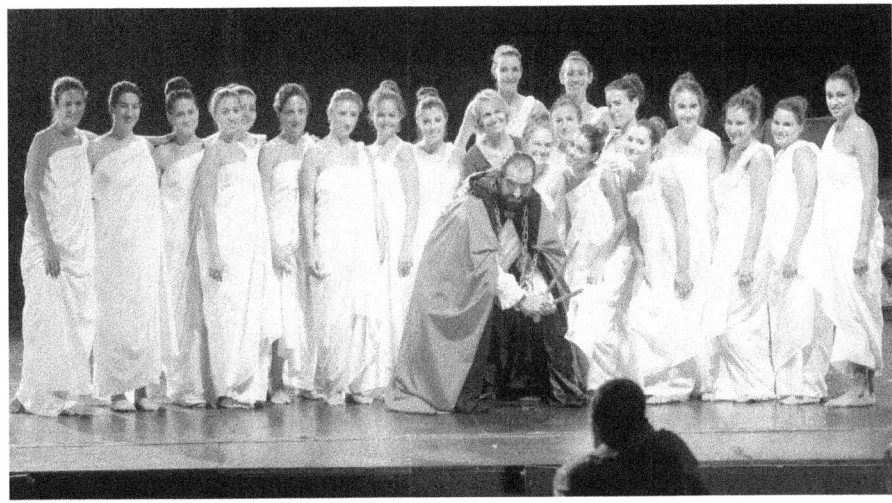

Así, una vez que se ha visto el film, se entiende que, más allá de la semejanza con el título de la ópera, se trata sobre todo de la semejanza del mito con la vida de los personajes.

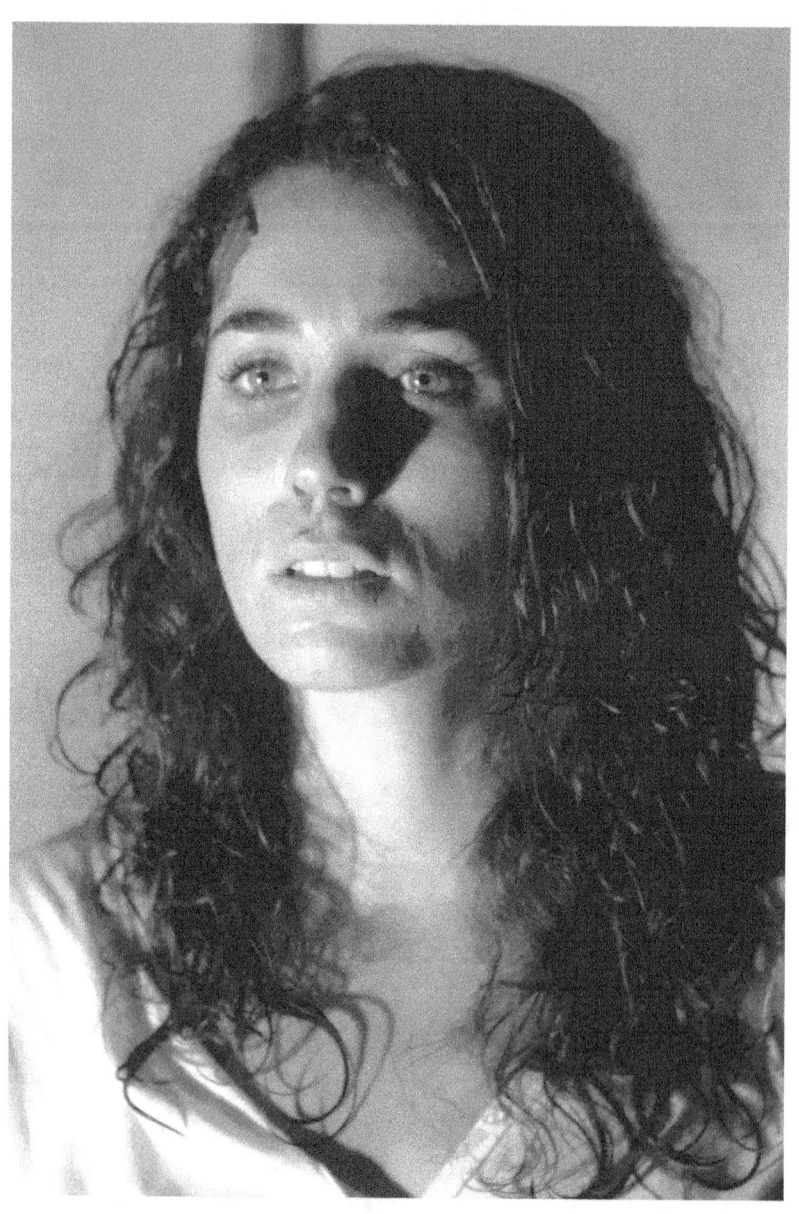

Capítulo 8 Los personajes

"UN BUEN ACTOR ES AQUEL QUE CONVIERTE UNA MENTIRA EN UNA REALIDAD." (VITTORIO GASSMAN)

Los personajes que aparecen en esta película podrían clasificarse en tres grupos arquetípicos: a) personajes callejeros, b) personajes de alta sociedad y c) personajes de cantan en la ópera

Pero por relevancia, podríamos clasificarlos del siguiente modo: Los protagonistas, que son cuatro: el detective Pierre Lerosse (Paco Roma), su ayudante Alain Beaumont (Max Millán), la escultura Michelle Lambert (Susanna Pauw) y la empresaria Thérèse Voiron (Beatriz Rico).

Y los personajes de reparto, que son once: Denis Hubert (Jose Vallejo) y Paul Tarbes (Frank Vélez) son el dúo de sicarios. Larissa Vilvorde (Erica Prior), Georges Marchand (Rafa Chaves) y Serge Bertrand (Norberto Rizzo) son el trío lírico de ópera. El manifestante Maxime Debande (Ángel Rubio), la brigada Françoise Giles (Sarai Trujillo), el ministro (Kiu López), el empresario Jean Voiron (Mel Rocher), el inspector Janvier Mignon (Eduardo Duro) y el barman Louis (Fernando De Mora).

· *Pierre Lerosse*

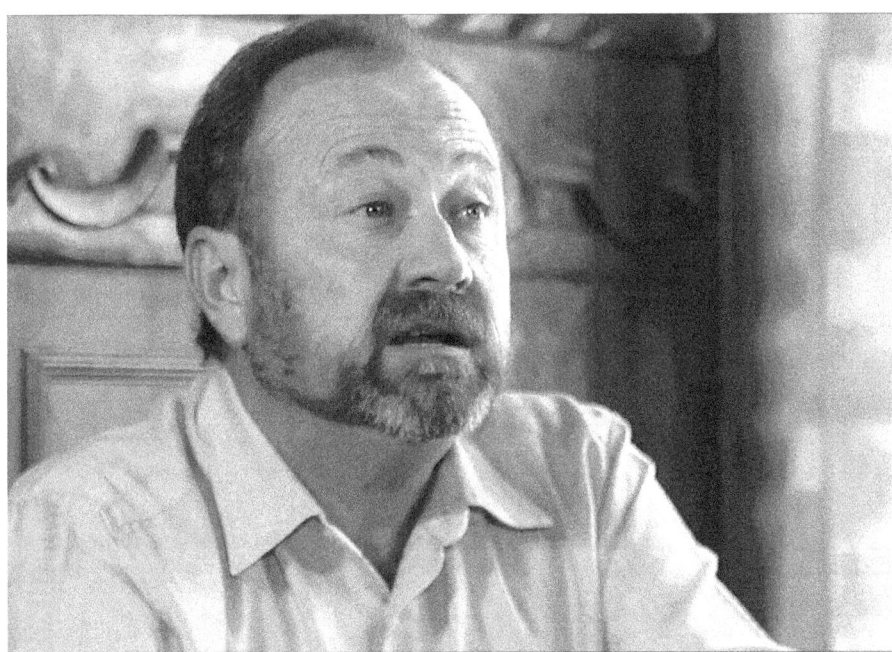

Es personaje principal del film. Es un antiguo policía: en los años noventa trabajaba como especialista en investigaciones en la gendarmería. De hecho, estas pinceladas del pasado del protagonista se reflejan en la película con elementos visuales: lleva su pin con una insignia de gendarme y el año de 1993. "Del noventa y tres… es a lo que más respeto le tengo", dice Pierre a la brigada Giles en la escena de la práctica de tiro.

Se deja entrever que Pierre tuvo alguna disputa con el comisario y eso lo obligó a dejar el cuerpo. "Todo fue por el asunto con los marselleses", dice Pierre sobre ese tema. Durante la película, Pierre demuestra tener una ética humanista, centrada en las personas, y desprecia la corrupción y los engaños. Sabe ver el corazón de las personas y no se deja arrastrar por prejuicios clasistas ni raciales. Parece que el comisario era una persona más práctica y maquiavélica, y Pierre no soportó mucho más tiempo trabajar en el sistema y jerarquía policial.

Desde entonces, Pierre Lerosse sobrevive económicamente tratando pequeños casos como detective privado. Frecuenta el bar de su amigo Louis y la decepción con la sociedad le ha llevado a un problema de alcoholismo. De hecho, en su casa se ven multitud de botellas abiertas.

Pierre ve una nueva oportunidad de ser útil cuando el comisario va a encargarle un caso por recomendación del ministro. Pierre pondrá todo su empeño en descubrir el misterio y en intentar evitar la muerte de la soprano. Pierre también se comportará como un padre con respecto a Alain (un joven investigado por delitos contra la seguridad pública) al cual sacará a la luz todo su talento intelectual y su valentía para ayudar a resolver el caso.

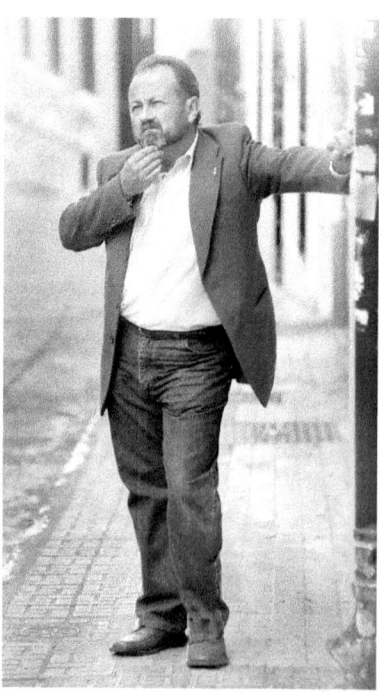

· *Alain Beaumont*

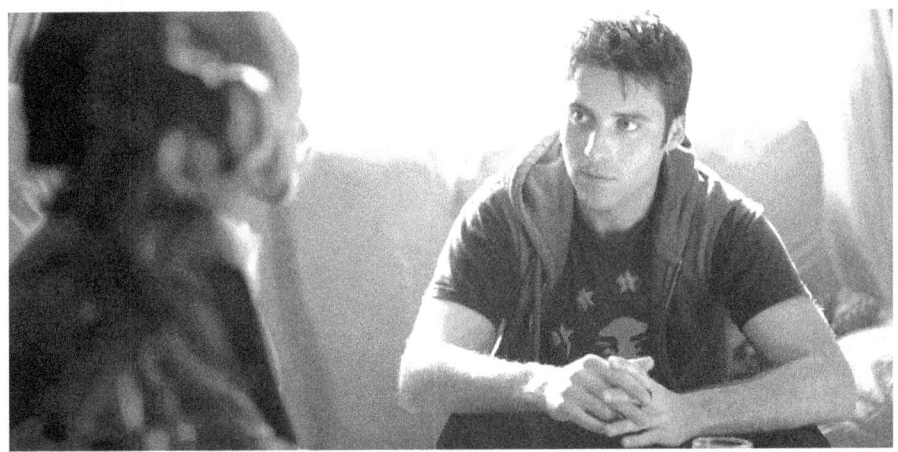

El nombre de este personaje es una mezcla de otros nombres; por un lado, recuerda la pronunciación Alain Beaumont recuerda a la de Alain Delon, el famoso actor francés. Y, por otro lado, el apellido Beaumont lo saqué de la película *Le professionnel* de Jean Paul Belmondo, cuyo protagonista se llama Joss Beaumont. Ambos actores/personajes del mundo del cine negro francés, ambos personajes callejeros, luchadores y muy encontrados con la policía.

Alain es un joven muy inteligente, pero no ha desarrollado ningún oficio ni profesión. Ha tenido circunstancias personales difíciles, con pocos recursos económicos, y piensa que nunca tuvo apoyo de la sociedad, de la cual se siente profundamente defraudado. No cree en el sistema establecido y se muestra muy agresivo contra los policías. De ahí su participación en disturbios callejeros.

Pierre y Alain, son realmente dos personas algo marginadas de la sociedad, no obstante, cada uno lo está debido a vivencias personales muy distintas. Pero se parecen en que ambos siguen su propio código ético y hacen lo que creen que es correcto, aunque eso no se corresponda con lo que se espera de ellos. A lo largo de la trama, desarrollarán un vínculo que podría ser descrito como paterno-filial.

Alain Beaumont es más soñador, piensa en la utopía de conseguir una sociedad más justa a base de manifestarse contra la corrupción del sistema. Si es necesario, Alain apelará a la violencia, tal como aparece al comienzo de la película, aunque también veremos que, dentro de Alain, existe una persona inteligente y reflexiva.

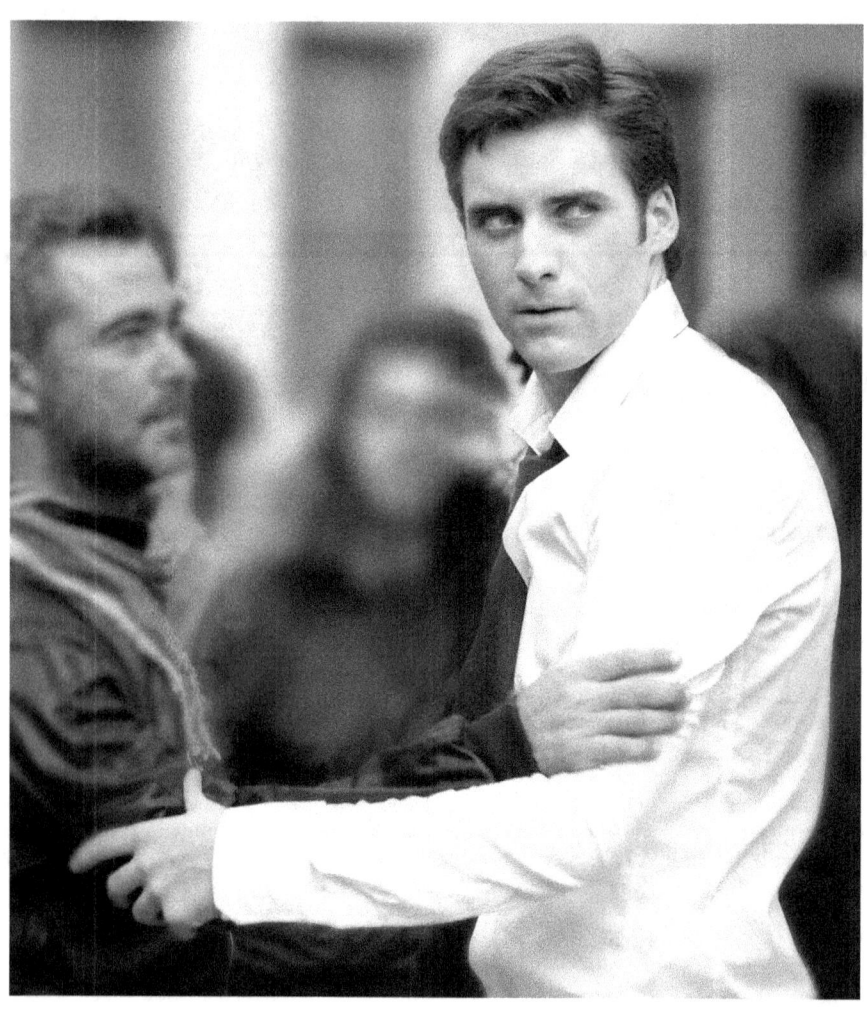

*Max Millán en el papel de Alain Beaumont.
Será el nuevo compañero de investigación de Pierre.*

· *Michelle Lambert*

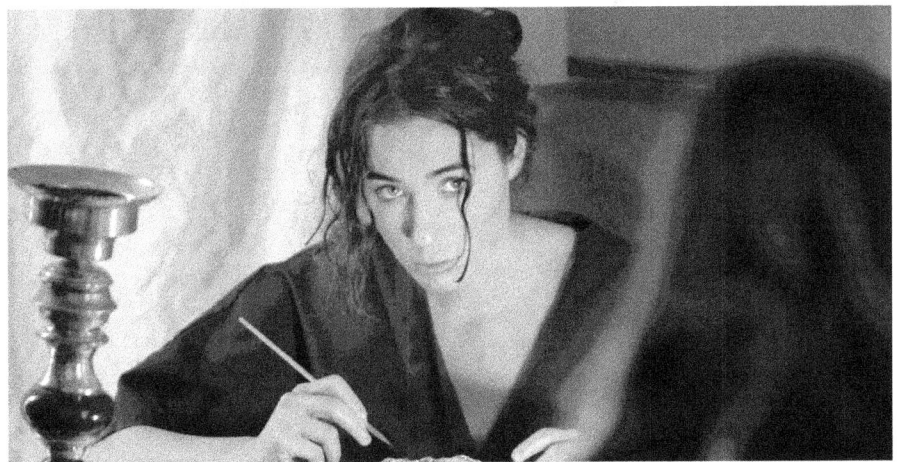

Es la escultora que hace las máscaras venecianas para la ópera. A lo largo de la película, se intuye que Michelle lleva un tiempo viviendo en París, el justo para haber creado algunos trabajos para la Academia Musical y aunque también para haber entablado una relación sentimental con Thérèse Voiron.

Michelle es una artesana reconocida e incluso muy bien considerada como parte fundamental de la utilería artística de la ópera.

Michelle es una mujer culta y que tiene una formación técnica en orfebrería y arte. Podemos decir que su labor, para con la Academia de la Música, es la de atrecista o utilera de ópera.

Es un personaje que lleva una máscara puesta, que sabe más de lo que aparenta. Vive atormentada por un pasado oscuro, que le lleva a mostrarse seria, disciplinada, e incluso enigmática. Tiene un pasado turbio y secreto. Quizá todos sus conocimientos artísticos, toda su trayectoria y hasta donde ha llegado, está enfocado en conseguir un objetivo concreto.

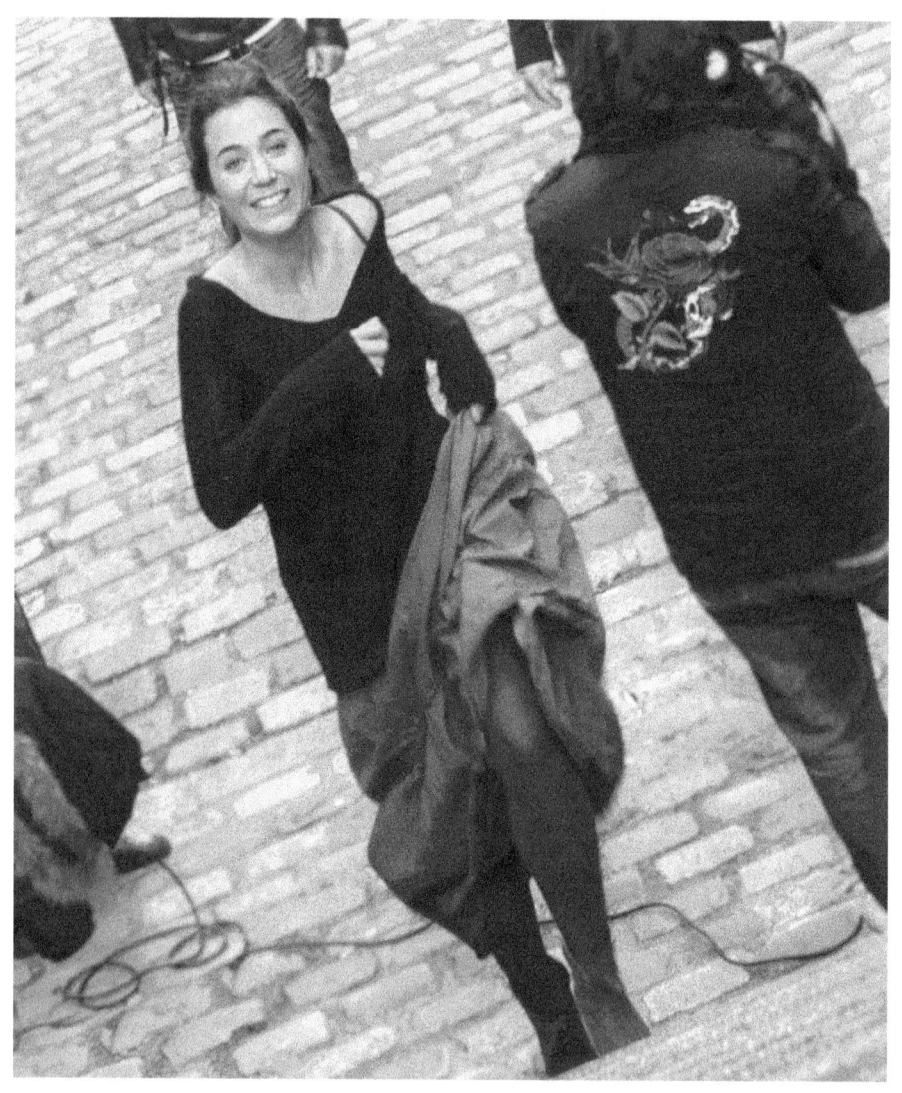

*Susanna Pauw en el papel de Michelle Lambert.
Un personaje con claroscuros muy marcados.*

Thérèse Voiron

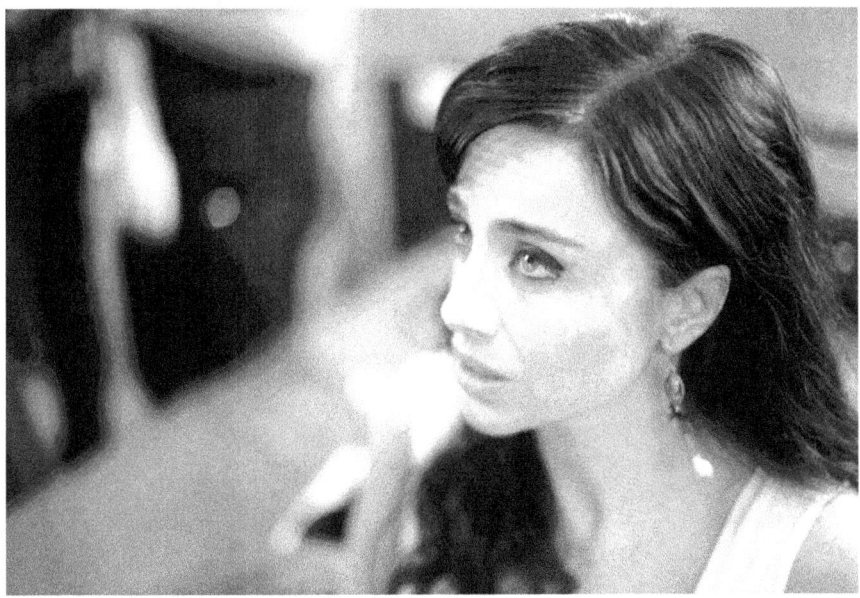

Es la directora de la Academia de la Música en Francia. Es rica y muestra su poder con diversas prácticas egoístas, como el soborno y la coacción. Es una persona manipuladora y vengativa. También lleva una máscara en su día a día; pese a mostrar una cara amistosa entre sus amistades, lleva una doble vida llena de escándalo. Tiene a su servicio dos guardaespaldas que provienen del mundo criminal.

En público, es una persona educada, culta y elegante, amante de la música clásica, que demuestra sensibilidad hacia los demás. Pero en su intimidad, Thérèse tiene unos objetivos secretos, que la llevan a actuar de forma fría y calculadora.

Thérèse vive en una zona rica, en la *Avenue Franklin-D.-Roosevelt*, un barrio de lujo. Desde allí, dispone (o intenta manejar) de todos los personajes que aparecen en la trama, desde los dos guardaespaldas que tiene contratados, sus empleados y hasta a la policía.

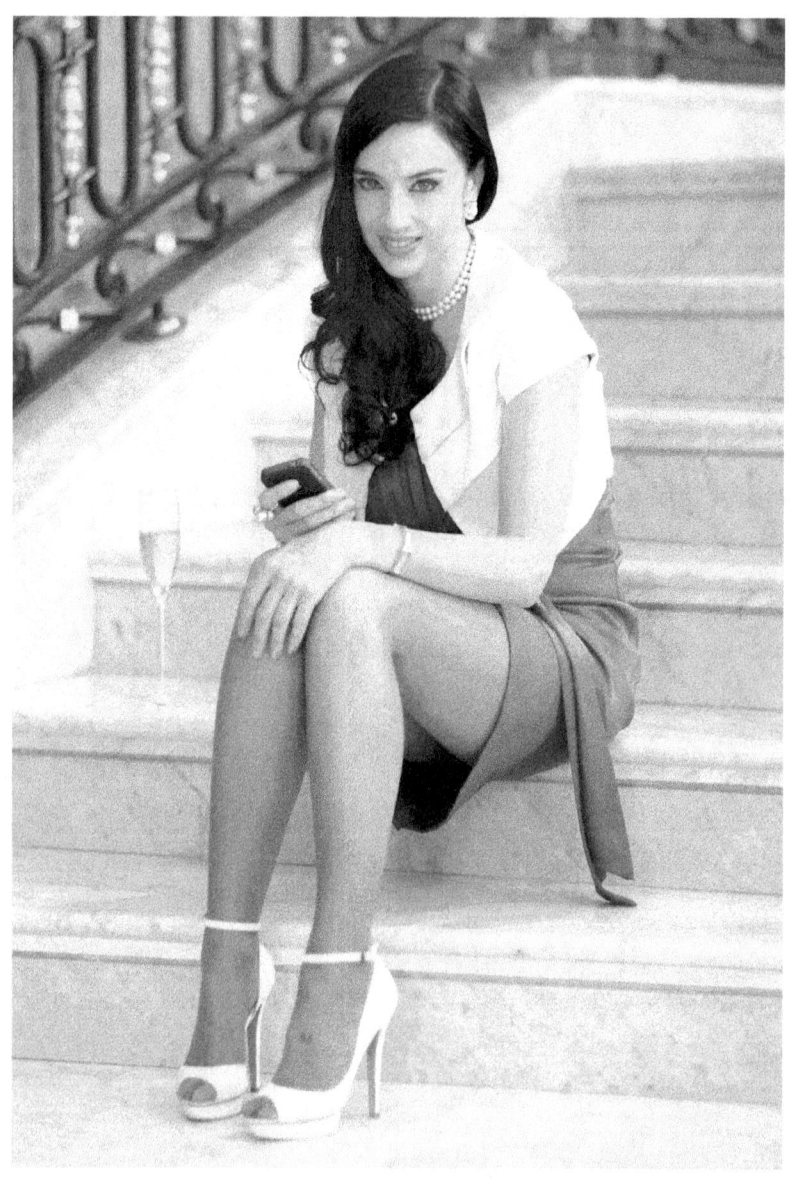
Beatriz Rico en el papel de Thérèse Voiron.

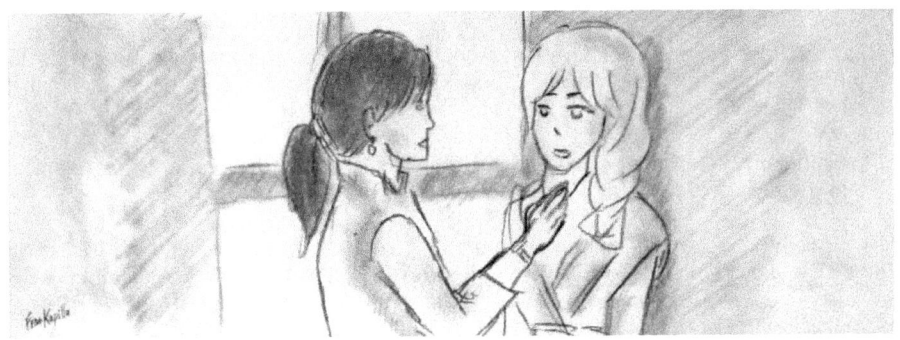

Cuando dibujé el storyboard *(meses antes del rodaje) no sabía el lugar de rodaje ni el vestuario final que íbamos a usar, pero el resultado fue bastante fidedigno y acertado.*

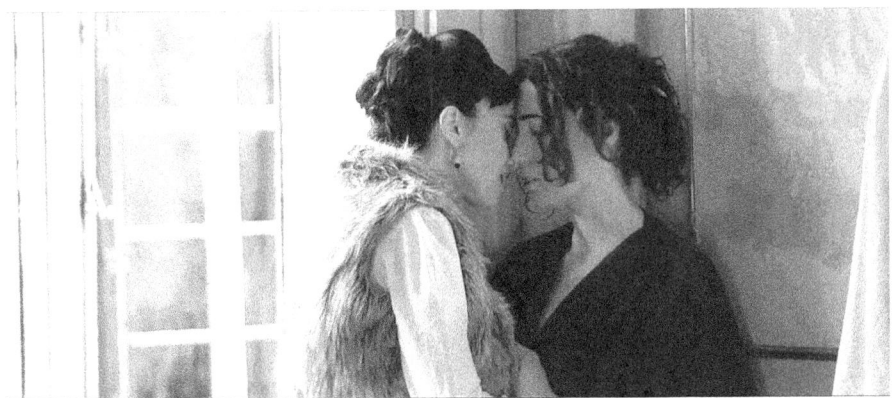

Larissa Vilvorde

La actriz Erica Prior da vida a este personaje, una famosa soprano belga que goza de gran reconocimiento en Francia. Construí su apellido usando el nombre de una ciudad belga: Vilvorde.

Es un personaje elegante pero también altanero y temperamental. Tiene una relación difícil con el resto de personajes de la trama.

Este elemento, el del personaje odiado, es común en las novelas clásicas detectivescas. El pasado de Larissa Vilvorde esconde una parte importante de la trama y del misterio de la película.

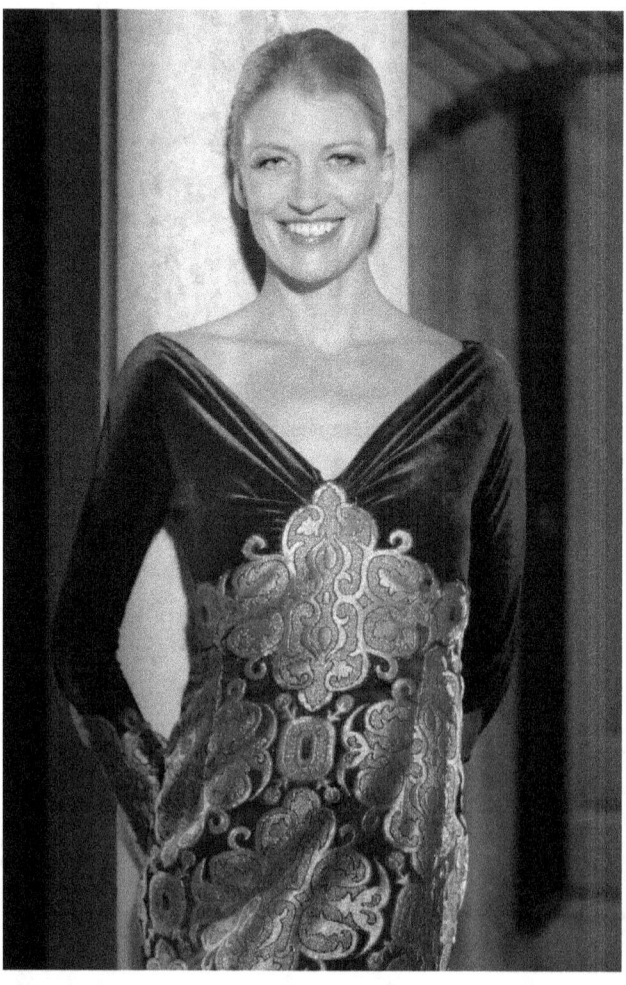

Capítulo 9
El mapa es un tablero estratégico

En el capítulo 6, expliqué cómo mi padre me ayudó a planificar los escenarios exteriores de París y los movimientos de los personajes. Sobre un plano desplegado, trazamos el movimiento de los personajes. Primero los situamos en sus posiciones iniciales, por ejemplo, imaginamos dónde estaría el bar de Louis (Fernando De Mora), la casa de Pierre (Paco Roma), la casa de Michelle (Susanna Pauw), la zona de los disturbios, la casa de Thérèse (Beatriz Rico), la Ópera, etc. No queríamos que si alguien que conociese la ciudad viese la película dijese: "es imposible, ¿cómo va a estar tal calle al lado de tal monumento? ¿cómo va a llegar tan rápido o tan lento de un punto a otro?"

Son errores que suelen cometer las producciones extranjeras al país donde se va a rodar y que normalmente no le damos importancia como espectadores porque el guion va por otros derroteros. Sin embargo, nosotros no queríamos cometer ese error. Cada calle, cada barrio que aparece tiene una gran carga simbólica, que no es casual. Los locales, los sitios, las calles, los distritos, son detalles que se reconocen si conoces bien París. Fragmentos sutiles que complementan con calidad la trama de la película.

Si todas las escenas que filmamos en París luego se adecúan bien en el montaje como si fuese un perfecto puzle es porque hicimos una planificación geográfica bien definida. Esto que digo muchos pueden pensar que es algo básico y de sentido común, pero os aseguro que son numerosas las películas de investigación (incluso famosas) donde los personajes se mueven por la ciudad como si tuviesen el don de la tele-transportación: ahora están en su despacho, ahora en la escena del crimen, ahora otra vez en su despacho, ahora en las casas de los sospechosos, ahora en la comisa, ahora otra vez en el despacho, ahora en un barco pesquero, etc. Moverse por una gran urbe como París es una inversión de tiempo ya sea en metro o en vehículo.

En *Las hijas de Danao, l*a ciudad de París está muy presente y bien definida; los personajes se mueven de una zona a otra y las acciones y las escenas están relacionadas directamente entre las distancias y los tiempos en transporte.

En nuestra película, casi todos los personajes se desplazan en coche o andando. Solamente dos veces usan el metro (Michelle y Alain entran en el metro de la *place Charles De Gaulle;* el guardaespaldas Denis sale del metro de *Franklin-D.-Roosevelt).* Esta escasez de metro en la película tiene por dos razones: primero porque no me era indispensable ya que la mayoría de personajes, ya sean policías o gente de la alta sociedad, tienen sus vehículos. Y segundo, por una razón práctica: en aquel 2012 no teníamos el metro construido en Málaga, así que no quería arriesgarme a situar diálogos o escenas dentro del metro por si luego no podía rodarlos. Es irónico, en el rodaje en París nos hartamos de usar el metro, fue nuestro transporte para ir a todos sitios, me aprendí muchos trayectos de memoria; y sin embargo, en la película lo que más hincapié geográfico muestra es el callejeo superficial. En fin, sea como sea, elegimos la estrategia geográfica más adecuada para filmar con soltura y más vistosa.

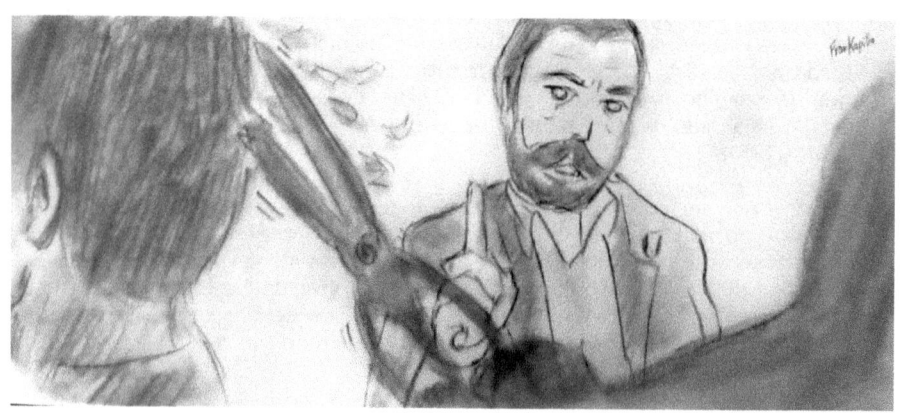
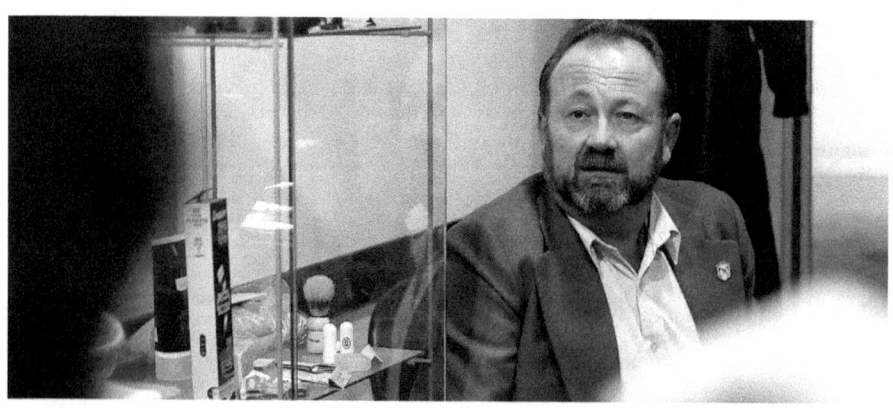

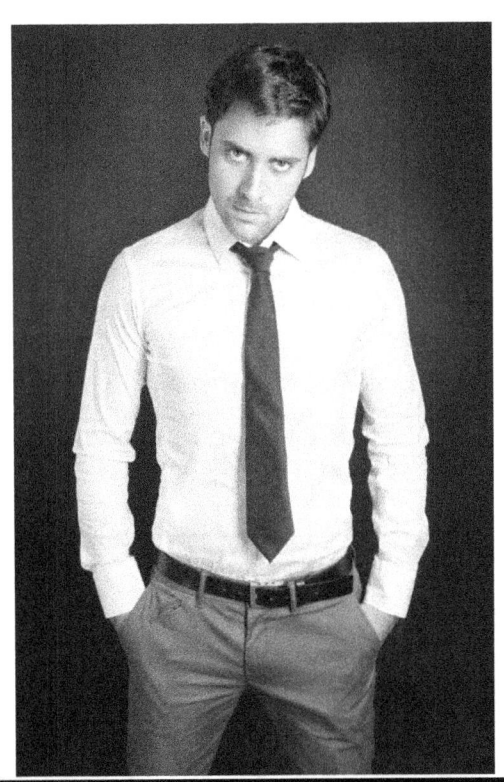

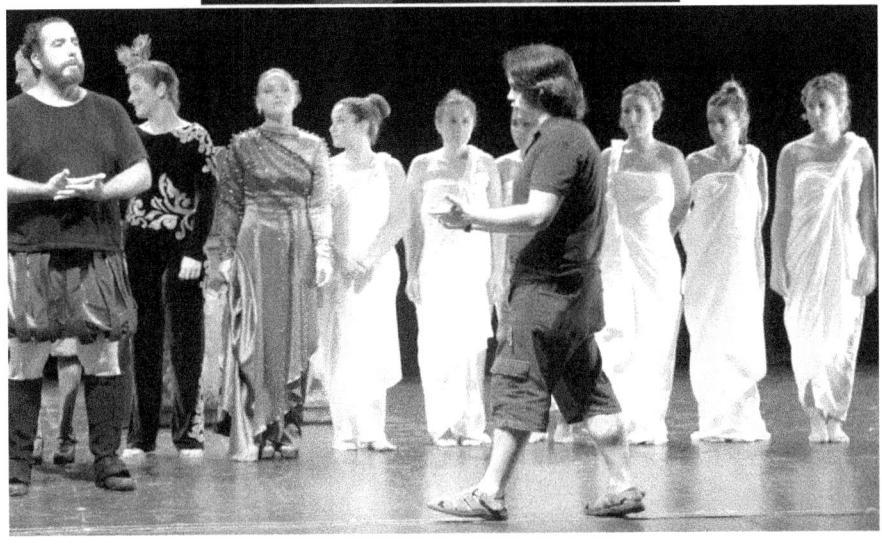

Capítulo 10
La composición y la estética

"LOS ESPEJOS SE EMPLEAN PARA VERSE LA CARA;
EL ARTE PARA VERSE EL ALMA." (BERNARD SHAW)

La contemplación de la pintura me encanta, considero que las mejores exposiciones de fotografía han heredado la maestría compositiva de la pintura. Y, asimismo, las mejores películas han heredado esa composición.

La composición es la disposición de los elementos que se colocan dentro del encuadre, junto con el ángulo y perspectiva de la cámara. Hay muchas reglas que se pueden aplicar para obtener un resultado armónico y simbólico; a mí, me gusta acentuar: *la ley de los tercios, la proporción áurea, la simetría, el peso visual, las diagonales y el relleno del espacio vacío.*

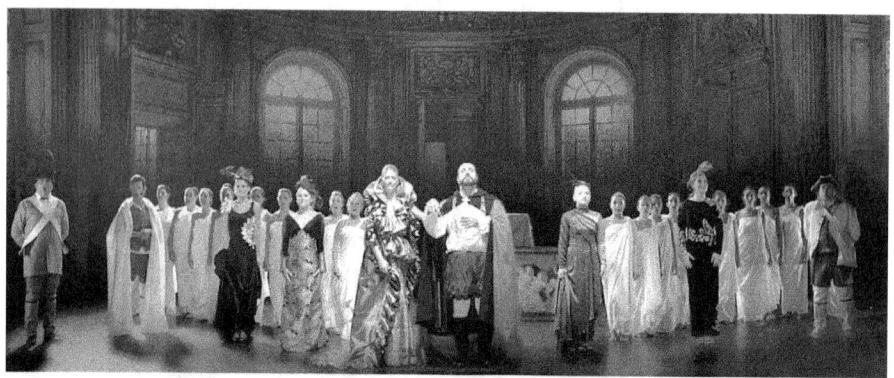

Trabajo con dedicación la composición de cada imagen de mis proyectos, ya sea para los propios planos de los fotogramas, o bien para la cartelería o los anuncios promocionales.

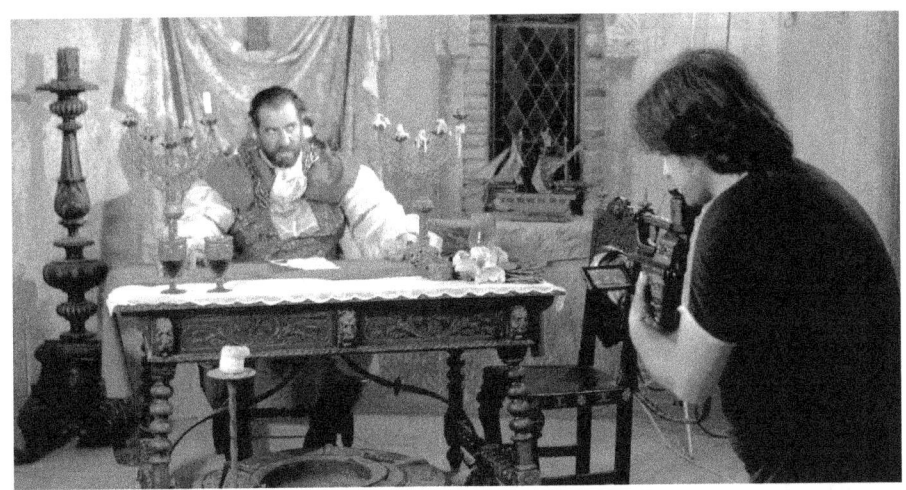

Usualmente, la labor estética se define poco después del guion, entre el director, el asistente de arte y el asistente de producción. Y la labor compositiva del plano se define, entre el director del largometraje y el asistente de fotografía. A mí me gusta ocuparme de lleno de estos asuntos. Cuando hicimos *Las hijas de Danao*, muchas veces asumí esta labor en solitario, casi siempre por falta de tiempo de otros compañeros del equipo. Igualmente, aunque los asistentes de arte, producción y fotografía participen activamente, yo sigo volcándome profundamente porque para mí, cada fotograma merece la dedicación de un cuadro pictórico. No me basta con filmar un plano meramente informativo, me gusta componer cada imagen con el significado estético y comunicativo que quiero darle.

El guion de este largometraje está compuesto de treinta y ocho secuencias a lo largo de ciento ocho minutos. Los planos más sencillos los dejamos descritos en el guion técnico y los planos más complicados, además de escribirlos, los dibujé en *storyboard*. En una producción de presupuesto modesto suele dibujarse poco o casi nada porque es una tarea que requiere de tiempo y/o inversión monetaria. Los cortometrajes, al ser producciones más breves, sí que suelen dedicar un tiempo a la creación de un *storyboard*, pero como digo, en un largometraje de una duración estándar (38 secuencias, divididas en 152 escenas) como nuestra película, la cosa cambia. No obstante, dibujé (porque es una afición que me gusta) hasta setenta y tres encuadres que corresponden con los planos más complejos de filmar.

Capítulo 11
¿Por qué la ópera y la música clásica?

> "LA MÚSICA ES EL ÚNICO CAMINO
> HACIA LO TRASCENDENTE." (WOLFGANG AMADEUS MOZART)

Creo que mi primer acercamiento a la música clásica, fue la película de Milos Forman, *Amadeus* (1983), donde, como el propio director dice: *"la música es otro personaje más del film"*. Descubrí esa película cuando tenía doce años, en 1992, y me encantó. Ese mismo año, había que presentar un trabajo escolar sobre alguna personalidad histórica y sin dudarlo, elegí a Mozart. Claro que, para la realización del trabajo, no bastaba sólo con lo que recordaba de la película, porque además mi padre me dijo que *Amadeus* estaba basada en la obra teatral de Peter Shaffner y que debía tener muchas partes de pura ficción. Saqué varios libros de la biblioteca y así es como realicé mi trabajo, realizado a máquina de escribir y con algunas fotografías fotocopiadas.

Después de ese trabajo escolar, mi conocimiento sobre Mozart y otros compositores era mucho mayor. Poco tiempo después, casi de manera providencial, empezó a anunciarse en la televisión una colección novedosa con toda la discografía en CD de Mozart. Con mis ahorros me compré los dos primeros fascículos. A partir de ahí, seguí ampliando mis conocimientos y mi colección de música, muchas veces grabando conciertos de Radio Clásica en casetes.

Por aquellas fechas, mis padres me apuntaron a una academia de música, donde fui instruido en solfeo durante dos años. También aprendí a tocar el acordeón.

En 1994 entré al bachillerato. En el instituto, todo era nuevo para mí. Había una asignatura que me atrapó y parte de ese acogimiento es debido a la profesionalidad de la docente. Fue la única profesora por la que tenía ganas de ir al instituto.

La profesora de música, llamada Carmen Riveros, era una mujer joven y elegante, de unos treinta años, que venía de Madrid. Estaba destinada en aquel instituto de forma temporal. Resulta que muchos años después supe que Carmen realmente es profesora de francés, que su trayectoria ha sido siempre la filología francesa y que impartió música ¡un solo año en su vida! justo el año y clase que me tocó como alumno. Es una maravillosa casualidad; las personas pueden influir en otras a lo largo de muchos años sin pretenderlo.

Yo, que tengo a esta mujer relacionada con la música y que de tarde en tarde recuerdo alguna explicación suya sobre la historia de la música clásica, resulta que fue solamente un año el que se ocupó como profesora de música. Lo hizo genial. A mí me parecía que era la profesora más tranquila y serena del centro, inspiraba confianza. Nunca la oí alzar la voz ni regañar a nadie, sino que, con calma y sabiduría, iba induciendo a los alumnos a que llegasen ellos mismos a la búsqueda de las respuestas.

El aula de música era un lugar pequeño, situado al otro extremo del resto de aulas. Había una pequeña pizarra que parecía sacada de otros tiempos. Sin embargo, la profesora equipó el aula con una colección de vinilos y cintas de música clásica muy interesante.

Las clases de música eran un alivio en el horario de clases. Representaban para mí un respiro, un momento de disfrute frente a todas las otras clases. Estaba deseando ir y sentarme en la primera fila.

Haynd, Mozart, Beethoven, Scarlatti, Palestrina, Händel, Vivaldi, Strauss, Wagner, Mahler, Telemann, Grieg... La profesora fue instruyéndonos por la historia de la música en todo aquel año de 1º de BUP. Desde la música prehistórica según estudios antropológicos, pasando por la música antigua, profundizando algo más en la música medieval y mucho más en el renacimiento y etapas modernas.

Aunque han pasado muchos años, sigo acordándome de aquella profesora, de sus enseñanzas, de sus clases y de los momentos fascinantes escuchándola. Posiblemente, ese fue el germen de que en las siguientes etapas de mi vida fuese descubriendo y aprendiendo más de la música clásica.

Muchos años después, cuando empecé a escribir el guion de *Las hijas de Danao* y mientras terminaba los detalles de la ópera de mi película, me acordaba de aquellos momentos.

Capítulo 12
Sobre esta ópera: Les Danaïdes

La ópera *Les Danaïdes* constituye una buena parte de la banda sonora de la película, junto a la composición original de Victor Caytas (más adelante, hablo de los temas originales). *Les Danaïdes* está basada en el mito griego de las danaides.

Las danaides es un mito fundacional, es decir, de los más antiguos de nuestras raíces culturales; está fechado aproximadamente en mil quinientos años antes de Cristo. En *La Odisea* ya hay algunas referencias. Homero habla de "los danaos" que son los descendientes del país del rey Danao.

Es también un mito fundacional de la ciudad-estado de Argos, una de las más antiguas de Grecia. Argos da al mar, de cara a Egipto. Según el mito, el rey Danao tenía como hermano a Egipto, rey del país del mismo nombre. Los mitos ofrecen una explicación a hechos naturales o históricos; en este caso, este mito explica el paso de dos épocas, de la antigua época egipcia hasta la época helénica.

Este mito de las danaides también se le considera un mito fundacional de la civilización micénica, que fue la primera cultura que existió en el período helénico, desde el 1600 al 1200 antes de Cristo aproximadamente, coincidiendo con el final de la Edad del Bronce.

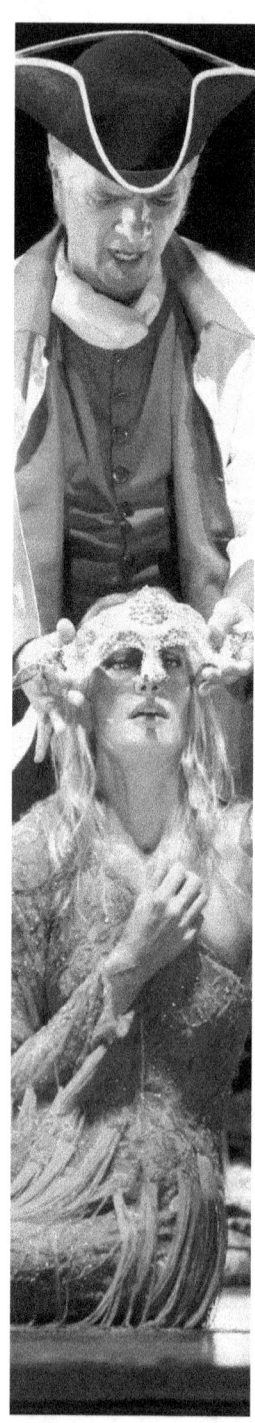

Básicamente, este es el mito helénico. Una leyenda, junto con otras muchas, que se ha ido copiando, replicando a lo largo de los siglos. Mil años después de su creación, sobre el 460 antes de Cristo, el poeta Esquilo plasma el mito en su tragedia *Las suplicantes (Hiketides)*. Esta obra, *Las suplicantes,* era parte de una tetralogía que ya no se conserva. El mensaje que lanzaba es que cualquier decisión humana en una controversia (como el dilema de las danaides) conducirá a la desgracia.

También, en época romana, en el año 40 después de Cristo, el poeta Ovidio hace referencia a las danaides. Los escritos romanos fueron una de las mayores fuentes de conocimiento del mundo medieval y son la base cultural durante siglos posteriores. Desde aquí, el mito perduró hasta la época en que se escribió la ópera.

En algún momento de la vida del poeta italiano y libretista de ópera Raniero di Calzabigi, ya fuese en su juventud (1740) o cuando trabajaba con Gluck (1760), tuvo lugar la escritura de un primer libreto sobre este mito. Un trabajo que no llegó a representarse a causa de la avanzada edad de Gluck. Años después, los libretistas de Gluck reescribieron, esta misma ópera para el compositor Antonio Salieri.

En el libreto, una de las protagonistas es Plancippe, hermana de Hypermnestre. Sin embargo, Plancippe no aparece en ninguna genealogía de la mitología griega como hija de Danao. Es posible que el libretista se refiriera a la danaide Glaucippe, ya que las genealogías que se conservan están muy deterioradas y algunos nombres son casi ilegibles.

La ópera de Antonio Salieri es preciosa, cuando la descubrí me encantó. La elegí por su belleza y por todo lo que rodea a un autor que estuvo tan cerca del genial Mozart; y de la fascinante Antonieta, reina de Francia.

Antonio Salieri fue un compositor excepcional que convivió algunos momentos como compañero creativo de Mozart. Compositor de música sacra, ópera y director de orquesta, vivió en la Corte imperial de Viena trabajando también como maestro de capilla. Salieri tuvo la suerte o desgracia de coincidir en el tiempo con Mozart, el cual tuvo mucha mayor repercusión.

Hasta comienzos del siglo XX, había cierta confusión y se creía que la partitura final de *Les Danaïdes* era de Gluck. Sin embargo, fue sencillo descubrir mediante documentos oficiales, que realmente la ópera fue compuesta por Antonio Salieri y que también la dirigió en estreno absoluto ante la Corte de Francia el 19 de abril de 1784.

La ópera está dedicada a María Antonieta ni más ni menos. ¡Tan sólo cinco años antes de la revolución francesa! Una época que ya se mostraba tumultuosa ante una ciudadanía cada vez más descontenta. Es irónico que esta ópera (en la que todos los personajes de la familia del rey Danao mueren) se estrenase en esas fechas, ya que ese mismo final le esperó a la familia real francesa. Una época muy interesante, que recientemente he podido plasmar en mi cortometraje *Disonancias*.

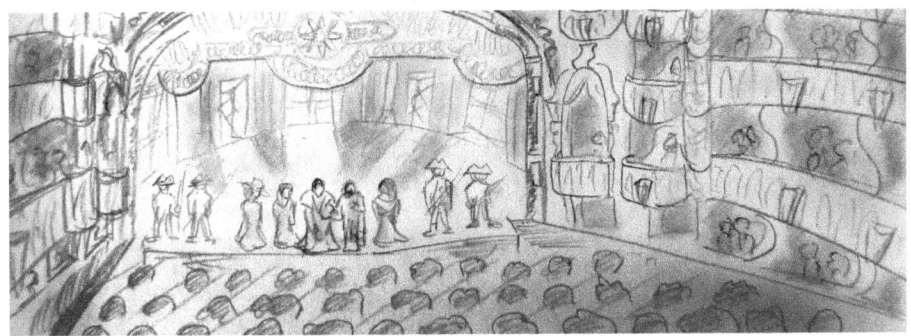

Desde la preproducción, ya había ideado el efecto: insertar el escenario (en edición) dentro de la grabación de París.

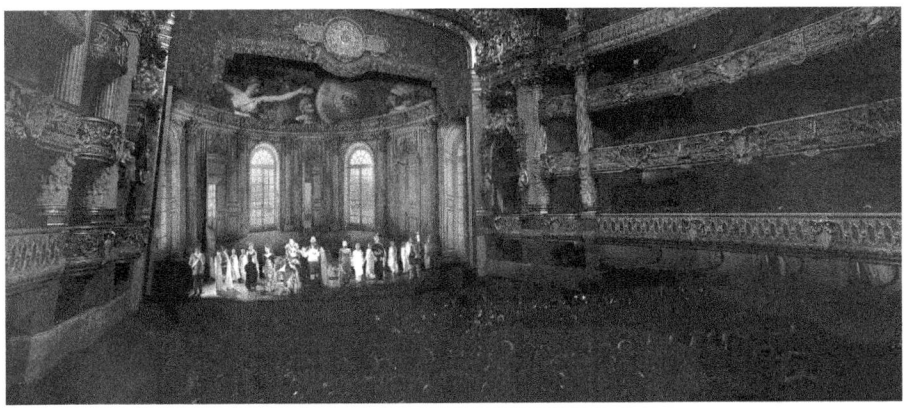

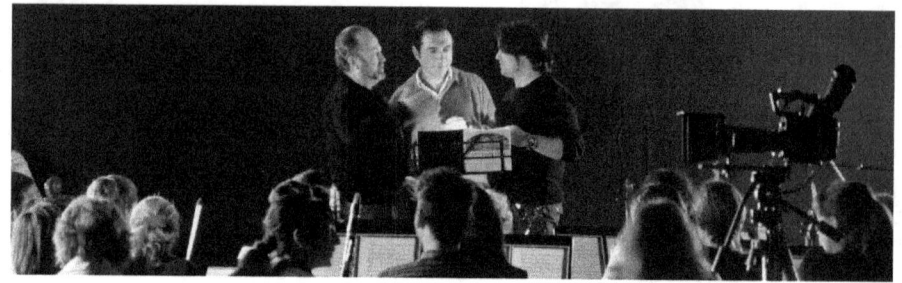

El libreto de la partitura consta de cinco actos a lo largo de 280 páginas de música manuscritas por el propio Salieri. Se encuentra en Texas (desconozco por qué está en EEUU y no en la Fundación Salieri en Italia o en Francia, ya que fue un encargo de la corona francesa...). No obstante, pude echar un vistazo a una copia digital.

Gracias a eso, pudimos corregir algunas erratas en la letra que circula por internet. Tras la portada, hay una carta dirigida a la reina, firmada por el mismo Antonio Salieri, con una caligrafía preciosa. Una época en la que se tardaban horas en escribir esta carta como esta, con pluma de ave, tinta, un cuidado inmenso en no manchar el papel con gotas, en trazar las letras de forma estilosa, y una planificación de saber qué iba a escribir (luego no se puede borrar). Me gusta tanto esa carta, que la incluiré si algún día hago una película que gire en torno a la figura de esta reina.

En base a esta maravillosa ópera de Salieri, construí el guion de mi película. Un thriller detectivesco que tiene relación con el misterio que acontece encima del escenario de la ópera.

Para ello, contaba con la partitura musical de Salieri y con el libreto, de los cuales obtuve la música y la lírica, pero las páginas con la escenografía de la ópera se perdieron hace siglos. Entonces diseñé el atrezo, los fondos, la escenografía y los movimientos de personajes sobre el escenario, las caracterizaciones de los cantantes, basándome en las investigaciones que realicé sobre escenografía operística del siglo XVIII, con la ayuda del tenor Jesús Gómez y de la asesora actoral Cristina Fargas.

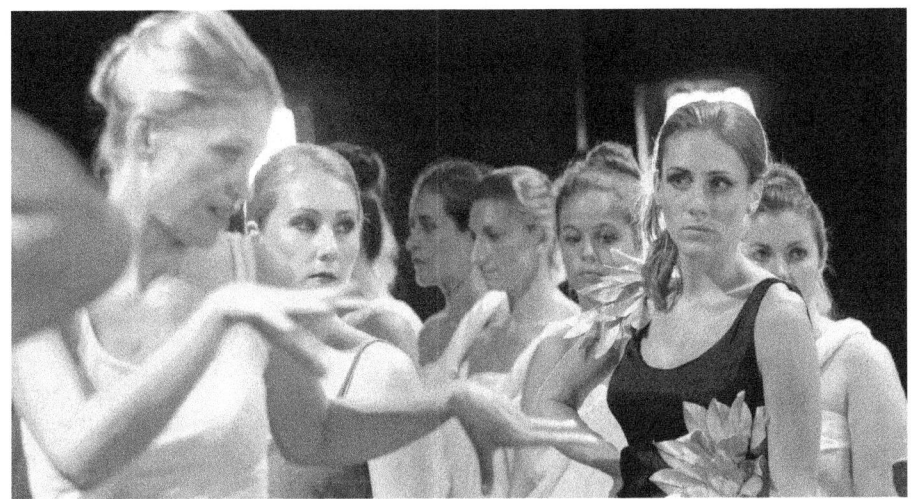

A mitad de 2013, después de haber rodado toda la película, me llamaron para un par de reuniones en la oficina de impulso I+D de Málaga, donde me dejaron caer que esta película podría que optar a una ayuda del Estado por aportar a I+D por el hecho de la ópera. Esto no pudo hacerse finalmente por diversas cuestiones empresariales que escapaban a mi mano; pero me alegró que hubiese expertos que veían en la película un interesante valor en su guion.

Voy a detallar las partes exactas que usé de la ópera de Salieri para el diseño de las escenas de la película.

1. Libreto de la ópera:
   Tercer acto, tercera escena: Allegro e coro danzato

Elegí la tercera escena del tercer acto de la ópera para la banda sonora del comienzo de la película. Su carácter épico, con sus subidas y bajadas de intensidad, me era propicio para meter los planos iniciales. La letra del coro habla sobre el poder del amor y es algo que me gusta porque contrasta con los planos de acción en la calle que voy alternando con planos de nuestra orquesta: El personaje del director de orquesta (interpretado Antonio Montiel) da indicaciones a sus músicos. Los cantantes están por el escenario, riendo, hablando, vistiéndose, más relajados. Ambos planos intercalados contextualizan e introducen la película.

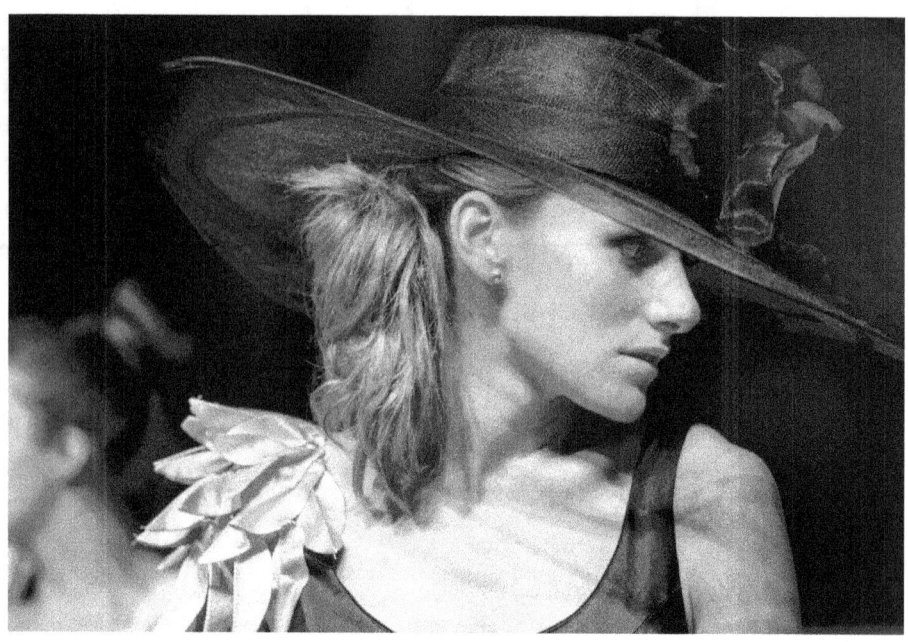

2. *Libreto de la ópera:*
   Primer acto, escena segunda: Duetto e coro

Los personajes Pierre (Paco Roma) y Alain (Max Millán) entran a ver un ensayo, en el escenario están Lyncée (Norberto Rizzo) e Hypermnestre (Erica Prior), que cantan el *Duetto*.

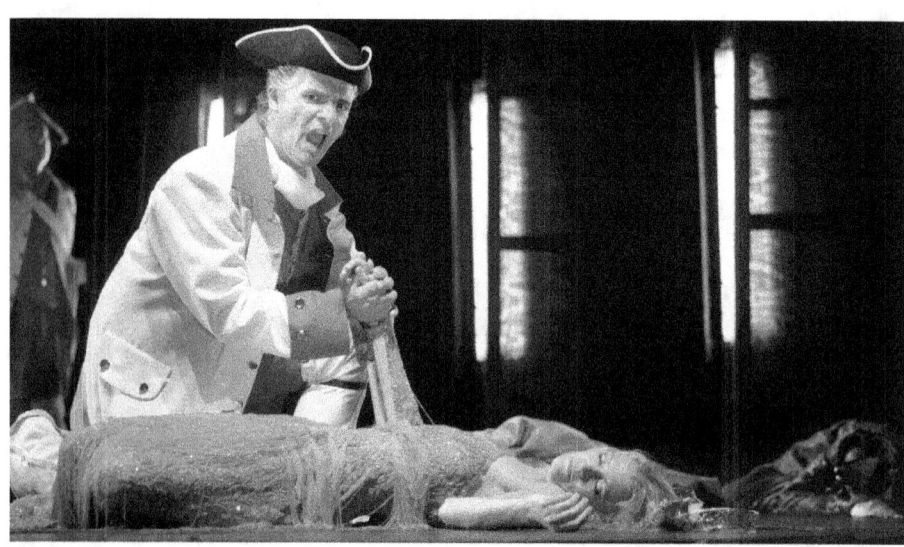

3. Libreto de la ópera:
Quinto acto, escenas novena y décima: Recitativo y coro

Elegí la música de este pasaje como banda sonora de la siguiente escena de la película: La directora de escena (interpretada por Mónica Aragón) permite que los detectives Pierre y Alain vean el último acto en un ensayo general de los cantantes.

4. Libreto de la ópera:
Tercer acto, primera escena: Allegro

Al final de la película se estrena la ópera. En la ficción, el coro y la orquesta interpretan este *Allegro*. Aunque pertenece al tercer acto de la partitura, yo la utilicé como si fuese la obertura. Es una licencia discordante que me tomé en la película con respecto a la música. Los motivos son estéticos, ya que por ritmo visual y compositivo me encajaba perfectamente la transición de las secuencias en París con el estreno de la ópera.

5. Libreto de la ópera:
Primer acto, primera escena: Allegro vivace, recitativo

Este realmente es el inicio de la ópera *Les Danaïdes* en la partitura de Salieri. Yo lo usé como segunda escena de nuestra ópera, ya que la velocidad de la música acompañaba muy bien la acción y la tensión de la trama de la película. El rey Danao (interpretado por Rafa Chaves) y Lyncée (Norberto Rizzo) llegan a un acuerdo. Como escenografía propia, los situé firmando un contrato con pergamino y pluma y, como tinta, la sangre de cada uno de los dos. Para celebrarlo, Danao invita a una copa de vino a Lyncée y ambos beben por el futuro; la mirada de Danao oculta maldad y la de Lyncée transmite temor.

Luego, mientras el coro canta, alterné los planos de Thérèse Voiron (Beatriz Rico) discutiendo con su marido (Mel Rocher) y el detective (Paco Roma).

6. Libreto de la ópera:
Primer acto, segunda escena: Duetto e coro

A continuación, los personajes de Hypermnestre (Erica Prior) y Lyncée (Norberto Rizzo) interpretan su *Duetto* romántico que anteriormente se vio en la escena del ensayo. En esta ocasión, ambos personajes están rodeados del atrezo correspondiente: un entorno palaciego inundado de colores. Encontramos el lugar perfecto en el Castillo de las Águilas de Benalmádena e hicimos muchos juegos de luces a través de las vidrieras. Los actores cantan este *Recitativo Scena II* y el *Duetto* termina con un beso entre sus personajes, Hypermnestre y Lyncée. Me sorprendió porque no estaba en el guion. Fue una idea maravillosa del tenor Jesús Gómez.

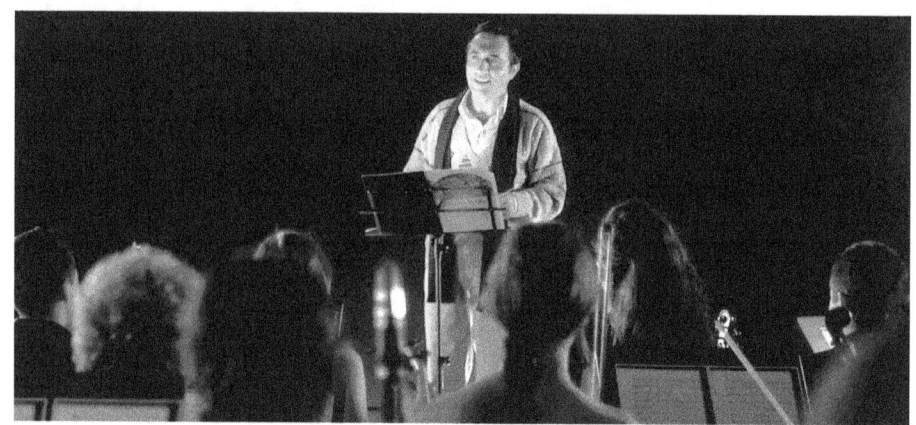

7. Libreto de la ópera:
Quinto acto, escena novena y décima: Recitativo e coro

Al final de la película tiene lugar el final de la ópera; para que vuelvo a usar este precioso *Recitativo e coro*. El rey Danao (Rafa Chaves) baja unas escaleras y se apoya en unas columnas mientras cae malherido. Esta parte de la ópera se cruza muy simbólicamente con las secuencias de la trama del final de la película. La realización de estos casi veinte minutos tuvieron una producción y una complejidad técnica muy diferente al resto de la película, porque íbamos supeditados al *playback* de los actores y a la trama de la película.

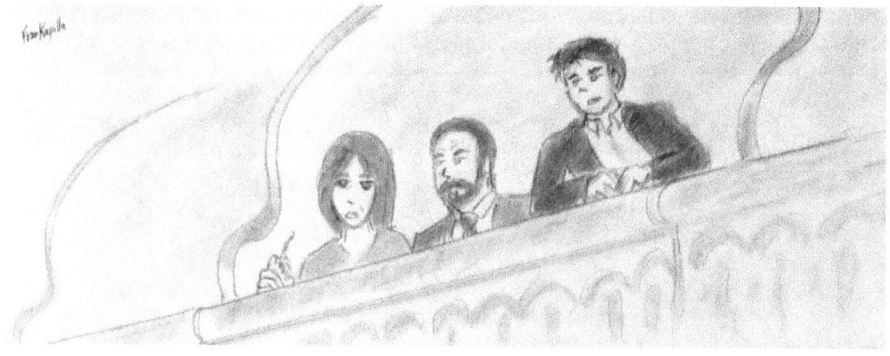

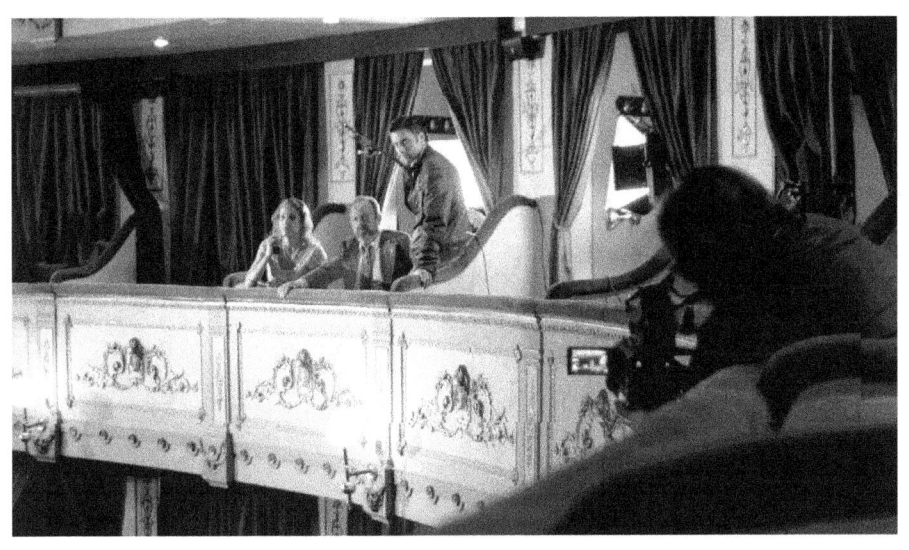

Capítulo 13
Nuestra adaptación cinematográfica de la ópera

"NO ES POSIBLE HACER UNA BUENA PELÍCULA SIN UNA CÁMARA
QUE SEA COMO EL OJO DE UN POETA." (ORSON WELLES)

La transcripción de la ópera es un trabajo que hizo mi esposa Escarlata Godiri, oyendo la música, leyendo la copia de la partitura original de Salieri y corrigiendo la letra que circula por internet. Ya que se hizo esta labor, he decidido incluir las letras de las partes de ópera que salen nuestra película, y así saber qué están diciendo exactamente los actores. También he incluido unos fragmentos de pentagramas para que el lector musical tenga una ligera idea sobre cómo suena. La partitura original manuscrita tenía doscientas ochenta páginas.

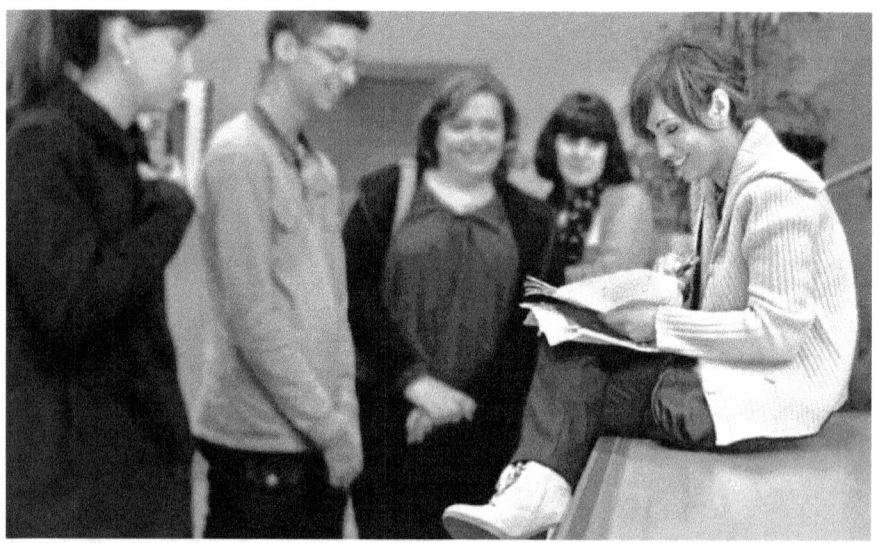

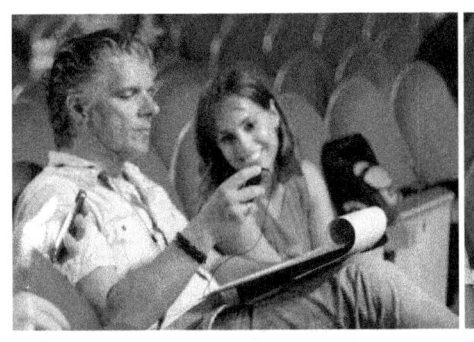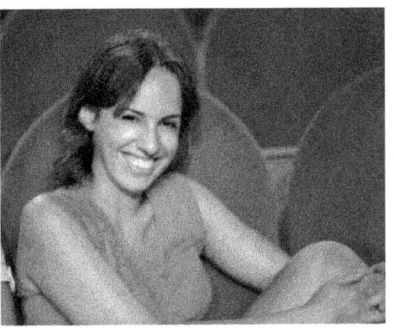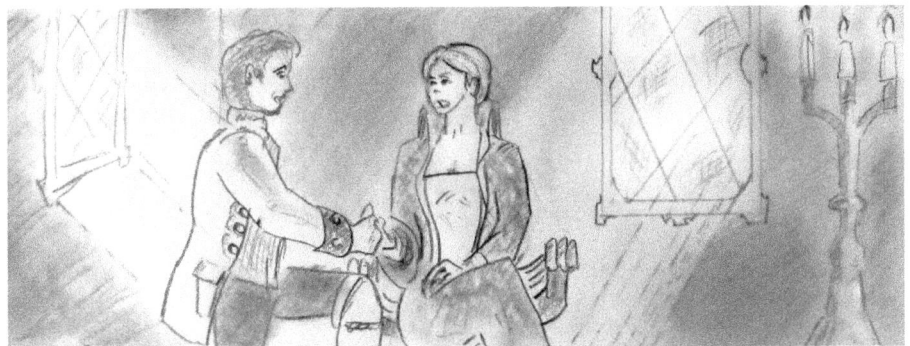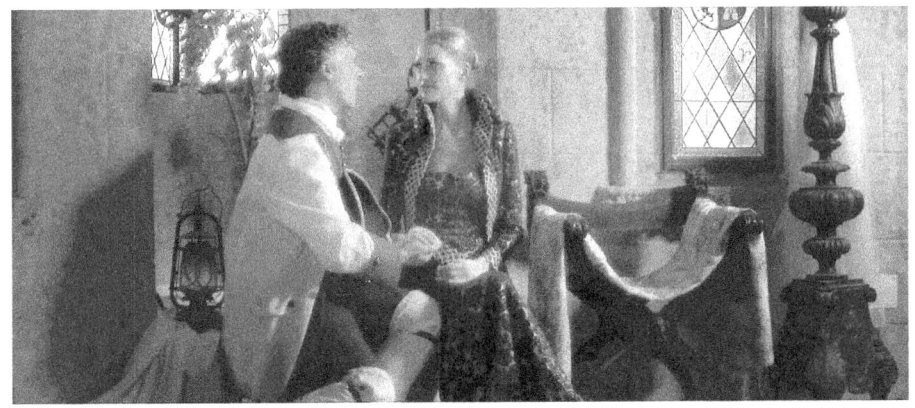

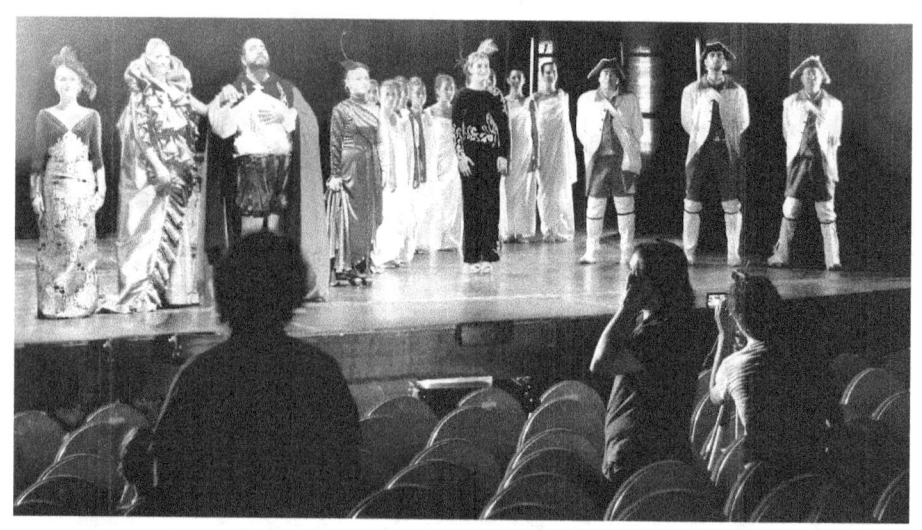

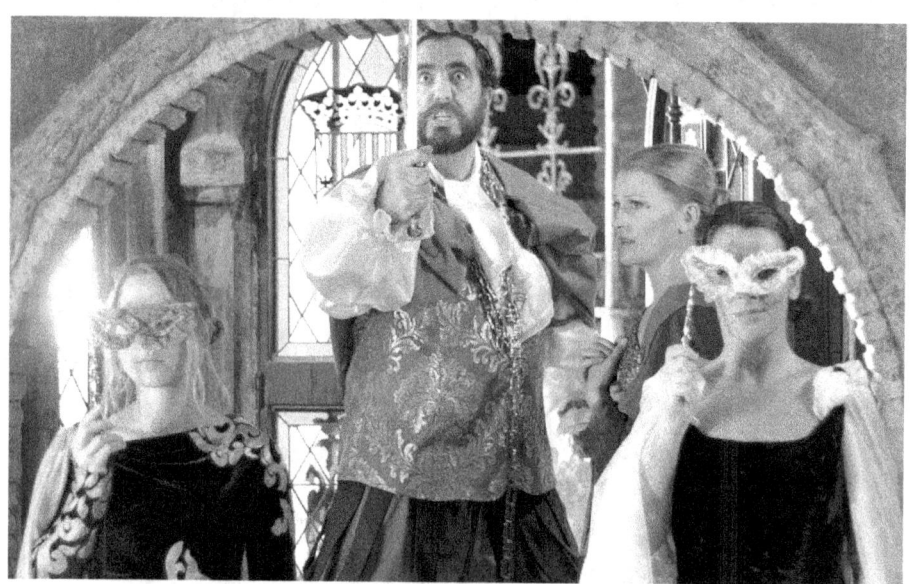

Capítulo 14
Rodaje en el hotel Beatriz Palace

"CADA TAREA, POR INSIGNIFICANTE QUE PAREZCA, DEBE
REALIZARSE LO MEJOR POSIBLE." (SANDRA DAY O'CONNOR)

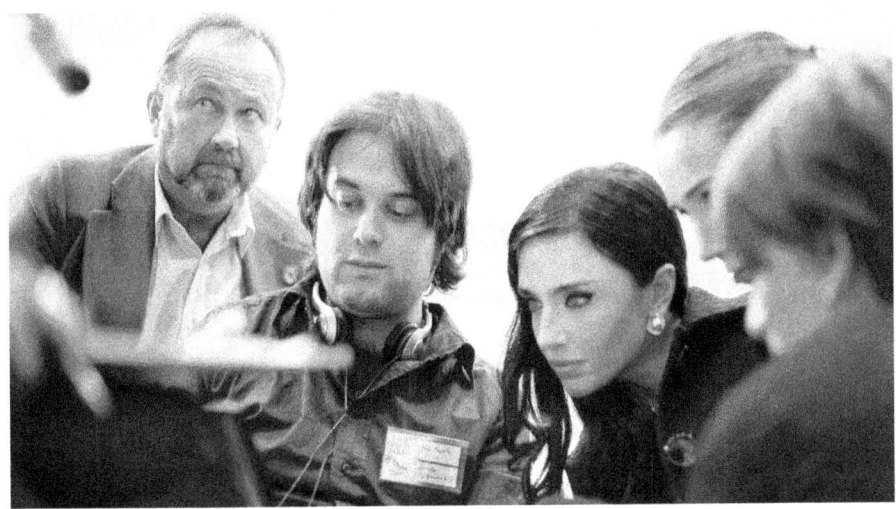

En mi planificación, dividí el tiempo de la actriz Beatriz Rico en tres días de rodaje. En el primero, debían rodarse las secuencias que tienen lugar en la casa de su personaje, Thérèse Voiron (en el hotel *Beatriz Palace*); el segundo día, se harían las escenas que tienen lugar en casa del personaje de Michelle (en *La Casa Invisible);* y el tercer día, se grabaría una conversación dentro de un coche (en calle La Unión) y el ahogamiento (que iba a rodarse en casa de Cristina Fargas, aunque finalmente grabamos esa escena también el segundo día en *La Casa Invisible*).

Así, el primer día con Beatriz Rico tuvo lugar en el hotel *Beatriz Palace* (Fuengirola). Yo había llegado a un acuerdo de colaboración con el director del hotel, a cambio de disponer del salón y de la *suite* para rodar, alojaríamos a Beatriz en dicho hotel y haríamos toda la publicidad posible durante la promoción.

El acuerdo fue muy beneficioso para ambos, nosotros dispusimos de esas localizaciones y durante años hemos estado promocionando el hotel. Las propias redes del hotel hicieron eco de la noticia del rodaje, con lo cual, todos salimos ganando.

Este hotel, el Beatriz Palace de Fuengirola, lo elegí como localización desde el primero momento en que lo vi. Me gustó mucho su disposición, es un lugar con salones amplios, con pasillos largos. Esta forma permite colocar todo el equipo de luces y cámara a un lado, y a los actores al otro, y dar la sensación de que se trata de una habitación cuadrada estándar. En la trama, este pasillo de hotel que conduce hasta el salón de baile, es la casa de Thérèse y Jean Voiron en la ficción.

He de decir que ese primer día de rodaje con Beatriz Rico fue un tanto caótico (por la organización con los técnicos), aunque el resultado del rodaje salió bastante bien desde el punto de vista técnico y excelente desde el punto de vista interpretativo.

Meses antes de comenzar la película, Beatriz Rico, Mónica Aragón y yo habíamos ensayado en Madrid. Así que ya lo teníamos la parte actoral bien aprendida antes del inicio del rodaje. Le dije a Beatriz que viniese a Málaga un día antes del rodaje, así aprovechamos para quedar con la asesora de interpretación Cristina Fargas y hacer un último ensayo general. Aquel inicio fue muy bueno, los actores se integraron como un equipo sólido y maravilloso.

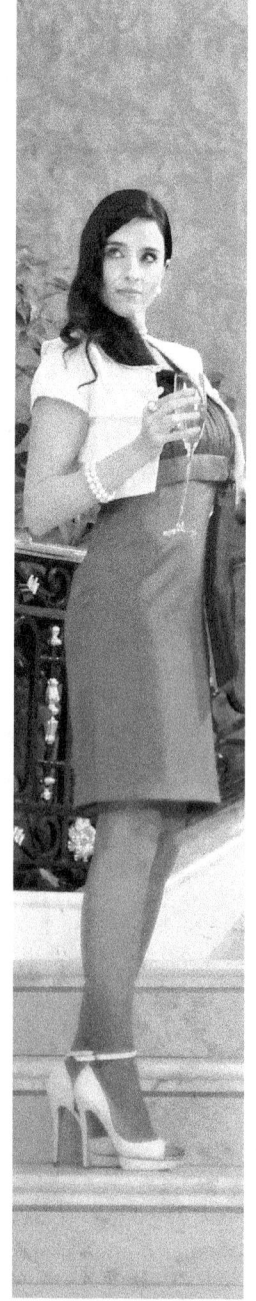

Al día siguiente, habíamos quedado con Beatriz a las siete y media de la mañana, así que salimos de casa a las seis, tiempo de sobra para llegar, puesto que se tardan cuarenta minutos en llegar al hotel de Fuengirola desde Málaga. Sin embargo, nada más montarme en el coche del asistente de producción Abraham, su vehículo pinchó una rueda y tuvimos que detenernos en una gasolinera para cambiarla por la rueda de repuesto. Como no me iba a dar tiempo a darle los buenos días a Beatriz Rico e ir explicándole las cosas del rodaje, llamé al coche de otros miembros del equipo que iban por la mitad del camino, les dije que entrasen a buscar a Beatriz para explicarle lo del pinchazo y que esperasen quince o veinte minutos más o menos.

A las siete y cincuenta, después de cambiar la rueda, nuestro coche ya iba por la mitad del camino. Recibí entonces una llamada de Beatriz, diciendo que qué pasaba, que dónde estábamos. Le conté lo del pinchazo y que si no se lo había dicho ya alguien del equipo. Me respondió que llevaba media hora en la recepción y que no había visto a nadie.

Llegué al hotel y me encontré a la gente del equipo en la puerta, fumando. Me enfadé bastante, no me podía creer que nadie hubiera ido a buscar a Beatriz, no sé si por timidez o por qué. No obstante, me tragué la lengua y no dije absolutamente nada a nadie, busqué a Beatriz y empezamos a hablar sobre el rodaje.

Las tardanzas de otros miembros del equipo no ayudaban en absoluto. Uno de los actores fundamentales llegó tardísimo y una persona del equipo técnico llegó aún más tarde. A las nueve y pico yo estaba haciendo llamadas para sustituirla y así salvar el día, cuando en ese momento llegó esa persona que faltaba. Al final, mi idea de comenzar a rodar antes de las diez, era ya una quimera.

El plan inicial era rodar de diez a doce una escena en el hall (con Mel Rocher, Antonio Martín, Kiu López y Jose Vallejo); luego de doce a tres, la escena del salón (con Beatriz Rico y el resto). Y después de comer, rodar de cuatro a ocho las escenas en la *suite* (con Paco Roma, Beatriz Rico y Mel Rocher).

· *Rodaje en el* hall

Esta escena era muy sencilla. Los actores estuvieron muy bien, hicimos un bonito trávelin lateral desde el espejo hasta el comisario (Antonio Martín). Es la escena donde el ministro (Kiu López) encarga al comisario que la investigación la lleve Pierre Lerosse, haciendo la primera mención al detective (Paco Roma).

A las doce de la mañana yo ya estaba nervioso y preocupado. Beatriz Rico tardaba mucho en bajar de su habitación, donde la estaban caracterizando. Subí a ver qué pasaba y me encontré a los estilistas muy distendidos, con calma, risas y fotos para las redes sociales. Cuando me pude bajar a Beatriz para empezar a rodar... ya era la una de la tarde. El tremendo retraso nos llevó a terminar el rodaje del salón a las ocho y pico de la tarde.

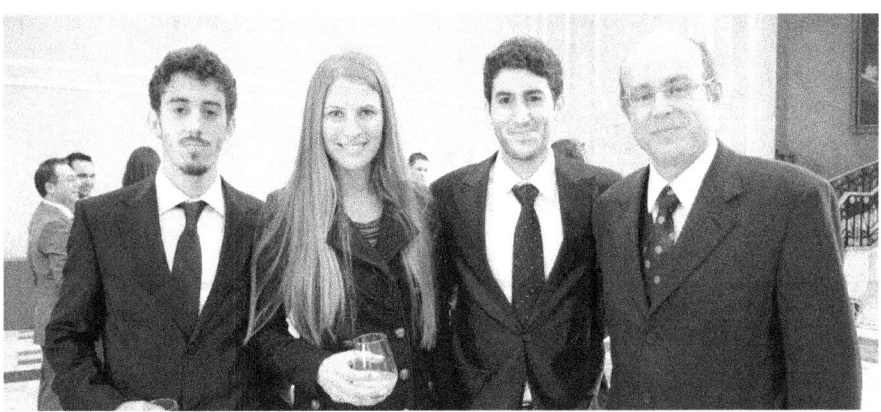

· *Rodaje en el salón del hotel*

Aquel día fue muy intenso. Era el primer día de rodaje con Beatriz Rico y yo quería que resultara lo mejor posible. Recuerdo que Beatriz Rico estaba pletórica, muy sonriente. Los planos que se hicieron con ella y con el actor Mel Rocher (Jean Voiron) fueron fluidos y con pocas repeticiones; además, los pocos errores se convertían en divertidas tomas falsas.

Ambos personajes descienden la escalinata de mármol y desde la mitad, hablan al resto de invitados que les observan. Esta escena la dispuse así aprovechando la suntuosidad de las escaleras, la belleza de un cuadro gigantesco que había en la pared con el rostro de Beethoven y, además, por el simbolismo jerárquico: Thérèse y Jean hablan desde arriba al resto, dominando con su posición. En la escena de las escaleras, tiene lugar la introducción de numerosos elementos de la película: se presenta la ópera de Antonio Salieri para los socios de la *Academia Musical Francesa*, se menciona el momento histórico (el Bicentenario de Mozart), se intuyen los roles de los personajes más relevantes, y se comenta el detalle de la fabricación de unas lujosas máscaras venecianas para la ópera. Rápidamente, aprovechando la presentación de este gran evento, el espectador se adentra en este contexto.

Aquel día, tuvimos una presencia numerosa de figurantes, que habían sido convocados para simular ser los invitados a la lujosa fiesta. Todos los figurantes traían elegantes vestidos y a todos se les repartió copas, que no contenían alcohol, sino zumos y gaseosas, aunque en algunas copas de figurantes se coló champán. Esto se hizo sin mi conocimiento; no me parece profesional tener alcohol en los rodajes.

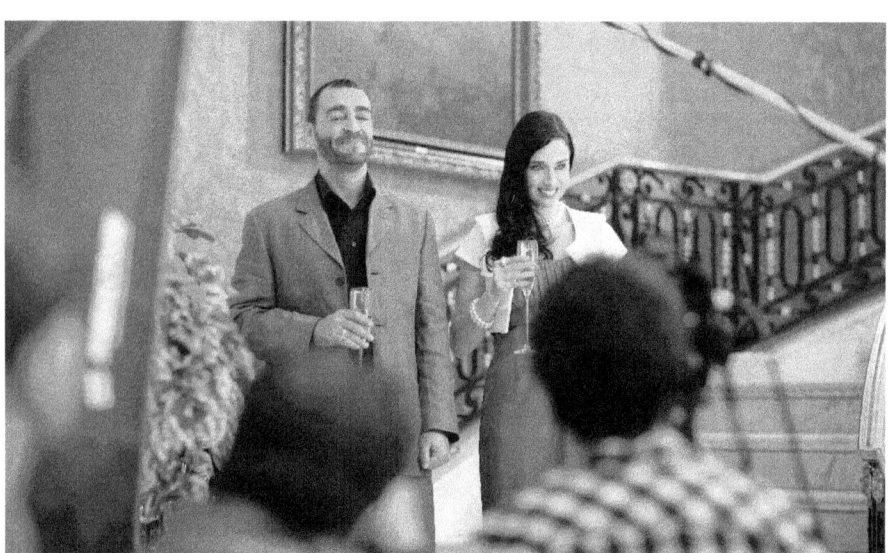

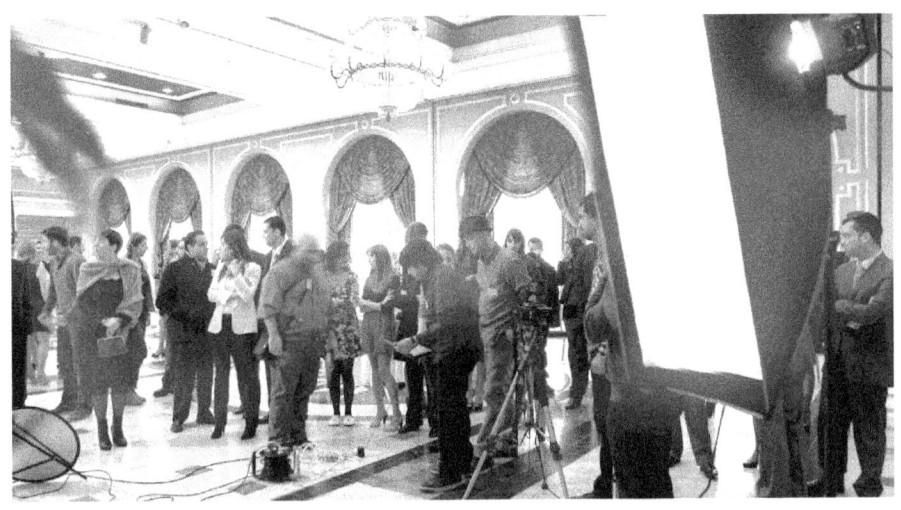

Luego, en mitad del salón tuvo lugar la conversación entre el ministro (Kiu López), la escultora Michelle Lambert (Susanna Pauw), la directora de la revista musical Thérese Voiron (Beatriz Rico), su marido Jean Voiron (Mel Rocher) y un guardaespaldas (Jose Vallejo). El rodaje quedó muy bien.

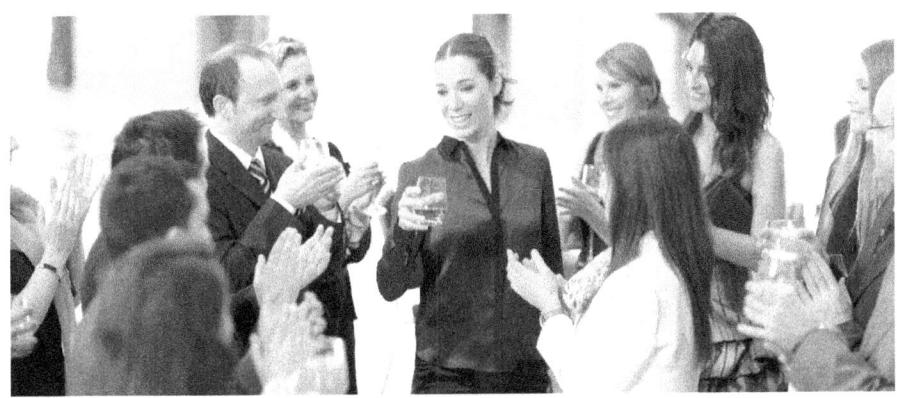

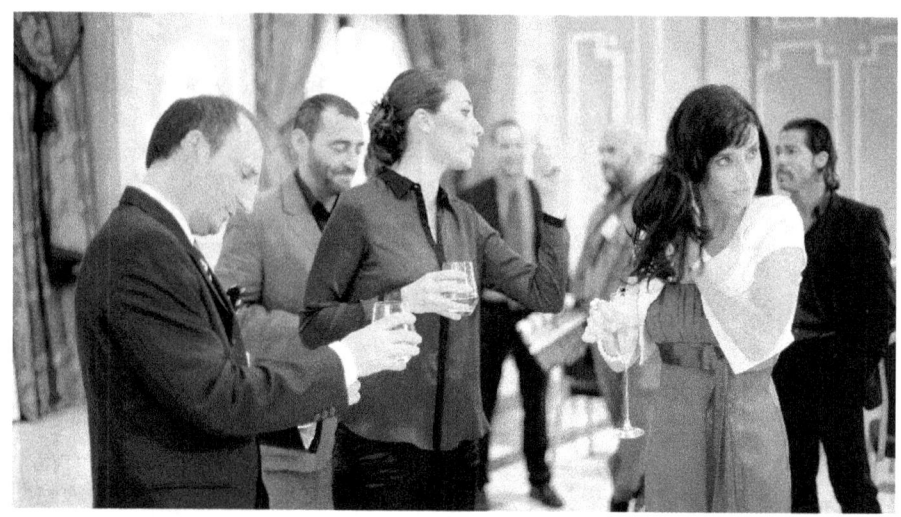

El único inconveniente es que, debido a los retrasos, muchos figurantes avisaron de que no podrían quedarse más allá de las seis de la tarde. Entonces, filmé primero los planos generales, llenos de gente antes de que los figurantes se marchasen, y luego, para la escena de la conversación, se me ocurrió una solución: Thérèse (Beatriz Rico) cogería del brazo a Michelle (Susanna Pauw) para sacarla del bullicio de gente y atraerla a un rincón del salón para hablar más privadamente.

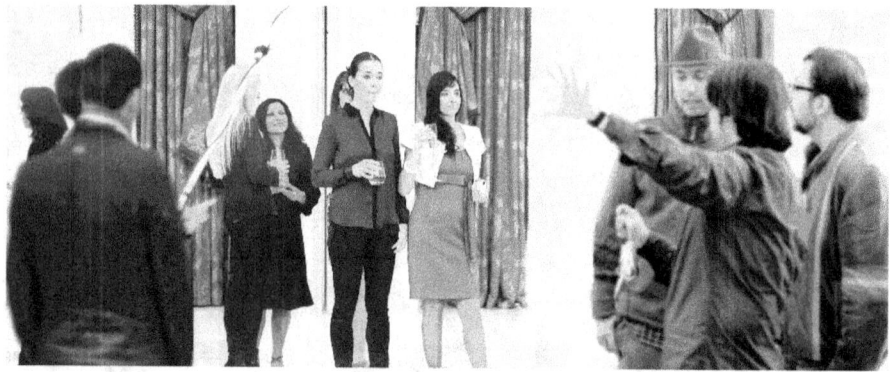

De esta manera, cuando la mitad de los figurantes se habían marchado, grabamos a Beatriz y Susanna en aquel rincón supuestamente alejado del gentío, y tan sólo puse a algunos figurantes pasando ante la cámara desenfocados (los que se pudieron quedar). Quedó muy bien.

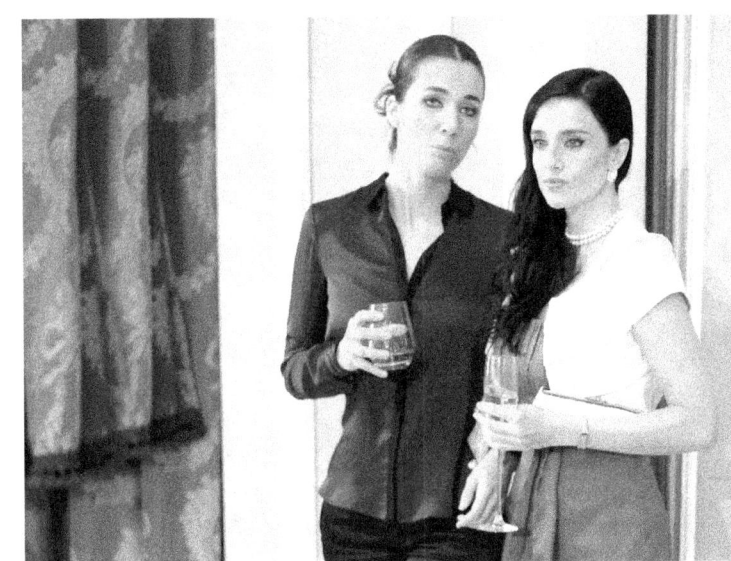

Quizá por la casualidad o por la inexperiencia, meses después encontré en el montaje que había algunos planos, que estaban sobreexpuestos, terriblemente saturados de luz. Yo no me di cuenta durante el rodaje. Me tocó mucho trabajo de edición digital a base de efectos de ordenador (como explico en el capítulo 50).

Escarlata se prestó a cuidar a unas niñas pequeñas, hijas de figurantes, para que sus padres pudieran participar.

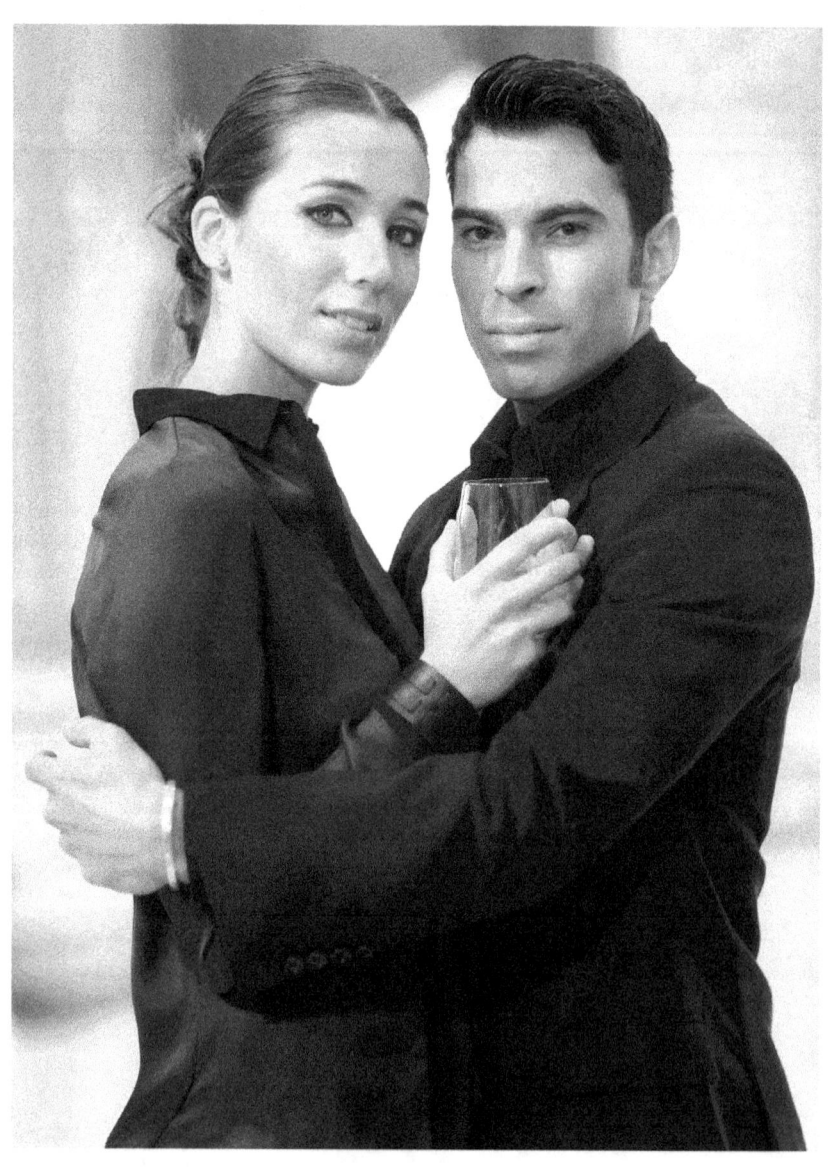

Cuando terminamos de rodar en el salón, se había creado un ambiente agradable. Aunque se había retrasado mucho, estábamos contentos porque habíamos cumplido con nuestros objetivos: habíamos filmado todos los planos.

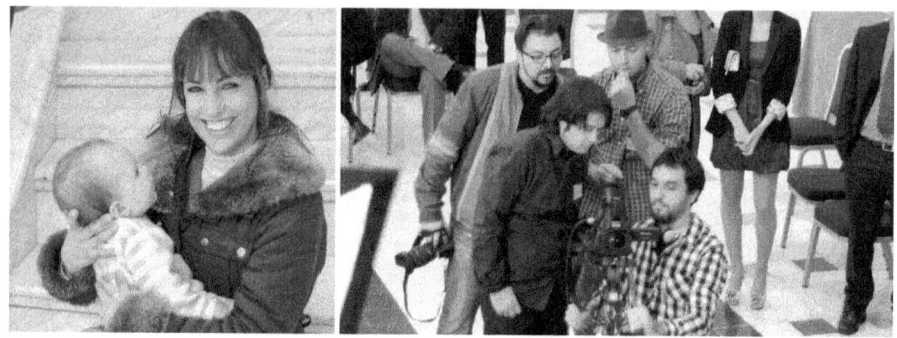

Entre fotos, abrazos y risas, mientras todos descansábamos, se me ocurrió una idea para hacer un refuerzo positivo del trabajo realizado: mostré parte de lo que habíamos grabado a través de un pequeño monitor para que todos visionásemos algunos planos. El equipo quedó encantado, el esfuerzo había merecido la pena.

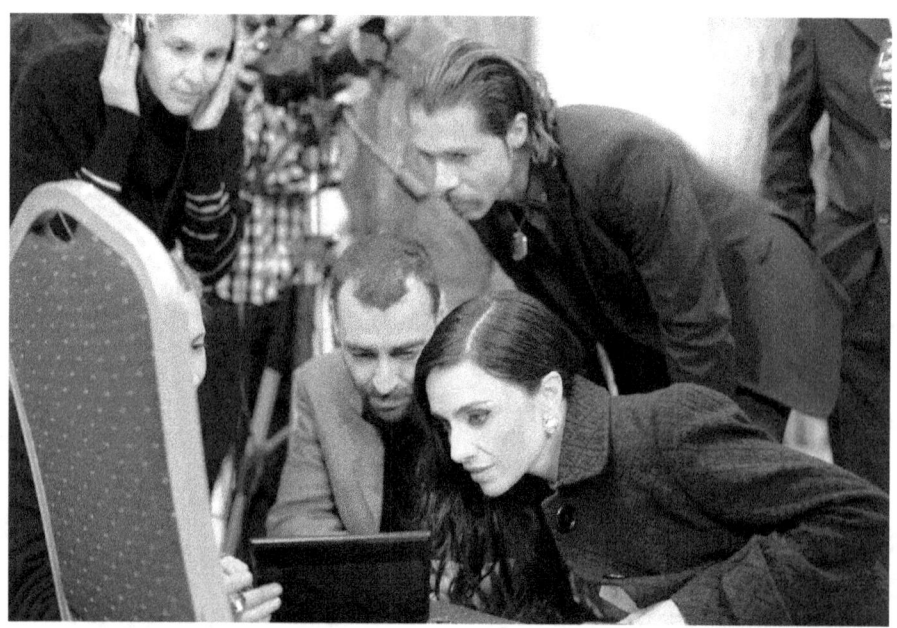

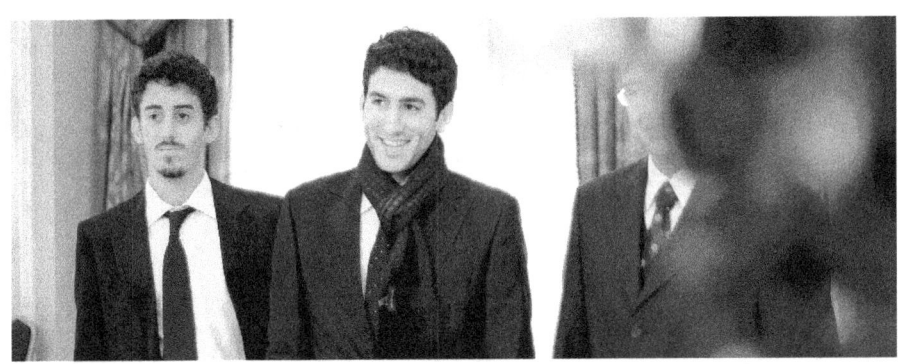
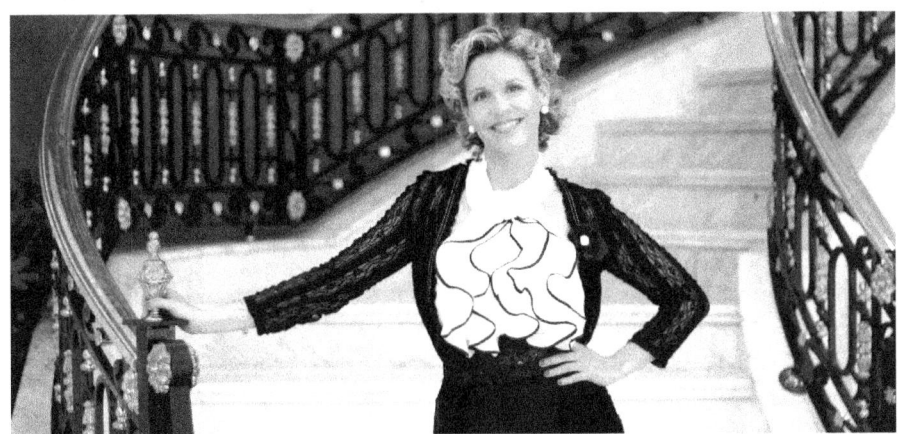
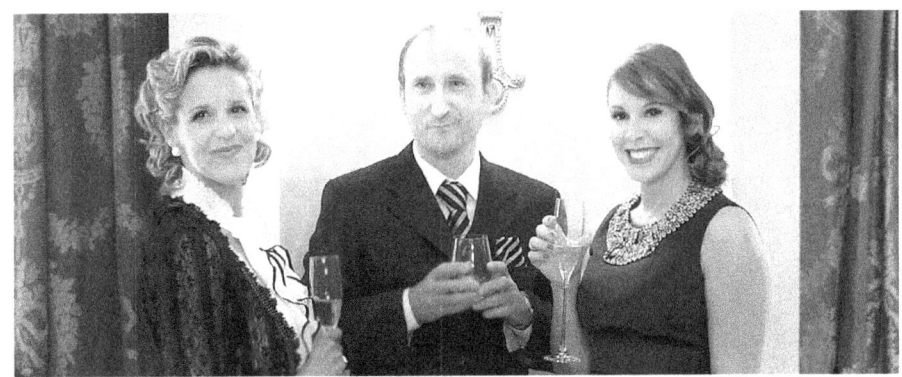

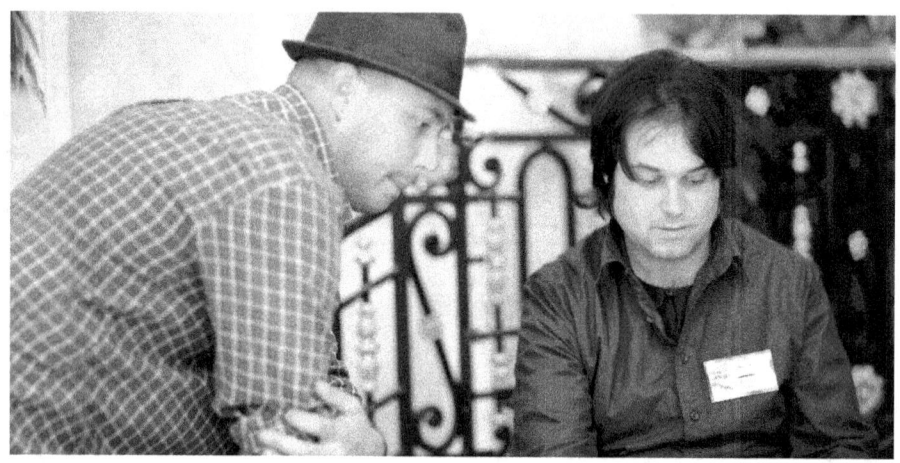

Al finalizar el rodaje del salón y antes de grabar arriba en la *suite*, llamé a todos los técnicos para tener una reunión exprés. Les dije que los enormes retrasos habían provocado el desajuste del plan de rodaje y que ahora, si empezábamos a grabar lo de la *suite*, se nos iba a hacer muy tarde.

Yo no quería abusar del tiempo de nadie y di dos alternativas a todo el equipo: *"Uno, nos vamos a casa y ya rodaré en Madrid la escena que falta dentro de días o semanas; o dos, nos quedamos y la terminamos aquí pese al cansancio."* Todo el mundo eligió la segunda opción y terminamos muy tarde por la noche.

· *Rodaje en la* suite

Decidimos seguir con el rodaje pese a la hora tan tarde. Cenamos y subimos a la *suite*. Allí tuvo lugar el rodaje con Beatriz Rico, Mel Rocher y Paco Roma. Estas escenas se filmaron muy tarde, entre las once y las tres de la madrugada, y mereció la pena. En los últimos momentos estábamos todos cansados, incluso a alguno de los técnicos se les cerraban los ojos en los descansos en los que esperaban a ser necesitados.

Todo lo que se grabó en la suite quedó perfecto, no hubo contratiempos de última hora, no hubo imprevistos allí y los actores estuvieron geniales. Son escenas con mucha tensión en la conversación; Paco, Beatriz y Mel estuvieron muy bien.

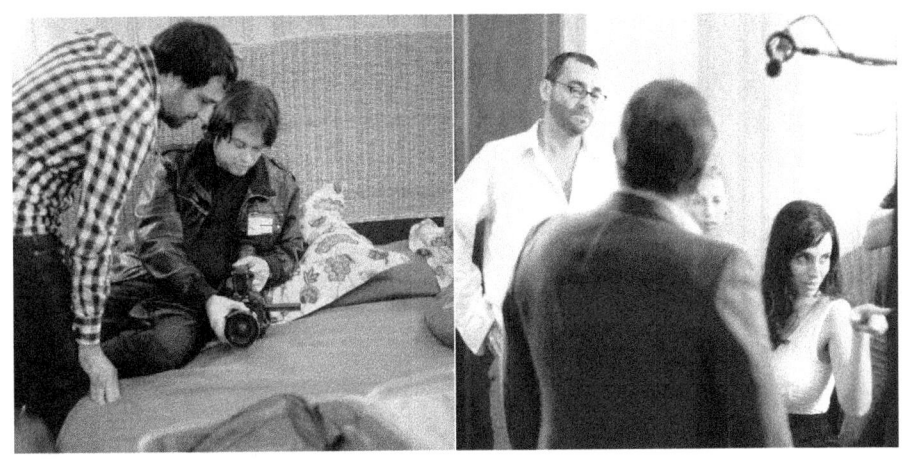

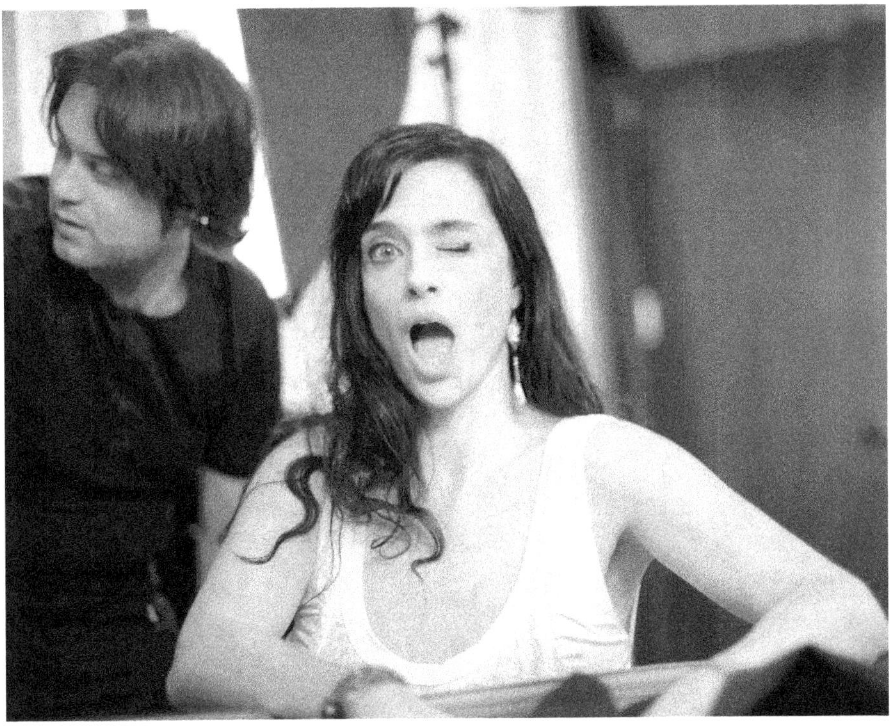

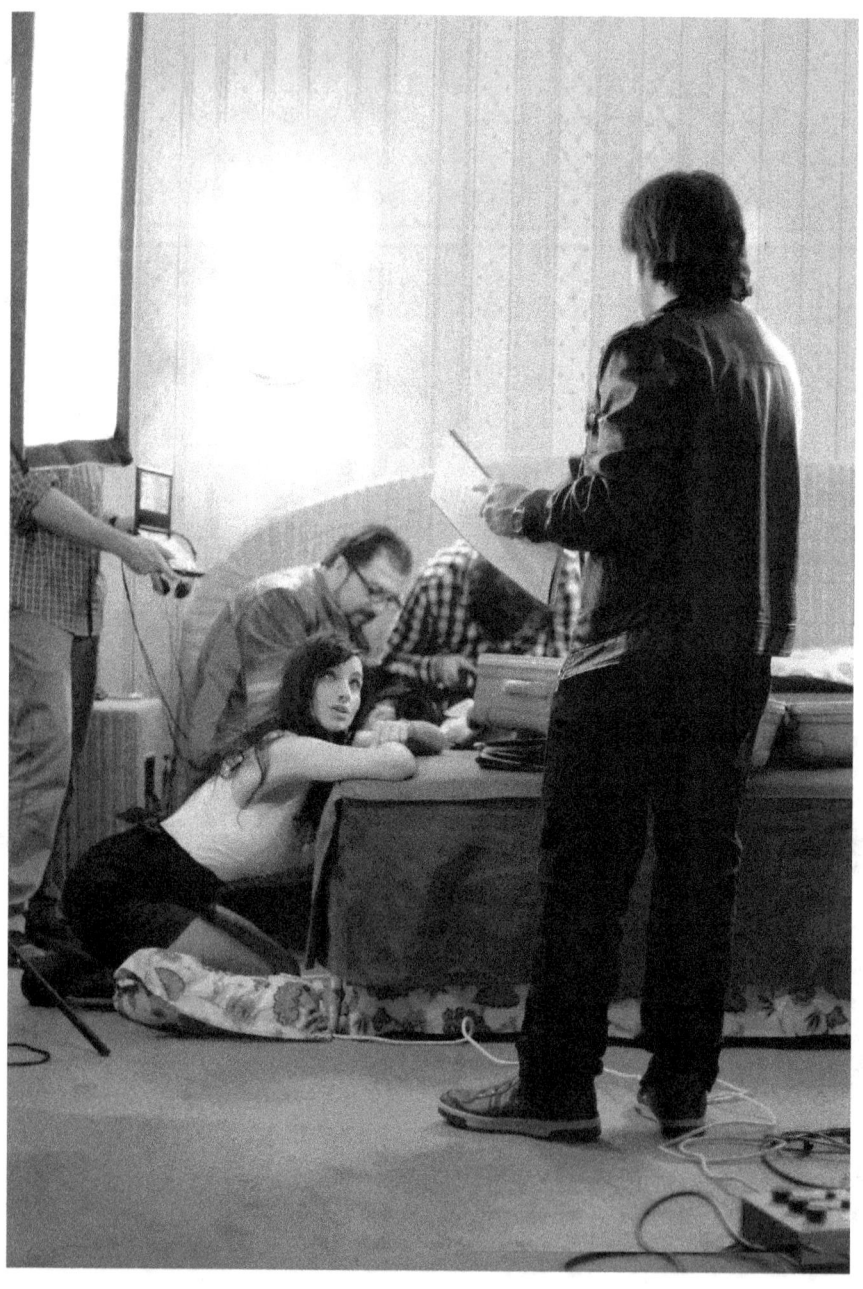

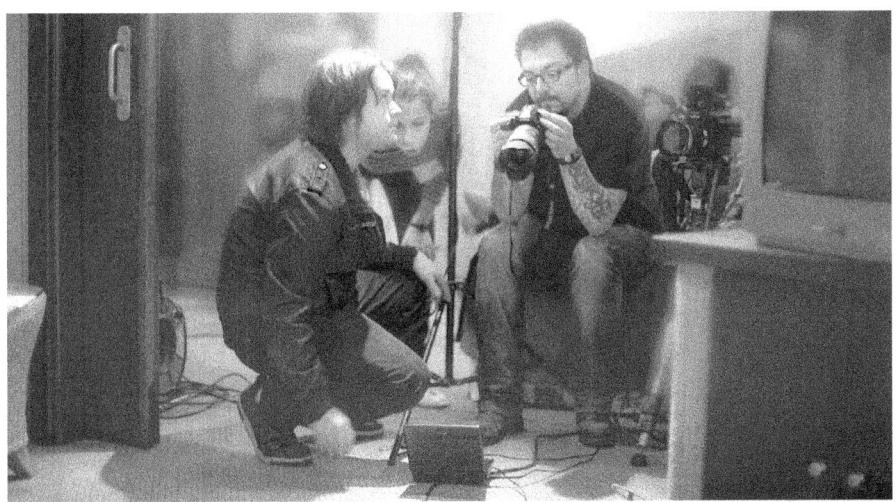

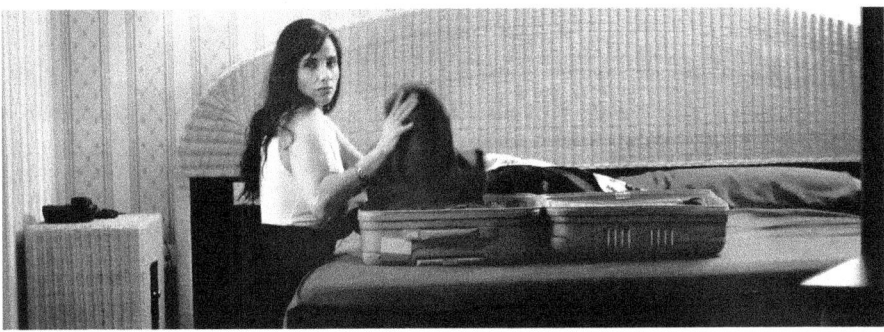

Estas escenas van situadas en los últimos tramos de la película. Se supone que es el interior de la casa de Thérèse, cuando discute con su marido y justo aparece el detective Pierre. Es una escena fundamental para entender todo el misterio de la trama, era importante rodarla bien. Quedó perfecta.

Los últimos planos se hicieron con mucho cansancio general, pero sin perder el ritmo ni la ilusión. Hubo que agradecer a Paco Roma especialmente la espera tan enorme que tuvo que soportar, ya a mitad de la tarde le informé que era mejor que se fuera y le llamáramos por si rodábamos lo suyo en otro momento, pero Paco nos acompañó toda la tarde y hasta la noche.

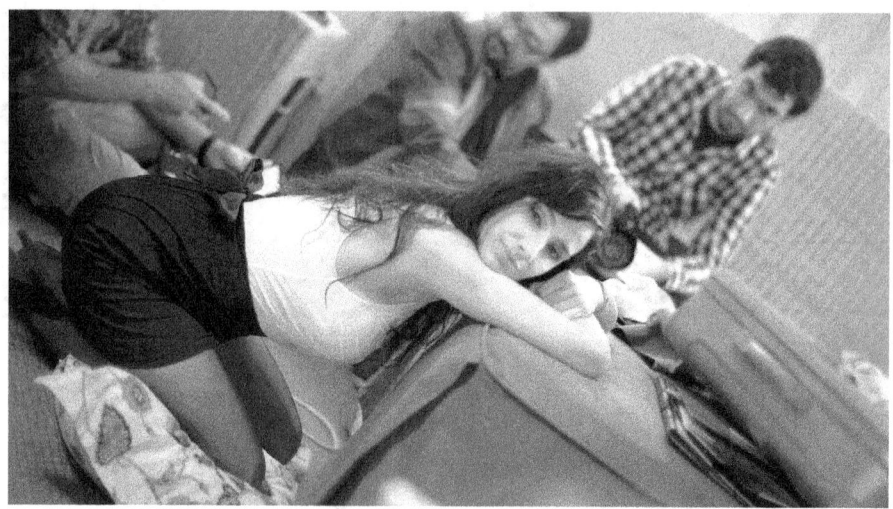

En la película, el diálogo entre Paco y Beatriz es precioso, se ve la intensidad del momento, el misterio de la trama que va saliendo a flote y la tensión.

Hay una anécdota graciosa. En uno de los planos, Beatriz Rico debía pegar una bofetada a Mel Rocher durante la discusión de sus personajes. Antes de la bofetada, que debía ser falsa y creíble, los actores acordaron algo así:

> Beatriz: Yo te voy a dar con la derecha y tú apartas la cabeza hacia la derecha.
>
> Mel: ¿Hacia mi derecha o hacia mi izquierda?
>
> Beatriz: Hacia tu izquierda, que es mi derecha.
>
> Mel: Venga, vale, vamos.

Estaba claro que se equivocaron con esas explicaciones dadas a la una o dos de la madrugada. Mel giró la cabeza para el lado que no era y Beatriz le dio un bofetón que lo hicieron girar hasta el lado del golpe; resonó en toda la habitación. Encima, Beatriz Rico es una mujer fitness que acostumbra a entrenar, por lo que dio un fuerte derechazo.

Mel se repuso rápidamente porque también es una persona fuerte. Después de unas risas dijo Mel Rocher: "*Oye, si hay que repetirlo, poned un doble para mí, que Bea está cuadrada.*"

Entró un asistente de producción con una bandeja de café y aperitivos; Beatriz le dijo: "*No me deis más café que como tenga que arrear otra bofetada voy a dejar K.O. a mi compi*". Y Mel añadió: "*A mí tampoco me deis café que se me ha pasado el sueño*".

Afortunadamente no hubo que repetir el bofetón. Terminamos el rodaje, nos despedimos todos con abrazos y nos marchamos a casa.

Aquel primer día de rodaje con Beatriz Rico empezó con muchos nervios y muchos retrasos. Terminó con mucha alegría, aunque arrastrando el horario hasta la madrugada. Lo que tendría que haber terminado entre las ocho y las nueve de la noche, terminó a las tres de la madrugada.
Nunca he vuelto a dirigir un rodaje con tanto retraso. En 2019, por ejemplo, me ocurrió un incidente en mi rodaje de *Disonancias,* en el que estuvimos esperando dos horas una carroza y dos caballos que eran totalmente fundamentales para la escena. El dueño de la carroza, me dio unas excusas poco convincentes. En 2019 yo ya no tenía la inocencia de 2012; todos creían que iba a conformarme con aceptar el retraso, pero sencillamente le dije que se fuera por donde había venido, cancelé el día de rodaje y filmé esa escena con otro carruaje y otros caballos más adelante.

En fin, pese a todas las dificultades y retrasos por una u otra razón, aquel día, en el hotel logramos el objetivo. La grabación quedó muy bien, y pudimos rodar todo lo que necesitábamos.

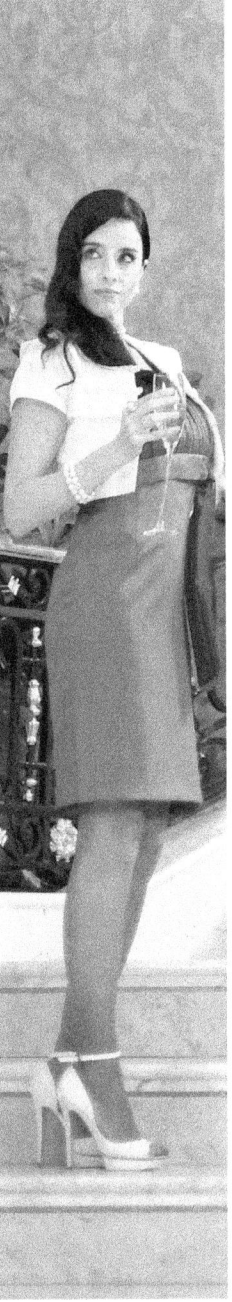

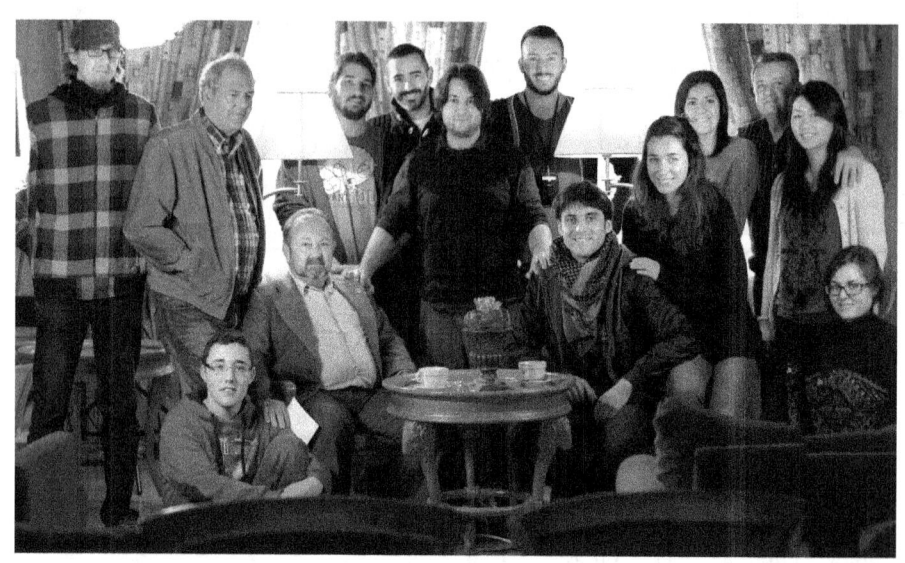

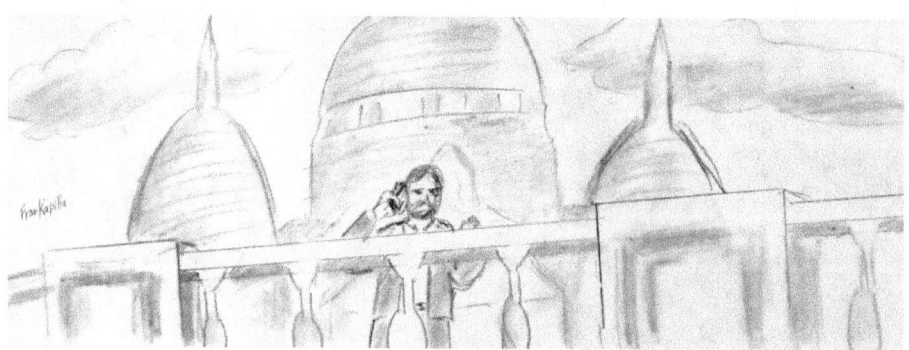

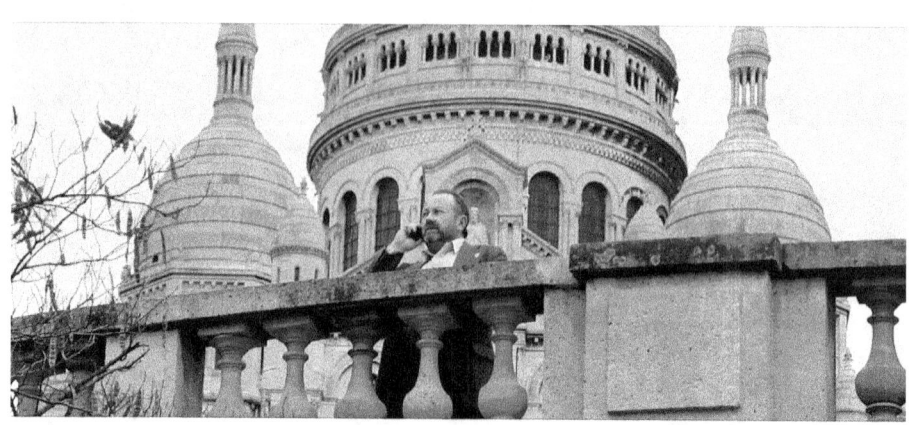

Capítulo 15
Nuestro propósito de rodar en París

"Si has tenido la suerte de estar en París siendo joven,
el resto de tu vida, donde vayas, te acompañará" (Hemingway)

Durante muchos meses, rodar en París fue parte del sueño inalcanzable para nuestro presupuesto intermitente. En algunos momentos me planteé rodar toda la película en España, incluso obviando las calles más famosas y el interior de la Ópera.

He querido meter aquí este pequeño capítulo porque el tema de ir a París era algo que nos preocupaba durante todos los primeros meses. Cada vez que los miembros del equipo nos reuníamos, nuestras conversaciones solían derivar en la posibilidad real de ir a la ciudad de la luz. Estos sentimientos de incertidumbres que tuvimos durante tantos meses de rodaje en Málaga, nos acompañó durante mucho tiempo hasta que vimos la oportunidad de hacer el viaje.

No os podéis imaginar la gran incertidumbre que era saber si podíamos terminar la película en aquel 2012... Pensar en ir a París era ya algo inalcanzable, algo que casi seguro que no iba a poder ser... pero a veces los sueños se cumplen.

Al final, sí que conseguimos llegar a París y sí que rodamos allí, siendo todo un éxito de planificación y de resultados, tal como os cuento más adelante, en la PARTE II "Diario de rodaje en París" de este libro. Cuando lleguéis a esa parte vais a alucinar...

Capítulo 16
La casa invisible como piso parisino

La arquitectura parisina, tanto en los interiores como en los exteriores, difiere mucho de las estructuras en Málaga. Tanto si es un hogar más nuevo como otro más antiguo, los materiales decorativos suelen ser diferentes. Yo estaba buscando, para la vivienda del personaje de Michelle, una estética que me recordase a un edificio antiguo del centro de París. Tenía varios lugares en mente como posibles candidatos, aunque no llegué a estudiarlos a fondo porque me dieron el visto bueno para rodar en la Asociación cultural *La casa invisible*.

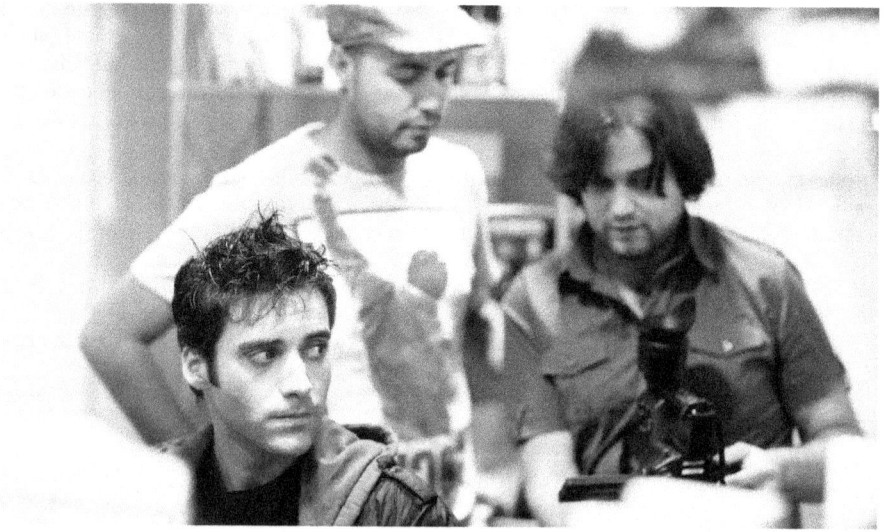

La casa invisible es un edificio que data de 1876 y que en aquel momento (y creo que también hoy) está coordinada por una asociación cultural.

Personalmente, las pocas y contadas veces que he asistido a *La casa invisible*, en más de diez años, me ha resultado interesante y siempre han tratado bien todos los proyectos culturales que ha albergado: exposiciones, conciertos, rodajes, etc. Me gustaría que de alguna manera algún día consiga apoyo institucional, para que el lugar contase con más medios, publicidad, etc. Sería bueno para todos.

En este caso, *La casa invisible* me sirvió perfectamente para ambientar la casa de Michelle Lambert. Su estilo arquitectónico pasado, con un aire decimonónico, pero más o menos moderno en algunas cosas, esos ventanales con contraventanas de madera, la escalinata, las molduras del techo y esquinas... me iban de maravilla para darle el toque art déco que París aún conserva en algunos lugares.

En noviembre de 2011, solicité el uso de *La casa invisible*. Pedí un día intensivo y sin que coincidiese con ninguna otra actividad, para evitar ruidos de cualquier tipo. Utilizamos las escaleras que suben al piso superior como si fuese el único acceso desde la puerta de entrada; en las escaleras filmamos a Paco Roma subiendo con ellas con la pistola en mano, de día y de noche. También rodamos el enfrentamiento final entre el personaje de Beatriz Rico y Millán; y también filmamos la despedida, la última mirada del personaje de Susanna Pauw. En la primera habitación del primer piso, recreamos un salón, con mesa, televisión, sillas, cuadros, estanterías con libros, etc. Y en la pequeña habitación contigua, recreamos un de taller de trabajo, que sería el sitio donde Michelle fabricaría las máscaras; para ello, pusimos herramientas diversas: botes de pinturas, pinceles y muchos adornos teatrales. Y saliendo por la puerta de esa habitación, quedaría el cuarto de baño. Las escenas del cuarto de baño, sin embargo, se rodaron mayormente en otro sitio.

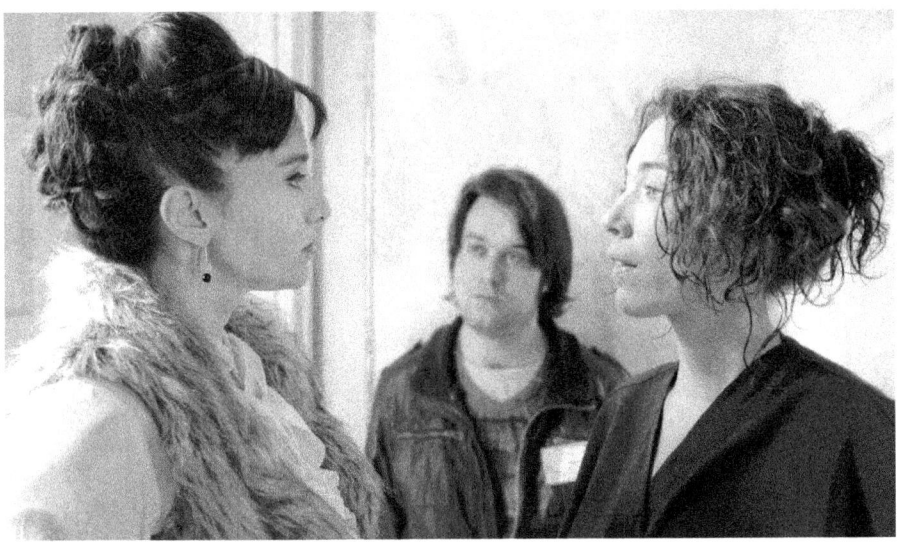

· *Beatriz Rico en La casa invisible (enero)*

El rodaje con Beatriz Rico dentro de *La casa invisible* fue fructífero. *La casa invisible* es un centro cultural autogestionado y, aunque en su origen era una casa, actualmente no es habitable como tal. Me preocupaba que Beatriz Rico se sintiese incómoda, ya que el sitio es un espacio avejentado. Beatriz estuvo un día de rodaje dentro de *La casa invisible*, unas horas por la mañana y otras horas por la tarde. En ese tiempo no sólo no se quejó, sino que nos dio tiempo a pasarlo bien, a hacernos fotos maravillosas y a gastar muchas bromas cuando se le caracterizó con la sangre falsa.

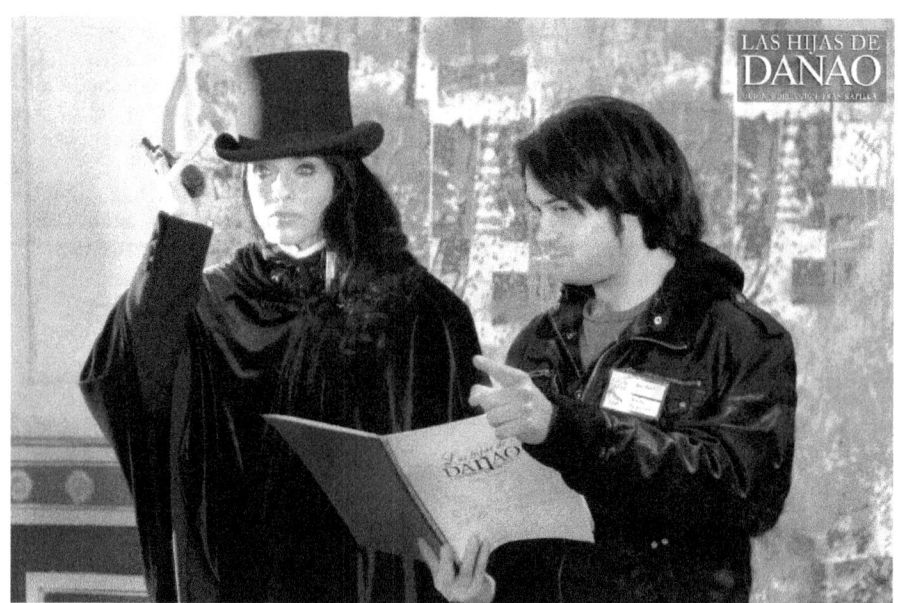

Hay una secuencia en que Beatriz está en un baño, ahogando a otro personaje en una bañera. Estos planos se iban a filmar inicialmente al día siguiente en otro sitio, en la casa de la asesora actoral Cristina Fargas. Pero Beatriz, en el último momento, me pidió si podíamos rodar esos planos también ese día mismo día en *La casa invisible* y así poder descansar más al día siguiente.

Tuve una reunión exprés allí mismo con Mabel Rincón (asistente de producción) y Mélanie Martínez (ayudante de dirección) para hablar del tema, si podría hacerse el rodaje en el baño aquel mismo día. Al cabo de un rato me dijeron que habían encontrado un aseo con bañera en la planta superior y que el responsable del lugar daba permiso para usarla. Fui a ver el aseo con ellas, el lugar era más bien feo, no era lo que yo tenía en mente, pero como eran sólo dos planos, vi que lo mejor era sacrificar un poco mi idea y rodar allí rápidamente para evitarnos otro día.

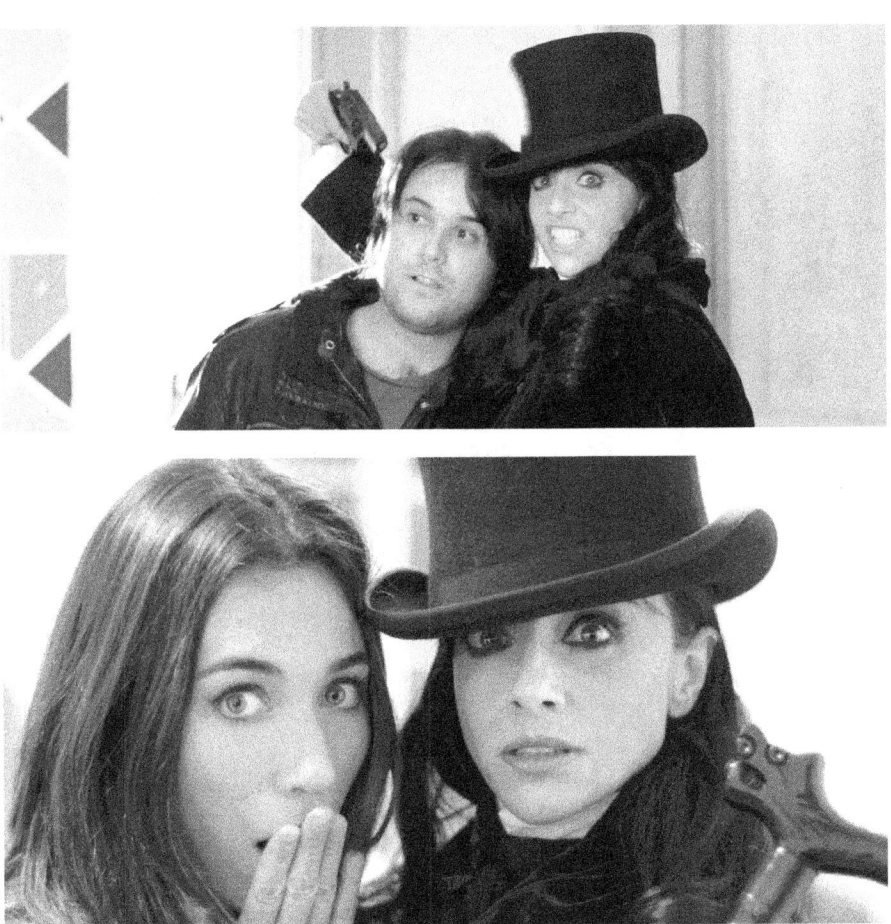

Mientras yo terminaba de rodar una escena del personaje de Beatriz, producción se ocupó de llenar la bañera con agua templada-caliente y preparar el sitio para grabar. El rodaje de esa secuencia se hizo muy rápido. Un primer plano y un plano medio de Beatriz.

Esta decisión, la de usar aquella bañera para Beatriz, nos ahorró muchísimo tiempo y resultó muy acertada.

La anécdota de la pistola en la calle

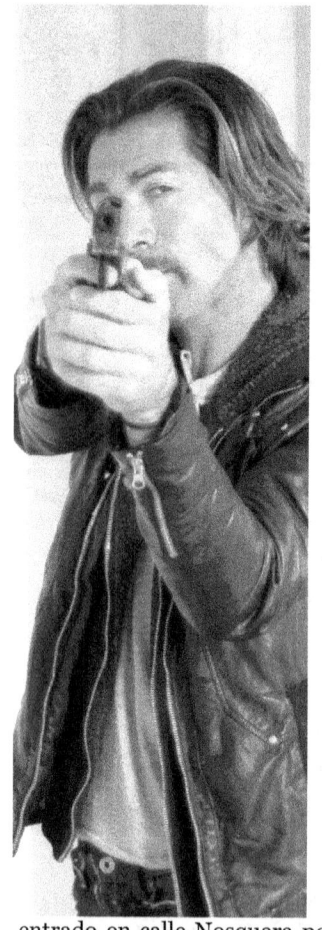

Ocurrió en enero de 2013. Estábamos rodando dentro de la *La casa invisible* de Málaga; eran las escenas que correspondían al interior del piso parisino del personaje de Michelle Lambert, interpretado por Susanna Pauw, donde hablaba con Thérèse Voiron (Beatriz Rico).

Jose Vallejo y Frank Vélez interpretaban a Denis y a Paul, los dos guardaespaldas. Fue la primera vez que estuvimos en *La casa invisible*.

Bien, pues la anécdota ocurrió cuando estábamos rodando con Beatriz Rico, concretamente sus escenas de diálogo con Susanna Pauw. El actor Jose Vallejo, durante su descanso, hizo una llamada y salió de la casa hasta la puerta principal, donde se puso a hablar tranquilamente. El problema es que a Jose se le olvidó quitarse la pistola que llevaba bajo la chaqueta, que era una réplica muy fidedigna. Además, Jose iba muy caracterizado, aparentaba ser un auténtico maleante, con su gomina hacia atrás, enchaquetado, anillos grandes y un bigotón recio.

Tenía un aspecto genial para la película, con sólo verlo un segundo sabías que ese Denis era un tipo peligroso. Y eso es exactamente lo que pensó la gente de la calle.

Quince minutos después de que Jose terminara de hablar y regresase al set de rodaje, entraban en la casa un pelotón de policías especiales que iban de negro, con chalecos antibalas, cascos de protección, escudos y metralletas en las manos.

Por lo visto, los dos furgones de la policía habían entrado en calle Nosquera por ambos extremos y se detuvieron frente a la puerta. Entraron todos a la vez y subieron las escaleras en grupo en pocos segundos. Supongo que, alertados por algún vecino que vio a Jose con la pistola, pensaban que habían dado con algún maleante. Imaginaos nuestras caras cuando vimos irrumpir en el set de rodaje a semejantes invitados por sorpresa, e imaginaos las caras de los policías cuando vieron que era un rodaje: las cámaras, los focos, los micrófonos y las actrices en pleno diálogo.

No pasó nada más porque al no ser un rodaje en un espacio público ni al ser en un edificio público no necesitábamos poner sobre aviso a ningún cuerpo policial (cosa que siempre hacemos). La policía se marchó deseándonos un feliz rodaje sin más.

Desde aquella anécdota, muchos de los que la presenciamos, hablamos sobre lo ocurrido y nos reímos mucho. Durante años me han dicho una y otra vez: *"Esto tienes que contarlo en el making-of"*. Pues aquí lo dejo escrito y así todos lo recordamos con simpatía. Pero sobre todo, quiero que sirva como consejo a los cineastas, que hay que estar alerta sobre los materiales de rodaje que puedan suponer una falsa alarma y, por consiguiente, una importunación para nuestros cuerpos y fuerzas de seguridad.

· *Y otra anécdota con la pistola*

Y aunque parezca sorprendente, ocurrió otra anécdota con la dichosa pistola, también ese mismo día. Mélanie Martínez, una de las ayudantes de dirección, me la contó, ya que yo no fui testigo directo.

Cuando salimos de *La casa invisible* tras rodar todas las escenas de la pelea entre los detectives y los sicarios, cada uno se fue a sus casas. Pero al parecer, un pequeño de técnicos se quedó charlando en la calle mientras anochecía. De repente, un maleante pasó corriendo y le dio un tirón al bolso que llevaba Mélanie. Todos salieron corriendo detrás del ladrón por calle Carretería. El ladrón, mientras huía, metió la mano para rebuscar rápidamente, quizá para sacar algún monedero o algo de valor.

Cuando encontró la réplica del revólver (réplica perfecta en metal) se asustó y lo soltó todo. Tiró el bolso y la pistola y se dio a la fuga. Me hizo mucha gracia la anécdota y menos mal que no se perdió la pistola ni el bolso.

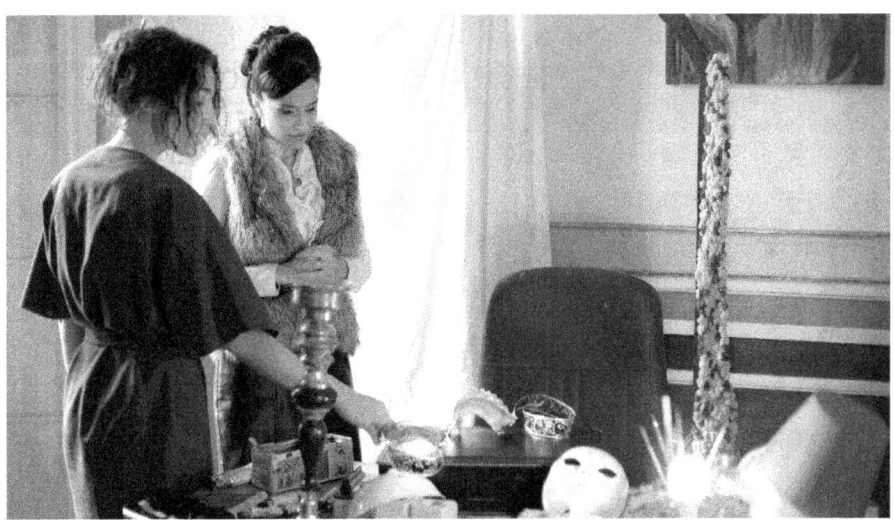

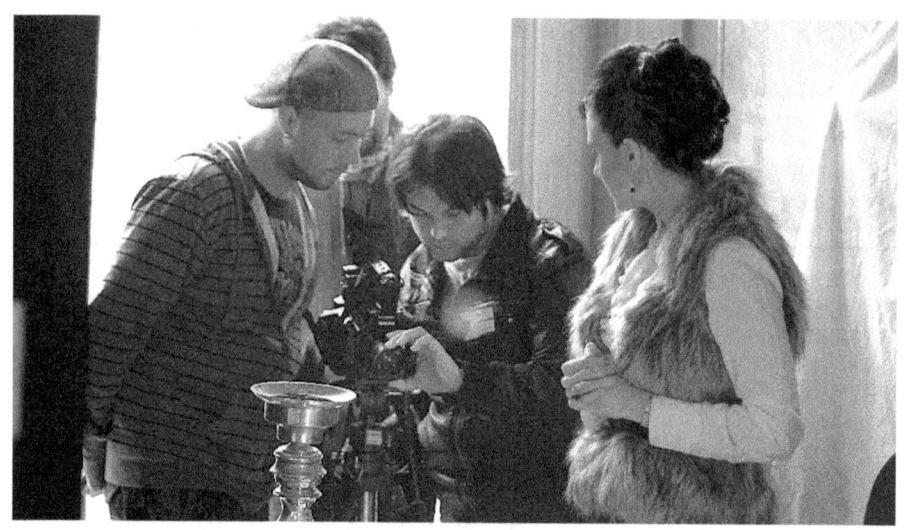

· *Los actores de Málaga en La Casa Invisible*

Con los actores de Málaga (Paco, Susanna, Millán, Vallejo y Vélez) se rodó a otro ritmo precisamente porque lo importante era filmar cuanto antes lo de Beatriz Rico. Algunos planos, no muchos, los hicimos durante aquel enero, junto a Beatriz Rico y otros planos los hicimos en marzo (aunque no existan fotos del rodaje de aquel marzo).

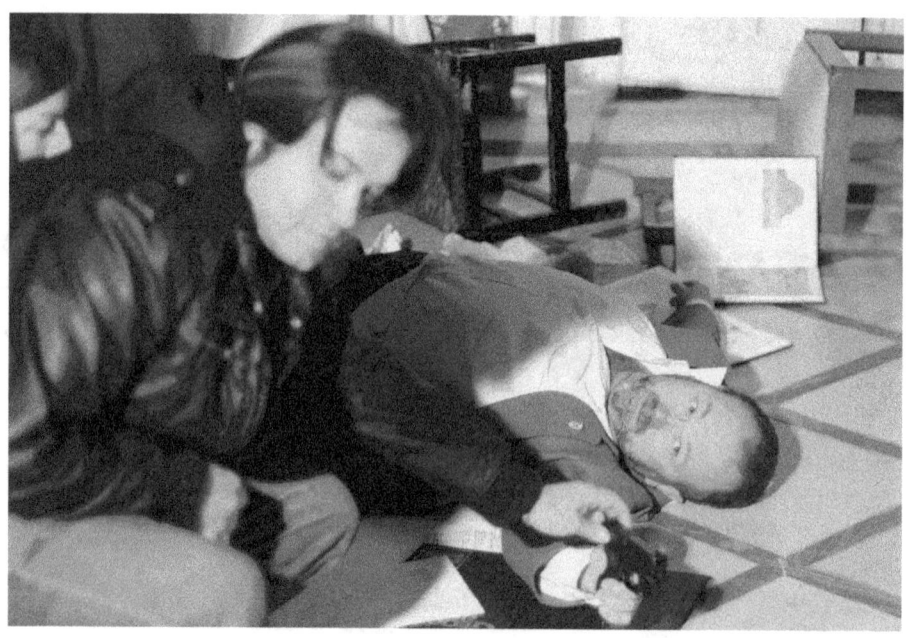

Los actores de Málaga y yo, tuvimos que tragarnos una incertidumbre total, ya que en enero de 2012 actuaron poco, lo justo para dar la réplica a Beatriz o hacer los escorzos necesarios y luego tuvieron que esperar y esperar y esperar... hasta que se filmó con ellos de nuevo en *La Casa Invisible*. Desde mitad de enero, todo febrero y todo marzo, no había día que no me llamara alguno de los actores citados para decirme que cuándo íbamos a rodar sus partes, que les estaba cambiando el pelo, que tenían otros compromisos, etc. Era una presión enorme y la culpa no era de los actores, el problema estaba en la raíz más profunda del nuestro equipo inicial, porque algo iba mal, no nos entendíamos.

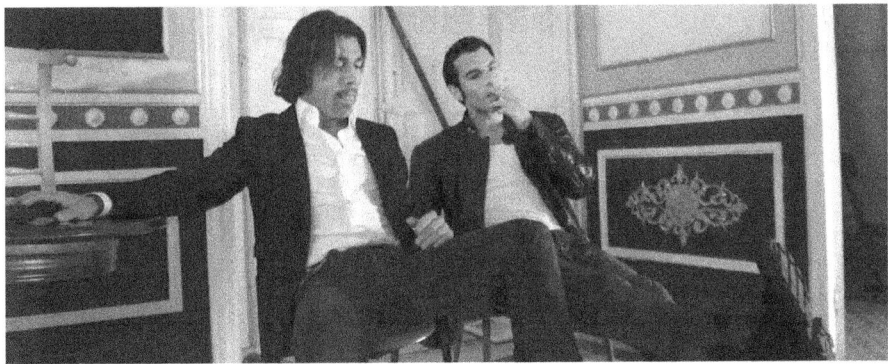

Todos los que me llamaban veían el mismo problema que yo intuía: el problema de posponer el rodaje demasiado tiempo. Yo, cada pocos días, llamaba a producción, llamaba a la ayudante de dirección pero estos técnicos no veían el problema; me decían que no había prisas y que tuviese paciencia. No me dieron fechas de rodaje hasta dos meses y medio después.

En ese intervalo de fecha, un par de actores principales vinieron a visitarme a mi casa y me dijeron que me buscase otro equipo de técnicos, así directamente. Otros, sin embargo, me dijeron que tuviera paciencia, que todo iría por buen cauce. Me quedé con la segunda opción, pensé que quizá estaban reponiendo fuerzas y que no podía dejar a nadie atrás porque estaría feo.

"SÓLO SE PUEDE PROGRESAR CUANDO SE PIENSA EN GRANDE, SÓLO ES POSIBLE AVANZAR CUANDO SE MIRA LEJOS"
(JOSÉ ORTEGA Y GASSET)

· *El gran problema de posponer el rodaje*

En enero de 2012, durante el tiempo que Beatriz Rico nos acompañó, rodamos un día con ella en *La casa invisible*. La idea era rodar primero todo lo suyo, exclusivamente sus planos; y una vez que Beatriz se volviese a Madrid, rodar los contraplanos con el resto de actores, ya que eran todos de Málaga.

Lo habitual es rodar todos los planos y contraplanos de una misma secuencia, en una misma jornada. La cosa cambia cuando debes aprovechar la presencia de un actor al máximo en muy poco tiempo, y no queda más remedio que dejar los contraplanos con los demás actores para luego.

Para los cineastas que debáis planificar una forma de rodaje en torno a un actor, por ejemplo, porque venga de fuera, (como Beatriz Rico en nuestro caso), hay que seguir una regla básica: no dejar que pasen demasiados días entre sus escenas y los contraplanos del resto de los actores. Así evitáis que haya grandes cambios decorativos, climáticos o de agendas personales.

Sin embargo, en nuestra producción, el rodaje de los contraplanos no se hizo inmediatamente, sino que pasó mucho tiempo, demasiado tiempo. Después del rodaje con Beatriz, cuando ella se marchó a Madrid, yo pretendía rodar rápidamente los planos que faltaban de las secuencias "cojas", para evitar que sucediese algún imprevisto que arruinase lo rodado con Beatriz. Parte del equipo quería dejar un tiempo de pausa hasta el siguiente rodaje; recuerdo que me dijeron que necesitaban descansar, que teníamos que hablar todos en una reunión y que además había varias personas con otros proyectos entre manos.

Esa reunión no tuvo lugar y, si es que la tuvo sin mí, nunca supe nada al respecto. Sencillamente, fui proponiendo fechas para terminar el rodaje de esas secuencias "cojas". El tiempo pasaba y nadie del equipo inicial tenía huecos para rodar. Así, la fecha se alargó dos meses y medio; la continuación de lo que filmó el 14 de enero con Beatriz, se hizo el 24 y 25 de marzo. Y efectivamente ocurrió lo que yo intuía que podía ocurrir: modificaciones de la localización. Cuando fuimos a visitar por segunda vez *La casa invisible*, en ese lapso de dos meses y medio, habían organizado una exposición de grafiti, llenando las paredes con las pinturas. También faltaban elementos decorativos de nuestra escena, como cuadros, caballetes y sillas. Y lo peor de todo, unos días antes, el actor Jose Vallejo tuvo un accidente y se rompió dos costillas, así que no podía estar presente para rodar lo que faltaba. Como os dije, es importantísimo en el cine no dejar secuencias abiertas, colgadas, porque te arriesgas a que luego no funcionen bien o incluso que no puedas terminarlas por fallos de rácord insalvables.

A dos días antes del rodaje del 24 de marzo, tuvimos que comprar pintura del mismo color de la pared y ponernos a pintar en cuadrilla para dejarlas igual que como estaban en enero, antes de la exposición de grafiti. Los

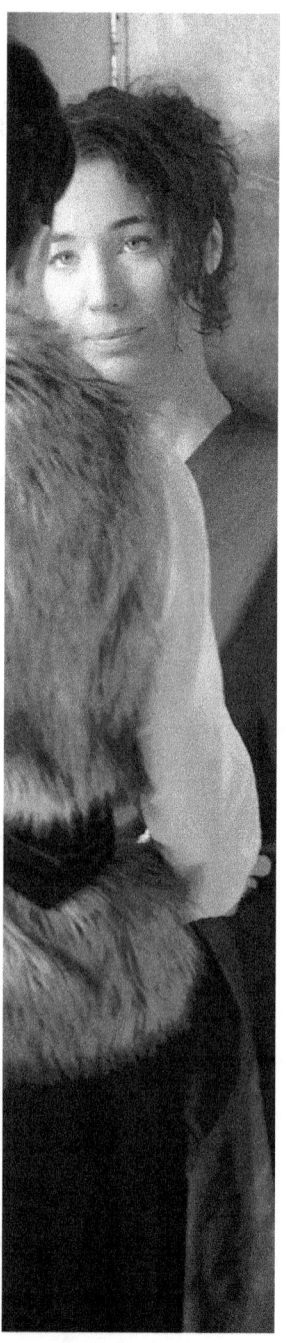

planos de Jose Vallejo, sencillamente, tuve que eliminarlos del plan de rodaje de aquellos días. El resultado de aquel marzo no brillaba mucho. Además, uno de los diálogos entre Millán y Pauw se había captado con sonido deficiente, debido a que abrieron ese mes un nuevo local de copas justo debajo, en la calle, y había una gran afluencia, risas y voces. El audio de aquellos planos tuve que retocarlo mucho, limpiarlo todo lo posible y aun así tiene un siseo de fondo que puede ser molesto, menos mal que es breve. Este problema con el sonido también se habría evitado si se hubiera grabado en enero.

· *Rodaje del 24 de marzo de 2012*

Esto que voy a contar en este apartado y en el siguiente es bastante triste, pero quiero contarlo porque creo que ayudará a las personas que se inicien en el cine.

Nuestro plan de rodaje para marzo dentro de *La Casa Invisible*, consistía en dos jornadas de grabación, el día 24 y el día 25. La idea era terminar todo lo que faltaba: los contraplanos de Susanna con una doble de Beatriz Rico y las secuencias de acción entre Vallejo, Roma, Vélez y Millán.

El actor Jose Vallejo me llamó diciendo que se había lesionado. Avisé al equipo, y como dije antes, eliminamos sus planos del plan de rodaje. Sin embargo, el mismo día del rodaje medité: yo no sabía cuándo se recuperaría Vallejo o si, por cuestiones de agenda, podría rodar algún día esas escenas de acción con él, así que decidí avisar a un doble para filmarle planos escorzos y de espaldas; así, al menos tendría algo con lo que poder construir la secuencia y a Paco Roma le sería más fácil actuar con un doble que, además, le daría la réplica.

Rápidamente conseguí contactar con un buen actor malagueño que ya había figurado en esta película, le pregunté que si le importaba hacer de doble y accedió gustoso. Como todo fue tan precipitado, no me dio tiempo a avisar al resto del equipo técnico. También en parte, porque aquel día la relación era tan tensa que no hubo un tiempo de relajación para comentar temas de planificación. Estaba claro que el equipo inicial ya no funcionaba bien, quemado por los problemas que nos acuciaban desde febrero (hablo sobre ello en el capítulo 32). Cuando rodamos los planos de Paco Roma disparando en el suelo, indiqué a las asistentes de producción, que no podíamos tener a un hombre tirado en el suelo duro y frío, que había que ponerle una manta, o cualquier cosa blanda y aislante para que estuviera cómodo. Paco, que quería relajar el ambiente de tensión, decía: *"Yo me echo al suelo sin problemas, mirad"*, y se tiraba al suelo desde arriba, a mí me daba pavor por si se hacía daño. Me pongo a recordar a Paco tirándose al suelo y hasta me hace gracia porque, él, con tal de relajar el ambiente tenso se tiraba en plancha al suelo y el golpe resonaba en toda la habitación.

Entonces, alguien dijo en voz alta: *"Fran, es que no te puedes quejar, tienes aquí a un montón de gente trabajando gratis para TU película"*. Solté la cámara e intenté explicarle que no era MI película, que era un proyecto común y allí estábamos todos colaborando, para sacarlo adelante, por decisión propia de cada uno.

Justo en ese momento llegó el actor al que llamé para hacer de doble de Vallejo. Alguien del equipo, me puso en evidencia, diciendo que cómo se me ocurría buscar un doble que ni tiene el pelo largo como Vallejo y que la ropa no le quedaba bien. Por más que yo explicara que sólo se le iba a ver de refilón, la asistente acabó por mandar al doble a casa, desanimado.

Tras lo sucedido, me retiré unos minutos a meditar si tomar medidas radicales con la actitud del equipo o si dejar pasar todo. Se me acercó la asistente y me dijo que se marchaba del proyecto y que mañana vendría a por sus cosas. Le contesté que su decisión era triste, pero si creía que era lo mejor, pues adelante. Sinceramente me dio tristeza y nos pusimos a grabar las escenas de Paco Roma, que tuvo que hacerlas sin réplica alguna.

Yo acabé la jornada con un gran bajón anímico; tuve que irme a meditar en soledad a las escaleras de *La Casa Invisible*. Pensé que era imposible hacerme entender con aquel equipo, y recordé el consejo que algunos actores me dieron semanas atrás: cambiar el equipo técnico antes de seguir rodando; que quizá tenían razón. Empezaba a disgustarme que, cada vez más, algunos técnicos tomaran decisiones de dirección. A pesar de que quería a esas personas, y las sigo queriendo, he de decir que aquello no se parecía ya a un equipo.

· *El intento de grabación sin mí*
(25 de marzo de 2012)

Tuvo lugar el último día del rodaje con el equipo inicial, el 25 de marzo por la mañana, en *La Casa Invisible*.

Ese 25 de marzo habíamos quedado a las nueve en punto de la mañana en *La casa invisible* para seguir rodando. Algunos técnicos decidieron pasar la noche previa en *La Casa Invisible*, dijeron para proteger el atrezo, ahorrar desplazamientos a sus casas y no tener que madrugar tanto. Mencioné que me parecía una incomodidad dormir así y que no era necesario proteger el atrezo por la noche. Pero finalmente durmieron allí los que se quisieron quedar. Yo preferí irme a descansar en mi casa y madrugar más. Cuando me iba a llevar mi cámara conmigo, insistieron en que ellos cuidarían de ella, y se lo agradecí.

A las nueve menos cuarto de la mañana, yo estaba estacionando mi coche en una calle paralela cercana a *La casa invisible*. Desde allí llamé a los asistentes de producción para ver si lo tenían todo dispuesto, y rápidamente comprobamos que faltaba la impresión de la foto de las dos niñas. Les dije que, como yo estaba aún en la calle, yo mismo podía ir a imprimir la foto en un locutorio, ya que tenía una copia de ella en mi *pendrive*. Así acordamos.

Fui a un locutorio de aquella misma calle Carretería y cuando saqué la impresión de la foto me encaminé hasta el rodaje. Eran las nueve y veinte. Entré en *La Casa Invisible* y mientras subía las escaleras hacia la primera planta empecé a oír frases que resonaban desde arriba: "*acción... corten... vale vamos a pasar al siguiente plano... claqueta...*" y palabras similares que sonaban a rodaje, que quise pensar que se trataba de algún tipo de ensayo o quizá alguna broma.

Cuando entré en la habitación me encontré una sorpresa mayúscula. Resulta que habían empezado a rodar sin mí. Me quedé tan estupefacto en el umbral de la puerta que se creó una situación bastante tensa. Nadie dijo nada durante unos segundos. Allí estaba el que sujetaba la pértiga del sonido, el que movía la cámara, la que tenía la claqueta y la que hacía de nueva directora. Nunca he oído que ocurriera una situación así en ningún otro proyecto de los que he conocido a lo largo de mi vida. No conozco ninguna película donde se ruede sin el conocimiento del director. Quiero pensar que no lo hicieron con ánimo de confrontación, pero me dolió mucho.

Callado, me acerqué a la cámara mientras alguien me hablaba y se justificaba *"que estaban ganando tiempo mientras yo llegaba"*. Miré lo que estaba grabado y comprobé que encima estaba mal, porque se habían saltado el eje ya que habían colocado a la actriz al revés, en una dirección errónea a donde debía enfocarse, entonces lo que habían grabado ni siquiera podría servir para unir con los planos de Beatriz Rico filmados en enero.

Haciendo un gran esfuerzo por no discutir, simplemente les expliqué por qué lo habían grabado mal. Pasé página y borré lo que habían grabado porque no servía y ocupaba espacio en la tarjeta de memoria.

En cualquier producción sería inconcebible que una persona se ponga a suplantar al director en un rodaje sin siquiera haberlo acordado así. Me dolía especialmente porque en este caso, además era mi guion.

Después de aquel formateo, inspiré hondo, conseguí aunar energías y recomenzamos a filmar bajo mi dirección. Aquel día me concentré en el rodaje sin querer pensar en lo que acababa de presenciar.

No hubo más contratiempos y terminamos la jornada. Pero fue la última con aquel equipo inicial. Después de ese día, siete personas abandonaron definitivamente. Unas fueron arrastrando a otras. Fue triste, pero en realidad fue lo mejor para el proyecto; gracias al abandono de estas siete personas pude formar un nuevo equipo que se sentía más involucrado y con el que he mantenido la amistad durante esta década.

No he puesto ninguna fotografía sobre los días 24 y 25 de marzo, sencillamente, porque no tengo ninguna. Una semana antes del rodaje, una persona del equipo me instó mucho a que Abraham, foto fija y asistente de producción, no viniese más al rodaje. Estuve varios días intentando que resolvieran el conflicto, pero me fue imposible. Entonces, me vi abrumado y estresado, y pedí a Abraham que por favor no acudiese esos dos días, y que después de ese rodaje nos reuniríamos todos para reevaluar la situación. Hoy día no hubiese permitido que alguien acabara por expulsar a otro miembro del equipo. Al no venir Abraham, me quedé sin sus magníficas fotos. Un miembro del equipo, reconocido fotógrafo malagueño, hizo fotos y vídeos, pero nunca me las pasó, por más que se las he pedido. Tampoco me dio los planos de rodaje de la pelea que se grabaron con una tercera cámara, una *Canon*. No tuve ese material, sin embargo, un mes después fui a ver una exposición de fotos en la Universidad de Málaga; allí mismo me enteré que este fotógrafo participaba exponiendo en público varias fotografías de nuestro rodaje. Efectivamente, estaban colgadas y fueron muy celebradas, realmente eran bonitas. Pero en los cartelitos no había ninguna mención siquiera al título del proyecto. Ni siquiera me había avisado de dicha exposición. Lo que menos me gustó es que en una de las fotos se veía la muerte de un personaje desvelando parte de la trama. Podríamos haberlo hablado y hacer una selección para su exposición, ya que el contenido de sus fotos era del proyecto en común, *Las hijas de Danao*. Me marché a casa y pasé de buscar problemas ni de hablar con la organización, porque aquel evento era muy pequeño, igual de pequeño que la ética de aquel fotógrafo.

Tras aquel rodaje, Abraham entendió toda la situación y volvió a entrar en el equipo técnico definitivo. Aquellos tristes recuerdos que acabo de escribir no los había contado nunca antes. Nunca hablé de ello por evitar chismorreos entre los compañeros del sector hacia el proyecto. Tampoco se la conté a los nuevos miembros que se sumaron en el equipo definitivo. Estuve a punto de no escribirlos en el libro, pero ahora que ya ha pasado todo, sólo quiero contarlo para explicar el estrés que me supuso y cómo conseguimos remontar el proyecto; para que cualquier persona entienda la enorme lucha que tuvimos que librar para llegar al finalizar esta película. Y también, por si a algún lector/a le puede sacar partido como aprendizaje en dirección de equipos. Más o menos por aquellos días, cambié el nombre a la productora. Por eso en algunas fotos de los primeros meses podéis ver que en la claqueta pone *Microfilms*; pero tras todo lo ocurrido, varios decidimos renombrarla como *Artefilms*, un nombre precioso que me ha traído mucha suerte en mi trayectoria actual.

Han pasado casi diez años desde aquel rodaje, mi intención no es la de pedir responsabilidades a estas alturas, al contrario, soy yo el que da las gracias por cada minuto que todos y cada uno han dedicado al proyecto.

· *Tercera grabación en* La casa invisible *(septiembre)*

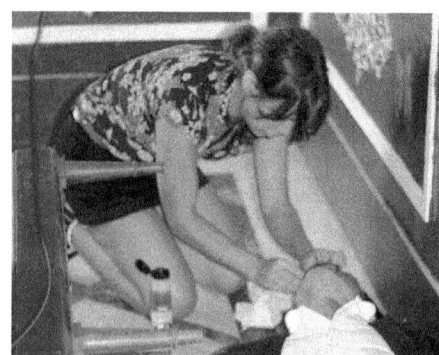 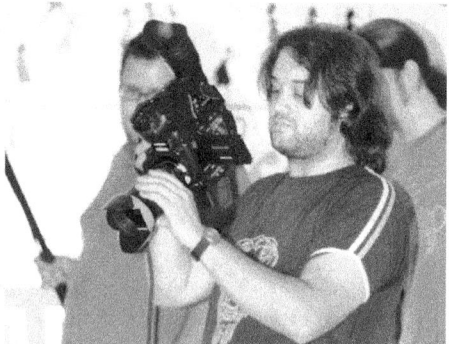

¡Y otra vez más hubo que volver al mismo sitio!

Pasaron los meses, rehice el equipo técnico y rápidamente comprobamos que muchos de los planos grabados en marzo (con los anteriores técnicos) tenía que repetirlos porque no me gustaban y otros había rodarlos de nuevo porque no los tenía en mi poder, ya que jamás me los pasaron.

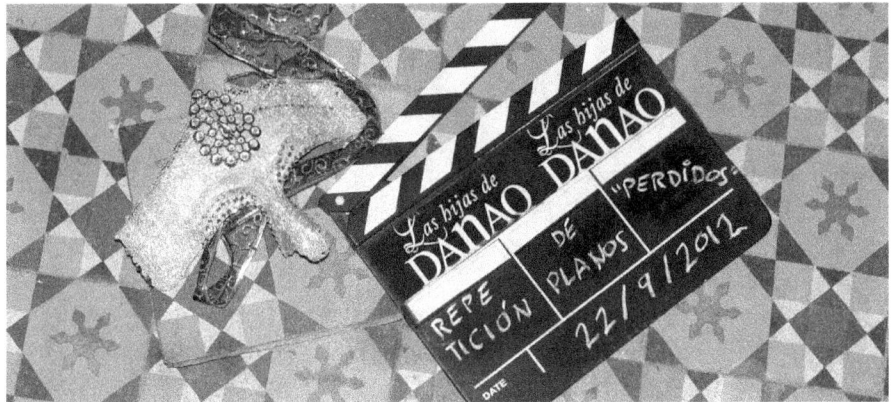

Así que, el 22 de septiembre, con el nuevo equipo técnico, el definitivo, tuve que volver a La Casa Invisible (por tercera vez) y filmar los planos de Vallejo y repetir muchos planos que estaban bastante regular.

De marzo a septiembre, nuevamente habían cambiado muchos elementos del decorado; ya no tenía nada que ver ni con enero ni con marzo. Fue el problema de haber pospuesto estas escenas, de no haber terminado en marzo o incluso de no haberlo hecho todo de una vez en enero.

En aquel septiembre, en vez de sillas, ahora había butacas; y, por si fuera poco, todo el decorado del taller del personaje de Michelle faltaba por completo, la estancia estaba totalmente vacía. Tuvimos que rebuscar en el trastero de la planta baja: sillas más o menos parecidas, mesas, etc. Tuvimos que rediseñar cada plano del guion técnico, para que el decorado no se viera con mucha nitidez en cámara, y así que no se notaran los fallos de atrezo.

Menos mal que, después de buscar por todas las salas de La casa invisible, encontramos el mismo banco alargado y la pequeña televisión que iba encima. Pero enchufamos la tele y ya no funcionaba. Eso suponía otro problema más. En la película, el personaje de Pierre (Paco Roma), dispara al televisor. Para ello, yo había preparado un vídeo con un efecto digital que simulaba un disparo de bala sobre la pantalla, con grietas y cristales saltando incluidos. Cansado de ver que todo eran contratiempos, en el último momento decidí hacer el efecto por la vía rápida y además totalmente realista: con un martillo. Nuestro especialista de escenas de riesgo, Javier Guerrero, se protegió la cabeza con un casco de moto y las manos con guantes; y con ese gran martillo propinó un tremendo golpe a la tele justo cuando el actor Jose Vallejo se apartaba. Luego en posproducción borré el rápido movimiento del martillo y sencillamente parecía que, tras el disparo, la pantalla de la televisión saltaba en mil añicos. Jose Vallejo hizo un gran esfuerzo con estas escenas de acción, convaleciente aún por sus lesiones costales.

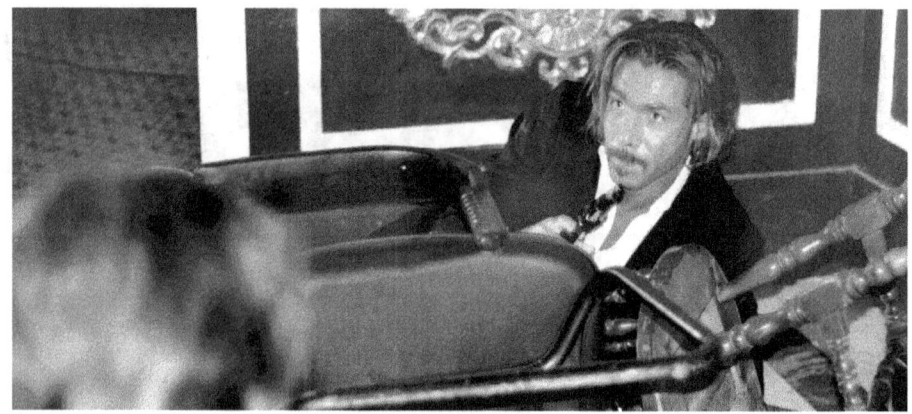

En reuniones previas con el ayudante de dirección Manu Serra y el asistente de producción David Rey; estudiamos cómo debíamos rodar el plano donde se supone que estaba escondida la máscara. Luego, levantamos una de las baldosas del suelo con mucha profesionalidad para realizar la escena donde Michelle (Susanna Pauw) extrae la máscara. Una vez rodado eso, volvieron a pegar la baldosa con cemento, sin dañarla.

La ayudante de dirección, Paula Khan consiguió algo del atrezo original para el taller de Michelle; otros hubo que reinventarlos

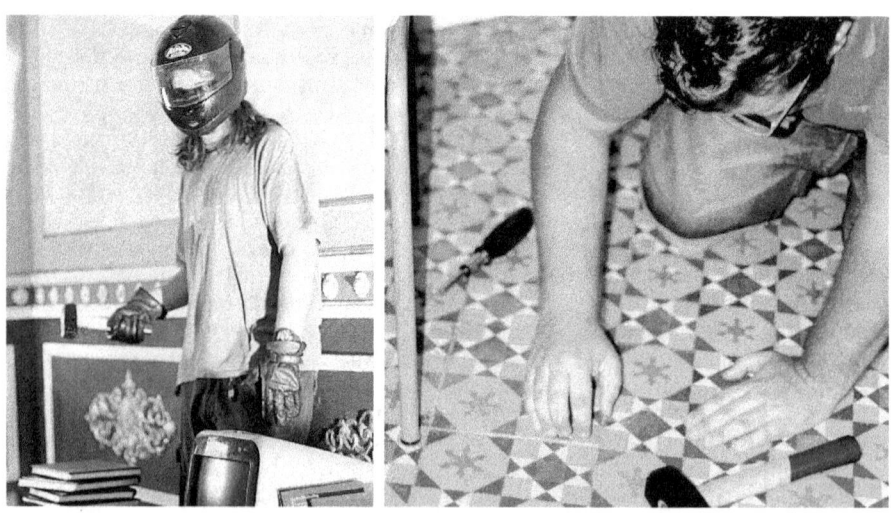

Muchos elementos eran diferentes, ya que estaban perdidos, pero Paula, haciendo una gran labor, miró lo que se rodó con el equipo inicial y estudió esos planos ya filmados para buscar elementos parecidos: botes de pintura, pinceles, papeles, herramientas, lámparas, etc. También encontró un botecito de cristal semejante al que contenía el veneno de la trama y aprovechamos para filmar cómo se rompía en el suelo tras el forcejeo de los actores.

Para terminar también se rodó la muerte de su personaje de un disparo en el ojo. Escarlata Godiri se encargó de la caracterización y maquillaje de esta grave herida, gracias a sus conocimientos por su profesión de enfermera. Para ello, tiñó unos trocitos de esparadrapos y algodón con diversos tonos de rojo y negro con colorantes alimentarios, creando unas texturas muy realistas que puso sobre el ojo derecho cerrado, del actor. También aplicó maquillaje en la órbita y alrededores. Quedó muy impactante, muchos espectadores se impresionan cuando ven esta escena.

Pese a los grandes obstáculos en *La casa invisible,* y al esfuerzo que supuso solventarlos, estoy muy orgulloso del resultado que llegó a mi mesa de montaje, porque yo mismo veo la película y me cuesta notar los detalles que podrían romper la continuidad de las secuencias.

También me siento orgulloso de todos los que estuvieron trabajando para que esto fuese una realidad, valoro el tiempo y la ilusión que todos pusieron, tanto del equipo inicial como del equipo definitivo. Aunque me haya tomado la libertad de mencionar los problemas, también insisto en reconocer la calidad final de la película y eso es gracias al esfuerzo de todos.

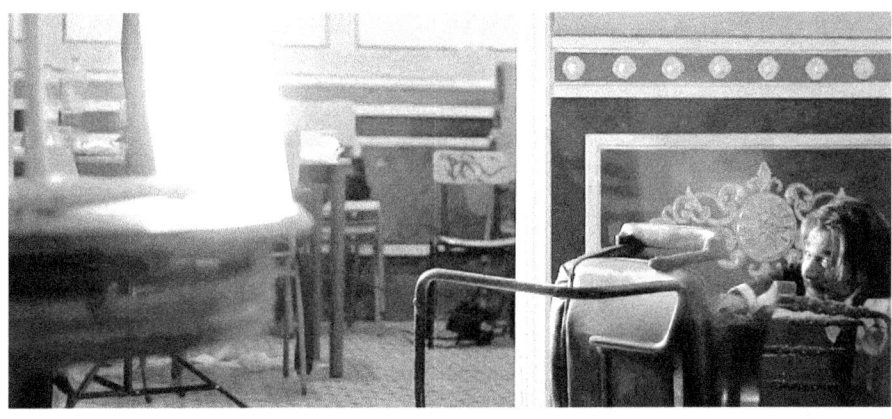

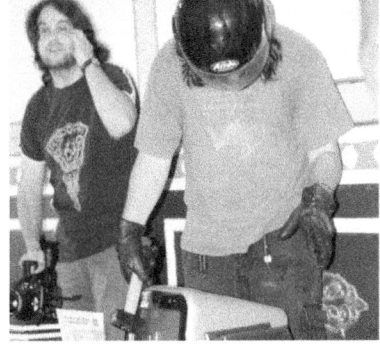
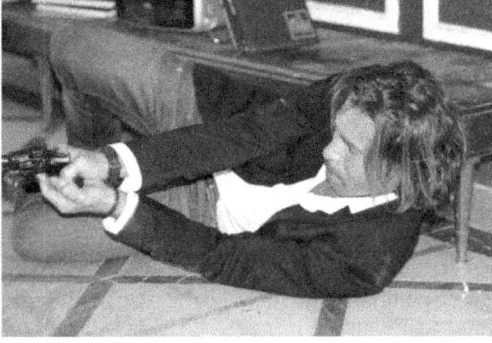

Capítulo 17
Rodaje en el baño

"NO NOS ATREVEMOS A MUCHAS COSAS PORQUE SON DIFÍCILES, PERO SON DIFÍCILES PORQUE NO NOS ATREVEMOS A HACERLAS." (SÉNECA)

Esta escena fue la primera que rodamos con el segundo equipo técnico, el definitivo; en junio de 2012. Era la continuación de la que empezó a filmarse meses antes. El rodaje de esta escena me supuso un esfuerzo especial y extraño debido a que el largometraje llevaba casi cinco meses detenido. Era un momento muy delicado, porque iba a trabajar con gente nueva y por la emoción de ver que la película seguía adelante, renacía.

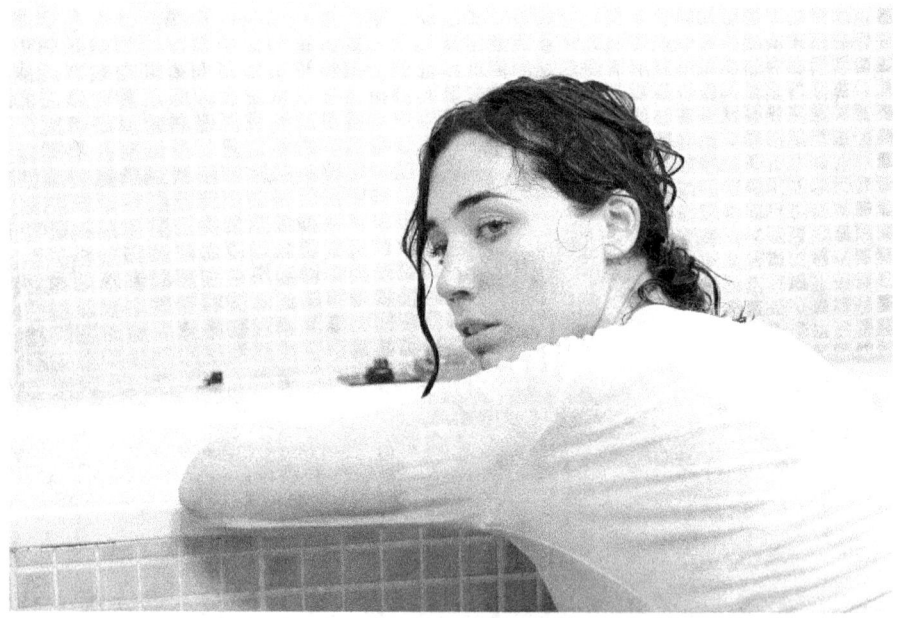

Yo no podía dejar abandonado el proyecto así que durante muchas semanas mantuve reuniones con posibles nuevos compañeros; no sólo para rodar la escena del baño, que era la siguiente en la lista, sino para rodar todo lo que faltaba y volver a repetir las que no quedaron del todo bien. Es por eso, que el día que quedamos para ensayar y rodar esta escena del baño, sentí con alivio que había reconducido el proyecto y vuelto a levantar una película que podría haber quedado inconclusa.

En esta escena, el personaje de Michelle Lambert está meditando tras darse una ducha. Se filmó en la casa de la asesora actoral Cristina Fargas. Nunca había rodado un desnudo porque no me había hecho falta para ninguno de mis guiones. Considero que poner un desnudo, al igual que cualquier otra imagen, ha de ser relevante y necesario para la historia. En *Las hijas de Danao* estos planos hablan por sí solos sobre la psicología del personaje.

Cuando se lo propuse a Susanna Pauw le pareció acertado. Me pidió que estuviesen los técnicos justos y necesarios, un equipo mínimo para sentirse más cómoda. Lo que hicimos, fue colocar todo lo necesario para los planos donde estrictamente había desnudo, luces, micrófono, cámara, atrezzo, etc. Después salió todo el equipo y únicamente me quedé yo dentro, con la cámara, y el resto de material. Así que cuando le di el "acción" a Susanna todo fue muy bien y se rodó con mucha profesionalidad en tres planos:

1. *El trávelin, con la cámara entrando al baño y Michelle duchándose tras una cortina semitransparente.*

2. *Michelle sentada en la bañera, quieta y recordando el pasado. Pusimos espuma sobre el agua para evitar mostrar más de lo necesario. Cuando la espuma empezó a disolverse, es cuando rodamos otro plano trávelin lateral hasta su cara.*

3. *Michelle está mirándose al espejo, con las pastillas en la mano, se muestra algo del torso y pecho.*

Con esta escena en el baño de Michelle al desnudo, trato de transmitir la vulnerabilidad y la perturbación del personaje.

También filmamos un plano con un acercamiento tráveling, en el que la cámara entraba por la puerta del baño hasta la ducha, donde se ve a Michelle bajo el agua. Ideé poner una cortina de baño con bordados y encajes, así la visión se hacía semitransparente, es un desnudo agradable y muy artístico, ya que, sin verse demasiado, se intuye toda la acción. Recuerdo que Salvador Blanco dijo: "*Este plano es súper cinematográfico*".

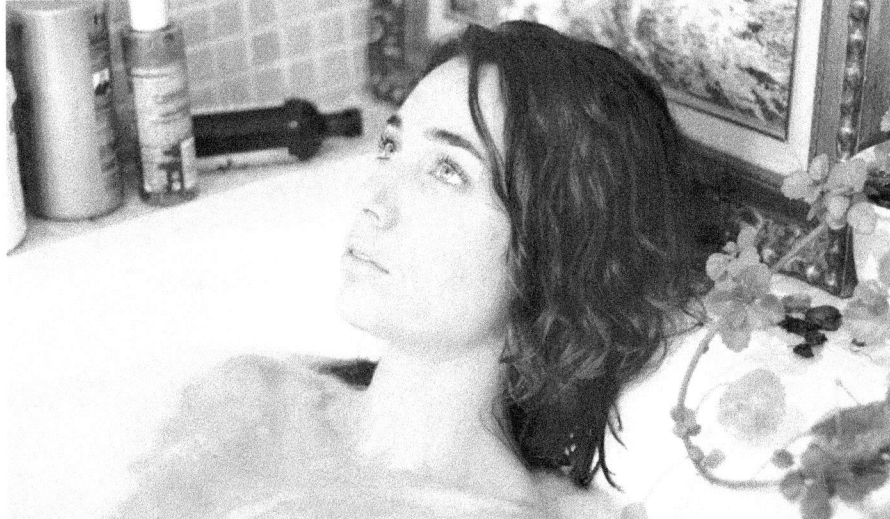

Después, grabamos en este mismo baño otra escena diferente: cuando Thérèse intenta ahogar a Michelle en la bañera.

Esta escena ocurre casi al final de la película, así que hubo que caracterizar a Susanna con el vestuario que lleva en esa parte. Los planos generales de esa escena con Susanna Pauw y Beatriz Rico y los primeros planos de Beatriz, se rodaron en la asociación cultural *La Casa Invisible* de Málaga en enero de 2012. Por tanto, me quedaba pendiente rodar un plano subacuático, desde dentro del agua hacia arriba.

En junio de 2012 conseguimos realizar todo eso que faltaba en el baño. Yo quería ver el rostro de Susanna Pauw bajo el agua para alternarlo con los primeros planos de Beatriz Rico. Son planos muy impactantes, sobre todo cuando al personaje le sale sangre por la nariz debido a la lucha en el agua. Le dije a Susanna que mantuviese un poco de tinte de sangre falsa (que no es tóxico si se ingiere por error) dentro de la boca y que al meter la cabeza en el agua lo soltase.

En junio de 2012 conseguimos realizar todo eso que faltaba en el baño. Yo quería ver el rostro de Susanna Pauw bajo el agua para alternarlo con los primeros planos de Beatriz Rico. Son planos muy impactantes, sobre todo cuando al personaje le sale sangre por la nariz debido a la lucha en el agua. Le dije a Susanna que mantuviese un poco de tinte de sangre falsa (que no es tóxico si se ingiere por error) dentro de la boca y que al meter la cabeza en el agua lo soltase. El efecto que produce que efectivamente la sangre sale en grumos desde la nariz y va descendiendo hasta la cámara. Esos planos están geniales; parece realmente que se ha dañado la nariz de los golpes en la bañera. Usamos una cámara con una carcasa submarina que nos prestó el fotógrafo David Rivas (auxiliar de fotografía), colocada en el centro de la bañera, llena de agua.

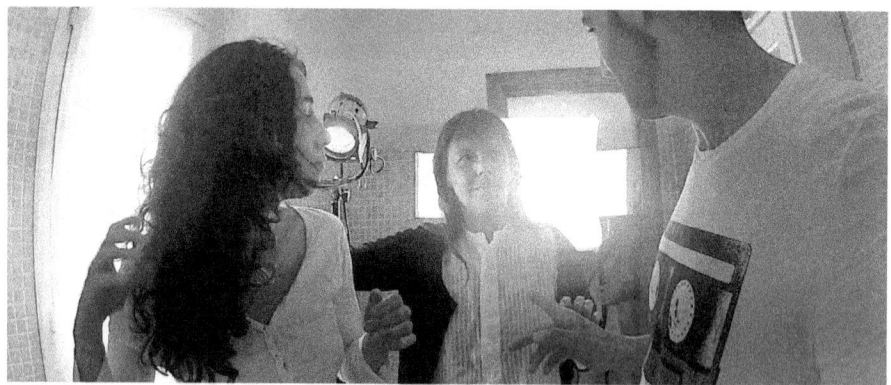

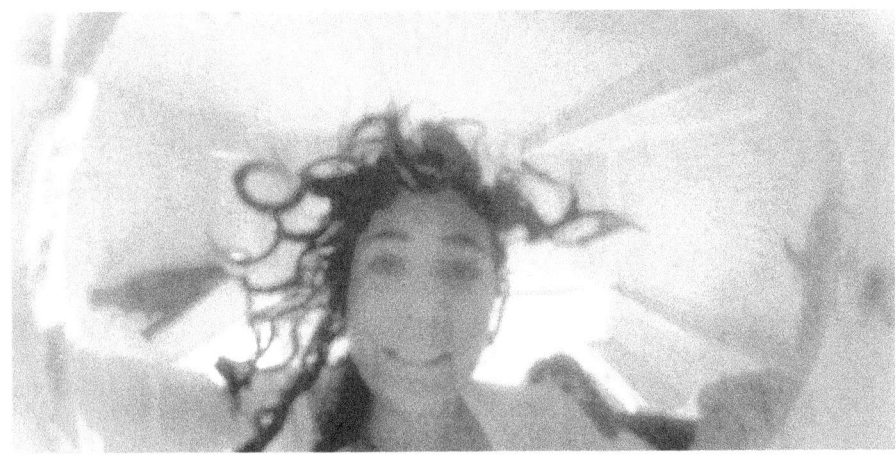

Cada vez que recuerdo aquel rodaje pienso en lo maravillosa actriz que es Susanna Pauw y en cuánto la echo de menos para mis nuevos proyectos (ella vive fuera de España). Su disposición era algo que jamás he vuelto a ver: me pedía hasta cuatro o cinco repeticiones más del ahogamiento para hacerlo mejor, más impactante, en otros ángulos. Repeticiones que en principio ya no hacían falta porque habíamos conseguido rodar lo necesario, pero que luego, viéndolo en edición, describí planos geniales para jugar en montaje.

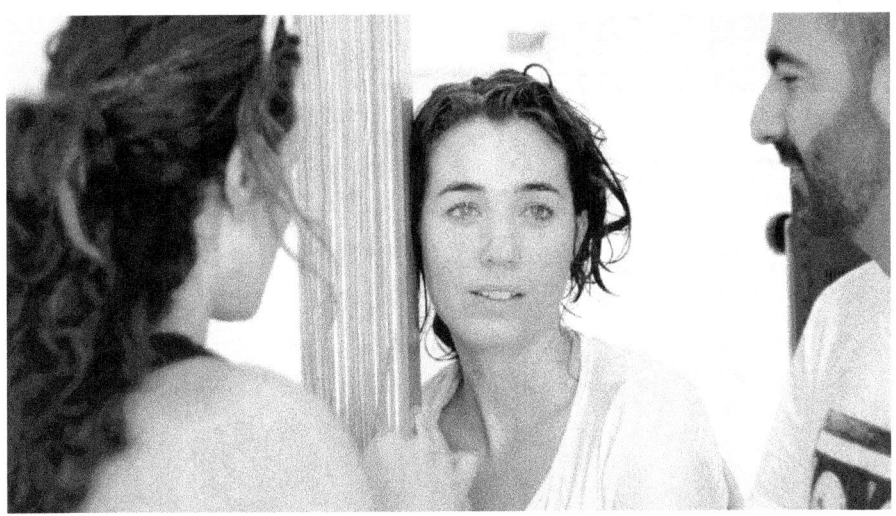

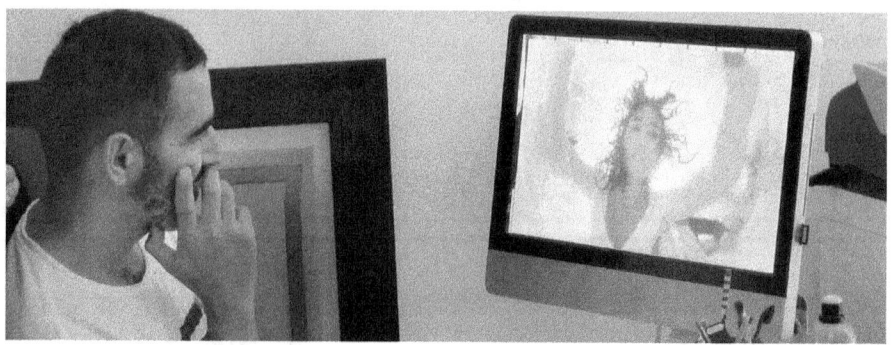

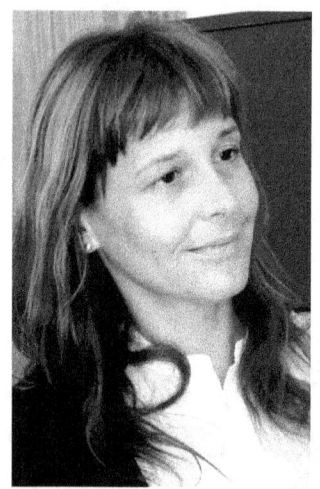

Como anécdota, contar que Cori Fargas, la melliza de Cristina Fargas, fue quien se ofreció a hacer de doble (de espaldas) de Beatriz Rico para los contraplanos, ya que tenía el pelo largo y oscuro similar a Beatriz.

Le pusimos un atuendo que, en la lejanía, desenfocado, daba la impresión de ser el personaje de Thérèse, sujetando a Michelle. El resultado del rodaje fue muy bueno, lo sacamos adelante con ingenio y con un equipo de personas maravillosas. Fue el comienzo de una nueva etapa en la que despertábamos el rodaje del letargo.

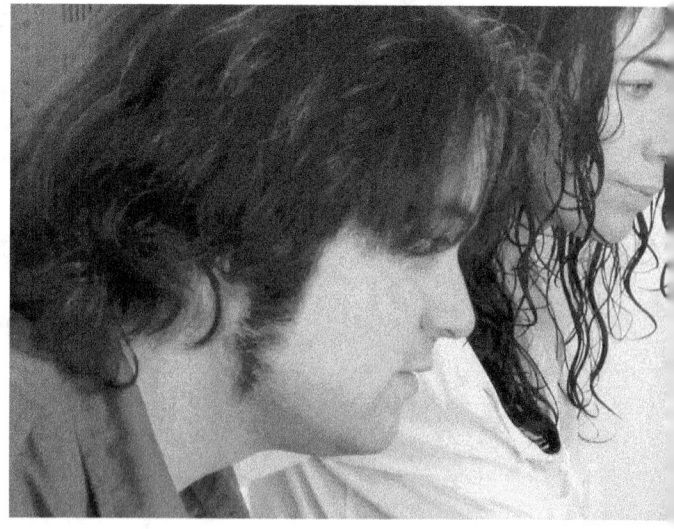

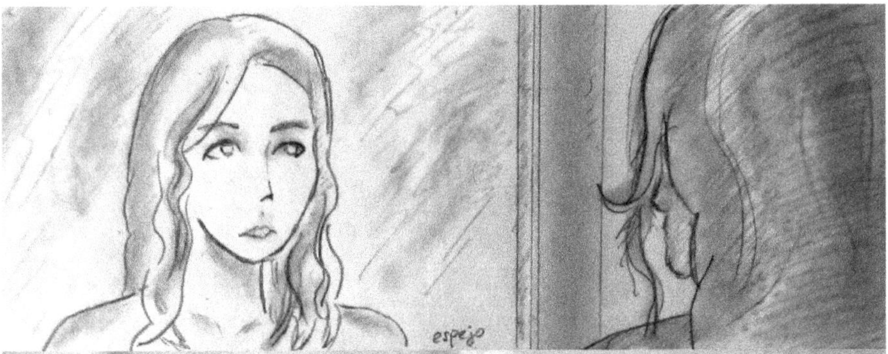

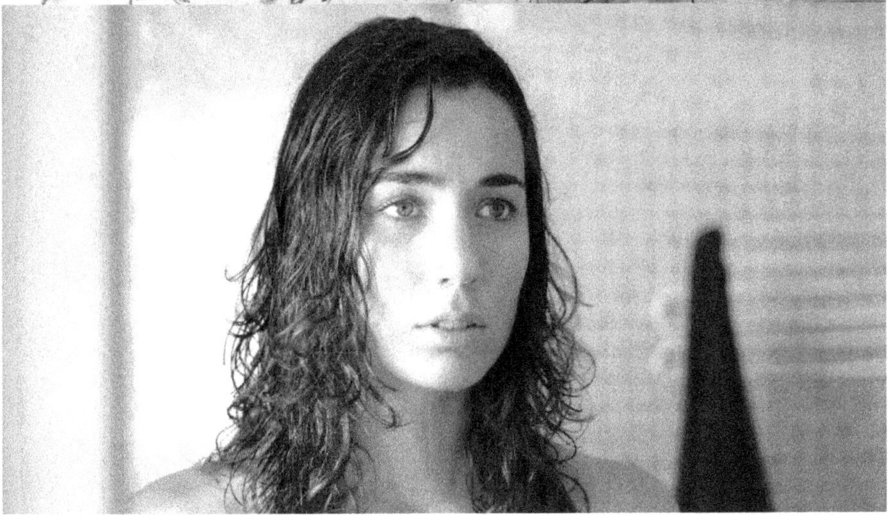

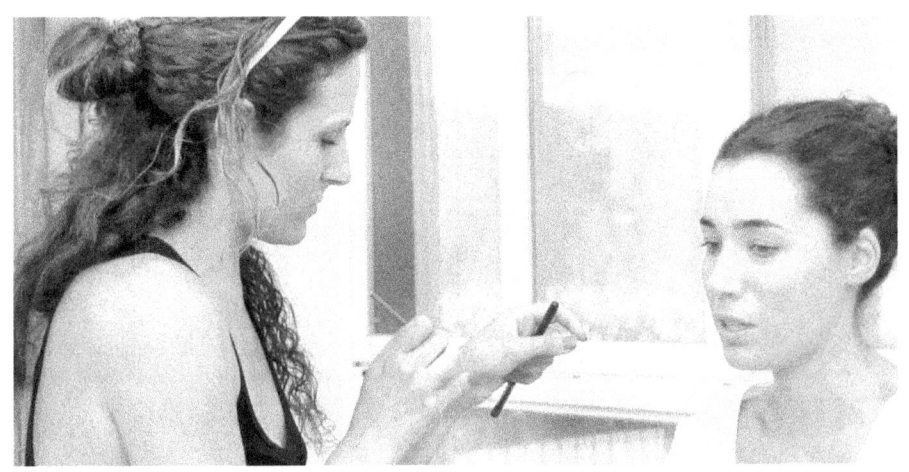

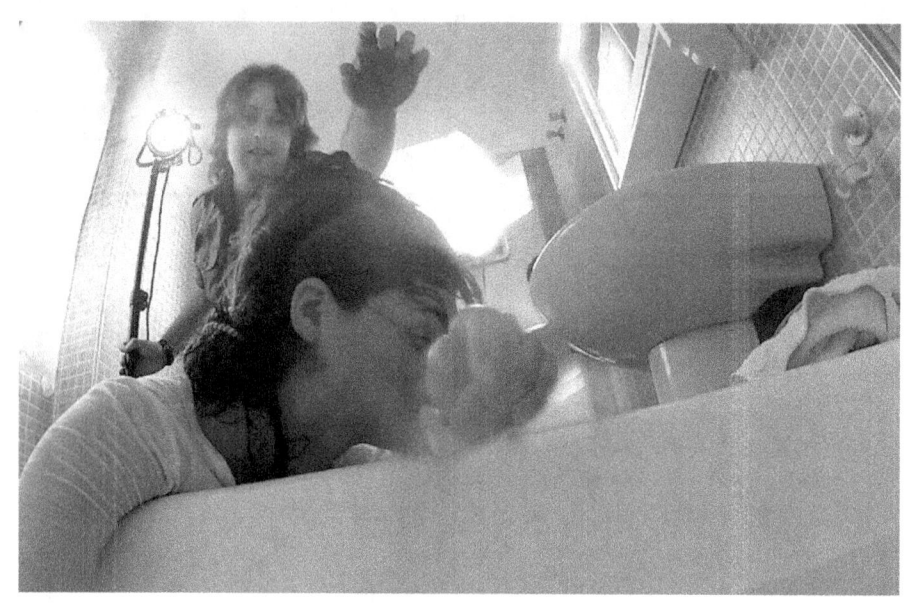

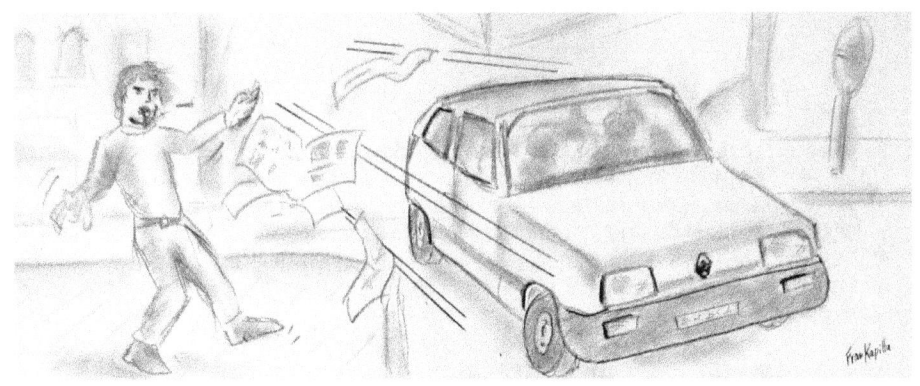
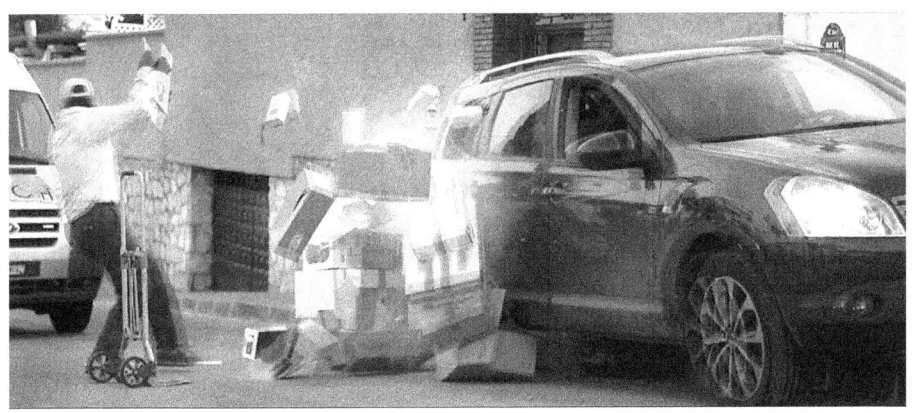

Capítulo 18
Rodaje en el antiguo Juzgado

"Mil rutas se apartan del fin elegido,
pero sólo hay una que llega a él."
(Michel de Montaigne)

Para las escenas del interior de la gendarmería se me ocurrió un lugar genial: el antiguo Juzgado de Málaga. En donde hoy se levanta el lujoso hotel Miramar. Antiguamente había un Juzgado y en el intervalo de tiempo que estuvo sin uso, conseguimos rodar. El sitio se me ocurrió casi desde el comienzo del rodaje. Estuve una temporada pasando por aquella zona; yo veía el edificio cerrado y me dio por investigar quién era el propietario.

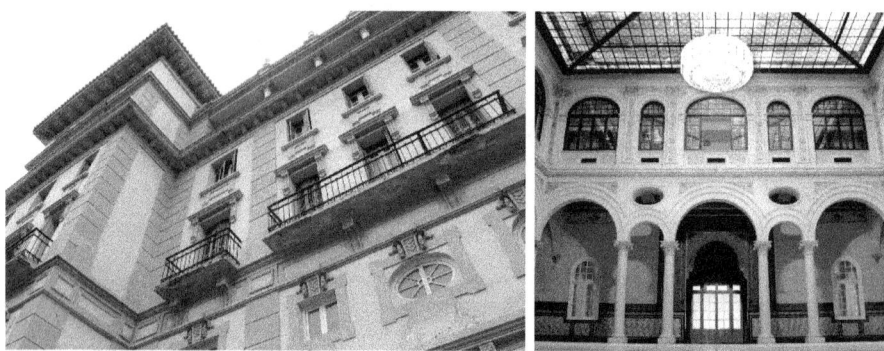

En aquel 2012 hacía algunos años que los Juzgados se habían trasladado a la Ciudad de la Justicia de Teatinos y el edificio antiguo de la zona del Paseo de Reding quedó vacío y sin uso. Cada vez que pasaba por ese lugar miraba su fachada, sus ventanas, sus puertas y pensaba que era como los bloques neoclásicos de París. Contacté con la empresa, Hoteles Santos, y estuvimos hablando unos días. Finalmente me dijeron que el sitio estaba en proceso de convertirse en un futuro hotel pero que sí, que me daban permiso para rodar en el edificio a cambio de la publicidad. Me puse manos a la obra e hice muchas visitas de preproducción al edificio, donde tomé apuntes y fotos para elaborar el plan de rodaje. El vigilante y su hijo me trataron muy bien y me ayudaron mucho.

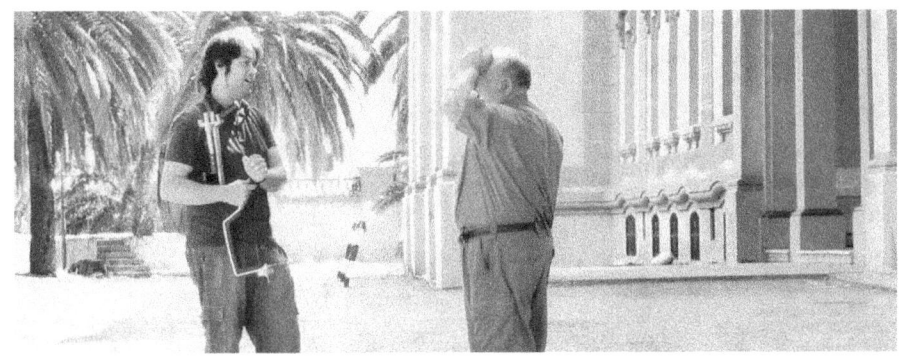

Fue maravilloso; un edificio enorme, con varias plantas y con una arquitectura interior que eran de otra época. El lujo de su construcción y el estado de abandono por el tiempo que llevaba cerrado creaban un contraste brutal; se podría haber rodado allí una película futurista con tono nostálgico, podría haber sido perfectamente un escenario para *Blade Runner*.

Primero me aventuré a ir sólo, luego fui con Abraham y a lo largo de julio fui llevando a diferentes miembros del nuevo equipo técnico para valorar cada futura tarea. Fue maravilloso, rodé en tantos sitios como pude: en el exterior, en un despacho, en la escalinata, en un pasillo, en los calabozos y en dos salones. A base de ingenio y confección artística, todas las ubicaciones las transformamos en lugares franceses adaptadas al guion.

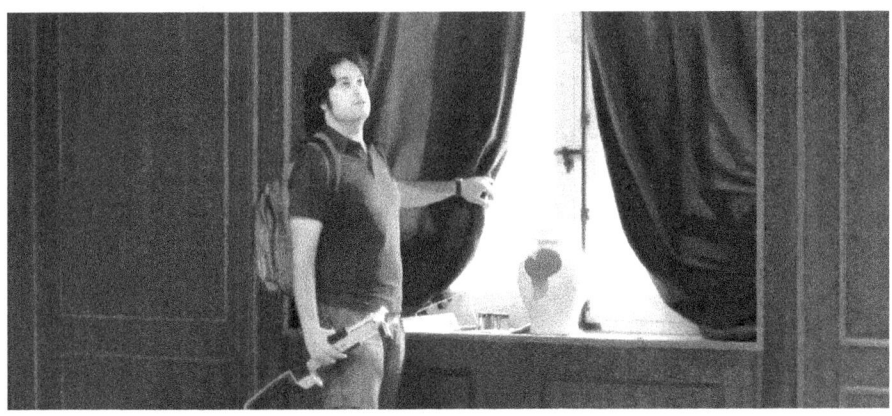

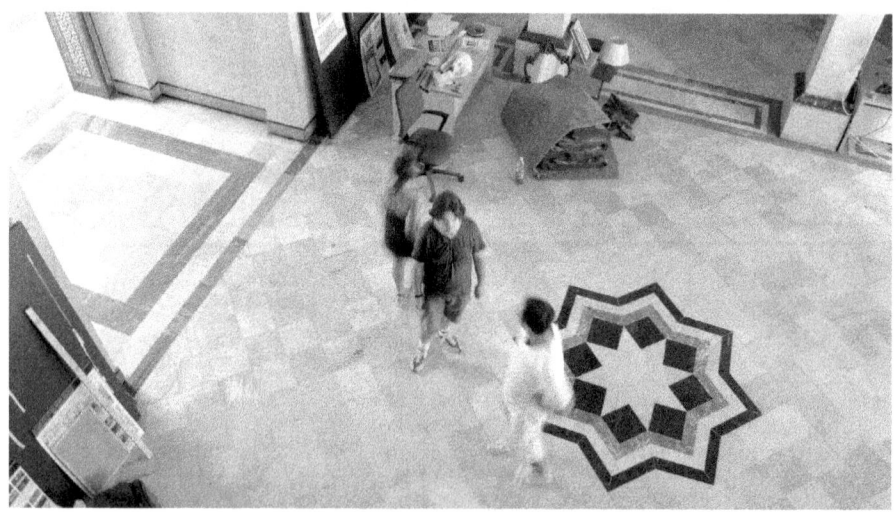

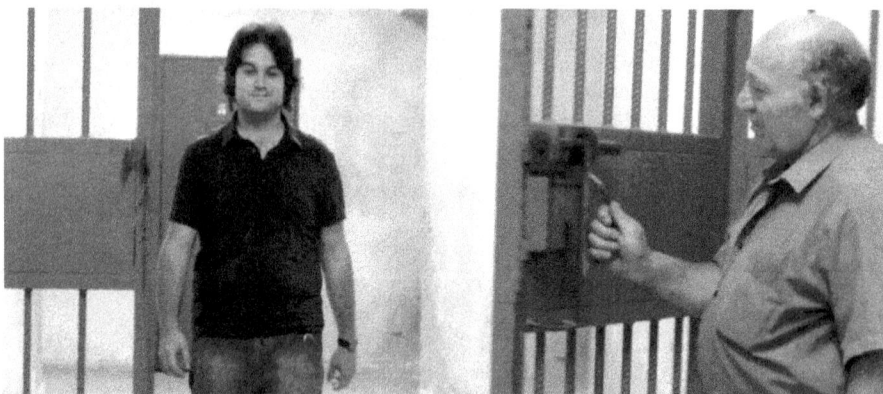

Muchos años después del rodaje, en 2018, volví al lugar para solicitar un nuevo rodaje, para el cortometraje *Disonancias*. El lugar era exactamente igual que cuando no había hotel; reacondicionado por supuesto, pero eran las mismas salas, las mismas columnas, las mismas escaleras, el mismo techo. Me hizo gracia que, donde estaba el control policial de aquellos Juzgados, ahora estaba la mesa de recepción. Me pregunto qué habría en los antiguos calabozos, quizá todo eso ya no existe y ahora hay un *parking* o quizá un almacén.

Resulta que cuando nos dieron permiso para rodar, el vigilante nos enseñó todo el lugar y vimos las celdas de los calabozos, grandes puertas con cerrojos enormes, con mirillas para ver desde fuera a los presos. También nos llevó a una habitación donde (al parecer) se suministraba corrientes eléctricas a los detenidos. Si no nos lo hubiese explicado el vigilante, nadie de los presentes hubiera adivinado qué era. No era una silla eléctrica, era una especie de escalón metálico donde quizá sentaban al reo y con unas baterías eléctricas con cables que estaban allí aún, le darían descargas.

Dentro del antiguo Juzgado estuvimos dos días completos (sábado 14 y lunes 16 de julio de 2012), desde la mañana hasta la noche. Creo recordar que el primer día se hicieron todas las que salían los actores Millán, Roma y Duro, todo lo que contenía un diálogo largo. Y el segundo día se hicieron las de acción, los calabozos, los manifestantes, etc. Usamos todo el tiempo que nos concedieron para rodar seis secuencias que están dispersas por toda la película y que, voy a listar:

1. *Interrogatorio en el despacho del teniente*: rodado en un despacho del Juzgado. A partir del minuto 20 de la película.
2. *Agresión en la escalera de la gendarmería*: rodado en la escalera del primer piso. A partir del minuto 23 de la película.
3. *Salida de Alain Beaumont de la prisión*: rodado en los calabozos. Esto ocurre al comienzo de la peli. A partir del minuto 25 de la película.
4. *Primera entrada de los dos protagonistas a la Ópera*: rodado en el patio de columnas y en el salón de eventos. A partir del minuto 40 de la película.
5. *Segunda entrada de los protagonistas a la Ópera*: rodado a través de las ventanas del primer piso. A partir del minuto 52 de la película.
6. *Conversación en el exterior entre los detectives*, usamos la puerta y la atrezzamos como si fuese la gendarmería. Sobre el minuto 30 de la película.

· *En la puerta*

Fue una suerte encontrar aquella arquitectura; aunque la fachada no era del todo igual que la Policía Judicial de París, más o menos podía encajar porque básicamente filmé un fondo con grandes puertas, columnas y escaleras, una fachada con un tono marroncillo, igual que la fachada de la auténtica Policía Judicial francesa. Esos elementos me servían muy bien.

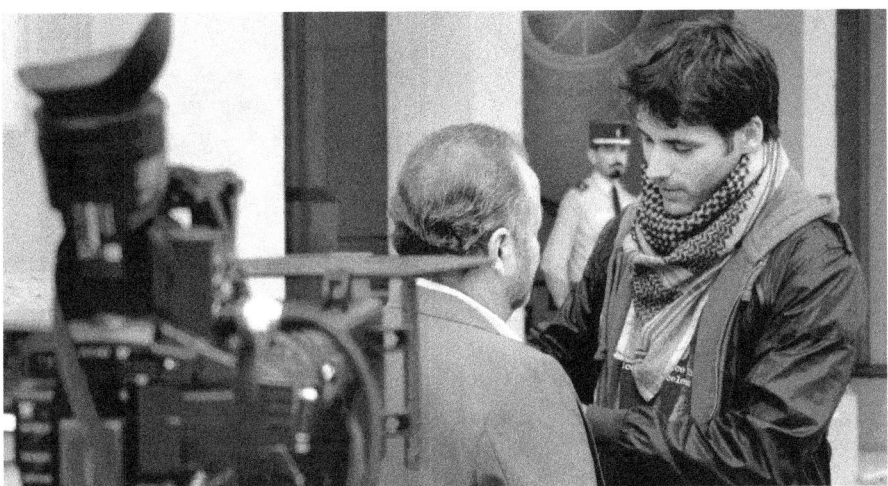

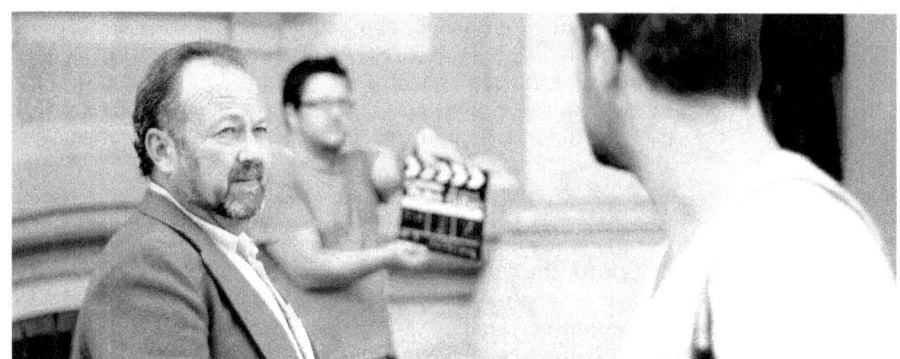

Esta es una de las pocas escenas que pudiendo haberlas filmado en París (meses después) preferí hacerlas en Málaga desde el principio. En París hicimos muchísimo metraje, incluso repetimos cosas, pero concretamente esta escena fue al revés, decidí hacerla antes en Málaga y no intentar ni siquiera filmarla en París: yo ya sabía que sería difícil rodar delante de este edificio policial y efectivamente, cuando fuimos a París, comprobamos que era demasiado comprometido rodar allí por el movimiento policial. Como todo eso ya lo sabía, seis meses antes del viaje a París, filmamos la conversación en la puerta del antiguo juzgado en Málaga y otros planos sin conversación en la puerta de la Policía Judicial francesa.

En la escena se encuentran los dos protagonistas y de fondo aparecen unos figurantes: el actor Antonio López Luna vestido de gendarme, mira de reojo la conversación. Por la puerta salen y entran otros figurantes, fueron todos personas del equipo técnico disfrazados, para generar un ambiente de movimiento en la lejanía y con un poco de desenfoque. La actriz y coach Cristina Fargas sale del edificio acompañada de la maquilladora Ana Cabanillas. El director de fotografía Salvador Blanco, disfrazado de un segundo gendarme, entra al edificio llevando a un detenido, que es el actor y sonidista Mike García y saluda al otro gendarme (Antonio López); y se cruzan con un chico que sale con su mochila, que es Manu Serra, ayudante de dirección.

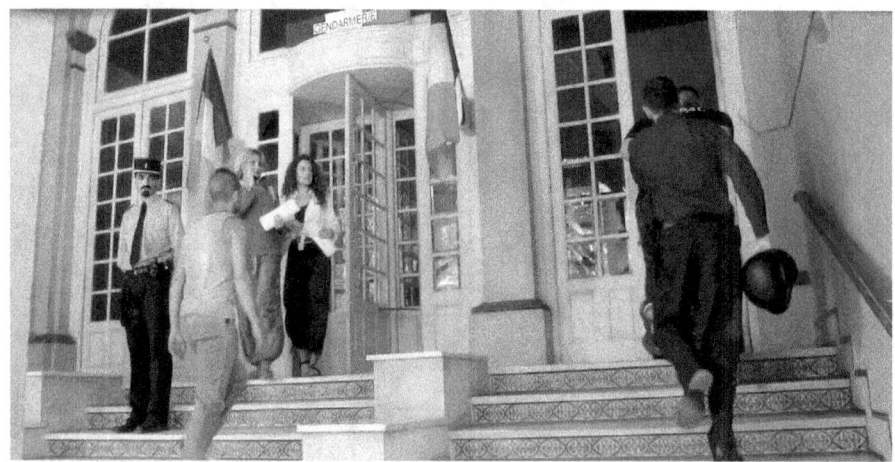

Fue muy divertido poner a nuestra propia gente para esos planos sencillos. Cristina Fargas, que ya había actuado en enero, en el hotel (al comienzo de la película) en el papel de invitada a la fiesta de lujo, volvía a salir aquí poniéndose unas gafas de sol, en la puerta de la gendarmería. La caracterización es tan distinta y el alejamiento entre escenas es tanto que el espectador no puede caer en que es la misma actriz; pero incluso si fuese el mismo personaje, no habría problema. Cristina me dijo: *"Fran, aprovecha que tienes el pelo largo y ponte de detenido, esposado en la sala de espera de la gendarmería"*. Me gustaba la idea, pero no tuve tiempo de hacerlo, así que al final de aquella de escena le dije: *"Cristina, si no me pongo aquí como detenido, me pongo en otra escena, aunque sea de gala"*. Y eso hice, mucho más adelante me grabé a mí mismo en un fondo *chroma* y me puse, bien elegante, en un palco de la ópera. Es un plano de dos segundos que está por el final.

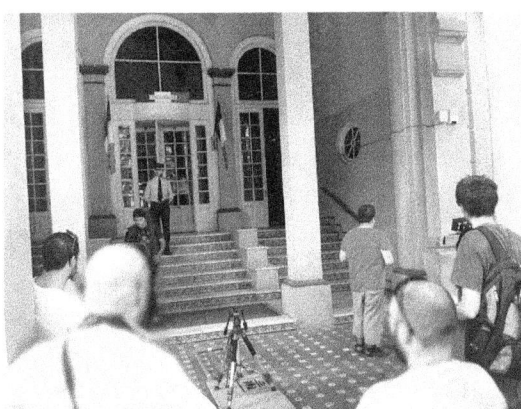
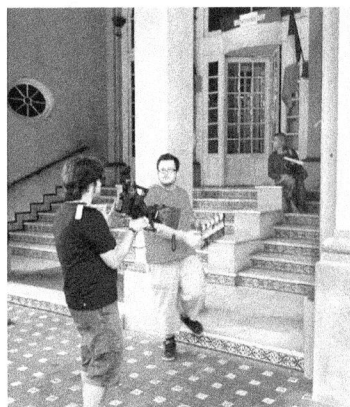

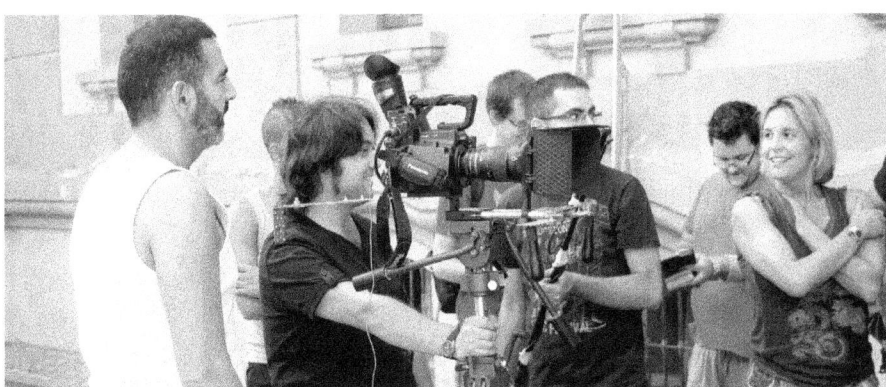

He de resaltar que aquellos planos se rodaron a final de julio. Hacía un calor tremendo en la calle y los protagonistas tenían que llevar su atuendo que eran al menos un par de capas: camisa y chaqueta para Paco y camiseta, sudadera y pañuelo palestino para Millán. Estuve a punto de decirles que la llevasen en la mano, para hacerlo más cómodo, pero menos mal que fuimos fieles al guion y a la lógica.

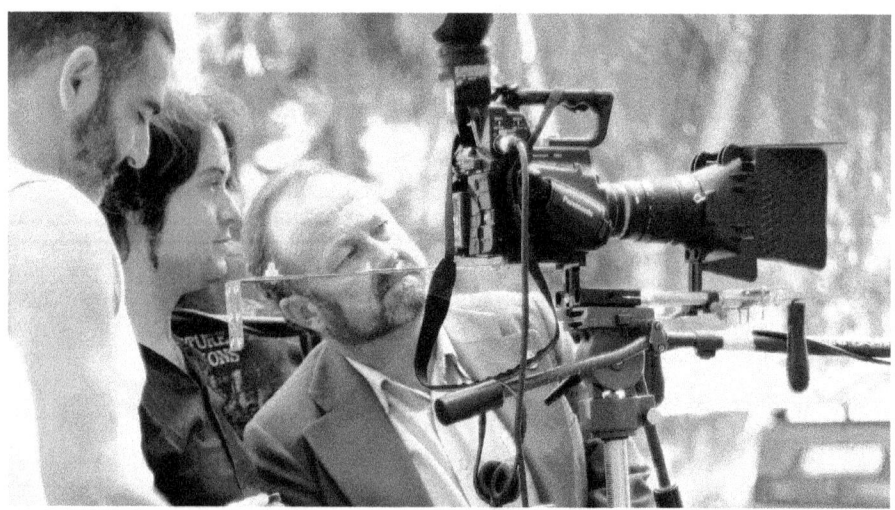

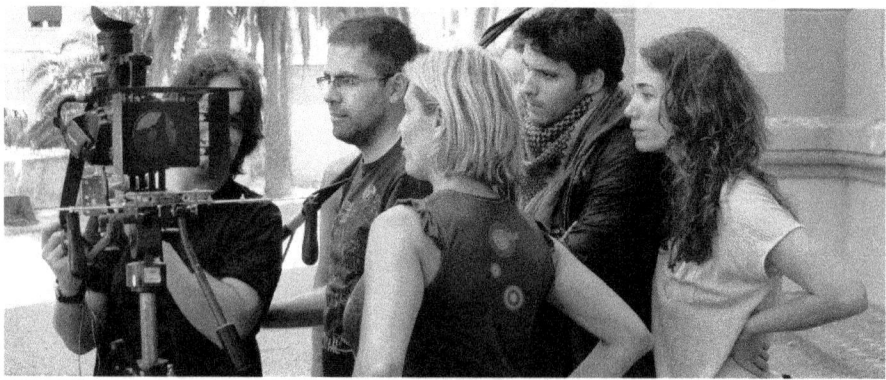

Seis meses después, en enero, en París, hacía un frío tremendo, era todo lo contrario y aquella ropa incluso parecía poca para abrigarse. No hubiese tenido sentido que, con tanto frío en el ambiente, en la gente que se veía al fondo con abrigos y paraguas, ellos hubiesen ido con las chaquetas en la mano.

Por eso, encaja perfectamente la escena: por la caracterización exacta, por la arquitectura similar y por la tonalidad que luego equiparé durante la edición.

Como hacía un calor intenso, le pedí a Escarlata Godiri (que además de ser co-productora y actriz, es enfermera en su trabajo habitual) que se encargase de hidratar a todo el mundo y acercar ventiladores y todo lo necesario para que no fuese demasiado incómodo. Lo hizo genial, no faltó bebida ni hielo ni descansos.

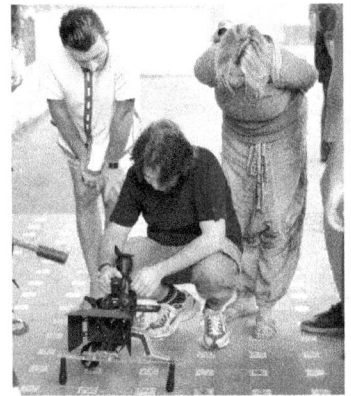 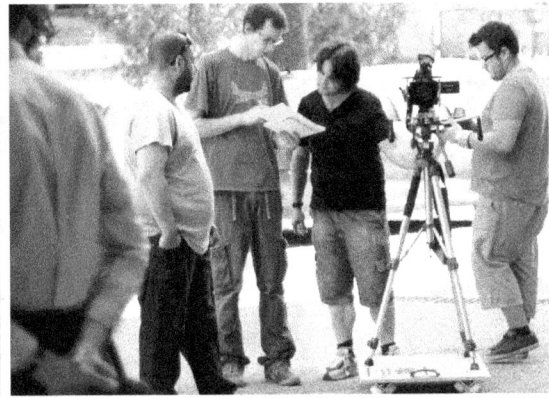

· *Los calabozos*

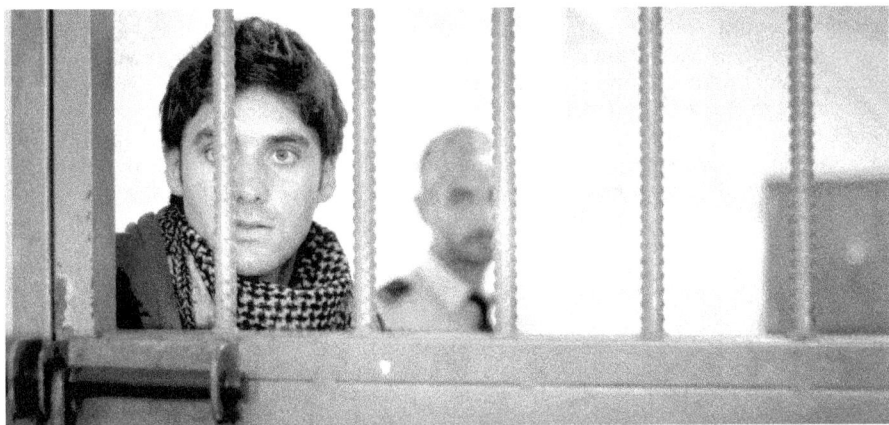

Según se entra, a mano derecha había unos pasillos que llevaba a unos calabozos. Estaban intactos desde que se usaron como celdas para los detenidos en el juzgado. Además, tenían un aspecto de otra época, de los años ochenta o noventa. Eran ideales para la película. Serían los calabozos de nuestra gendarmería, de dónde sacan a Alain (Max Millán) y también para la secuencia de los disturbios dentro del edificio policial.

En la primera escena, cuando sueltan al prisionero, intervienen Millán y dos actores vestidos de gendarmes: Ángel Madrid y José Luis, el hijo del vigilante del inmueble, que se prestó a esta figuración.

Y luego, en la otra secuencia, la de acción, interviene mucha gente en una supuesta invasión de civiles manifestantes. Como gendarmes aparecen los actores: Antonio López, Antonio Ávila, Ángel Madrid y José Luis. Y como figuración de manifestantes había mucha gente (todos están apuntados en los créditos de la película y al final de este libro). Mencionaré que entre la tropa de personajes violentos estaba un gran actor: Pascal Guët (con quien tuve el placer de trabajar de nuevo en *Disonancias* en un papel más importante).

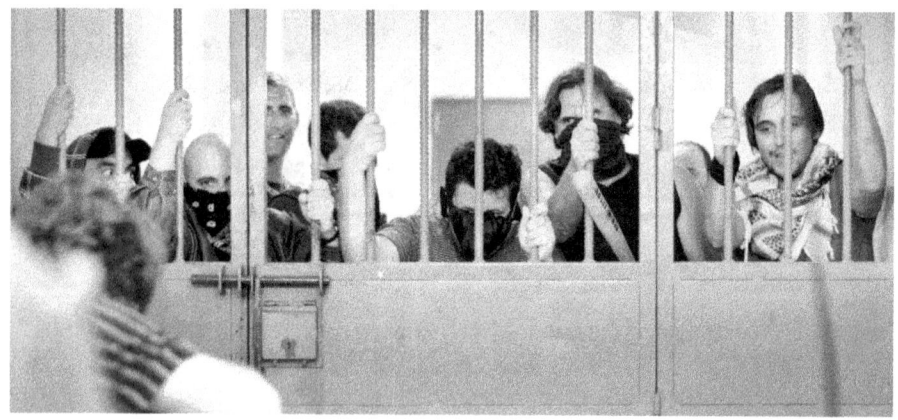

En dicha secuencia de los calabozos, hay una serie de planos inéditos. Se filmaron, pero los quité del montaje. En el momento de máxima tensión, dos agentes disparan contra la multitud civil justo antes de cerrar las puertas a toda velocidad. A mí me gustó porque se ve un dinamismo enorme que coordinamos muy bien. En plena carrera, se giran a disparar mientras otros compañeros les gritan que no se paren. Sin embargo, por recomendación de varios amigos que son policías, quité del metraje justamente los disparos, ya que resultaba demasiado fuerte. Comprendí sus sugerencias y por respeto y como no afectaba a la escena, lo quité sin problema. El resto de metraje quedó genial, con el mismo dinamismo y tensión incluso sin los disparos.

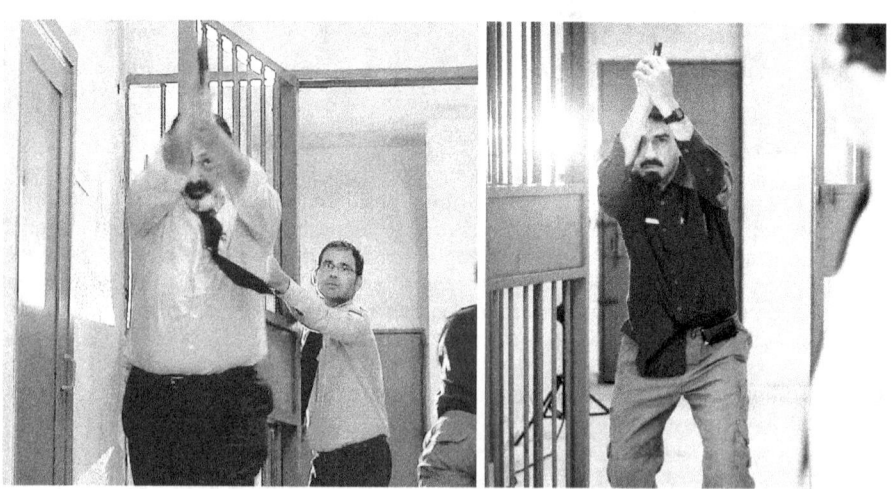

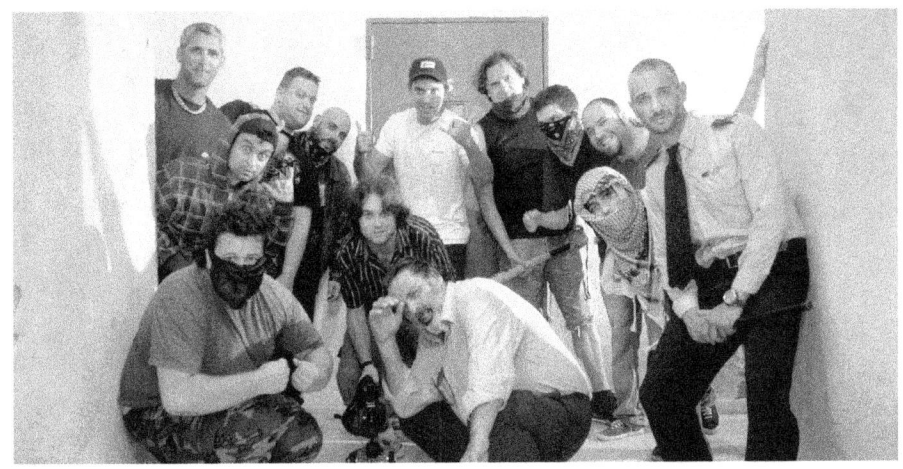

Al terminar el rodaje allí, Salva me dijo que había siete niños de unos ocho o nueve años, que estaban esperando en la sala contigua y que estaban aburridos. Eran los hijos de algunos actores. Se me ocurrió una idea, llamé a los siete y les dije que ahora les tocaba a ellos, tenían que hacer la misma escena que habían interpretado sus padres. Cuando yo grité "rodando", Ángel Madrid gritó "jugando". Resultó muy entrañable y bonito.

· *El Patio*

En mitad del edificio hay un gran patio de columnas con un techo acristalado por donde entra la luz del día. Ahí filmamos un plano muy bonito, es un contrapicado muy acusado (desde el suelo) y con movimiento tráveling. Para conseguir ese plano utilicé un mecanismo que yo mismo construí, es un cochecito creado con cuatro ruedas de patinete y una estructura metálica con piezas de ferretería.

En aquel 2012 estaban empezando a venderse esas herramientas que imitaban un monopatín en miniatura, pero yo me lo fabriqué quedando mucho más sólido y estable. Era tanta la estabilidad que podía salir corriendo tirando de una cuerda y el cochecito se deslizaba con suavidad por el suelo; además, también se le podían girar las ruedas para conseguir curvas. El equipo llamó al invento "el perrito".

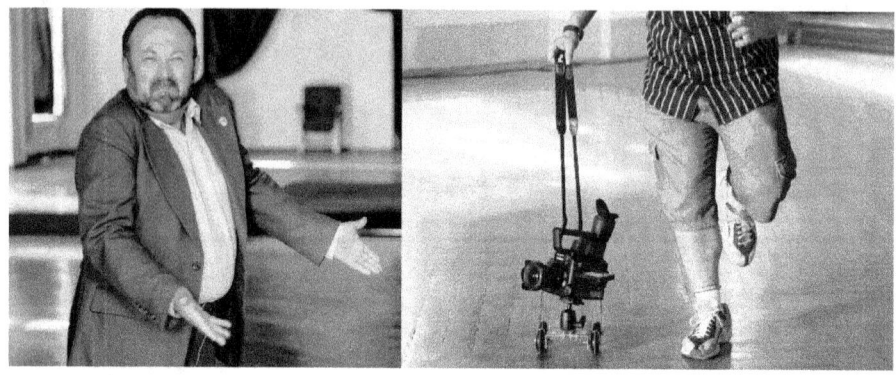

En aquel 2012 nuestros recursos (y presupuestos) eran muy limitados, no podíamos acceder a material profesional: dollys, grúas, travelings, estabilizadores, etc. Sin embargo, todas esas herramientas las tuvimos: las construimos con ingenio y paciencia. Eran toscas, pero funcionaban bien; las ganas de hacer cine nos hacían buscar soluciones de todo tipo. Hoy día, combino herramientas profesionales, industriales, con algunas antiguas fabricadas por mí, porque sencillamente son eficaces.

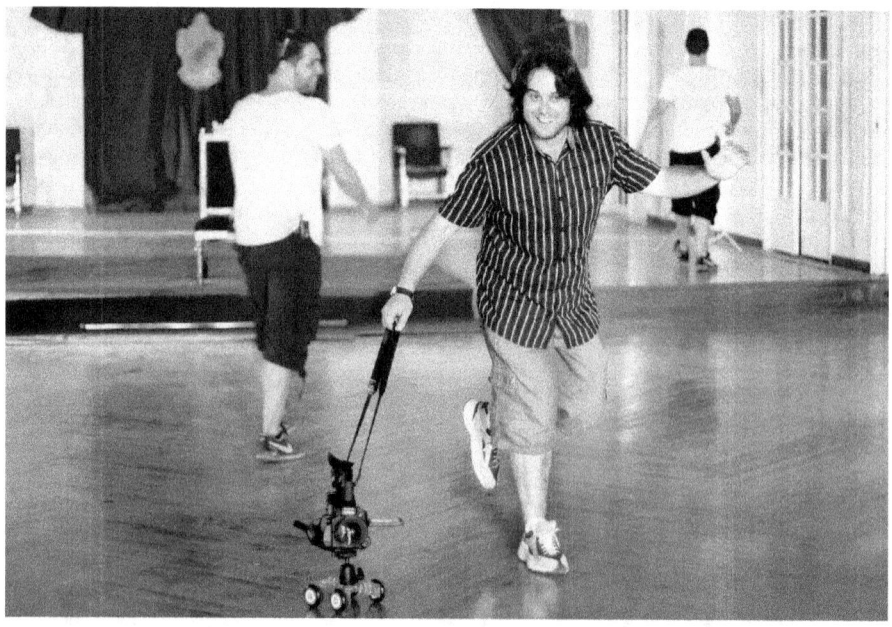

Este plano contrapicado lo usé como si fuese el interior de la *Ópera de París* desde una perspectiva diferente a lo habitual para que no se notase mucho que no era el sitio auténtico.

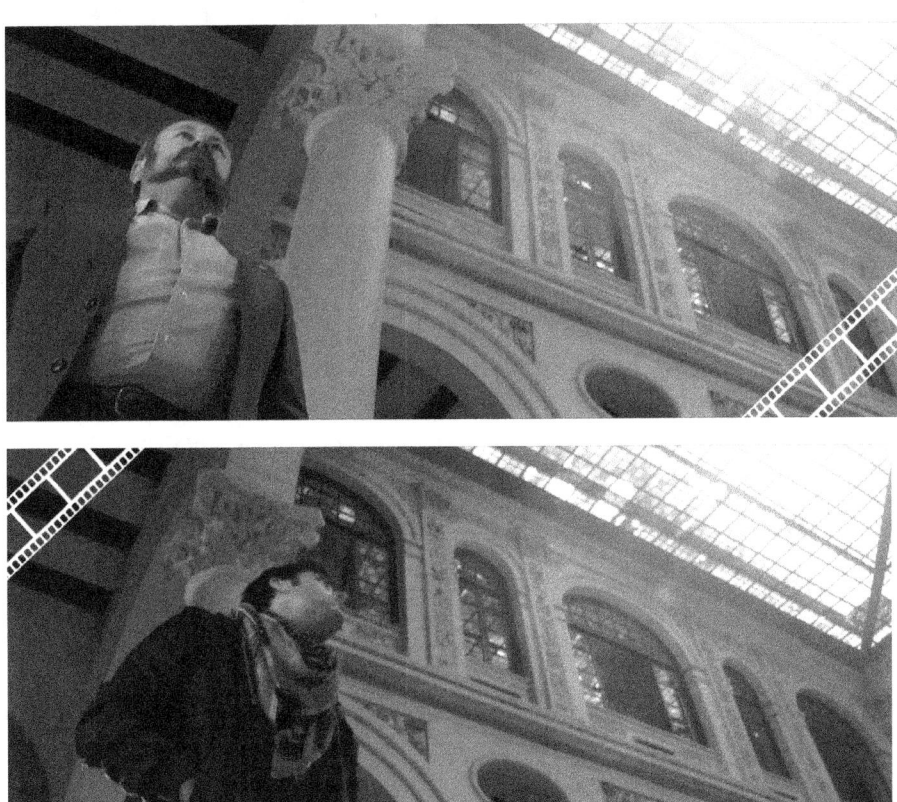

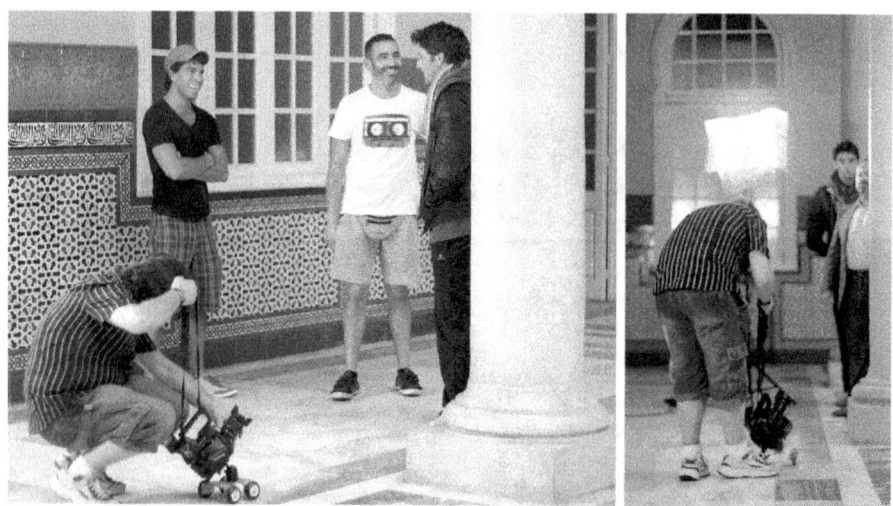

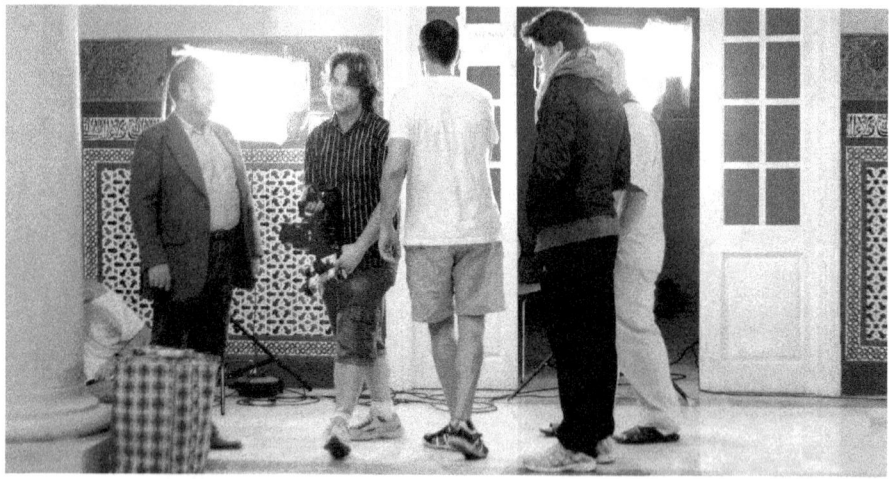

Rodamos ese plano porque se tardó muy poco en preparar y quería aprovechar el lugar, quedó tan bonito que incluso meses después, cuando grabamos en la auténtica *Ópera*, conservé este plano hecho en Málaga ya que es breve, bonito y muestra una arquitectura que más o menos (desenfocando un poco) se asemejan.

· *Gran salón*

Más hacia el interior, había un gran salón que hoy es salón de eventos, conferencias, etc. En la época del Juzgado, supongo que se utilizaría como sala de espera general para todos los convocados. Supongo que la gente, al pasar el control policial de la puerta eran enviados al fondo, es decir este gran salón y/o el patio de luces y luego los juicios se celebrarían en otras habitaciones.

Aproveché ese lugar para rodar un plano general que simulaba el interior de la Ópera de París y lo usé en la película cuando los detectives entran por primera vez allí. El asistente de arte Alberto Ortega decoró el lugar de forma preciosa, con grandes cortinas rojas y un sillón muy lujoso que encontramos allí mismo. Mediante efectos de posproducción, añadí una gran escultura clásica en un lateral y, aprovechando unas líneas decorativas de la estancia, añadí pinturas en el techo y en las paredes. Efectivamente, daba la sensación de ser algún pasillo de la *Opéra Garnier*.

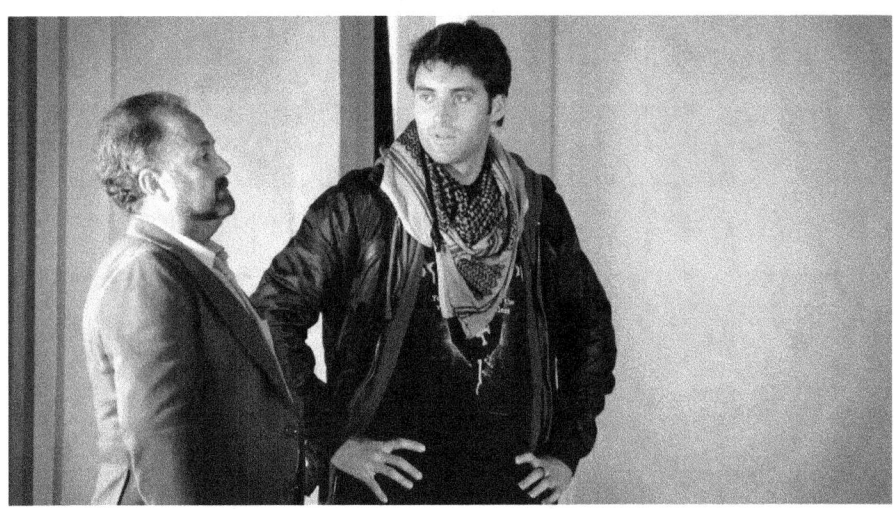

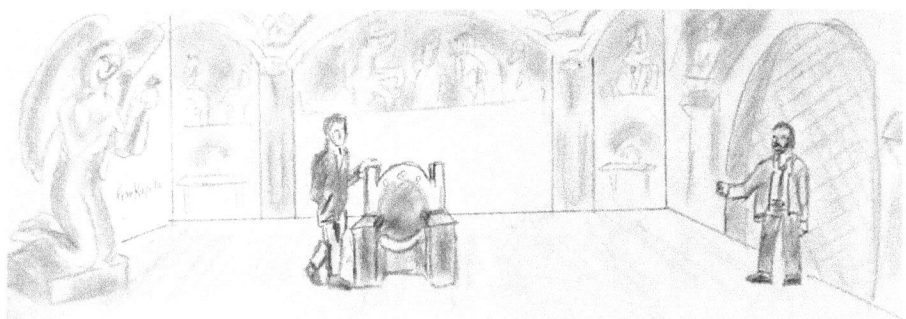

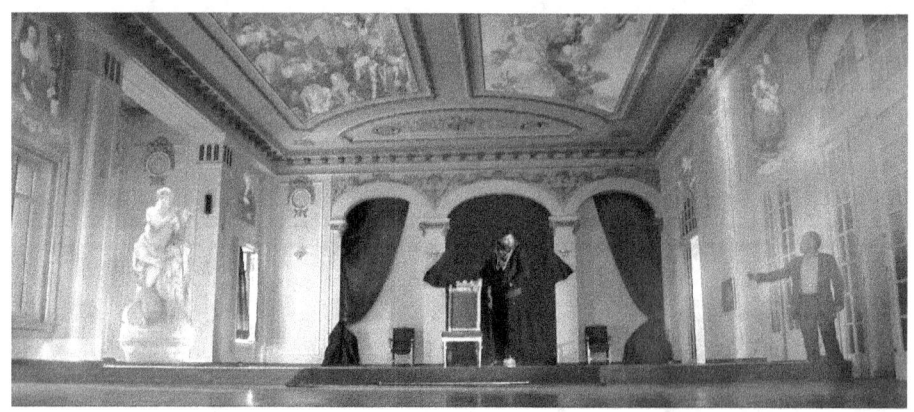
Muchos elementos los añadí en postproducción: los cuadros, la estatua y algunos rayos de luz.

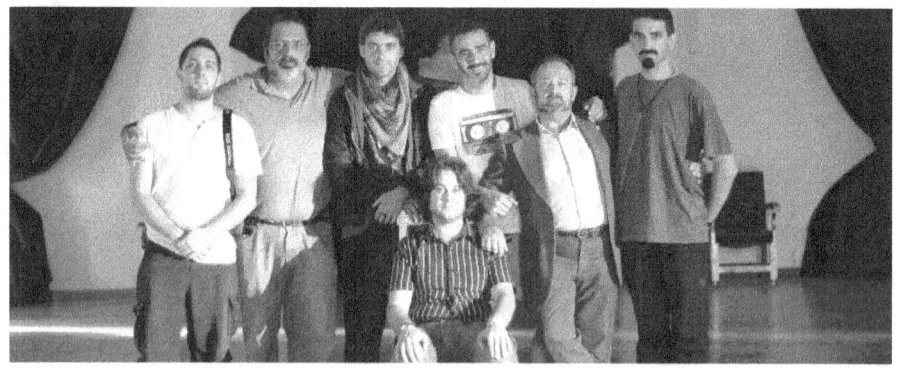

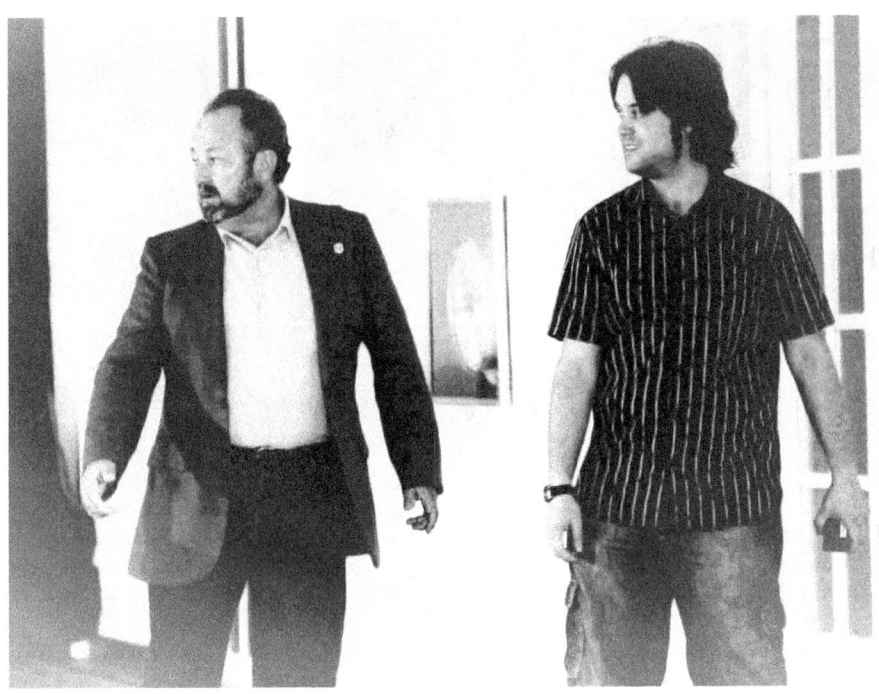

· *Escaleras y rellano superior*

En otro lugar de aquel edificio, subiendo las escaleras de acceso al piso superior, había un rellano muy bonito que me llamó la atención por su arquitectura art déco, típica de ciudades como París. Lo utilicé para la secuencia en la que Alain (Max Millán) toma como rehén al inspector Mignon (Eduardo Duro). En esa misma secuencia participaban el detective (Paco Roma), el comisario (Antonio Martín), la brigada (Sarai Trujillo), y como gendarmes Antonio Ávila, Noé Lifona, Ángel Madrid, Antonio López.

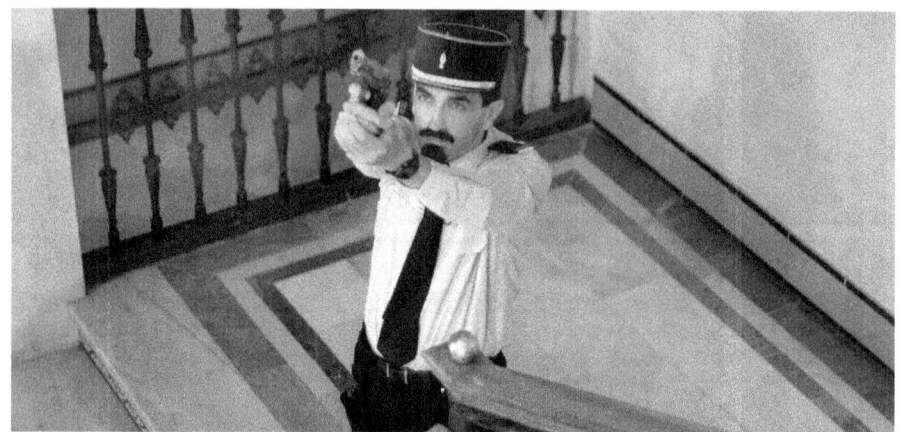

Mientras el equipo de producción e iluminación íbamos preparando el set en esas escaleras, abajo en uno de los despachos, estaban preparándose los actores que iban a intervenir. La maquilladora Ana Cabanillas hizo una labor impecable porque no sólo hizo una caracterización donde las caras reflejan la tensión y la acción que va en aumento, sino que además se ocupó en todo momento de mantener el maquillaje, luchando contra el calor.

Recuerdo también que Cristina Fargas que estaba a caballo entre su labor de asesoramiento interpretativo y además ayudando a colocar piezas de vestuario que se habían desprendido: galones, insignias policiales, etc.

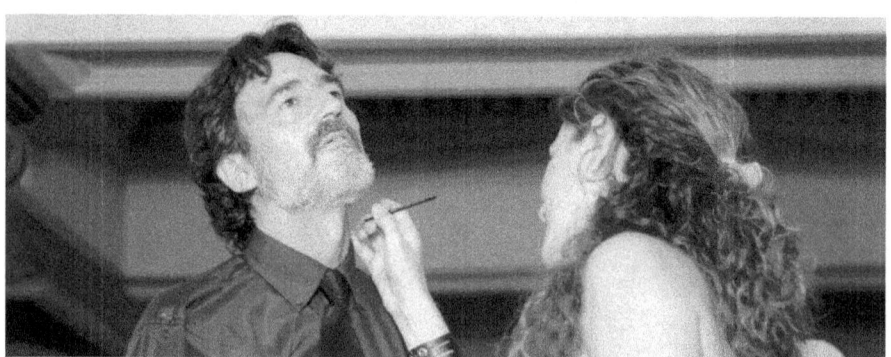

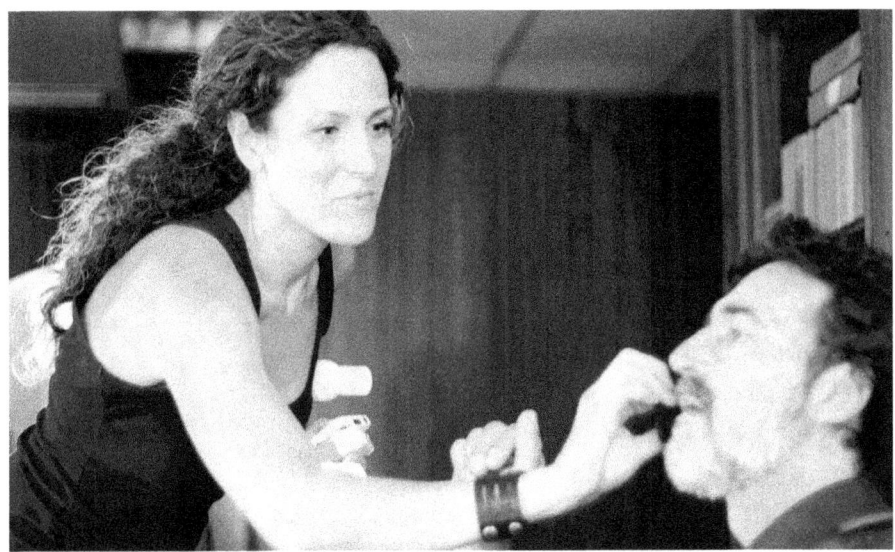

Ahí tiene lugar una secuencia tensa con multitud de planos que dividí en cuatro direcciones, según están dispuestos los cuatro grupos de personajes: policías del rellano, policías de la escalera, el comisario junto al detective y el prisionero que intenta escapar.

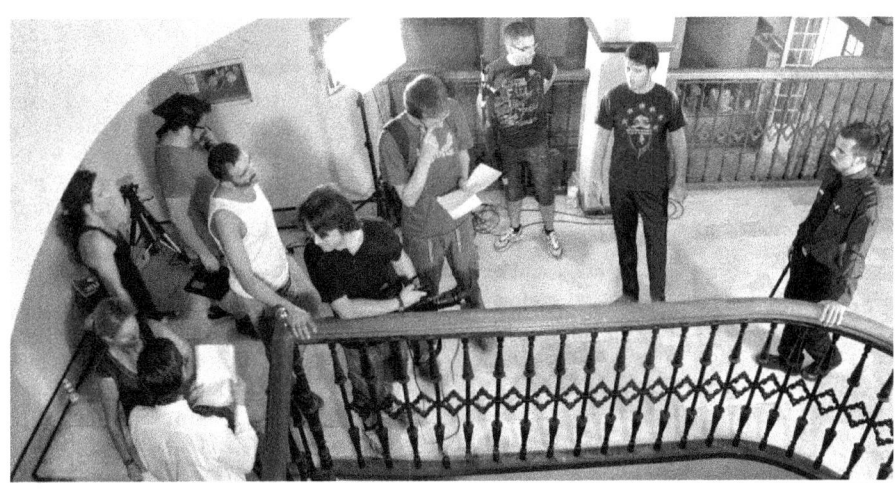

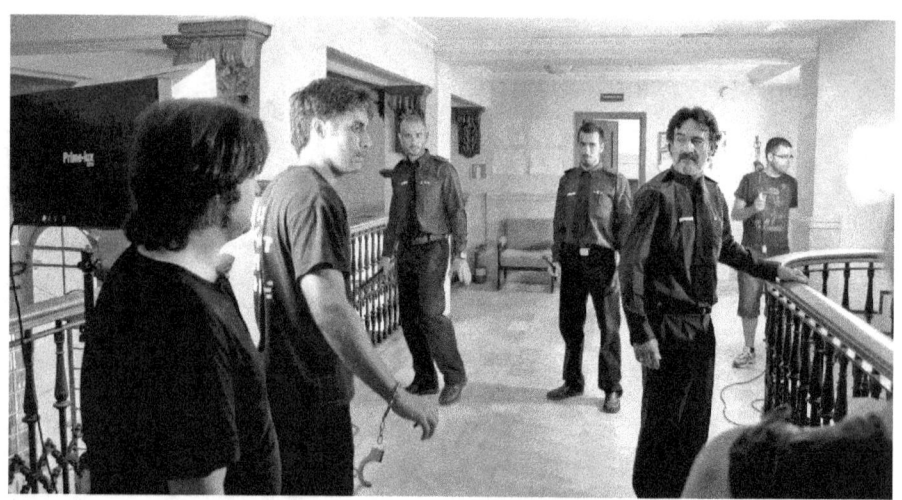

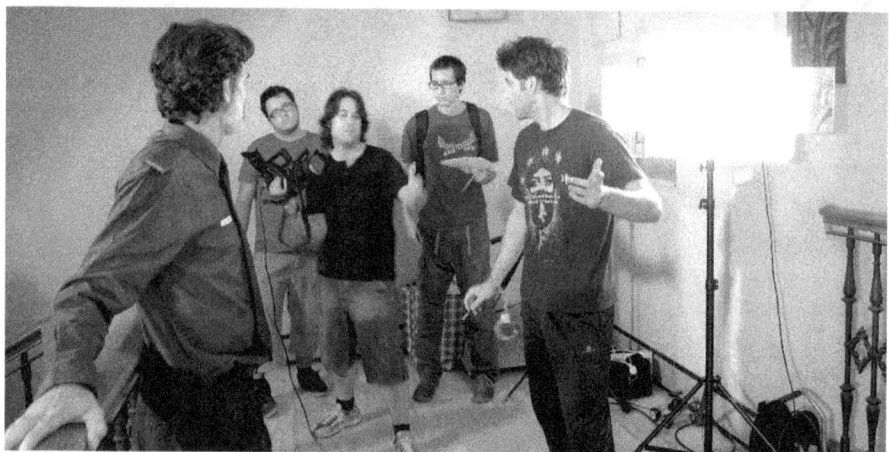

La escena funciona a la perfección y está muy bien interpretada. Sin embargo, hoy día la haría de forma más elaborada. Hubiese puesto algún dron o *steady* acercándose a la situación, también más movimiento de gendarmes apuntando al prisionero desde otras puertas semiabiertas, que incluso uno intente cogerlo y haya un forcejeo, mientras otros cierran las puertas de salida del edificio y que dispersasen de la zona todos los figurantes que deberían estar allí: personas que van a denunciar, detenidos, oficinistas, etc. Todo eso requiere más medios y más tiempo, sin embargo, insisto, la escena tal como se rodó funciona bien y contiene emoción; puede incluso tomarse, como he dicho otras veces, que es una gendarmería pequeña y por eso es todo más recogido.

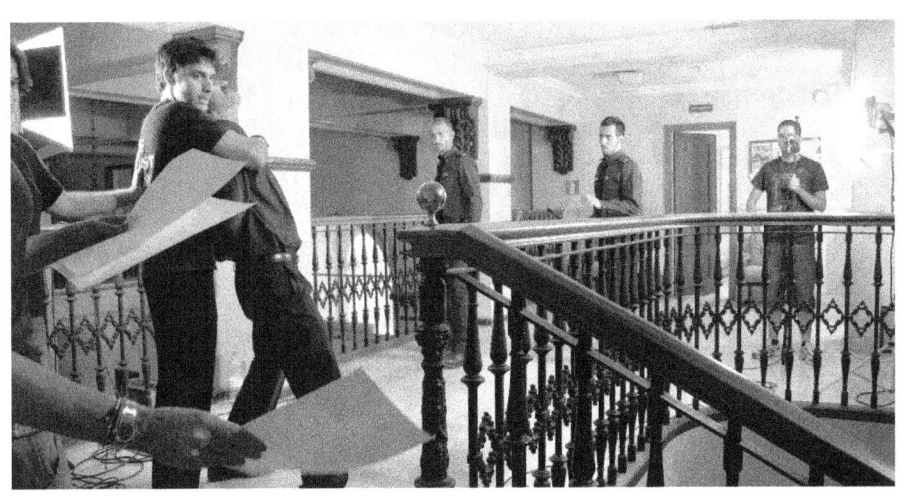
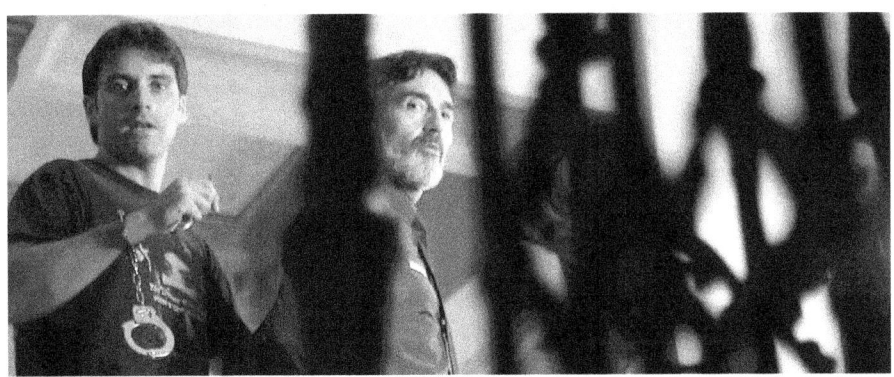
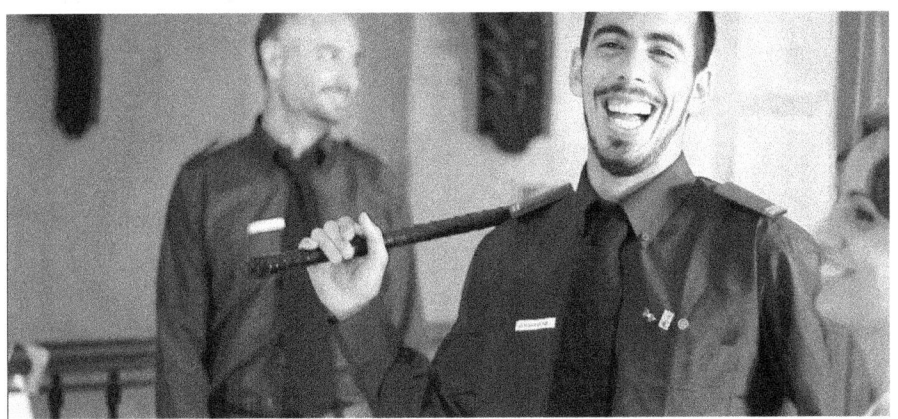

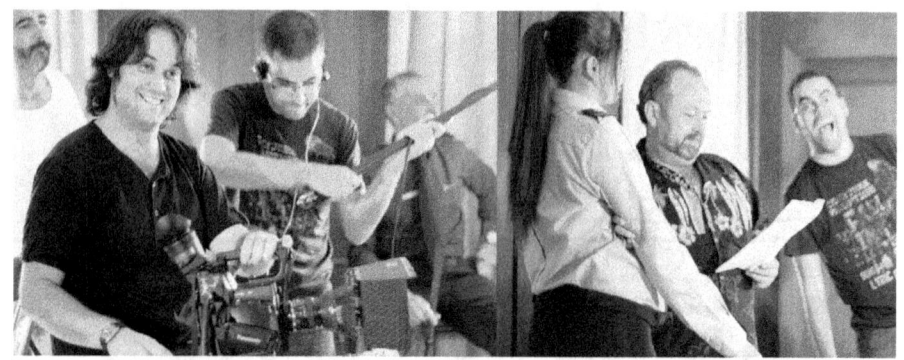

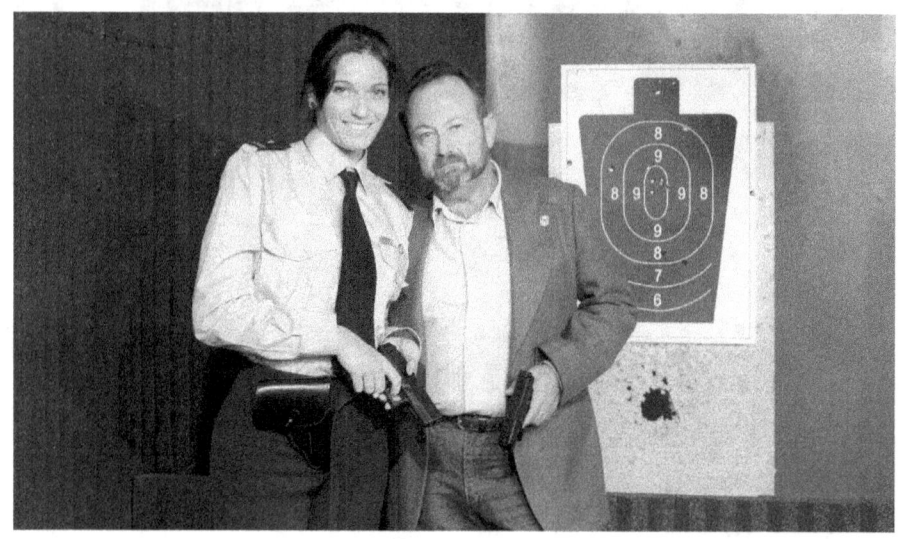

· *Sarai, embarazada*

La actriz Sarai Trujillo, fenomenal amiga y fenomenal actriz, interpreta a la brigada Giles. Intervino en tres escenas tan distanciadas en el tiempo que cuando la llamamos para concluir con ella en esos planos dentro del Juzgado, resulta que estaba embarazada ¡de ocho meses!

Me explico: primero rodamos con Sarai y con el protagonista, Paco Roma, en diciembre de 2011. Fue en la sala de tiro de la comisaría de Fuengirola. Luego, en enero de 2012 rodamos, otra vez con ambos, en el pub *Victory* (Rincón de la Victoria), la escena del bar del principio de la película.

Diciembre de 2011, ocho meses antes del rodaje en el antiguo Juzgado.

Y la última vez que contamos con Sarai, para esas escenas en el antiguo Juzgado, estábamos en julio de 2012. Habían pasado muchos meses, tuvimos que explicarle a la actriz las razones del parón tan grande desde el comienzo de 2012 hasta casi el final de ese mismo año. Sarai se solidarizó con nosotros y nos. Se vino a rodar al Juzgado pese a tener tan avanzado su embarazo. Modificamos su antiguo vestuario, busqué una camisa igual pero más ancha y la decoré nuevamente con las insignias. Los planos eran más cerrados con lo cual, no se aprecia el embarazo.

Cambié todo el plan de rodaje cuando Sarai me confirmó que vendría. Prioricé sus planos ante todo, para que pudiese acabar ella lo antes posible, era importante que estuviese cómoda. Aun así, fueron cinco horas de rodaje con sus descansos. Después, cuando ella ya se marchó, nos quedamos el resto y seguimos rodando todo lo que faltaba.

· *Los despachos superiores*

Ya tenía elegido el despacho más grande que encontré en el piso superior, era fantástico. Tenía mesas preciosas y unos ventanales magníficos. Ahí es donde teníamos preparado el set de rodaje. En la trama es el despacho del inspector Janvier Mignon (Eduardo Duro), lugar donde interrogan al joven Alain (Max Millán). Supongo que hoy día, esa amplia estancia será una *suite* de lujo.

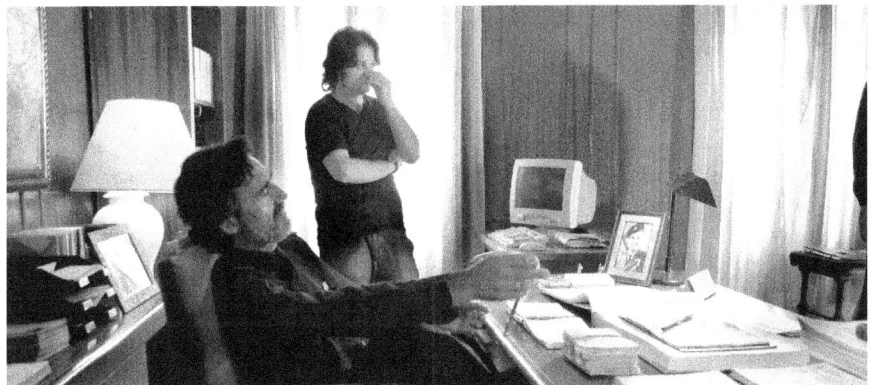

En aquel entonces, todo estaba tal cual lo dejaron, aún se podía respirar el ambiente de Juzgado allí dentro. Aún había calendarios, agendas manuscritas, archivadores y un montón de expedientes sobre casos, denuncias, resoluciones de juicios. No nos explicábamos cómo podía estar todo eso por allí en los cajones, con datos reales de personas. Todos esos informes los apilamos dentro de armario y lo dejamos cerrado, no queríamos buscarnos un problema y además no tenía ganas que se colase algún texto escrito en español dentro del metraje.

Usamos los archivadores, los tablones de anuncios, las pizarras, las mesas, los sillones, los ordenadores (sí, también había dos o tres ordenadores viejos con pantalla de tubo por allí tirados). En aquel 2012 la gran mayoría de los monitores de ordenador (quizá todos) eran planos sin embargo dejé esas pantallas tan antiguas (igual que las televisiones que aparecen en otras escenas) porque se supone que la película está basada en una década anterior. Este tema, el del año exacto no es muy importante en la película, de hecho, puede verse y pensar que es, más o menos, en la actualidad todo. Pero me gustó usar esos elementos viejos; la sensación era tremendamente realista, una ambientación de comisaría, en este caso, de gendarmería francesa clásica.

La escena que se rodó allí es un poco fuerte. Se trata de un interrogatorio con maltrato incluido. El maltrato consta de pisotones en los pies, un golpe con la porra e insultos. Mi amigo policía me dijo que quizá me había pasado un poco pero que como ficción (o como realidad de una mala comisaría) quedaba bien; mi intención no era retratar la crudeza policial sino la desesperación de personas que no se entienden, en una gendarmería de poca confianza. De alguna manera, todo lo relacionado con esa gendarmería, el comisario, el inspector, etc, muestran un antagonismo hacia los protagonistas. Ya desde que se inicia la película, Pierre Lerosse siente amargura porque lo jubilaron antes de tiempo e injustamente. De toda la gendarmería, la única que parece comprenderle es su amiga Giles (Sarai Trujillo).

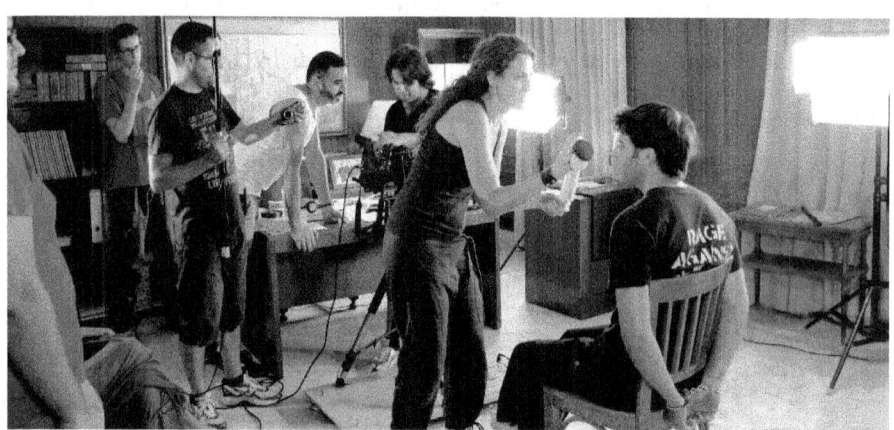

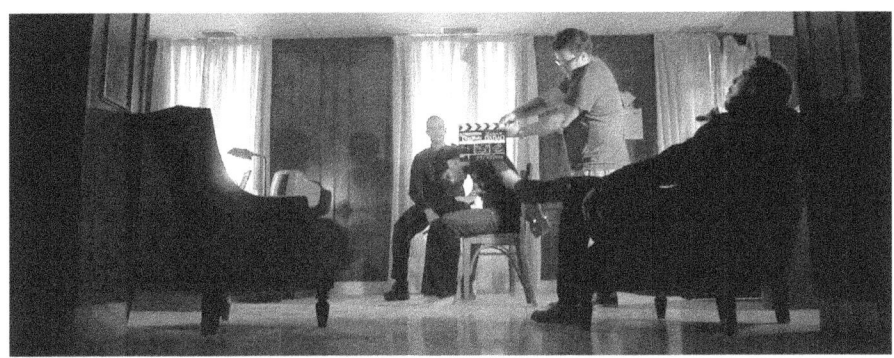

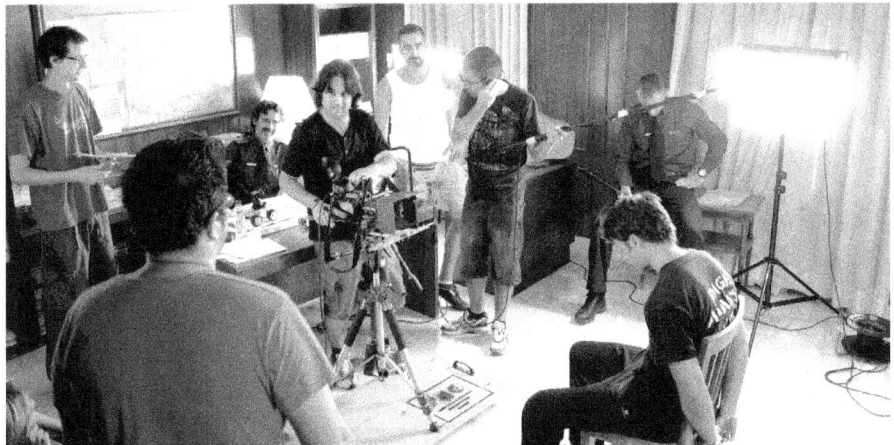

En la escena del interrogatorio participa Eduardo Duro en el papel del inspector Mignon, un tipo que parece hacer el trabajo sucio del comisario. El inspector ordena a dos gendarmes (Antonio Ávila y Noé Lifona) que hagan presión e interroguen al detenido para sacarle la información, aunque sea a las bravas. Lo que quieren es saber dónde se esconde el manifestante Maxime, personaje secundario que parece en las revueltas al comienzo y que volverá aparecer sobre la mitad.

Rodamos la escena con muchos puntos de luz. Para evitar quedarnos sin luz solar, colocamos potentes focos *Fresnell* en cada una de las ventanas y éstas, las cubrimos con cortinas blancas. Las cortinas hacían que los focos no se viesen y al mismo tiempo difuminaban la luz, diseminándola como si fuese luz solar. Dentro del set colocamos paneles de luces *led*.

La escena se compone de planos estáticos alternados en seis direcciones y también tiene tres movimientos de cámara. Un trávelling a ras de suelo acercándonos a los personajes, que hice con mi cochecito metálico. Y dos acercamientos a altura normal que hicimos con el travelling de Abraham.

Eduardo Duro juguetea con un elemento, un abrecartas con forma de espadita. Este será el elemento de unión cognitiva y de elipsis entre esa escena y la de la lucha en las escaleras. El espectador entiende que el prisionero (Millán) ha escapado, ha cogido ese abrecartas y que lleva de rehén al inspector (Duro). Yo quería poner un abrecartas muy típico que tenía mi padre, con la efigie de Napoleón, sin embargo, no le dio tiempo a enviármelo y alguien nos prestó ese, creo que fue Paco Roma.

Quedó genial. Realmente lo pasamos muy bien, sudamos por el calor, pero nos reímos mucho. Las bromas y la buena sintonía eran magníficas; miro las fotografías y los vídeos del *making-of* y encuentro situaciones hilarantes y multitud de chistes. Fueron dos días intensos de rodaje, pero con una armonía como pocas veces conocí hasta aquel momento de aquel proyecto.

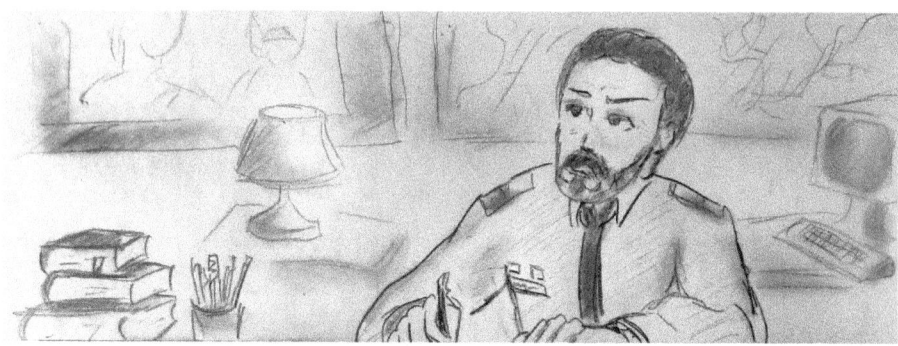

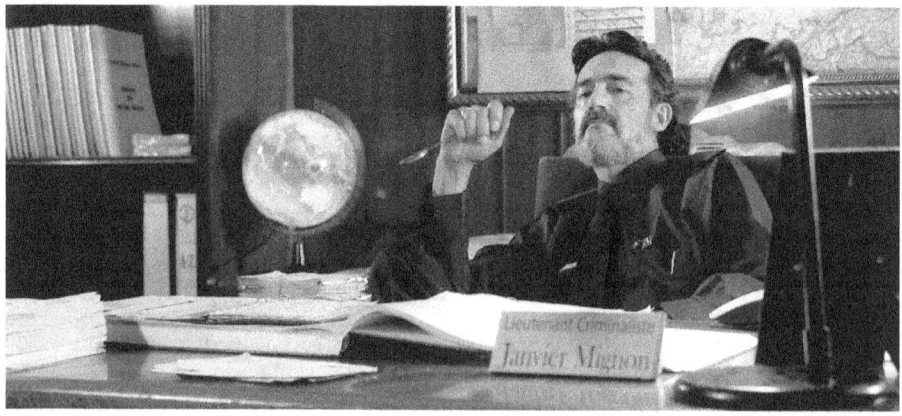

· *En el despacho con Erica Prior*

El lunes 16 de julio tuvo lugar el segundo día de rodaje. Comenzamos volviendo al despacho que aún estaba atrezzado. Filmé una escena que en la película es un flashback; es un recuerdo que Alain (Millán) cuenta. Mientras el joven está detenido, llega a la gendarmería la soprano Larissa Vilvorde (Erica Prior). Va a poner una denuncia porque ha recibido la nota anónima. Ese escrito con amenazas que es lo que da pie a toda la investigación.

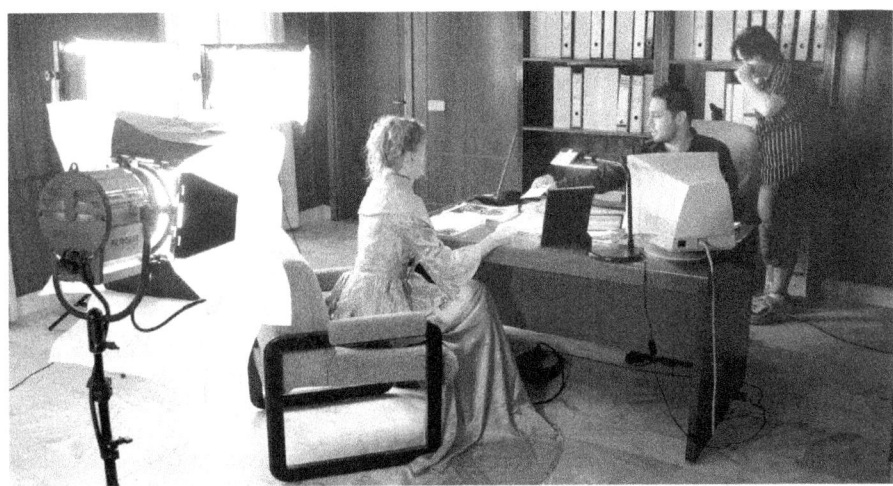

La escena, al ser un flashback breve y sin sonido (ya que la voz en off es la de Millán explicándolo), quería mostrarla de manera diferente e hice un pequeño experimento. Se filmó por si acaso, pero también la fotografié. Mi idea fue componer esa brevísima escena a base de fotografías que se sucedían con efectos de difuminado y de eclosión luminosa. Daba más aspecto de relato personal, de flashback subjetivo, de narración individual. El error hubiese sido poner una secuencia filmada sin más. Este experimento me gustó y no he vuelto a repetirlo porque es que realmente no me gustan los *flashbacks* en el cine a menos que estén muy bien elaborados.

Erica Prior viste uno de los trajes de Alta Costura Montesco, usado únicamente para esas tomas. Es un vestido lujoso, algo exagerado como para ir a poner una denuncia en una gendarmería, pero no me importó, quería dejar bien claro cómo es el personaje de Larissa. Como anécdota, contar que el auxiliar de fotografía en esta película, David Rivas, se vistió de gendarme e hizo un cameo como agente que está tomando nota de la denuncia.

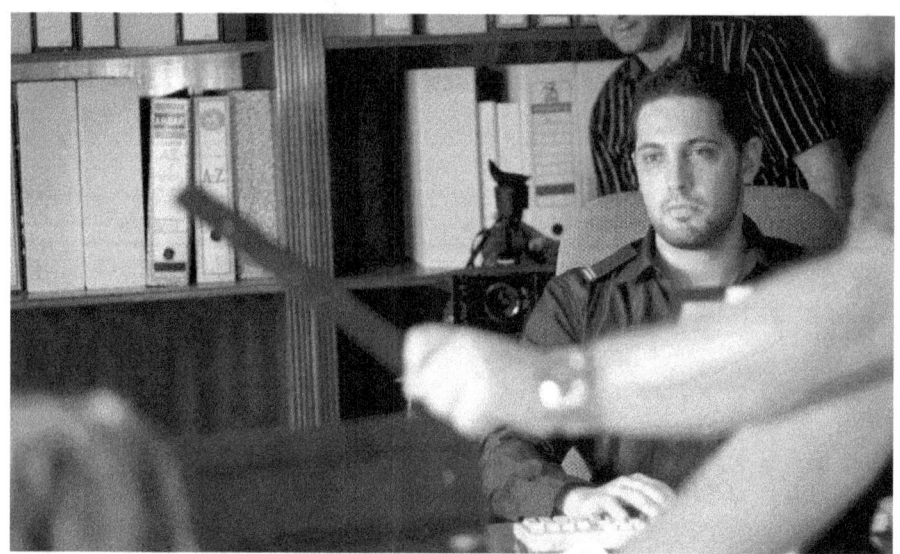

Fuimos rápidos en filmar con Erica, sin florituras ni repeticiones, tampoco hubo diálogo. Lo hice lo más aprisa que pude porque ese día me vi en un compromiso tal como contaré en el siguiente punto; en la planta inferior ya estaban esperándome otros actores con impaciencia sobre el mediodía. Lo que no podía hacer, (como me sugirieron a primera hora por teléfono), era comenzar por las otras escenas y dejar a Erica Prior para después porque sencillamente llevábamos desde las ocho de la mañana preparando su vestuario y su maquillaje.

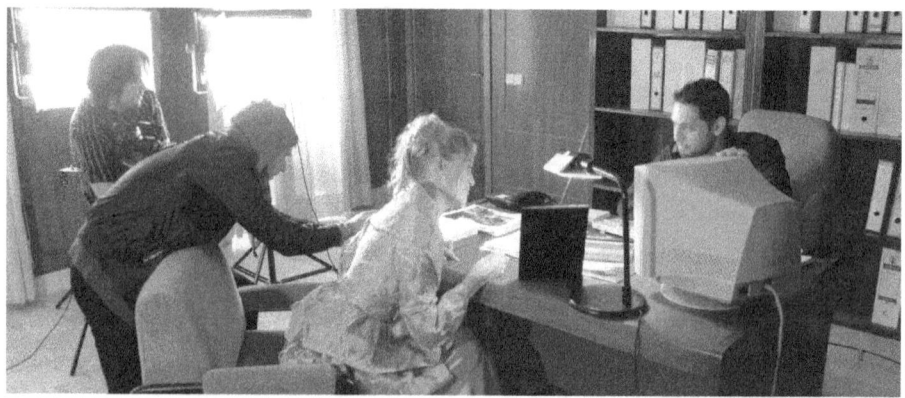

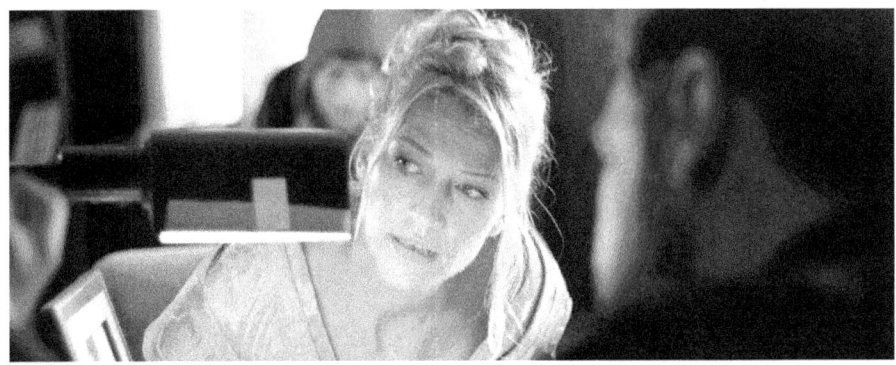

· *El pasillo inferior*

El pasillo inferior del edificio es por donde se accedían a pequeños despachos y a los calabozos inferiores. Ese pasillo, lleno de puertas tenía todo el aspecto de pasillo de comisaría. Filmamos una breve conversación en la que el comisario Armand Dupont intercambia algunas palabras con Pierre Lerosse mientras otros personajes pasan por esa misma galería donde están francamente bien; tras ellos pasan varios figurantes que hacen de gendarmes y de civiles que salen y entran de puertas. David Rivas y Alberto Ortega hicieron un pequeño cameo desenfocados, vestidos de gendarmes.

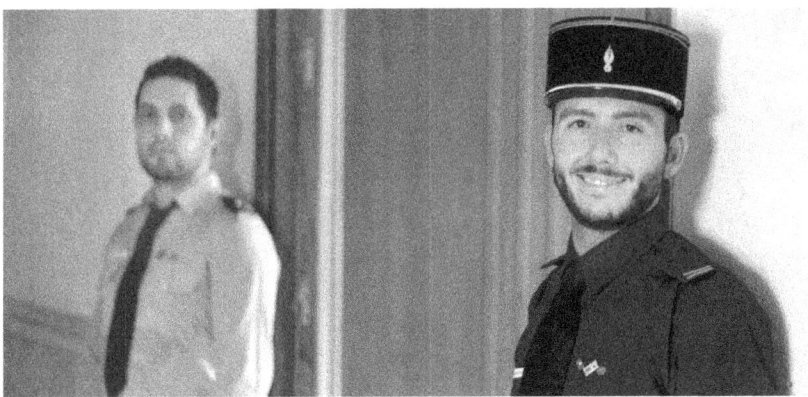

Aquella secuencia se hizo solamente una vez, en una única toma. No se pudo rodar con calma y con repeticiones porque íbamos con presión: a una persona del equipo le había salido un compromiso importante de última hora. El día previo del rodaje, casi por la noche, me puso en conocimiento sobre ese compromiso y me sugirió algunos cambios en el horario que hubiesen solucionado su agenda pero que hubiesen estropeado el del resto.

Yo no podía cambiar el horario porque por la noche no me cogían el teléfono los actores que estaban citados a horas tempranas, así que tampoco osé en molestar a los técnicos para hacer cambios de última hora que no iban a poder ser posible; tampoco podía cancelar el rodaje. Me vi entre la espada y la pared, no podía cancelar ni posponer porque el permiso que me concedieron desde Barcelona era estrictamente para aquel día y tampoco era fácil volver a disponer de todos los actores y los técnicos que llevaban desde bien temprano preparando las luces y el atrezo del lugar. Hubiese sido más fácil eliminar la escena y no rodarla, que cancelar todo el día de rodaje. Finalmente decidimos filmar todo, simplemente, la parte de la persona que tenía prisa se rodó en una sola toma. Agradezco a todos que lo filmásemos, aunque fuera bajo presión.

Después de rodar aquello en plan exprés, se quedó una pausa no programada ya que acabamos con la primera secuencia muy pronto. Estuvimos esperando desde las seis menos cuarto hasta las siete y media al resto de actores que estaban citados para más tarde.

En contrapartida, aquella escena en el pasillo salió fenomenal. Como es costumbre, Paco Roma y Antonio Martín muestran una interpretación que me gustó mucho, quedan geniales en pantalla.

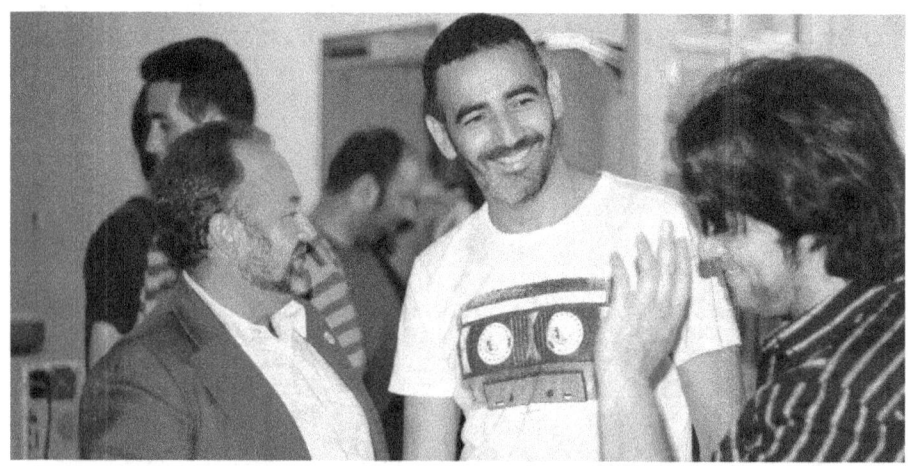

· *El hueco de la escalera*

A las siete y pico de la tarde fueron llegando los figurantes de la siguiente escena. Aquella fue la última que filmamos en aquel edificio. Fue la escena de los manifestantes subiendo las escaleras con mucha furia. Resulta que el hueco de las mismas, ofrecía una bonita arquitectura vista desde abajo. Desde el primer día que vi esta ubicación, tracé sobre el guion técnico un plano así. Desplegamos a cada figurante en un tramo de escalera para que pareciese que había muchos y les dije que hiciesen todas sus acciones cerca de la barandilla, para poder verles un poco.

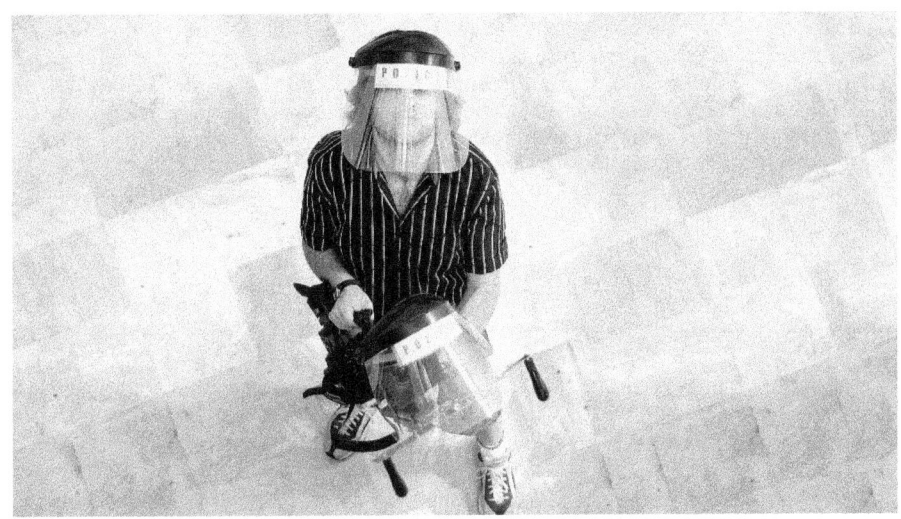

Esto fue muy divertido porque al grito de "acción" todos debían subir corriendo muy iracundos moviendo los brazos en alto. Era todo un cuadro ver a treinta figurantes (que parecían más) subir en tropa desbocada las escaleras, gritando y protestando con mucha rabia, tirando papeles, plásticos, maderas, una especie de serpentinas que parecían partículas de hierro brillante, etc.

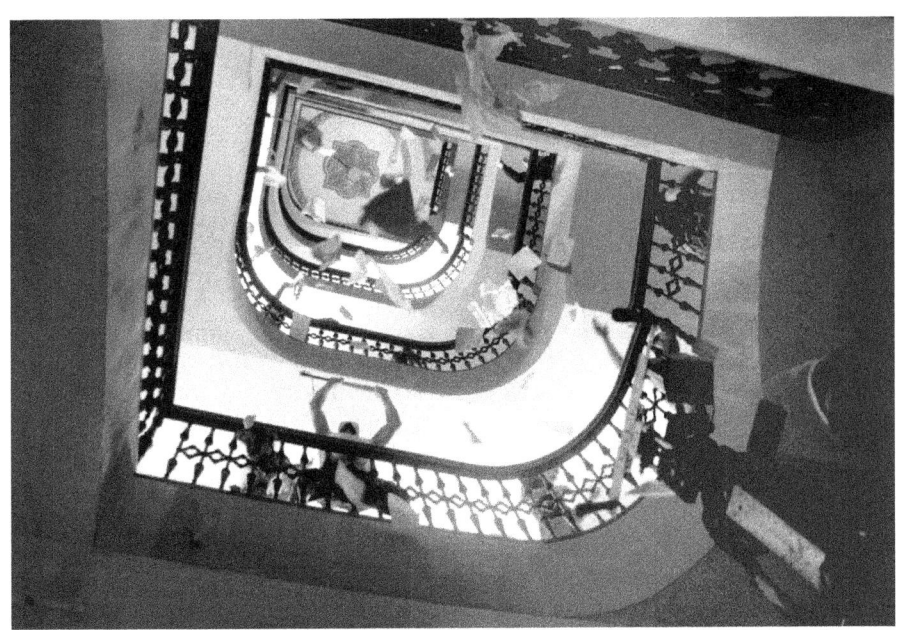

Todo lo que cayó parecían partículas y trozos de escombros producidos por los manifestantes enfadados. Yo lo filmé todo en contrapicado, justo desde abajo, en el hueco de las escaleras. El figurante Ángel Madrid trajo dos pantallas faciales de plástico transparente. Me las prestó y me coloqué una en mi cabeza y otra delante de la cámara, bien atada. Así que, aunque nos cayeron muchas cosas, a mí y a la cámara, no nos afectó en absoluto. Los dos planos que hicimos fueron fenomenales.

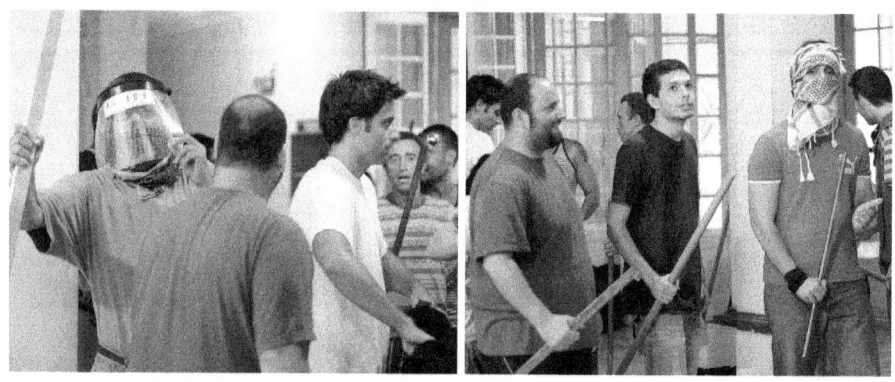

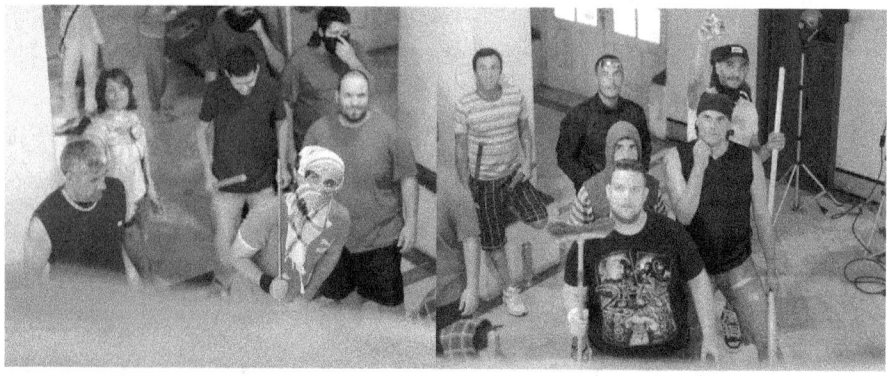

Otros planos del mismo segmento se hicieron en dirección contraria, con la cámara mirando hacia abajo, así pude filmar a esa multitud subiendo a toda velocidad con mucha furia. Se hicieron varias repeticiones de esos planos, en diferentes tramos de escaleras, así pude mezclar todos ellos con mucho dinamismo. Entre los manifestantes, además de los diez o doce que repitieron en la escena del calabozo, había más gente y por añadidura, todos los que hicieron de gendarmes se cubrieron la cara y se vistieron también de invasores, como Antonio López, Ángel Madrid, Antonio Ávila y hasta el mismo Max Millán. Eran una multitud de unos veintitantos.

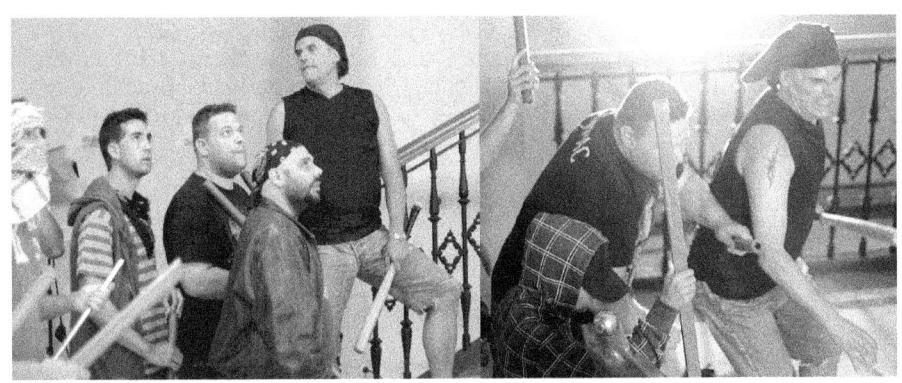

Recuerdo que los animé mucho antes de rodar, les motivé para exaltarlos, para emocionarlos. Grité para que viesen cómo debían hacerlo y les asigné a cada uno una frase para la acción, así cada uno grita algo con mucha convicción, cosas como: *"¡Libertad!"*, *"¡Cabrones!"*, *"¡A por ellos!"*, *"¡Vamos compañeros!"*, *"¡Por Maxime!"*, *"¡La gendarmería es nuestra!"*, etc.

Puedo aseguraros que fue muy divertido y al mismo tiempo muy sobrecogedor ver cómo subía a toda velocidad esa tropa armada hacia la cámara y gritando. Gritando con rabia con palos, barras de hierro, cadenas, etc.

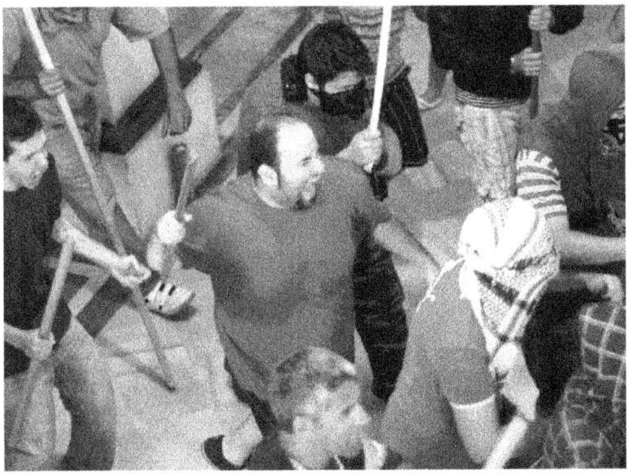

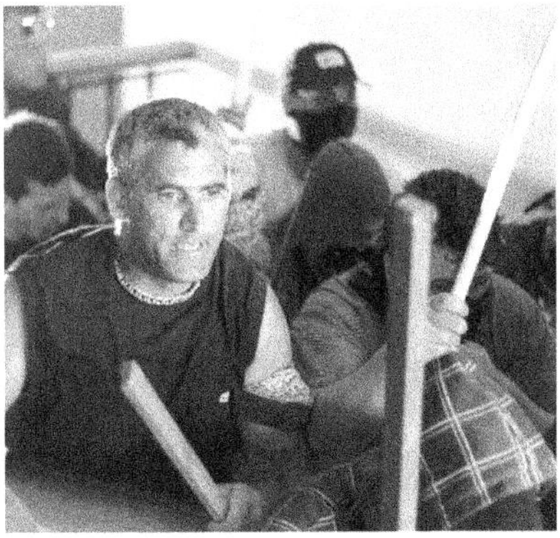

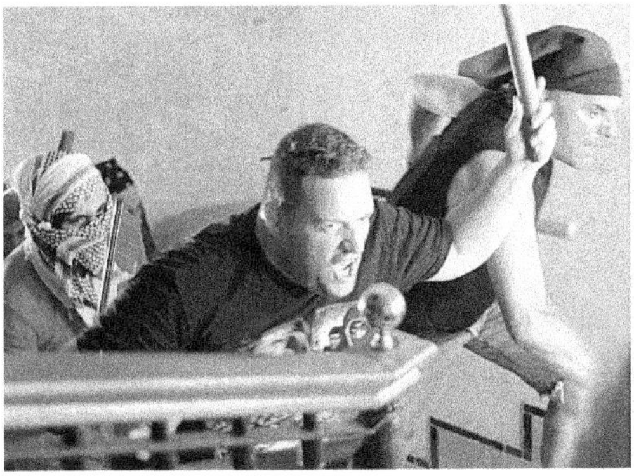

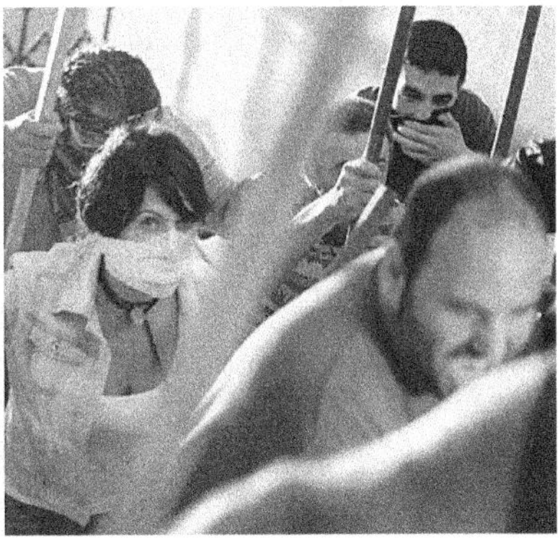

Aquellos figurantes lo hicieron genial. Jamás en la vida podrán imaginarse las personas que disfruten de la tranquilidad del magnífico Hotel Miramar que se rodaron allí escenas tan impactantes, es más, ni siquiera el antiguo Juzgado se hubiese imaginado en su día esa imagen de la multitud rabiosa invadiendo el edificio.

Hay que agradecer el esfuerzo de todos los que hicieron posible los dos días de rodaje en aquel inmueble, a los propietarios que dieron su permiso, gracias al vigilante y su familia y las gracias a ese nuevo segundo equipo al completo, que lo hizo fenomenal.

· El primer catering en condiciones

Todas esas secuencias se filmaron en junio de 2012 y hacía mucho calor; llevamos muchísima agua, creo que compramos cuarenta litros de agua más un montón de botellas de refrescos y muchísimo hielo. El rodaje de aquellas secuencias no fue complicado, sin embargo, sí que fue un poco pesado en algún momento por el calor.

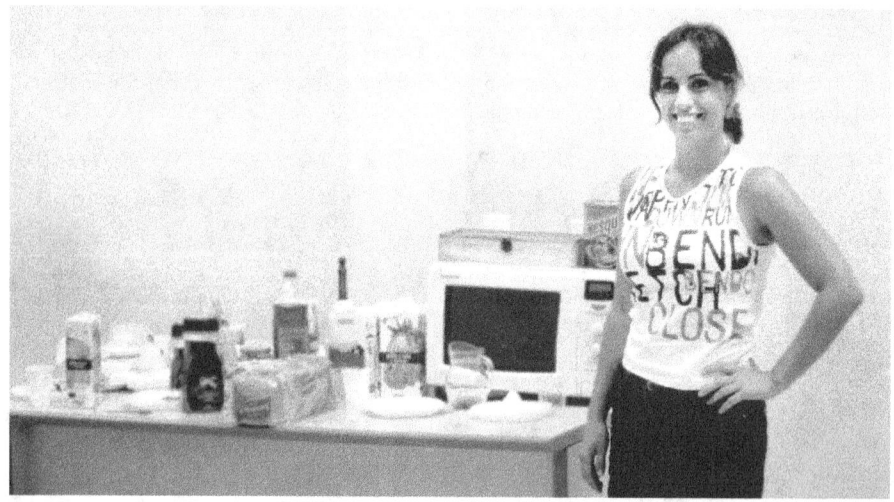

El *catering* de aquellos dos días de rodaje fue excelente, de los mejores que hemos hecho, fue la coproductora principal (y la persona que siempre me ayuda más) Escarlata Godiri la que se ocupó del asunto. Escarlata y yo habíamos hablado sobre este asunto y no queríamos repetir los catering tan mal organizados como se hicieron con el primer equipo. Esta vez se hizo tan bien que mucha gente nos lo celebró, era un catering humilde pero muy bueno, sano y abundante. Lo primero que hizo Escarlata fue ponerse en contacto con todos los participantes del rodaje aquellos días, técnicos y actores; les preguntó gustos, alergias y estilos de comida que prefieren. En base a eso, se hizo la compra para que todos pudieran comer fuese cual fuese sus apetencias o situaciones alimentarias. Escarlata desplegó toda la comida en una habitación de la planta baja junto al patio de columnas. Aprendimos que es mejor sacar toda la comida desplegada y no sacarla a una hora en concreto. Es mejor que cada uno coja lo que quiera y se ponga las cantidades que quiera a cualquier hora que desee y no con una hora fija de comer.

Llevamos un microondas, una cafetera, un calentador de agua y una tostadora; sobre una mesa se dispuso toda la comida por ingredientes recién cocinada o fresca. Había ensaladas, carne, pescado, huevo cocido, pasta cocida, patata cocida, pan, queso, condimentos. Verduras cocidas, frutas frescas. Frutos secos y algunos snacks. Cada uno se hacía su propio plato como más le gustaba.

También había café, leche de vaca, leche vegetal (diversas bebidas vegetales), cacao, infusiones, zumos de muchos sabores y muchos néctares sin azúcar. Desde entonces, en esa película y en otros proyectos, una de las cosas que la gente más celebra de nuestros *caterings* es el tener en cuenta la diversidad alimentaria y no tener un único estilo de comida.

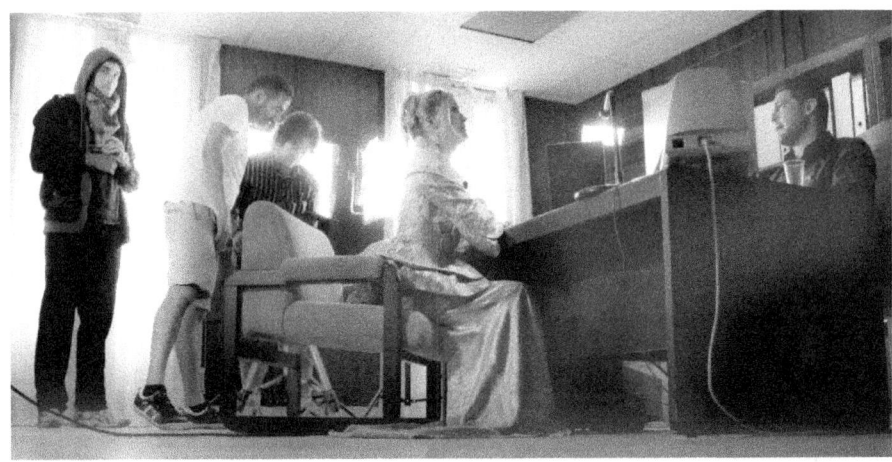

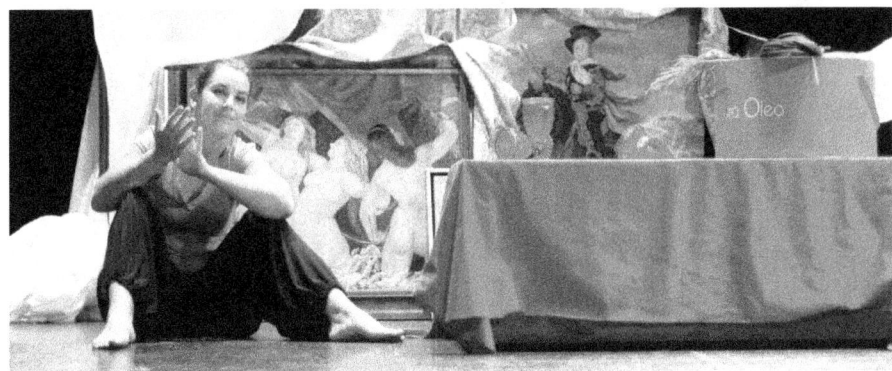

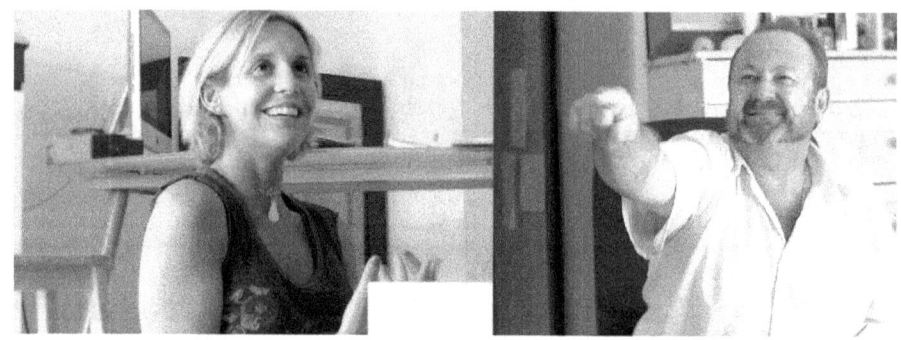

Hicimos muchísimos ensayos en casa de Cristina, durante cada etapa de la película, casi todo el elenco pasó por estos ensayos; siempre con su asesoría y mi supervisión.

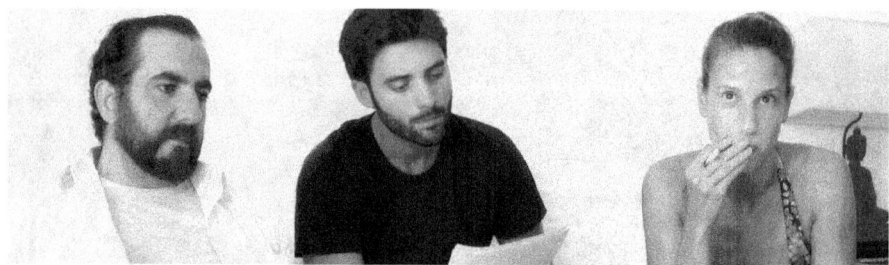

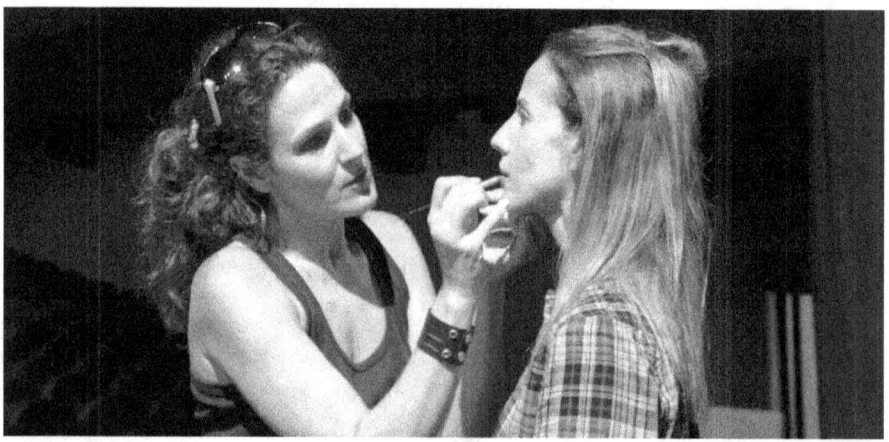

Capítulo 19
Jornadas de rodaje operístico

"LA PERSONA INTELIGENTE BUSCA LA EXPERIENCIA QUE DESEA REALIZAR." (ALDOUS HUXLEY)

En los capítulos 12 y 13, ya hablé sobre las características históricas de la ópera, de la elección musical, de la correspondencia con las escenas, y de la orquesta. Pero aún no he hablado sobre cómo tomó forma esta parte del rodaje.

Los planos de la Ópera están enmarcados digitalmente, con técnicas de ordenador, dentro de la prestigiosa *Opéra Garnier* de París, que grabé con el escenario vacío. Y lo que ocurre dentro del escenario está realizado en tres lugares en Málaga: en el Teatro Cervantes, en otro antiguo teatro y en el Castillo Conde de Colomares.

Si hubiese sido una película con millones de euros como presupuesto, podría haber podido contratar la Ópera de París y hacer allí mismo todo el rodaje. Pero de la limitación económica surgió mi imaginación para trazar el plan desde el inicio del efecto con ordenador. Tengo que admitir que los planos quedaron espléndidamente integrados. Como se grabó mucho material y con mucha calidad de imagen, avancé muy rápido con el programa de edición de efectos para unir la arquitectura de la *Opéra Garnier* y el material rodado en los escenarios de Málaga. Aunque la posproducción de la película entera duró seis meses (de marzo a agosto de 2013), los efectos de los planos de ópera únicamente me ocuparon dos semanas más o menos.

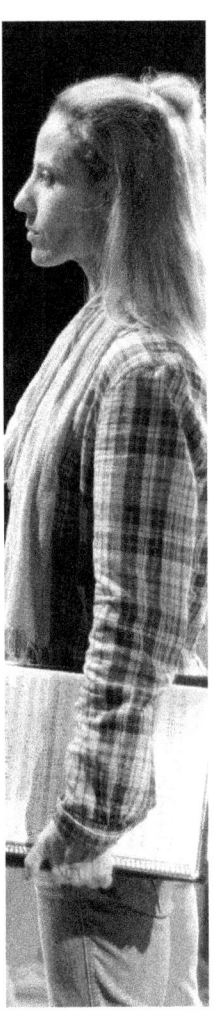

· Primer rodaje operístico:
Teatro de cuyo nombre no quiero acordarme

"Teatro de cuyo nombre no quiero acordarme", no quiero acordarme para no dar demasiada mala publicidad, al menos por elegancia. En aquel entonces, el equipo me aconsejó que callara, que no dijera nada al respecto sobre este tema, así que durante esta década he estado incluyendo esta empresa entre los créditos del largometraje sin decir nada al respecto, yo he estado cumpliendo mi parte. Pero como dicha empresa ya no existe y nunca se han interesado por saber de este proyecto, ni ver la película, me veo libre para hablar al menos sobre los sucesos, aunque no mencione a nadie.

En mayo de 2012 solicité una reunión con el directivo de un antiguo teatro que ya no existe. Les pedí una colaboración altruista: permitir rodar durante dos días todas las escenas de ópera sobre el escenario. El trato fue agridulce; el resultado de la grabación lo salvé como pude.

Sintetizando muchísimo: hicimos un rodaje maravilloso y conseguimos unos planos bellísimos, pero se hizo a base de un gran sobresfuerzo porque encontré grandes escollos con los técnicos que se encargaban del escenario. Nos ocasionaron unos problemas, de una tozudez casi infantil, una serie de obstáculos ridículos a última hora, que nos pusieron en apuros.

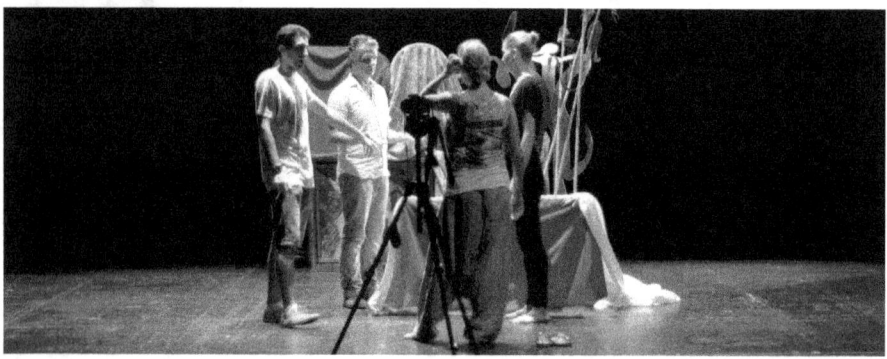

Al comienzo todo fue muy bien, la intención inicial de colaborar, de ayudar y de prestarnos el escenario durante dos días en agosto de ese año.

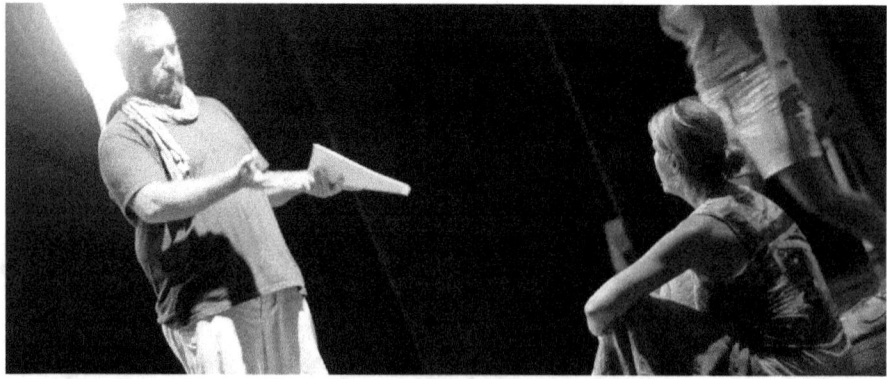

Cuando se nos concedió el favor, hicimos las gestiones para traer a la actriz Mónica Aragón, pedir el vestuario de Alta Costura Montesco para los nueve actores, buscar y ensayar, días antes, con veintitrés actrices que serían la figuración del coro, pedir a la Asociación de Granaderos y Damas de Macharaviaya que nos dejasen trajes napoleónicos y un largo etcétera de compromisos para poder rodar esas escenas que correspondían a casi todo lo que ocurre en la Ópera.

El caso es que el directivo de aquel entonces, inicialmente me trató muy bien (en la única vez que lo vi en persona) y me dio su visto bueno para colaborar, el teatro también aportaría los focos, el escenario, las butacas, en resumen: el lugar escénico y los focos.

El primer día, los técnicos que trabajaban en aquel teatro me preguntaron cómo iba a simular que aquello sería la Ópera de París. Expliqué con simpatía que con efectos especiales íbamos a ubicar el contenido de lo grabado en el escenario dentro de la Ópera de París, saltaron algunas risas de estos técnicos del teatro que me causaron desagrado.

Igualmente, comenzamos felices, con alegría, positivos, empezamos a organizar y a rodar.

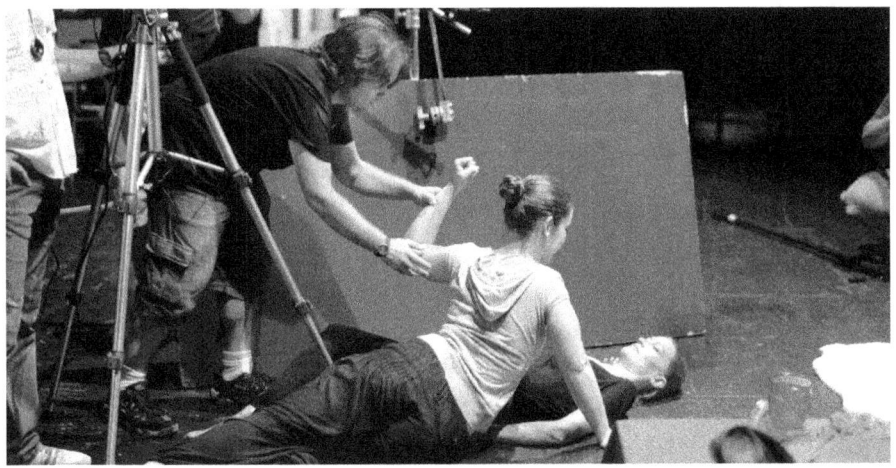

Mientras los actores se iban caracterizando, el equipo técnico fue *atrezzando* y preparando las cámaras. Todo lo teníamos ya estudiado de un día previo (cuando fuimos los técnicos a ver el teatro). Dispusimos los cuadros que el periodista y pintor Camacho me prestó y otros elementos que Alberto Ortega colocó. Jorge Sacristán comenzó su labor junto al técnico del teatro, pidiéndole mover los focos automatizados de la parrilla superior del teatro y nivelando sus potencias.

Salvador Blanco, ese día hizo (tal como quedamos) de segundo director de fotografía, ayudando a Jorge al máximo. Trabajaron con una complicidad genial y con una profesionalidad absoluta.

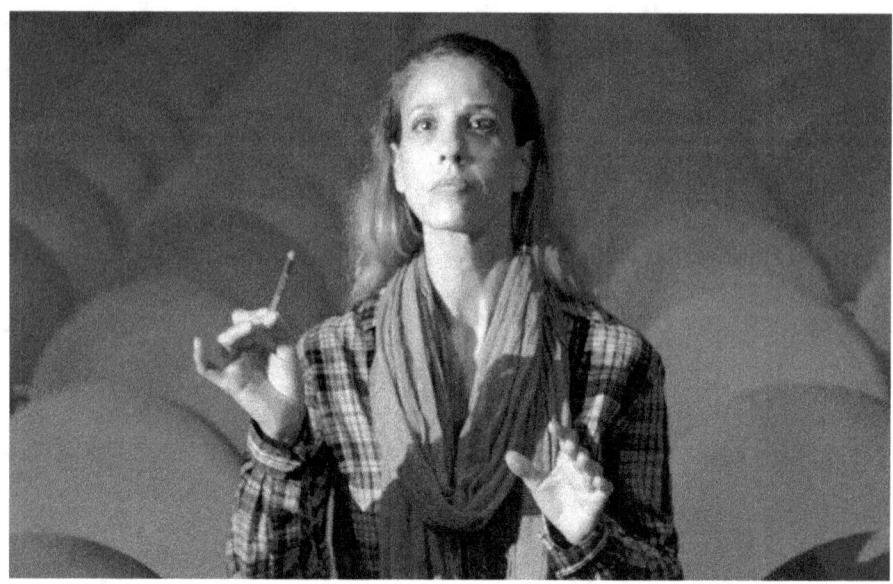

El primer día comenzamos rodando una escena con diálogo entre Mónica Aragón, Erica Prior, Ana Ruiz, Sergio Ocón, Rafa Chaves y Norberto Rizzo.

Tras esa escena, rodamos la conversación entre los dos protagonistas y Mónica Aragón sobre el escenario. Era un diálogo corto pero importante en la trama. Paco y Millán me hicieron el favor (y a Mónica) de ir dos veces, turno partido, por la mañana y luego por la tarde; de este modo podía gestionar mejor el tiempo para Mónica, ya que ella pudo acabar pronto y yo seguí rodando con el resto de actores las escenas líricas.

Mónica Aragón estuvo genial, parecía auténticamente una empleada de estas lides de la ópera, la directora de escena. Desde que está sentada dirigiendo a los cantantes hasta la conversación que tiene sobre el escenario, aquel primer día fue muy bueno con Mónica.

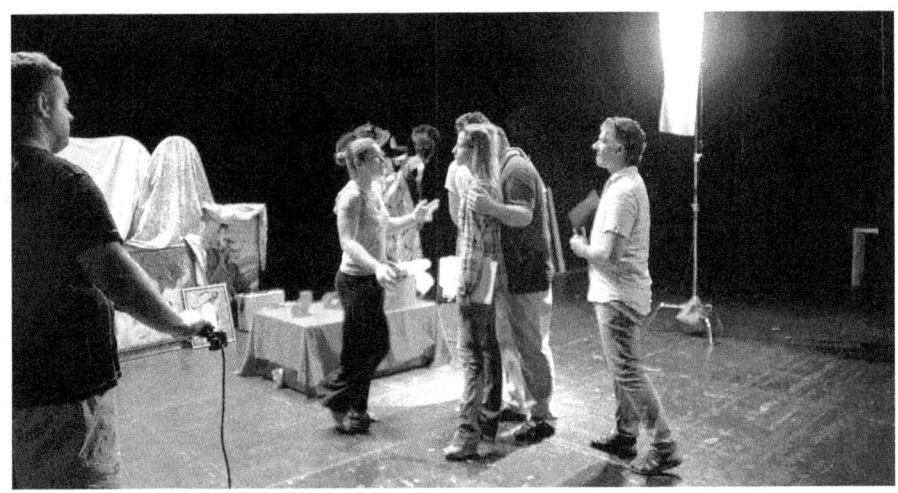

Las escenas líricas era un *playback* que ya estaba hartamente ensayado gracias a la labor del tenor Jesús Gómez y la actriz y coach Cristina Fargas. Cada movimiento, cada paso, cada articulación vocal estaban sincronizadas con la música que sonaba de fondo, la ópera de Salieri. Así que rodamos con Rafa Chaves, Norberto Rizzo y Erica Prior, vestidos con ropas cotidianas, de calle. En la película se supone que están haciendo un ensayo cotidiano, mientras los protagonistas lo ven.

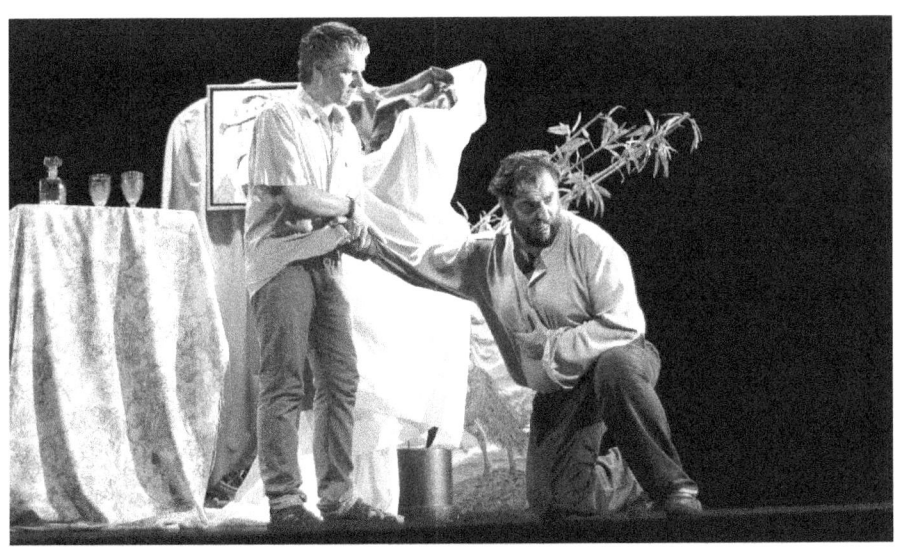

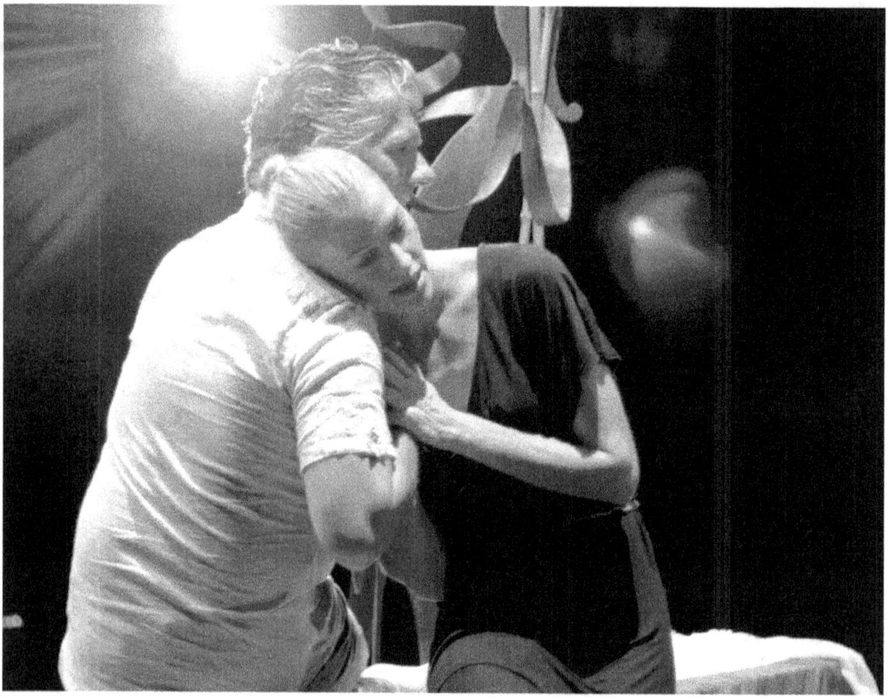

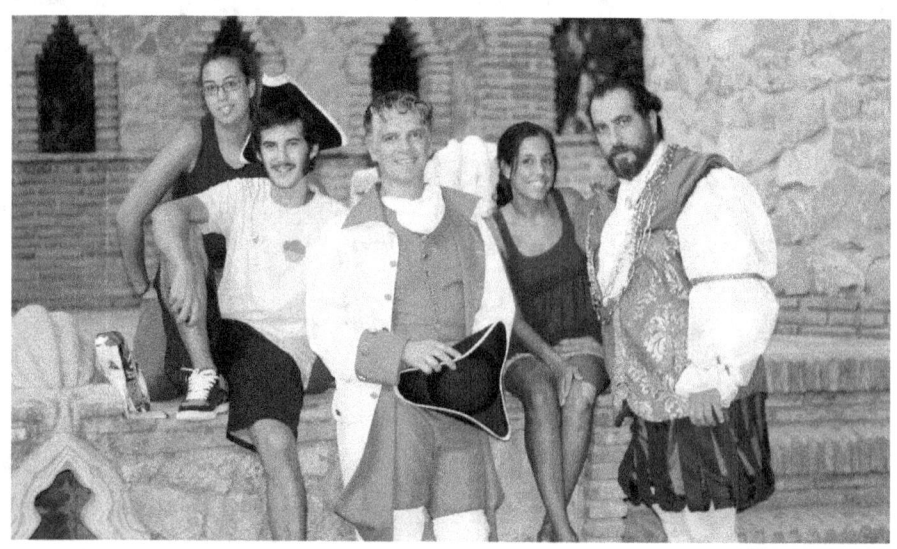

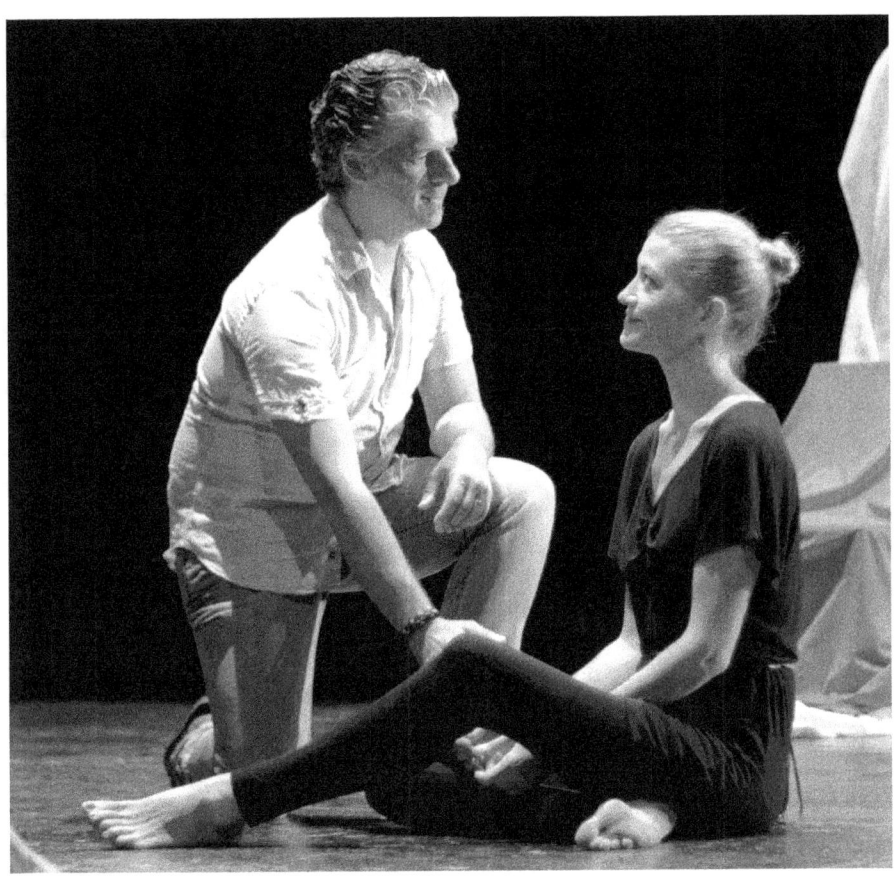

Todo iba sobre ruedas. rodamos por la mañana con Paco Roma, Max Millán y Mónica Aragón. Filmamos los diálogos entre los tres, sobre el escenario y cuando están sentados en las butacas. También hicimos la pequeña escena de los versos de Cyrano de Bergerac.

Esa parte de la película es un poco mágica, irreal pero maravillosa. Quería sorprender al espectador y al mismo tiempo que ambos personajes, en la trama, se sorprendieran entre ellos. Pierre y Alain eran conocedores de los versos de Cyrano y los sueltan sin más. Esos versos son un trozo de una traducción al español muy buena de la obra de Edmond Rostand, no es una transcripción de la famosa película de Rappeneau de 1993. Paco Roma y Max Millán lo hicieron fenomenal, no era fácil aprenderse esos versos, con una palabrería de otra época, con una rima y una cadencia combinada entre ambos actores. Fue un momento precioso.

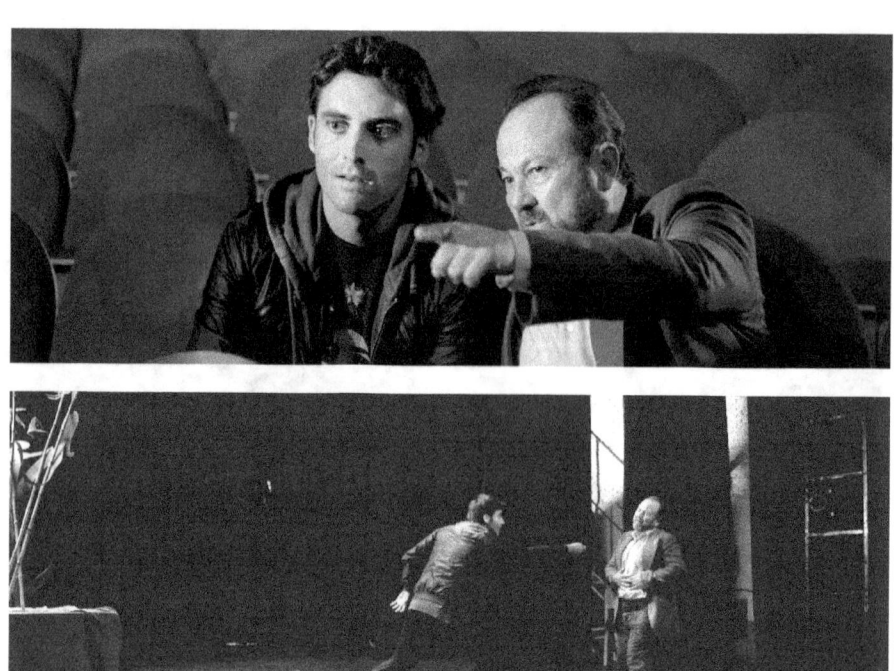
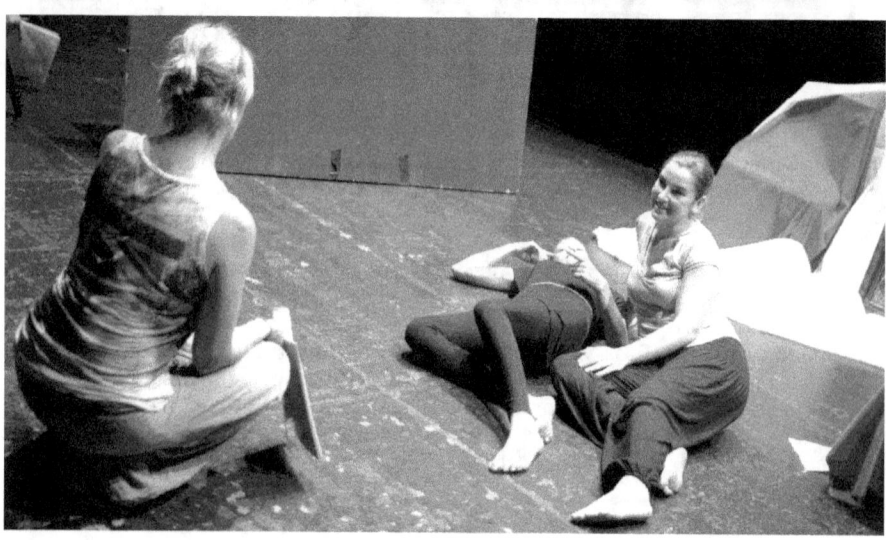

Por la mañana habíamos rodado todas las escenas donde participaba Mónica Aragón con el resto de actores y después de comer, rodamos la parte donde Millán y Roma actúan entre ellos. Y para finalizar, rodamos los planos con la actriz Susanna Pauw; su personaje, Michelle, entra a la ópera herida, sudada, cansada y al límite de sus fuerzas. Es la continuación de los exteriores de París (aunque esto lo rodamos meses antes, quedó perfectamente cohesionado).

El rodaje del primer día fue de maravilla. Todo eran abrazos, risas, buen rollo e incluso aplausos de agradecimiento, incluyendo a aquel teatro. El primer día fue bien casi todo, excepto el final. Era agosto y sufrimos un calor sofocante y mucha gente me pidió que si se podía encender el aire acondicionado.

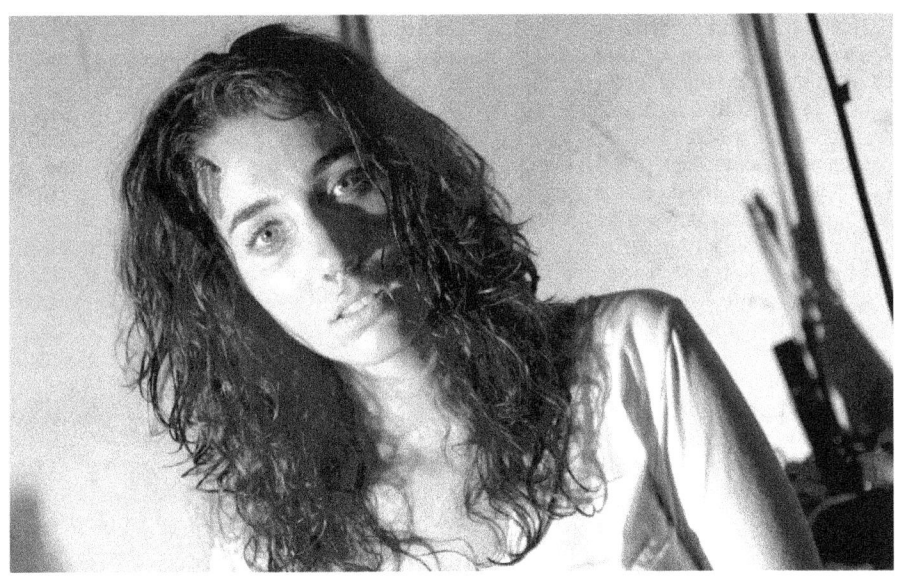

Entonces les pregunté a los técnicos del teatro que si era posible encender el aire para segundo día. Yo le pregunté eso con toda la inocencia del mundo, esperando que me contestasen que sí, que no habría problema, pero me chocó la aspereza de la respuesta. Me contestaron que no. Me quedé estupefacto.

El segundo día comenzó fatal. Mientras yo aparcaba mi coche, dije a Paula Khan (ayudante de dirección) que si llegaba antes fuera supervisando que los figurantes se vestían y a los actores principales se les caracterizaba. En cuanto llegué al teatro, me encontré a todos los técnicos, actores, vestuario, etcétera en la puerta con todas las maletas y materiales en la calle. Uno de los técnicos nos dijo que no iba dejar pasar a nadie hasta que hablase conmigo. Hablamos y me comunicó que no podíamos usar los focos del teatro, que solamente podíamos usar la caja escénica sin luz. Le dije que ese no era el trato al que habíamos llegado previamente. Llamé al directivo y me dijo que efectivamente no se podía usar la luz del teatro, le respondí que ese no era el trato porque si me dejaba un escenario vacío, negro y sin luz no me valía para nada; que eso era lo mismo que si me iba a rodar al campo de noche o delante de una gran tela negra, que lo importante era tener la luz del teatro para simular que era el teatro de París. Me contestó que los gastos de electricidad eran muchos, que me olvidase de encender los focos y mucho menos el aire acondicionado porque costaba 300 € de electricidad.

No me gusta que me tomen el pelo. La situación que me presentaban era vergonzosa... Planteé la situación al equipo y Jorge Sacristán, director de fotografía de aquella secuencia y gerente de la empresa de iluminación *Aluzine Southern Sun*, se ofreció a traer una gran cantidad de focos desde Mijas hasta Málaga si encontrábamos un transporte grande. Llamé a Jose Vallejo, que se dedicaba a producción profesional de cine; Jose nos hizo el favor de recoger todos los focos y el auxiliar de producción Javier Guerrero nos hizo el favor de traer la furgoneta y devolverla.

Gracias a la iluminación de Jorge Sacristán pudimos sacar adelante el rodaje (en parte). Perdimos casi toda la mañana, en la calle, esperando a la furgoneta porque tenía que ir a Mijas, cargar y regresar. Todo ese tiempo de espera era tiempo de planos que iban desapareciendo. Jorge colocó un montón de luces de forma espectacular entre las bambalinas del teatro y otras colgando de escaleras escondidas. Cuando estuvo todo listo, conseguimos un efecto muy interesante, que se acercaba a las luces del propio teatro. Fue una clase magistral de Jorge, cómo solventó la situación y cómo fue colocando y recolocando la iluminación para cada plano. Aquella situación era a la vez, maravillosa y ridícula: maravillosa por el esfuerzo de equipo para sacar adelante el rodaje, ridícula por tener que llenar el escenario de luces de cine y no poder encender las dichosas luces del teatro que era lo que necesitábamos y lo que el directivo de aquel teatro me prometió.

Pero es que aún había otro obstáculo más que estaba a punto de surgir de los *amables* trabajadores del teatro... Recuerdo que después de todo el trajín de las luces, empezamos a rodar a las doce y cuarto. Pensé: *"Bueno, hemos perdido cuatro horas de rodaje, pero como tenemos toda la tarde, aprovecharemos para avanzar lo que podamos y sintetizar otros planos."* Pues en ese momento, cuando llevábamos cinco minutos rodando, me dijo Paula Khan que le había comentado un empleado del teatro que a la una de la tarde había que terminar. Me quedé perplejo, fui a hablar con los empleados del teatro y efectivamente me corroboraron que a las trece horas cerraban por orden superior. Eso tampoco estaba en el trato que hicimos porque yo pedí dos días completos.

Me sentó tan mal aquello que volví al rodaje, cogí el megáfono, miré el reloj, eran la una menos cuarto... y dije en voz alta y clara: *"Compañeros, vamos a hacer el último plano en una sola repetición porque nos echan. Yo os prometo que en cuanto salga de aquí voy a empezar a buscar otro lugar donde nos traten mejor."* Todos se quedaron estupefactos por mis palabras. Filmamos un plano más, un plano general que luego usé para colocarlo con efectos 3D dentro de la Ópera de París. Y en cuanto se hizo ese plano, empezamos a recoger todo.

Nunca he llegado a comprender el porqué de aquel comportamiento, el porqué de aquellos obstáculos tan ridículos. Durante un tiempo pensé si cumplir mi parte del trato y poner el logotipo de aquel teatro en los créditos. Lo cumplí porque al menos yo sí quería cumplir mi palabra, le estuve haciendo publicidad allá donde fue el tráiler y poster durante casi una década. Bien que mal, hay planos que nos sirvieron (con sobreesfuerzo).

Más tarde, recibí fue una llamada de ese directivo diciendo que tenía que llevarle 300€ por el aire acondicionado y para pagar algo a los dos empleados. Dije que no lo llegamos a usar y que en cuanto al pago de los empleados, nos hicieron perder uno de los dos días, teniendo que marcharnos antes de tiempo y con desagrado. Entonces cambió su versión y dijo que los 300€ eran por haber usado el sistema de luces del teatro el primer día de rodaje. Obviamente no lo hice, era ridículo e insultante. Tampoco me enseñó ninguna factura.

Ahora, ese teatro ya no existe así que me veo con cierta libertad de contar todas estas peripecias, al menos sin comprometer directamente a nadie.

· *Segundo rodaje operístico: Castillo Conde de Colomares*

Aquel mismo agosto tuvimos una reunión de equipo para pensar alguna solución, para encontrar un nuevo sitio donde terminar las escenas de ópera que no nos dejaron terminar en aquel teatro agridulce. Por aquella época pedí a la fotógrafa Martha Barilari que nos ayudase en producción. Martha no pudo estar mucho tiempo en el equipo, porque tenía otros compromisos, pero nos echó una mano: nos planteó otra posibilidad, en vez de buscar un teatro o un escenario y colocar el atrezo, tal vez sería mejor buscar un lugar que pareciese antiguo. Me habló de un monumento temático para turistas que existe en Benalmádena: el castillo Conde de Colomares, también llamado Castillo de las Águilas. Así que fuimos a verlo, Martha, Abraham y yo.

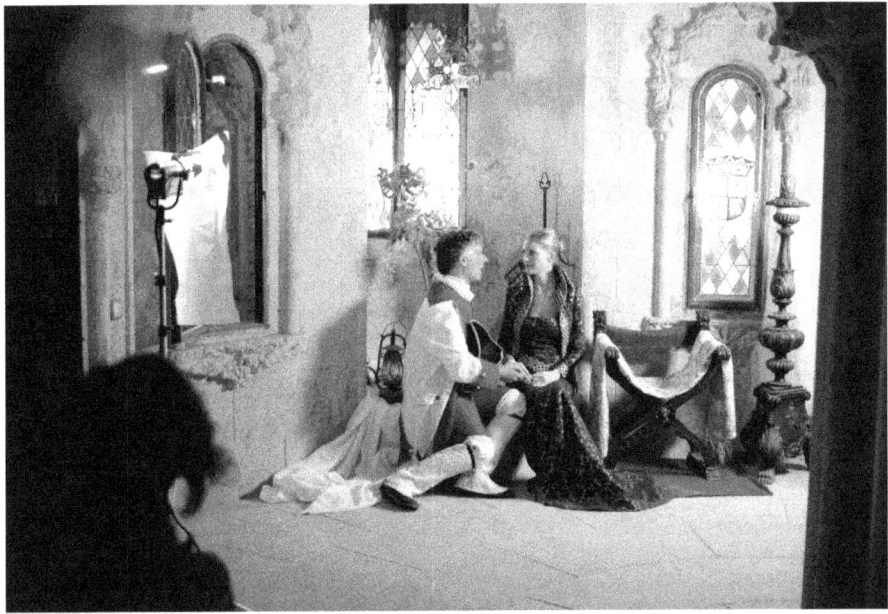

Hablamos con Carlos, el encargado del lugar, un hombre muy simpático que se mostró abierto a colaborar. Nos enseñó el interior de la torre del castillo, un lugar que normalmente está cerrado al público. El interior me gustó mucho y tomé notas técnicas sobre el lugar para diseñar el rodaje. Fijamos la fecha de rodaje para septiembre de 2012 y así es como organizamos todo para filmar allí. Por fin teníamos un lugar para terminar lo que faltaba de la ópera. Usamos cinco espacios dentro de la torre para nuestras escenas. En la parte de abajo:

1) la pared con la mesa y las espadas cruzadas,
2) la bajada de las escaleras con columnas,
3) otra pared con una vidriera preciosa y un pozo anexo,
4) las escaleras de caracol del piso superior,
5) el ventanal con vidriera también del piso superior.

Esos cinco lugares sirvieron para los cinco actos de la ópera (en los momentos del estreno, cuando van con todos los trajes de época). La acción era la siguiente: llega Lyncée (Norberto Rizzo), habla con el rey Danao (Rafa Chaves), firman un tratado con sangre y brindan para celebrarlo. Es la puesta en escena que imaginé para el tema operístico. Aún era verano y hacía un calor tremendo; nos llevamos varios ventiladores, eso nos servía de alivio entre toma y toma.

En aquel momento de rodaje, en septiembre de 2012, el teniente alcalde de Benalmádena y la prensa televisiva vinieron para hacernos un reportaje justo a mitad de escena. El dueño del Castillo, al ver al representante político y la prensa, se alegró mucho.

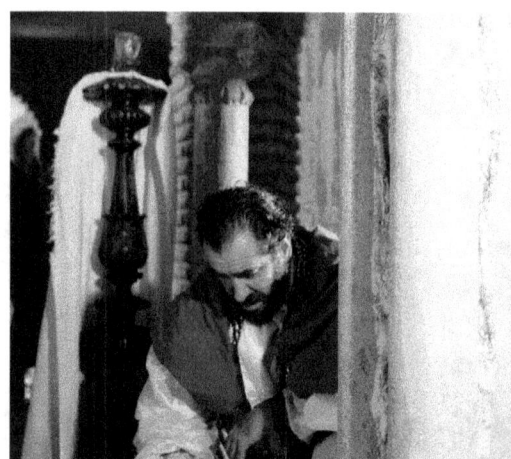
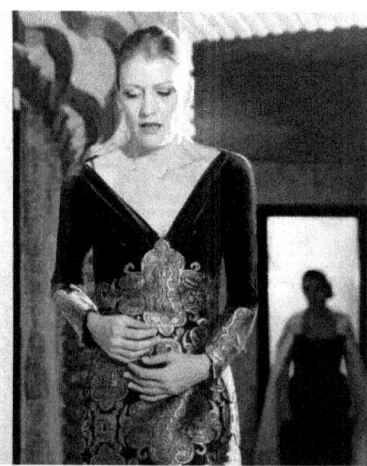

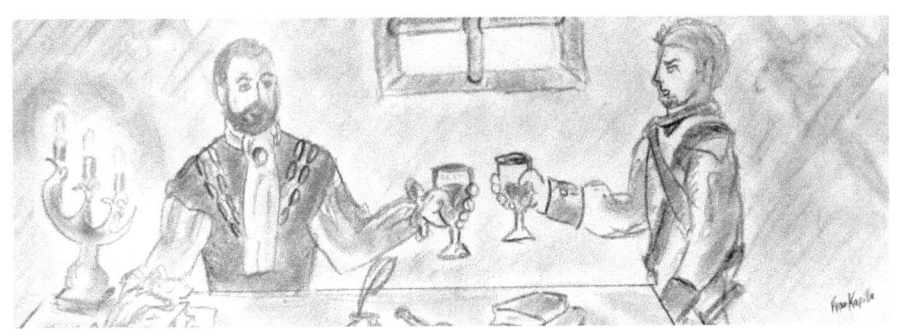
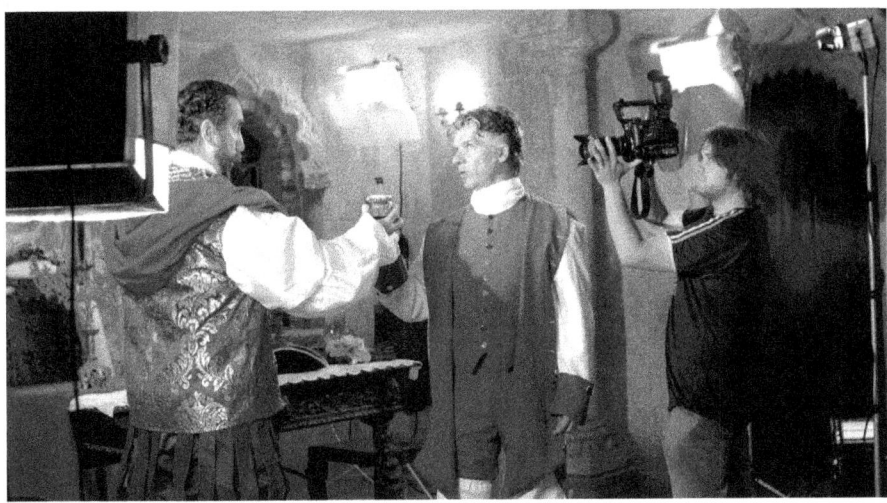

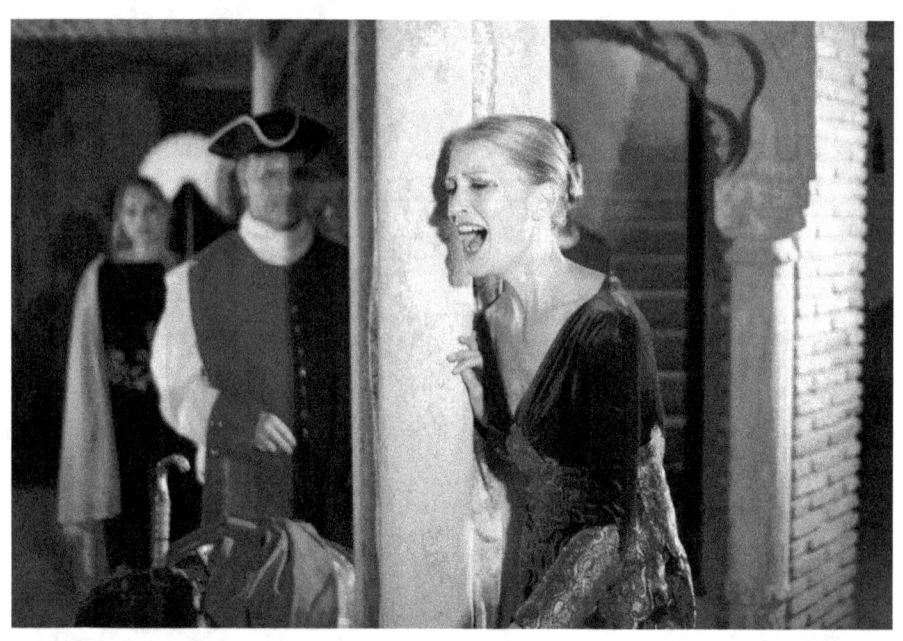
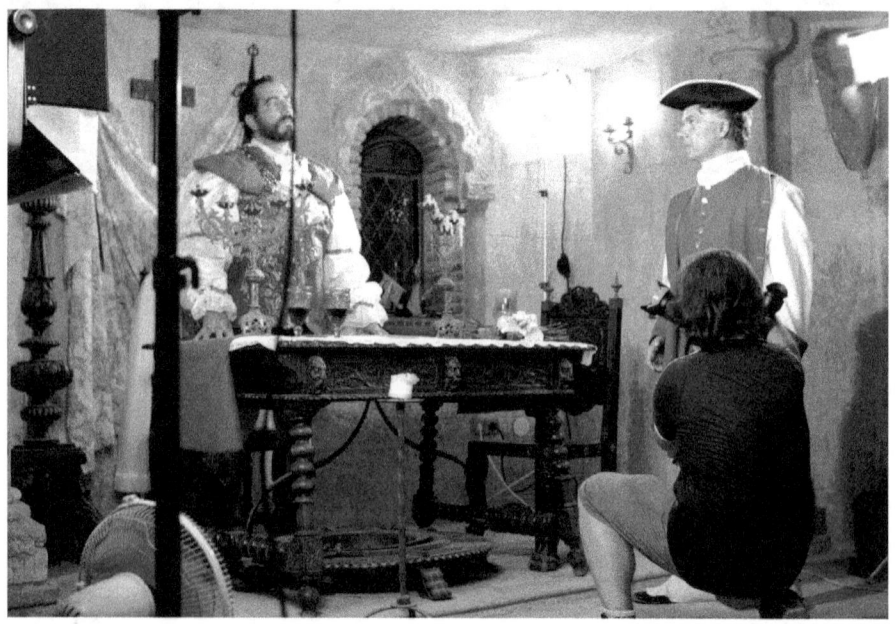

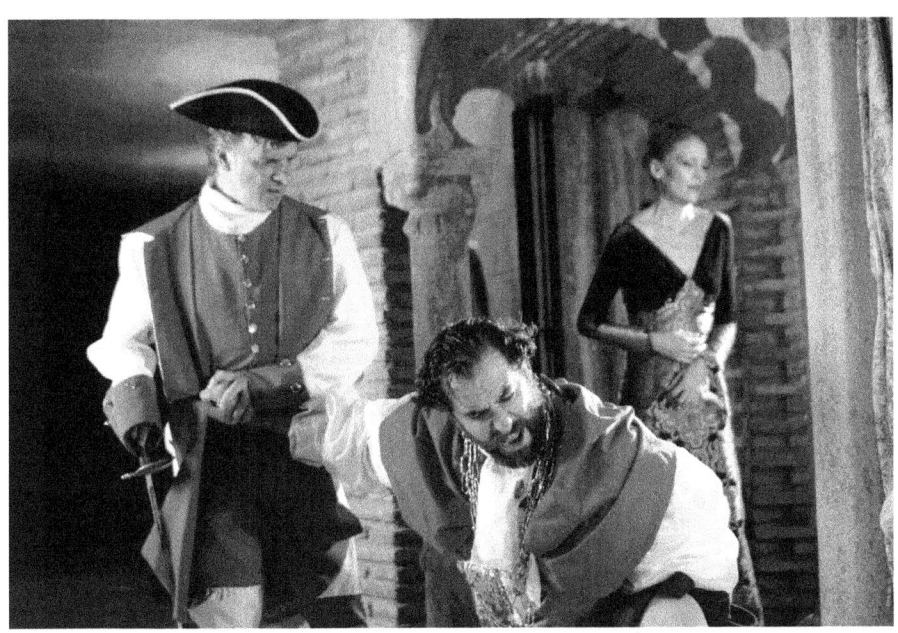

Como aquel lugar no es un escenario tuve que adaptar todos los planos del guion técnico que se iba a rodar en el otro teatro. Las limitaciones de espacio (porque realmente el lugar es estrecho) se suplieron con la belleza del lugar, lo que me hizo variar a otro tipo de planos con otras angulaciones más bonitas. Así que, lo que a priori era un obstáculo, al final lo convertí en un beneficio para enriquecer el metraje. La estrechez del espacio lo solventé rodando los planos generales con un objetivo 28mm y los primeros y medios planos con un 85mm, tomando toda la distancia posible. Un objetivo angular hubiese recogido perfectamente toda la arquitectura del lugar, pero hubiese perdido parte de su magia, así que preferí usar objetivos con más distancia focal (y también más luminosos).

Tras una enorme mesa de madera con detalles arcaicos, había una pared con dos espadas colgadas, un candelabro enorme y un ventanal cónico muy medieval. El asistente de arte Alberto Ortega colocó lujosas telas como si fuesen cortinas, que daban más aspecto más palaciego. Sobre la mesa, se colocaron dos copas de vino magníficas, un pergamino, un tintero, una pluma, un candelabro de cinco brazos y una daga medieval. Las copas que consiguió Alberto me encantaron porque además de la forma bella, tienen un cristal translúcido podrían simbolizar un acuerdo sombrío, la duda al beber, ¿quizá tenía veneno?, son interrogantes alegóricos que iban muy bien con la trama de la película. También colocamos un pergamino en el que ambos personajes firman con sangre, otro símbolo más de un trato que es cuanto menos, peligroso para los personajes. Por cierto, el texto del pergamino, del que sólo era necesario que mostrara unos trazos a tinta, realmente tenía unas palabras preciosas que Alberto escribió dando las gracias a todo el equipo por el compañerismo en este sueño.

La daga me la prestó un amigo que es escultor y era una daga que tenía mucho filo, de hecho, fui a cogerla para mostrar a los actores cómo quería el plano y me corté un poco en el dedo, levemente.

Bajo la ventana de vidriera, realizamos la escena romántica. En el tema, cantan Lyncée e Hypermnestre (Norberto Rizzo y Erica Prior). Lyncée de rodillas, declarando su amor a Hypermnestre, que está sentada en un diván medieval precioso. Luego se ponen en pie y la cámara va acercándose de plano general hasta primeros planos. La secuencia termina con un beso. En posproducción, añadí unos rayos de luz solar difuminados y suaves, muy bien integrados, que añaden más ensoñación a los planos. También modifiqué un poco la vidriera ya que tienen escrito algo sobre la edad media en España, sobre el reino de Castilla y León. Así que edité la inscripción muy sencillamente con algunos puntos de luz en los cristales de la vidriera.

Recuerdo que en la parte de fuera de una ventana encontramos una colmena de abejas, así que rodamos todo con cuidado de que nadie se acercase ni tocase aquella ventana. Pese a que las abejas salían y entraban con sus pólenes, no ocurrió nada malo. Fue un pequeño susto pero fue divertido vernos correr hasta la otra punta del castillo. No recuerdo quien fue el que se acercó a cerrar una de las puertas para evitar que entrasen los animalitos al set de rodaje.

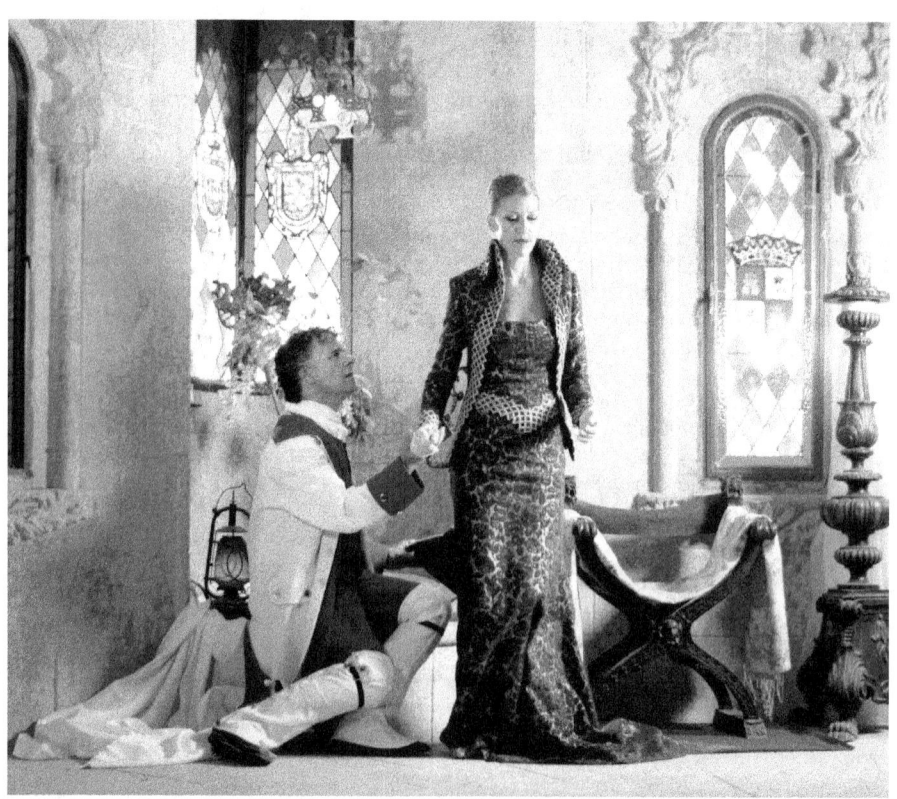

En las escaleras de bajada situé a todos los personajes. Corresponde a los últimos planos del último acto. El final de la ópera y final de la película. Son seis planos que se alternan en esta puesta en escena que ideé así mientras cantan: el rey Danao baja las escaleras malherido, va apoyándose en las columnas y cayendo mientras muere y canta. Tras él, está el soldado Pélagus (Ángel Velasco) que lo puse como el regicida; también está Lyncée (Norberto Rizzo) que lo mostré como asustado, como intentado comprender qué había pasado. En otro extremo, en una columna, canta Hypermnestre (Erica Prior), clamando por la muerte de su padre (por cierto, tras ella coloqué cloné el techo para hacer la estancia más profunda hacia una oscuridad falsa y coloqué una antorcha de fuego digital. También aparecen las hermanas de Hypermnestre (Bianca Kovacs y Ana Ruiz) agonizando. Luego, los planos en los que Lyncée pone la famosa máscara de diamantes sobre la cara de Hypermnestre.

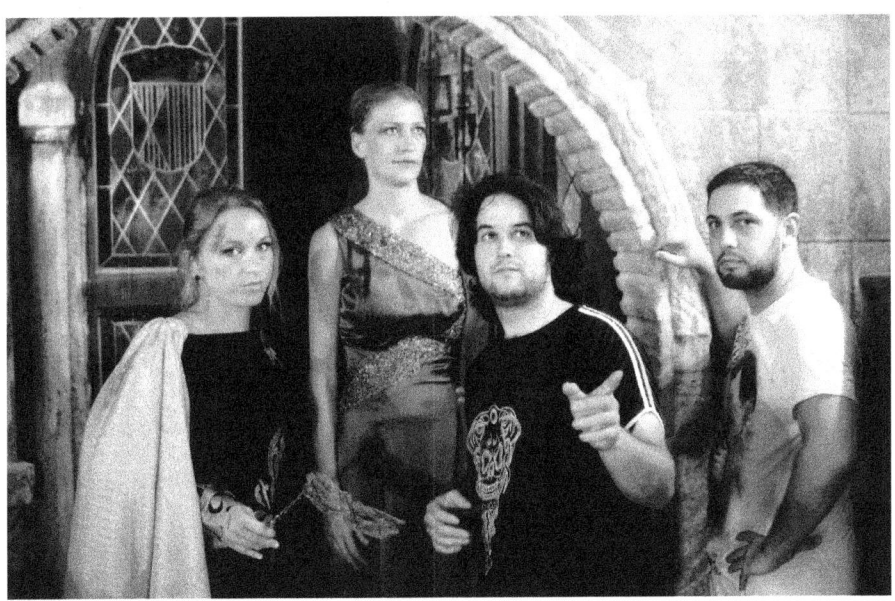

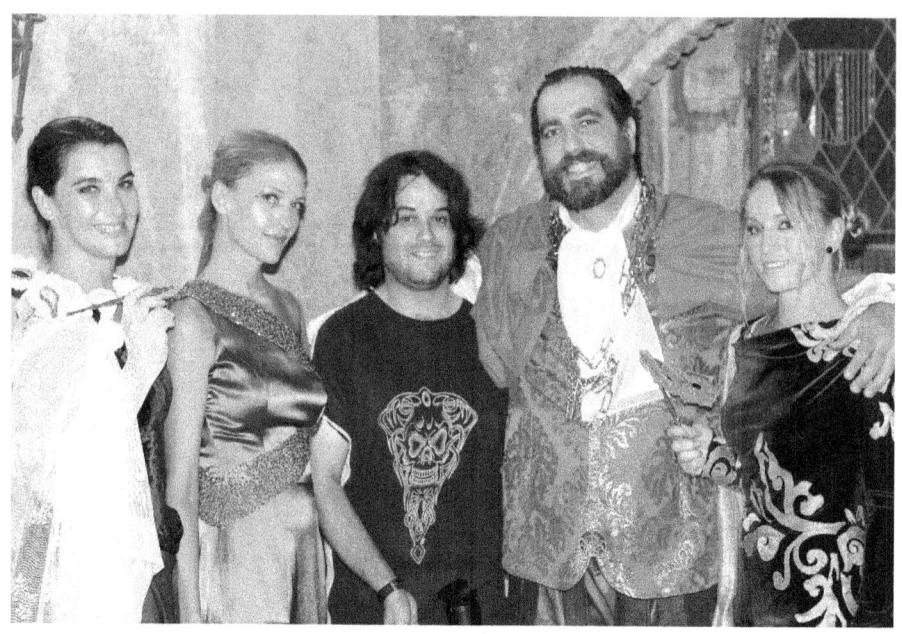

· *Rodaje en el Teatro Cervantes*

El rodaje en el Teatro Cervantes se define con una simple palabra: maravilloso. Fue una jornada corta ya que no necesitábamos más que unas cuantas horas de rodaje en uno de los palcos del Cervantes. La localización la tenía muy estudiada así que el rodaje se desenvolvió con soltura y sin ningún contratiempo.

El Teatro Cervantes nos dio todas las facilidades, nos prestó el camerino para que los actores se maquillasen y se vistiesen. El resultado de esas secuencias me gusta mucho. Lo que ocurre en ese lugar va integrado, mediante montaje, en el interior del *Garnier*, con lo cual da la sensación que todo es el mismo lugar: la Ópera de París. Para ello, las paredes adornadas del Cervantes, que son blancas, las pinté doradas mediante ordenador.

En el palco se rodaron dos escenas. En la escena principal está la actriz Mónica Aragón (que interpreta a la directora de escena Blanche Girard) y los protagonistas Paco Roma y Max Millán (los detectives). Allí tiene lugar una conversación que se rodó desde tres puntos: para los primeros planos, colocamos la cámara en los palcos adyacentes y para los planos generales me fui mucho más lejos, hasta el palco más esquinado del teatro, así podía sacar casi un plano frontal. Los asistentes de fotografía Salvador Blanco y David Rivas colocaron las luces principales escondidas fuera de la puerta del palco y un contraluz en palcos anexos (para plano y contraplano). Realmente eran planos sin movimiento de cámara, muy estáticos, pero su belleza radica en tres cosas: el lugar tan bello, la luz tan preciosa que pusimos y el ángulo de cámara, ya que todo se mantiene a la misma altura, dando la sensación que la cámara está fuera, suspendida en el aire para esa secuencia.

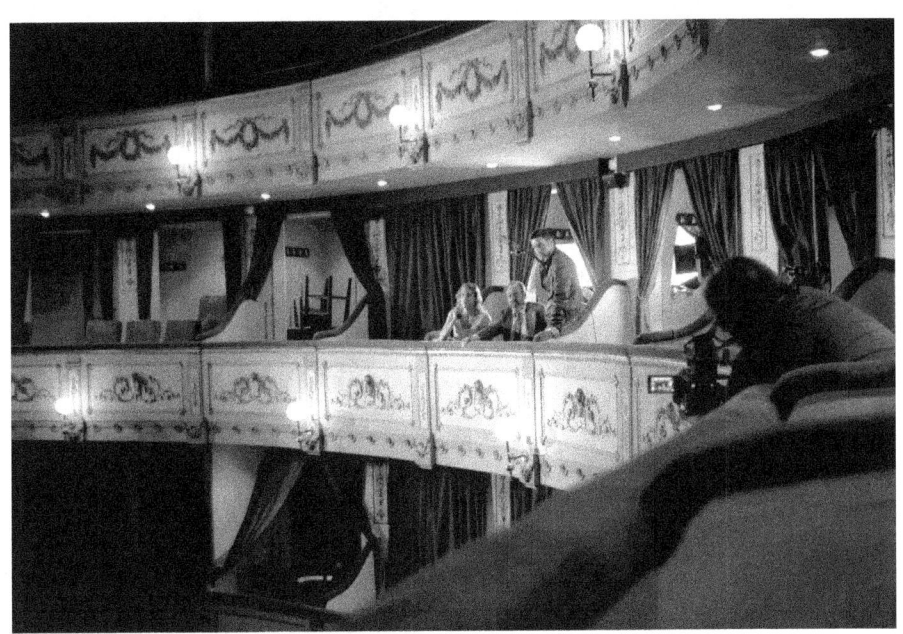

Esta imagen fue utilizada para la exposición "15 años rodando en Málaga" que el Festival de Málaga puso a lo largo de la calle Larios. En esa misma exposición situaron tres fotografías en tamaño grande de mis obras. Dos de *Las hijas de Danao* y una sobre *Matryoshka*.

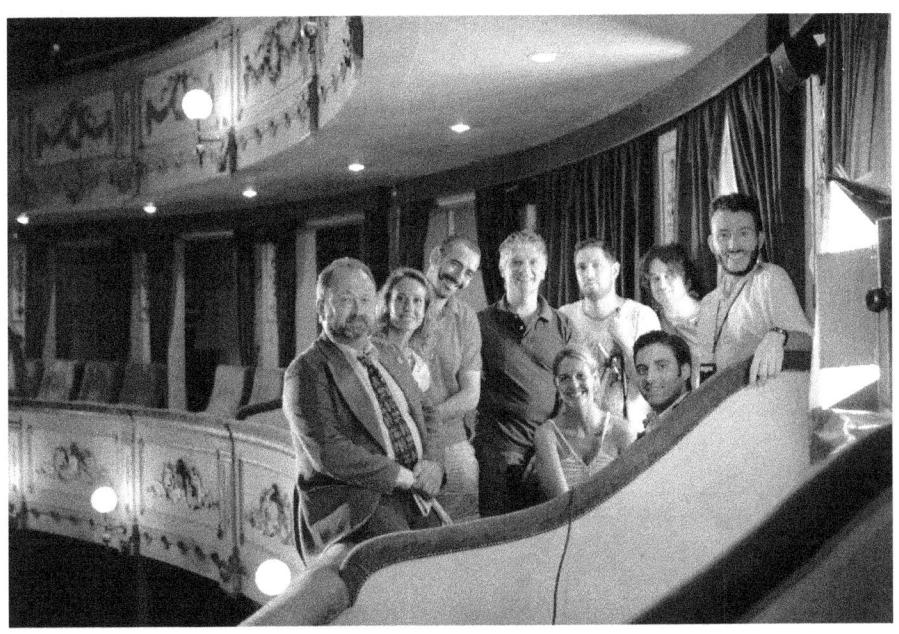

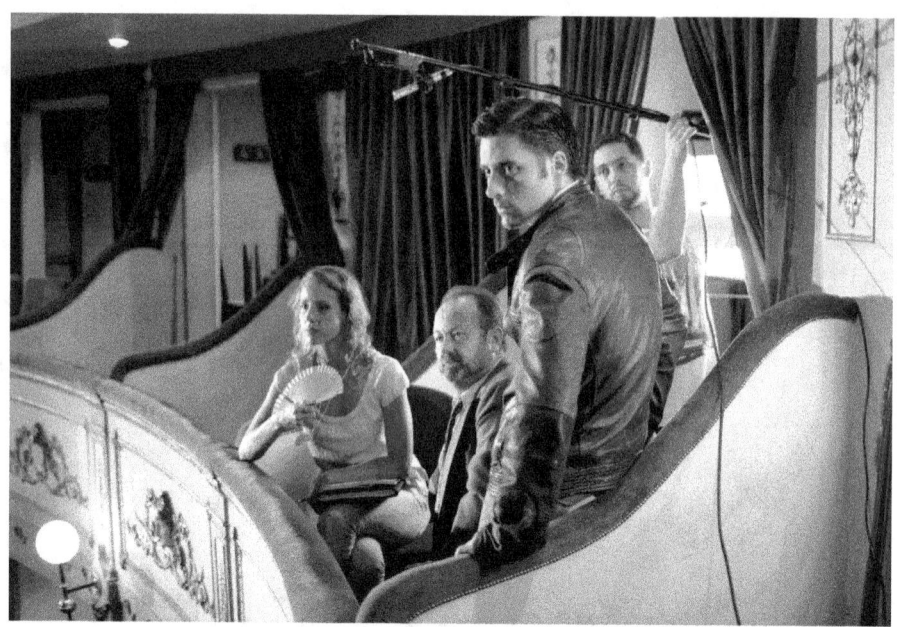

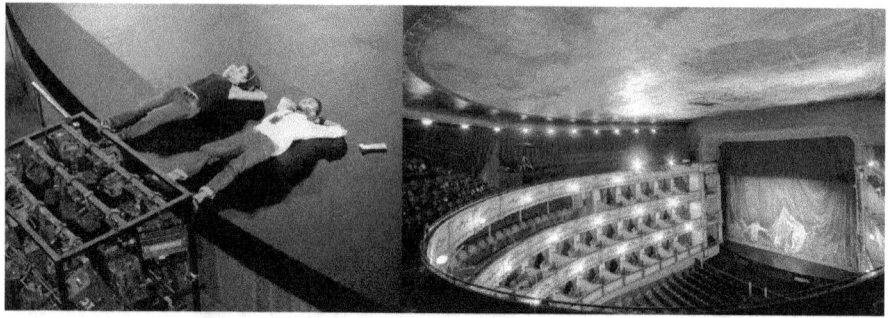

La otra escena rodada en el palco fue la de los interrogatorios a los personajes cantantes. Personalmente, me parece un acierto haber elegido esta localización para justamente esta escena. Casi siempre, en las películas donde hay interrogatorios, se hacen en despachos o habitaciones en penumbra, pero que el lugar fuese un lujoso palco de ópera era algo que me encantó desde que lo escribí en el guion; creo que era novedoso.

Los sospechosos son interrogados uno por uno, aunque en el montaje mezclé todos los planos alternativamente, para hacerlo más dinámico. Los actores que son interrogados son: Mónica Aragón, Erica Prior, Norberto Rizzo, Rafa Chaves, Ana Ruiz, Bianca Kovacs y Ángel Velasco.

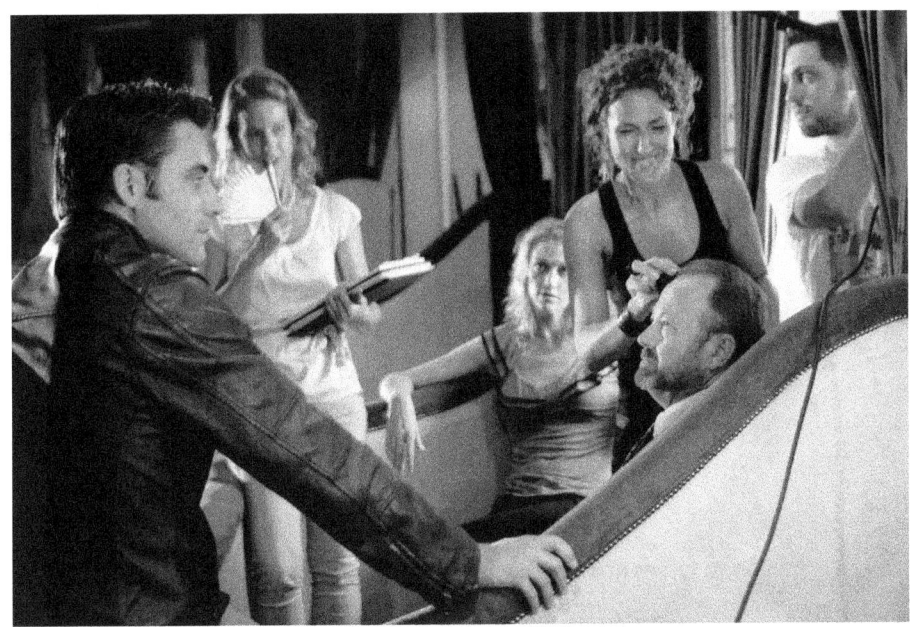

Cuando Mónica Aragón se marchaba, se nos echó el tiempo encima. Llamé a un taxi por teléfono, pero todos estaban ocupados y me pedían unos minutos de espera. Llamé al asistente de producción Abraham y sin pensárselo, vino con su coche a toda velocidad hasta el Teatro Cervantes. Abraham fue de las personas más comprometidas de aquel proyecto.

Capítulo 20
En el ojo del huracán: Antequera

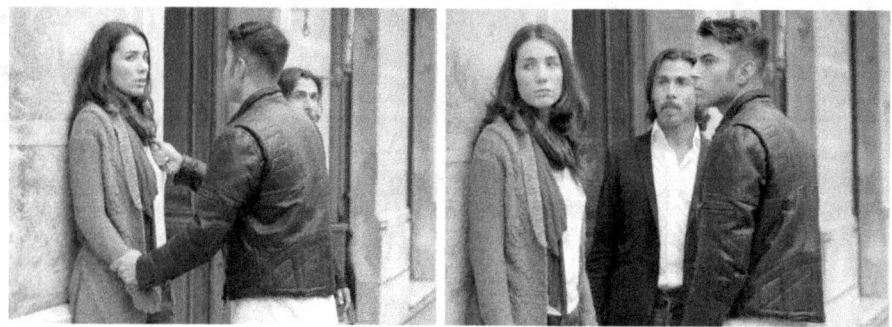

Las secuencias que tienen lugar en la calle están fundamentalmente rodadas en París, pero hubo algunas que las hicimos en Andalucía.

Antequera es un municipio del interior de la provincia de Málaga que tiene, entre otros muchos estilos, arquitectura civil neoclásica del siglo XVIII, justo lo que estaba buscando porque es el típico que abunda en París. En Málaga capital cada vez es más difícil encontrar más calles o barrios completos que mantengan un estilo en concreto, y por eso decidimos ir a rodar a Antequera cierta secuencia de relativa complejidad: una pelea y un atropello. Los fondos resultaron perfectos, lo suficiente desenfocados para lucir como una calle parisina, luces de semáforos, luces de coches y el agua de lluvia cayendo. Para cuando uní todas las secuencias en el montaje, lo de París y esta secuencia en Antequera, funcionaba perfectamente.

En agosto ya había solicitado los permisos pertinentes en la Antequera Film Office, y la policía local nos envió el impreso sellado para rodar el 28 de septiembre de 2012. Nos comunicaron que pondrían dos vallas para cortar la parte de calle que necesitábamos y que se personaría un coche de la policía. Sin embargo, ocurrió un hecho incontrolable el día señalado: se levantó un temporal de viento y lluvia tremendo mientras íbamos de camino a Antequera. Las autoridades decretaron grandes zonas en alerta naranja y alerta roja, que se había formado un ciclón, con rachas de viento fortísimas, alrededor de Antequera. Conforme íbamos avanzando por la carretera vimos cómo iban cortando carreteras, la radio iba comentando que había algún puente derrumbado por el temporal.

De hecho, a Susanna y Max, que iban en el Seat Arosa amarillo que aparece en la película, les costó media hora más llegar.

Cuando estuvimos en Antequera, nos refugiamos en una cafetería; seguía lloviendo a mares. El camarero dijo que vaya día que habíamos elegido para rodar, que estábamos en el "ojo del huracán". Luego más tarde, otro vecino dijo lo mismo, que la ciudad estaba en "en el ojo del huracán". Así que, durante el resto del día, repetimos esa frase varias veces, lamentando y riéndonos de nuestra suerte.

Llamé a la comisaría y nos comunicaron que había ocurrido un accidente importante en la autovía debido al temporal y que fuéramos grabando con extremo cuidado, colocando triángulos, usando chalecos reflectantes y demás. Así que empezamos a colocar las cosas en su sitio y a repasar el plan de rodaje.

Encontramos una cafetería justo en esa calle, donde hicimos amistad con la encargada. El establecimiento nos sirvió de centro de operaciones para dejar el material, para maquillar y para vestir a los actores. Por supuesto, también para desayunar.

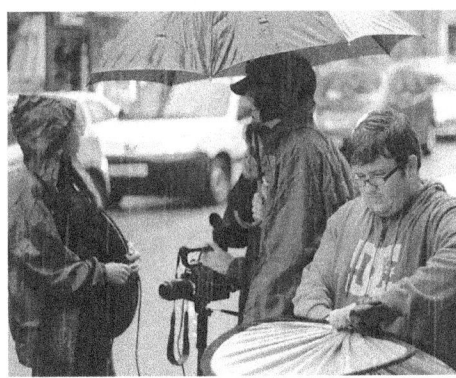 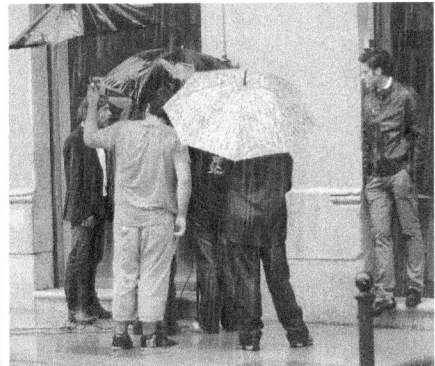

· *La justificación de la lluvia*

Mientras la caracterizadora preparaba a los actores, yo me reuní con el equipo técnico y les comenté que había un problema: en ningún plano ya rodado había llovía y sin embargo ahora estaba lloviendo a mares. Hicimos un repaso rápido de las secuencias filmadas, sobre todo las que en el guion estaban más cercanas a la secuencia 19 (la de íbamos a rodar ese día). Entonces llegamos a la conclusión de que en París podíamos meter una justificación para la lluvia (una transición) justo después de varias secuencias de exteriores con coches. En el minuto 64 de la película se ha visto que los personajes se están desplazando por las calles de París; en ese momento es cuando el cielo debería nublarse y empieza a llover. Así es cómo se podría justificar el inicio de una lluvia constante para la secuencia grabada en Antequera.

Cuando meses después me puse a editar esta grabación, inserté un plano de nubes que empiezan a agruparse sobre París. Luego, otro plano de la *Rue Rivoli* bajo la lluvia. Y ambos planos ambientados con el sonido de unos truenos lejanos y el siseo de la lluvia.

Aquel día del rodaje, en Antequera, la lluvia era tremenda. Fue una buena idea que producción (Abraham, Conchi Mateo y David Rey) trajesen paraguas en abundancia, gracias a ello pudimos rodar cómodamente. El paraguas más grande tapaba la cámara principal y el resto de paraguas tapaban a los actores y técnicos. Aunque nos sorprendimos de la valentía de David Rey (auxiliar de producción) que no le importaba mojarse y hasta parecía que le gustaba estar bajo la lluvia.

Aquel rodaje bajo la lluvia fue sin problema. Obviamente todos nos mojamos un poco por las gotas que arrastra el viento lateralmente de vez en cuando, pero nadie (excepto David) se mojó en exceso. Colocamos siempre a los actores en puntos estratégicos y quedaban bajo balcones, bajo toldos o bajo paraguas escondidos, así, la lluvia está en medio, entre los actores y la cámara. Aún así, era inevitable que se mojasen algo. El que más, Jose Vallejo, como contaré en el siguiente punto.

Colocamos el micrófono en el interior del coche y disimulamos el cable que salía hasta la grabadora. Ese cable era tan largo que podíamos hacer que el coche se aproximara lentamente hasta la cámara un par de metros, así parecía que el coche se detenía en su carrera. Para la imagen usé un filtro polarizador con el que podía eliminar todos los reflejos sobre el cristal del coche, consiguiendo una imagen muy nítida del interior.

Ese día usamos luz natural casi por completo ya que el cielo estaba encapotado y ofrecía un ambiente lumínico precioso para rodar, con sombras muy suaves. La escasa luz fría del día la rebotamos con un par de reflectores.

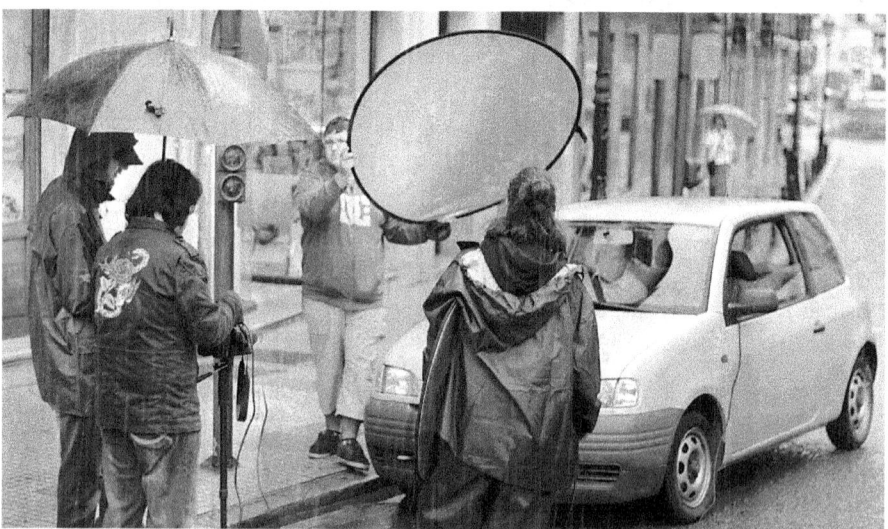

Yo llevé una pequeña antorcha *led* que puse sobre la cámara, para asegurarme de iluminar bien las caras mientras que el reflector lo usamos casi siempre como relleno.

Ese día no pudieron venir al rodaje Salva Blanco (asistente de fotografía) ni Alberto Ortega (asistente de arte) ni Paula Khan (ayudante de dirección). Me lo comunicaron con mucho tiempo de antelación, porque justamente el día que el ayuntamiento de Antequera nos dio, ellos tenían mucho trabajo (luego en el resto de rodaje sí que estuvieron presentes).

Con estos tres compañeros estuvimos trabajando todos los aspectos técnicos para que incluso sin ellos presentes pudiéramos filmar siguiendo sus indicaciones. En el aspecto luminoso no había mucho más que hacer, Salvador me ofreció sus focos, pero con la lluvia era un peligro pasar cables hasta generadores de corriente. En el aspecto artístico, Alberto nos dio algunas indicaciones sobre el vestuario, el rácord. Por mi parte, le proporcioné la navaja que sostiene el actor Frank Vélez. Del atrezo del coche también me ocupé yo mismo.

Y, por último, Paula comunicó a Manu todas las pautas sobre ayudante de dirección, así que Manuel Serra hizo de ayudante de dirección ese día. En realidad, Paula y Manu fueron ayudándome en este campo durante todas las escenas, en algunas estaban los dos, en otras sólo Paula y en otras sólo Manu, pero siempre había alguien puesto al día y con las ideas clara en este departamento.

· *Personajes que caen al suelo*

Tras el diálogo en el coche, rodamos el enfrentamiento entre Denis (Vallejo) y Pierre (Roma). Esos planos, ese enfrentamiento y pelea entre Paco Roma y Jose Vallejo quedaron muy bien, diálogo directo, miradas amenazantes y un simple puñetazo que derriban al protagonista. Luego, Pierre, desde el suelo, hace caer a Danis. Es una pelea realista y sucia.

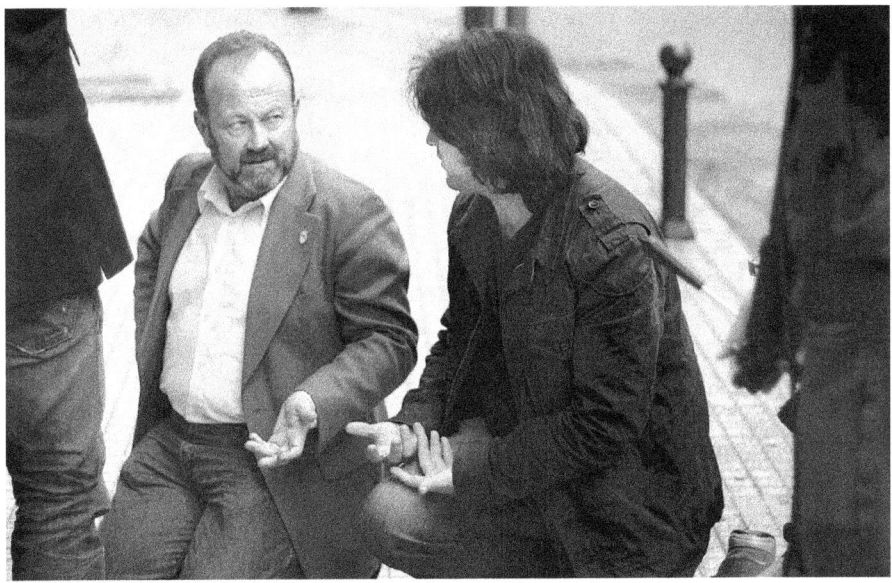

En el guion, realmente, el personaje que hace Paco Roma, cuando cae al suelo por el puñetazo en su nariz, respondía a su enemigo con otro puñetazo en sus partes íntimas. Pero estando allí, Paco me sugirió otra cosa que me gustó más: que cogiera del pie a Jose Vallejo y tirase con fuerza, eso lo haría caer.

Me gustó mucho porque era más realista y más fresco, la otra idea estaba demasiado vista en el cine. Por cierto, antes dije que nos mojamos poco (excepto David Rey que no le parecía molestar), pero el actor Jose Vallejo sí que se empapó bastante.

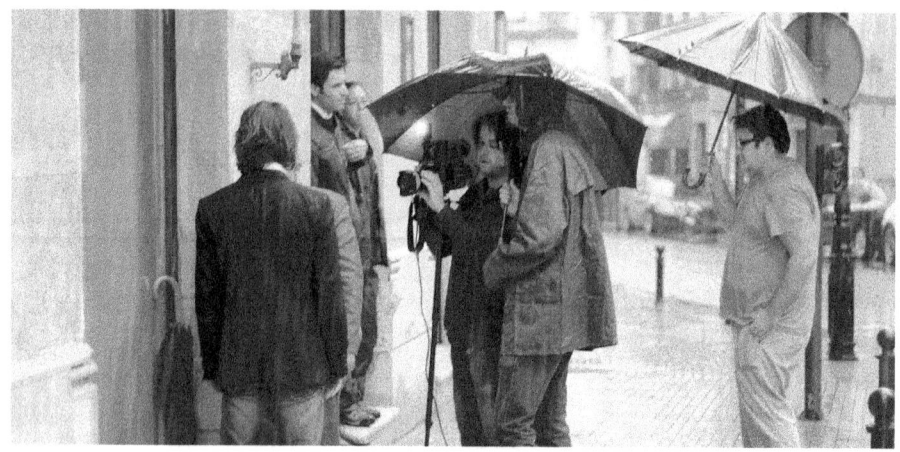

En la secuencia, su personaje Denis caía al suelo. Yo no quería se mojase y le ofrecí una facilidad: falsear el plano para que no se mojase, rodarlo en otro sitio. Sin embargo, Jose Vallejo que es valiente y entregado, dijo que prefería hacerlo realista, que no le importaba mojarse.

Hablé un minuto con el equipo técnico y decidimos que, ya que Jose iba a tirarse de verdad al suelo, y para darle mayor dramatismo íbamos a echar un cubo de agua a un lateral (sin darle a él) para simular el golpe en el charco. Conchi Mateo pidió un cubo prestado en una farmacia que estaba al lado. Sincronizamos el momento que el actor cae el suelo con el lanzamiento de un cubo de agua hacia el lateral, en ese ángulo daba la sensación de ser agua que salpicaba con mucha fuerza por la acción. Quedó muy realista y dramático.

Echamos un día muy bueno en Antequera. Día completo de rodaje, desayuno y comidas en los lugares de aquel barrio. Estoy seguro que los vecinos de ese barrio aún nos recuerdan con cariño, desde aquí, les enviamos un abrazo.

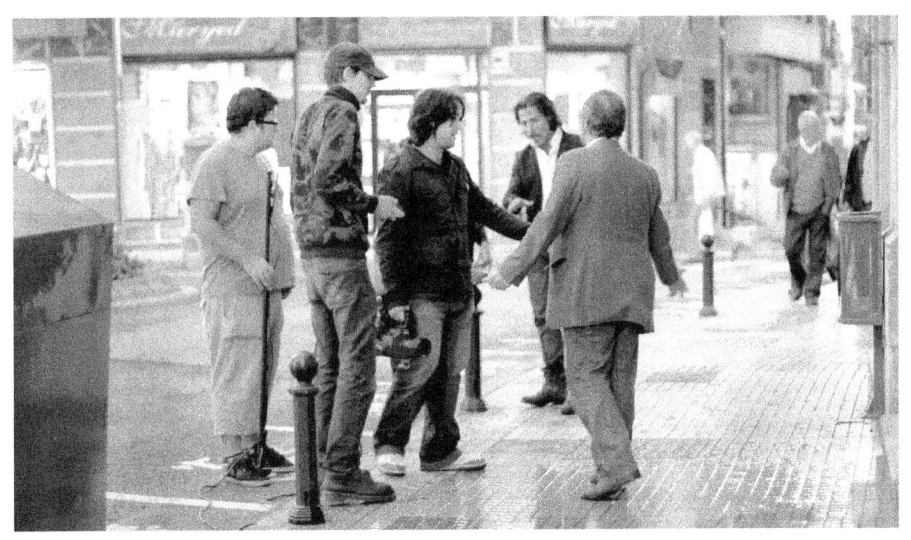

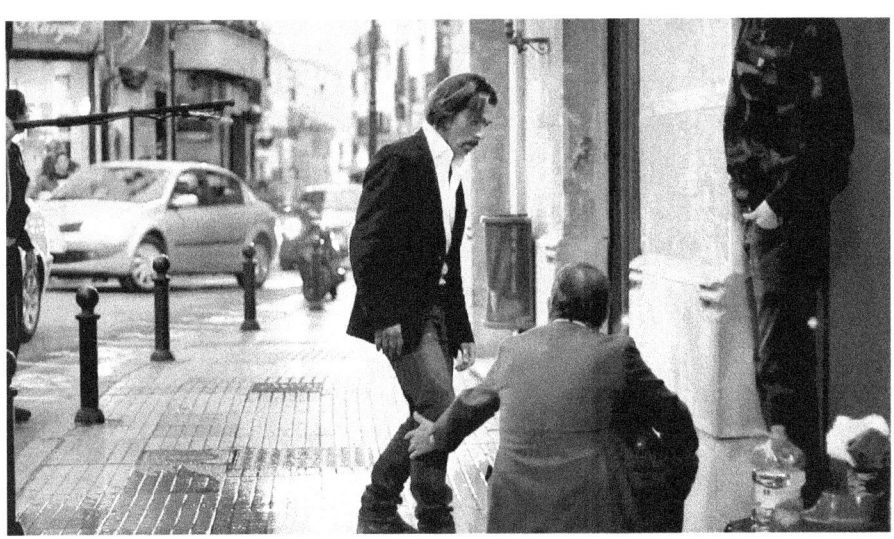

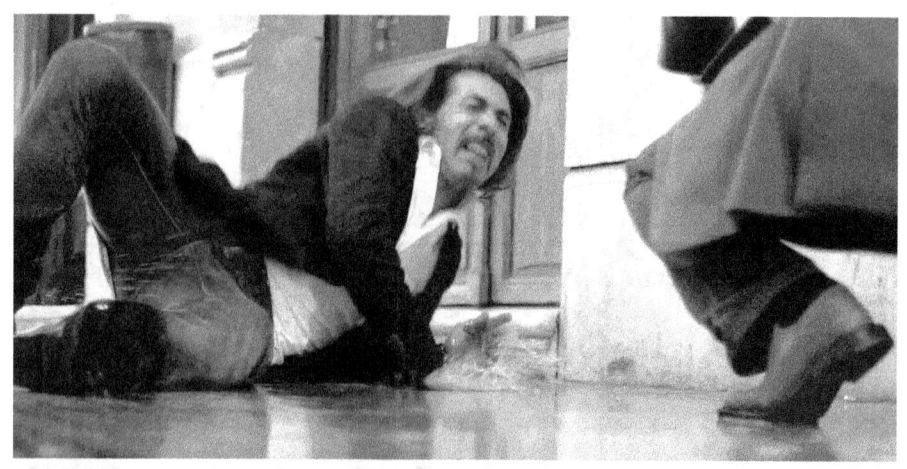
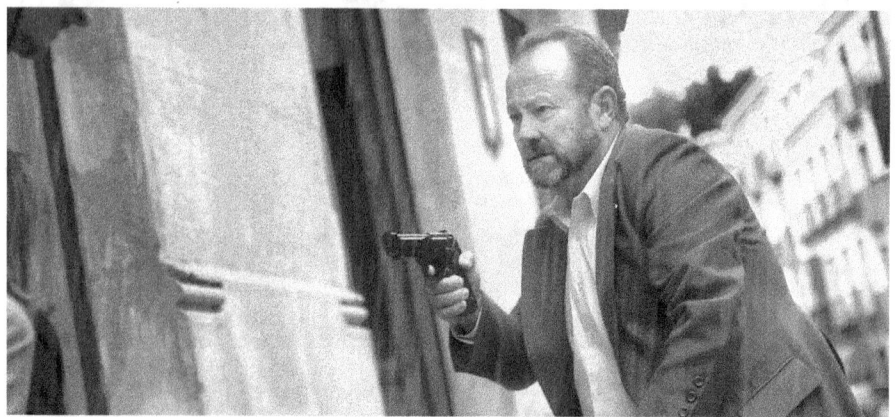
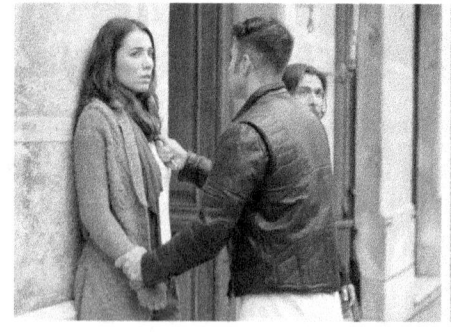
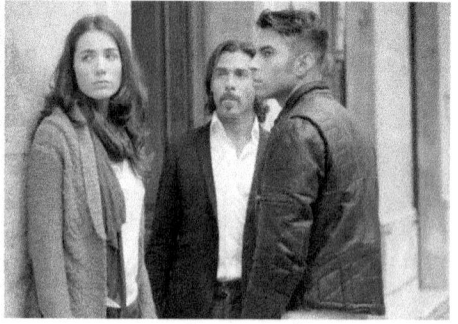

· *Asaltan a Michelle con navaja*

También rodamos la escena que tiene lugar en esa secuencia: Michelle (Susanna Pauw) llega caminando hasta su casa y los dos antogonistas (Vallejo y Vélez) la asaltan y la amenazan con una navaja. Mientras tanto, al fondo está el coche aparcado con los dos protagonistas viendo todo el suceso.

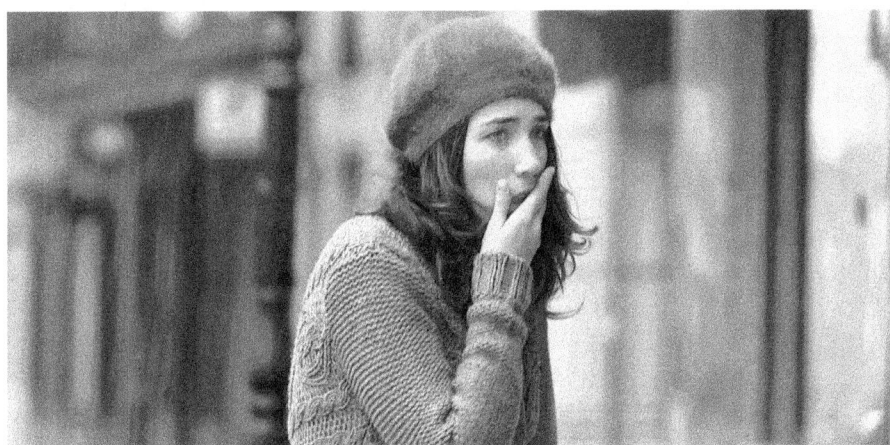

Aquí se produce un cambio de vestuario en Michelle, con el forcejeo se le cae el gorrito violeta, ya no saldrá más. Mucho más adelante, en la lucha contra Thérèse (Beatriz Rico), Michelle perderá su rebeca y llegará hasta el final de la película sólo con su camisa blanca. Eso me gustaba porque es otro símbolo de la perturbación y caída psicológica del personaje, con el frío que hace en París no es normal ir mojado y con simple camisa.

La escena de Michelle (Susanna Pauw) caminando hasta que la asaltan los dos guardaespaldas de Thérèse es un plano bello. Realmente toda esa secuencia me encanta, parece que está situada en París. La lluvia se muestra agradable, ya que seguía lloviendo, pero sin fuerza, lo justo para que en la imagen quede preciosa.

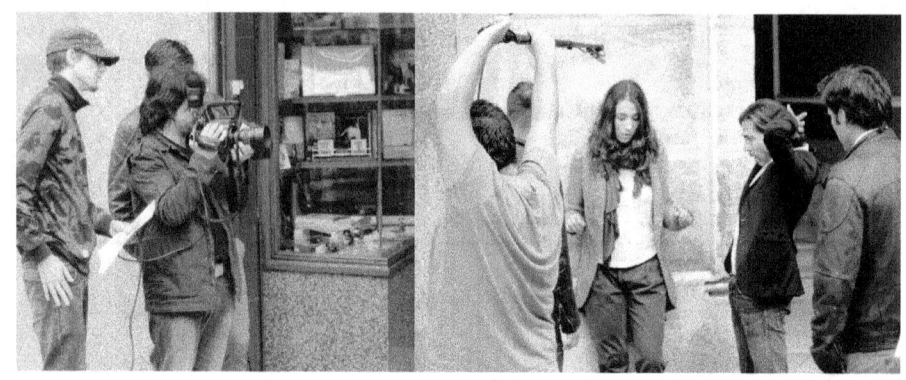

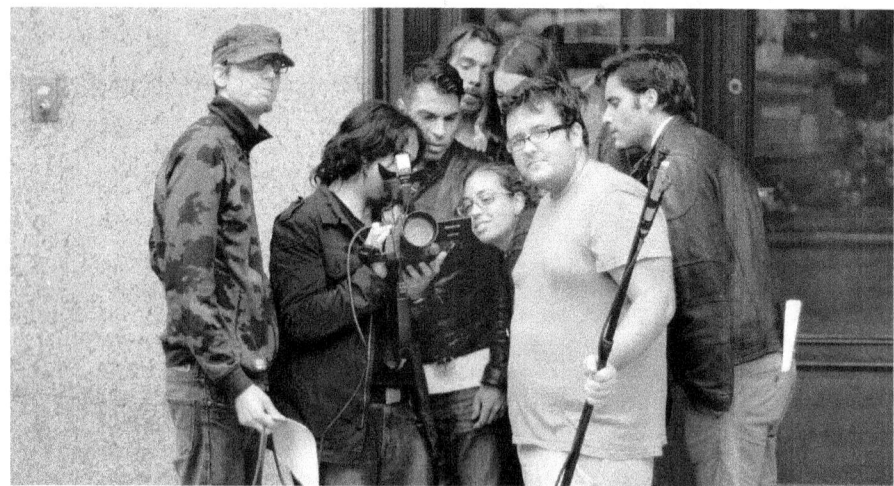

· *El atropello con el Seat Arosa*

También en Antequera, en esa misma secuencia, grabamos la escena del atropello. El cochecito amarillo frenaba ante los sicarios y Paul (Frank Vélez) caía sobre el capó y luego hasta el suelo. Este plano se grabó una sola vez a tres cámaras: una situada cenitalmente, desde arriba, otra frontal al coche llegando y otra desde dentro del coche.

Estaba todo perfectamente sincronizado para que el coche llegase más o menos rápido, quizá iba a 40 Km/h pero con seguridad, para que le diese tiempo a frenar. Millán que es un maestro de la conducción lo hizo a la primera y Vélez que ya lo había ensayado y que está en forma física óptima, simuló que era atropellado levemente, sencillamente se echó sobre el capó y luego cayó delante del coche parado.

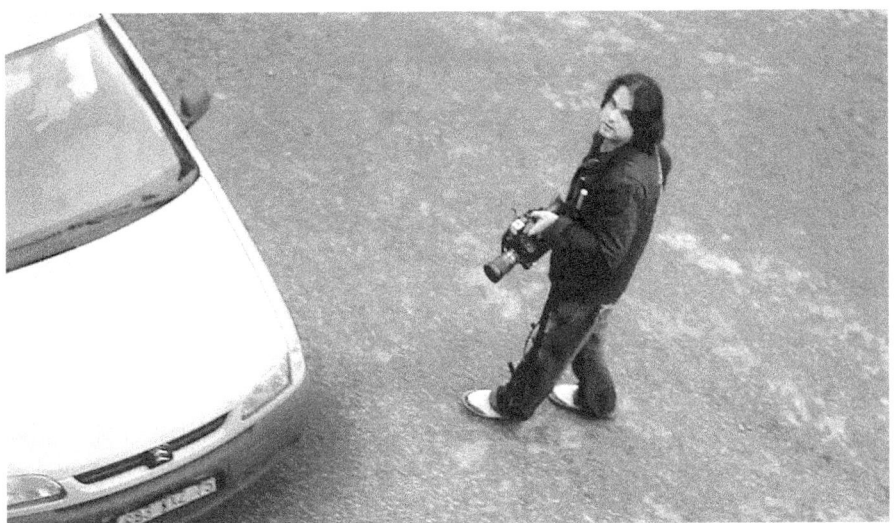

Yo añadí algunas partículas de agua de lluvia en los impactos y también aceleré el coche aún más. Pero no fue sólo acelerar el plano, porque si no se vería a la gente moviéndose demasiado rápido. Lo que hice fue recortar el plano en dos capas: en una capa estaba el actor Frank Vélez a velocidad normal y en otra capa estaba el coche avanzando, en velocidad acelerada. El plano cenital no me gustó cuando lo vi, se notaba algo falso, sin embargo, los otros dos planos eran preciosos. Añadí luego en posproducción un poco más de agua salpicando cuando se produce el impacto. Y también tuve que arreglar con efectos digitales la matrícula francesa, ya que se había soltado una esquina de la pegatina. No nos dimos cuenta de ese error durante el rodaje, pero no hubo problema, fue sencillo arreglarla en el ordenador. Además, durante la época de la edición me acostumbré a retocar con muchos efectos, algo que fue muy habitual en esta película.

Hay una anécdota muy buena: hicimos tres repeticiones de la toma y en una de ellas, un turista que paseaba por allí, vio el falso atropello y se abalanzó a ayudar al actor Frank Vélez que estaba en el suelo, entonces súbitamente miró al conductor del coche, a Millán; lo miró con una cara de odio tremenda.

Yo creo que, si Conchi Mateo no hubiese intervenido, el desconocido habría sacado a Millán del coche con intención de pegarle. Conchi fue corriendo y sujetó del brazo al turista, lo llevó a un lado y le explicó lo del rodaje. Resultó que ese turista era francés; le encantó la puesta en escena y luego se quedó a ver el resto de la escena. Todo eso quedó plasmado en una de las cámaras del *making-of*.

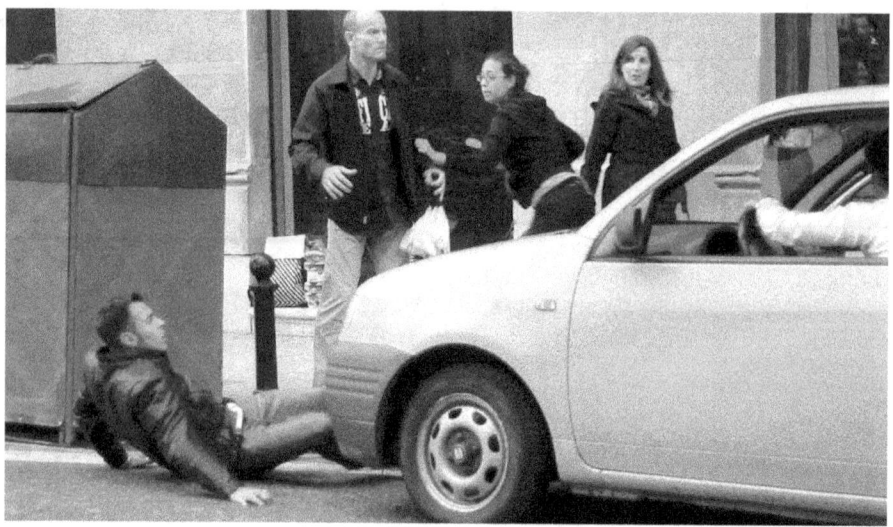

Fuimos a cenar a un restaurante que estaba al girar una calle, era como una tasca antiguas. Comimos muy bien y celebramos lo que ya saboreábamos como un éxito de rodaje; alguien brindó por haber superado un feliz rodaje "en el ojo del huracán". Regresamos a Málaga por la noche cuando el parte meteorológico dijo que había mitigado la lluvia y que la circulación era normal. Fue un día maravilloso y eso se notó luego en la mesa de montaje.

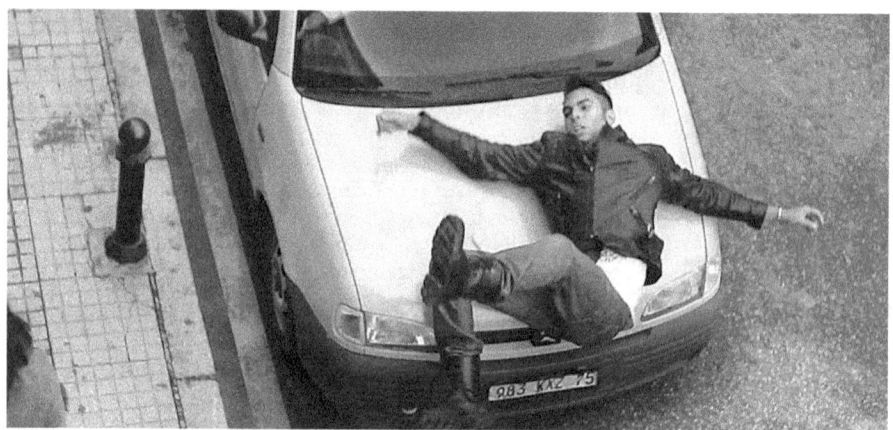

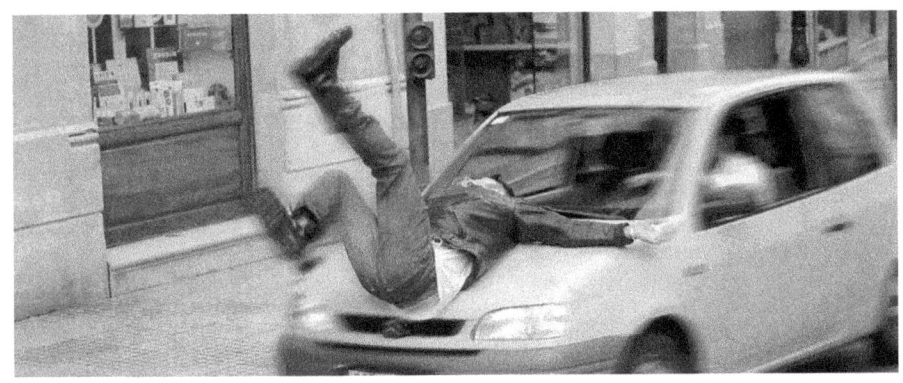
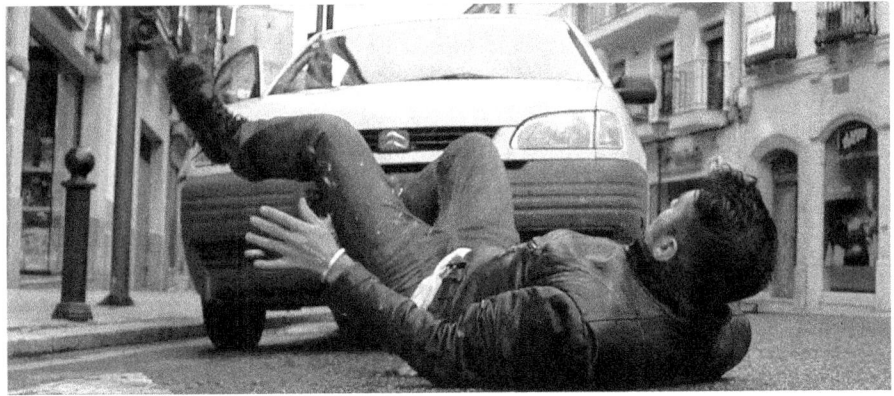

Capítulo 21
La orquesta

Todo lo concerniente al rodaje con la orquesta fue maravilloso y de unos acabados preciosos. Tuvimos mucha suerte con cada uno de los elementos de ese rodaje y, esa suerte, fue fruto de un trabajo constante. La creación de la orquesta de la ópera supuso un reto estimulante.

En aquellos momentos yo tenía dos posibilidades: usar música grabada y actores que hiciesen *playback,* o grabar nuestra propia música y usar actores que cantasen de verdad.

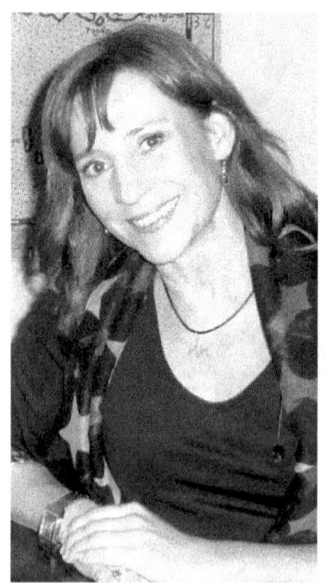

Para la orquesta, la primera persona que nos ayudó fue la especialista audiovisual María Pérez Legaz, que nos dejó antes de que hubiésemos terminado el rodaje, siendo muy joven, además. María era una persona excelente, amiga íntima del actor Fernando De Mora y trabajadora entusiasta en comunicación y prensa. María pudo ver un trocito de película, la escena del restaurante en la que Paco y Fernando hablan. Le gustó mucho y eso la impulsó a presentarme a John Brebner (profesor de la Facultad de Derecho de la Universidad de Málaga) que, a su vez, me presentó al director de coro Diego González. María me pareció una persona encantadora, tanto por su presencia como por su buen gusto estético en el cine y en la música. Estoy convencido que es una de esas personas que no se olvidan fácilmente y el que mejor lo sabe es Fernando, quizá su mejor amigo. Pese a que tuve poco tiempo para conocer a María, considero que hoy día, varios años después que nos dejara, la conozco como si fuese una buena amiga. Fernando me ha hecho partícipe de muchos momentos de la vida de María, así que, salvando las distancias físicas de este mundo, creo que, de alguna manera, existe una amistad.

Tuvimos varios días de reuniones y entonces surgió la idea de grabar la ópera con la orquesta filarmónica de Málaga. Al director de coro Diego González empezó a entusiasmarle la idea de dirigir con la orquesta y grabar esos trozos de *Les Danaïdes,* de Antonio Salieri. Le parecía una idea tan novedosa que me presentó al barítono Carlos Álvarez, que estaba recién llegado de una gira en el extranjero. Hablé con Carlos y le propuse la idea de que él fuese el rey Danao en la ópera para la película. A Carlos Álvarez le encantó la idea de actuar en la película, haciendo doble papel, como cantante y como personaje dentro de la ópera; quedó en espera de su realización.

He aquí cuando uno se choca con la realidad y los sueños de evaporan por cuatro duros que no teníamos. La orquesta nos hizo un gran favor, nos propuso un precio totalmente simbólico. Una cantidad muy pequeña que era como un detalle para los veinticuatro músicos que hacían falta como mínimo para que sonara bien. Sin embargo, en aquel 2012, época de crisis económica en España, ni yo ni mi productora conseguíamos fondos, y ya habíamos gastado mucho en esta película; ese precio simbólico era poco para el coste real, pero era mucho para nuestro bolsillo. El poco dinero que conseguimos después y que utilizamos para el rodaje en París, suponía la tercera parte de lo que hacía falta para la orquesta. Así que me vi atado de pies y manos. El tiempo pasaba y no quería demorar más semanas el rodaje (llevaba ya muchos meses parados por el cambio de equipo técnico); así que tuve que sacrificar la idea de grabar música original en directo.

Carlos Álvarez me dijo que, si hacía falta, él podía hacer *playback* sobre otra grabación de *Les Danaïdes* , que era algo que no le gustaba mucho porque sería la voz de otro barítono diferente, pero que, quizá así podríamos salir del paso en la filmación y después, cuando se pudiese contar con la orquesta, podríamos grabar en estudio su voz real para montar encima de la imagen del propio Carlos. Podría haberse hecho así, pero lo vi muy caótico y temiblemente arriesgado. En fin, Carlos me dio muchas posibilidades y facilidades que le agradezco de corazón pero también me comentó que debía ser en febrero de 2013 porque antes estaba con otra obra.

La fecha tan lejana que me dio Carlos, el temor por no querer gastar más dinero y el novedoso el equipo técnico de la película (sólo hacía unas semanas que había configurado el segundo equipo técnico, definitivo); en fin, la suma de todo eso fue por lo que me decidí finalmente a usar buenos actores de Málaga que simularan ser cantantes de ópera con *playback*. Para ello me ayudó mucho Jesús Gómez y Cristina Fargas. Uno por ser un excelente tenor y la otra por ser una excelente actriz especialista en doblajes entre otras facetas interpretativas.

Jesús nos aconsejó hablar con el Conservatorio Profesional de Málaga. Y gracias a eso encontramos un apoyo genial. El profesorado vio genial la doble propuesta que les hice: que nos dejasen el escenario del salón de actos para el rodaje y facilitarnos la búsqueda de alumnos para para figuración de esa orquesta, que también tocarían en modo *playback*.

Pusimos anuncios en aulas del Conservatorio y el mismo cartel lo colgamos en las redes sociales. En el anuncio pedíamos la colaboración de todos aquellos que quisiesen salir en la película. Los alumnos respondieron muy bien, también otras personas ajenas que nos leyeron en internet. Nos escribieron cerca de sesenta interesados y fuimos gestionando los instrumentos. Jesús Gómez hizo un listado de los instrumentos necesarios para dar apariencia de orquesta; también hicieron otro listado de los instrumentos que más se escuchaban concretamente en esta ópera. Al principio nos sobraban violines, había demasiados, luego sobraban flautas, luego faltaba más percusión. En fin, fue una tarea que se hizo con mimo y también con la alegría de ver cómo la gente responde ante una colaboración cultural.

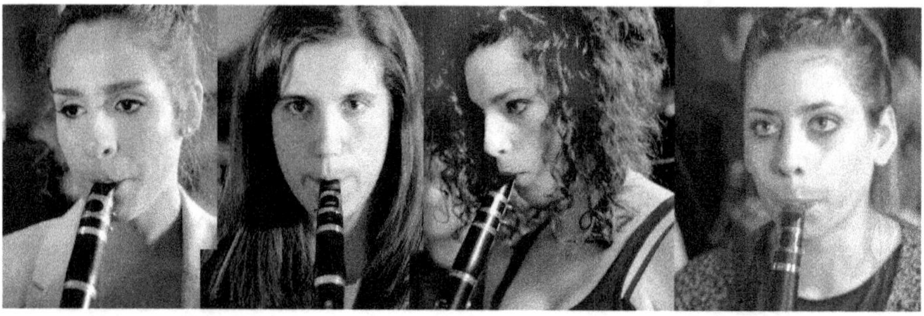

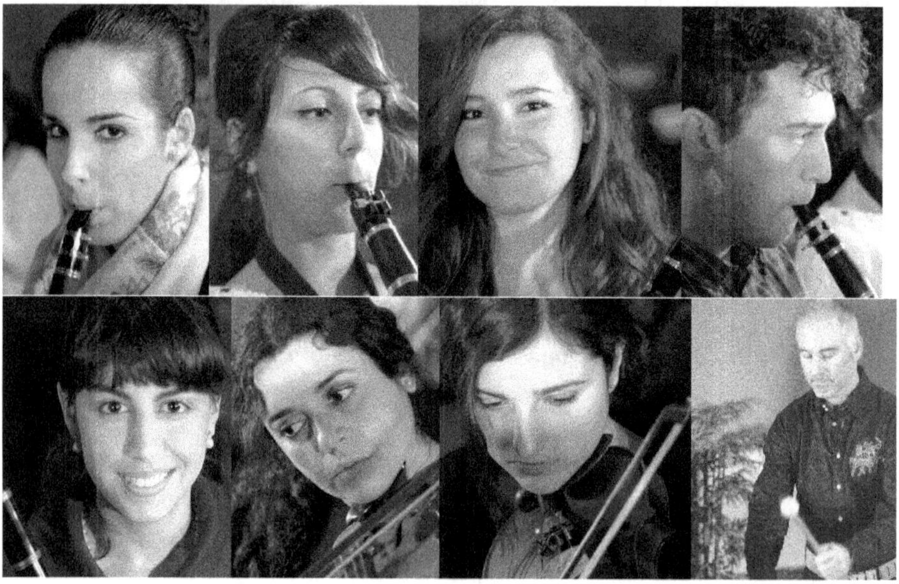

A base de trabajar esta planificación, conseguimos reunir un *casting* con un número aceptable: 42 músicos que vinieron el día del rodaje con sus instrumentos. Mi esposa Escarlata Godiri se encargó de informar por email a los figurantes, y luego durante del rodaje, de ayudarme en su dirección para realizar este *playback* orquestal.

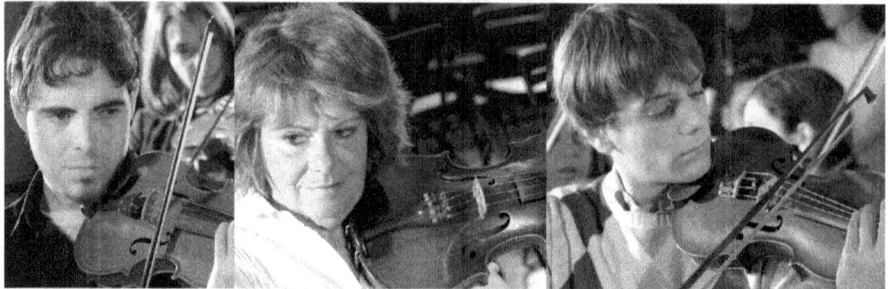

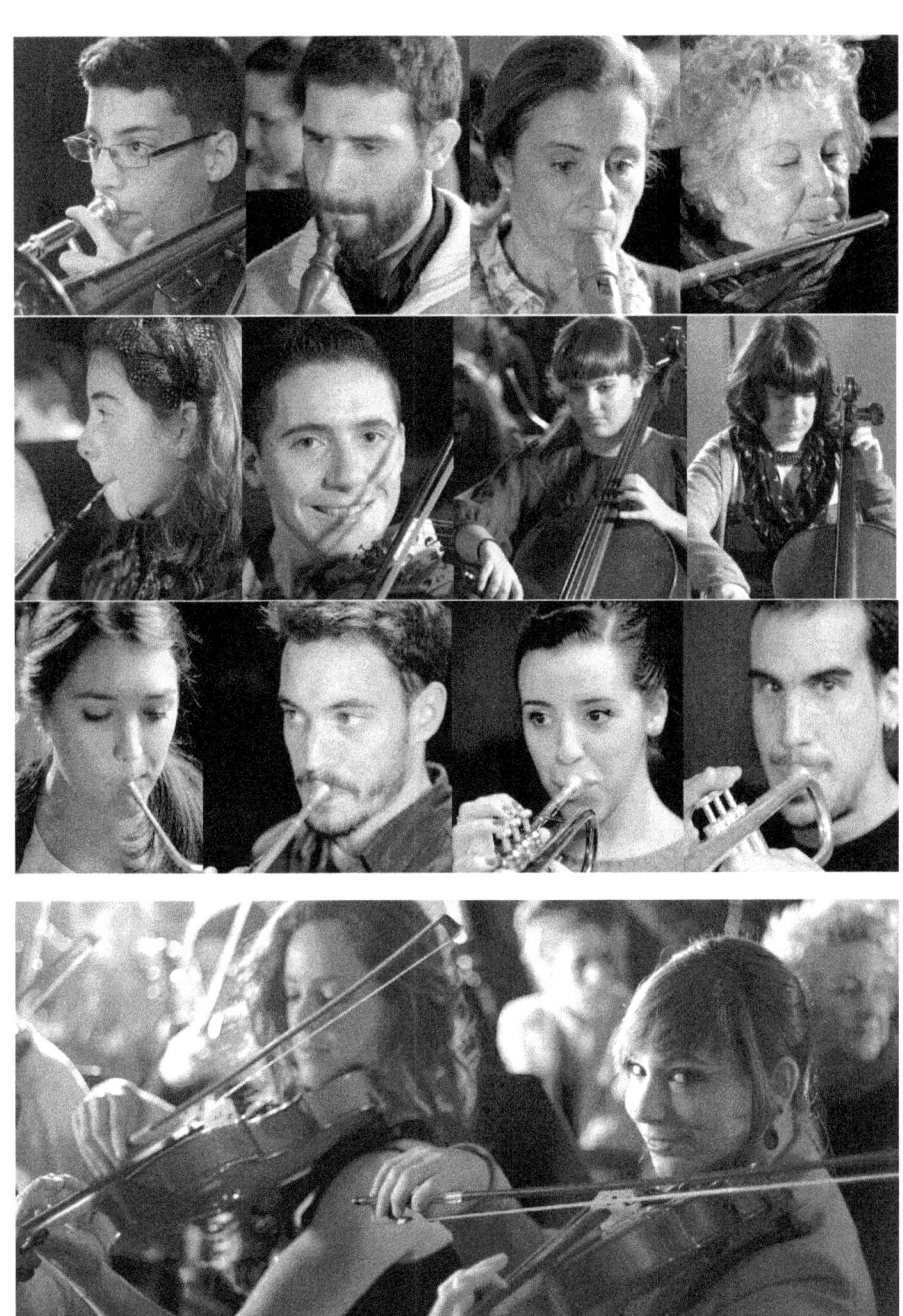

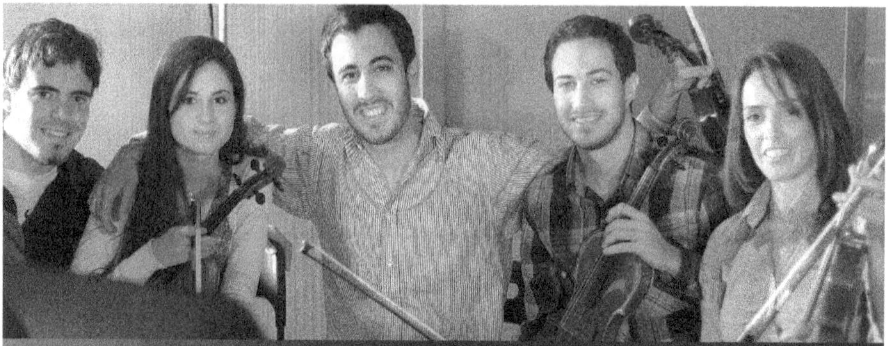

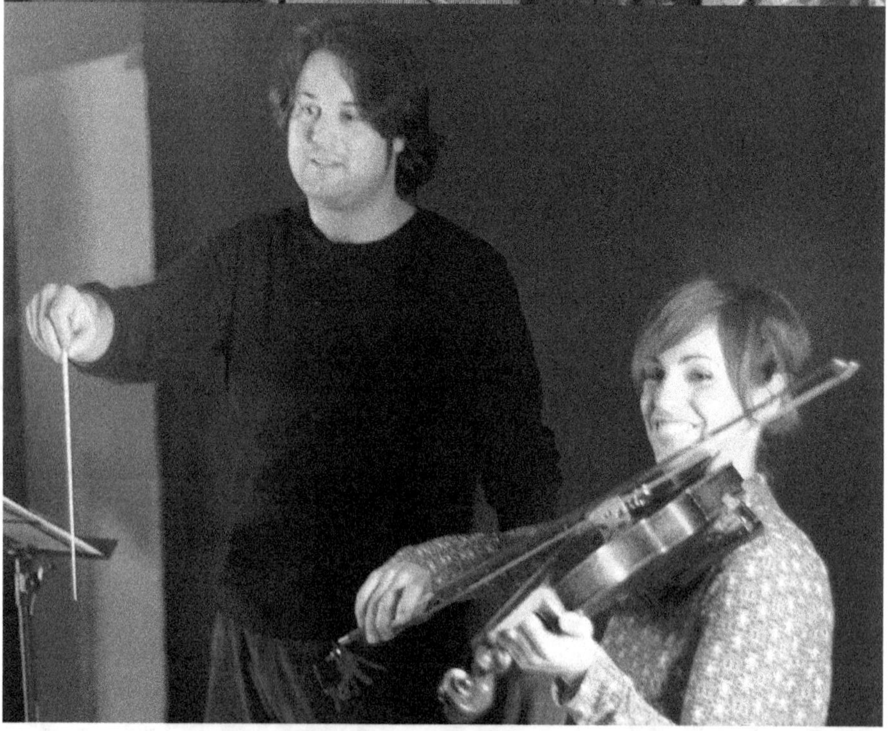

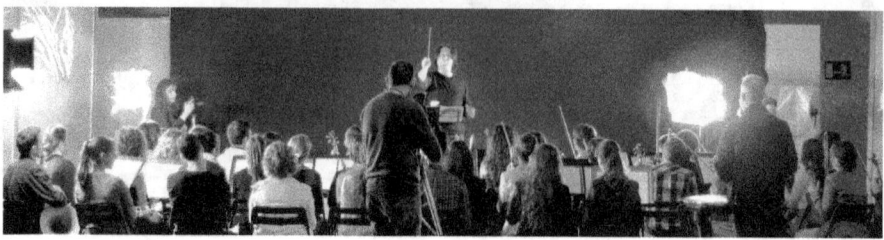

Llegamos a formar una orquesta para ópera con los instrumentos necesarios, equilibrados para conforme a la partitura de Les Danaïdes. Colocamos a todos los músicos (y figurantes) según un esquema normalizado de orquesta para ópera.
- 13 violines
- 3 violas
- 3 violonchelos
- 5 flautas de pico
- 1 flauta travesera
- 5 clarinetes
- 5 oboes
- 1 fagot
- 4 trompetas
- 1 trombón
- 1 timbal
- 1 director de orquesta

Cubrimos las paredes con enormes telas negras. Así, parecía que los músicos y el director de orquesta estaban metidos en el foso de la Ópera.

El pintor Antonio Montiel hizo una figuración especial como director de orquesta. Fue maravilloso contar con él y le dedico el capítulo 38 de este libro, donde cuento más sobre Antonio Montiel.

Entre los figurantes que acudieron aquel día como orquesta, me gustaría citar a la actriz y profesora de interpretación Inmaculate González, a la actriz Montse Carné y nuestra prima Nerea Ríos. Ese día hubo tres personas haciendo fotografías *making-of*: Soledad Sánchez, Elise Tandé y Abraham. Le pedí a Elise que hiciese fotos generales y a Sole que hiciera muchos retratos. Alguien me dijo que para que quería hacer tantas fotos de cada persona. Yo sabía que luego, al ponerlas en las redes sociales, todos querrían verlas y compartirlas, con la publicidad y anagramas incrustados de la película y también intuía que más adelante las usaría algún día: ahora en este libro.

Escarlata Godiri estudió Violín precisamente en el *Conservatorio Profesional Manuel Carra*, por lo que aprovechó e hizo un cameo como la *concertino*, es decir, como violinista primera de nuestra orquesta.

Todos los figurantes que se presentaron trajeron dos tipos de ropas tal como les pedimos días antes. Un vestuario de día normal (escena de ensayos) y otro que fuese todo negro.

De los 42 figurantes, había tres mujeres que olvidaron la ropa negra; a dos las pudimos vestir con chaquetas oscuras de sobra, pero para la tercera no quedaba ninguna prenda oscura. Justo cuando la chica empezó a recoger sus cosas con cierta tristeza, le dije que se quedara, que yo le cambiaría la ropa con el ordenador. Y así, durante la post-producción, pese a necesitar más horas de trabajo, conseguí arreglar su vestuario.

A veces, hacer feliz a las personas sólo es cuestión de proponérselo, para mí, cada actor que acude a una de mis escenas, ya sea figurante o principal, me honra con su presencia.

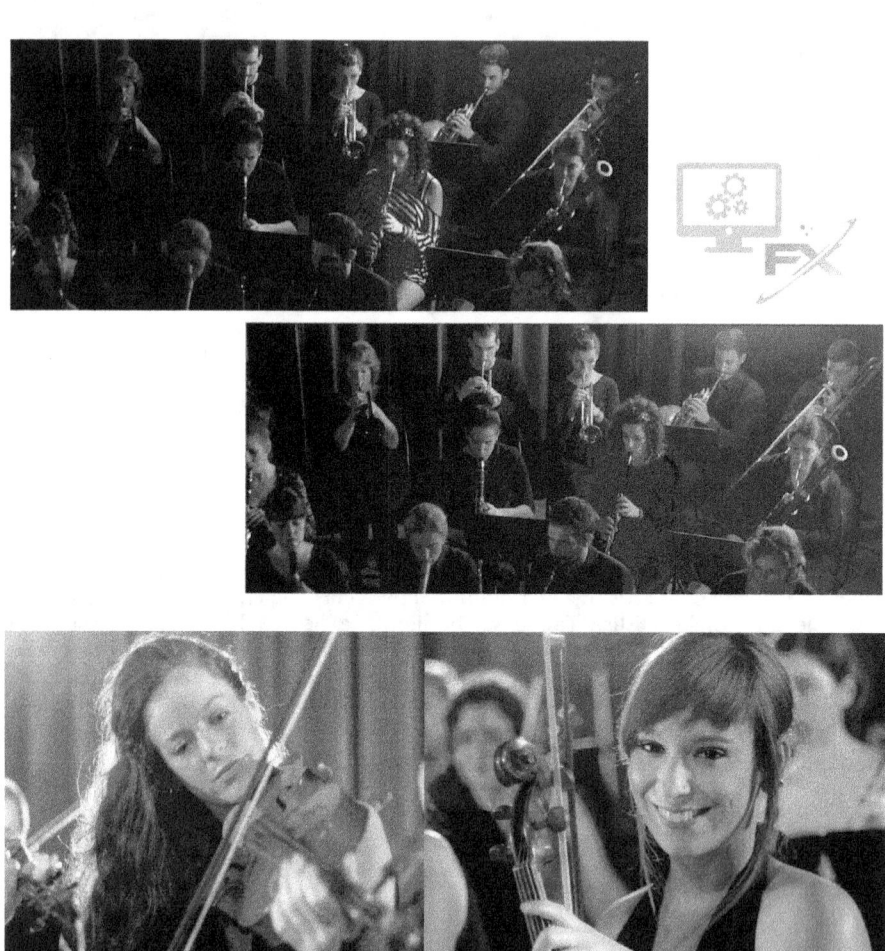

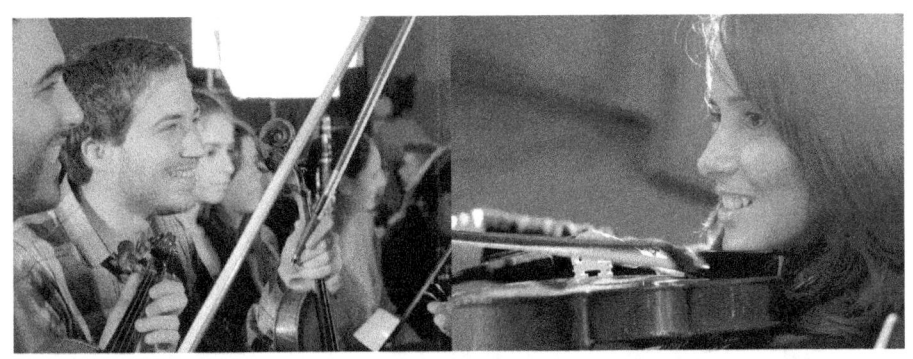
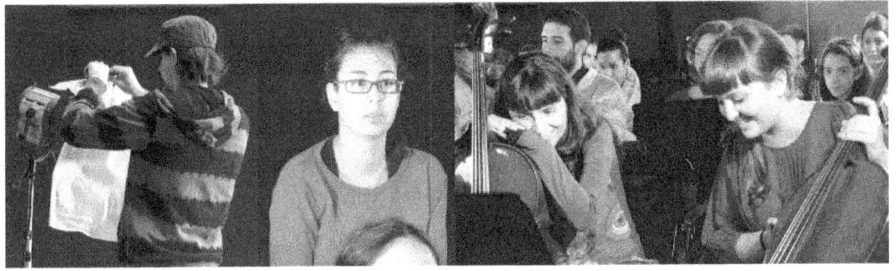

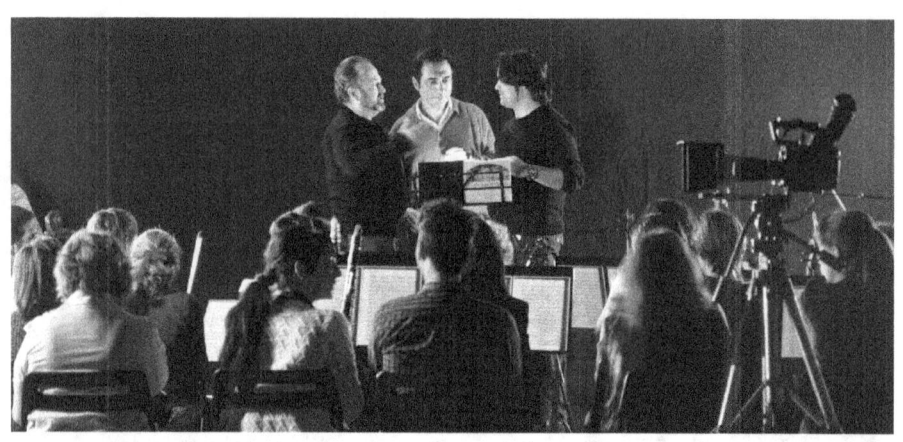

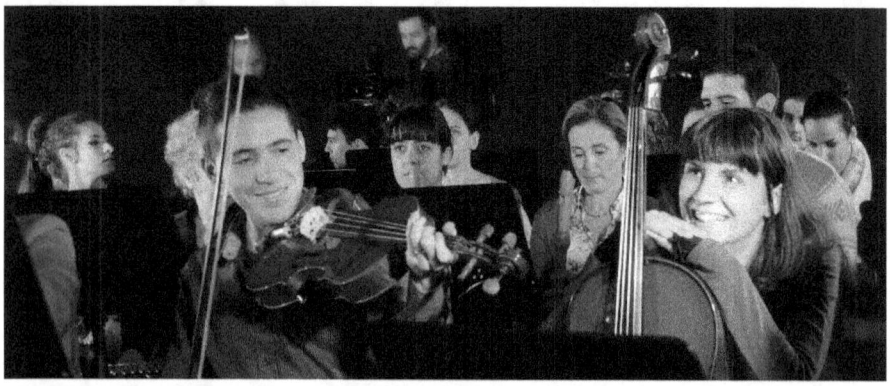

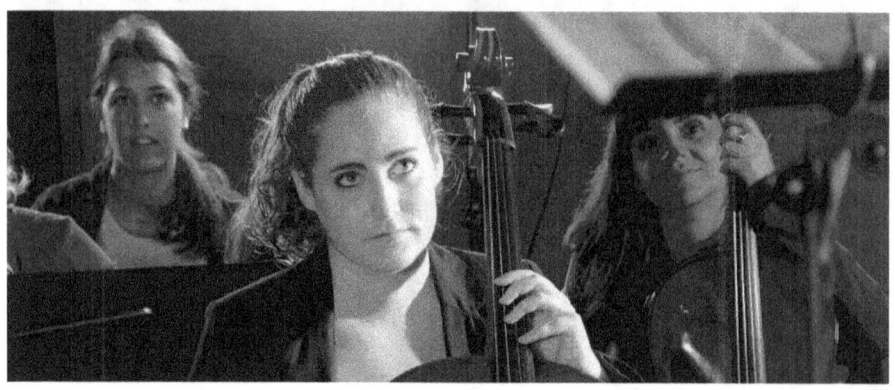

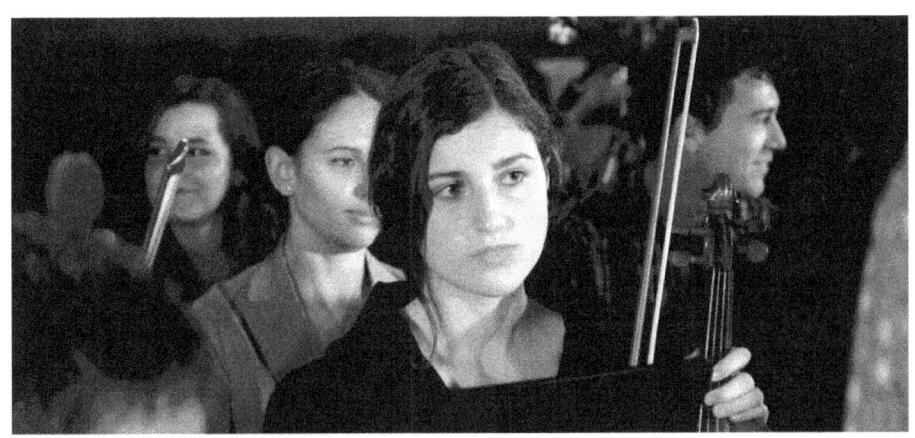

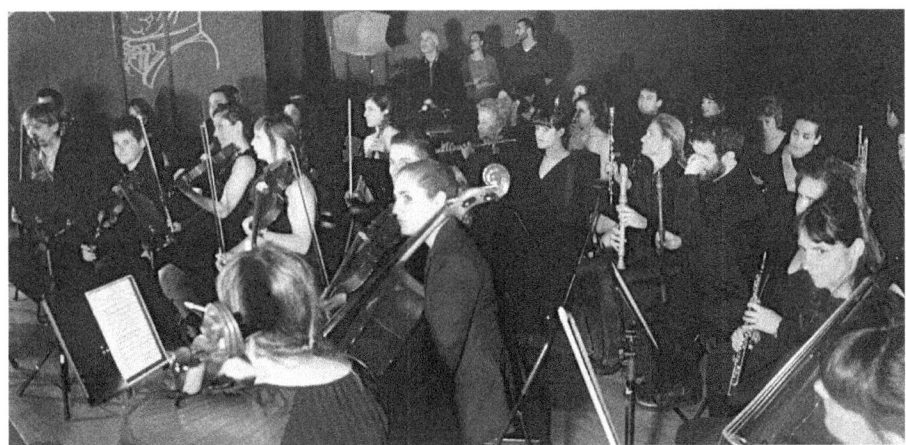

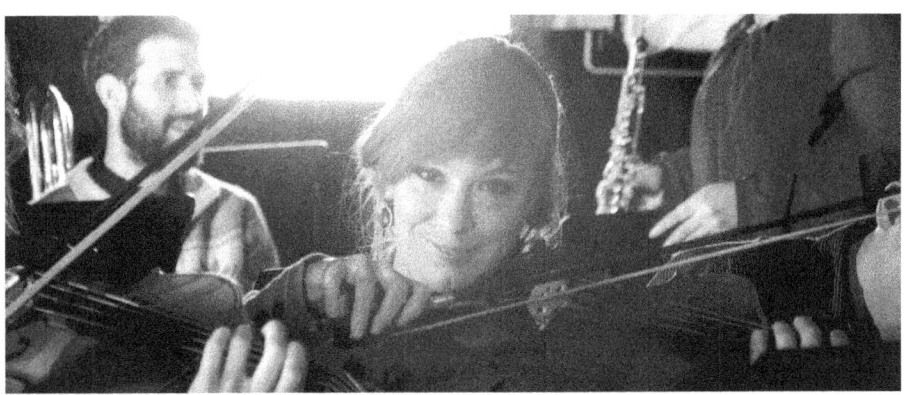

Capítulo 22
La subtrama de las manifestaciones

> "LA NATURALEZA HA HECHO AL HOMBRE FELIZ Y BUENO,
> PERO LA SOCIEDAD LO DEPRAVA Y
> LO HACE MISERABLE." (JACQUES ROUSSEAU)

En la película aparecen algunas escenas con manifestaciones, gente que protesta en la calle e incluso conflictos contra la policía. Este ambiente callejero de altercados constituye una subtrama secundaria a las principales. Sin embargo, tiene una quíntuple justificación, cinco razones por las que veo muy interesante ese clima de alboroto callejero.

El primero es el personaje de Alain (Max Millán). Sale de las calles, de esa atmósfera de disturbios radicales. Es un personaje que no ha conocido otra vida y que será algo así como el nuevo hijo, alumno, aprendiz de Pierre (Paco Roma). Ver a Alain corriendo por las calles entre antidisturbios es un marco perfecto para presentar al personaje.

El segundo motivo justificable es el personaje de Maxime (Ángel Rubio). Es un personaje secundario que aparece en dos momentos: al comienzo, corriendo junto a su amigo Alain y a mitad de la película, cuando lo encuentran por casualidad en la persecución. Los despachos de la gendarmería tienen fotos, carteles de búsqueda de este activista revolucionario. De hecho, a Alain lo interroga el inspector Mignon (Eduardo Duro) porque quieren saber dónde se oculta Maxime. Maxime representa el vínculo de unión a ese mundo callejero y antisistema. Un espacio que Alain, casi sin darse cuenta, para bien o para mal, está dejando atrás.

El tercer motivo es la propia ambientación de contrastes que yo buscaba para este largometraje. Lejos del París bucólico, bello, romántico... está este otro París revolucionario y exaltado.

El cuarto motivo para mostrar un ambiente reaccionario fue porque coincide con el hecho histórico ocurrido en ese 2005, el de los disturbios de París, que se acabaron propagando por otras ciudades de Francia. Estos disturbios se caracterizaron por el incendio de coches y por violentos enfrentamientos entre cientos de jóvenes y la policía francesa. Los incidentes comenzaron tras la muerte de dos jóvenes musulmanes de origen africano mientras escapaban de la policía de un suburbio pobre de París, y fueron exacerbados por las declaraciones del ministro de Interior de entonces, que llamó a los manifestantes «escoria»; eso encendió una mecha de protestas violentas durante semanas.

El quinto motivo es para justificar que encarguen el misterio de la ópera a un detective. Como la ciudad es un hervidero de conflictos callejeros, la policía no puede ocuparse de un caso que parece un asunto sin importancia. Entonces es el propio ministro (Kiu López) quien pide que sea alguien externo y de confianza quien se haga cargo de la investigación. El ministro parece que tiene amistad e intereses con la directora Thérèse Voiron (Beatriz Rico), por eso no quiere ocurra ningún imprevisto el día del estreno. También tiene en consideración al ex policía Pierre Lerosse (Paco Roma), quizá por su lealtad demostrada con anterioridad (de hecho, Pierre fue apartado de la policía por sus convicciones). Ese es el engranaje que hacen meter al ahora detective Pierre Lerosse en esta historia.

Con la premisa de que la ciudad está en jaque a causa de los disturbios, podía dar rienda suelta a la trama detectivesca. A mitad de la película, los manifestantes llegan a invadir la gendarmería, asaltándola como si fuese la Bastilla. Así, se justifica la ausencia de la policía en el estreno de la ópera porque las manifestaciones habían tomado un carácter severamente violento.

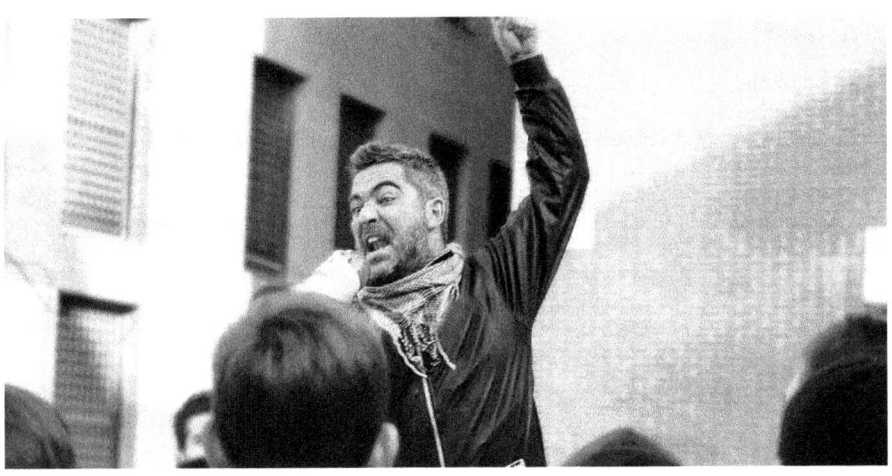

Capítulo 23
Escenarios para los disturbios

El primer foco de conflictos lo situé en la zona de *La Villette*, cerca de *Rue Nantes*. Esa zona no solo tiene polígonos industriales, sino que también alberga casas, un poco alejadas, que están lindando ya con el bosque *Corniche des Forts,* también el gran parque de la República y un cementerio. Es decir, son extensiones periféricas y más proclives a la presencia criminal cuando no se las vigila.

El hecho de situar los disturbios ya en *La Villette* y no en una zona aún más alejada, es una forma de decir que el conflicto se está extendiendo y ya ha adquirido dimensiones preocupantes. Cuando están en la *brasserie*, Pierre (Paco Roma) le dice a Alain (Max Millán) que sabe muy bien que su gente está por *La Villette*. También lo menciona la brigada Giles, que se lo dice a Pierre en la sala de tiro.

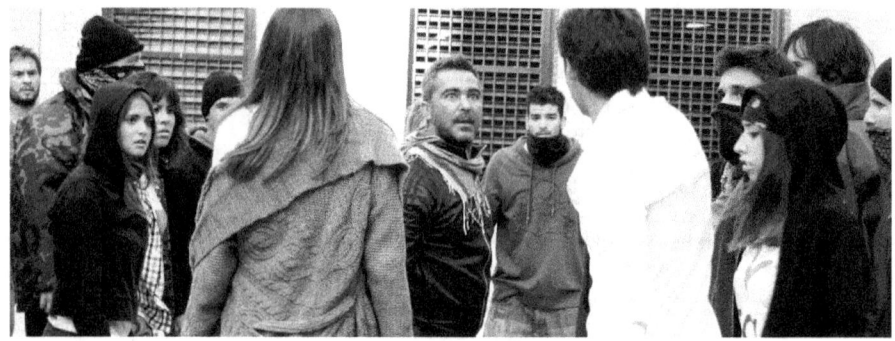

Más adelante, a mitad de película, durante la persecución a pie, Alain y Michelle (Susanna Pauw) se encuentran con el líder manifestante Maxime (Ángel Rubio). Si nos fijamos bien, Maxime ya está por el centro, cerca de *Notre-Dame*, no está en la periferia ni en *La Villette*. Esto lo hice a propósito, es una forma de decir que las manifestaciones se están expandiendo tanto que incluso un grupo de 20 o 30 personas deambulan por el centro de la ciudad con ánimo revolucionario. Si recordamos la escena donde están interrogando a Alain con violencia, el inspector Mignon (Eduardo Duro) le pregunta una y otra vez que dónde se esconde Maxime, que saben que estuvo por *La Villette*. Por eso puse a Maxime en el lugar más insospechado, por el centro de París, en la *Île-de-France*.

Capítulo 24
Rodaje de los disturbios

El rodaje de esas escenas de manifestantes se hizo en cuatro jornadas muy separadas entre sí.

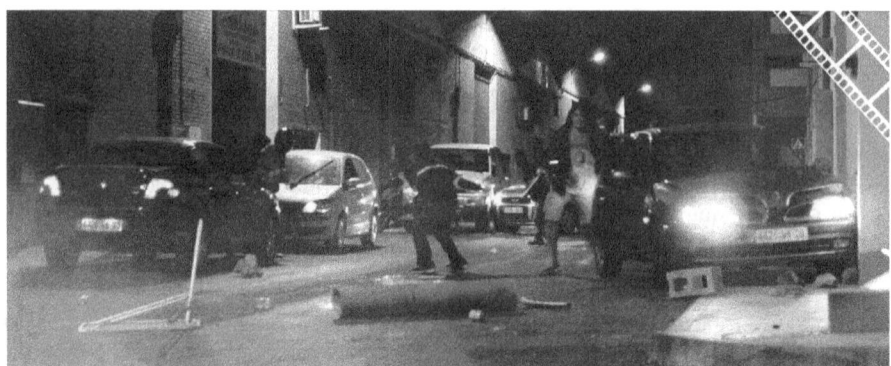

· *En el polígono ferial*

El rodaje de esta película comenzó aquí, fue en octubre de 2011. Fue absolutamente lo primero que se rodaba; ni siquiera había actores aún, todos los participantes eran figurantes sin texto en diferentes acciones vandálicas. Es una fecha tan lejana, que veo esas fotos de octubre de 2011 y me veo no sólo más joven sino con un vestuario que nunca he vuelto a usar, unas camisetas que han estado en una etapa anterior de mi vida entre los veinte a los treinta años. El paso de esta película me hizo cambiar, madurar, fiarme menos del "colegueo", ser más profesional técnicamente y más práctico. La escisión del equipo técnico inicial me cambió mucho, como profesional y como persona: supongo que a mejor, me volví, sin yo pretenderlo, algo más más práctico y serio.

Aquel primerísimo rodaje de 2011 se hizo sin seguir un guion técnico concreto, dejando espacio a la improvisación de los figurantes. Así, el material grabado en esta primera jornada se usó para montar pequeños cortes rápidos o *clips*, para cuando un personaje relataba algo sobre las manifestaciones. También se usó este material en el montaje de los momentos que se ven detrás de la reportera (Encarni Migueles) que habla en las noticias de televisión. Estos pequeños clips consistieron en, por ejemplo, alguien rodando por el suelo, alguien tirando un cóctel molotov, alguien empujando contenedores para hacer barricadas, etc.

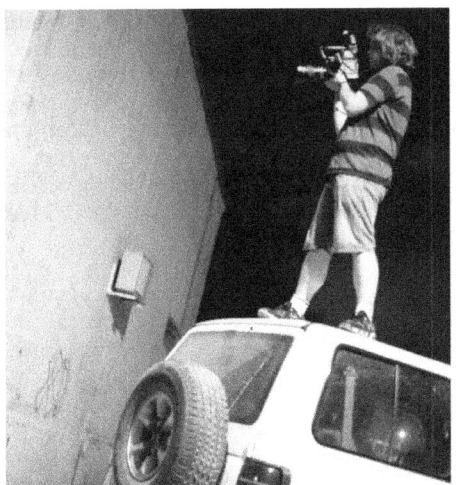 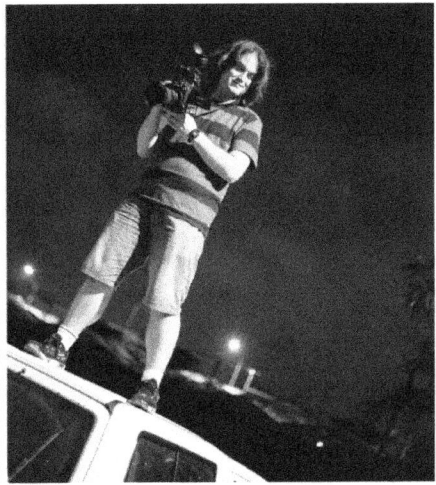

Este primer rodaje tuvo lugar en una calle de la zona del polígono industrial, de noche. Así, los planos que se iban a grabar me servirían para el comienzo de la película, en las calles nocturnas de París y para el final de la película, cuando vuelve a ser de noche en la ficción. Aparcamos atravesados todos nuestros coches, con sus luces encendidas como apoyo de iluminación. Y citamos a todos los figurantes vestidos con pasamontañas o pañuelos, armados con bates, palos, botellas, etc.

Grabamos a los figurantes manifestantes desde varios ángulos. También los grabamos corriendo hacia la cámara mientras gritaban a pleno pulmón. Para hacer planos altos, José Ruiz me permitió que me subiera a su coche, un 4x4 muy robusto. Así que me subí y desde arriba rodé cosas muy interesantes.

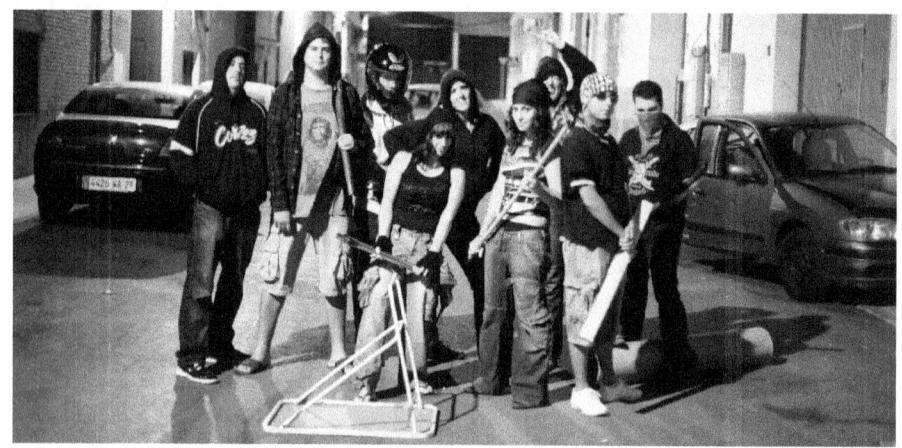

También hicimos un pequeño fuego. En mitad de la explanada, Eloy hizo unas líneas en forma de "S" con alcohol. Luego, al darle chispa, se formó una "S" de fuego que llenaba toda la pantalla, en la cámara parecía como si hubiese muchas cosas ardiendo en varias distancias. Al fondo, los figurantes tirando contra la cámara todo tipo de objetos ligeros: botellas de plástico, latas vacías, palos pequeños... José Ruiz se puso detrás de mí y como buen amigo, me protegía de los impactos de los objetos con un colchón deportivo muy flexible. Todo esto tuvo que coordinarse y hacerse muy rápido porque la fogata era muy pequeña se extinguió en apenas veinte segundos. El resultado, sin ser brillante quedó bien para lo que hacía falta, cinco o seis planos de disturbios, breves.

Había otro plano que consistía en una carrera de los manifestantes hacia la cámara. Pues resulta que justo en aquel momento, subía esa misma calle un coche de vigilancia nocturna del recinto ferial. Cuando vieron a la multitud gritando como energúmenos con bates, palos y ladrillos en la mano, el coche dio un gran frenazo, giró bruscamente y se fue a toda velocidad. Todos nos reímos; recogimos y nos fuimos rápido por si acaso (aunque contábamos con permiso de rodaje).

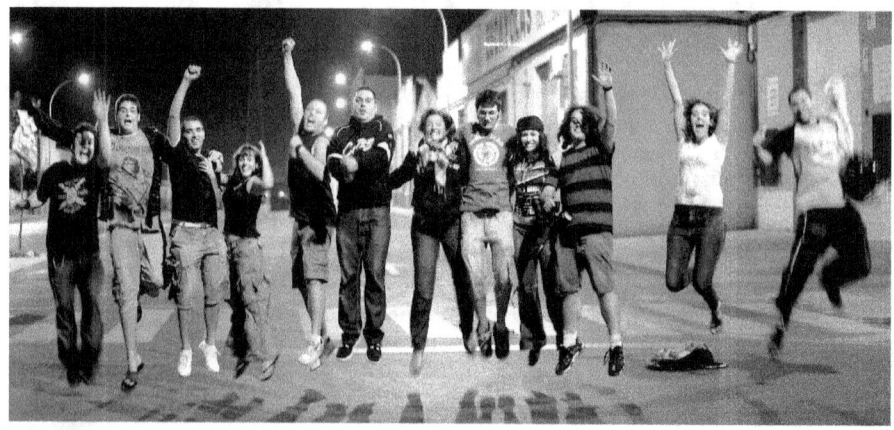

· *Calle Nosquera por la mañana*

La segunda jornada requería más planificación, ya que no sólo incluía figurantes (en esta ocasión 22), sino que también participaban cuatro actores (Susanna Pauw, Max Millán, Ángel Rubio y Frank Vélez). Tuvo lugar también ese mismo mes, octubre de 2011. También teníamos permiso y esta vez hice una cosa que es lo que siempre he hecho desde entonces. Antes de filmar, busqué a la patrulla de policía de la zona, les enseñé el papel y les puse sobre aviso. Esto siempre me ha reportado cosas buenas porque así no hay motivo para sustos de ningún tipo, o incluso me han avisado antes de rodar que había algún problema de última hora. Es mejor saber los inconvenientes antes de empezar la faena, para así poder ponerles remedio cuanto antes.

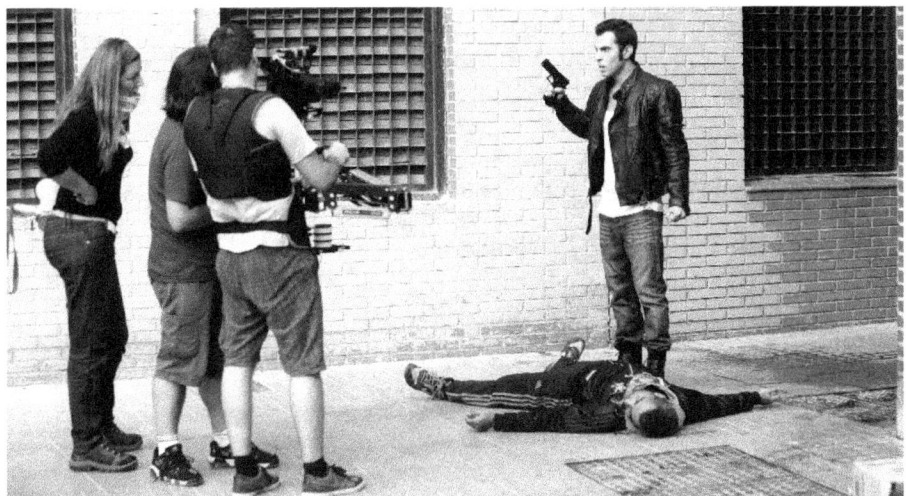

Esta jornada ocupó toda la tarde y parte de la noche. Se hizo en la zona centro de Málaga, en la Plaza del Obispo, junto a calle Nosquera. Ese rinconcito lo tenía visualizado como un lugar ideal para la escena en que Alain (Max Millán) y Michelle (Susanna Pauw) encuentran a Maxime (Ángel Rubio). Fue muy emocionante porque, de este largometraje, fue la primera escena con diálogo que rodábamos:

```
MAXIME
¡Alain, Alain! ¿Dónde vas, tío?
ALAIN
¡Maxime! No puedo hablarte, me están siguiendo…
MAXIME
Eh… bueno, no te preocupes… ¡yo me encargo!
```

Grabé un plano estático muy bonito a ras de suelo mientras los actores Susanna Pauw y Max Millán venían corriendo hacia la cámara.

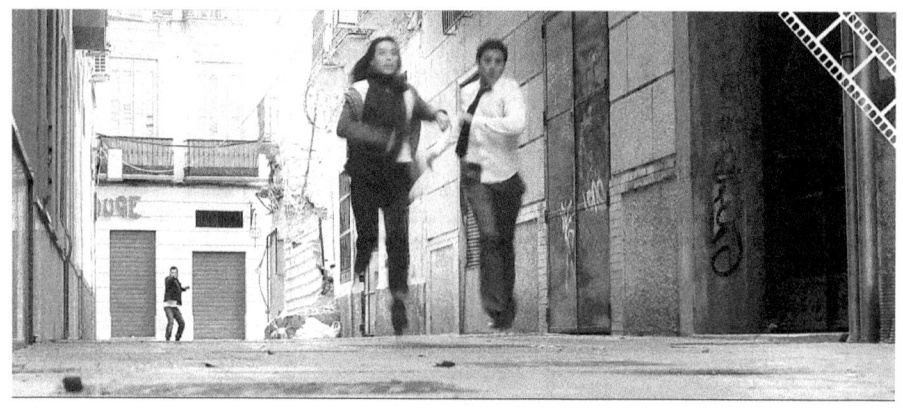

Ese día también participó Jon Rivero, como operador de cámara aportando un magnífico brazo estabilizador hidráulico. Fue un placer contar con su presencia en aquella jornada. Él grabó un plano secuencia muy bonito que sigue a los Michelle y Alain mientras corren, luego la cámara se interna entre los manifestantes que gritan, y finalmente se queda en el rostro de Maxime.

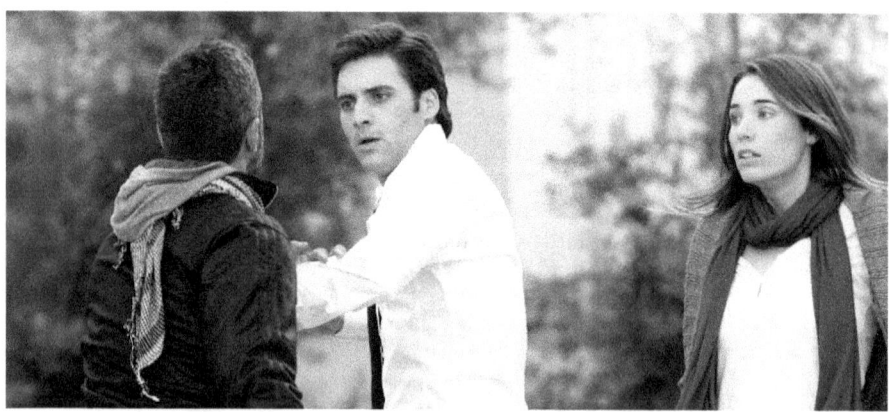

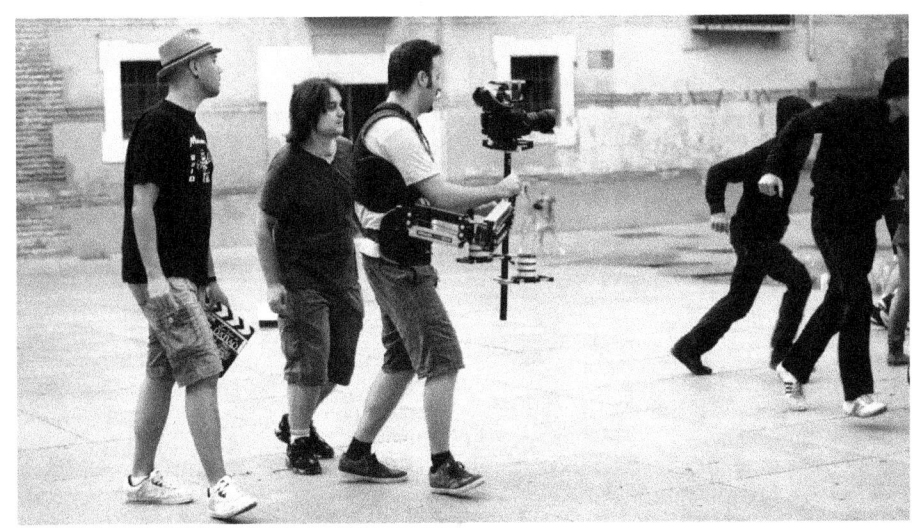
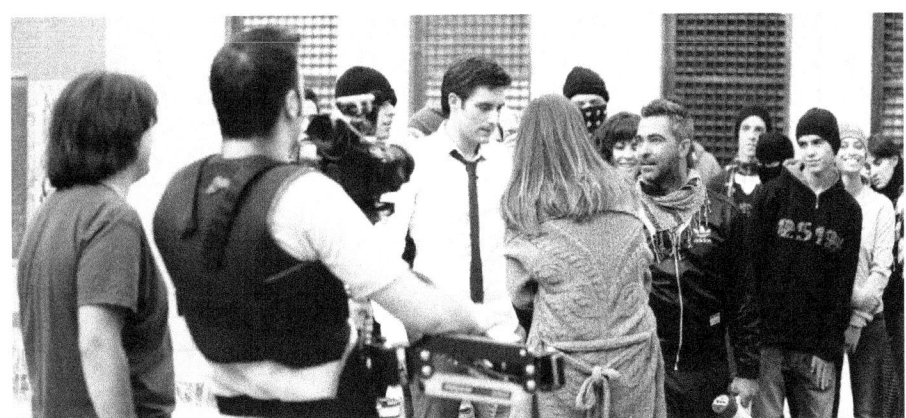
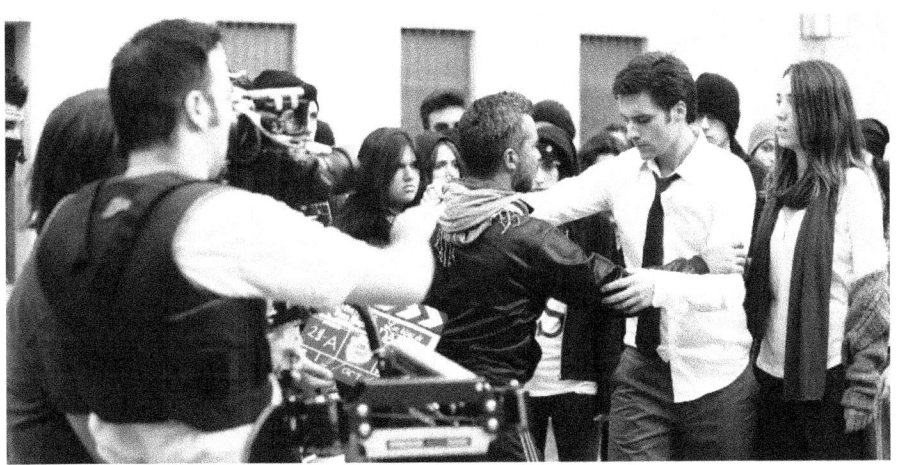

Esta escena (octubre 2011) corresponde a la que sigue en París, es decir, los personajes salen corriendo de esa plaza y pasan delante de *Notre-Dame*, rodado en París quince meses después (enero 2013). Nadie podía imaginarse el parón que tendría la película en la primavera de 2012 con el cambio de equipo técnico.

· *El golpetazo de la cámara*

Aquel mismo día le ocurrió un desagradable accidente a la cámara. Ahora lo recuerdo y casi me saca una sonrisa, pero en aquel entonces me entró "pánico" ya que la cámara se estaba estrenando literalmente, los objetivos también eran nuevos totalmente y encima era de los primeros días de rodaje. Es decir, después del esfuerzo/suerte de ganar la cámara en el concurso de Panasonic, recogerla en Barcelona, conseguir los objetivos luminosos de la casa Samyang y animarse/gestionar todo para rodar... nada más empezar la cámara sufre un golpetazo como jamás me ha pasado en ningún otro proyecto.

Habíamos terminado de rodar una parte de aquella secuencia, y de repente se oyó un estruendo; todas las cabezas se volvieron a mirar, se hizo el silencio después. La cámara, con el 35mm f/1.4, se había caído desde un soporte que estaba a un metro y medio o más. De lleno al suelo.

Resignado a lo que había pasado, no dije nada; recogí mi cámara en silencio y quité el filtro con cristales rotos. El parasol del objetivo también se partió en dos. El objetivo lo llevé a reparar después, porque no podía girar el anillo de enfoque, se oían ruidos obstruidos en su interior. La reparación me costó 200, por lo visto eran las bolitas que hacen girar los anillos, que se habían salido y estaban esparcidos entre las lentes. A la cámara no le ocurrió nada importante, pero me dio rabia que estando tan absolutamente nueva, se llevase un feo rasguño en el lateral.

Sé que nadie tuvo la culpa (o quizá entre todos nos la repartimos) y sé que a nadie le gustó que la cámara se cayese de manera tan fuerte. Pasados un par de años, me dio un poco de pena que nadie se hubiese preocupado por preguntar qué tal estaba la cámara o si había conseguido reparar el objetivo. Pero en fin, tampoco es para tanto.

· *Calle Nosquera por la noche*

Aquel día de rodaje aún no había acabado, empezaba a anochecer. Habíamos planificado rodar más planos de manifestantes en calles oscuras, para el comienzo de la película, pero esta vez con uno de los protagonistas en escena. Eran planos que irían alternados con los otros, rodados en el polígono industrial. Para esos planos, como el 35mm f/1.4 estaba roto, usé el 50mm f/1.8.

Hay un plano muy bonito que es un simple paneo a la izquierda, pero tan bien coordinado entre todos, tan bien compuesto y con un atrezo tan bien dispuesto, que se convierte en un plano maravilloso: Alain viene corriendo por la calle, perseguido por tres antidisturbios; gira a la izquierda del plano y encuentra una multitud tras una barricada enorme. Alain se agarra a una reja de la pared y pasa tras la barricada. Cuando los policías llegan, inserto un plano medio de ellos, asustados y retrocediendo. Luego, continuando con el plano anterior, se retiran mientras los manifestantes les lanzan de todo.

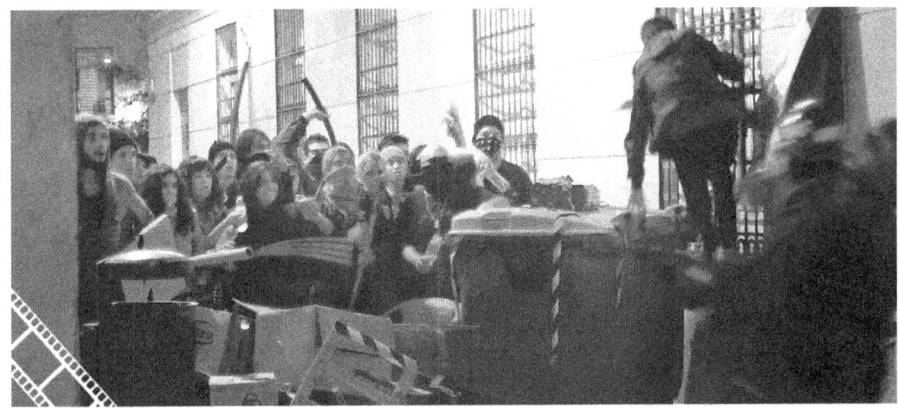

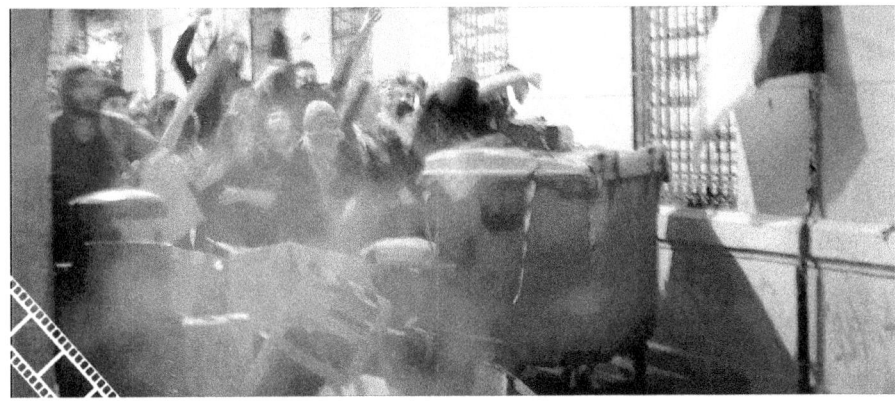

Al grupo de figurantes que habíamos citado para la noche, les dijimos que trajesen ropas de ese estilo suburbano y que trajesen también, si encontraban algunos objetos de basura: cajas, botellas de plástico, palos de escoba o de cualquier cosa, etc. La mitad de la barricada se construyó con todos esos elementos como atrezo: tres cajas, dos sillas rotas, un neumático, tres o cuatro palos y un contenedor que movimos para cubrir la otra mitad de la barricada. El pasaje que comunica calle Nosquera con la plaza del Obispo quedó perfectamente cortado y a una altura vertical muy buena, entre la cintura y pecho de las personas, así se veía a todos los que estaban detrás.

Me llamó la atención que uno de los figurantes trajo bajo el brazo un antiguo reproductor de vídeo VHS roto. También colocamos el vídeo, encima del contenedor medio tumbado. Dentro del vídeo había una cinta que sobresalía y uno de los figurantes, en una toma falsa, de cachondeo cogió el reproductor y la cinta en las manos y empezó a gritar a los antidisturbios como si fuese una amenaza:
"¿¡A que os grabo en un VHS, cabrones... A que os grabo!?" Fue cómico.

Para simular "armas arrojadizas" que los figurantes que hacían de manifestantes lanzaban contra los que hacían de antidisturbios, se me ocurrió lo siguiente. No podían arrojar botellas vacías de plástico, serían demasiado lentas y se notaría que no les están atacando con ningún objeto contundente. Tampoco podían arrojar piedras ni ladrillos, sería muy peligroso. Entonces se me ocurrió repartir puñados de pinzas de la ropa de madera. Tienen un peso, una forma y un color ideal; al lanzarlas vuelan rápido sin ser peligroso, y parecen auténticas ráfagas de piedras.

· *Pequeños accidentes en calle Nosquera*

Ocurrieron dos pequeños accidentes personales, dos cosas muy leves que al final quedaron en nada. Siempre que hago un rodaje de acción voy preparado con un botiquín y si además se puede venir mi esposa, Escarlata Godiri, que es una gran enfermera, voy más tranquilo.

Estando comiendo un sándwich durante el descanso para tomar el catering (ni siquiera fue rodando), uno de los figurantes se metió un trozo de papel de aluminio en el ojo. Escarlata le echó suero fisiológico al chaval y luego se lo llevó a urgencias porque le seguía escociendo. Me llamó por teléfono a los cinco minutos diciendo que ya se le había pasado y regresaron al rodaje sin mayor problema.

El otro accidente le ocurrió al actor Ángel Rubio, interpretando a Maxime en mitad de la barricada, gritando y agitando un bate. En una de las veces, dejado llevar por la emoción del momento, él mismo se propinó un golpe en los testículos con el bate. Encorvado y sujetándose sus partes, lo vimos retirarse un par de minutos. Se recuperó rápidamente e incluso hizo muchas bromas sobre el asunto. Ángel Rubio es tan buen actor que incluso se pudo aprovechar la toma, ya que disimuló el dolor el tiempo justo.

· *Callejones y agua que cae de una ventana*

El tercer día de manifestantes tuvo lugar mucho después, en agosto de 2012; con un equipo técnico diferente. Había pasado justo un año desde que empezamos a rodar. En aquel agosto de 2012 ya habíamos rodado las partes de la ópera y el ahogamiento en la bañera. Pero aún quedaban por rodar unos planos más con Ángel Rubio y Max Millán que antes no dio tiempo a hacerlos. Yo pensaba que Ángel Rubio ya no iba a estar disponible. Después de hablar con Ángel y explicarle el porqué del parón del rodaje, él accedió amablemente a colaborar de nuevo.

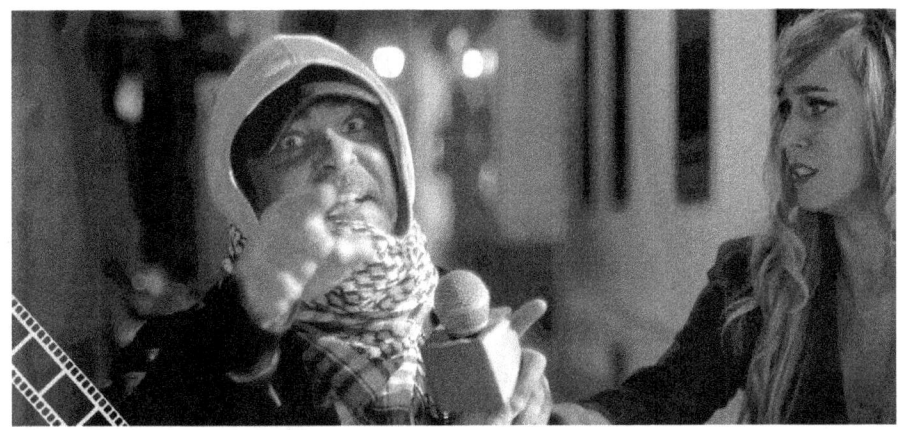

Aquella noche, la labor de producción fue a cargo de Paula Khan y Manuel Serra. Entre los tres, filmamos esos siete planos sueltos, que eran sencillos técnicamente pero que había que asegurarse muy bien de que no saliera gente de fondo o coches o locales abiertos. Por eso fuimos a filmar un día entre semana y a altas horas de la noche. Comenzamos en una calle que está justo al lado de la plaza de la Marina. Allí grabamos a varios figurantes que hacen de manifestantes que pasan gritando por un callejón hasta salir a otra calle. La reportera (Encarni Migueles) habla a la cámara y consigue hablar con el inspector Mignon (Eduardo Duro), que está vestido de negro con chaleco antibalas y una gorra de unidad especial. El plano de la conversación entre Eduardo y Encarni era el más importante de la jornada, ya que ese plano aparece casi al final de la película, mientras otros personajes ven la televisión. La conversación que penas dura medio minuto, revela un giro de los acontecimientos que se retransmite en televisión y que afectará a otros personajes.

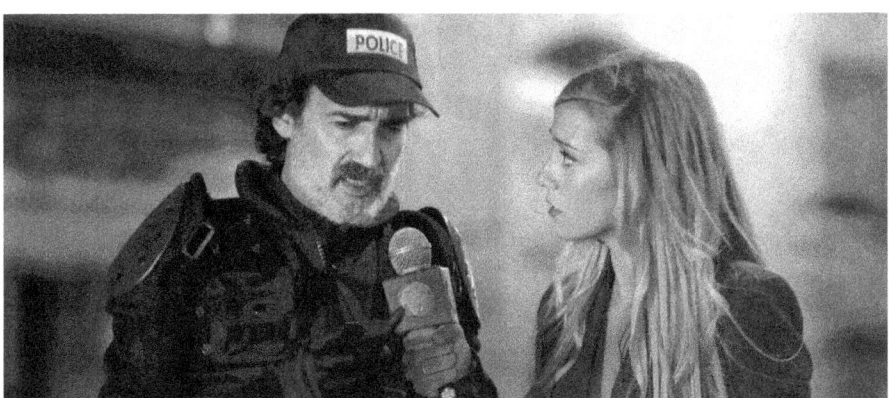

También rodamos una pequeña conversación entre Encarni y el actor Antonio Coca, que hacía de policía antidisturbios. Esta conversación no pude ponerla completa en el montaje por más que lo intenté y por más vueltas que le di ya que hubo problemas de sonido. Me di cuenta en la mesa de montaje y fue una pena porque ambos, Encarni y Antonio daban muy bien en cámara.

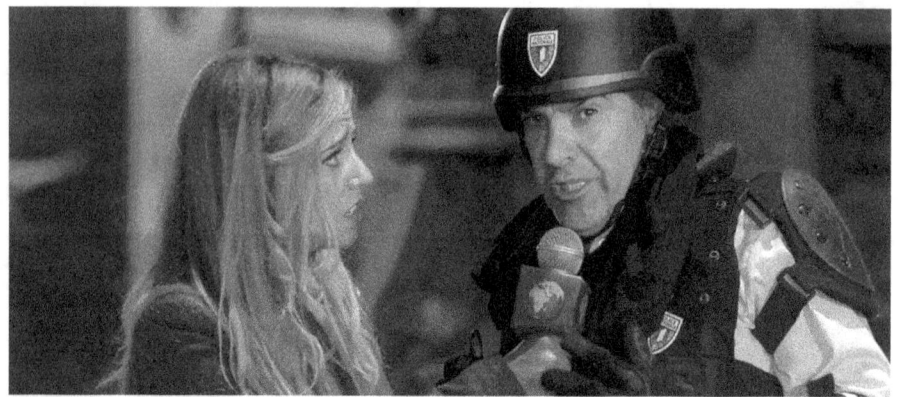

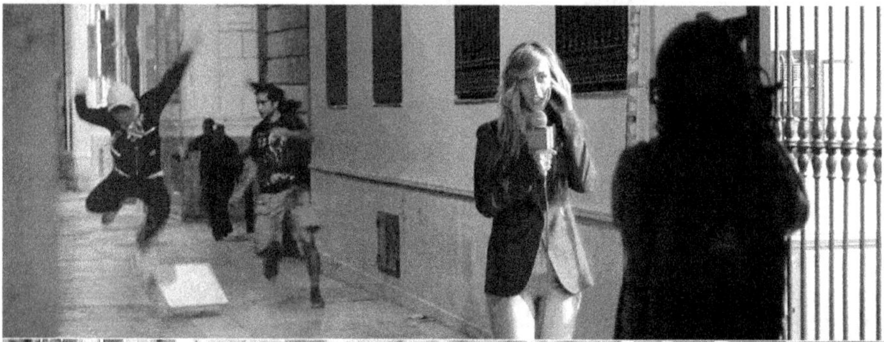

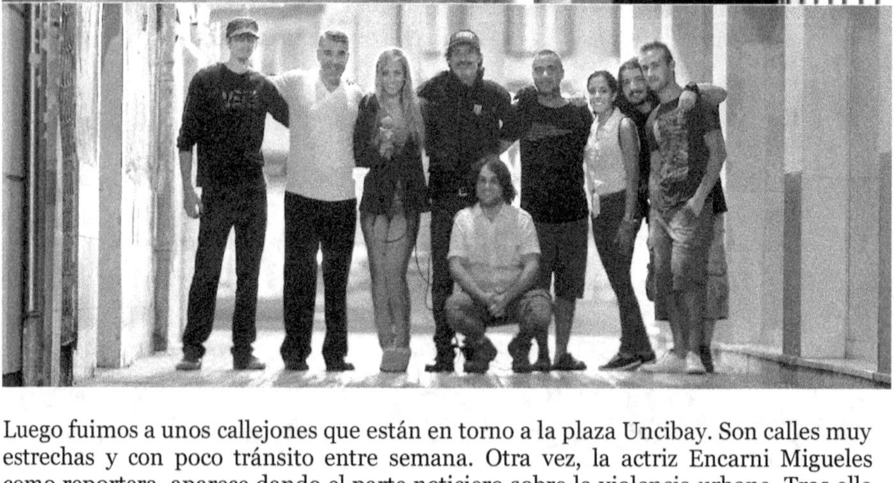

Luego fuimos a unos callejones que están en torno a la plaza Uncibay. Son calles muy estrechas y con poco tránsito entre semana. Otra vez, la actriz Encarni Migueles como reportera, aparece dando el parte noticiero sobre la violencia urbana. Tras ella un pequeño grupo de manifestantes (Millán, Ángel Rubio, Ángel Madrid, Mike García, entre otros). Vemos así, en apenas unos segundos, la reivindicación de los manifestantes y parte del conflicto que se vive en la calle.

```
REPORTERA NICOLE (a televisión)
La policía ha intentado controlar los conflictos en los barrios más
agresivos, sin embargo, se espera un aumento de la violencia…

MAXIME (le quita el micrófono)
Que se entere todo el mundo, ¡no hemos empezado nosotros! Han matado a
dos compañeros, ¡pretenden criminalizarnos!
```

Tras las súbitas declaraciones a cámara, el grupo sigue corriendo y más adelante en otra de esas calles, rodamos un plano en el que Alain y Maxime se agachan rápidamente para que no los vean. Una vez que no hay peligro, vuelven a salir corriendo. Es un plano rápido pero muy bonito. En la misma secuencia se ve a la gente corriendo, los protagonistas que se agachan, intercambian miradas y vuelven a marcharse.

Y aquí viene otra anécdota graciosa. Encendimos un pequeño foco que emitía una luz parpadeante anaranjada que simulaba muy bien el efecto de fuego; lo pusimos escondido entre cartones, para que los actores tuviesen una luz de referencia.

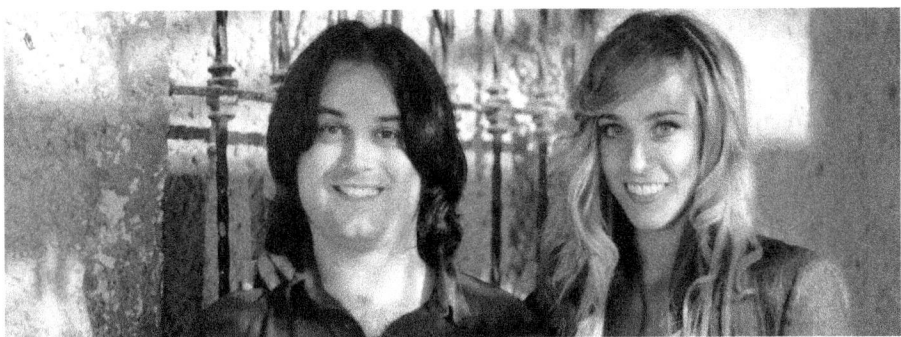

Y además, encendimos dos cerillas que colocamos delante del objetivo, dando la sensación de ser un gran fuego próximo. Estos puntos de luz me servirían para aumentar los efectos generados por ordenador de las llamas del fuego. Llamas que quedaron luego muy bien, con mucho realismo, desenfocadas y dando la sensación que están entre la cámara y los actores.

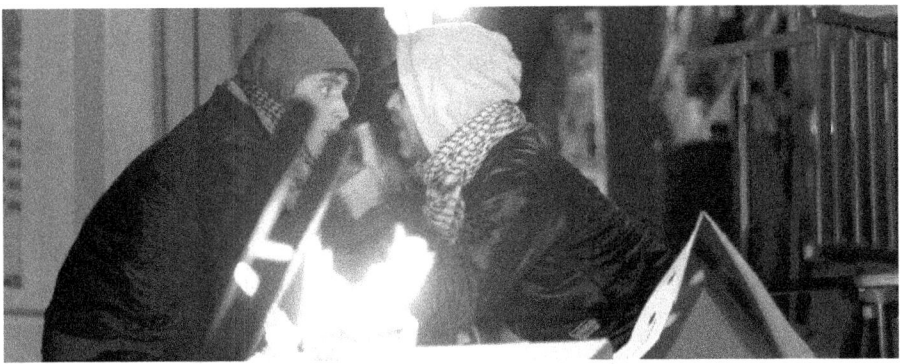

La anécdota es la siguiente: como era tarde, serían las dos o las tres de la madrugada, no queríamos hacer mucho ruido en la zona. Las calles estaban silenciosas y la gente estaba durmiendo. Se les oía incluso roncar. Así que nosotros hablábamos muy bajito, entre susurros: *"Ven aquí, ponte allí, más atrás, pasad por aquí..."* Supongo que cuando una vecina al asomarse vio a los figurantes agachados entre cartones, cuchicheando, vestidos con pasamontañas y palos... pensó que algo malo maquinábamos.

La señora nos gritó desde alguna ventana: *"Oye, ¿qué estáis haciendo?"*. Faltaban tres segundos para terminar e irnos, y Millán y Rubio entre ellos, dijeron un poco más alto: *"Hay que agacharse aquí, donde el fuego"* (queriendo decir realmente, donde el foco de luz que simulaba el fuego). Acto seguido, se oyó a la señora en la lejanía: *"¡Manolo, que están metiendo fuego!"*. Y poco después cayó un chaparrón sobre nosotros. La mujer había tirado un cubo de agua porque creía que estábamos incendiando algo. Afortunadamente el charco de agua quedó en medio, entre los actores y yo. Apenas nos mojamos los pies un poco. Tuvimos que parar la grabación porque súbitamente empezamos a reírnos de la situación tan absurda. Nos fuimos a carcajada limpia de ese barrio; luego revisé los planos y comprobé que estaba perfecto.

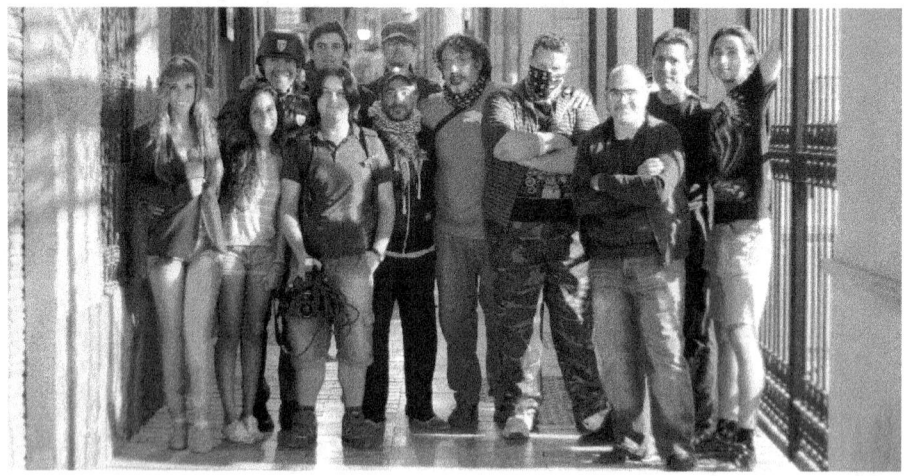

· *Intento de ampliar escenas en Benalmádena*

La última jornada de manifestaciones se hizo dos meses después y si os soy sincero, no fueron del todo de mi gusto porque no era lo que yo buscaba, pero... hubo cosas interesantes. Solicité permiso para la calle Andrómeda. La policía nos cortó el tráfico cuatro horas.

Aunque he dicho que esas secuencias no fueron del todo de mi gusto, tengo que decir que salieron algunos planos geniales, planos sueltos, que pude usarlos para el metraje. Me refiero a los de la barricada con contenedor y neumáticos ardiendo. El humo y el fuego son efectos digitales colocados por David Rey, asistente de producción. Nada más que por esos tres planos de barricada mereció la pena rodar unas cuantas horas por la tarde en Benalmádena.

Sin embargo, tuve que descartar algunos planos con los actores Ángel Rubio y Fran Campos, a causa de que en Benalmádena no había suficientes figurantes y no conseguí un contexto suficiente realista, ya que nuestro presupuesto estaba exangüe. Los disturbios se supone que ocurren en París; ni me planteé rodarlos en Francia, sino aquí en Málaga porque aquí era mucho más sencillo contar con figurantes y todos los permisos para cortar calles o plazas. La mayoría de planos quedaron realistas, bien cohesionados, pero otros no, por eso elegí lo más veraz para el montaje.

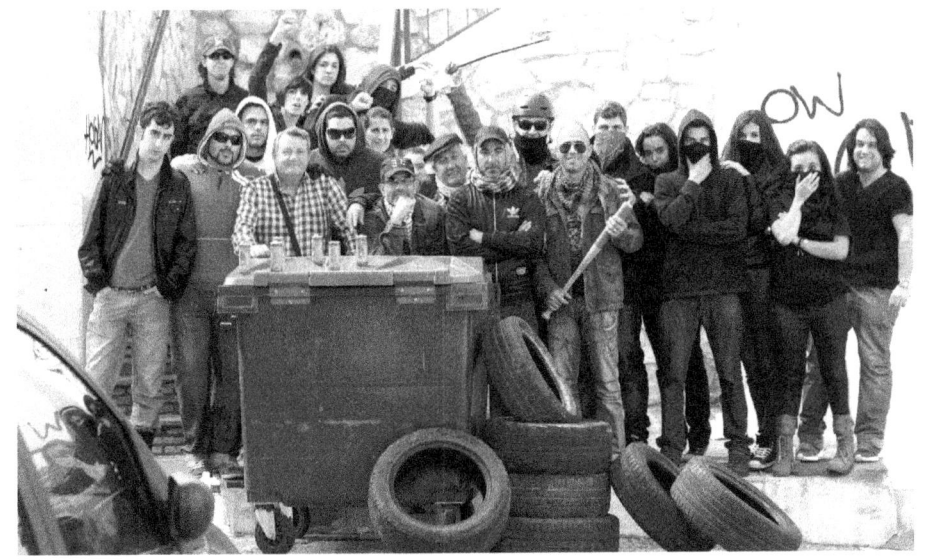

Capítulo 25
Escenarios de cafeterías

Hay tres escenas que se desarrollan en establecimientos estilo bares. Bares de tipo francés, claro.

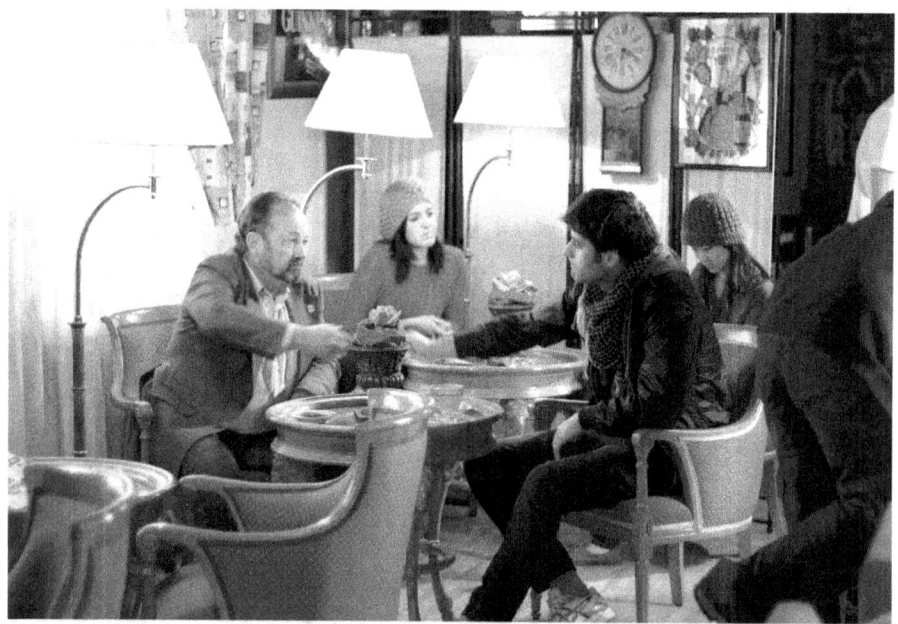

· *Café de la Paix*

La terraza donde hablan Pierre (Paco Roma), Alain (Max Millán) y la directora de escena Blanche (Mónica Aragón) corresponde a la cafetería *La Tahona* en Fuengirola. Era perfecto porque estaba cerca del *Estudio Blanco* y del domicilio de varios actores. Esta cafetería cuenta con unas sillas de metal en una terraza que podría ser perfectamente de cualquier zona elegante de París. Como rodamos de noche, usamos aperturas de diafragma muy luminosas, lo que hace desenfocar mucho los fondos. Como es el centro de Fuengirola, lo que se ven son puntos luminosos de coches y semáforos desenfocados. Queda precioso y encaja perfectamente con el plano general que va justo delante, el de la *Place de l'Opéra* y una importante *Café de la Paix* que se supone que es donde están sentados.

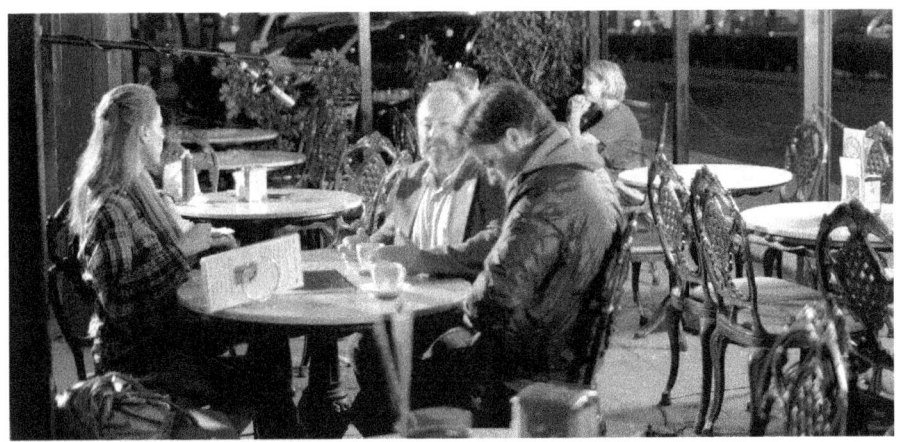

Resulta que tuvimos un problema imprevisto. Justo ese día se levantó un viento tremendo y las voces de los actores se grabaron una ligera vibración de fondo. Después de limpiar el audio con el ordenador, quedaba un poco "enlatado", se notaba que no era natural. Sopesé la idea de doblar el diálogo con los propios actores, cuando se pudiese, quizá en Madrid. Pero entonces se me ocurrió una solución muy interesante. Fue una idea que me gustó tanto que para mí, quedó mejor que incluso la idea original. Aproveché los elementos presentes en escena para realizar un cambio estético-narrativo, en vez de hacer una secuencia lineal normal en la que los personajes se reúnen en la cafetería para hablar, lo que hice fue convertir esta escena en un recuerdo del detective Pierre, en un *flash-back*.

Quedé con Paco Roma para filmar unos planos extras: lo grabé manipulando una vieja grabadora de cintas y oyéndola mientras tomaba notas. Una grabadora de cintas era perfecta ya que el personaje de Pierre es alguien que aún no está modernizado con la tecnología y al mismo tiempo me daba juego para "rebobinar" el audio y la imagen con un bonito efecto especial. Entonces es cuando aparece la escena de la conversación en la cafetería como *flashback* de la noche anterior.

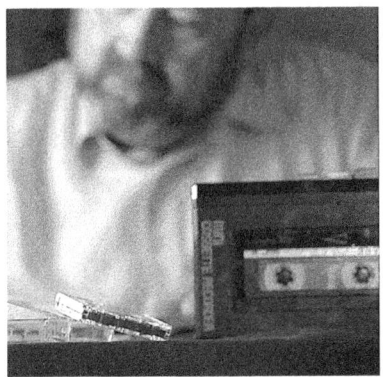
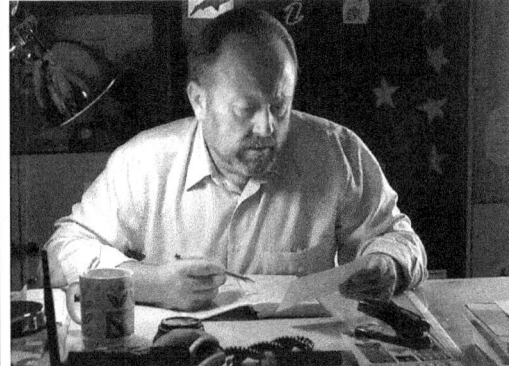

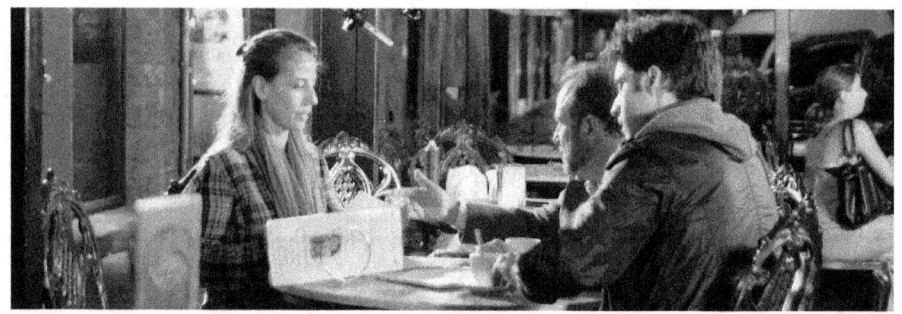

Esta nueva idea me permitió acortar un poco la escena, que era demasiado larga, pero no la corté en edición sino acelerando la imagen a trozos; parece que es Pierre quien acelera la vieja grabadora de casete. Sencillamente acelera la cinta de las partes que no le interesan y se detiene a oír los trozos más relevantes. El resultado me encanta, muchísimo más dinámico, rápido y original que la idea primigenia que había antes. Incluso da tiempo a combinar con planos de Pierre oyendo la cinta y haciendo anotaciones en un plano de la ciudad, en los mismos sitios que se hablan en la conversación.

El sonido, por lo tanto, luce ahora un filtro estilo grabación de casete que quedaba totalmente justificado. Considero, por lo tanto, un gran ejemplo de convertir un problema en una bonita oportunidad para hacer algo mejor. Cosa de la que ya éramos expertos en este film.

· *Café Le Cépage*

Es la cafetería de Louis (Fernando De Mora), el mejor amigo de Pierre (Paco Roma). Es un lugar que frecuenta mucho. De hecho, es donde se produce la primera aparición de Pierre. Además, también es donde se presenta el nudo de la película. Por ello, resulta una localización muy importante y debía elegirse con esmero.

Hay dos cafeterías *Le Cépage* en París. Una está en *Rue Convention* (al oeste) y la otra en *Rue Caulaincourt* (muy al norte). La que nosotros filmamos es la que está al norte, barrio más bien obrero, calles de establecimientos parisinos que no son turísticos. Era el barrio más adecuado para estos personajes.

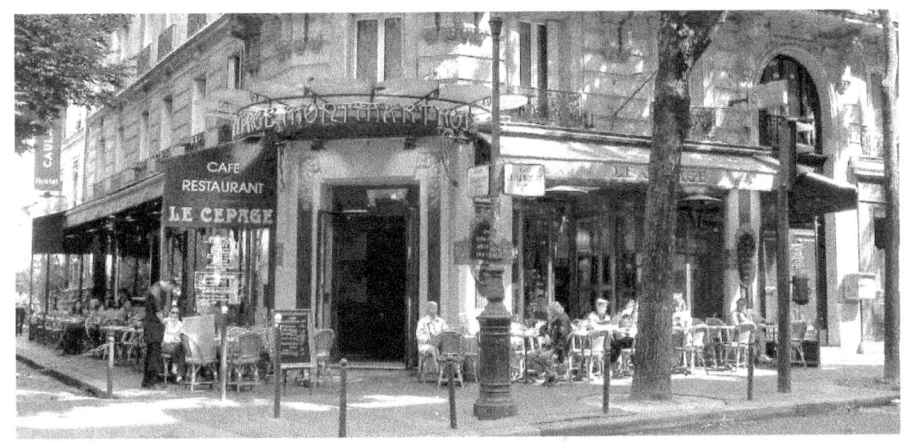

La cafetería *Le Cépage* tiene una fachada antigua, podría ser incluso de los años cuarenta, un estilo muy auténtico parisino. Es justo la fachada que estaba buscando para situar a ambos personajes, ya que resalta los valores tradicionales franceses de *liberté, égalité y fraternité*.

Normalmente, no me gusta iniciar una secuencia con el clásico plano general estático, me parece poco interesante y prefiero optar por fórmulas más originales. Sin embargo, para rodar la escena de presentación de Pierre, le pegaba esta simplificación visual: rápidamente vemos el *Pont Neuf*, después un plano de un acordeonista callejero, a continuación, la fachada de la cafetería *Le Cépage* y, por último, la cara de Pierre leyendo el periódico.

El resultado se resume en esos tres planos de dos segundos cada uno y el espectador puede entender el ambiente de barrio obrero en esta breve sucesión de imágenes. Es una fórmula muy idónea para este tipo de presentaciones de escena, pese a lo estático de los planos.

Además, el día que rodamos esa fachada en París, encontramos justo al lado de la cafetería una moto blanca aparcado, una *Vespa* clásica de los noventa. Paco Roma me comentó: "*Mira, podría ser incluso la moto aparcada del personaje de Louis*".

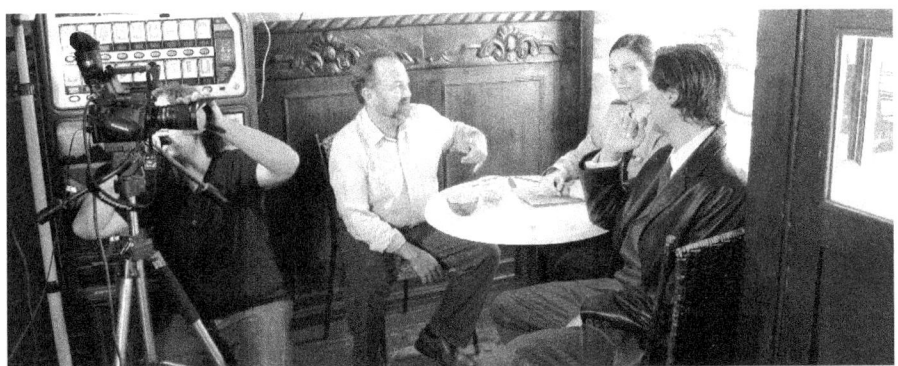

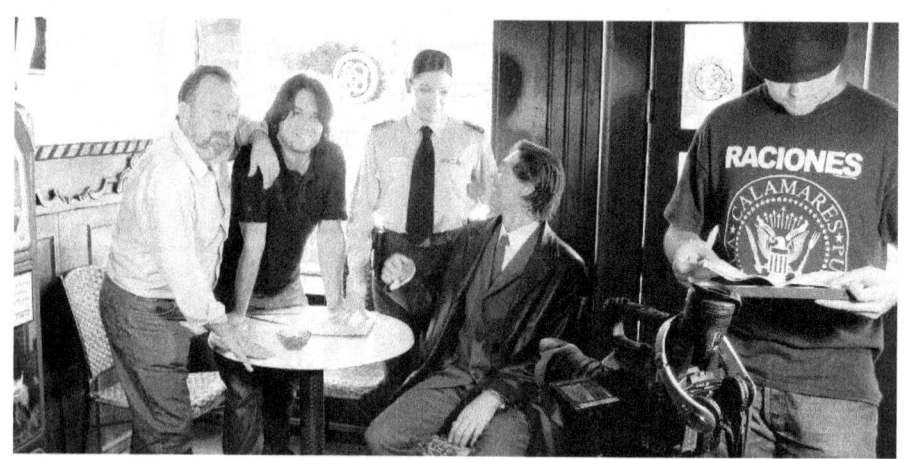

El interior ya se había rodado en Málaga, en París íbamos con el listado de planos concretos y casi todos exteriores, para aprovechar bien las jornadas de rodaje allí. De todas formas, aunque hubiese tenido tiempo, el interior original de *Le Cépage* no me gustaba, no se correspondía con la suntuosidad de la fachada.

El interior que elegí, el que yo recreé para la película, queda mejor cohesionado con aquella fachada. Se filmó en el Pub *Victoria*, en el centro del Rincón de la Victoria. Es un local con un aire de pub nórdico y cierta elegancia pasada. Paredes mitad madera y mitad papel pintado oscuro. Mesas de metal y mármol, barra enorme con tonos grisáceos.

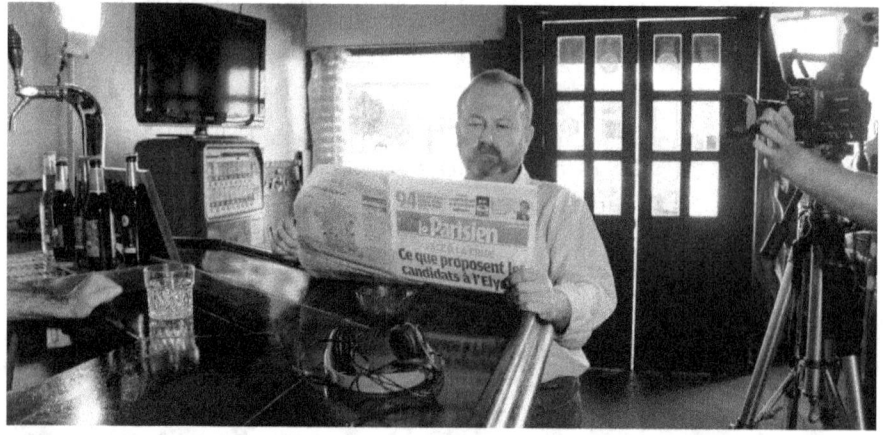

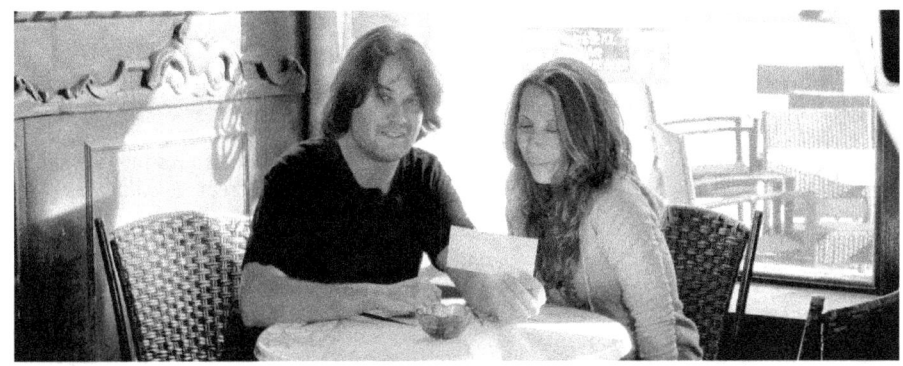

Decoramos el interior como si fuera el santuario de un hincha del equipo de fútbol *Olympique* de Lyon: un par de pegatinas en los cristales y algún póster de futbolistas con autógrafos. Me pareció interesante que Louis pudiera tener un pasado en Lyon y que conservase ese cariño nostálgico por el equipo de su juventud.

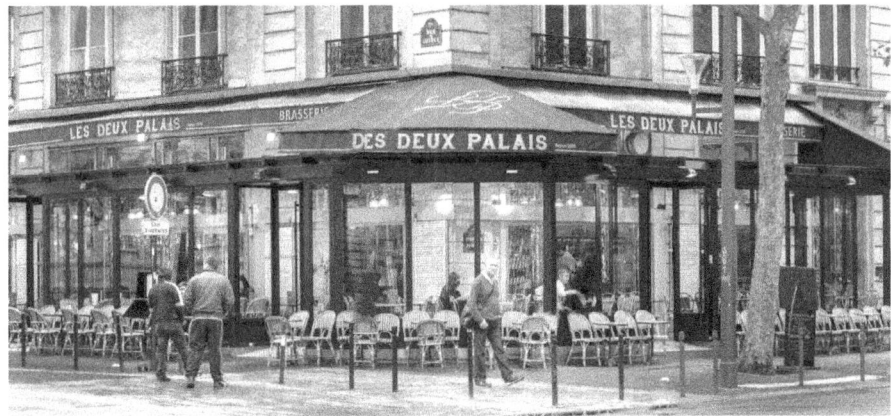

· *Brasserie Les Deux Palais*

Una *brasserie* es algo así como una cafetería-restaurante, un sitio donde sirven cafés pero sobre todo menús del día y especialidades de la casa. Este local también existe y se puede localizar en París. Además, lo elegí porque está en un sitio genial: justo en frente del *Palais de Justice* (de ahí viene su nombre, *Les Deux Palais,* los *Dos Palacios*). En la película, el joven Alain (Max Millán) sale de la *Police Judiciaire* y Pierre (Paco Roma) lo está esperando fuera. Luego lo convence para ir a charlar. Me pareció interesante que lo llevase a un lugar cercano, es decir que no lo llevase a algún punto perdido cualquiera sino a un local que estuviese próximo.

Podría haber rodado la salida de Alain en la puerta del *Palais de Justice* de París, evocando una famosa escena de la película *Trois Couleurs: Blanc,* de Kieslowski. Pero realmente, Alain no sale de del *Palais de Justice,* sino de la *Police Judiciaire,* que está muy cerca, en *Quai des Orfèvres* y pudimos rodar justo en su monumental escalinata.

Me resultó muy interesante que la *brasserie* a donde van, es la que está en medio de los dos palacios, (*brasserie Les Deux Palais*, de ahí el nombre).

El interior de la *brasserie* se rodó en el Bar "El Pirata" que está en el Puerto de la Torre, Málaga. Se trata de un local adornado con motivos marineros en una de sus salas, pero justamente en los planos que yo usé, en la barra y luego en el salón junto a la ventana, no tiene nada de marítimo, al contrario, tienen un toque de salón acogedor que me llamaba la atención. Era perfecto para recrear el interior de la *brasserie Les Deux Palais*.

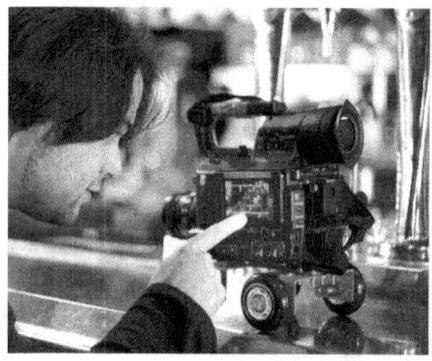
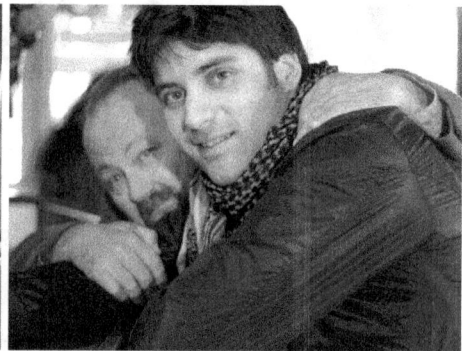
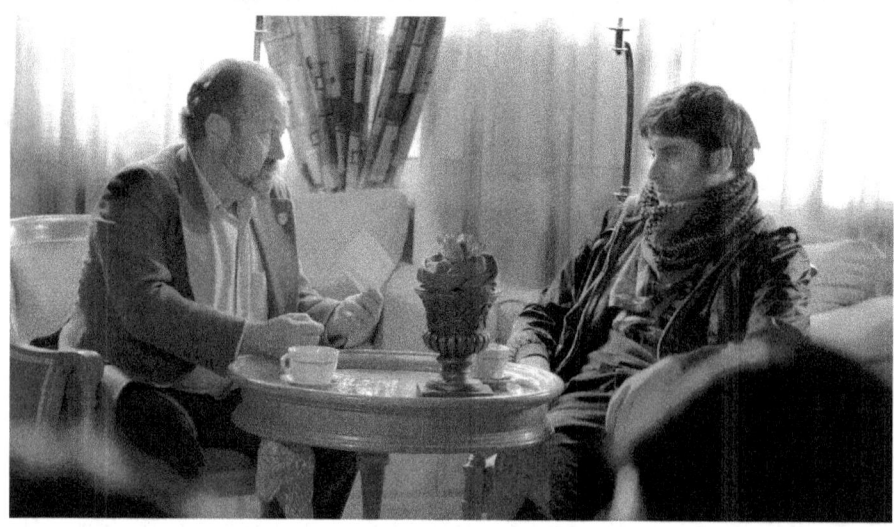

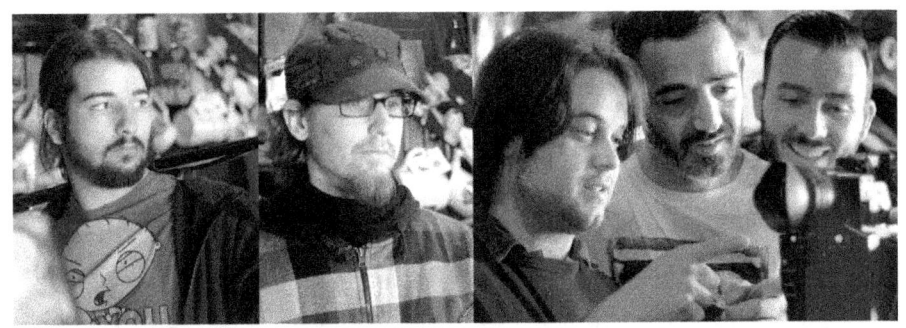
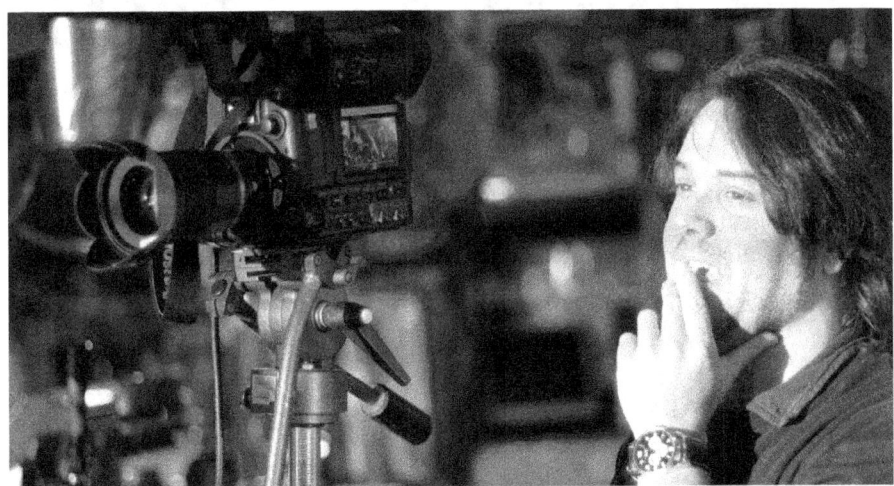
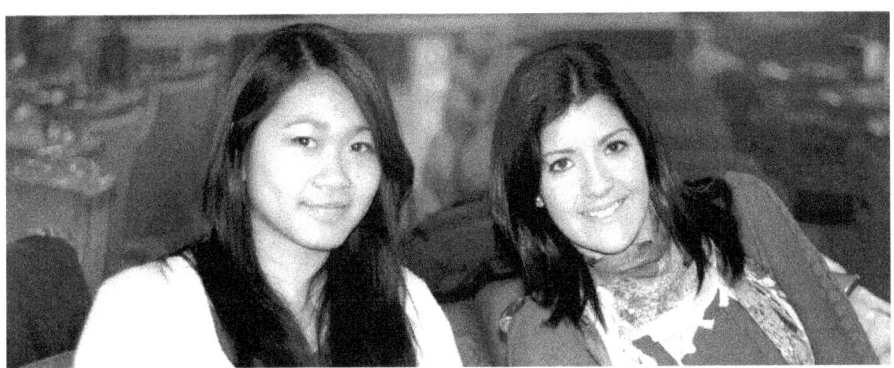

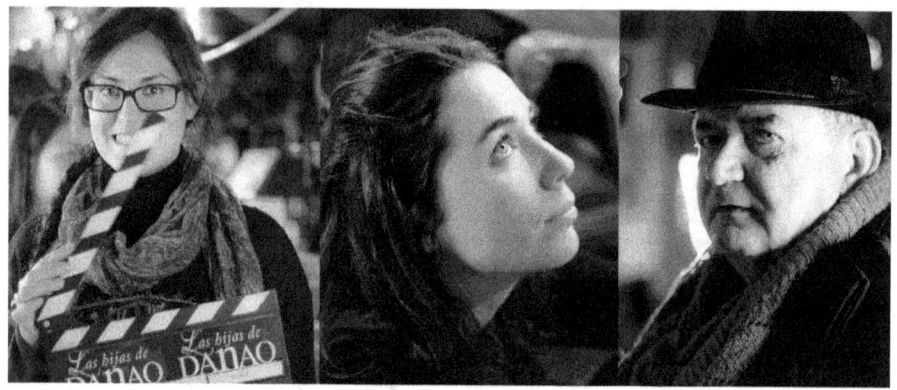

Por cierto, la fachada de la brasserie *Les Deux Palais* no la mostré en la escena de cuando están hablando dentro, porque me parecía repetitivo seguir la fórmula de mostrar la fachada primero. Sin embargo, sí que podemos verla más adelante de forma casual. Justo al final de la persecución de coches y persecución a pie, cuando Alain y Michelle (Susanna Pauw) se detienen, faltos de aire y cansados; para hablar sobre lo ocurrido. Al fondo vemos el *Palais de Justice* y en la parte de la izquierda, haciendo esquina, está la *brasserie Les Deux Palais* donde se supone que muchas escenas antes, Pierre convence a Alain de que lo ayude en la investigación.

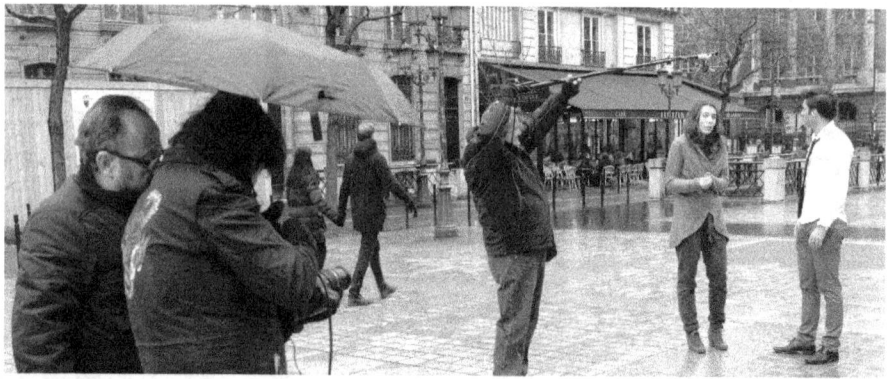

Esto tampoco es casual, quise que fuese ahí donde se viese la fachada de la *brasserie* y el *Palais de Justice*, ya que, tras una intensa persecución, han ido a parar al centro de París, justamente la *Île-de-France*. Es muy significativo que, habiendo dado con una de las claves del misterio, Alain se encuentre en las mismas calles donde conoció a Pierre al comienzo y también simbólico que justamente en esa zona, que es donde Pierre lo convenció para ser detective, Alain pierda su fe y sus ganas de seguir investigando. También me pareció bien que fuese en aquella zona donde se parasen a hablar de esos asuntos, porque ahí deciden ir a casa de Michelle, que está lo suficientemente lejos como para que se les haga de noche. No se especifica dónde vive la escultora de un modo exacto. Pero cuando fuimos a París nos alojamos en un apartamento que estaba en la calle *Clignancourt* y dije allí entre bromas: *"Aquí es donde viviría Michelle Lambert"*.

Capítulo 26
El vestuario

"LA AVENTURA PODRÁ SER LOCA, PERO EL AVENTURERO
HA DE SER CUERDO." (CHESTERTON)

El vestuario es un elemento del que siempre me he preocupado mucho, nunca lo dejo al azar, ni siquiera en mis primeros cortos. Cada prenda ayuda a describir la personalidad y las circunstancias socioeconómicas de cada personaje. Por ello, me gusta coordinarme muy bien con el departamento de caracterización y vestuario. Me gusta hacer dibujos de los personajes y bocetar su indumentaria.

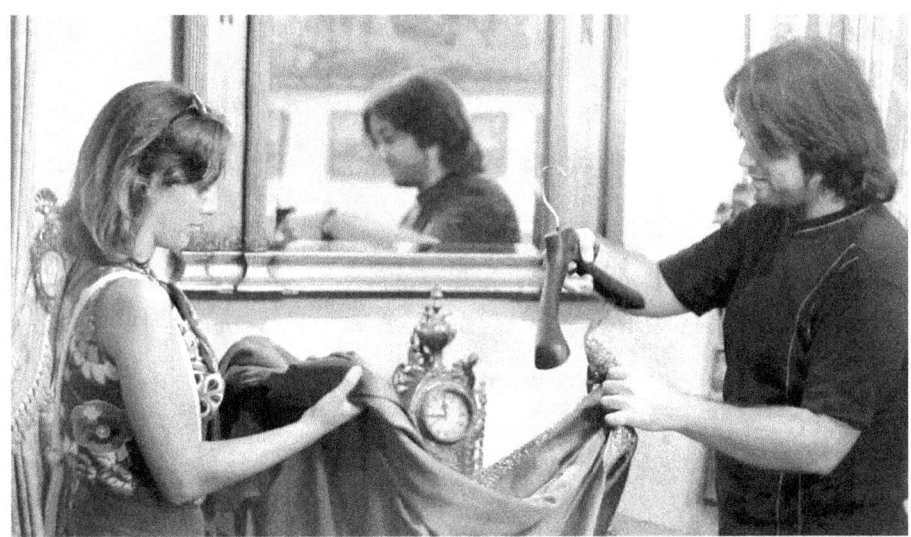

En el comienzo de esta película fue Manuela Reyes quien se ocupó de este asunto. Hizo una labor estupenda. Me coordiné con ella muy bien, y fuimos eligiendo un vestuario apropiado, tal como lo íbamos hablando en todo momento (supo captar muy bien lo que yo perseguía). Además, como experta que es en caracterización, también maquilló y peinó a los actores de acuerdo a su personaje y situación. Manuela era una mujer todoterreno que se encontró con este reto: un rodaje con muchas limitaciones y muchas dificultades. Para ello, nos apoyamos en el fondo de armario de Manuela, en el de los actores y otros miembros del equipo podían aportar, y las prendas que faltaban las conseguí en tiendas y mercadillos.

Durante la creación de *Las hijas de Danao* aprendí lo importante que es el vestuario en una producción, un conocimiento que he puesto en práctica a lo largo de mis proyectos; un conocimiento que no me quedó más remedio que adquirir por necesidad. Mi aprendizaje tuvo lugar con la llegada del segundo equipo técnico. La maquilladora y figurinista Manuela Reyes me había hablado y presentado, meses antes de su marcha, a los diseñadores de Alta Costura Montesco. Yo tomé el relevo en los acuerdos cooperativos y la selección de prendas. Decidí que tenía que ser yo quien tomara las decisiones sobre el vestuario y no otra persona porque en esas fechas no podía depender de otras personas.

Me instruí rápidamente gracias al libro *Diseño de vestuario en el cine,* de Deborah Landis. Escarlata y yo hicimos muchas visitas al atelier de Montesco durante mayo y junio de 2012. Con el asesoramiento de Carlos Aguirre y Mario Camino, los geniales creadores de Montesco, fuimos seleccionando las prendas necesarias.

Antes de esa época yo ya le había dado cierta importancia al vestuario (años, antes, mi trilogía de cortos del Muro de Berlín ya me llevó a conseguir ropas para civiles y militares de los años ochenta), pero fue justamente con *Las hijas de Danao* donde aprendí a gestionar mucho mejor el vestuario.

Sintetizando mucho, el vestuario de *Las hijas de Danao* comprende:

    1. Vestuario de gala para de alta clase social.
    2. Vestuario callejero y policíaco.
    3. Vestuario de los cantantes de ópera.

El primer tipo, el de los personajes adinerados, se consiguió gracias al vestuario de Manuela Reyes. Ella fue la que vistió a Beatriz Rico en casi todas las escenas: el traje que lleva en la recepción de gala, el que lleva en la habitación, y el que lleva cuando visita a la escultora. La gabardina y chistera fue una colaboración de Jon Valera, presidente de la Asociación Histórico-Cultural Teodoro Reding.

Manuela Reyes también vistió a más actrices, como a Cristina Fargas y Regina Roman en la escena de la gala.
El vestuario de Paco Roma era del propio actor. Como queríamos encontrar algo antiguo y gastado, Paco nos mostró ropas que tenía en un viejo arcón. Una chaqueta y un pantalón muy usado (aunque con cierta elegancia de años pasados) que habían pertenecido a un tío de Paco Roma.

Era un vestuario perfecto para el detective Pierre. Me hace gracia porque Paco, que es una persona que viste moderno y desenfadado, está muy serio y clásico con ese traje marrón. Además, la trama de la película transcurre en dos días y me gustó la idea que usase la misma ropa en esos dos días. El personaje Pierre es el arquetipo de detective solitario, medio arruinado, serio, que viene de vuelta, que vive al día, es un Humphrey Bogart, es un Rick Deckard, pero en un París del año 2005.

Para el vestuario de los gendarmes, estudié vídeos y fotografías de los diferentes uniformes de diferentes estamentos policiales franceses de 2005. El más común consistía en camisa azul, detalles blancos, pantalones negros, chaqueta negra, o chaqueta azul oscuro si es policía motorizado. Casi siempre con quepí (la gorra típica de gendarme) o, menos usual, con bonete. El quepí se sigue usando muchísimo como reglamentación normal por los gendarmes franceses, al contrario que el tricornio de la guardia civil española, que ha quedado para usos honoríficos.

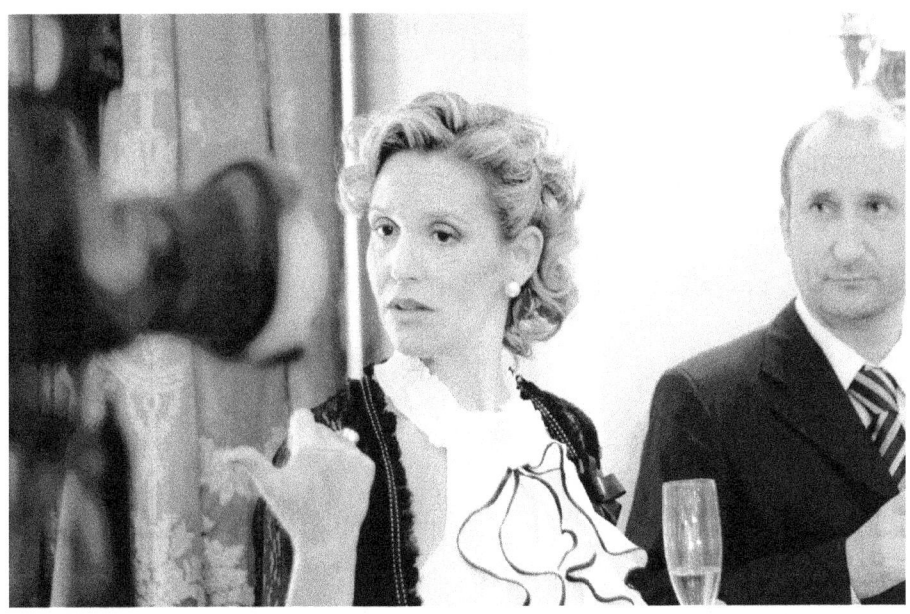

Me reuní con el asistente de producción Abraham y el actor Paco Roma por si conocían alguna tienda donde adquirir estas vestimentas. Paco contactó con un amigo que tenía un par de trajes antiguos de policía y Abraham me llevó a una tienda donde vendían material y ropa militar. Incluso yo por mi lado busqué en otra tienda especializada en ropa policial, pero no tenían nada de lo que yo buscaba. No me gustaba nada de ese vestuario.

Llegué a la conclusión que lo mejor era hacer los uniformes nosotros mismos. La actriz Sarai Trujillo me llevó a varias tiendas de ropas para trabajos especializados; allí es donde encontré los pantalones y las camisas perfectas. Luego, compré por *eBay* varios *quepís* y una treintena de *pins*, insignias oficiales y medallas auténticas de gendarme. Compré pantalones, cinturones y camisas azules con solapas abotonadas en los hombros. Sobre esas solapas, Escarlata Godiri y yo cosimos tiras de cartulina negra a los que añadimos las insignias doradas. Y sobre el pecho, colocamos algunas medallas e insignias según el personaje y el rango.

De hecho, uno de los *pins*, el de *"moniteur de tir 1993"* me gustó tanto, que se lo puse a Pierre Lerosse (Paco Roma) e incluí un par de líneas de diálogo sobre ello. Así, también se justificaba su puntería durante el tiroteo final.

Encargué pegatinas termoadhesivas, con la palabra *"Gendarmerie"*, para colocar mediante planchado en la parte izquierda de la camisa. El resultado fue muy bueno. Añadí unos cinturones oscuros y un par de pistoleras de cuero reales. Estas pistoleras las tenía desde que hice la trilogía de cortometrajes del muro de Berlín, eran auténticas de la policía alemana de la RDA. Y dentro de las pistoleras pusimos pistolas de plástico. Cuando los gendarmes desenfundan, sí las sustituimos por réplicas exactas. Y en la escena de la galería de tiro, se tratan de pistolas auténticas, disparadas por la Policía Local de Fuengirola durante sus prácticas.

Para el personaje de la teniente Giles añadimos en el cinturón un pequeño cacharro cuadrado y negro que era de Abraham (no recuerdo qué aparato era) que daba la sensación de ser un *walkie-talkie*.

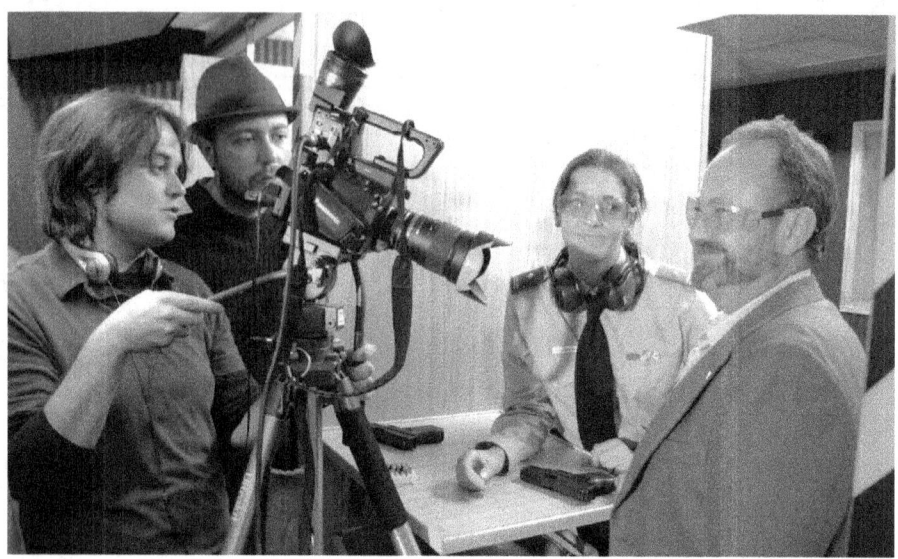

La porra que llevan los gendarmes no la conseguía por ningún sitio. Supongo que hay páginas webs o tiendas de material de este tipo, pero no tuve tiempo de buscar porque se nos echaban encima las fechas de rodaje.

La solución apareció sola y de la manera más sencilla. Un día que fui a echar gasolina, pasé cerca de unos obreros que estaban recogiendo material de las cubetas. Les pregunté que si aquello les servía y me dijeron que no, que lo iban a tirar todo. Cogí cinco barras negras, de goma reforzada y de forma cilíndrica. No sé para qué servirían realmente, pero el grosor y el tamaño eran muy similar a esas porras de gendarme. En un extremo, les pegué espirales de cinta americana negra muy fina, como si fuese el mango.

Después de otros retoques, el resultado fue increíble, parecían porras de verdad y con menor riesgo de lesionarse durante la acción del rodaje.

· *El vestuario de la ópera*

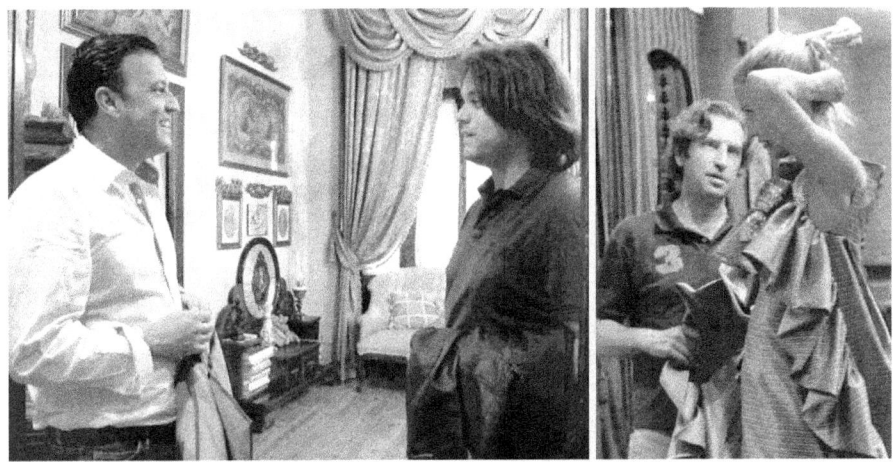

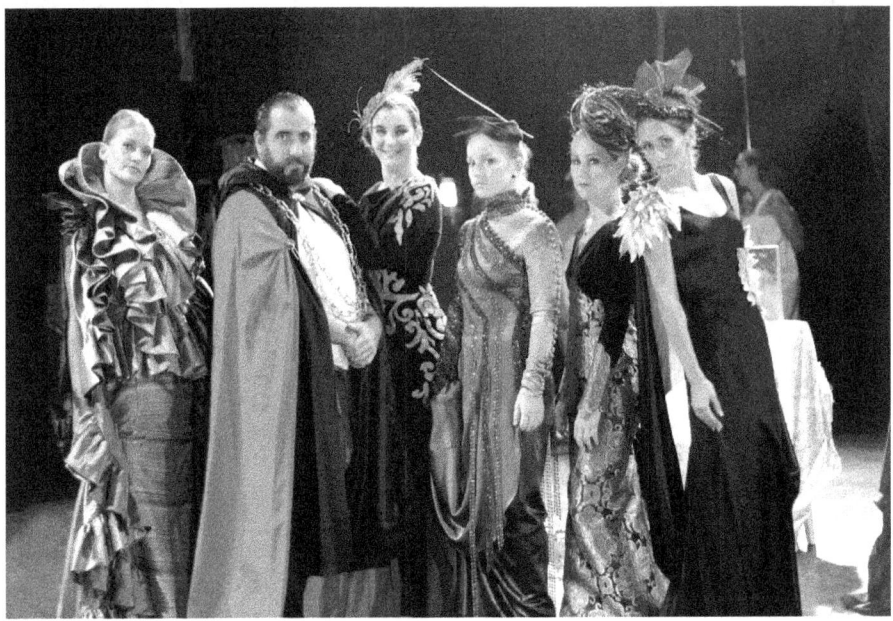

El vestuario que usamos para esas escenas fue parte del catálogo de aquel momento de Alta Costura Montesco. Una firma situada en Málaga que goza de mucho prestigio. Carlos Aguirre y Mario Camino, los empresarios que llevan el atelier Montesco nos ayudaron mucho y se mostraron encantados de participar en nuestra película.

La ayuda de Carlos y Mario fue maravillosa, gracias a ellos pudimos dar vida al vestuario femenino de ópera.

El primer contacto lo hizo, muy acertadamente, la caracterizadora Manuela Reyes. Manuela me presentó a Montesco, aunque realmente a la hora de rodar con los trajes (cuando Manuela ya no estaba activa en este proyecto) el trabajo estético de vestuario fue obra de Escarlata Godiri y mía, bajo el asesoramiento de los propios creadores de Montesco.

Durante días, fuimos eligiendo los vestidos que más nos gustaron, asignándolos a cada actriz, según escena o según perfil de los personajes. Luego hicimos reajustes con los complementos para marcar más algunos rasgos estéticos en la pantalla.

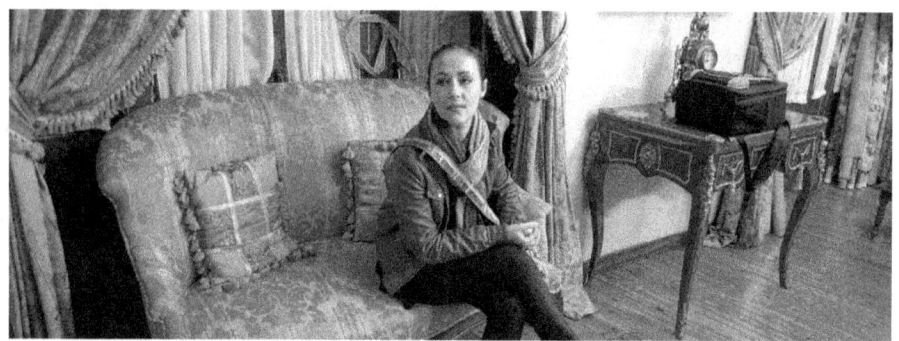

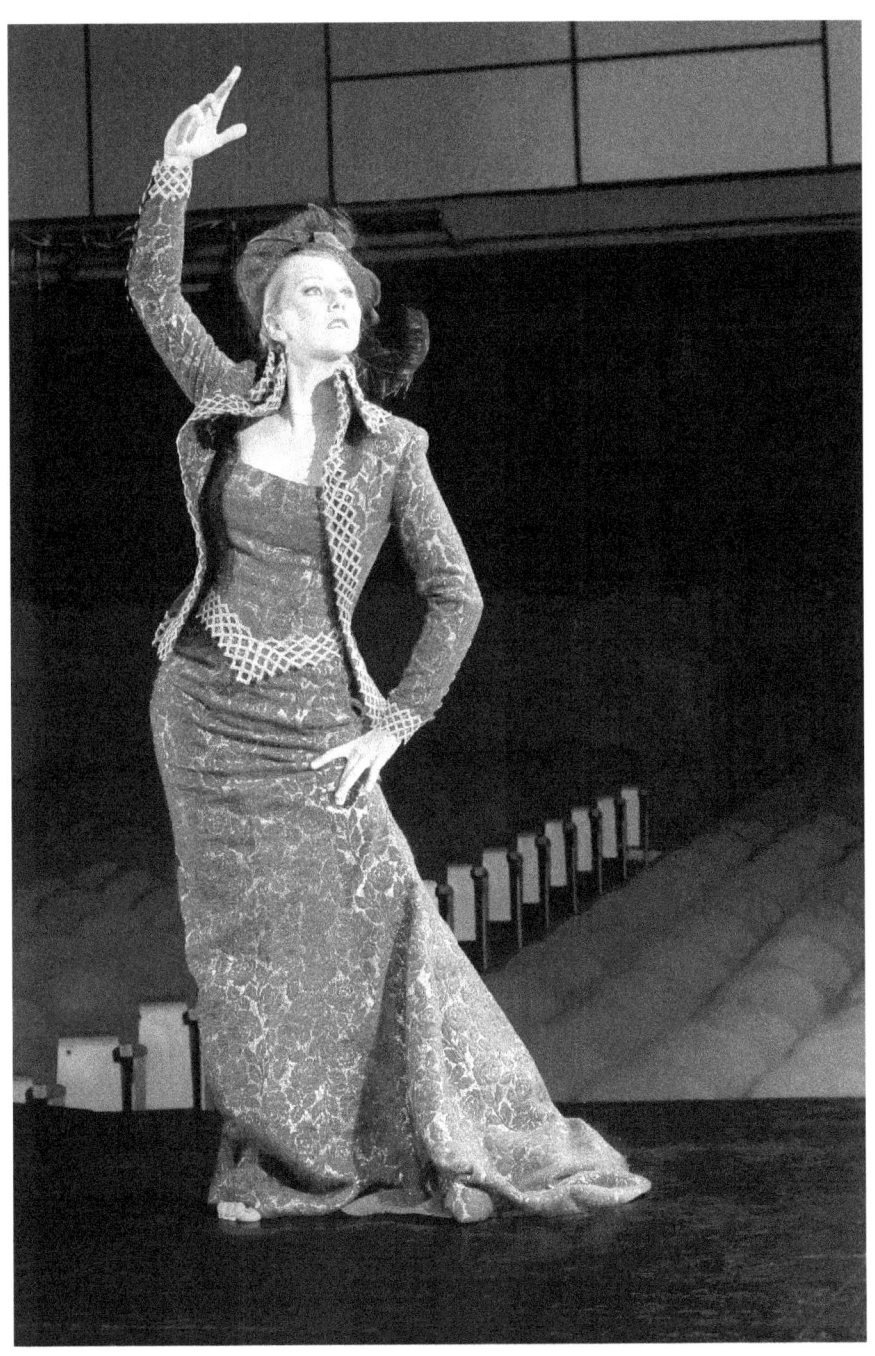

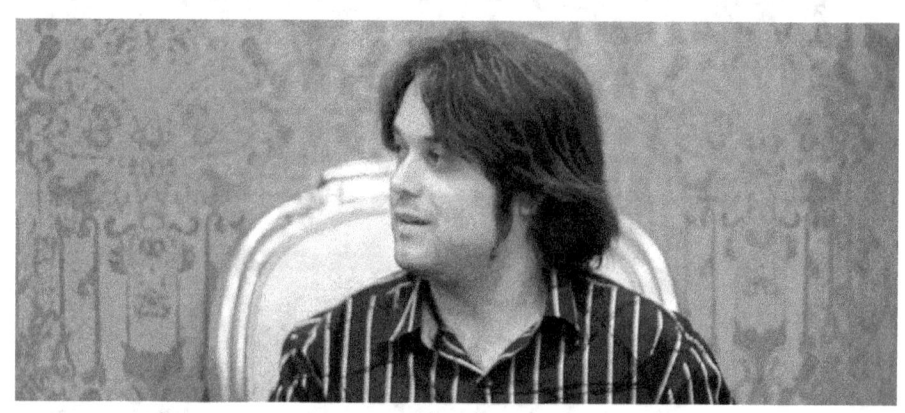
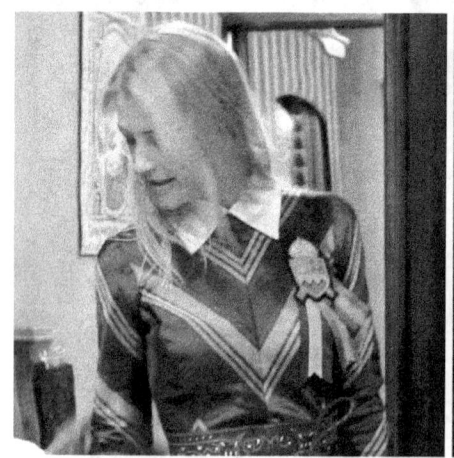
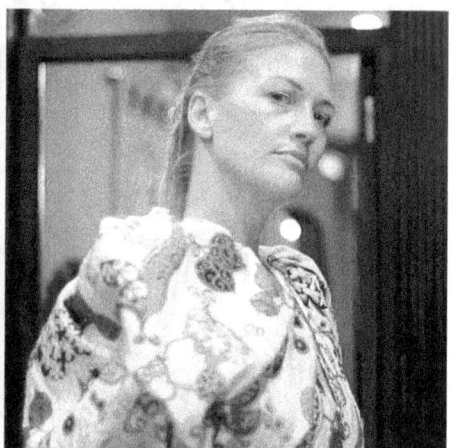
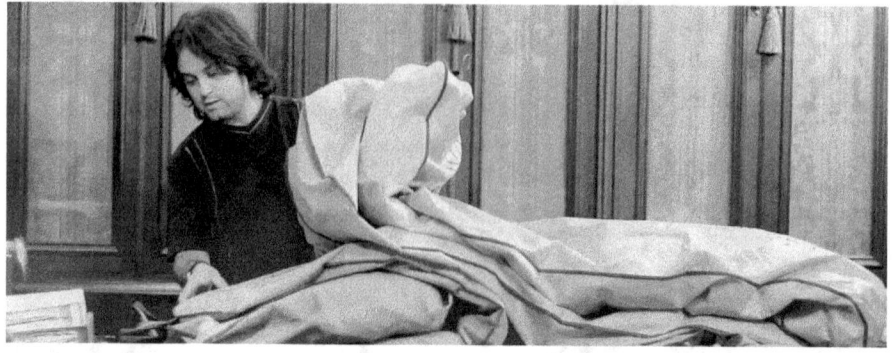

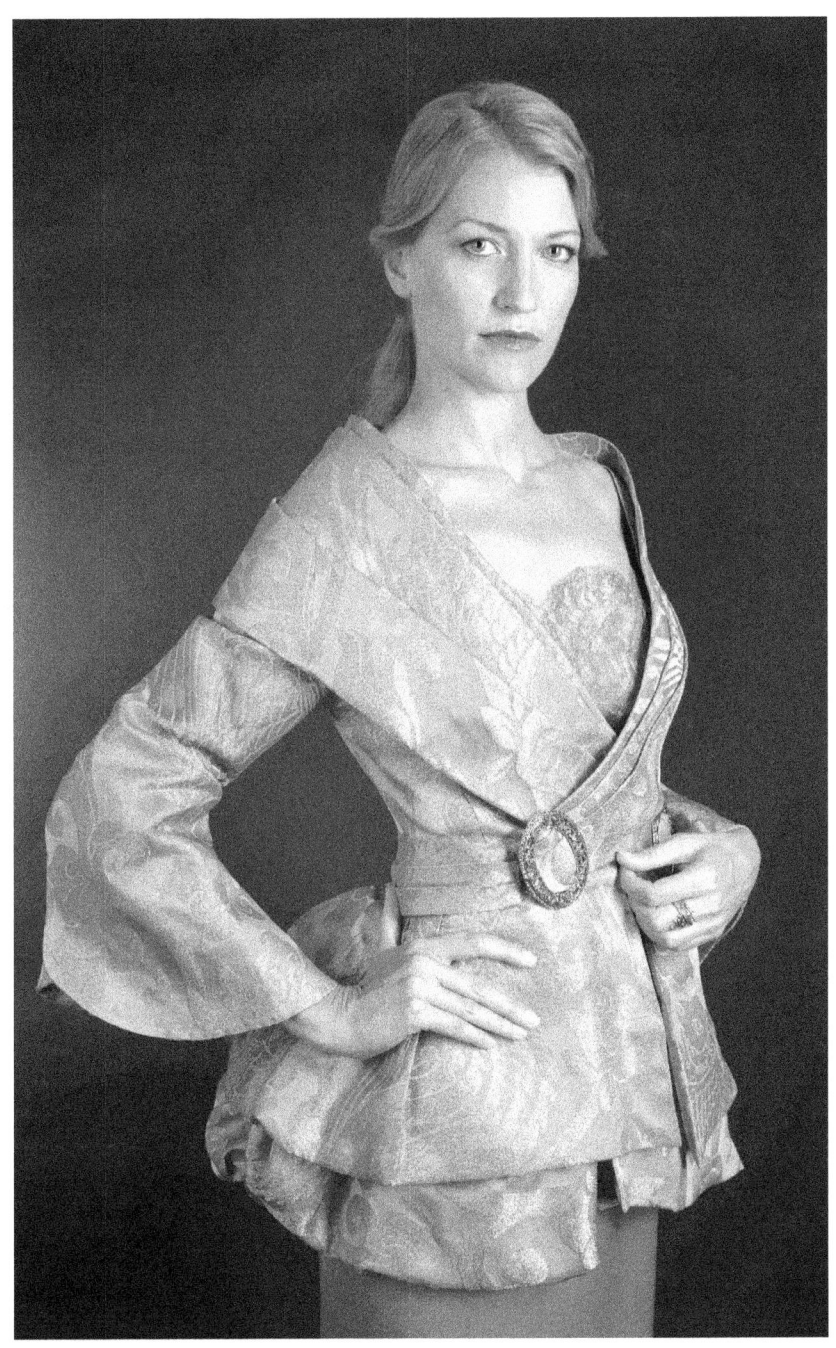

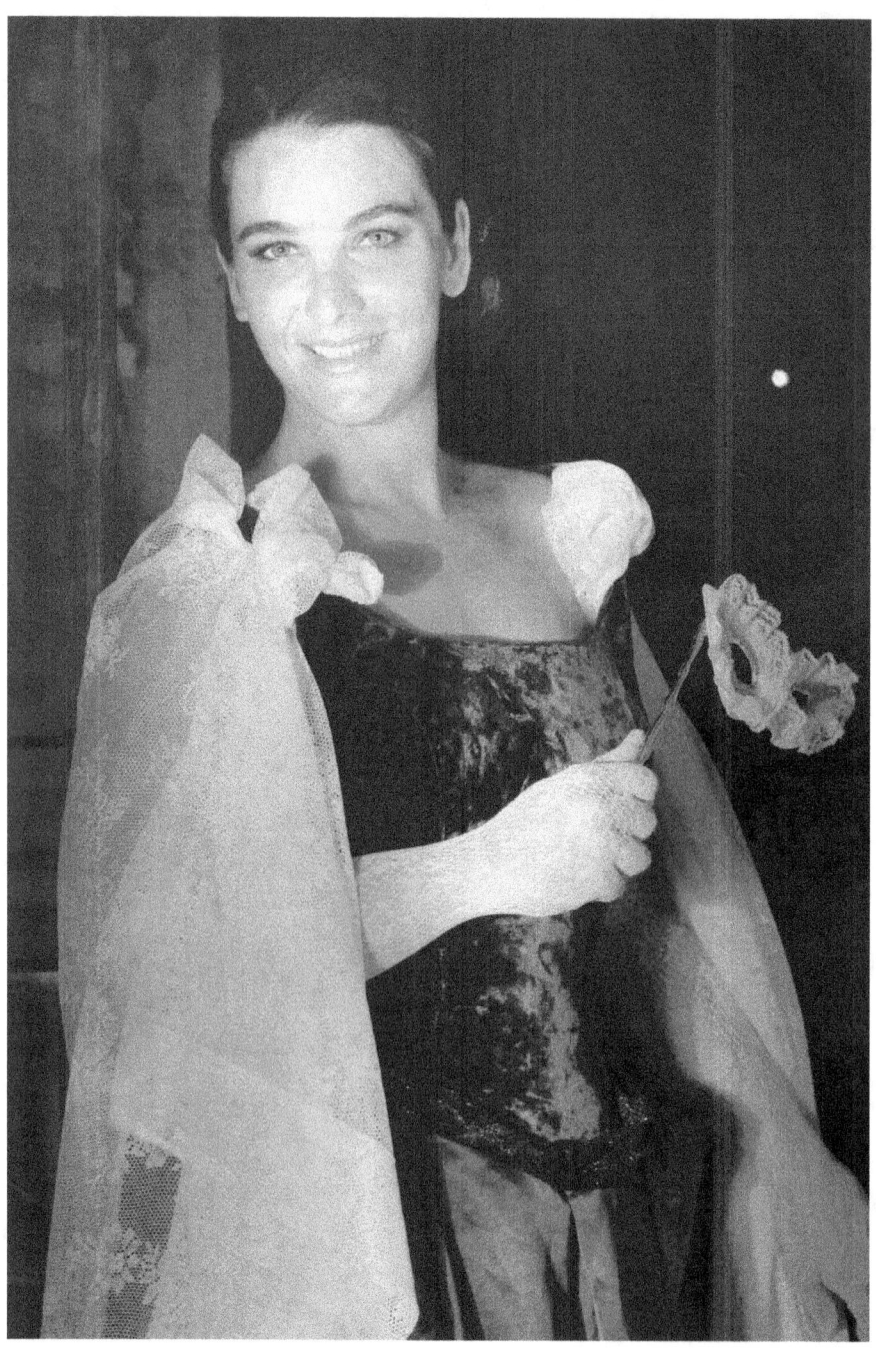

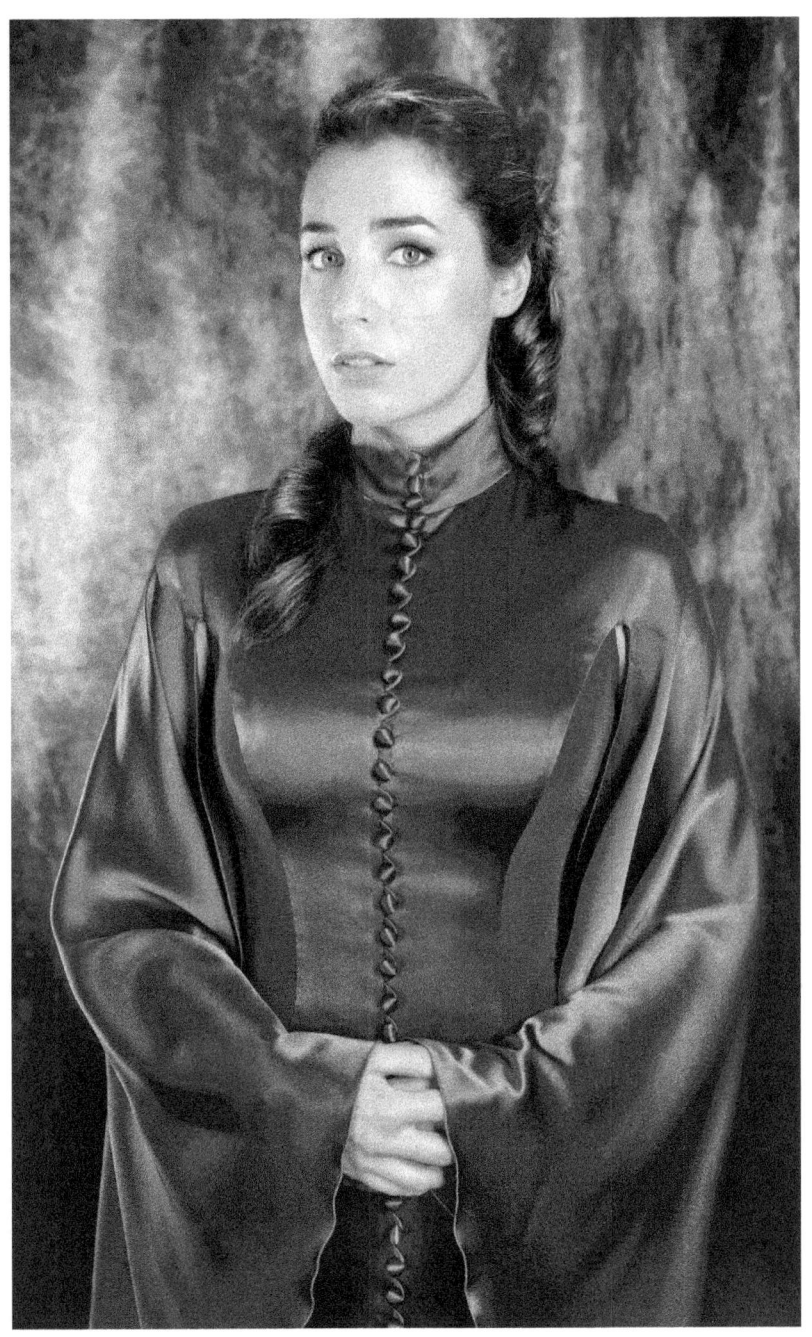

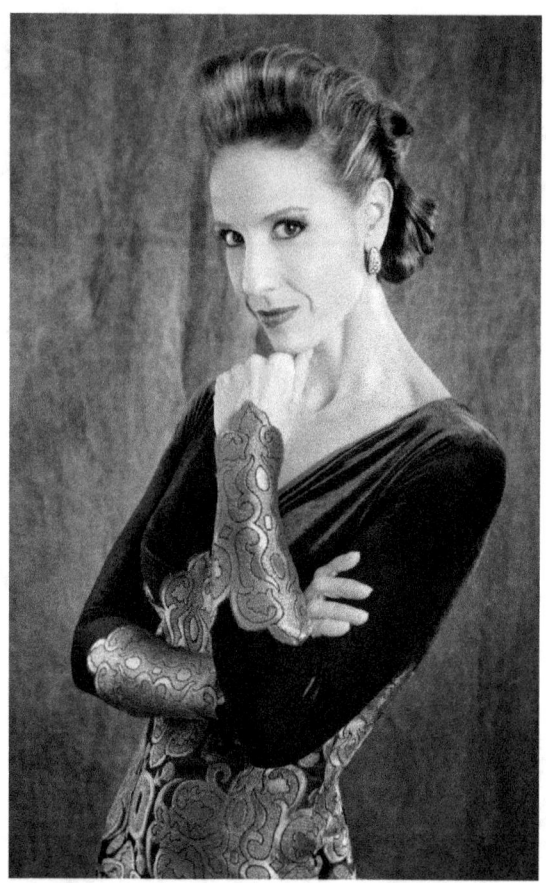

Cada vez que íbamos a Montesco, nos enseñaban una cantidad de trajes abrumadora. Vestidos increíbles de todo tipo, con multitud de diseños y todos geniales. Son vestidos que han ido confeccionando para diversas galas, también para personalidades conocidas que los han lucido en algún evento de prestigio y para algunas pasarelas. A partir de agosto, el asistente de arte Alberto Ortega se encargó de custodiar, transportar todo el vestuario de Montesco y además, supervisar la vestimenta durante el rodaje de la ópera.

Nos prestaron catorce vestidos en total: el primero que fue para una sesión de fotos para Beatriz Rico en Madrid, luego diez trajes para el rodaje de la película, para los personajes de la ópera (estos eran los más importantes) y luego tres más para otras fotos promocionales.

Elegimos los que nos parecieron más barrocos y más cercanos a la idea de una escenografía del siglo XXI para una representación de una ópera de Salieri. A mi modo de ver, el vestuario de Alta Costura Montesco era el más indicado para nuestra ópera de *Las hijas de Danao,* ya que la acción no tiene lugar en 1784 sino en 2005; es una ópera representada en nuestros tiempos que usa un vestuario inspirado en la época de Salieri, pero sin llegar a ser fiel al siglo XVIII.

Las actrices que vistieron estos trajes en el rodaje fueron: Erica Prior (Hypermnestre), Ana Ruiz (su hermana Plancippe), Bianca Kovacs (Midea) Una Petrovic (Pyrantis), Laura Benavides (Myrmidone).

Mónica Aragón (Blanche, directora de escena) y Susanna Pauw (Michelle, escultora) no eran personajes de la ópera, pero para las fotos promocionales, también decidí que se vistieran con trajes de Montesco. Esas fotos, con ese vestuario y peluquería de gala, no representan a sus personajes, pero las hicimos por estética publicitaria.

Los tocados del vestuario femenino se los pedí a la famosa diseñadora Laura Olea. Laura me recibió en su atelier y, después de seleccionar los tocados más idóneos para los personajes, me los prestó para el rodaje. Todas sus creaciones, son únicas y totalmente exclusivas.

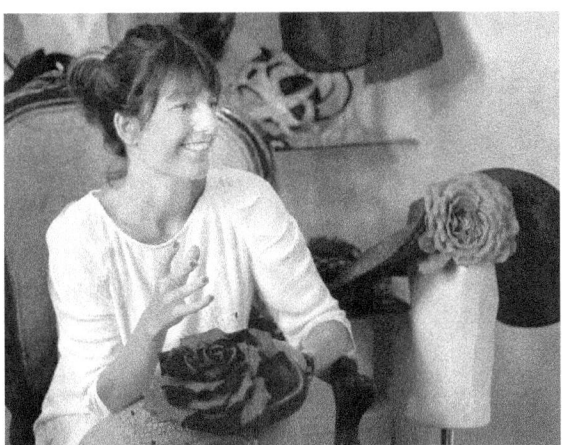 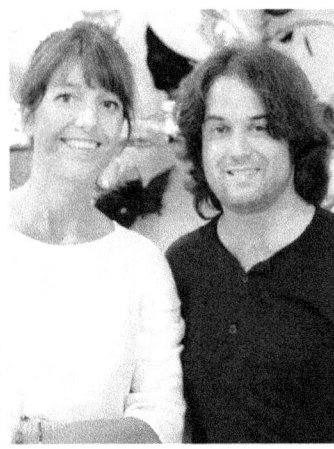

Es muy gratificante para un guionista como yo, ver el proyecto plasmado en filmación de una manera muy parecida a como lo tenía en la mente. Fue un acierto total contar con ellos y un acierto el modo de usar los trajes en las escenas de ópera.

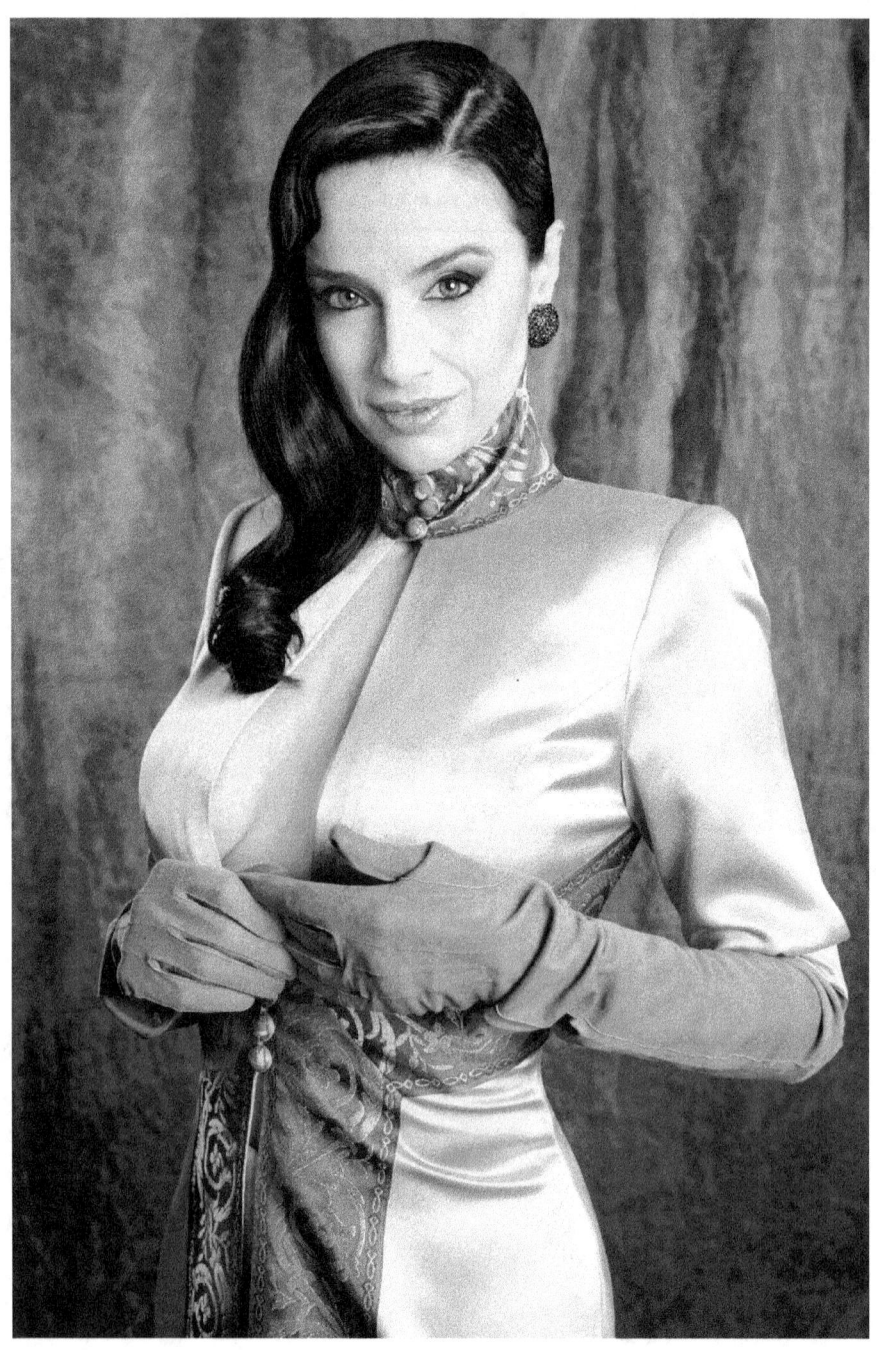

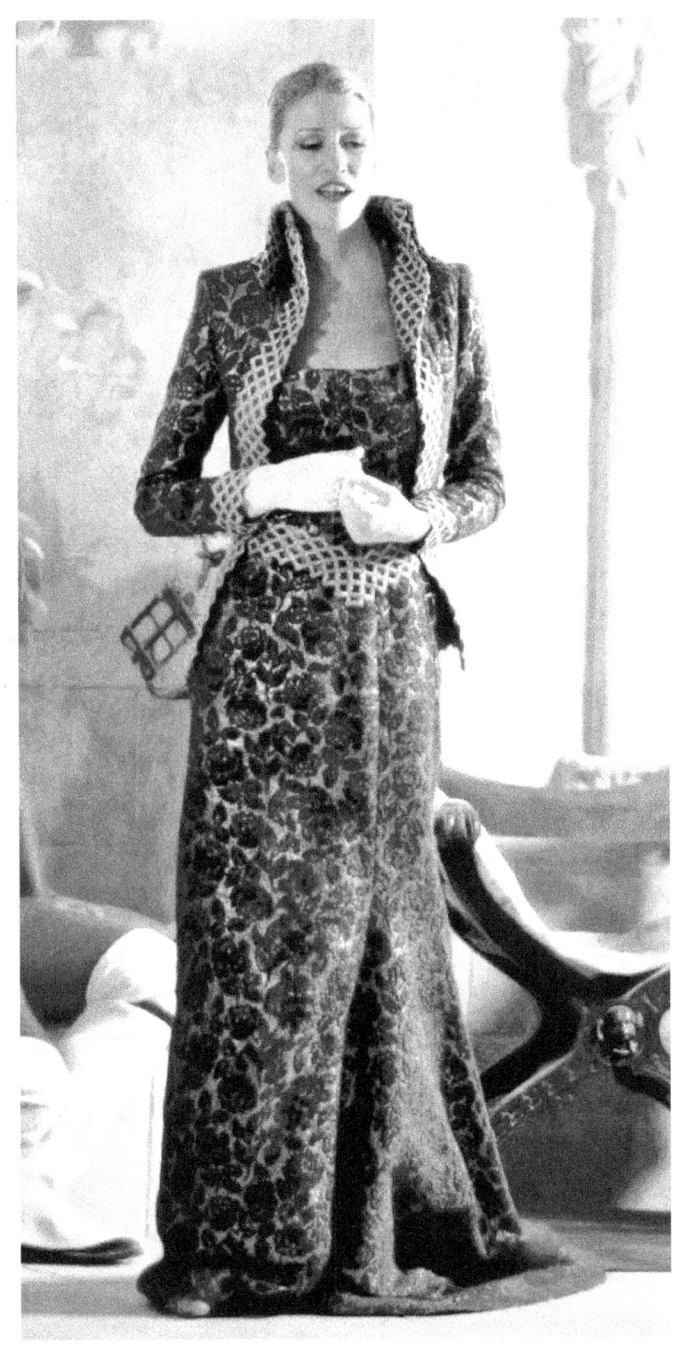

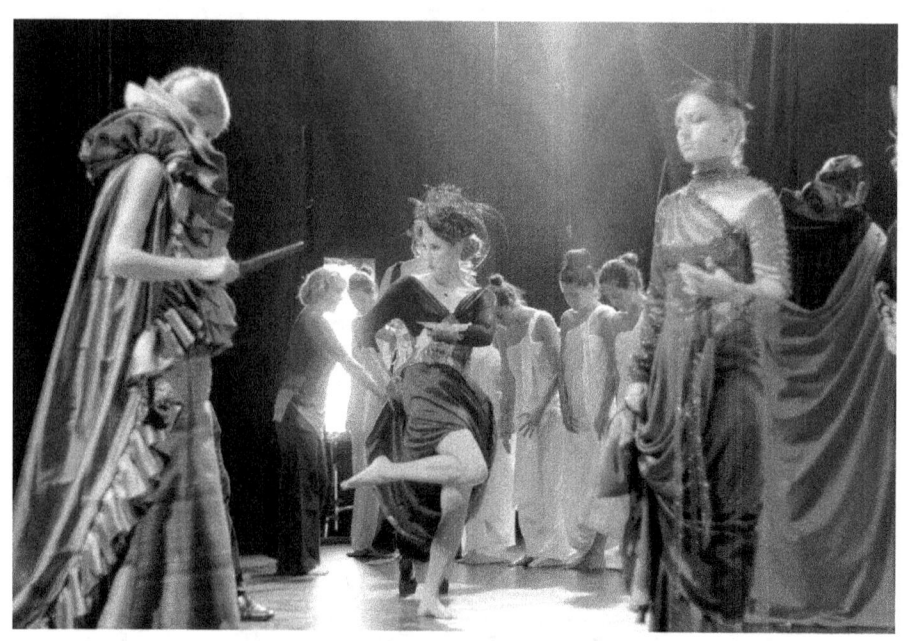

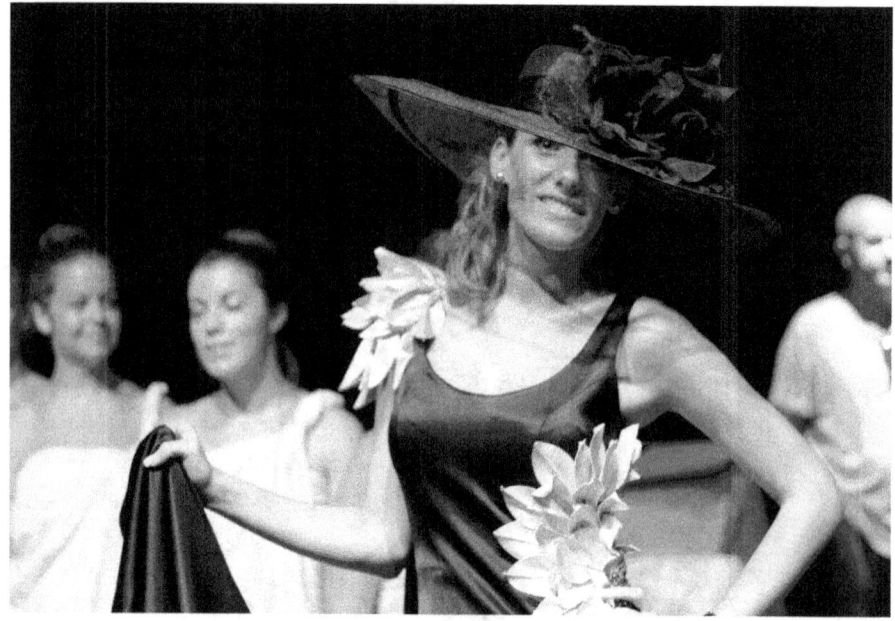

Pero no debo cerrar este capítulo sin hablar del vestuario de ópera de los hombres.

Meses antes del rodaje, me puse en contacto con la asociación de representación histórica "Damas y Granaderos de Macharaviaya" y gustosamente accedieron a colaborar. Planificamos sus escenas y el día del rodaje, figuraron como cantantes del coro de la ópera. Vinieron con su propio vestuario y nos prestaron tres trajes más para nuestros actores: uno sería para Norberto Rizzo (Lyncée), otro para Ángel Velasco (Pélagus), y otro para Juan Carlos Montilla (figuración de soldado). El vestuario consistía en ropa militar de época: casacas blancas, polainas azules, sombrero de tres picos, etc.

Le estoy infinitamente agradecido a Antonio Téllez, presidente de la gente de la asociación de "Damas y Granaderos de Macharaviaya" y también a su gente, porque con su ayuda pudimos solucionar el vestuario para los hombres. Años más tarde, en 2018 me puse en contacto otra vez con Antonio Téllez, para comentarle la idea de colaborar en *Disonancias*, ya que era plenamente ambientado en el siglo XVIII. De la misma manera, accedió gustoso, aunque no fue posible debido a la coincidencia del día del rodaje y de un evento anual que ellos tenían. Igualmente, mi agradecimiento por su disposición es total.

Y por último me queda hablar del vestuario del actor Rafa Chaves (el rey Danao). El ropaje que lleva su personaje operístico es suyo totalmente, de su armario personal teatral. Me pareció bien la propuesta que me hizo Rafa y no le di más vueltas. Era un vestuario perfecto para él.

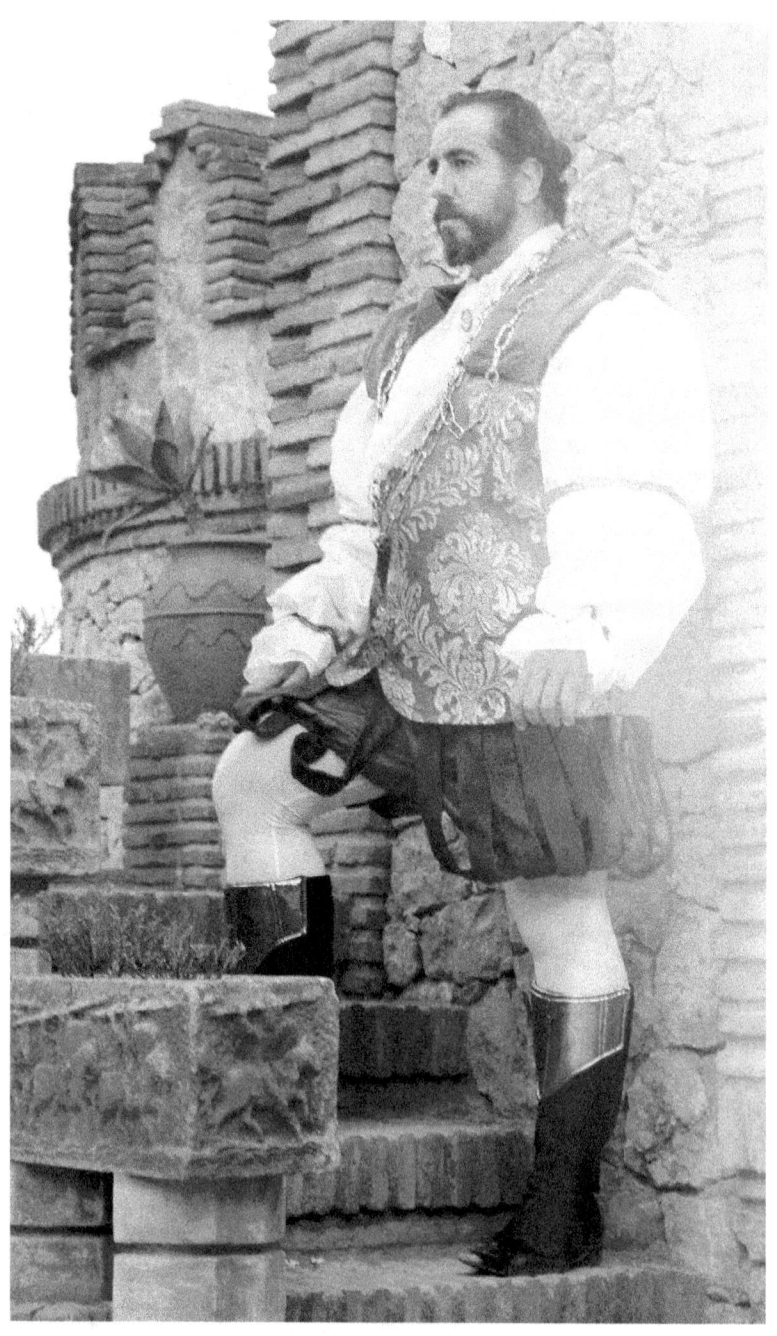

Capítulo 27
Rácord de corbata y de cazadora

El rácord de esta película está sumamente cuidado. Tan cuidado que pese a la cantidad de meses que pasaron entre los rodajes, no se nota un cambio significativo en los personajes. Eso es sencillamente porque nos preocupamos mucho por trabajar ese tema. Para que cada actor tuviese el mismo *look* durante tanto tiempo, hubo que esforzarse bastante.

Sin embargo, estuvimos a punto de cometer dos fallos de rácord muy tontos, aunque le encontramos dos soluciones muy interesantes. Ambas soluciones se les ocurrieron a los actores Paco Roma y Max Millán.

La corbata: Cuando Pierre y Alain (Max Millán) van a la Ópera la segunda vez para interrogar a los personajes sospechosos (palcos del Teatro Cervantes de Málaga), el detective lleva puesta la corbata. Sin embargo, la secuencia previa en la que Pierre y Alain caminan por entre los pasillos de la Ópera de París y charlan sobre diferentes posibilidades, no la lleva puesta. Justo en aquel momento, en cuanto rodamos el interior de la Ópera en París, nos dimos cuenta del fallo. La corbata la compraba Pierre un par de escenas antes, en la *boutique*, y se la dejaba cogando del cuello, si anudar. Mientras tanto, Alain se vestía con más elegancia, dejando atrás su atuendo de manifestante.

La solución de la corbata se le ocurrió a Paco en el rodaje en París y me pareció genial. Como faltaba rodar una escena entre la *boutique* y la llegada a la Ópera, justo cuando cruzan la avenida del Arco del Triunfo, Paco llevaría la corbata en la mano y mientras habla con Max, se la guarda en el bolsillo. El resultado funciona:

1. En la boutique *compra la corbata.*
2. En la avenida se la guarda en el bolsillo.
3. Luego entran a la ópera, se supone que la lleva en el bolsillo.
4. En los palcos ya la tiene puesta, se supone que se la ha puesto en algún momento rápido. Queda más o menos justificado gracias al punto 2.

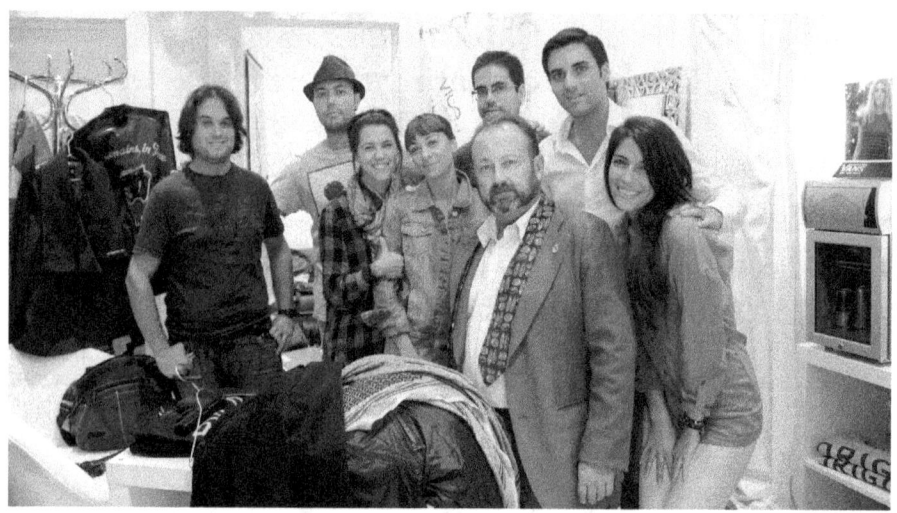

· *La boutique se rodó en la tienda Vice Shop, en el centro de Málaga.*

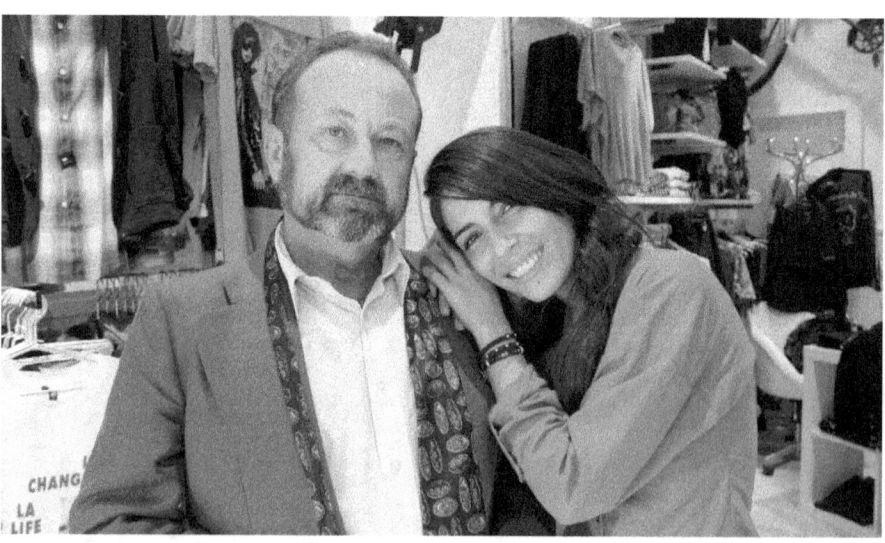

· *En la boutique interviene la actriz Vanessa Lobera.*

Gracias a la acción lógica de llevar la corbata en la mano y guardarla en bolsillo; dos escenas después, queda justificado que pueda aparecer la corbata puesta tras una breve elipsis.

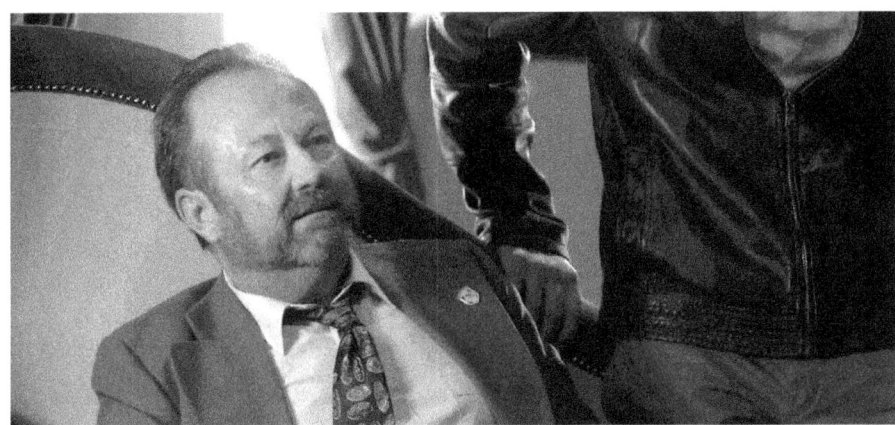

El otro rácord que arreglamos sobre la marcha, fue el de la cazadora de Millán. Cometimos un pequeño lío con su cazadora. El fallo vino porque su personaje se la quita dentro del coche de Pierre. Después viene la persecución de coches y finalmente Alain y Michelle (Susanna Pauw) abandonan el coche y salen corriendo. Él sale con la camisa blanca, sin cazadora.

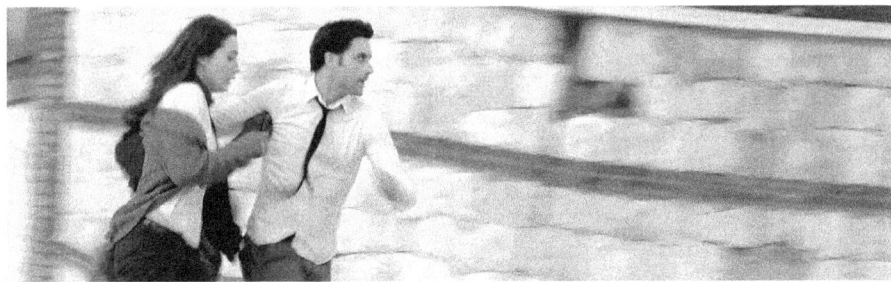

El problema es que varias escenas más adelante, ambos personajes entran en la casa. Michelle se quita su rebeca, Alain lleva la cazadora puesta y sin corbata. Lo de la corbata sí que estaba planificado, era correcto, ya que Alain se la quitaría y la tiraría al suelo cerca de *Notre-Dame,* como símbolo de rebeldía contra Pierre. Pero lo de la cazadora fue un fallo. La causa del error no fue otro que la de la separación de tantos meses y distinto equipo técnico. Pero bueno, se encontró una solución: a Millán se le ocurrió una idea en mitad de París.

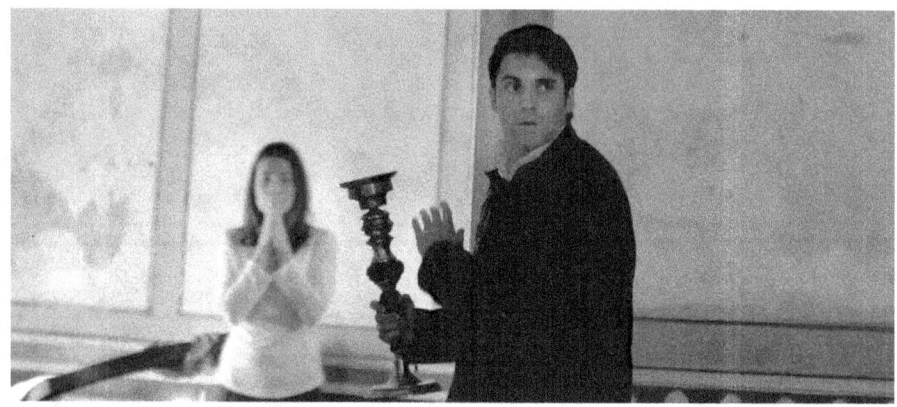

Antes de entrar al metro, camino a casa de Michelle, Alain le roba la cazadora (que es igual) a un tipo descuidado, interpretado como figuración por nuestro fotógrafo Jordi Lagoutte. Es un plano muy breve y que funciona genial. Jordi se interpreta a sí mismo como un fotógrafo disparando su cámara hacia el Arco del Triunfo, mientras tiene su cazadora detrás de él sobre la barandilla del metro. Alain y Michelle entran al metro corriendo, entonces Alain se detiene un segundo, coge la cazadora y se marcha.

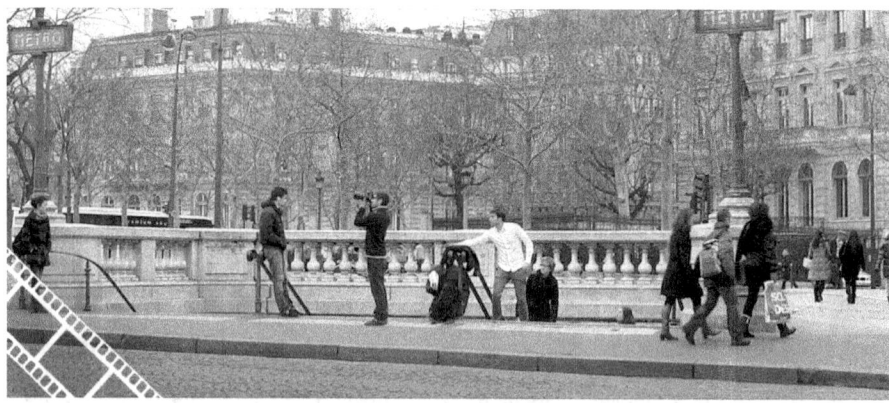

Me gustó la solución, Alain sigue siendo un pillo, un tipo de la calle y de esa manera queda justificado que luego lleve puesta la cazadora que, además, es diferente a la inicial. Ahora quedaba totalmente legitimado y justificado. Y resultaba interesante, me gustó.

A veces, los problemas pueden convertirse en ventajas si se saben canalizar bien.

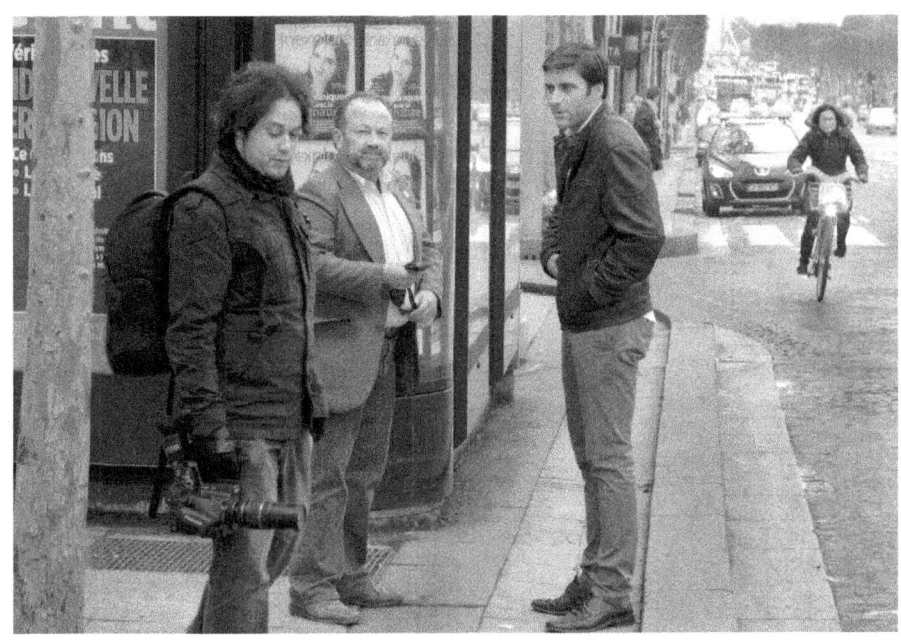

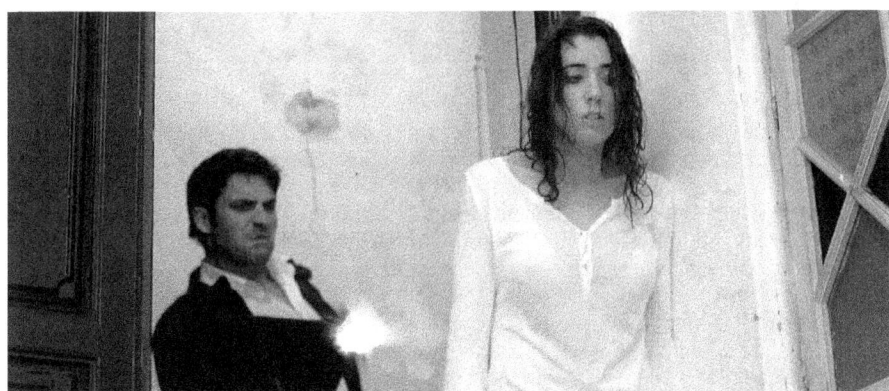

La importancia de justificar la cazadora en las últimas escenas viene casi desde mitad de la película, es la consecuencia del aprendizaje de Alain, de la transformación de su personaje.

Capítulo 28
Los vehículos

"NO NOS HACE FALTA VALOR PARA EMPRENDER CIERTAS COSAS APARENTEMENTE DIFÍCILES, SINO QUE RESULTAN DIFÍCILES PORQUE NOS FALTA VALOR PARA EMPRENDERLAS." (SÉNECA)

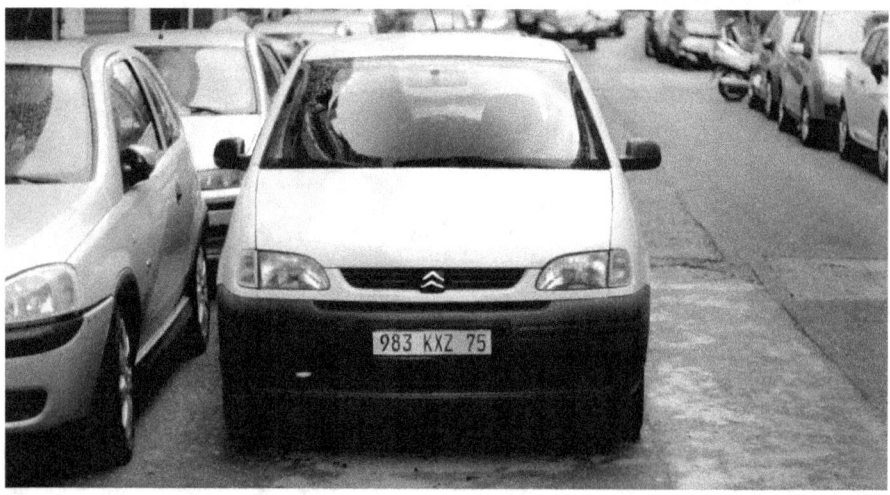

El personaje Pierre Lerosse (Paco Roma) es una persona con recursos limitados, expulsado de la policía y superviviente con sus propios medios. Por tanto, vi apropiado que condujese un coche más bien viejo, barato y común en Francia. Intenté buscar un Renault 5, uno de los coches más extendidos en Francia. Nuestra amiga Inma Marín nos prestó su viejo Opel Corsa (aunque he de decir que este coche finalmente no sale en la película). Algunos miembros del equipo se sorprendieron, *"¿cómo es que Pierre no tenía un coche a la altura de un gran detective? Un deportivo o un cochazo de alta gama."* Recuerdo que alguien me dijo *"Parece poco coche para él"* y hubo otro que me dijo que tenía contactos con el concesionario de Porsche, que podía llamarles ese mismo día. Yo me reí y les expliqué que el personaje tenía el coche ideal, que no era James Bond. Les dije que el personaje no pegaba con ninguno de esos coches caros.

Para imitar el diseño de las matrículas francesas de los coches más antiguos, cubrimos las matrículas originales con dos pegatinas grandes: la matrícula delantera con letras blancas sobre fondo negro, y las matrículas traseras con letras negras sobre fondo amarillo, ya que los coches de los noventa en Francia eran así. Realicé con ordenador estas pegatinas, imitando incluso el relieve, el biselado, los bordes metálicos... quedando francamente muy realistas en cámara. Para los planos amplios donde se ven coches ajenos, tuve que usar el ordenador para corregir las matrículas.

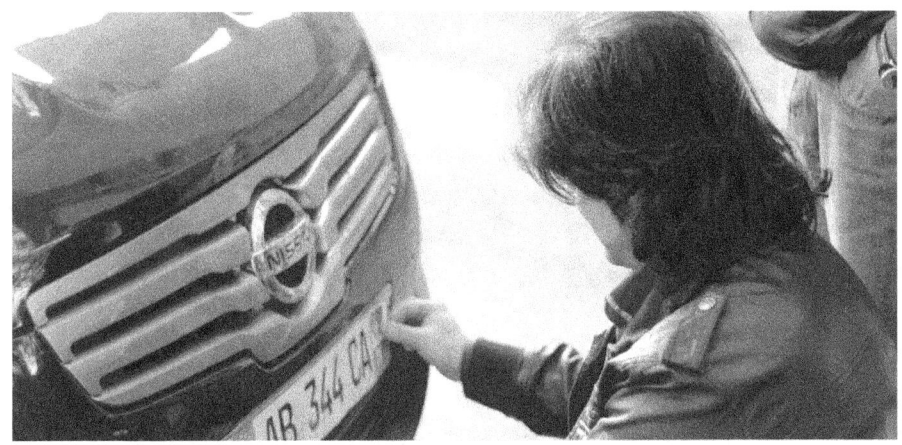

Recuerdo que, cuando salimos de la copistería tras imprimir todas las pegatinas, le dije a mi amigo José Ruiz: *"¿No te parece que son más cortas de la cuenta?"* Así que decidí medirlas con el primer coche que vi aparcado. Nos agachamos y empezamos a colocar superficialmente las pegatinas sobre la matrícula española, para estimar su tamaño. Justo entonces, se abrió la puerta del vehículo y alguien dijo: *"¡Oye! ¿qué estáis haciendo?"*. En ese momento vimos, además, que se trataba de un coche oficial del ayuntamiento, no recuerdo exactamente de qué. Le explicamos a aquel hombre lo del rodaje y lo de las pegatinas, lo comprendió perfectamente y con simpatía. Fue una situación un tanto cómica.

Con aquel Opel Corsa blanco rodamos dos secuencias, pero no me convenció el resultado, pese al esfuerzo de todos (en el capítulo 52 explico por qué tuvieron que repetirse estas secuencias).

Para cuando fuimos a rodar la repetición de esas escenas, diez meses después, Abraham me dijo que el Opel Corsa tenía la palanca de cambios rota así que no podía usarse más; tuve que buscar un nuevo vehículo para los protagonistas y descartar cualquier plano salvable anteriormente porque no iba a ser el mismo vehículo. De todas formas, el primer intento rodado con el equipo inicial no tenía muchos planos que salvar; era mejor repetirlo todo.

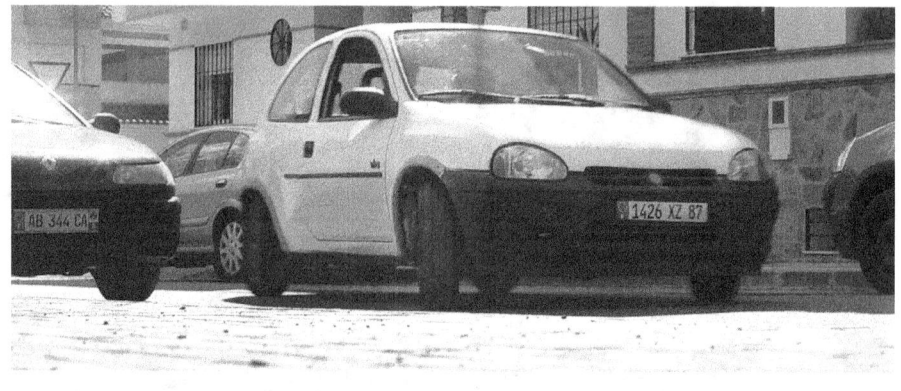

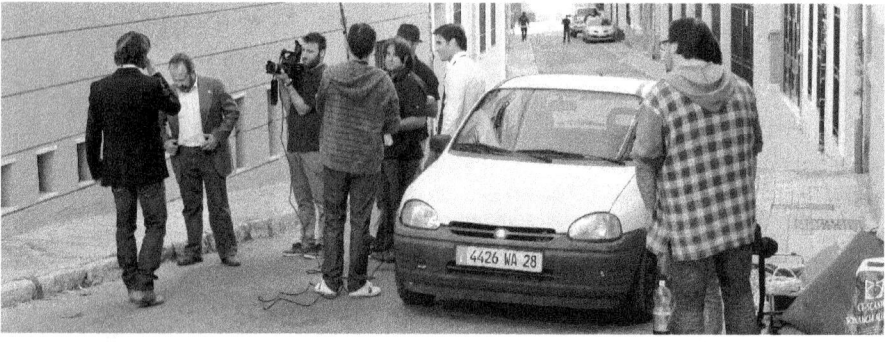

Susanna Pauw convenció a su tía que nos prestase un pequeño Seat Arosa amarillo. Me pareció muy bien. Usando cintas negras, le cambiamos todos los logotipos de Seat por el de Citroën, para que pareciese más francés. Alguien del equipo dijo bromeando que el coche podría ser un Citroën *Jaune* (amarillo). Era un coche más cuadrado y menos común.

Luego, para el resto de vehículos (gendarmería, el vehículo que persigue a los protagonistas, etc) usamos todos los coches que pudimos de amigos y equipo; el mío, el de Enrique Muñoz, el de Manu Serra, el de Antonio Coca, etc.

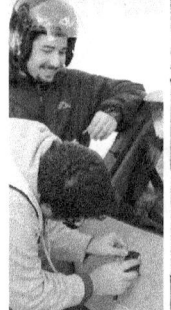 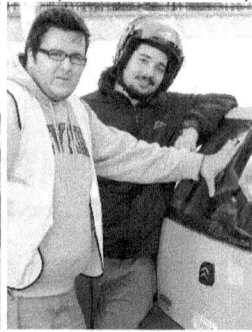 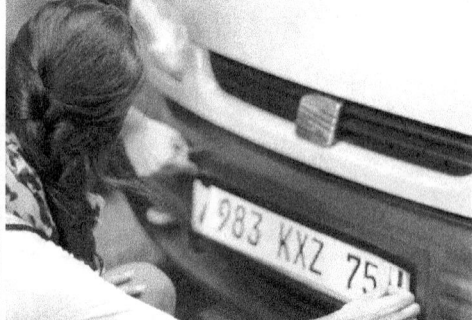

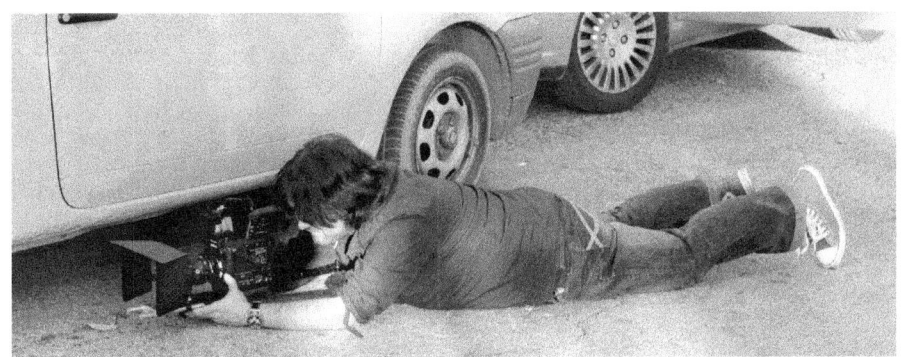

Grabamos planos muy chulos con ese Seat Arosa, derrapes, volantazos, acelerones. El actor Max Millán conducía muy bien y en la secuencia de la persecución se notó; el actor hizo el movimiento agresivo del coche de manera perfecta y me dejó el plano ideal para luego, en la mesa de edición, únicamente tuve que añadir más humo y las marcas en el asfalto con ordenador. Se usaron tres días para rodar con el coche amarillo: uno en Benalmádena (en calles altas y en el centro, junto al parque de la Paloma), otro día en Málaga (por el barrio de El Ejido) y otro en Antequera (en la calle céntrica, que cortaron expresamente para nosotros).

El actor Paco Roma también condujo muy bien, sobre todo durante la secuencia del atasco vial, escena que finalmente tuve que eliminar del metraje. Pues en dicha escena, Paco Roma sale de la fila de coches detenidos dando marcha atrás y derrapando con las ruedas delanteras. Luego, da un volantazo y se mete por otra calle vacía.

Aunque la escena no sale en el film, aproveché algunos planos. El giro que Paco Roma dio con el coche me sirvió para el plano de la persecución en que Alain (Max Millán) pierde el control del volante. Tuve que recortar en posproducción el fondo en todos los fotogramas, con mucha paciencia, para poder aprovechar ese plano tan bueno. Luego le añadí más humo, algunos destellos, filtros, partículas, sonidos, etc. El resultado es el coche dando una vuelta sobre su eje, derrapando antes de chocar.

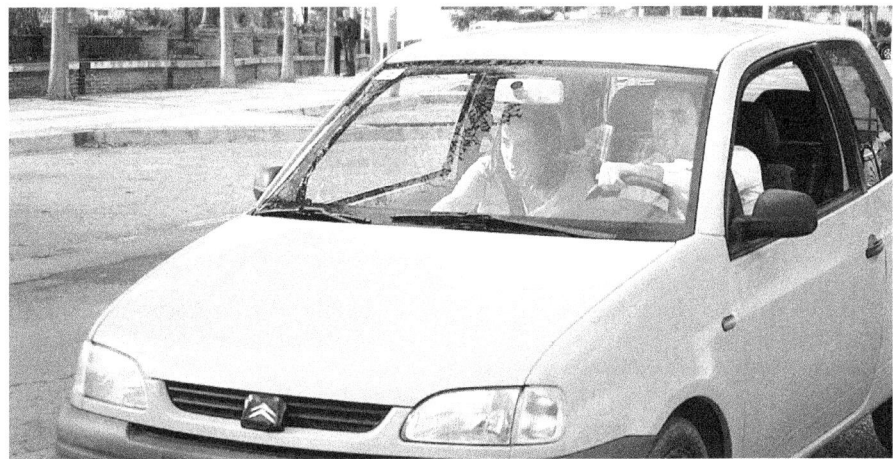

En aquellos meses estuvieron a punto de apostar por nosotros más mecenas, parecía íbamos a tener más presupuesto. Mi intención era comprar un coche roto del desguace, uno que fuese igual que el que conducían los protagonistas. Entonces hablé con el ayuntamiento de Benalmádena para simular un accidente mucho más espectacular. Me dieron vía libre para hacerlo. Me hubiera gustado rodar que los protagonistas condujeran el coche abajo por unas escalinatas peatonales y luego, chocando contra un contenedor. Pero no fue posible, no conseguimos el dinero para comprar ese segundo coche.

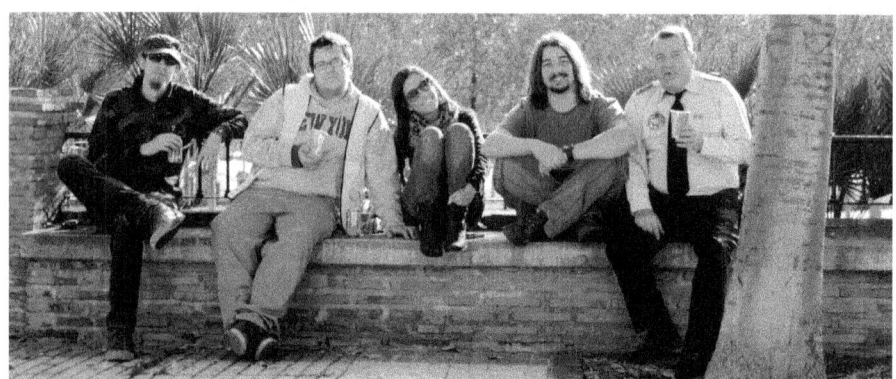

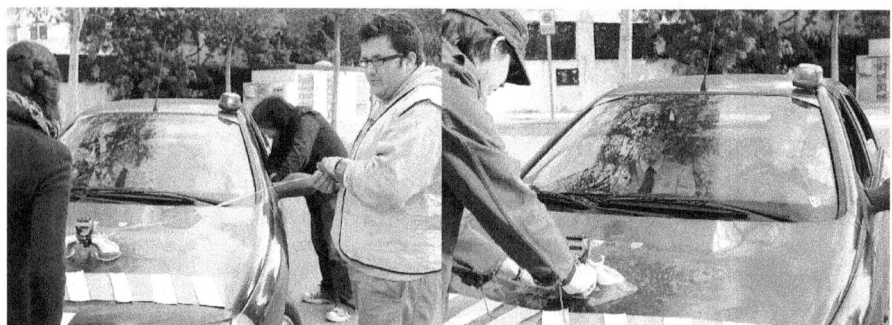

Los planos exteriores del coche se hicieron de dos maneras: siguiendo a los vehículos desde otro, todo en movimiento y también colocando cámaras fijas pegadas en diversos ángulos del coche: en el capó, en el maletero, cerca de la rueda, etc. Estas cámaras exteriores estaban sujetas con un sistema muy simple que inventé. Compré una manilla con dos grandes ventosas que se usan para las duchas. La adherencia de las ventosas era tan potente que si tirabas con fuerza no se despegaba. Con un taladro, hice un agujero en el centro de la manilla y ahí pasé un tornillo y una tuerca que sujetarían la cámara con mucha fuerza. También añadí una cuerdecita que iba atada en lugares cercanos, por si acaso se despegaban las ventosas, aunque no ocurrió tal cosa.

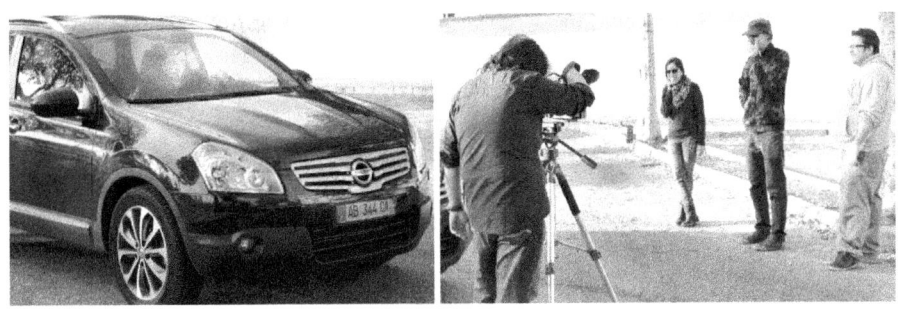

· *La secuencia del accidente*

Aunque no conseguimos hacer aquellos planos del coche por las escaleras abajo, que hubieran sido muy impactantes, por lo menos hicimos algo bastante interesante. Me refiero al accidente entre los coches y el la moto.

Diseñé esta secuencia dibujada sobre el *storyboard*, marcando los planos exactamente en duración y orden. He de decir que gracias a estos dibujos, logré convencer al equipo de que éramos capaces de realizarlo.

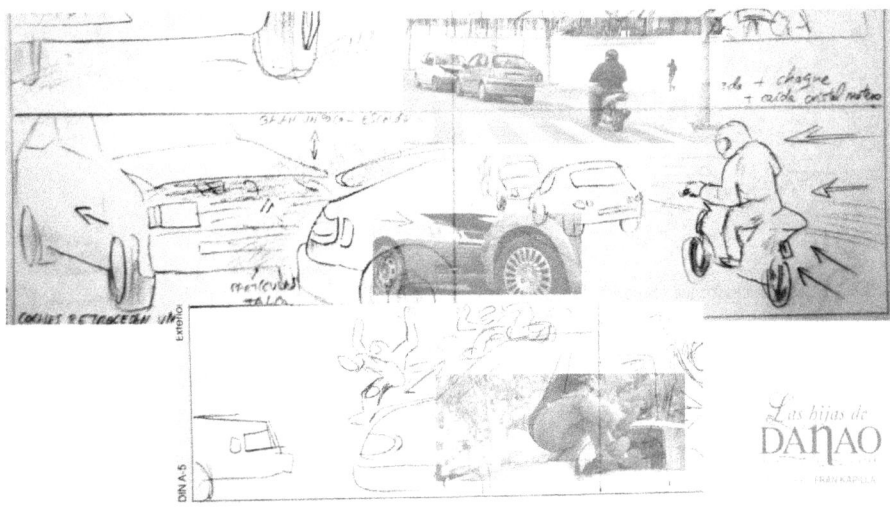

El día del rodaje lo teníamos todo preparado. Enrique Muñoz se encargó de solicitar los permisos, no obstante, yo mismo hice varias visitas al Ayuntamiento de Benalmádena para matizar detalles del rodaje. Nos trataron genial; nos cortaron una calle entera, ancha y larga, y vigilaron todo el rodaje. También vino la concejala Ana Macías.

Usamos cuatro coches y una moto para la secuencia: el Seat Arosa amarillo (para Paco Roma y Max Millán), el Nissan Qashqai azul (para Frank Vélez), mi Renault Laguna verde (para Enrique Muñoz). Enrique también aportó su Citroën C3 para que lo condujera un figurante (interpretando a un conductor ajeno que se choca contra el coche de los protagonistas). Nuestro especialista de acción Javier Guerrero condujo la moto e interpreta a un figurante que sale despedido en el accidente.

Describo la secuencia del accidente tal y como la escribí en el guion:

> *El coche pierde el control y se estrella contra un Citroën que viene de frente. Una moto que viene detrás (intentando frenar y dejándose la rueda en el asfalto), se estrella contra el Citroën y el motorista sale volando por encima hasta impactar contra el cristal delantero.*

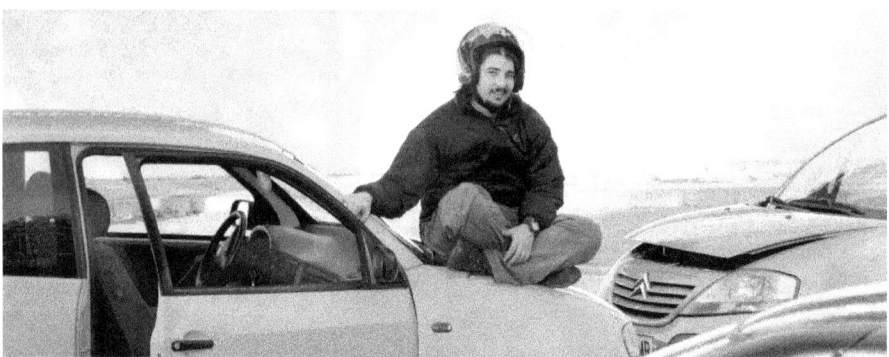

La secuencia desde que dan el frenazo enorme hasta el final, se compone de doce planos que paso a describir:

1. Primer plano frontal con Alain y Michelle, Alain pierde el control del volante. (Efecto: el fondo del paisaje tras los cristales gira bruscamente).
2. Plano general. (Efecto: el coche amarillo gira derrapando sobre su eje. Mucho humo alrededor de las ruedas, todo el plano recreado con ordenador).
3. Primer plano frontal, conductor del Citroën, asustado.
4. Plano lateral, escorzo, morros de coches chocando. (Efecto: humo, cristales y partículas que saltan).
5. Primer plano frontal, Michelle y Alain se sacuden por el impacto.
6. Primer plano frontal, conductor del Citroën se sacude por el impacto.
7. Plano detalle, ruedas de la moto, cámara situada en la misma moto mientras circula.
8. Primer plano frontal, motorista asustado, intenta frenar, trávelin a la moto.
9. Plano general, la moto intenta frenar, pero se acerca a toda velocidad al accidente. (Efecto: deja la marca de la rueda en el suelo y mucho humo).
10. Plano medio, el motorista se estrella contra la parte trasera del Citroën. La moto se eleva y el motorista también. (Efecto: partículas del impacto).
11. Plano general, el motorista vuela por encima de los coches. (Efecto: el motorista realmente rodó por encima del techo de Citroën, pero lo recorté por ordenador y lo elevé un poco, pareciendo que volaba).
12. Plano medio, el motorista impacta contra la luna del Seat Arosa.

Con estos doce planos, muy rápidos, apenas uno o dos segundos por cada uno, se compone la secuencia del accidente. Personalmente, lo que menos me gusta es el astillamiento del cristal de la luna, que es digital. Es lo que a mí más me rechina, pero puede pasar desapercibido. El resto de planos están bastante logrados. La primera vez que proyectamos la película hubo espectadores que me preguntaron que cómo hicimos esa escena, que si habíamos usado una grúa con cables sujetos al especialista o si la persona era un muñeco, un *dummy*.

En realidad, no es más que una sucesión rápida de planos muy bien colocados y bien retocados. Esos veinte segundos, quedan cohesionados en el cerebro como si fuese todo un conjunto por la ley gestáltica de la proximidad: subconscientemente percibimos objetos que están cercanos los unos a los otros como dentro del mismo grupo o secuencia. Nuestro cerebro agrupa estos objetos que tienen una propiedad visual común, como el color o el movimiento porque nuestra mente busca la continuidad.

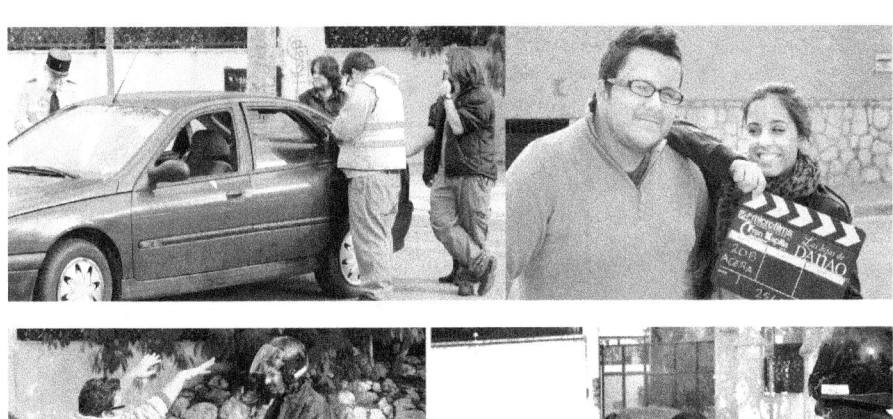

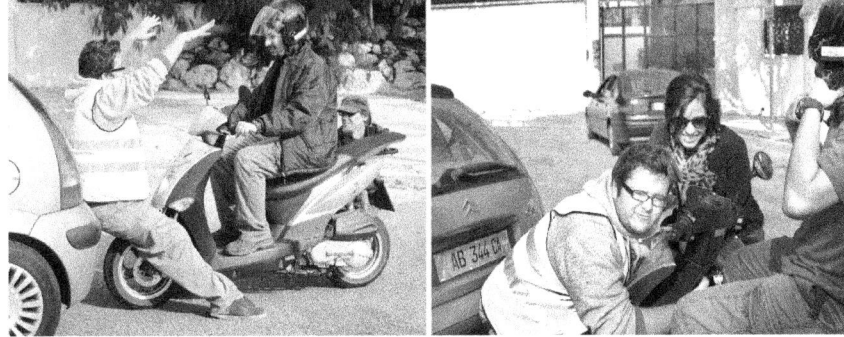

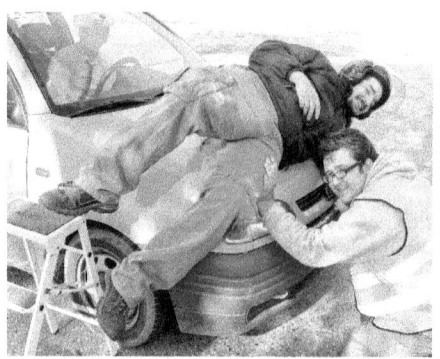
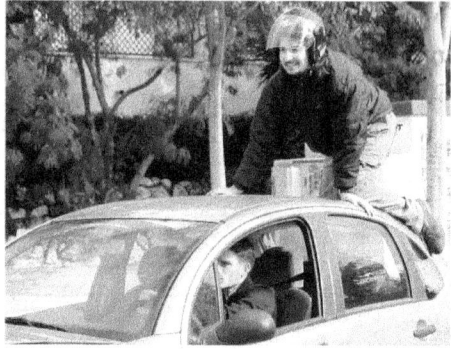
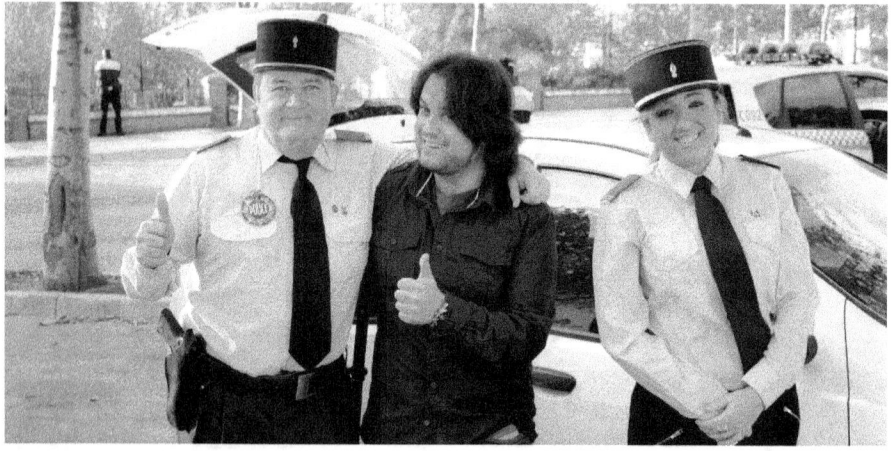

Esta es la secuencia del accidente, en movimiento, gran celeridad y con sus efectos sonoros, el resultado resulta muy creíble.

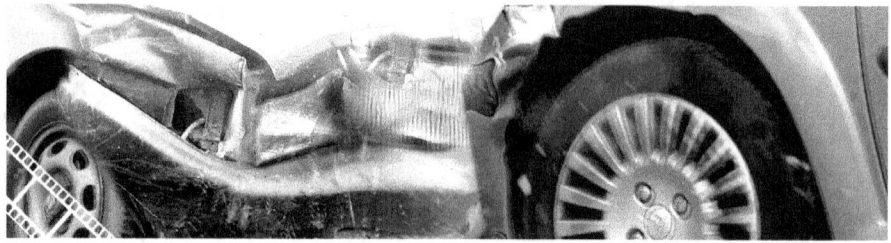

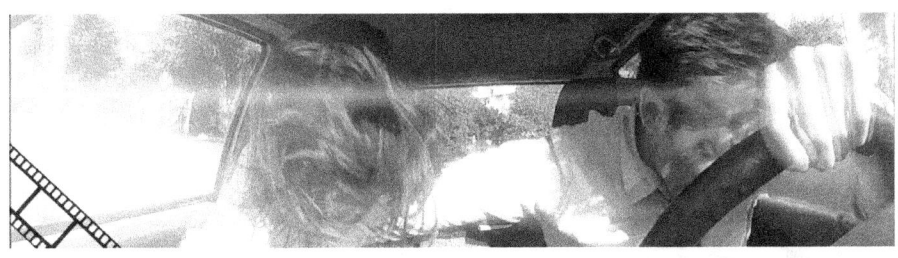
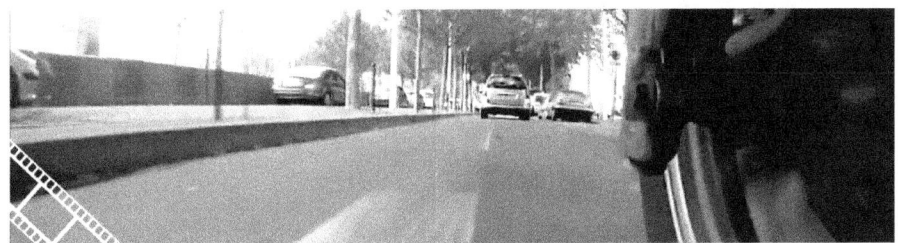
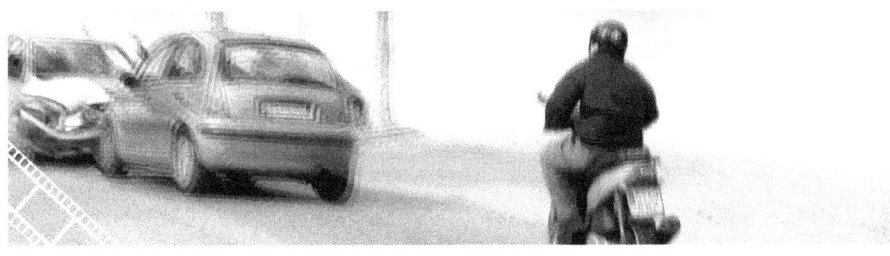
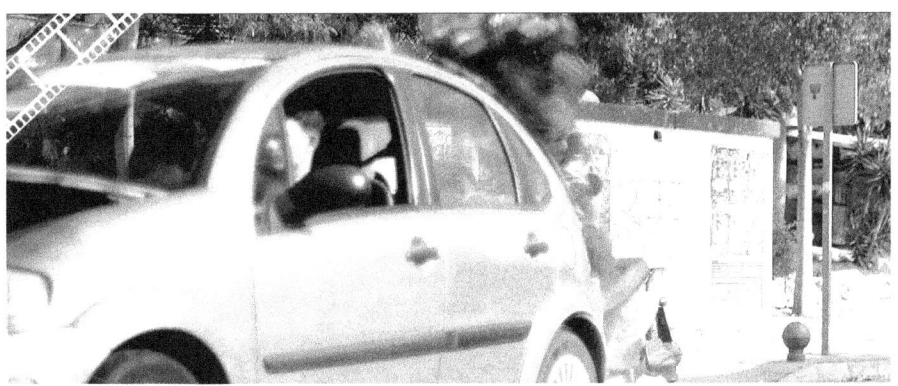

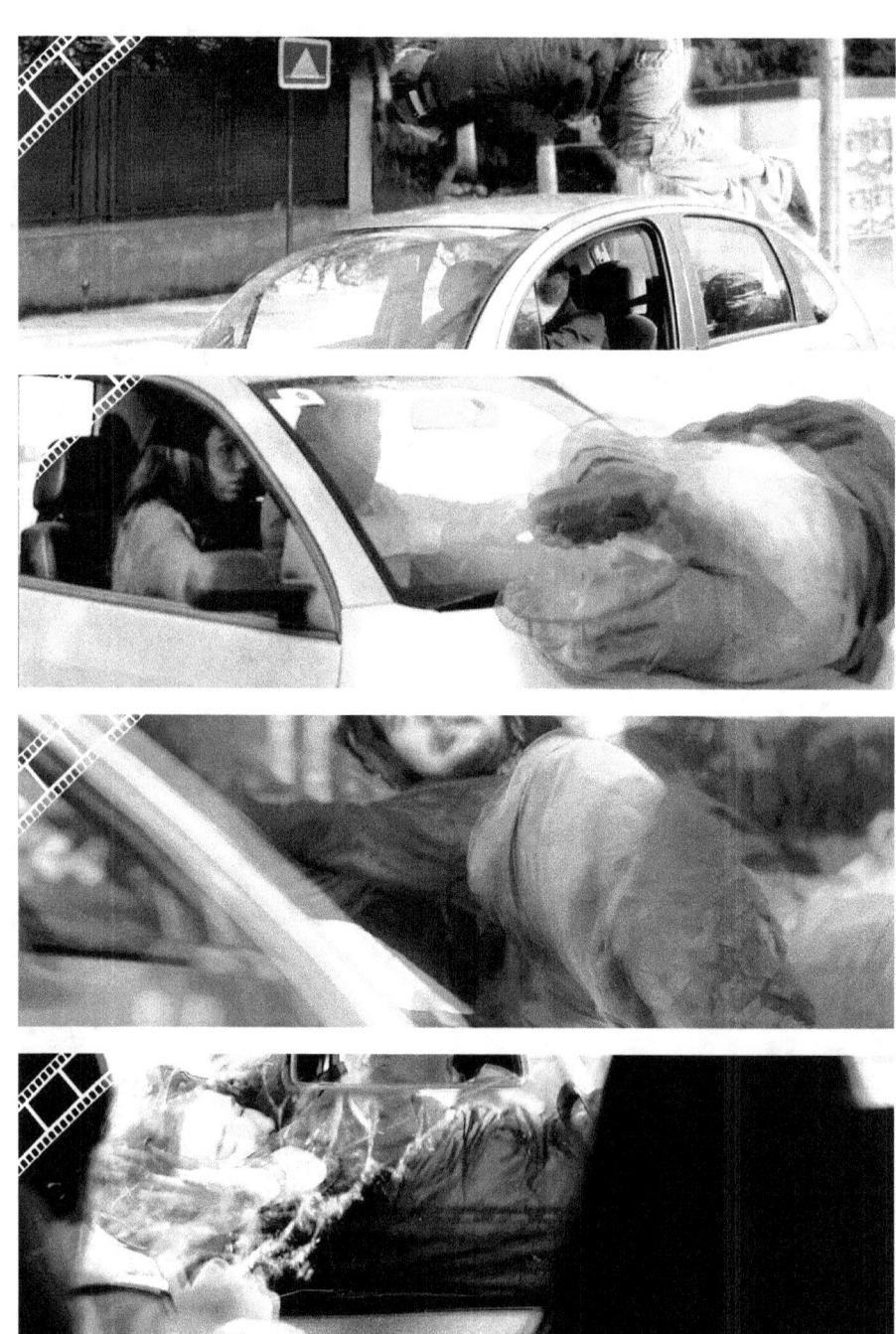

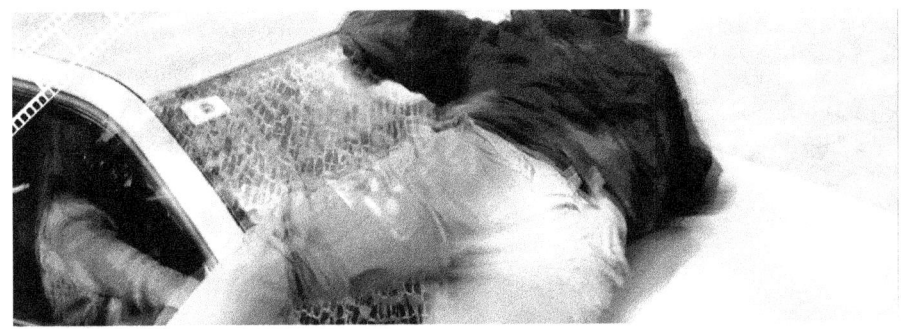

· *El inicio de la persecución (robo del coche)*

El inicio de la secuencia donde los coches se persiguen se rodó después, en el barrio de *El Limonar*, de Málaga. En la trama, los personajes Alain y Michelle huyen en coche de los sicarios, pero uno de ellos, Paul (Frank Vélez) los persigue a pie unos metros hasta que roba el primer coche encuentra. Ese coche negro es el Nissan del actor Antonio Coca, que hace de señor al que le dan un empujón y le quitan el coche. Antonio cae hacia atrás, con el paraguas abierto en un día lluvioso, quedó muy impactante.

Aquel día de rodaje en El Limonar, la esposa de Antonio Coca hizo un bizcocho de chocolate enorme, cortadito en cuadrados. Cuando el equipo hicimos una pausa, celebramos mucho aquella merienda. Ese día no pudimos contar con el Seat Arosa, así que nuestro ayudante de dirección Manuel Serra cedió su Peugeot 107 naranja para simular que era el Seat Arosa amarillo, al que aclaré el color por ordenador, ya que los planos que necesitábamos pasan tan rápido que no da tiempo a distinguir el modelo del coche.

En El Limonar se hizo gran parte de la persecución entre ambos coches, que luego entremezclé con planos de París. La filmación se hizo en movimiento, a tres cámaras exteriores desde tres ángulos diferentes:

1. cámara desde el maletero de mi Renault, para grabar un plano general en movimiento del Nissan.
2. La cámara inclinada desde un lateral de mi Renault que encuadraba una rueda en movimiento y el Nissan al fondo, en plano aberrante.
3. La cámara desde el capó del Nissan que encuadraba la luna delantera y al actor Frank Vélez.

También pusimos la cámara exterior adheridas con aquel sistema casero de grandes ventosas. Se puso en varios ángulos, con lo cual obtuve un material muy bonito y dinámico para aquel día de persecución en carretera.

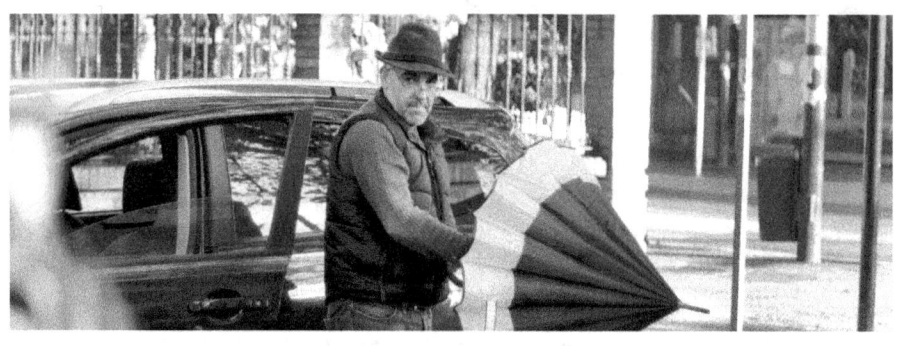

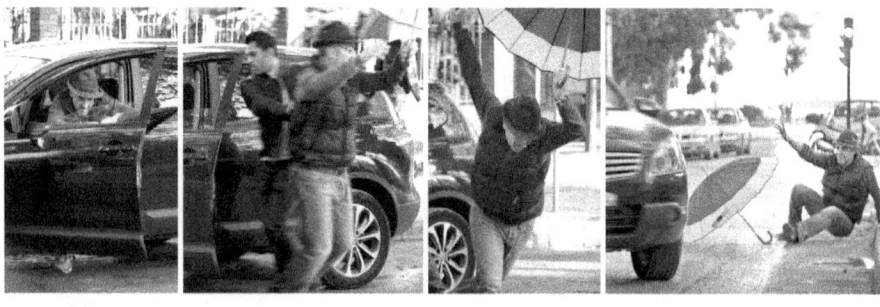

· *El coche de Thérèse*

Para el coche de Thérèse Voiron (Beatriz Rico) usamos un Peugeot negro de gama alta, tal como correspondía al personaje. El coche era propiedad de Mario López (auxiliar de producción), que lo prestó gustosamente el día que hizo falta. Tampoco era un coche del 2005 ni anterior, sin embargo, al tener una línea de gama alta y de turismo más clásico, esta incongruencia contextual pasa totalmente inadvertido.

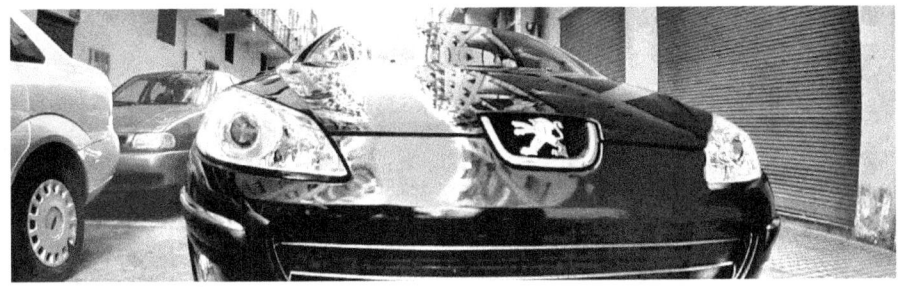

Rodamos con el Peugeot por los alrededores de La Unión y en calle Alagón. Fue una suerte que nos concedieran permisos de rodaje en dicha calle porque era justo donde estaba la peluquería de nuestra caracterizadora Manuela Reyes. Así que, en cuanto los actores salieron de la peluquería, estuvieron listos para rodar en aquella misma calle con el coche.

El vehículo que utiliza el asistente de producción y actor Enrique Muñoz, para interpretar a un gendarme, era mi propio coche: un Renault Laguna verde oscuro que me regaló mi padre.

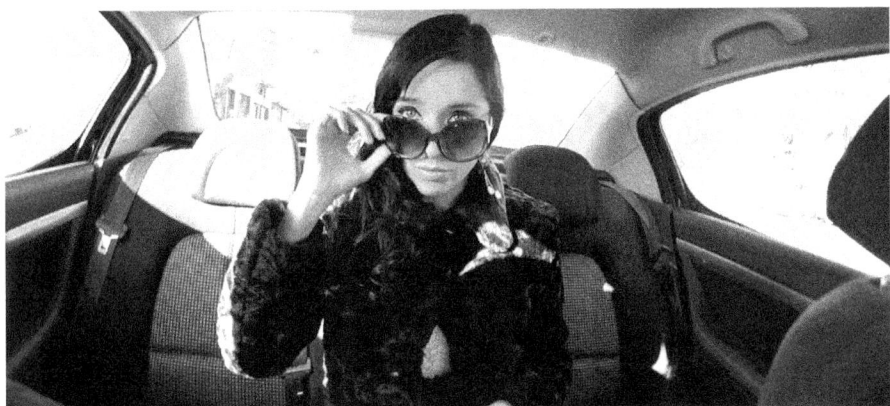

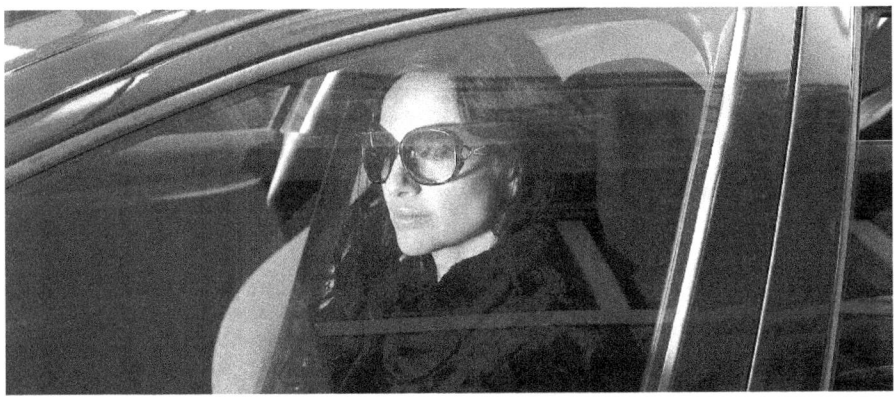

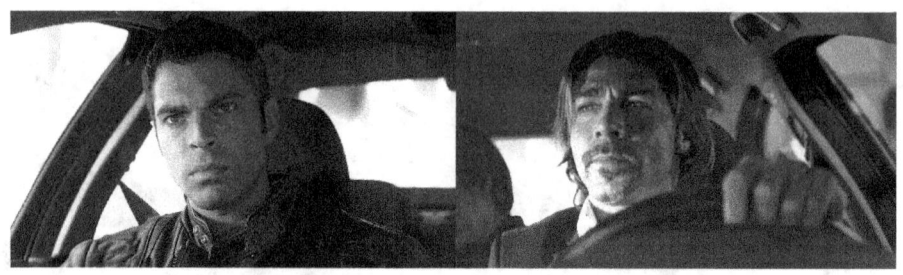

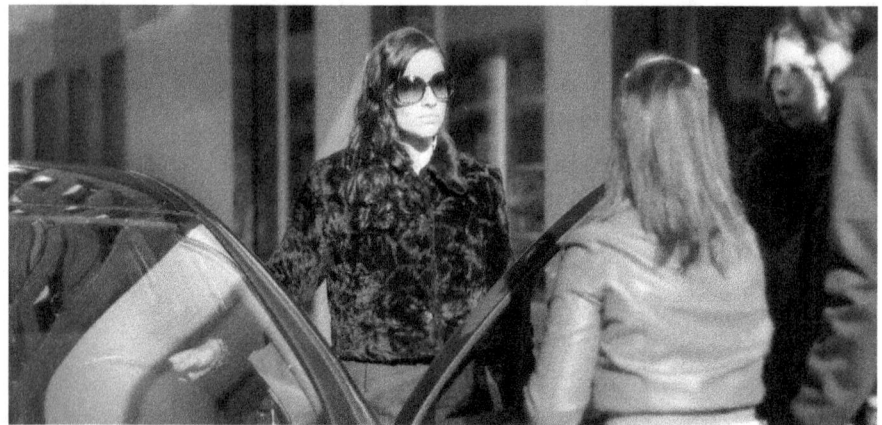

Esta fotografía, la usó el Festival de cine de Málaga , años más tarde, para su exposición en caller Larios con carteles conmemorativas rodadas en Málaga.

Capítulo 29
La fotografía

Esta película se rodó con dos equipos técnicos. El equipo inicial trabajó durante las 3 primeras secuencias (de las 38 que son), que fueron rodadas entre diciembre de 2011 y febrero de 2012. Bastantes miembros de ese equipo desistieron y tuve que reorganizar un segundo equipo técnico, agrupando los colaboradores que sí estuvieron desde el principio con miembros de nueva incorporación. Con este equipo definitivo, logramos rodar todo lo que quedaba de la película y acabarla.

El equipo inicial contaba con pocos técnicos de fotografía e iluminación. Realmente no estaban bien delimitadas sus ocupaciones en el proyecto, debido a que partíamos de una amistad surgida entre cortometrajes, por lo que iniciamos el largometraje *Las hijas de Danao* informalmente. José Ruiz hizo un gran trabajo con muy pocos medios. La mayoría de equipos de iluminación pertenecían al fotógrafo Ben Albares. Gracias a ellos pudimos filmar planos bonitos, aunque también se filmaron algunos planos desastrosos, lo cual derivó en altibajos de calidad. Recuerdo que Ben Albares, que finalmente no pudo estar presente, nos prestó el material de iluminación con la condición que sólo debía de usarlo Eloy.

Sin embargo, Eloy no estuvo presente en las reuniones importantes para diseñar y planificar la iluminación de las escenas, quizá porque pensaba que no era necesario planificar tanto, quizá porque no tenía tanta experiencia en cine o porque no pudo asistir por cualquier circunstancia. Con José sí que pude reunirme para planificar la luz; y debido a eso, los planos más bonitos de las primeras secuencias fueron gracias a él.

Fue una delicia montar los planos bien filmados, pero igualmente fue una tortura arreglar los peores planos con el ordenador. Tardé meses en arreglar con los planos mal iluminados a base de efectos de ordenador.

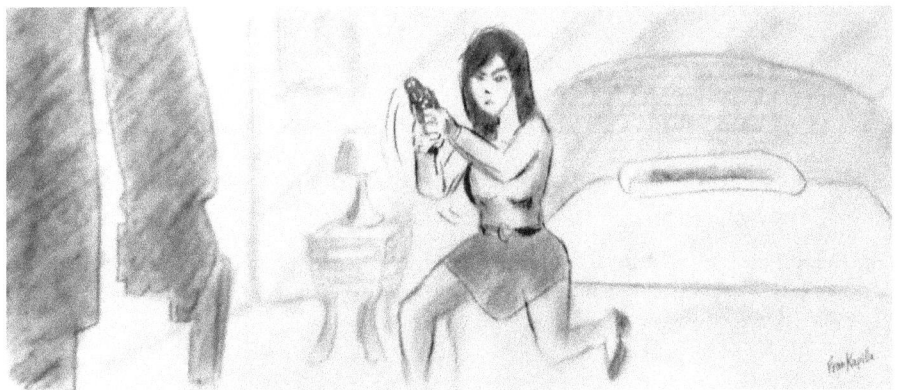

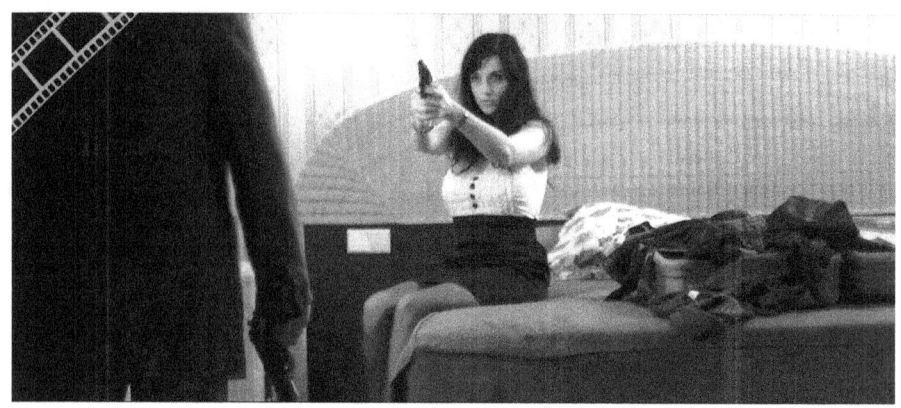
Uno de los planos más bonitos realizado en los primeros meses.

Algunos de los planos en los que aparece Beatriz Rico estaban mal nivelados, quemados o demasiado oscuros. Si el espectador puede disfrutar un acabado final con belleza, fue gracias a un trabajo tremendo que me consumió mucho tiempo de postproducción, meses haciendo un retoque digital bastante complicado y detallado, recortando figuras en movimiento y corrigiendo los niveles por zonas y capas dentro de planos en movimiento. Eran pocos planos los defectuosos, pero me supuso un esfuerzo de posproducción milimétrico y tedioso, arreglar una iluminación que podría haberse realizado mejor durante la filmación. En el capítulo 50 hay cuatro ejemplos de planos mal iluminados y cómo los arreglé gracias a múltiples efectos de ordenador.

En mayo de 2012, cuando conocí a Salvador Blanco la cosa cambió radicalmente para el proyecto. Se incorporó como director de fotografía en el equipo técnico definitivo, acompañado de David Rivas, asistente de fotografía, Encontré en ellos a grandes profesionales que proporcionaron mucha calidad y compromiso hasta el último momento. Nunca podré encontrar palabras para agradecer a Salvador Blanco su aporte en esta película.

Salvador Blanco usó un sistema de iluminación cercano al cine profesional; su mérito radicaba en una excelente planificación por zonas. Estudiaba el nivel global de luz de cada plano para dar una cohesión a todos los que componían cada escena, para que no hubiese diferencias acusadas. Y luego, dentro de cada plano, tenía planificadas las diferentes zonas: fondos, esquinas, techos, personas, etc. Salvador desplegó varios puntos de luz, usando sobre todo paneles LED.

Salvador tiene su estudio fotográfico en Mijas, *El estudio blanco,* donde también realiza estupendos trabajos para particulares, con su sello *Evergreen*.

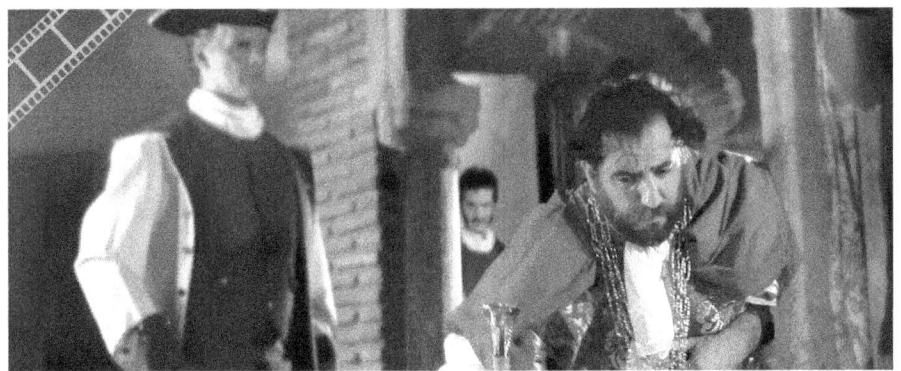

Para las escenas de la ópera, Salvador Blanco y yo éramos conscientes de que el uso de luces escénicas de un teatro debía ser controlado por alguien que las conociese en profundidad. Así, Jorge Sacristán también se incorporó como asistente de fotografía en el equipo técnico definitivo, para las escenas líricas. Quedaron geniales, planos muy bellos y perfectamente nivelados.
Jorge Sacristán gestiona la empresa de iluminación audiovisual *Aluzine Southern Sun*, en Mijas.

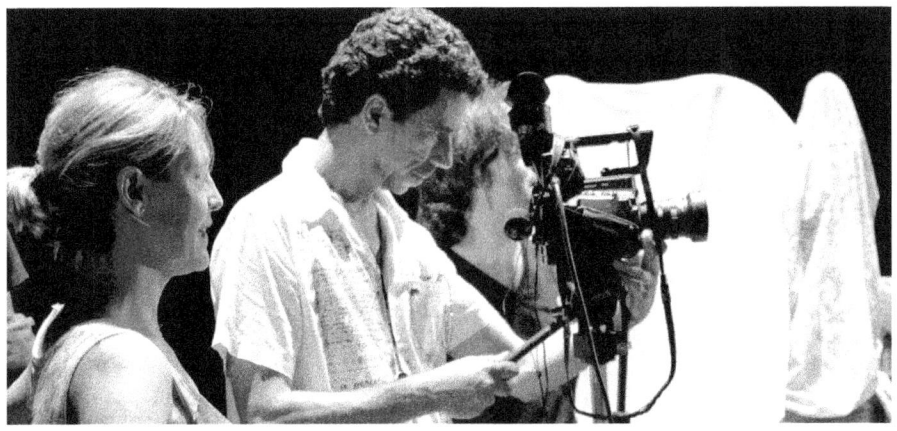

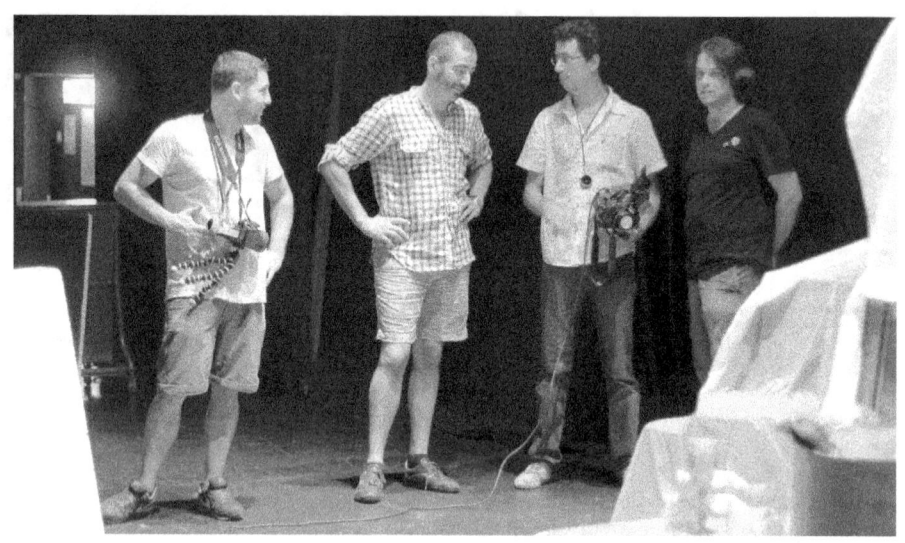

Capítulo 30
El arte

"LA FANTASÍA Y LA RAZÓN SON LOS PADRES DEL ARTE."
(FRANCISCO DE GOYA)

El departamento de arte tampoco pudo tener una continuidad total en el proyecto. Tuvo altibajos en su planificación y varias personas que se ocuparon de este trabajo en varias etapas.

El proyecto comenzó sin que nadie se ocupara plenamente y exclusivamente del arte. Durante la preproducción, yo fui quien hizo muchos de los diseños en las semanas anteriores al comienzo del rodaje: disposición de mobiliario, cartelería, letreros, matrículas de coches, etc.

Después, cuando arrancó el rodaje de la película, el apartado de arte nos lo repartimos entre la asistente de producción Mabel Rincón y yo. Mabel se ocupó de muchos elementos que realmente hubiesen correspondido al departamento de arte, por eso el mérito de Mabel es doble, por su parte de producción y por la parte de arte. De hecho, Mabel diseñó de forma fenomenal la máscara de la trama. En la película, Michelle (Susanna Pauw) está haciendo una máscara con multitud de joyas, una obra de arte única. Esta pieza la creó Mabel.

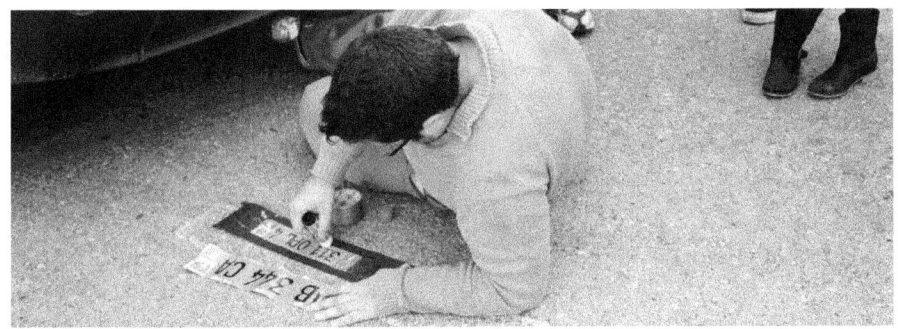

David Rey (auxiliar de producción) ocupándose de colocar el atrezzo del departamento de arte.

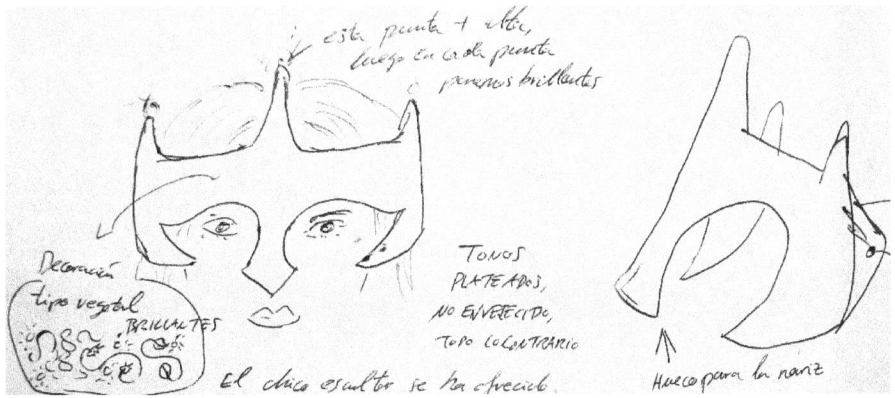

Yo le conté la idea por encima y le hice unos dibujos; quería una especie de máscara veneciana con joyas incrustadas. Me inspiré en algunos cuadros barrocos que mostraban a cantantes de ópera con máscaras. Le sugerí que, si no había nadie que nos la prestase, yo podría comprar una ya hecha y le añadíamos más detalles nosotros. También consulté a un amigo escultor y se ofreció a crear la máscara con joyería, en colaboración para la película. Con esas posibilidades sobre la mesa, Mabel lo sopesó y se lanzó a crearla ella misma.

Trabajó en la máscara en su casa y aunque no supe del proceso de creación, ni cómo iba quedando (cosa que me tenía inquieto), he de decir que el resultado me sorprendió. Un día me enseñó el resultado totalmente acabado y la verdad es que era magnífica. No era como yo la tenía en mente, pero me encantó la máscara que hizo Mabel.

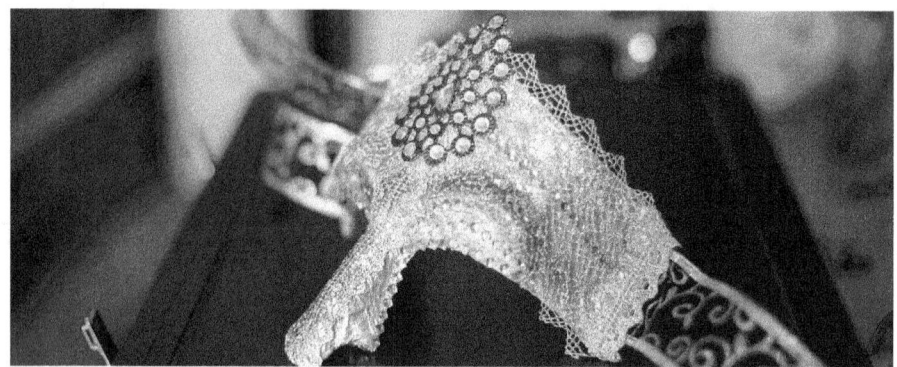

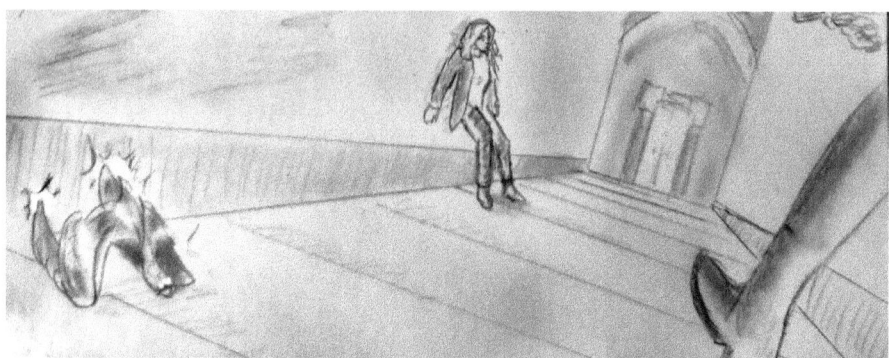

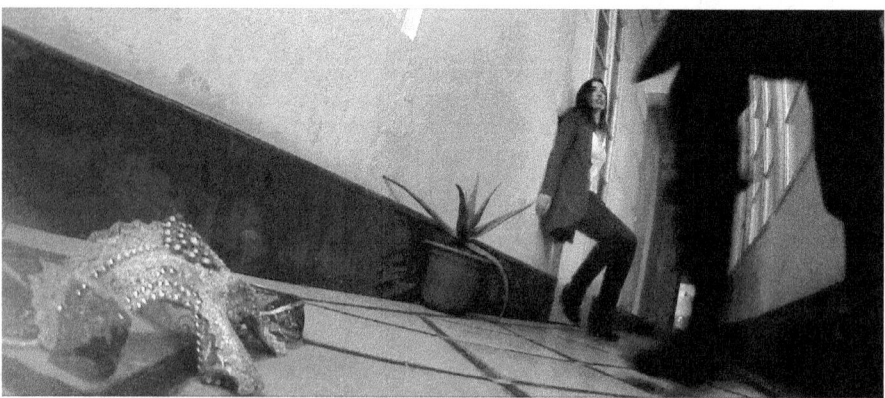

Mabel también se encargó de reunir atrezo. En esa etapa, compartimos este trabajo de arte entre ella y yo, como pudimos y como mejor supimos hacerlo. Mabel trabajó incansablemente, pero me estresaba que muchas veces sus preparativos no estuvieran listos hasta el último momento. Mabel estaba, por aquellas fechas, metida en dos proyectos más, un cortometraje y otro largometraje. Quizá por eso, las tareas para *Las hijas de Danao* llegaban en el último momento. Eso no nos dejaba tiempo para reunirnos o comunicarnos, de forma que yo pudiera conocer los detalles de producción y poder estudiar el atrezo que se iba a llevar a escena. Un director necesita conocer qué se va a utilizar para poder coordinar todos los departamentos.

Después del rodaje de las escenas con Beatriz Rico (enero 2012) anuncié al equipo que no podíamos dejar todo para última hora y marqué cuatro reuniones de equipo a lo largo de aquel enero y febrero de 2012. Mabel faltó a dichas reuniones de preproducción. Ella misma, en febrero, nos envió un mensaje a todos los del equipo, explicando por qué había estado ausente y no era otra cosa que su participación en otros proyectos de cine y su trabajo diario. Pese a que Mabel estaba repartiendo su atención y su compromiso en varios proyectos, he de admitir que hizo grandes cosas durante su participación, más al comienzo que al final.

Luego, en junio de 2012, entró al nuevo equipo Alberto Ortega como asistente de arte. Alberto se dedicó al cien por cien a esa tarea: estudiar, diseñar y fabricar ambientes estéticos en coordinación conmigo. Me encantó la labor de Alberto, hizo un trabajo genial durante el período que pudo estar presente.

Las escenas que se filmaron donde estuvo Alberto Ortega como encargado de arte, quedaron espléndidas. Las escenas que se hicieron previamente, en cuanto a arte se refiere, están más limitadas. Sin embargo, a nivel global el resultado decorativo de la película es agradable. No sólo se suma la buena labor de los profesionales, sino también la arquitectura de París, a los interiores operísticos y localizaciones similares.

Para ser fiel a la verdad, y pese a tener una figura tan brillante y laboriosa como Alberto, tampoco existió un "diseño de producción artístico" como suele manejarse en otros largometrajes donde se aborda decorado, vestuario, colorimetría global, psicología de personajes y variaciones tonales en maquillaje y luces según la evolución de la trama. No se hizo simplemente por cuestión de tiempo, todos nos adaptamos a las circunstancias que tiene trabajar en un proyecto cooperativo. Alberto Ortega se enfrentó a un proyecto enorme y ya empezado, con muy poco tiempo para prepararlo y si el trabajo final brilla es simplemente porque Alberto es brillante.

Todos los diseños que se ven en las escenas de la gendarmería (rodados en el antiguo Juzgado de Málaga) son idea de Alberto Ortega. Los despachos policiales y todos sus elementos ornamentales están recreados por Alberto con mucha soltura. Los interiores de los despachos están muy bien trabajados; son totalmente creíbles. Decenas de elementos que decoraban paredes, mesas, ventanas, puertas...

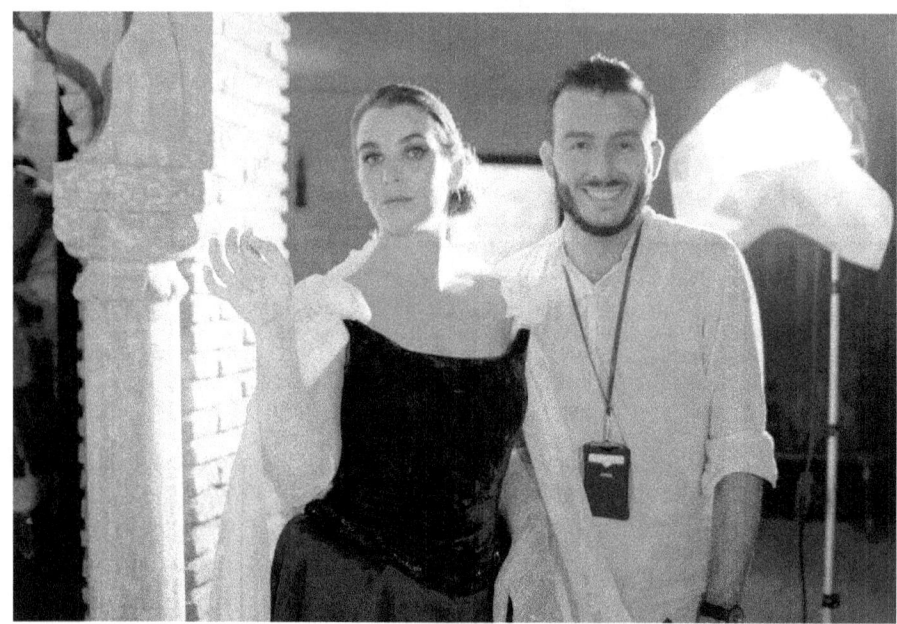

Recuerdo una anécdota graciosa con Alberto, cuando transformó el pasillo del antiguo Juzgado en gendarmería. Me dijo: *"Después de decorar una localización le daré mi toque especial."* Todo el mundo nos preguntábamos qué sería eso tan misterioso, entonces nos miró a todos y dijo: *"¿Estáis esperando a que le dé mi toque especial?"*. Abraham preparó la cámara de foto fija e hizo una secuencia: Alberto, llevaba un cenicero con colillas, un taco de papeles y carpetas en las manos, las lanzó por el aire y cayeron por todos lados. La idea fue muy buena porque efectivamente parecía un sitio desorganizado y sucio.

Aquel día, cada vez que cambiábamos de ubicación, alguien le preguntaba a Alberto con sonrisas: *"¿Le diste ya el toque especial a este sitio?"*.

La fachada de entrada de la gendarmería, era la puerta del antiguo Juzgado (hoy, hotel Miramar). Allí, en la puerta, un gendarme (Antonio López Luna) vigilaba a diversos transeúntes (figurantes). En primer plano, la conversación entre Pierre Lerosse (Paco Roma) y Alain Beaumont (Max Millán). Todo ese acabado decorativo fue trabajo de Alberto, usó una bandera francesa y un gran letrero que ponía *"Gendarmerie"*.

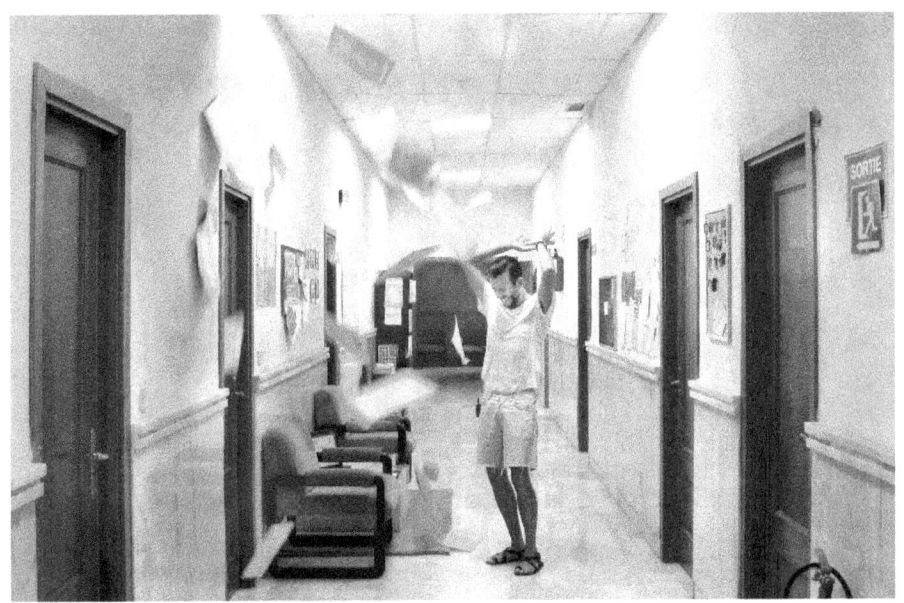

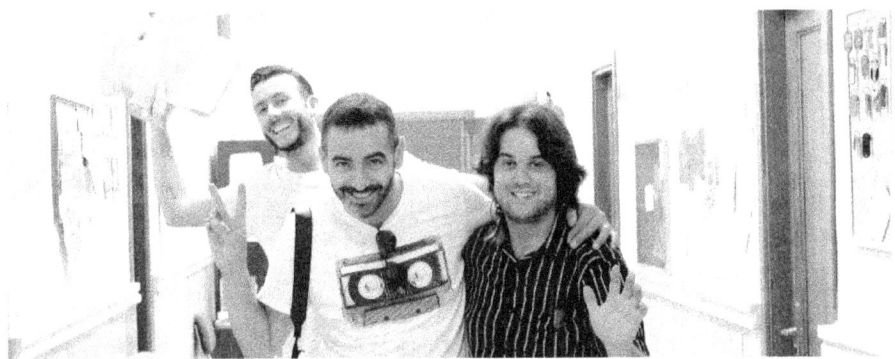

En el antiguo Juzgado, Alberto decoró una sala entera (la que hoy se usa para banquetes en el hotel) y la convirtió en una galería de la Ópera de París. Colocó unas cortinas rojas muy majestuosas, cuadros, un sillón dorado y otros adornos. También se ocupó magistralmente de la escena del ahogamiento en la bañera, de toda la parte operística en el Teatro Cervantes y en el castillo de las Águilas.

La idea de vestir a las treinta figurantas que interpretan el coro de la ópera al estilo grecorromano, con túnicas blanca y adornos en las muñecas, fue suya. Además de su labor decorativa, se ocupó de custodiar el vestuario que Alta Costura Montesco nos prestó y de ayudar a vestir a cada actriz. Son trajes muy delicados que pueden estropearse si no se ponen con cuidado.

Recuerdo otra ocasión en que hacía falta una mesa para Mónica Aragón en su escena en el teatro. Alberto se metió entre las butacas, se agachó y se puso un tablón y un mantel en la espalda, simulando una mesa para ella. Fue muy divertido y todos recordamos con cariño que, Alberto hizo una figuración especial... como mobiliario.

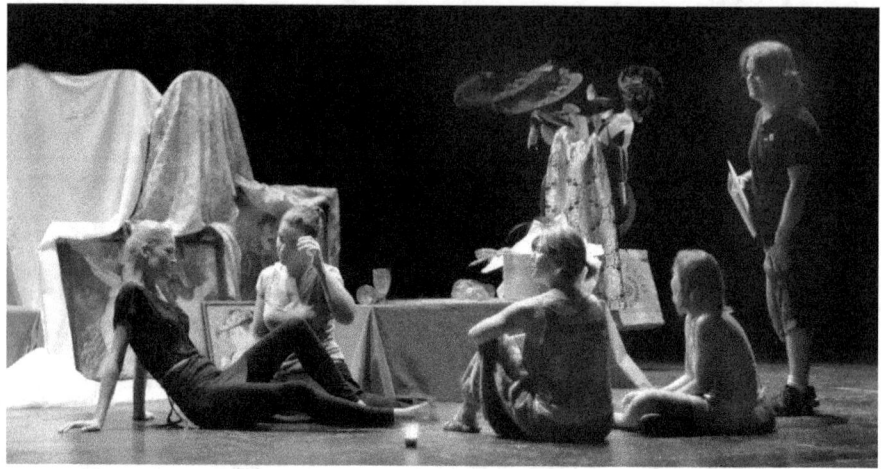

Casi al final del rodaje, en las últimas cuatro jornadas, Alberto tuvo que lidiar su limitado tiempo, debido a una gran oportunidad laboral que le surgió, así que en algunos días no pudo estar con nosotros; le dejó instrucciones específicas a la ayudante de dirección Paula Khan sobre los materiales y procedimientos previamente preparados por él. Lo echamos de menos en el rodaje de Antequera, en las escenas de las manifestaciones callejeras y el rodaje de la orquesta, aunque siguió enviándonos materiales e instrucciones, por ejemplo, para colocar los fondos negros. La participación de Alberto Ortega fue maravillosa y me consta que a día de hoy ha adquirido aún más experiencia en cine.

Capítulo 31
Un buen equipo es fundamental

El equipo técnico de esta película, como he mencionado, fueron dos: el equipo inicial, y luego otro equipo definitivo (que incluía miembros iniciales pero la mayoría eran miembros de nueva incorporación, que se sumaron valientemente con este proyecto ya empezado). Pero en ambos equipos había un denominador común: eran personas muy competentes, con las cualidades necesarias para trabajar en largometrajes. De algunos técnicos ya he hablado en anteriores capítulos dedicado a diferentes áreas, pero no quería que en este libro quedasen sin mencionar otras personas que han hecho una labor enorme.

· *Escarlata Godiri*

Escarlata ha sido la persona que más me ha ayudado durante todos estos años. Ella es mi socia además de mi esposa querida. Hemos compartido muchos gastos para terminar este largometraje y a día de hoy seguimos compartiendo tareas, como la creación de este libro. Aunque el libro es invención y escritura mía, Escarlata lo ha repasado con un detalle minucioso, invirtiendo horas diarias durante meses para corregir algunas faltas, mejorar expresiones narrativas y buscar datos, fechas y palabras técnicas.

Escarlata y yo hacemos muy buen equipo, me suele ayudar de la misma manera en todos mis guiones; en las conversaciones que escribo para los personajes, ella matiza algunas expresiones, buscando la coherencia, la cohesión y la adecuación de los diálogos.
También está formada en Derechos Humanos y siempre me asesora en estos temas, que considero una prioridad en mis guiones. Es un trabajo en conjunto que hace que todo quede más pulido. Le debo mucho a mi esposa.

Además, en varias ocasiones, Escarlata nos ayudó encargándose del catering. Ella, gracias a su formación en enfermería, preparó geniales comidas en cada jornada de rodaje, teniendo en cuenta todos los hábitos y necesidades alimenticias (alergias, intolerancias, vegetarianismo, gustos gastronómicos, etc.). También preparó botiquines para las escenas de riesgo. Y en algunos rodajes, ha cuidado de los hijos pequeños de actores y figurantes, facilitando la conciliación. Escarlata también ha venido reflejando, la *gestión del trabajo* de la película (capítulo 54).

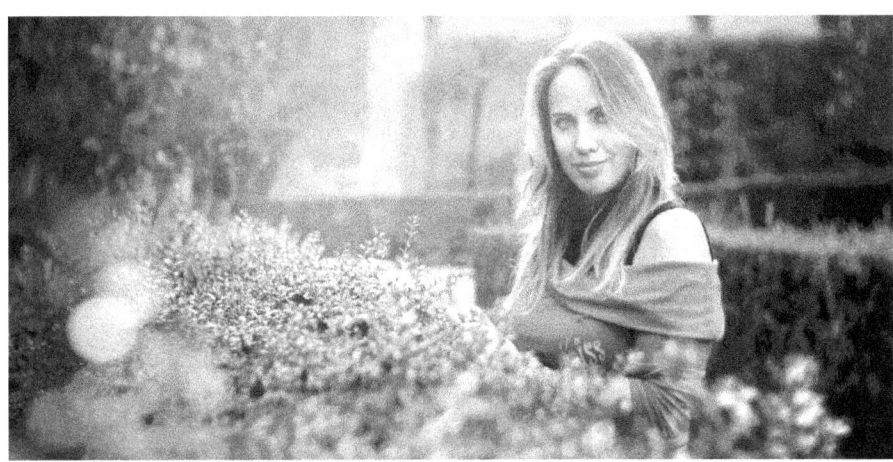

Otra de las tareas que hizo Escarlata fue la de introducir todos los datos de la película en Wikipedia. Una tarea meticulosa que ha venido realizando poco a poco: la ficha técnica, la sinopsis, los festivales de cine a concurso, los premios, el reparto actoral, el equipo técnico, etc. Y todos y cada uno de los datos, contrastado con referencias externas a otros medios de información. Es decir, una tarea en la sombra que requiere mucho tiempo y suele ser bastante invisible.

El día del rodaje con la orquesta, Escarlata hizo una labor estupenda de ayudante de dirección por un día. Ella coordinó a todos los figurantes músicos, y me asesoró sobre su colocación en la orquesta (Escarlata es violinista). Además, me ayudó a dirigirlos, sabiendo en cada plano que era lo que yo necesitaba filmar. En posproducción, me da su opinión cuando estoy editando, aprecio mucho su visión de espectadora.

Dicen que en este mundo no hay nadie indispensable en ninguna empresa, pero estoy seguro de que, si Escarlata no hubiera invertido sus esfuerzos en el equipo, esta película, directamente, no se habría terminado nunca.

· *Enrique Muñoz*

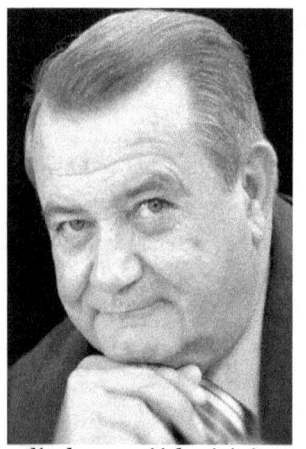

Sobre mayo de 2012, la película estaba detenida debido al abandono de bastantes miembros del equipo inicial y, aunque no eran buenos días para mí, me animé a ir a una entrevista de radio a la que me habían invitado. Fue en Onda Color FM, por aquel entonces lo presentaba Carlos Esteban. Y fue en la misma entrevista donde conocí a una persona que además de hacerse un gran amigo también solucionó y organizó lo que quedaba de rodaje, consiguió todos los permisos municipales (algunos difíciles) y hasta consiguió presupuesto para todos los gastos en París; me refiero a Enrique Muñoz.

En la película, Enrique tiene un pequeño papel, haciendo de gendarme que conduce en la persecución. Enrique suele trabajar como actor, pero en nuestra película asumió la titánica tarea de asistencia de producción. Fueron muchas veces las que Enrique sacó el proyecto adelante en cuanto a producción, consiguiendo el atrezo necesario, consiguiendo permisos, consiguiendo dinero, consiguiendo *catering* de diversos proveedores. Enrique fue un aliado estupendo, eficiente y aguerrido.

NOTA: A fecha actual, 2023, Enrique ya no está con nosotros, falleció en 2022 por culpa del covid. Le recordamos mucho y su trabajo y su obra interpretativa siguen estando presentes.

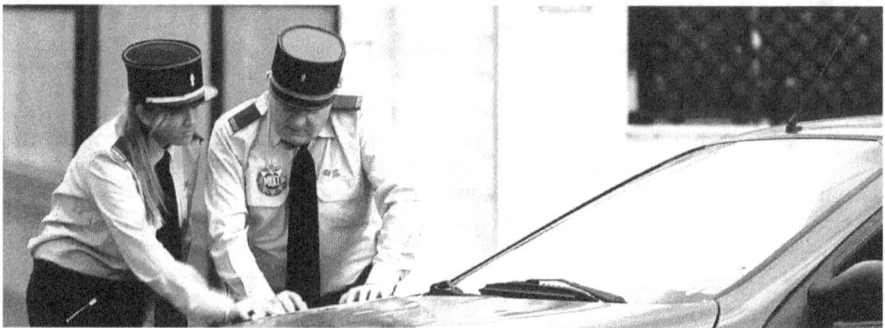

· *Paula Khan*

Paula, licenciada en comunicación audiovisual, fue la principal ayudante de dirección en esta película. Conocí a Paula cuando impartí un curso de dirección de cine para el ayuntamiento de Málaga. Advertí que ella era la más aventajada de la clase, tenía una visión creativa muy interesante y una resolución absoluta. Por eso le propuse el puesto de ayudante de dirección que se había quedado vacante.

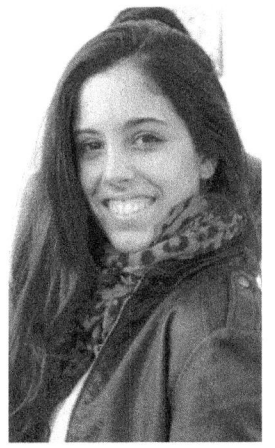

Paula Khan entró en el equipo definitivo, en verano de 2012, cuando ya se había rodado el 30%. Hizo una estupenda labor de preproducción a base de reuniones y anotaciones de todo tipo para saber qué hacía falta para reconducir lo que ya existía y lo que faltaba por rodar. Es muy difícil convencer a otra persona a que entre en un proyecto ya comenzado, encima supliendo a otra que se ha marchado y cuando ya las escenas con Beatriz Rico ya se habían rodado. Todos los técnicos que entraron en el equipo definitivo se quedaron con las ganas de rodar y conocer a Beatriz Rico y, sin embargo, fueron los que sacaron la película adelante hasta su finalización.

Durante el rodaje, Paula se encargó de elaborar, en coordinación conmigo, planes de producción, de rodajes, partes de cámara y cotejar las agendas y horarios de todo el mundo.

Recuerdo con cariño, cómo en alguna jornada larga, me paré a beber agua, comer algo y descansar unos breves momentos tras horas dirigiendo y operando la cámara; y Paula me cogió el móvil y me dijo que ella se encargaba de cualquier llamada que entrase.

Mientras yo estaba concentrado en filmar el rodaje, recuerdo haberla visto de reojo, acomodando a cada uno de los treinta personajes de la ópera, dándole instrucciones, abanicándoles, llevándole el vestuario al asistente de arte Alberto, revisando el cableado de la iluminación para que no tropezase nadie, y mil cosas más. Paula fue absolutamente maravillosa, y su paso por esta película significó que la película exista. Volví a coincidir con Paula en el rodaje del book-tráiler *Pueblo de ángeles,* y en mi cortometraje *Matryoshka,* ojalá volvamos a coincidir en otro proyecto pronto.

· *Manuel Serra*

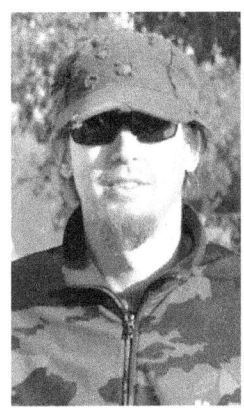

Manu fue el segundo ayudante de dirección, también del equipo definitivo. Manu y Paula formaban un binomio de trabajo genial. Conocí a Manu mediante la fotógrafa Marta Barilari, que nos ayudó sólo unas semanas en la preproducción, en los meses en que yo buscaba suplentes para formar el equipo definitivo. Marta tuvo que marcharse antes de recomenzar los rodajes, pero entre sus buenos aportes, también hay que incluir el que nos presentara a Manuel Serra.

Manu es licenciado en comunicación audiovisual. Al igual que yo, tenía experiencia en cortometrajes y en grabación y edición de espectáculos. Por eso, en nuestras reuniones, compartíamos muchas visiones. Trabajar con Manu siempre ha sido fabuloso. También estuvo conmigo en el rodaje del book-tráiler *Pueblo de ángeles* y en mi cortometraje *Matryoshka*. También nos hemos asociado varias veces para grabar espectáculos escénicos. Ojalá volvamos a coincidir en otro proyecto de ficción.

· *Abraham*

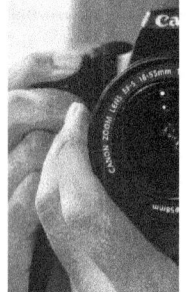

Abraham ha sido un buen compañero. Estuvo al pie del cañón en la mayoría de las jornadas de rodaje, entrando en el equipo inicial y formando parte del equipo definitivo, superando sus propias dificultades personales. Inicialmente, sólo iba a colaborar como foto fija, pero poco a poco fue asumiendo tareas de producción.

Recuerdo a Abraham siempre cargado de cosas, de atrezo, de cables, de cámaras, etc. Ha sido muy trabajador y gran parte de que la película se haya levantado es porque Abraham le puso muchas ganas. Una de las cosas interesantes que tiene Abraham es que siempre va preparado con multitud de *gadgets*. Así que era frecuente que, en algunos momentos, cuando se ha necesitado reparar algo, siempre llevaba la herramienta precisa. También ha transportado gente y materiales en su coche. Ha colaborado en varios *caterings* y ha sido auxiliar en casi todos los departamentos.

Aunque Abraham no se dedica al cine profesional ni guarda una relación laboral con el mundo audiovisual, como fotógrafo *amateur* hay que decir con orgullo que muchas de las mejores fotografías *making-of* han salido de él y de su cámara.

· *David Rey*

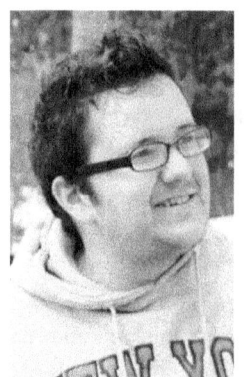

David Rey fue asistente de producción, junto a Enrique Muñoz y a Abraham. David es una persona muy trabajadora, que realizó una estupenda labor de producción. Tengo que destacar, sobre todo, la escena del accidente de moto, en la que David asistió en todo momento al especialista de acción Javier Guerrero para simular ese accidente en carretera.

Volví a coincidir con David en el rodaje del book-tráiler *Pueblo de ángeles*, donde hizo una labor de producción tan buena como siempre.

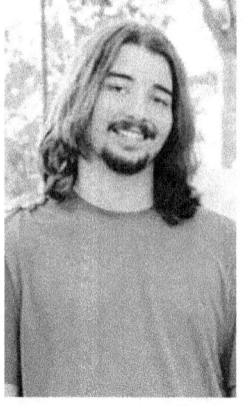

· *Javier Guerrero*

Javier Guerrero colaboró como auxiliar de producción. Entre otras cosas, Javier se ocupó de gestionar una furgoneta llena de luces desde la empresa de iluminación de cine *Aluzine Southern Sun* y ayudar a Jorge Sacristán en la disposición de todos los puntos luminosos en las escenas de la ópera.

También realizó una peligrosa escena como especialista de acción, como el *motorista que sufre un accidente de tráfico*. Condujo su ciclomotor, simuló un choque, rodó por el techo de un coche y por el capó de otro. Luego, en montaje, edité esta sucesión de planos rápidos, los aceleré digitalmente, y separé a Javier con efectos de postproducción, de forma que, en vez de rodar por el techo del coche, lo hice dar vueltas en el aire antes de estrellarse contra el capó y el cristal delantero del otro coche. Parecía que realmente *el motorista*, Javier, había chocado y había salido volando.

Otro de los efectos que Javier realizó con éxito fue el martillazo que le propinó a la pantalla de un televisor, rodando en *La casa invisible*, para simular que el televisor se había roto a causa de un disparo. Javier lo hizo muy bien, ya que sólo teníamos un televisor y por tanto sólo teníamos un intento. Además, debía sincronizarse con los actores, y ejecutar el martillazo desde una posición complicada porque su silueta debía ser borrada por ordenador. Además, lo hizo con medidas de seguridad, con unos guantes enormes y un casco integral que lo protegían de todos los cristales. Javier Guerrero hizo una labor estupenda.

· *Jordi Lagoutte*

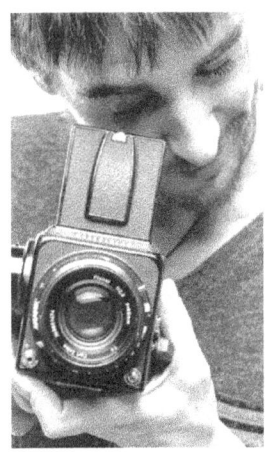

Jordi es un fotógrafo francés que vive en París. La ayuda de Jordi fue indispensable para culminar este rodaje. Encontré en Jordi un gran profesional, no sólo por su dominio fotográfico sino por su compromiso, por su ayuda incondicional, por su simpatía. Jordi se ha convertido en un buen amigo a lo largo de los años. Pese a la distancia, seguimos manteniendo un contacto y a veces charlamos sobre posibles nuevos rodajes en los que coincidir. Jordi habla francés, y en ese entonces dominaba el inglés y un poco el español.

En aquel 2013, Lagoutte nos hizo cerca de tres mil fotografías en los cuatro días que estuvimos en París; unas excelentes fotos fijas de *making-of*. Recogió cada instante de nuestro paso por la capital francesa. Además, nos hizo de guía por la ciudad, llevándonos a todos los sitios rápidamente y sirviéndonos de intérprete en algún que otro momento.

Es curioso, cómo a veces se encuentran a los mejores compañeros de profesión a miles de kilómetros. La complicidad que tuvimos con Jordi Lagoutte fue similar a la de ese "mejor amigo de siempre" que uno pueda tener. Jordi nos acompañó por todo París durante aquellos días, cargado con su mochila, su cámara y sus objetivos, haciendo sesiones maratonianas en las calles y con unas temperaturas muy bajas. Fue un acierto contar con su colaboración, nos ayudó y nos facilitó el rodaje.

Espero algún día volver a contar con Jordi Lagoutte en algún rodaje.

· Ben Albares

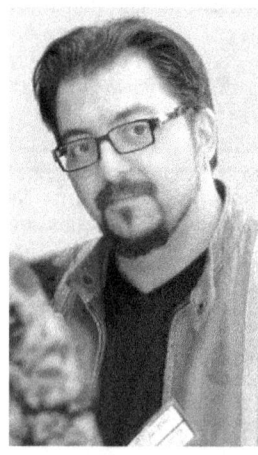

Coincidí con el fotógrafo Ben Albares en el tiempo que él estuvo viviendo en Málaga. Su paso por la película fue breve, pero ayudó a dotar de más calidad las primeras escenas que se filmaron, gracias a su material de iluminación.

Ben Albares también hizo una sesión de fotos promocionales con los protagonistas, que quedaron bastante bien. Personalmente también le guardo cariño porque coincidimos en muchos gustos musicales y cinematográficos. Espero poder trabajar algún día con él otra vez.

· Jorge Sacristán

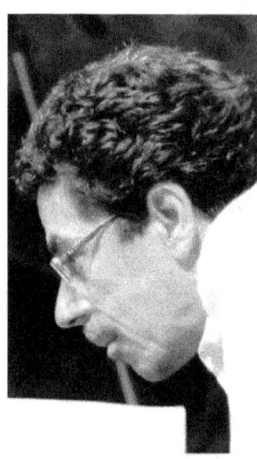

Jorge Sacristán es un realizador e iluminador de cine muy conocido en el panorama fílmico nacional e internacional. Jorge ha trabajado con personalidades del cine, por eso, contar con él fue todo un lujo. La misión de Jorge fue la de asistente de fotografía en las escenas de la ópera.

Los equipos de iluminación para las secuencias operísticas también las aportó Jorge Sacristán, de su empresa *Aluzine Southern Sun*, en Mijas.

Le estaré eternamente agradecido por habernos solucionado un momento delicado en el antiguo teatro que nos dejó tirados (tal como se relata en el capítulo 19).

· Mike García

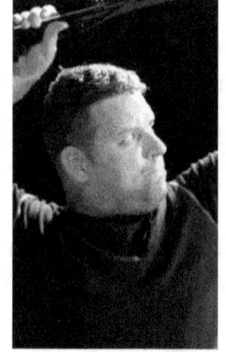

Mike es un actor malagueño que ocasionalmente ha colaborado en facetas de producción en algunos proyectos. En nuestro proyecto, Mike se ocupó fundamentalmente de la recogida del sonido directo con la pértiga y el micrófono. Una labor que fue alternándose con Sergio Sánchez en diferentes etapas. Mike García también actuó como figurante durante las escenas de las manifestaciones tanto en la calle como dentro de la "gendarmería" (el antiguo Palacio de Justicia).

· *Jose Ruiz*

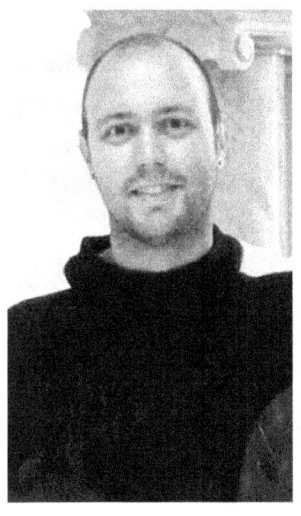

Jose Ruiz Gacía fue el primer amigo que hice cuando me vine a vivir a Málaga, con él estudié el Ciclo Superior de Imagen y con él hice mis primeros cortometrajes como estudiante y aprendiz. La labor de Jose en esta película ha sido siempre excelente, ha puesto todos los medios y las ganas por hacerlo bien, pese a la escasez de herramientas durante los primeros meses y pese a los obstáculos que se presentaron.

Eché mucho de menos a Jose cuando se marchó del proyecto junto al equipo inicial pero el tiempo que estuvo al mando de la dirección de fotografía hay que valorarlo en su justa medida. Destacar de Jose que los mejores planos realizados en los tres días que estuvo Beatriz Rico en Málaga tienen su sello. Se trabaja muy bien con Jose Ruiz porque es una persona amena, simpática y divertida; guardo recuerdos geniales de él. Actualmente, Jose también escribe novela, relatos y poesía.

· *Laetitia Poggi y Noelia Moreno*

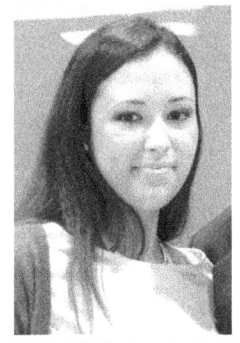

Aunque Ana Cabanillas estuvo muchas jornadas, tan sólo hubo dos días que no pudo asistir. Ese día, que era más sencillo, con grabación delante de un fondo *chroma,* le pedí a dos amigas caracterizadoras, Laetitia y Noelia, que viniesen a ayudarnos. Noelia maquilló a Antonio Montiel y a figurantes de la orquesta. Y Laetitia maquilló a Mónica Aragón en la escena con el detective, en una cafetería de Fuengirola. Ambas lo hicieron muy bien, manteniendo la continuidad de la caracterización, partiendo del visionado de los fotogramas previos.

· *Manuela Reyes*

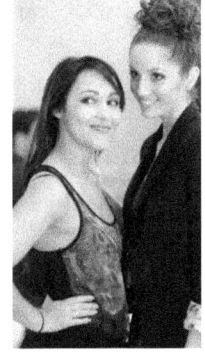

Tal como he hablado de Manuela en anteriores capítulos, hago hincapié en la labor que hizo como caracterizadora. Manuela sólo puedo estar en cuatro jornadas de rodaje: durante los tres días de rodaje con Beatriz Rico y otro día más de rodaje en su propia casa, como si fuese la casa del detective Pierre.

Manuela se metió de lleno en este proyecto que, si bien su aportación fue excelente, también tomó la decisión de abandonar el proyecto. Nos dio mucha pena cuando Manuela, y le agradeceremos su labor en un trocito de la película.

· *Ana Cabanillas*

Ana Cabanillas entró como caracterizadora en el equipo definitivo. Estuvo en los momentos más duros y complicados: durante todo el rodaje operístico, el rodaje con los interrogatorios en el Teatro Cervantes, las escenas de coches y las complicadas repeticiones de las escenas de acción.

Ana hizo una gran labor con todos los personajes, se ocupó de tener siempre preparados a los protagonistas y puso mucho énfasis en cuidar la caracterización de Mónica Aragón y de Antonio Montiel.

Siempre agradeceré a Ana la confianza demostrada, entrar en un proyecto ya comenzado y estar presente en todo momento hasta el último día del rodaje en Málaga.

· *Mélanie Martínez*

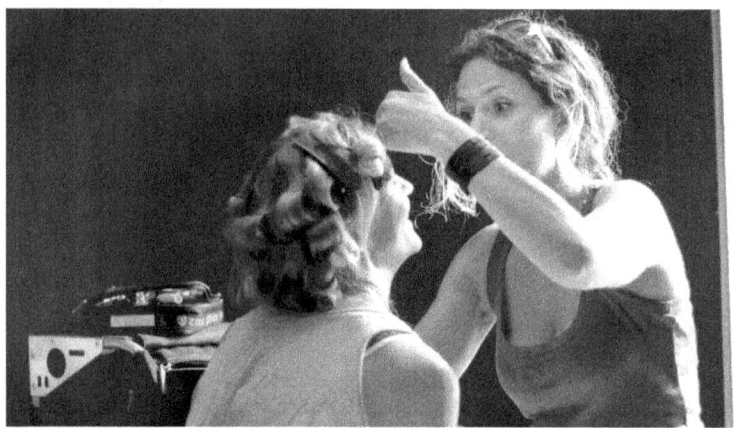

Mélanie realizó una buena labor de ayudante de dirección en el equipo inicial. Una de las cosas que me animó a comenzar a rodar fue la buena disposición de Mélanie. Cuando la conocí vi en ella a una persona muy capaz y eso que, en aquella época, ella tenía apenas diecinueve años. Era joven, pero tenía las ideas muy claras.

Durante los primeros rodajes, Mélanie y yo teníamos gran sintonía cinematográfica. Sin embargo, el ritmo que exigía este rodaje y la falta de entendimiento que poco a poco iba haciendo mella en el equipo inicial, hizo que quizá Mélanie perdiese el impulso inicial y abandonara el proyecto.

Aunque en aquel momento no entendí su decisión, siempre he valorado el tiempo que Mélanie estuvo en las jornadas de rodaje. A lo largo del tiempo hemos hablado en alguna ocasión y ella misma, pese a su colaboración interrumpida, se siente parte del proyecto y ha sabido apreciar el resultado final; por eso y pese a las dificultades pasadas, sigo guardando un buen recuerdo.

· *Sergio Sánchez*

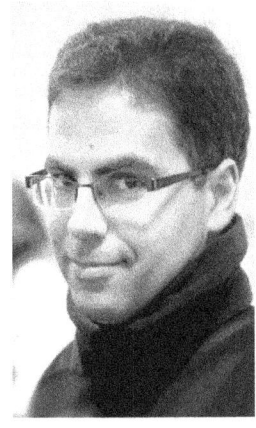

Considero a Sergio como un compañero técnico muy especial en este proyecto. Fue un técnico que siempre estuvo ayudando en tareas auxiliares, sin quejas, sin problemas, aportando ideas, aportando su tiempo y estando desde el comienzo hasta el final. Sé que Sergio hizo esta labor por nuestra amistad y por su amor al cine; en los rodajes más duros, Sergio sonreía en las fotos y tenía palabras llenas de positivismo. En aquellas fechas conté con Sergio como auxiliar porque aún él estaba rodando sus primeros cortometrajes; hoy día, con todo lo que ha evolucionado, contaría con Sergio en un puesto más creativo.

Sergio se ocupó principalmente de la grabación del sonido directo con la pértiga y el micrófono, aunque realmente, también asumió tareas de auxiliar de producción. Sergio entró en el proyecto con el equipo inicial y se mantuvo con nosotros, pasando a integrar en equipo definitivo. La ayuda de Sergio fue genial colaborando en todo tipo de tareas, transportando material y personas, y apoyando con el sonido de forma fundamental.

Sergio Sánchez es un realizador malagueño que ha ido creciendo con el paso de los años, resultando un gran cortometrajista muy prolífico que ha recibido numerosos premios en festivales de cine. Sergio Sánchez es muy buen amigo y una persona muy agradable. He tenido el honor de colaborar en tres de sus cortometrajes.

· *Otros aportes al metraje*

Hubo algunas personas que estuvieron colaborando un tiempo muy breve y de forma discontinuada. Lo hicieron por echar una mano de vez en cuando. Sin embargo, por liviano que fuese el aporte, yo lo tengo todo bien memorizado y a todos les otorgo el reconocimiento a su labor. A cada uno de los que han estado en este proyecto les entrego un abrazo.

Personas como Élise Tandé, una gran fotógrafa que tiene una visión artística que me encanta. Las fotos que hizo Élise durante el rodaje, son sencillamente geniales, con un estilo particular. Además, como Élise es de origen francés, también hizo el favor de poner una voz en *off* interpretando la megafonía de la Ópera de París.

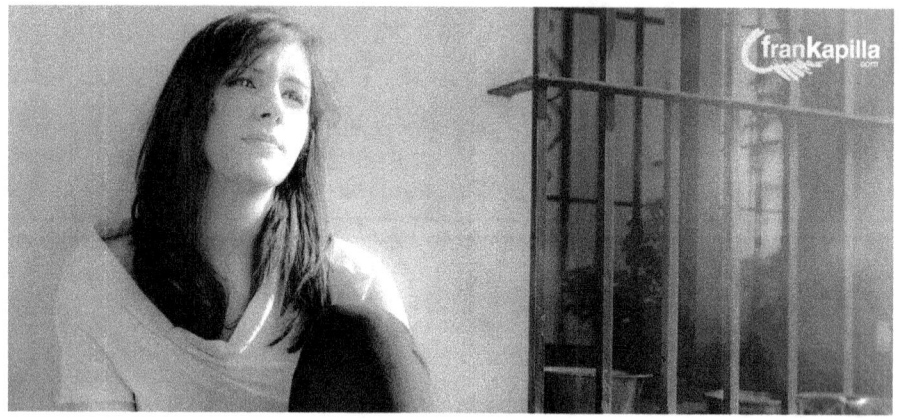

También aportó muchísimo Sole Sánchez, otra fotógrafa muy conocida que consigue muy buenas fotografías. Sole hizo multitud de fotos con una gran belleza, sobre todo retratos de todos y cada uno de los participantes de los rodajes con la orquesta y dentro del restaurante. Su trabajo me gustó muchísimo.

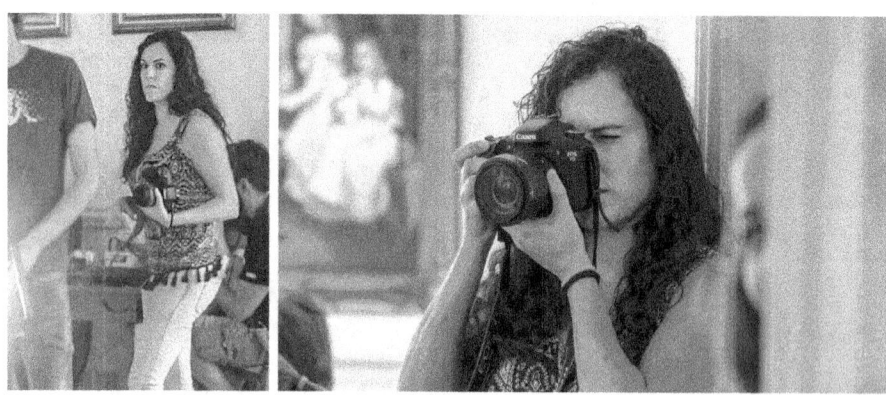

También aportó, Jon Rivero, un conocido cineasta y director teatral de Málaga que estuvo en dos jornadas como operador de cámara realizando unos planos geniales como él acostumbra a hacer.

Eloy Muñoz fotógrafo que es muy conocido en Málaga. Eloy llegó al equipo con la intención de ayudar a José Ruiz con la luz, estuvo en cinco jornadas de rodaje y ayudó en todo lo que pudo de manera genial los primeros meses; realizó fotografías que me encantaron. Nunca pude disponer de todo el material fotográfico que hizo en nuestro proyecto, no obstante, le doy las gracias por el tiempo que estuvo.
Quiero agradecer el esfuerzo de Antonio Buch, que estuvo al frente de la cámara tres jornadas, las mismas que corresponden con el rodaje con Beatriz Rico.

También mandar un abrazo a Lara Marrero que estuvo asistiendo a Ben Albares con la foto fija en tres jornadas, aunque le dio tiempo a participar poco, hizo algunas fotografías muy bellas.

Mario López también nos ayudó, cuanto estuvo en su mano. Recuerdo como detalle especial, que cuando Beatriz Rico llegó, Mario López le envió a su habitación de hotel un ramo de flores y un adorno de porcelana con una tarjeta en nombre del equipo de la película. Ese tipo de detalles yo no pude tenerlos con nadie porque el presupuesto estaba casi agotado ya en aquellas fechas. Como quise ser justo, le dije a Beatriz que ese detalle fue obra de Mario López, que teníamos gran amistad con él.

Hubo otro Mario en el equipo, estuvo menos tiempo y se dedicó a recoger el sonido con la pértiga en cuatro sesiones de rodaje. Realmente no he llegado a conocerlo bien durante estos años. Su aporte fue muy pequeño, pero también le doy las gracias por su tiempo.

También agradecer el gran trabajo de traducción para subtitular al inglés, que hicieron Priscila Godino y Victoria Mitchell, en equipo. Una traducción precisa. Fue una labor de subtitulado al inglés absolutamente perfecta.

Y por último agradecer, de forma más distante aunque igualmente cariñosa, a todos los seguidores de este proyecto, personas en la distancia, tras las redes sociales que, aunque no pertenecen al equipo, en muchas ocasiones nos han abierto puertas o nos han facilitado las cosas para conseguir atrezzo, localizaciones, lugares de estrenos, participación en eventos, etc. Habría que nombrar a muchísimas personas aquí, pero quiero focalizarme sobre Rebeca Cruz y Chris Miller, allegados de Amazon USA, y quienes me abrieron la puerta para incluir el largometraje y el libro en brazos de esta gran empresa.

CONTAD SIEMPRE CON QUIEN SE SIENTA QUE ES PARTE DE UN PROYECTO EN COMÚN, Y NO CON QUIEN PIENSE QUE ESTÁ HACIENDO EL PROYECTO DE OTRO.

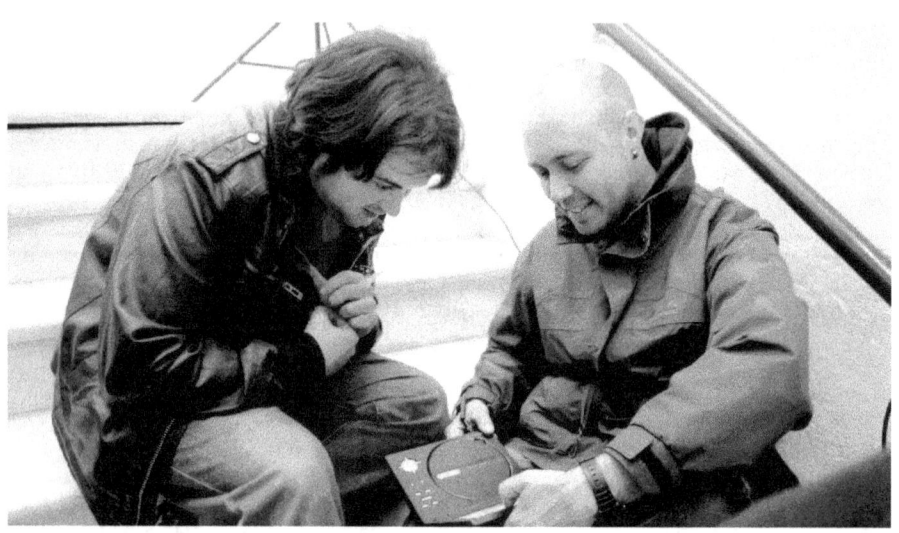

Arriba: Jose Ruiz fue posiblemente, la persona del equipo inicial que más se implicó. Me alegra poder conservar su amistad a día de hoy.

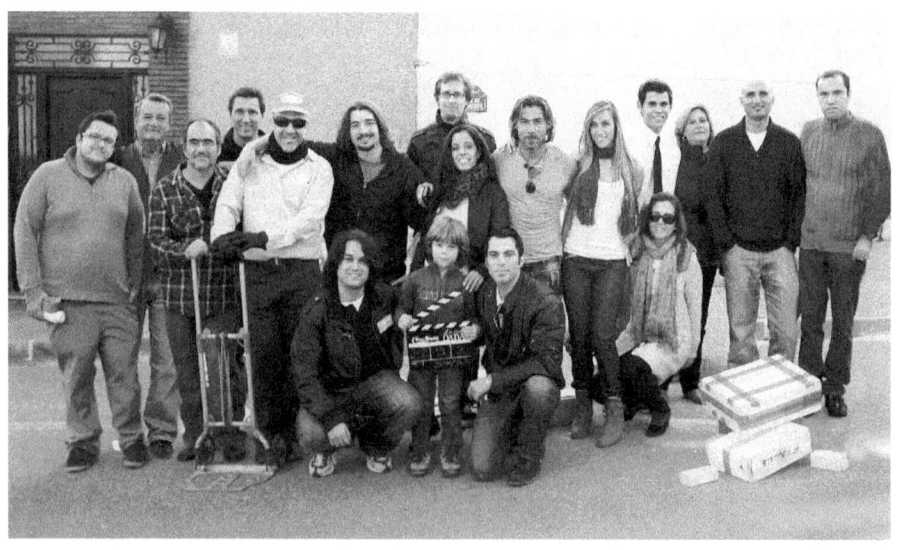

Capítulo 32
La difícil producción

*"En medio de la dificultad,
reside la oportunidad."*
(Albert Einstein)

Esta película empezó como una producción humilde entre amigos. De hecho, al comienzo íbamos a rodar con mi videocámara semiprofesional estilo ENG. Sin embargo, tuve la gran suerte de ser el ganador del primer premio de un concurso de spots para Panasonic/Filmutea, lo que me proporcionó una cámara maravillosa que era ideal para filmar cine. Una novedosa cámara de gran calidad con estética de cine y con objetivos intercambiables; gracias a este hecho, durante los meses de preproducción empecé a soñar y a diseñar otro tipo de película con mejores acabados, pero más compleja también, y que involucraría más gastos. Empecé entonces la tarea de buscar presupuesto, mientras, íbamos grabando las escenas más sencillas para tener material para mostrar y convencer a los posibles inversores de que íbamos en serio.

El primero de los posibles inversores, una agencia de viajes importante con implantación nacional, llegó a firmar un preacuerdo. Pero cuando quise materializarlo, no volvió a dar señales de vida nunca más, pese a mis llamadas. Así que lo di por extinguido.

Con el segundo de los posibles inversores, tuve hasta tres reuniones a la que le mostré todas mis ideas, mi guion, fotos de escenas, esquemas, etc. Esa persona me aseguró que se iba a convertir en el patrocinador principal; me prometió todas las veces que iba a concedernos ese dinero a cambio de publicitar alguna de sus empresas. La promesa se fue demorando y llevaba ya cinco o seis meses de retraso. El equipo técnico inicial se fue desilusionando debido a la creciente complejidad del proyecto y a la falta de presupuesto.
El 25 de febrero de 2012, el día de mi cumpleaños y viendo que el rodaje no se reanudaba con el equipo inicial, llamé al supuesto patrocinador para decirle que seguíamos necesitando ese dinero con urgencia para proseguir y que habíamos filmado ya preciosas escenas con Beatriz Rico. Nos dijo, como siempre, que no nos preocupáramos, que la semana siguiente nos daría la sorpresa. La sorpresa no llegó nunca.

Seguí buscando inversores. Conseguí un preacuerdo con una conocida marca de licores que nos prometió suplir los gastos de rodaje de la Ópera y de París si incluíamos su marca en tres secuencias importantes de la película. Planificamos dichos planos en el *storyboard*, preparamos las botellas y cómo debían rodarse. Pasaban los meses, nos quedamos esperando y sin noticias nuevas de esta marca. Escribí y llamé para terminar de cerrar el acuerdo de colaboración, pero ya no había respuesta... y estoy hablando de una marca muy conocida.

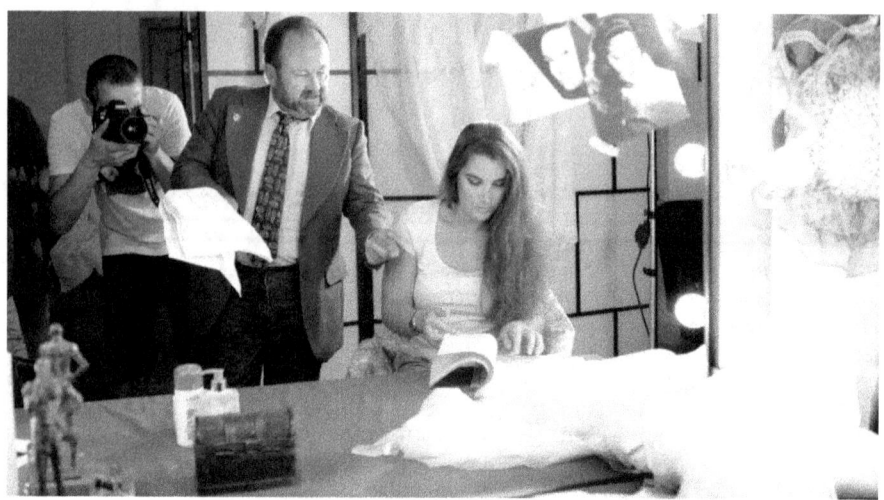

La empresa de licores me llamó muchos meses después para pedirme perdón por el tiempo perdido en todas las gestiones. Me dijo que, pese a que era una gran y conocida marca, justamente ese año estaba sufriendo una crisis interna y que tenía que prescindir de muchos gastos. Al menos me dieron una explicación.

En este punto, de alguna manera estábamos atrapados, porque habíamos rodado el 30% de la película, no quedaba más remedio que seguir si queríamos que todo lo rodado hasta entonces no fuera en vano. Otra posibilidad era pausar el rodaje para buscar dinero durante uno o dos o tres años, pero para entonces, nada me garantizaría que los mismos actores estarían disponibles, ni de que podrían unirse las escenas nuevas con las anteriores, debido a razones estéticas o técnicas que podrían cambiar con el paso del tiempo.

El periplo de la producción económica se alargó hasta mayo de 2012, fecha en que la película quedó peligrosamente detenida. Muchos miembros del equipo técnico inicial se quemaron, se desinflaron, y abandonaron pensando que este proyecto era imposible. Luego, algunos actores me comentaron, insinuando una posible marcha, que necesitaban cambiar su apariencia (cortes de pelo, modificación de la barba...) a petición de otros proyectos que les requerían.

Todos estos acontecimientos hicieron que me sumiera en una desolación y una ansiedad creciente, que quizá hubiera desembocado en depresión si no hubiera contado con mi esposa, Escarlata. Siempre la tuve a mi lado, animándome a seguir buscando inversores y a encontrar nuevos miembros para el equipo técnico.

Aquella primavera de 2012 fue muy triste. Yo estaba asimilando todo lo que había ocurrido en el rodaje del 24 y 25 de marzo (capítulo 16). Sin embargo, un hecho lo cambió todo, fue la gota que colmó el vaso, fue lo que me dio nuevas energías y lo que me hizo decidirme a seguir adelante sin mirar atrás: en mayo recibí una llamada de Beatriz Rico dándome el pésame por la cancelación de la película, que lo sentía mucho, y que comprendía que no se había podido seguir. Yo nunca había hablado sobre los problemas con Beatriz y entendí rápidamente que alguien la había llamado diciendo que el proyecto estaba cancelado.

Le pregunté que quién le había contado esa falsedad, que quién le había dicho que este proyecto se cancelaba y, aunque Beatriz fue muy discreta, entendí que no iba a poder volver a contar con los miembros que se fueron y que alguien (o algunos) intentaba derribar el rodaje si no estaba en el equipo. Esa conversación me cambió totalmente; conté con la gente que sí quería seguir y busqué a nuevos compañeros para reorganizar el equipo técnico. <u>Comprendí que todo lo que ocurrió, la marcha de los técnicos iniciales, era lo mejor que podía pasarle al proyecto, tal como el tiempo demostró.</u>

El rodaje pudo arrancar de nuevo en verano de aquel 2012 gracias al dinero que Escarlata y yo conseguimos ahorrar en trabajos esporádicos que nos iban surgiendo en esos meses de crisis económica. Así, *Las hijas de Danao* acabó teniendo un gran peso económico sobre nuestros bolsillos, el de ella y el mío.

Aunque cooperativamente, la película pertenece a todos los que la hemos construido, desde el más pequeño hasta el más grande, las personas que más tiempo y dinero hemos invertido hemos sido Escarlata Godiri y yo. Por así decirlo, somos los accionistas y los productores principales.

Continuamos el rodaje con nuevo equipo, con los pocos miembros del equipo inicial que quedaron y con nuevas incorporaciones, configurando el equipo técnico definitivo. Entre ellos, se encontraba el asistente de producción Enrique Muñoz, que encontró unos buenos mecenas que cubrieron la mayor parte de los gastos de París y parte de las escenas de la persecución de coches.

Estos mecenas fueron José Ramón Barceló, Benito Jiménez y Antonio Cabrera, que aportaron cierta inversión económica, por lo que les estaré eternamente agradecidos. Si es difícil encontrar personas que quieran participar en un largometraje a nivel cooperativo, más difícil es encontrar gente que quiera apadrinar un proyecto, sólo confiando en mí como guionista y director. Las inversiones que los tres coproductores hicieron, asumían un riesgo grande y plausible: si no lográbamos comercializar la película, no obtendrían ni beneficios ni reembolso. Ellos tres se consolidaron como coproductores de *Las hijas de Danao*.

José Ramón Barceló, incluso me dijo desde el principio que él renunciaba a su inversión, que la hizo como mecenas y que no quería que le diéramos nada. Yo le dije que no podía consentir eso, por eso, en vez de mecenas, me gusta llamarlo coproductor.

Benito Jiménez, un empresario que confió en mí desde que llegó a este proyecto. No sólo puso algo de dinero, sino que también se involucró mucho en tratar de encontrar distribuidores para la película. Benito intentó vender la película y tuvo reuniones con posibles compradores; sin embargo, no pudo ser. La distribución, finalmente (al menos de momento) fue un logro que conseguí yo mismo, pero fue una casualidad, no por querer ponerme ninguna medalla. La distribución llegó sencillamente de la mano de la publicación de este libro en una época que Benito dejó de hacer presión; gracias a los contactos que hice en plataformas *streaming* de cine donde estaba también la venta del libro, pude establecer una distribución de la película en Estados Unidos, Reino Unido y Europa (de momento).

El hecho de que la película exista es por puro valor y tesón, por valentía y trabajo duro, por paciencia, por la entereza de no caer en la rabia o en el desánimo. Hubo un montón de oportunidades para haber cancelado el proyecto: problemas de financiación, caos durante en la producción de los primeros meses, equipo técnico inicial quemado y desmembrado, impedimentos en localizaciones, la dificultad del rodaje en París, las trabas con los derechos musicales de la ópera... y varias cosas más. Todo lo superamos, a todo le encontramos una solución porque Escarlata y yo creímos en este proyecto y en el trabajo que la gente estaba realizando con nosotros. Cuanto más teníamos filmado, más importante era terminarlo. Era una responsabilidad y un compromiso, con los demás y con nuestro proyecto artístico.

Dicen que *"cuando una puerta se cierra, se abre una ventana"*. Aunque esas grandes inversiones nunca llegaron, los gastos de la película fueron cubiertos mayormente por nuestra productora *Artefilms*, es decir, por Escarlata Godiri y por mí. También participaron los tres coproductores (Benito Jiménez, José Ramón Barceló y Antonio Cabrera) y en menor medida (pero no menos importante) por los pequeños gastos personales de los actores principales, y por el trabajo cooperativo de todos.

> "SI NO EXISTE UN CAMINO PARA LLEGAR,
> CONSTRUIREMOS EL CAMINO."
> HANNI-BA'AL BARQA

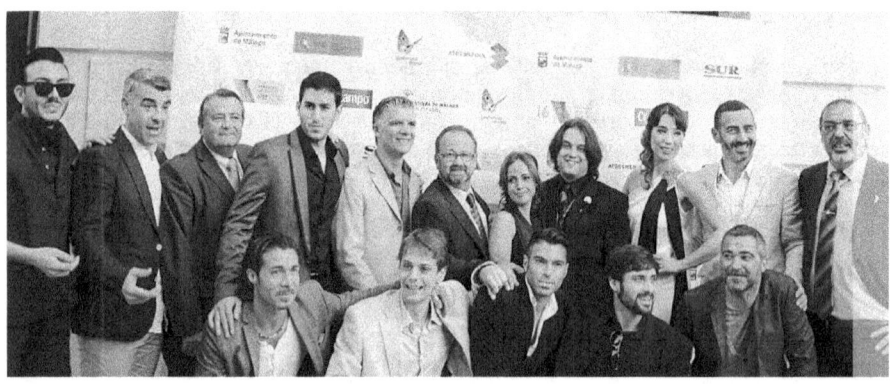

Capítulo 33
Cristina Fargas y Jesús Gómez Baena

Un director de cine debe conocer todos los departamentos audiovisuales para poder coordinarlos: guion, producción, realización, fotografía, interpretación, caracterización, operación de cámaras, arte, música, montaje, edición... Sin embargo, es normal que domine unos aspectos más que otros. En mi caso, durante el rodaje yo mismo suelo operar la cámara principal, lo que me permite centrarme en la composición de los planos. Eso hace que, previamente al rodaje, tenga que invertir más tiempo en realizar ensayos con los actores y asesores de interpretación para que, durante el rodaje, yo pueda delegar buena parte de la dirección de los actores en dichos asesores.

Como asesora de interpretación, conté con Cristina Fargas, actriz y profesora de arte dramático. Y como asesor lírico y escenográfico, con el tenor Jesús Gómez Baena.

Jose Vallejo fue quien me presentó a Cristina Fargas, y no se equivocó en afirmar que es una actriz maravillosa.

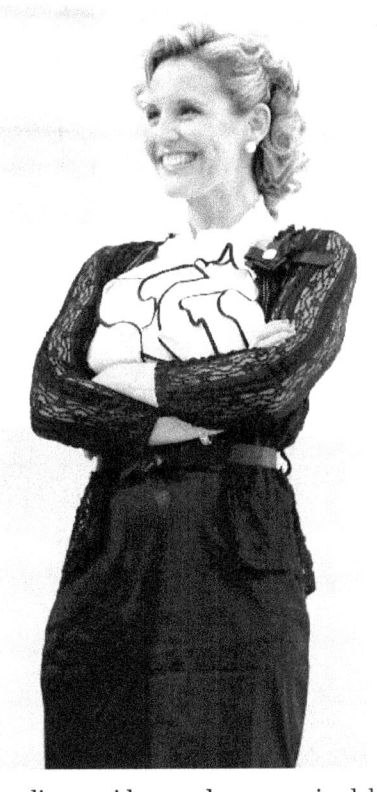

Durante varios meses, acudí a los ensayos de Cristina con los protagonistas y actores más relevantes del reparto. Estudiaron, analizaron y dieron vida a cada secuencia del guion. Los actores lo agradecieron mucho, estuvieron muy contentos con el asesoramiento de Cristina y con el resultado que obtuvieron. Ya en rodaje, Cristina acudió a la mayoría de las filmaciones, donde continuó su trabajo, valorando y matizando la interpretación de los actores y, si era necesario repetir la toma, siempre apoyándoles desde el refuerzo positivo.

Como *Las hijas de Danao* fue mi primer largometraje, fue la primera vez que añadí a mi equipo un asesor de interpretación. Contar con Cristina como asesora fue un acierto sin precedentes, y el resultado interpretativo brilló como nunca antes en mis producciones.

Más adelante, conté con Cristina como actriz en el book-tráiler *Pueblo de Ángeles* y en el cortometraje de Eduardo Duro *Rosas en el bosque*, y ojalá tenga más oportunidades de trabajar con ella.

Jesús Gómez Baena es un excelente tenor que cada vez está brillando más. Cada año que pasa, su experiencia y su nombre resuenan más en el panorama lírico. Titulado por el Conservatorio Superior de Málaga en la especialidad de Canto, ha participado en la prestigiosa Academia del Festival internacional de Suiza, así como en teatros de Europa como el Palacio Ópera de Lille, el de Luxemburgo, el de Dijon y el de Caen, entre otros.

Jesús es también gran entusiasta de la fotografía; son numerosas las fotos que ha publicado recogiendo momentos especiales dentro de teatros o en rincones muy bellos en otros países. También para nuestra película, Jesús aprovechó para hacer algunas fotos personales de la parte operística. He de decir que su visión y la sensibilidad de artista le han permitido realizar fotografías bellísimas.

Conocer a Cristina y a Jesús, y poder contar con ellos, fue un honor. Además de ser personas expertas, son amigos comprometidos. Deseo fervientemente volver a trabajar con ellos.

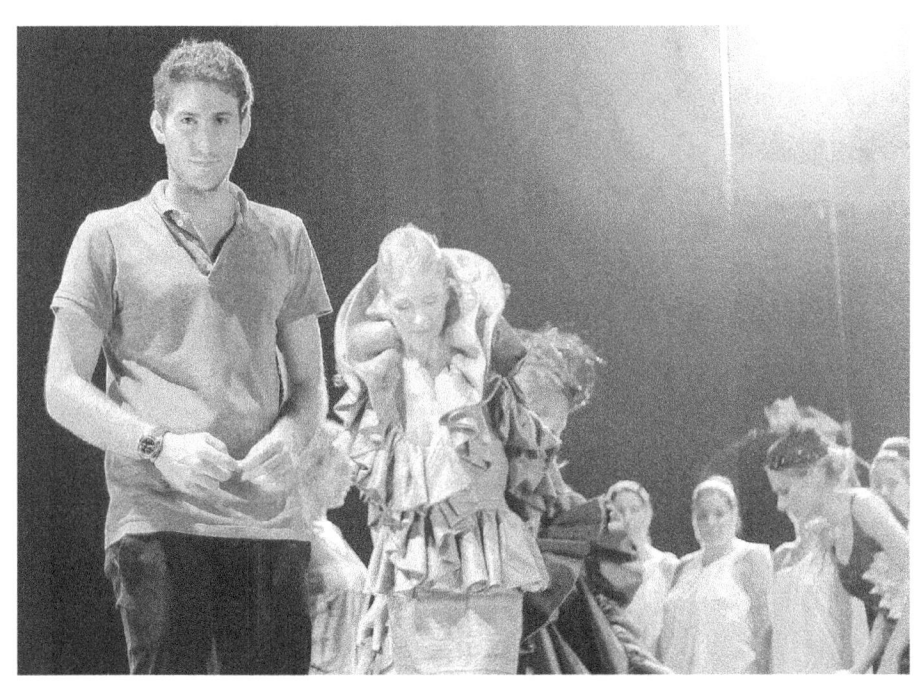

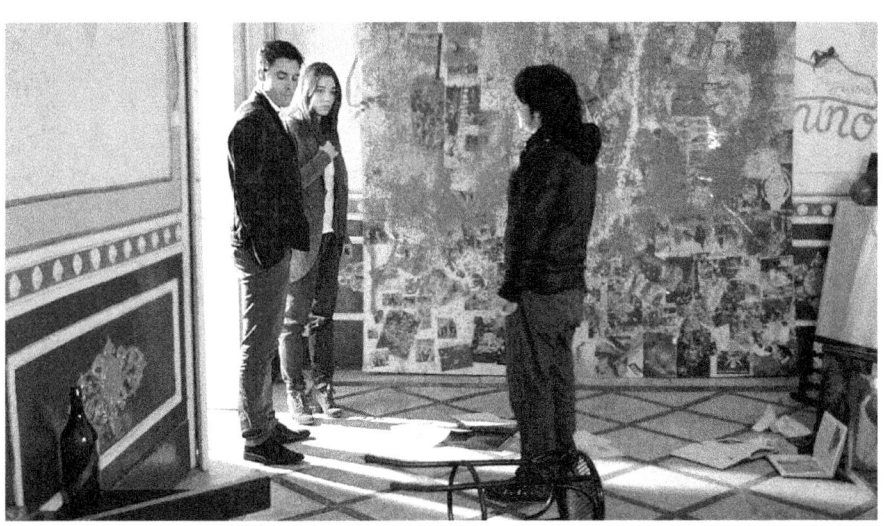

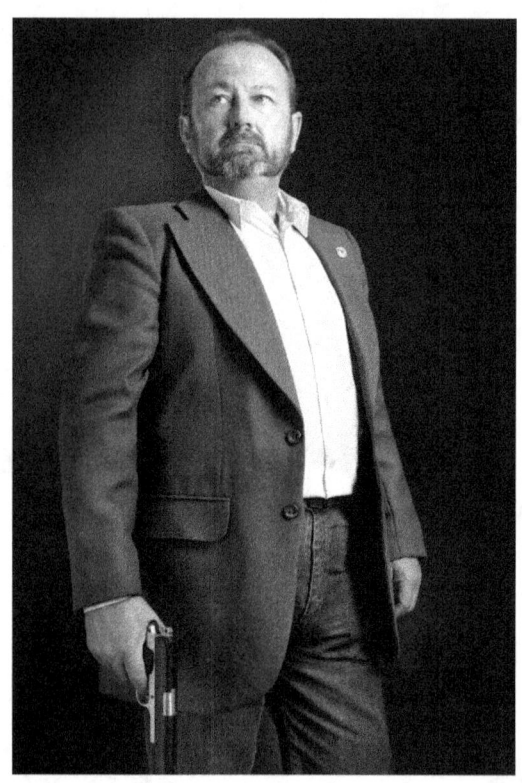

Capítulo 34
Paco Roma

"Todo tiene su momento y su porqué"
(Cita de Paco Roma y de la Biblia)

Conocí a Paco Roma en el año 2008 y tuve el honor de rodar con él cuatro cortometrajes, *Ideas,* cortometraje que ganó el primer premio Filmutea y mi *Trilogía del muro*: *Aléjese del área* (2009), *Pasaporte, por favor* (2010) y *Nosotros seremos libres* (2011). Cortometrajes que me sirvieron de aprendizaje técnico.

Hice gran amistad con Paco y en 2011 empezamos a hablar de *Las hijas de Danao*; tuvimos muchísimas reuniones que me ayudaron a forjar mejor su personaje en el guion.

También fue Paco el que me habló de Beatriz Rico, cuando le dije que estaba buscando una actriz conocida para cierto papel. Bien sabíamos que, con nuestros pocos recursos, el foco de atención para la prensa y el público sería una cara conocida.

Trabajar con Paco es maravilloso; es una persona muy optimista, muy responsable y muy buen compañero. Paco es de esas personas absolutamente profesionales y serias durante el rodaje y al mismo tiempo, cuando la cámara deja de grabar, es simpático, chistoso, animado. Siempre que ha estado Paco Roma en un rodaje ha animado el ambiente y todos lo hemos pasado bien. A mí me daba confianza trabajar con Paco; él conocía mi método de trabajar y yo conocía sus perfiles, sus mejores miradas, sus mejores expresiones. Todo eso lo aproveché en esta película, por eso creo que *Las hijas de Danao* es de los mejores trabajos de Paco, aunque por supuesto él tiene otros trabajos maravillosos en su filmografía.

El personaje que interpreta Paco, Pierre Lerosse, es el principal de esta película. En este sentido, para cualquier director es de vital importancia contar con un protagonista que además de buen actor, sea cercano, confiable, agradable y optimista. Todo eso lo tiene Paco. El personaje se construyó a la medida de Paco; mi confianza en él era tanta que pude trabajar el guion con comodidad, sabiendo los puntos interpretativos fuertes de Paco y sabiendo sus rasgos generales, todo eso lo volqué en el personaje, en el detective.

Al principio, en los acercamientos al guion, Paco cogía referencias de otros personajes del género, como *Colombo* o distintos papeles de Humphrey Bogart pero poco a poco fue haciendo más suyo un personaje único.

Una de las características de Paco Roma es que se introduce en su personaje al instante. Hay actores que necesitan un tiempo especial de concentración para asumir el rol del personaje, pero esta capacidad de Paco era algo increíble. Era capaz de estar hablando con el equipo, gastando bromas y diez segundos después asumir el papel de Pierre Lerosse. Trabajar con él ha sido un honor y una gran experiencia.

Capítulo 35
Max Millán

Susanna Pauw me presentó al actor Max Millán. Entonces, conocí a un actor que lo tenía todo: profesionalidad, compañerismo y simpatía. Todos y cada uno de los planos que he grabado con Millán han sido excelentes. Junto con Paco Roma, sus personajes forman el dúo principal de la película.

Millán tenía una visión técnica genial y aportaba ideas interesantes para su personaje y para sus escenas. Esto era así porque además de actor, fue profesor de teatro y director de varias obras.

Millán había interpretado diversos papeles en teatro y en cine. Un buen número de personajes muy diferentes y magistralmente interpretados. Por aquellas fechas, la popularidad de Millán como actor se hizo de notar en Málaga. Los conocimientos académicos en psicología y en arte dramático, lo convertían en un actor muy interesante y con alguna faceta diferente a lo acostumbrado.

Lo que más me sorprendía en él, era su exhaustiva preparación de los personajes: elaboraba mapas conceptuales de los sentimientos de su personaje, sus motivaciones, su relación con los personajes de la película... y eso se notaba en los resultados de su interpretación. Estoy deseando volver a trabajar con Millán cuando la oportunidad sea propicia.

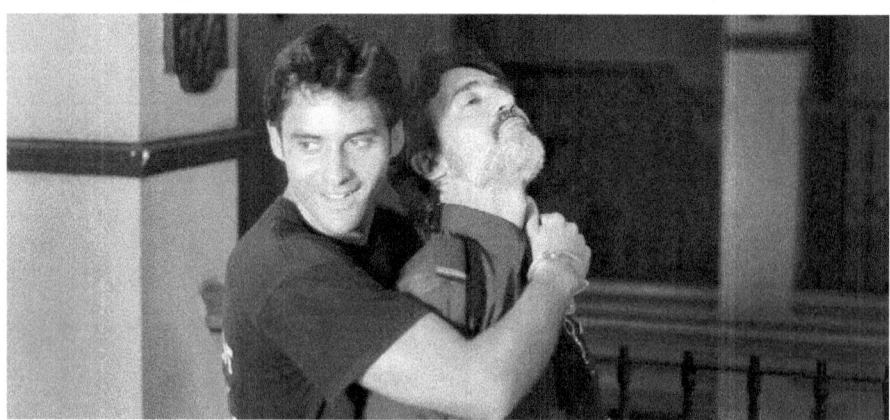

Capítulo 36
Susanna Pauw

Ya conocía a Susanna desde hacía unos años antes. De hecho, mis inicios más remotos en Málaga y en el cine están unidos a Susanna. La conocí en un *casting* que yo mismo convoqué y trabajé con ella en varios cortometrajes de mis inicios. Susanna creció mucho y con rapidez a medida que iba cursando en la Escuela de Arte Dramático de Málaga. Yo también crecí a medida que terminé el Ciclo Superior de Imagen y a medida que hacía más proyectos. Por eso, cuando terminé de escribir el guion del largometraje, supe que ella tenía que ser una de los protagonistas. Le propuse hacer el papel de la escultora francesa Michelle Lambert, y el resultado no pudo ser mejor.

Su papel es un personaje lleno de misterio y de segundas intenciones y eso no es sencillo de interpretar. Preparamos con mimo su personaje, cada línea del guion, cada plano. Ella se lo trabajó de manera excepcional, también hizo sus esquemas y su reconocimiento del personaje, y eso se notó en la pantalla. De hecho, en el festival de cine de Pensilvania me dijeron por email que estuvieron a punto de darle el premio a mejor actriz de cine extranjero de ese año a Susanna, pero que finalmente nos concedieron otro, el premio a mejor guion.

Tengo que agradecer a Susanna todo su esfuerzo extra puesto en este largometraje, un esfuerzo que va más allá de su rol de actriz: fue parte fundamental de la planificación del rodaje en París.

Anímicamente, siempre estuvo ahí, confiando en mí y confiando en la calidad del proyecto, brindando su alegría y su apoyo.

A día de hoy, Susanna trabaja en Canadá, y es por eso que no he podido contar con ella en mis últimos proyectos, pero cada vez que planeo un rodaje nuevo le suelo ofrecer un papel pese a la enorme distancia. Estoy seguro que algún día coincidiremos de nuevo cuando se dé la ocasión.

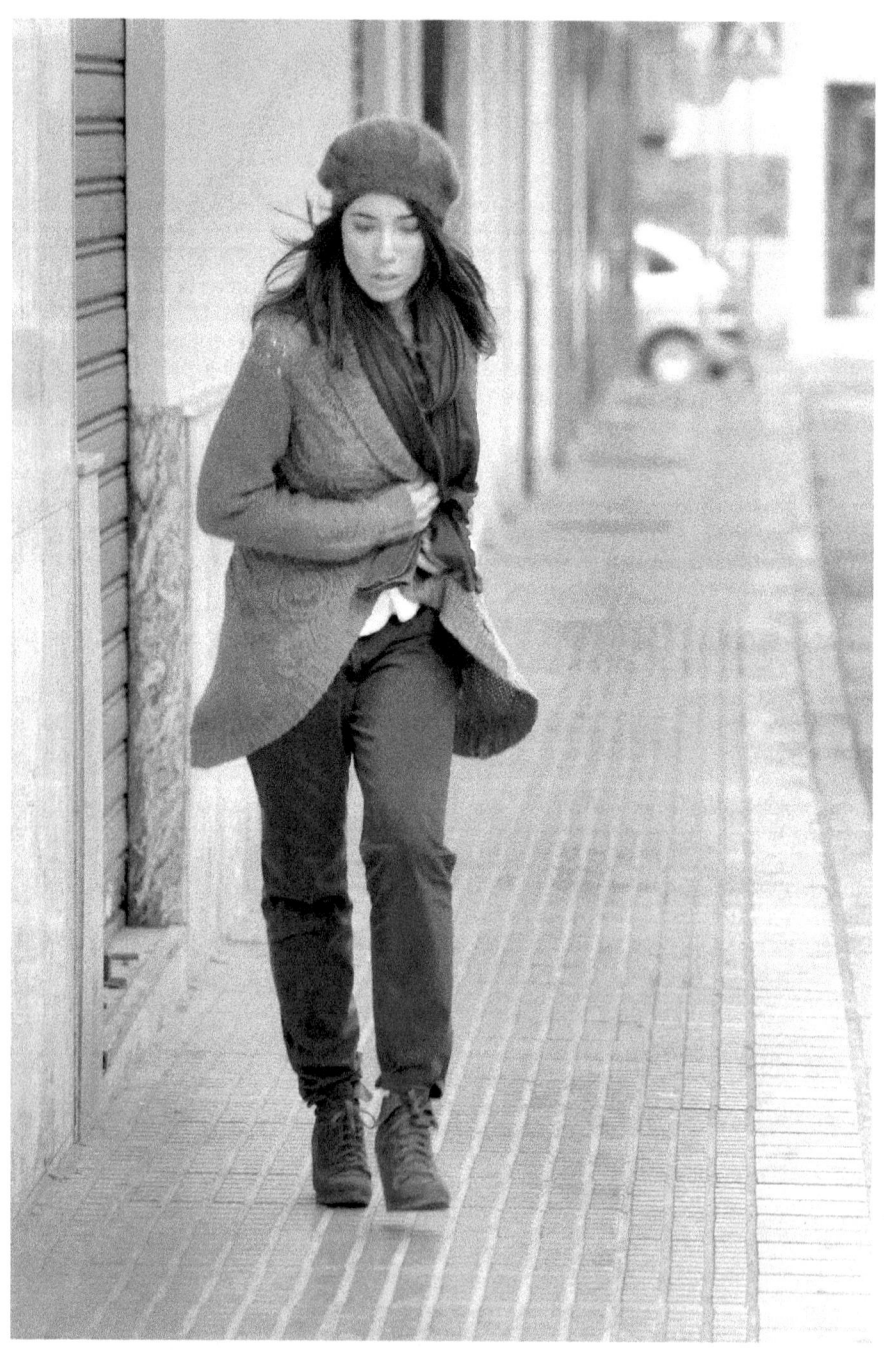

Capítulo 37
Beatriz Rico

Fue Paco Roma quien me animó a que escribiese a Beatriz para proponerle el papel en esta película. Para mí fue un sueño logrado, el tener la genial interpretación de Beatriz en esta película era algo que no podía ni imaginarme tiempo antes. A mi de siempre me ha gustado esta actriz. Cuando era niño, veía la sonrisa de Beatriz en la tele cuando ella era muy joven, trabajando como presentadora infantil. Después, he ido siguiendo la trayectoria de Beatriz a lo largo de los años, con películas excepcionales, trabajos con los grandes: Fernando Fernán Gómez, José Luis Garci, entre otros. Por eso, el día que surgió la oportunidad de la participación en esta película de Beatriz me afané por darle un papel diferente a lo que ya había hecho y de perfilar muy bien su personaje.

En mayo de 2011, le envié el recién escrito guion de *Las hijas de Danao*, con la propuesta de participar, me supuso una alegría inmensa que, una actriz de la calidad escénica como lo es Beatriz, me contestara con estas sencillas palabras: "*Me encanta, vamos a hacer esta peli*".

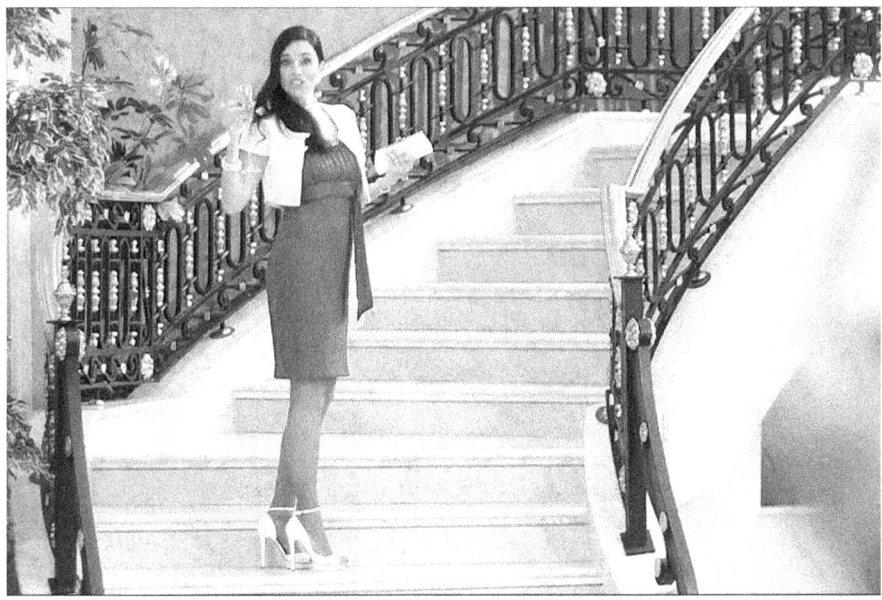

Previamente, en diciembre de 2011 fui a Madrid un par de veces para ensayar con Beatriz. El ensayo más contundente se hizo en casa de la actriz Eva Gamallo. Eva se ofreció por la amistad que tenemos y además porque le ofrecí el papel de Larissa, la soprano principal en la ópera. Sin embargo, acercándonos al rodaje a Eva le salió un trabajo en el extranjero para otro largometraje que tenía comprometido, no podía rechazarlo; también era para ella una gran oportunidad. Tuvimos que sustituirla por otra gran actriz, Erica Prior.

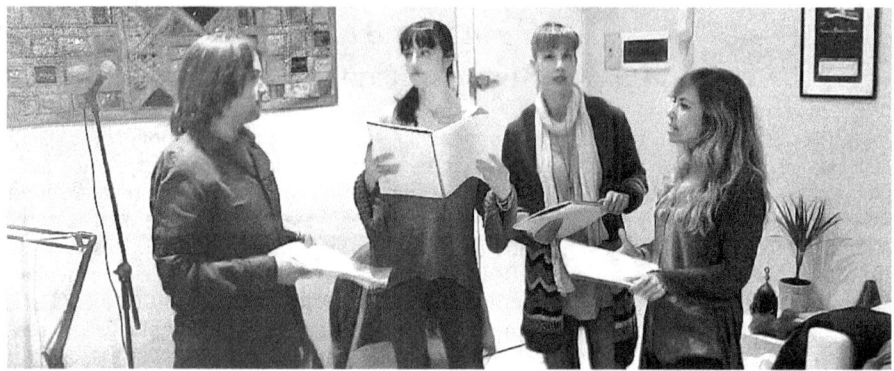

Diciembre 2011, ensayo en Madrid.

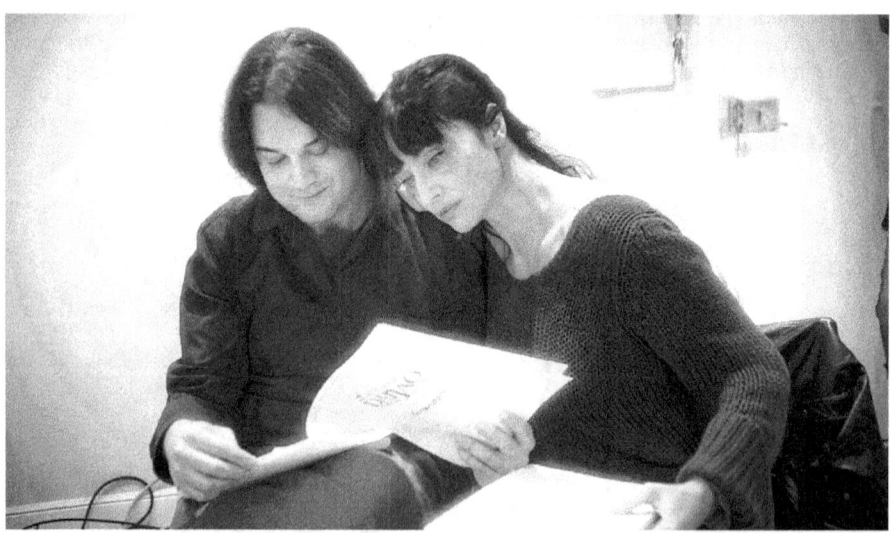

Al regresar a Málaga, empecé a hacer las gestiones con el equipo de aquel momento, para que todo estuviese lo mejor organizado de cara a la llegada de Beatriz en enero. En aquella época era la primera vez que trabajaba con una persona conocida en el panorama de cine y televisión. No sabía si Beatriz Rico sería exigente, si tendría alguna excentricidad, si consideraría que nuestras limitaciones presupuestarias eran excesivas, si se cansaría de nuestra inexperiencia... Pero todos mis temores eran infundados. Beatriz Rico es una persona maravillosa y comprensiva, superando con creces todo lo que yo pueda decir sobre ella. Bea es magnífica, cercana, simpática, colaborativa, compañera y divertida.

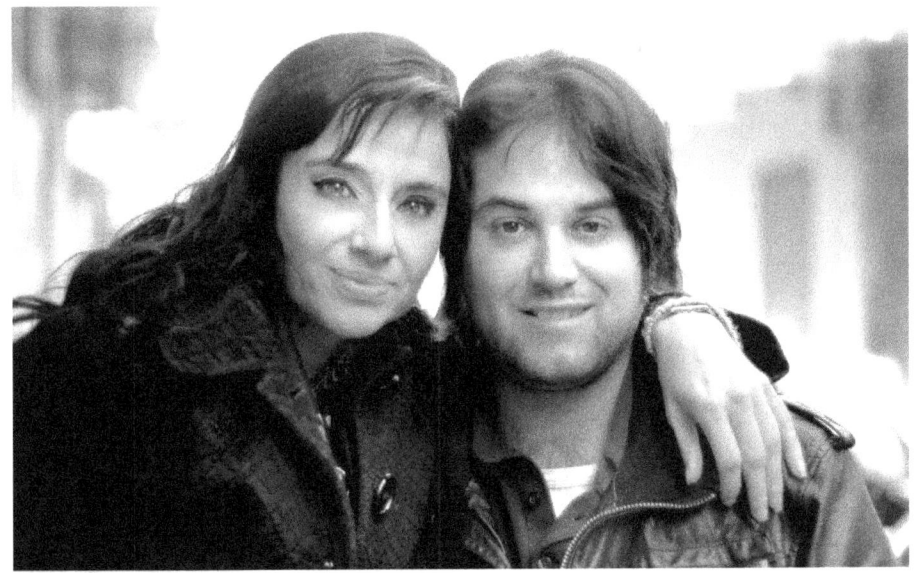

Como actriz es un lujo trabajar con ella. Se notaba que tenía una experiencia enorme en el cine porque a menudo me decía que si podía echarle un vistazo al guion técnico. Beatriz leía las páginas y se hacía sus propias anotaciones mentales y me proponía cosas: *"Para este plano ¿hacia dónde va dirigida la mirada...?" "Para este otro plano ¿qué altura de cámara usarás...?" "Para ese otro plano ¿subo el brazo y para el contraplano lo bajo?"*. Todo eso se agradece porque eran planteamientos que me comentaba cuando eran más propicios y cuando estábamos preparando los planos.

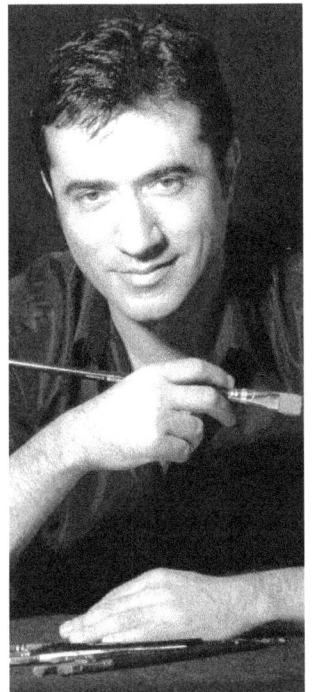

La comunicación es vital y con Beatriz se trabaja así, sabiendo que cada detalle se ha supervisado. El rodaje con ella fue una delicia que repetiría mil veces.

Capítulo 38
Antonio Montiel

Para el director de orquesta queríamos una personalidad relevante. Desde el comienzo queríamos a un digno representante del arte en Málaga y llegamos a la conclusión de que el pintor Antonio Montiel era el mejor para ello. Contacté con él mediante mi amigo Fernando De Mora, que era un conocido suyo, ya que Fernando estuvo trabajando como productor ejecutivo de una serie de televisión malagueña con caras muy conocidas. En el tiempo que Fernando estuvo en Málaga conoció al pintor y rápidamente se convirtió en un gran admirador de su obra. Por eso, Fernando aún conservaba su contacto y por eso me lo recomendó para el papel de la película.

Así es como le propusimos esta idea al "pintor del alma", como se le conoce internacionalmente, ya que es un retratista excepcional. Entre otras personalidades, ha pintado a la reina de Inglaterra, la reina Sofía de España, Felipe VI, Pepa Flores, Fidel Castro, ... También es famoso por su pintura de temática sacra. Os aseguro que cuando me reuní con él por primera vez, estaba un poco nervioso. Pero Antonio es una persona cercana y afable.

Antonio Montiel aceptó con gusto interpretar al director de orquesta de *Las hijas de Danao*. Desde el primer momento nos dijo que le hacía ilusión participar como actor en ese papel, que sería una colaboración especial.

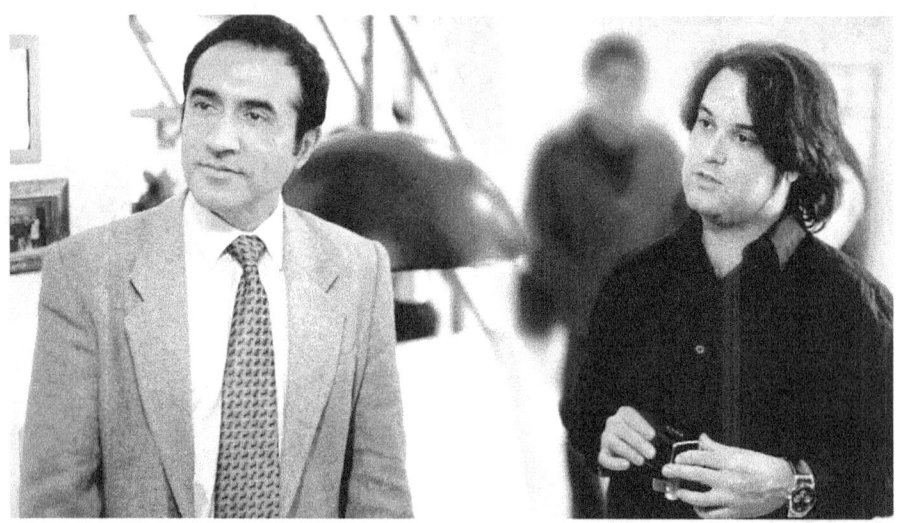

Antonio me habló de la época que dirigió e interpretó, en teatro, el papel de Judas en *Jesucristo Superstar*, basado en el musical de Andrew Lloyd Webber. ¡Y sólo contaba con trece años! Esta adaptación malagueña, al parecer dio mucho que hablar debido a su calidad, porque muchas personas, que fueron espectadores en su momento, me han hablado de ella y la recordaban con cariño. Y luego, cuando tenía 17 años, en la Escuela de Artes y Oficios de Málaga dirigió *Doña Rosita la soltera* de Federico García Lorca. Un éxito que estuvo en cartel dos días y en la que se volcó todo el centro creando vestuario, carpintería, decoración, cartelería, etc. Aquella obra supuso el examen final práctico de Antonio y del resto de sus compañeros.

En noviembre de 2012, le pasamos el guion a Antonio. Después de estudiarlo anotó muchos de detalles sobre su personaje. El tenor y asesor lírico Jesús Gómez dio a Antonio unas clases básicas de música para que interpretase con fidelidad a un director de orquesta.

De esta manera, y según cada escena, Antonio Montiel tenía que gesticular una comunicación visual con las manos y con la batuta; gestos que se corresponden según cada fragmento visual de cada escena.

La filmación con Antonio orquestal tuvo lugar en febrero de 2013; fue al regreso de nuestro rodaje en París.

Primero, rodamos unas secuencias sobre *chroma* verde en *El estudio blanco* del nuestro asistente de fotografía, Salvador Blanco. Esa grabación nos iba a servir para situar a Antonio con un fondo fotográfico de la Ópera de París; especialmente cuando la cámara está en contrapicado y muestra al director de orquesta angulado desde abajo. Detrás, se verían los palcos y techos de la *Opéra Garnier*, colocados con ordenador.

La filmación con la figuración orquestal consistió en una jornada de grabación en el Conservatorio Profesional de Málaga en la que se rodaron tres escenas que ocurren en los tres días en los que se desarrolla la película, presentando en cada una, un vestuario diferente.

Los dos primeros días el personaje de Antonio viste ropa de calle (jersey naranja para el primer día y una camisa gris para el segundo día), ya que corresponde a los ensayos generales de la orquesta en la trama de la película, cuando los detectives van a interrogar a los cantantes. Para la escena del estreno de la ópera, Antonio viste un precioso traje negro.

Recuerdo una anécdota mientras Antonio estaba ensayando los movimientos de batuta, guiado por Jesús Gómez, con la música de la ópera. Me había olvidado algo en el coche y me dirigí a la salida del auditorio del conservatorio. Justo en la puerta, me encontré a uno de los profesores del conservatorio que no estaba enterado del rodaje, mirando desde la puerta. El profesor pensaba que se trataba del ensayo de un concierto auténtico. Me dijo: "*Oye, perdona, ¿el director que está ejecutando ahí es...?*" (y me dijo un nombre que no recuerdo ni me sonaba, se refería a un famoso director de orquesta). Yo le respondí al profesor: "*No, no, mire venga...*" Entonces lo acompañé desde la puerta hasta el escenario y cuando íbamos por mitad del pasillo del auditorio, dijo sonriendo: "*¡Pero si es Antonio Montiel!*". Me hizo gracia la anécdota, porque eso significaba que Antonio había conseguido actuar como un consagrado director de orquesta.

El rodaje con la orquesta se rodó todo en el tiempo estimado, sin equivocaciones, sin errores, todo muy fluido. Fue, en conclusión, un acierto maravilloso contar con Antonio Montiel. Desde aquí le doy las gracias porque su personaje, aunque es una breve colaboración, brilla mucho y brilla con realismo.

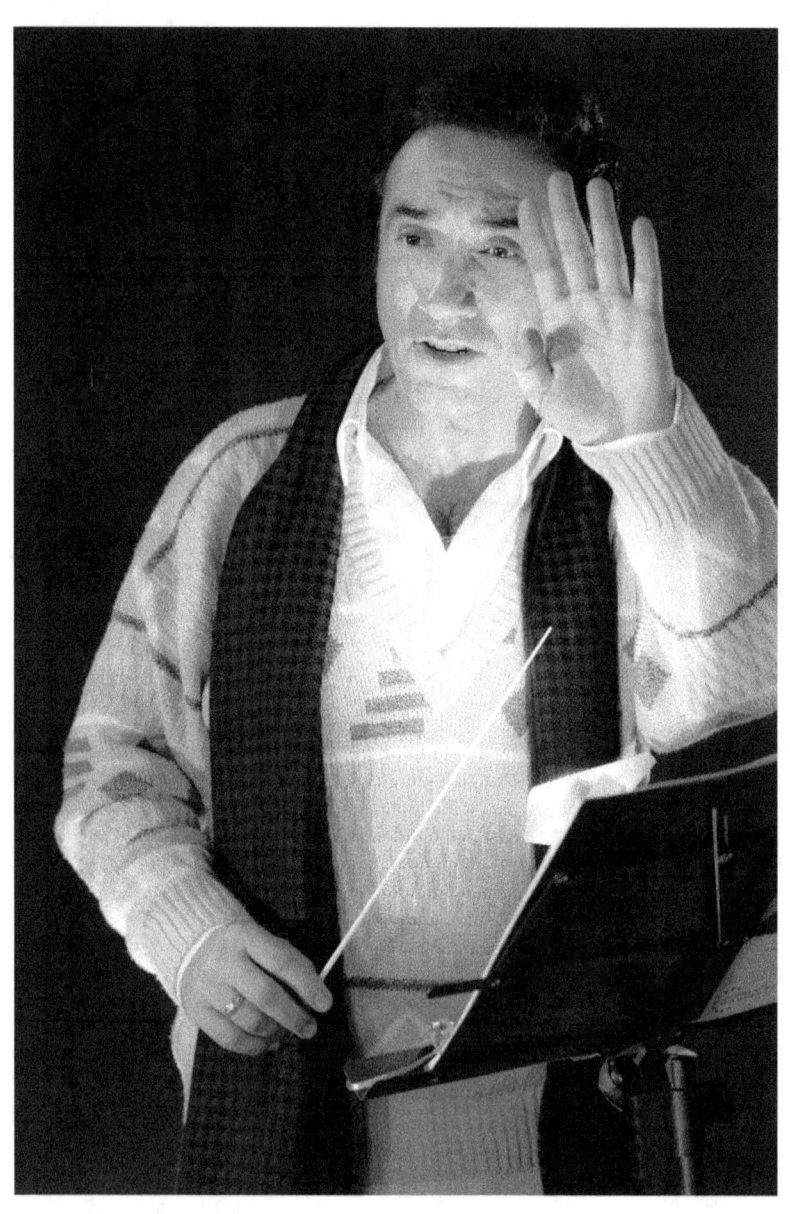

Capítulo 39
Rafa Chaves, Erica Prior y Norberto Rizzo

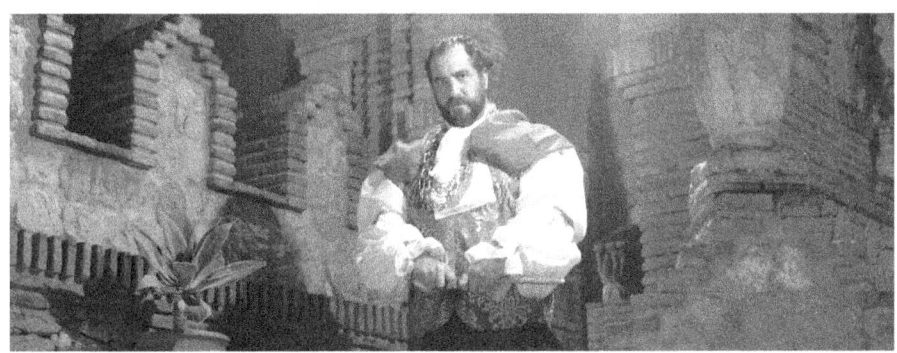

Rafa Chaves, Erica Prior y Norberto Rizzo es el trío de actores que destacan en la parte operística. Interpretan metapersonajes, es decir, interpretan a famosos cantantes de ópera que a su vez encarnan a personajes de ópera clásica durante la película. Así que Rafa Chaves interpreta al bajo Georges Marchand (rey Danao), Norberto Rizzo interpreta al tenor Serge Bertrand (Lyncée) y Erica Prior hace de la soprano Larissa Vilvorde (Hypermnestre).

Rafa Chaves es un actor que conocí unos años antes y para el que conté para mi cortometraje *Pasaporte, por favor* en el papel de policía. Siempre que he rodado con Rafa, el resultado ha sido muy bueno porque además de profesional, tiene una voz prodigiosa.

De hecho, además de actor es cantante, y lleva muchos años ofreciendo conciertos en agrupaciones líricas y participando en musicales de prestigio.

Como he mencionado, el papel de Rafa en *Las hijas de Danao* es doble: interpreta al cantante Georges Marchand que, a su vez, interpreta al rey Danao en la ópera con tesitura de bajo. Así que Rafa actúa como ese divo concentrado en los ensayos y luego, sobre el escenario, se transforma en el rey Danao.

He de añadir que, gracias a las dotes líricas de Rafa, el *playback* que hubo de ejecutar es muy acurado. Es más, hay alguna parte, cuando su personaje Georges está ensayando *a capella,* que es el propio Rafa quien canta, sin *playback*.

Pensé mucho en llamar a Rafa para mi cortometraje de época *Disonancias* pero no fue posible precisamente por eso, porque es un cortometraje con un minutaje en el que no cabe más. En fin, tengo pendiente, si vuelvo a trabajar en proyectos líricos (cosa que me encanta) volver a contar con Rafa Chaves.

Con Norberto Rizzo era la primera vez que rodaba. Su personaje lo iba a hacer el actor Sergio Ocón, pero aquel 2012 de la crisis económica le salió un trabajo en Inglaterra como enfermero. Sergio se marchó con un buen trabajo en el que pronto llegaría a ser supervisor, y su marcha sería definitiva para él, porque no ha regresado a trabajar en España. Así que me puse en contacto con Norberto Rizzo, un actor de origen argentino e italiano. Contar con Norberto fue maravilloso. Asumió el papel y lo hizo suyo de manera fabulosa, bordando sus escenas de *playback*.

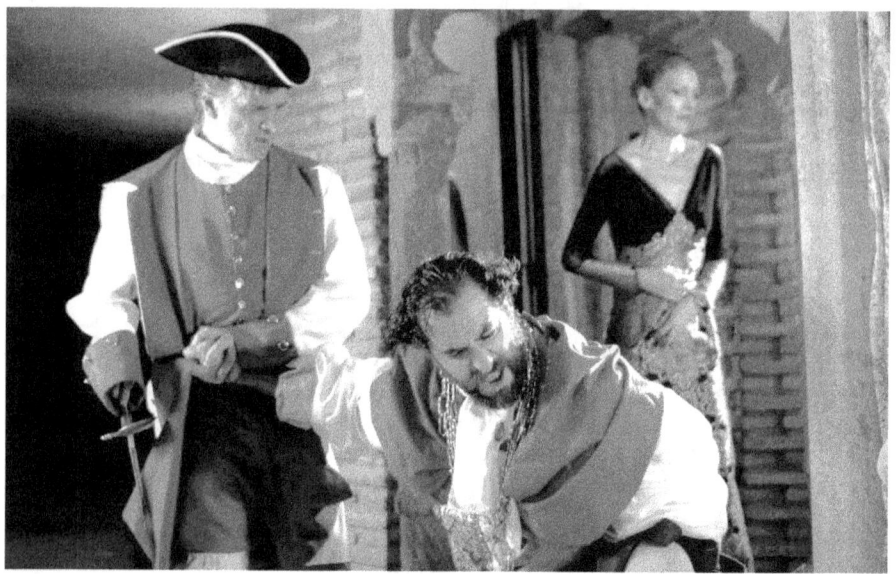

El papel de Norberto también era doble: interpretaba al tenor Serge Bertrand que, a su vez, interpretaba sobre el escenario al príncipe Lyncée. Serge es un personaje volcado en su profesión. Considera la amenaza de muerte enviada su compañera como una broma de mal gusto.

El príncipe Lyncée es un personaje inocente con buenas intenciones, enamorado de Hypermnestre, la hija del rey Danao. Será engañado por Danao cuando le hace firmar un pacto entre ellos. Sus escenas serán algunas románticas y otras trágicas. Como curiosidad, antes de que Sergio Ocón se marchase a Inglaterra, nos dio tiempo a rodar con él unos planos grupales como figurante; en los cuales interactuaba con el resto de meta-actores en el escenario.

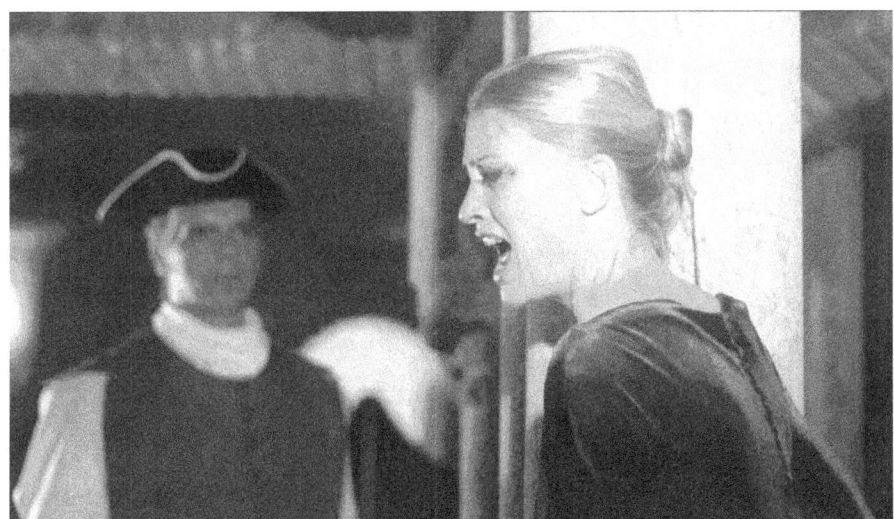

Inicialmente, el papel de la soprano principal Larissa Vilvorde (Hypermnestre) lo iba a interpretar la actriz Eva Gamallo. Llegó a realizar un primer ensayo con Beatriz Rico en Madrid. Pero un mes después, a Eva le salió un papel protagonista en un largometraje en Polonia y se marchó. Entonces empecé a buscar una actriz que sustituyese a Eva. Estuve a punto de llamar Maria Ivanova. Aún no la conocía en persona, sólo por su web. Pero Maria vivía en Madrid y complicaba aún más rodar sus escenas en Málaga. No obstante, en 2015 conté con Maria Ivanova para un papel protagonista para mi cortometraje *Matryoshka* e hice mucha amistad con ella.

Finalmente, el papel de soprano recayó sobre la actriz estadounidense Erica Prior. Fueron Jose Vallejo y Paco Roma los que me hablaron de Erica Prior y me la presentaron. Erica es una gran actriz que demostró su experiencia durante el rodaje. Anteriormente, había hecho un personaje importante en la serie *Los hombres de Paco*; ella interpretó al *Káiser*, jefa de una mafia que todos los policías de la serie perseguían durante una temporada entera.

Erica Prior es una actriz muy profesional. Su papel, al igual que sus compañeros, era doble: interpretar a la soprano Larissa Vilvorde que, a su vez, interpreta a la princesa Hypermnestre, hija del rey Danao, que se enamora del príncipe Lyncée. Erica interpretó a la presuntuosa Larissa de forma excelente, y también realizó un maravilloso *playback* de las partes cantadas de la ópera.

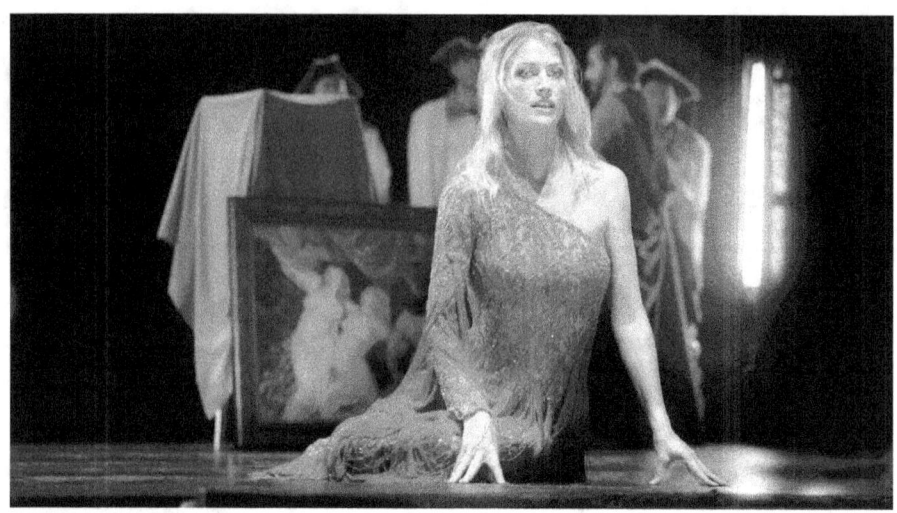

Hay una pequeña anécdota con Erica. Una de las veces cantando sobre el *playback* del tema amoroso de la ópera junto a Norberto, al terminar la canción, Erica estalló risas y se agachó porque no podía aguantarse las carcajadas. Se reían porque les hacía gracia el hecho de estar interpretando con viveza las gesticulaciones de los cantantes de ópera. El caso es que me gustó mucho esa risa final porque la escena consistía en un supuesto ensayo de los cantantes en la trama; me pareció muy natural para su personaje.

Capítulo 40
Jose Vallejo y Frank Vélez

Jose Vallejo interpreta a uno de los guardaespaldas de Thérèse Voiron (Beatriz Rico). A nivel interpretativo, Vallejo lo dio todo: escenas de acción, escenas arriesgadas, diálogos bajo la lluvia, viajar y actuar en París... siempre comprometido hasta el final. Además, Vallejo nos ayudó muchísimo en esta película; me ayudó a gestionar la estancia de Beatriz Rico en el hotel, entre otras muchas cosas y contactos.

Recuerdo una anécdota graciosa, en el rodaje de la pelea de su personaje con el de Paco Roma. Hubo un momento, en que los actores quisieron gastarme una broma y por lo visto se habían aprendido unas frases alternativas a mi guion, frases de cachondeo, claro. Así que cuando dije "¡Acción!", lo que dijeron fue inesperado y divertido.

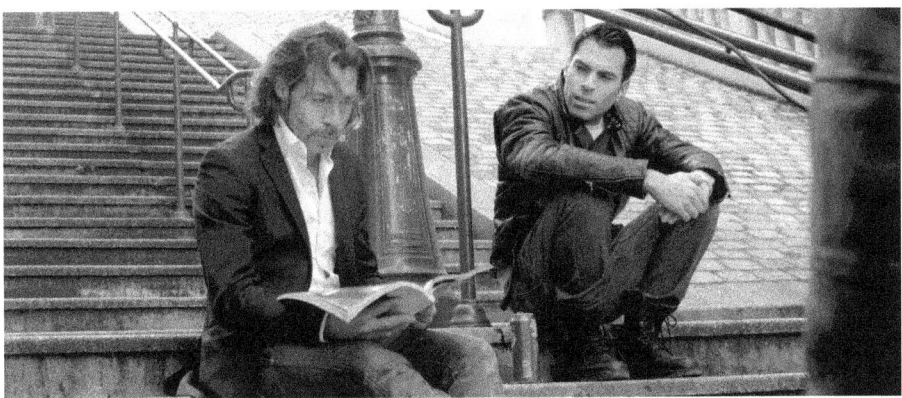

Vallejo y yo nos conocimos mediante Paco Roma y es tanta la amistad entre ambos, que ya en aquella época Paco me decía entre bromas: *"Si haces algún día la segunda parte de esta película, el personaje de Jose lo resucitas como sea"*.

Fueron muchas anécdotas y muchos momentos divertidos. Vallejo siempre ha estado ahí para apoyarnos, tanto delante como detrás de la cámara.

Frank Vélez interpreta al otro guardaespaldas de Thérèse Voiron. Frank se comprometió absolutamente con el proyecto: escenas de acción, escenas de atropello de coche, rodaje en París...

Conocí a Frank durante la representación de una obra de teatro en el que actuaba junto a Millán. La interpretación que hizo me impresionó y le di el papel de guardaespaldas en mi guion.

Frank Vélez ha seguido enfocado en el teatro y espectáculos interpretativos, donde demuestra su gran capacidad en cada nuevo papel. Fue genial trabajar con Frank, es un actor maravilloso y un gran compañero.

Capítulo 41
Mónica Aragón

Cuando Paco Roma me recomendó incluir a Mónica Aragón en la película me gustó la idea. Yo ya conocía a Mónica desde hace muchos años, desde que era adolescente, viéndola actuar junto a su tío Emilio Aragón y más tarde con espectáculos musicales.

Me pareció una gran oportunidad contar con Mónica porque se adecuaba muy bien al papel que había pensado para ella, el de la directora de escena de la ópera. Su participación es una *colaboración especial,* ya que se trata de un personaje con cierto peso en la trama, pero sin pertenecer al grupo de los protagonistas.

Tuvimos un primer ensayo del guion en Madrid a finales de 2011 y el rodaje en sí no llegó hasta agosto de 2012. Cuando en mayo de 2012 llamé a Mónica para decirle la fecha de rodaje se puso muy contenta porque ella pensaba que la película ya se había paralizado totalmente. Tuve que explicarle los motivos por el gran retraso del rodaje y del cambio de equipo técnico. Le pasé a Mónica todas las anotaciones que había hecho sobre su personaje e incluso pude enviarle algunos bocetos y clips del rodaje para que viese cómo eran los personajes con los que ella participaría. De esa manera, en muy poco tiempo, Mónica Aragón se hizo con su personaje de una manera exacta a mi idea.

Cuando llegó a Málaga, me sorprendió la perfección con que se había preparado su personaje y también me sorprendió algo que nunca he vuelto a ver en otro actor: comenzó a hacerme preguntas técnicas bastante específicas, sobre el tipo de cámara, objetivos y programas de edición que se iban a usar. Así que tuvimos charlas amenas sobre el mundo audiovisual.

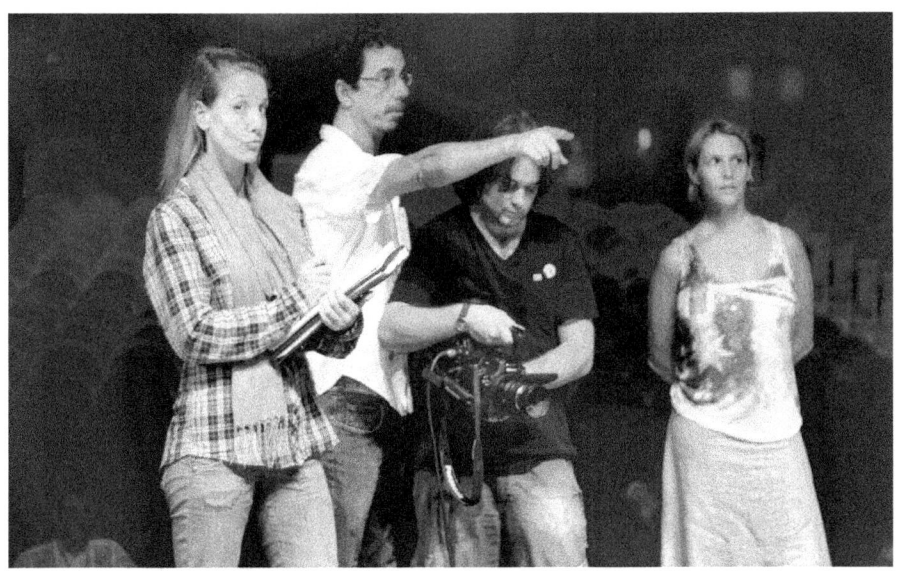

Hubo muchas cosas que me congratularon de Mónica: su profesionalidad interpretativa y su sabiduría. En los días que trabajé con ella, me contó muchas reflexiones sobre el arte y sobre la vida en general.

Alojamos a Mónica en el hotel Rincón Sol, en el Rincón de la Victoria, donde la directiva del hotel nos hizo un precio especial a pesar de ser temporada alta. No obstante, el último día de estancia, movimos a Mónica a una pequeña pensión del centro de Málaga ya que teníamos que rodar en el Teatro Cervantes muy temprano y no queríamos perder tiempo en la carretera.

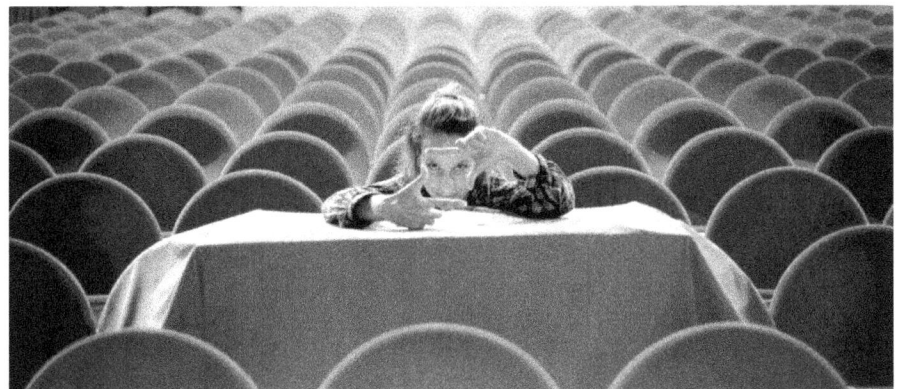

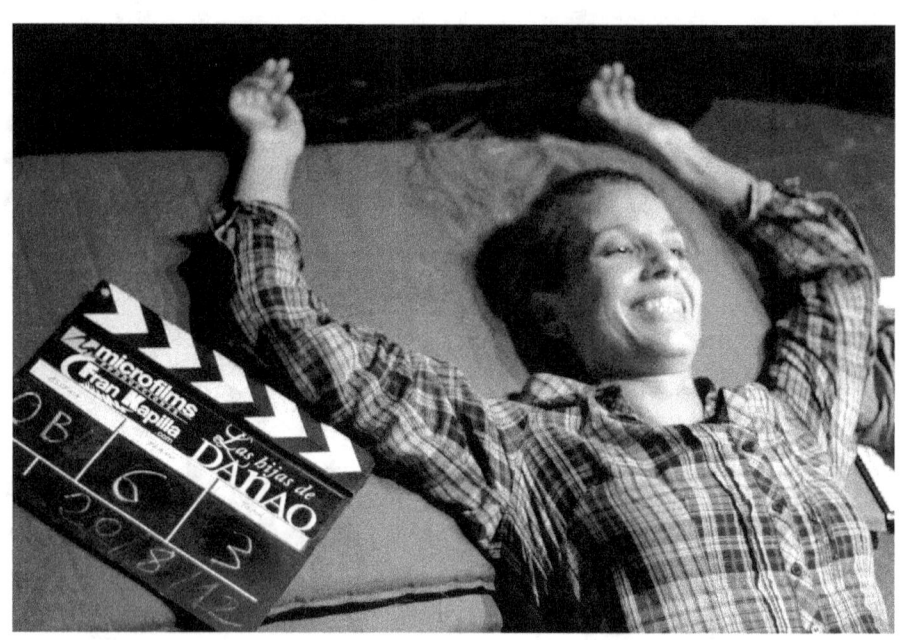
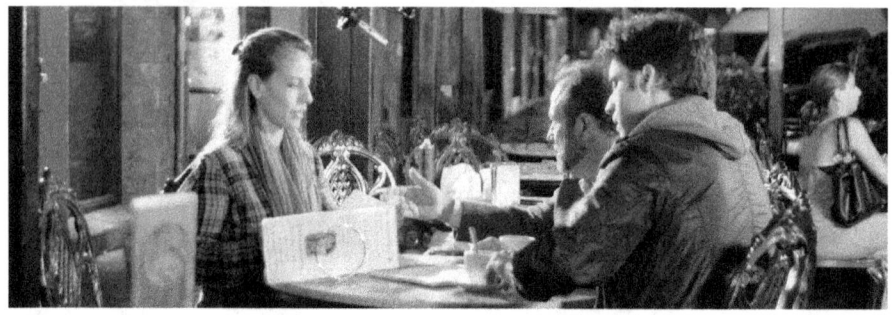

BLANCHE
Supongo que saben que pasadomañana se
estrena *Las danaides* y que estamos en los últimos ensayos. ¿De verdad son necesarias
estas preguntas? ¿Van a aportar algo
sobre el fantasma de la ópera?

Blanche sonríe por la ironía de sus palabras.

ALAIN
Esta se toma el asunto con mucho humor...

PIERRE
(se pone serio)
Mire Blanche, tenemos razones para pensar que la amenaza es real.

BLANCHE
Ya... bueno, a ver ¿entienden algo de música?

PIERRE
(sonríe ligeramente)
¡Me encanta la música! Tengo todos
los discos de Edith Piaff.

ALAIN
Y yo los de Keny Arkana.

Blanche mueve la cabeza con resignación y saca el *libretto* de la ópera.

> *Líneas de diálogo inéditas, filmadas, que no incluí en el montaje final porque se alargaba demasiado la escena.*

Capítulo 42
Fernando De Mora

"EL GÉNERO HUMANO TIENE, PARA SABER CONDUCIRSE,
EL ARTE Y EL RAZONAMIENTO." (ARISTÓTELES)

Fernando De Mora se ha convertido en un excelente amigo durante estos años. Fue productor ejecutivo de televisión y periodista del *Diario 16* entre otros periódicos. Apareció en mi vida y en esta película de la mano de Paco Roma, ya que ellos tenían una antigua amistad. Fernando vino desde Murcia a Málaga para interpretar al *barman* Louis, personaje secundario en la trama. Aun así, lo hizo por su amistad con Paco, porque le entusiasmaba el proyecto y por su amor a Málaga.

Sin embargo, el personaje que interpreta De Mora tiene bastante importancia como introductor del protagonista, Pierre (Paco Roma). Curiosamente, Paco y De Mora son muy buenos amigos tanto en la realidad como en la ficción.

Fernando tiene experiencia como actor desde la niñez; ha participado en varias obras de teatro, cortometrajes y en series de televisión.

```
PIERRE
No sé qué hacer, no sé si aceptar el caso.

LOUIS
(brindando)
¿Te digo lo que harás? Vas a desempolvar
tu artillería y vas a aceptar el caso.
```

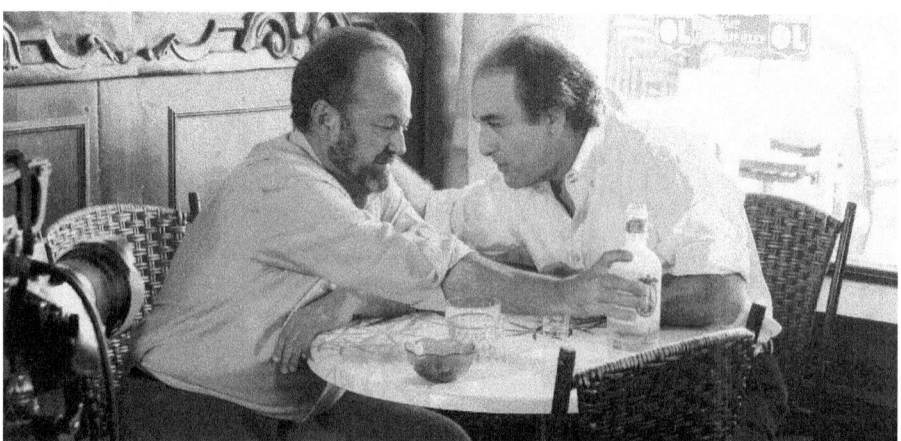

Recuerdo que, el día que fuimos a rodar sus secuencias del bar, De Mora me propuso que su personaje preparaba un cóctel. En el guion había unas líneas de diálogo haciendo referencia a una bebida que Pierre se bebía con desconfianza, pero me gustó tanto cómo preparaba Fernando la bebida, que le di más énfasis a ese pasaje, añadiendo más texto y más acción a ese detalle. Me contó que él solía preparar en fechas especiales un cóctel que lo llamaba *El Elefante Rosa,* receta que incluso se comercializó en una crepería de Murcia. Así que decidimos ponerle nombre a la bebida de Louis y le añadí un par de líneas más en aquel mismo momento.

```
LOUIS
Dime, ¿qué te parece mi Saint Germain especial?

PIERRE
Mmm… no está mal… le pongo un siete sobre diez.

LOUIS
¡Qué cabrón! Si no has probado un trago mejor en tu vida.
```

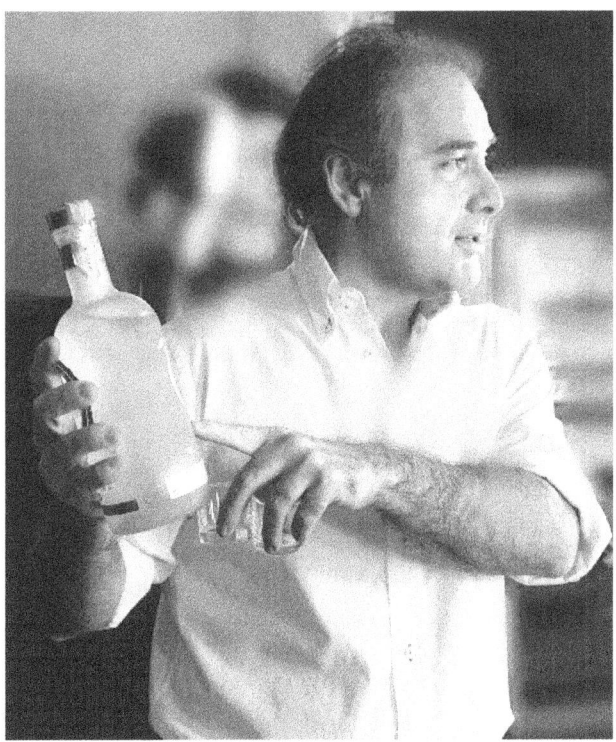

Fernando nos acompañó el resto de la jornada de rodaje, que ocurría en la peluquería Paco Escaño. La experiencia con Fernando fue tan buena, y la complicidad entre Paco y él era tan creíble, que me quedé con ganas filmar una secuencia extra para el final. Un hipotético momento en que Pierre regresa, al final de toda la trama, a su bar y donde, pese a lo ocurrido, encuentra la tranquilidad con su amigo Louis. Sin embargo, el rodaje en el bar se hizo a finales de 2011, eran los inicios de este proyecto y aún no teníamos claro qué vestuario llevaría Paco en París en la última secuencia.

Años después, se me ocurrió la osadía de llamar un día a Paco Roma y hablar sobre una segunda parte de *Las hijas de Danao* y volver a contar con Fernando De Mora en su papel, habiendo pasado también para los personajes, algunos años... Quién sabe si algún día les vuelva a dar vida a esos personajes. También en mi cortometraje *Disonancias* quise incluir a De Mora en un papel, especialmente si rodaba en Murcia, pero los gastos de producción nos obligaron a trabajar en Málaga, y sin posibilidad de cubrir el desplazamiento a nadie del equipo, por lo que todos son actores y técnicos de los alrededores.

No sólo es un actor muy válido, sino que es un buen amigo y un trabajador incansable. Tras el rodaje de *Las hijas de Danao*, siguió ayudándome a gestionar otro proyecto que no llegó a filmarse. Fernando y yo estuvimos meses hablando y planificando un largometraje con Ornella Muti y en aquel momento teníamos a la actriz dispuesta, incluso fui a visitarla a su casa en Italia) y un guion que le gustaba. Aunque aquel proyecto no salió (o, mejor dicho, no acaba de salir), aprendí mucho de preproducción con Fernando de Mora.

Fernando ha estado ayudándome con ideas prácticas desde el minuto uno. La filmación de la escena donde aparece fue de las primeras y a partir de ahí, nació una amistad y un interés mutuo en el cine y el arte. Fernando y yo compartimos un gusto por el cine clásico y por la música clásica, así que nos entendemos bien. Este buen amigo murciano, que tiene alma alicantina y corazón malagueño, lleva años ayudándome, asesorándome, de manera altruista y simplemente por amor al cine y a nuestro proyecto. No sólo me ha propuesto mil y una ideas, de las cuales algunas han tenido efecto a buen puerto. No sólo fue quien me dio a conocer a Antonio Montiel y me puso en contacto con él, sino que fue el que gestionó la presencia en el Teatro Romea de Beatriz Rico en Murcia junto con la rueda prensa. Muchos de los detalles más bonitos y considerados a través de las redes para Beatriz y Mónica Aragón han sido ideas de Fernando.

Pero es que, además, tengo que dar las gracias a Fernando especialmente porque siempre me ha dicho: *"Ve a lo más grande, intenta contactar con los de arriba y sáltate todos los intermediarios"*. Y gracias a ello, a día de hoy, tenemos la película situada en *Amazon Prime Video* y el libro a la venta, también en *Amazon*.

PARTE II
Diario de rodaje en París

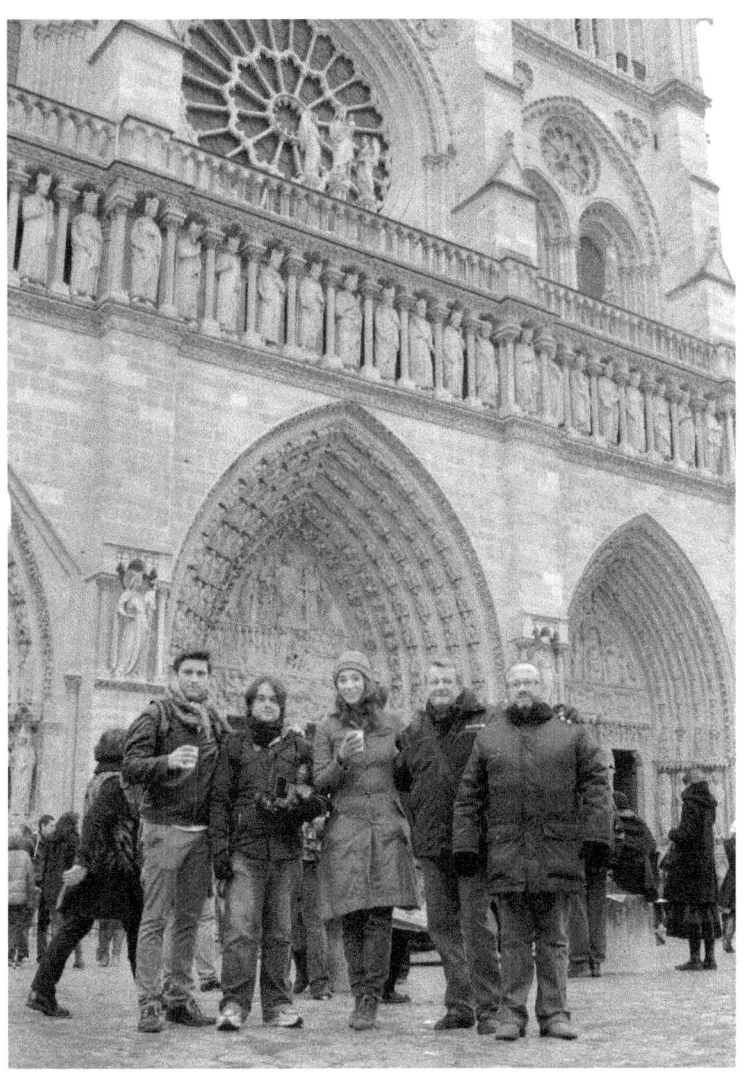

El diario de rodaje que vais a leer lo escribí una semana después de nuestro regreso a Málaga. Lo publiqué en la página web de nuestra película y en las redes sociales. El texto fue muy leído y comentado por la gente que nos guarda simpatía ya que pudieron seguir todas nuestras aventuras en París. Incluso en algunas entrevistas en diferentes medios, comprobé sorprendido que los periodistas se habían documentado con este escrito colgado en la página web.

Aunque he hablado de París en algunos momentos del libro en anteriores capítulos, es aquí donde están recogidas todas nuestras aventuras en la capital francesa. Este aspecto tipo "diario", dividido en días y horas, lo hice así en aquel 2013 para escribir rápido e intentar no dejarme ningún detalle.

Hoy, en el 2020 al reabrir este diario, he visto que está bastante bien y que no requiere añadir mucho más. He corregido algunos nombres de calles y también he descrito mejor, con más tranquilidad, las anécdotas que antes contaba por encima. Este "diario de rodaje" marca una diferencia narrativa respecto al resto de este libro; me gusta que se así, que ese cambio narrativo sirva simbólicamente para resaltar cómo vivimos el cambio de Málaga a París.

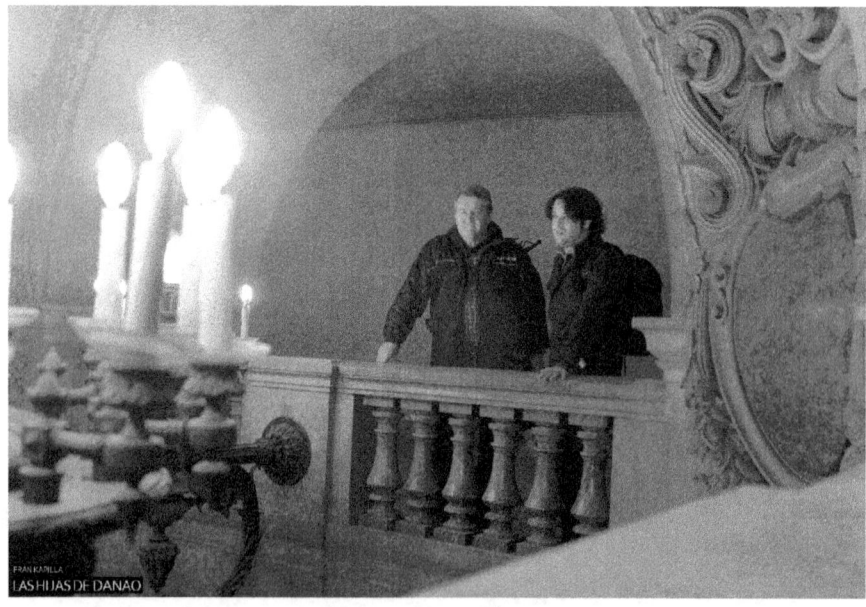

Enrique Muñoz y yo en el piso más alto de la Ópera de París, lugar cerrado a los turistas. Enrique fue un compañero genial, gracias a él, el rodaje en París salió de maravilla. Le echamos de menos, descanse en paz en el cielo.

Capítulo 43
Una experiencia inolvidable

"CHICOS, QUE ESTAMOS EN PARÍS RODANDO
Y AÚN NO LO QUEREMOS CREER"

Estas palabras eran las más repetidas por el equipo que viajó a París a filmar partes de Las hijas de Danao.

Hemos echado de menos al resto del equipo técnico que no pudieron acompañarnos, principalmente por razones de presupuesto y en otros casos, por obligaciones laborales de cada persona. Aunque el equipo técnico en París fue seleccionado con las personas justas, todos merecíamos llegar a este viaje.

Durante cuatro días intensivos hemos rodado nueve secuencias que son las que faltaban para llegar al 99% del largometraje *Las hijas de Danao*. Nueve secuencias difíciles, para lo cual se contó con ayuda de profesionales franceses. Las actrices Valérie Thénot (conocida desde su actuación como azafata en "El precio justo", "Esta noche cruzamos el Missisipi", entre otros, y su amistad con Beatriz Rico), Aude Hermine, Hélène Pierre y Daniel De La Sobera; intérpretes parisinos que dieron vida a esa figuración especial tan necesaria para dar todo el realismo.

Y también nos echó una gran mano el fotógrafo Jordi Lagoutte; este chico nos hizo un excelente trabajo. Casi tres mil fotografías fantásticas, de promoción, *making-of* y de producción en París (puedo decir que todas muy buenas) que han documentado perfectamente ese rodaje en París durante los cuatro días. Jordi, además, nos hizo de guía altruistamente, acompañándonos en todo momento durante esos cuatro días. Días muy largos y ajetreados, rodajes de 18 horas en la calle, con lluvia, viento y a veces un frío de -2 ºC.

Contar todo lo que pasó en París es algo muy difícil, pues estos días hemos vivido intensamente. Recuerdo oír a alguien del equipo decir: *"Ha sido una semana tan intensa que parece que llevamos un año en París rodando"*. Así que yo contaré mi versión, tal como lo viví, pero que seguramente se ampliaría más con las anécdotas de cada miembro.

Recorrimos la ciudad sin parar, siguiendo un plan de rodaje tan ajustado que asustaba, ya que dejábamos el tiempo exacto para transporte, suponiendo que nos desenvolviéramos bien en Francia y sin conocer el idioma. Sin embargo, la seriedad y el compromiso del equipo parisino hicieron que se cumplieran absolutamente todos los planos hasta el último momento antes de coger el avión; además, dejando tiempo para la repetición de tomas. Todo lo llevábamos bien marcado desde España, en el *storyboard* y en el guion técnico, documentos que ya mostraban en qué calles deberían rodarse cada escena.

El diario que vais a leer es muy exacto y fidedigno a nuestro recorrido. Lo he podido escribir así por una razón eminentemente práctica: desde antes de rodar, en nuestro plan de rodaje ya teníamos marcado todos los horarios a seguir de forma muy estricta. Luego en París, después de terminar cada escena o cada movimiento del programa, fui marcándolo y apuntando al lado a las horas que se habían cumplido. Lo fui haciendo así para estar seguro que no nos faltaría tiempo. Estos papeles los he conservado y gracias a ellos he podido reescribir el diario en París.

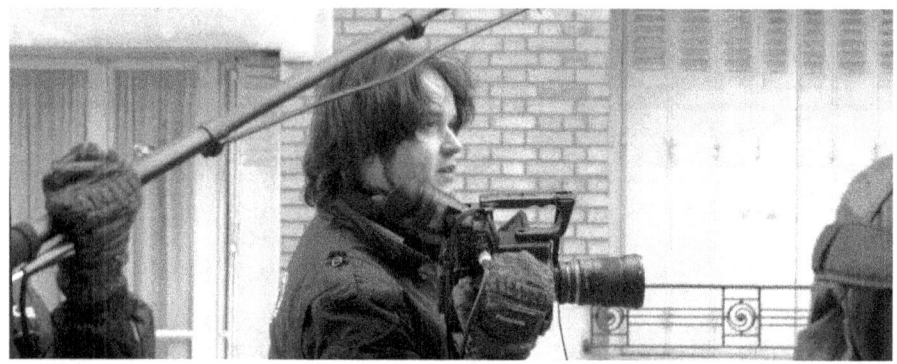

Capítulo 44
Jueves 10 de enero de 2013

13:00. Ya con las maletas hechas, Enrique Muñoz y yo quedamos para comer juntos, en un pequeño restaurante de barrio en Málaga. Me dijo Enrique: "*Saborea la comida típica española que mañana estaremos paladeando la francesa*".

14:00. Salimos del restaurante a toda prisa, con el tiempo justo para hacer el *check-in*. Me recogió Enrique en su coche y lo dejó en el *parking* del aeropuerto de Málaga. Nos encontramos con Millán y Susanna, que esperaban comiendo un bocadillo frente a estación de embarque. El último en llegar fue Jose Vallejo, justo cuando había que embarcar ya.

En mi mochila llevaba cámara, muchas baterías, el cargador, muchas tarjetas de memoria y tres objetivos: el 35mm f/1.4, el 85mm f/1.4, y un zoom 18-200mm f/3.5. Consideré que con esos tres objetivos podía rodar todo y que cargar con más era innecesario porque ya tenía estudiados los planos.

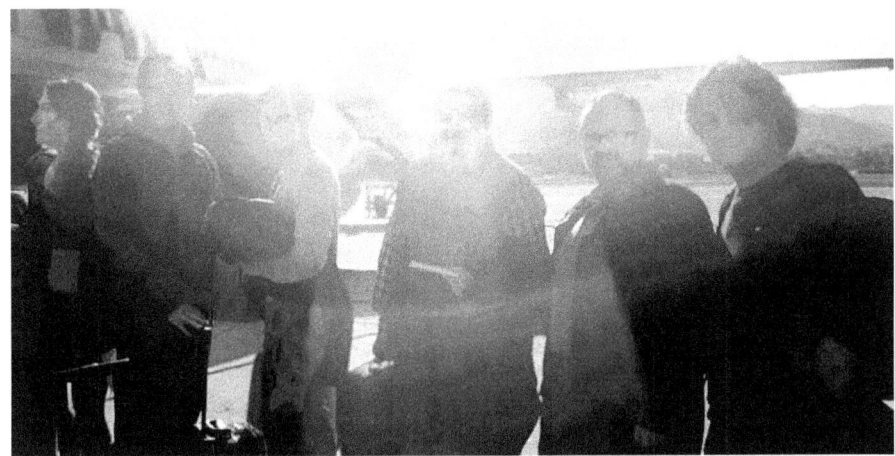

El objetivo que más llegué a usar fue el 18-200mm, porque casi todos los planos fueron generales o medios, donde el fondo de la ciudad estaba muy presente, así que un buen angular y una apertura bastante definida a f/3.5 me iban mejor que el desenfoque del fondo. Incluso algunos primeros planos con el 85mm tuve que subirlos de f/1.4 hasta f/3.0 para poder apreciar algo de la arquitectura de fondo.

16:45. Con mucha ilusión y emoción nos montamos en el avión. Tuvimos que subir las clásicas escaleras de peldaños hasta la puerta en vez de usar el pasillo de embarque. Era la primera vez que montaba así en un avión.

17:00. El avión despegó desde Málaga sin problemas. Todo bien durante el vuelo. Paco Roma iba un poco nervioso, luego nos dijo que aquel era su primer viaje en avión. Jose Vallejo se levantó y nos hizo una bonita foto con efecto panorámico donde se nos ve desde punta a punta sentados. Son momentos mágicos de algo precioso que iba a comenzar. Enrique Muñoz y yo estuvimos hablando sobre las escenas que había que rodar.

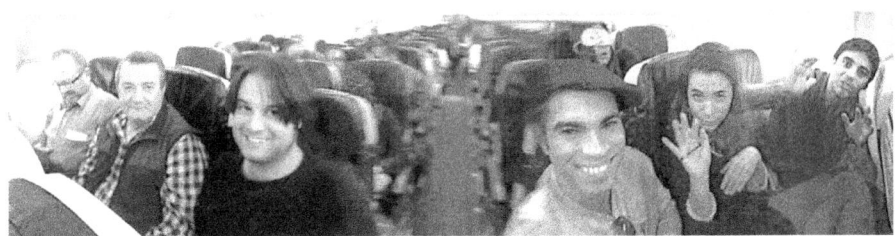

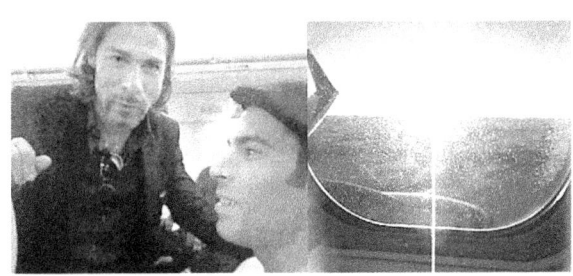

19:40. Turbulencia en el aterrizaje. Llegamos al aeropuerto de *Beauvais-Tillé* a 50 km de París. Casi no eran las ocho, pero ya era totalmente de noche en París. Empezamos a notar un frío mucho mayor que en Málaga. Fuimos a recoger nuestras maletas, que fueron las últimas en salir de la cinta transportadora.

19:55. Al salir del aeropuerto, nos dirigimos a la zona de autobuses. Este aeropuerto era pequeño, no parecía que estuviéramos en París. Ya era de noche totalmente y estaba lloviendo mucho. Casi no se veía nada mientras esperamos en la parada de bus. Cuando llegó, aparcó bastante lejos del porche que nos cubría, y todos los pasajeros tuvimos que caminar hasta el bus que estaba en mitad del *parking*. El *ticket* costaba siete euros por persona, no estaba mal, teniendo en cuenta que el aeropuerto estaba a cuarenta kilómetros de la ciudad.

El bus se metió en la autovía y se hizo el silencio. Se notaba que los pasajeros estábamos cansados. La gente empezaba a dormirse; los actores estaban dando cabezadas y los únicos que estaban activos eran Enrique Muñoz y Paco Roma, que charlaban en voz baja. En la radio del bus sonaba una canción de Mireille Mathieu (*Une femme amoureuse*); canción que me encanta y que me dio buenas sensaciones, porque es un tema que tengo relacionado con el París de los años ochenta, con el París de mi padre. Por las ventanillas, vi con ilusión los letreros en francés y las luces de la ciudad acercándose.

20:10. Llegamos hasta la periferia de París (*Porte Maillot*). El bus aparcó en su cochera, que estaba frente al *Palais du Congrés* de París.

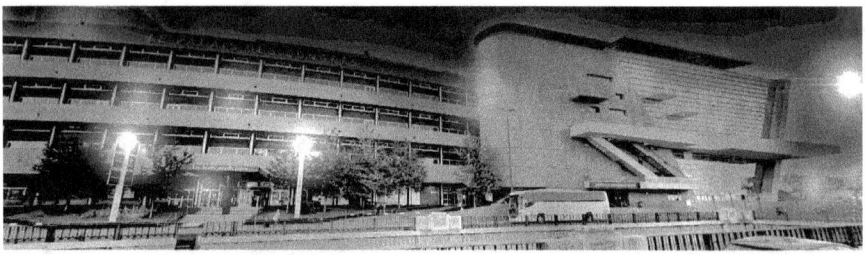

Cruzamos la plaza y entramos en la boca de metro de *Gare Neuilly*, tomamos la línea 1 y a la altura de la *Avenue Franklin-D.-Roosevelt* hicimos transbordo en la línea 9. Teníamos el tiempo justo para llegar a la *Place de l'Opéra*, ya que según habíamos estudiado previamente, las representaciones de la temporada acababan ese mismo día. Ahí era donde podríamos rodar grandes coches llegando, espectadores elegantes entrando y saliendo de la Ópera, no podíamos perder la oportunidad.

20:15. Aunque era bastante distancia, el metro de París tiene una gran velocidad. Tuvimos el tiempo justo para preparar a Susanna Pauw dentro del vagón. No era un lugar tranquilo, pero no había tiempo que perder. Susanna se quitó el abrigo y el jersey con discreción en el metro; debajo tenía ya el atuendo de su personaje. Para colocarse las botas, no le quedó más remedio que sentarse en el suelo del pasillo. Entonces, los viajeros parisinos empezaron a mirar qué hacíamos. Mientras tanto, yo abría las maletas y buscaba el atrezo necesario, la máscara veneciana plateada, que efectivamente llamaba la atención. Hubo algún pasajero que nos preguntó, acertadamente, si íbamos a filmar una película.

20:25. Justo a tiempo, llegamos a *Rue de la Chaussée*, situada al lado de la *Place de l'Opéra*. El equipo se dividió. Millán, Vallejo y Paco continuaron en metro hasta los hoteles reservados para ir preparando la cena. Susanna, Enrique, Vélez y yo, nos encontramos en la *Place de l'Opéra* con Anne, una maquilladora conocida mía que, con la colaboración de Frank Vélez, dejaron a Susanna muy bien caracterizada en un reservado de la recepción de la Ópera. Aplicaron los tintes de sangre falsa en la camiseta y cara, tal como lo tenía en las escenas rodadas en Málaga.

20:30. Mientras iban terminando de caracterizar a Susanna, yo aproveché para salir a filmar. En una esquina de la fachada puse mi trípode y encima, mi pequeño foco a pilas, así me aseguraba de cubrir toda la zona de luz. Dejé este trípode con luz ahí y yo me fui moviendo haciendo todo tipo de planos, incluso planos generales desde mitad de la plaza. Las puertas de la Ópera se abrían y salían los espectadores. Sin molestar, aproveché para filmar recursos de gente en la puerta. Me fui internando entre esa multitud de espectadores de la Ópera, con cuidado de no captar caras de forma nítida. Tuve suerte y nadie se llevó el trípode con la luz encima. El riesgo merecía la pena.

Así, lo primero que grabé en París, fue en la puerta de la Ópera Nacional de París, con mucho frío, ante la atenta mirada de las estatuas centenarias.

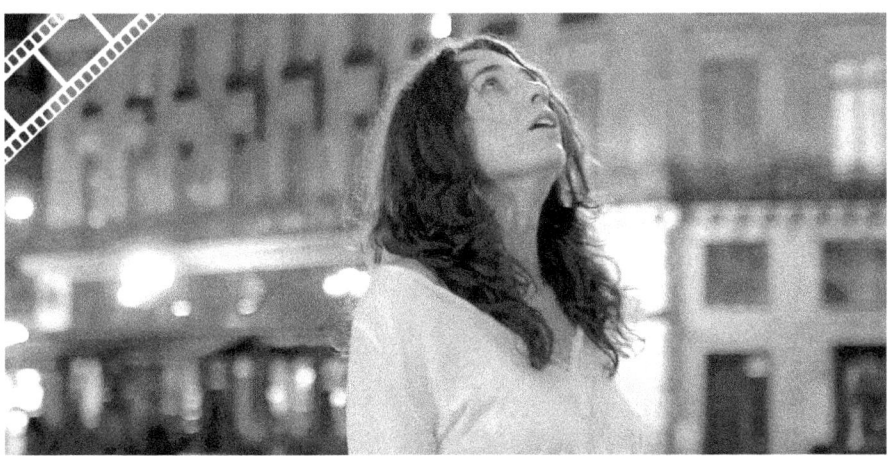

21:00. Poco después, la gente se fue marchando, hasta que quedó desierta la plaza. El palacio de la Ópera cerró, pero todavía dejó encendida la iluminación interior tal como sabíamos de antemano. Teníamos una hora para filmar los planos de Michelle (Susanna Pauw) llegando a la Ópera con la plaza desierta, antes de que se apagaran las luces. El resultado me gustó mucho, quien conoce París sabe que la puerta de la Ópera está repleta de gente a todas horas, excepto cuando apagan las luces. Nosotros encontramos el momento justo para ello, ese intervalo de tiempo hasta que apagaron nos sirvió para simular que el personaje de Michelle llega a la ópera aún en representación.

22:00. Apagaron las luces de la Ópera y nos marchamos. Entramos en el metro que está justamente enfrente; tomamos la línea 4 y fuimos subiendo, haciendo transbordos hasta llegar al *Boulevard Barbès*. Me sorprendió ver que a aquella hora el metro iba totalmente vacío, muy al contrario que cuando llegamos. En el exterior, subimos caminando por una calle en cuesta y rápidamente llegamos a *Rue Clignancourt* 41, donde estaba uno de los apartamentos que habíamos alquilado.

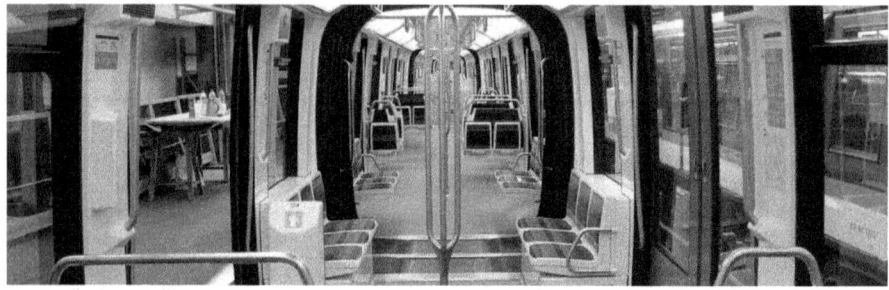

23:00. Allí, en el apartamento, nos esperaba el resto del equipo con la cena preparada. Les había dado tiempo a comprar suministros para toda la semana en el supermercado. Lo mejor del lugar: una buena calefacción.

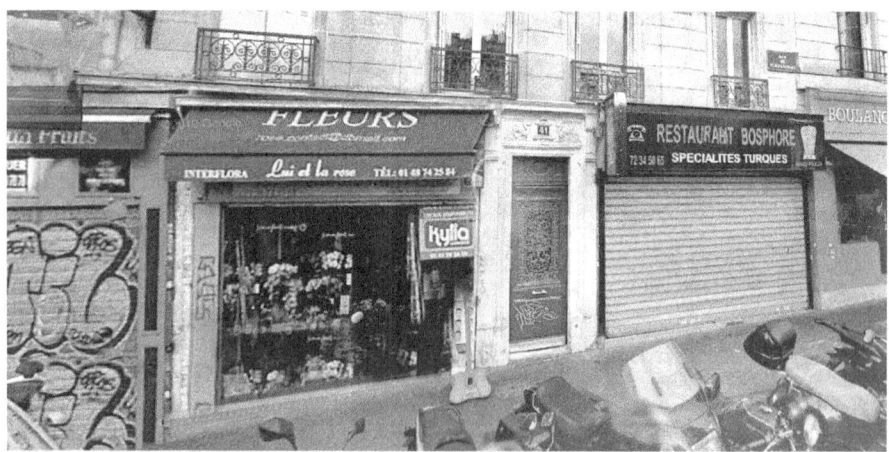

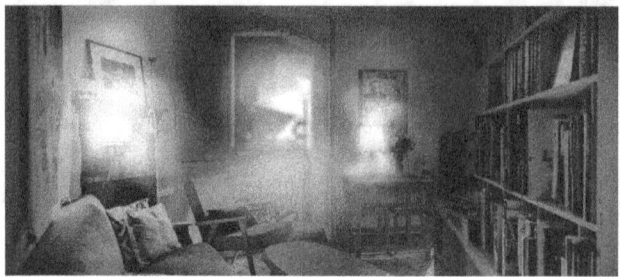

El apartamento era precioso; un primer piso con varias habitaciones, cocina y baño. Además, el dueño lo había dejado perfectamente equipado con televisión, *Blu-ray*, un lote de pelis francesas muy buenas (se notaba que el que vivía ahí era cinéfilo).

Pasamos un rato muy bueno, hablando de proyectos futuros, de la experiencia emocionante de estar en París y de lo bien que había salido el primer día de rodaje.

01:00. Enrique, Paco, Vallejo y yo nos marchamos a nuestro hotel, que estaba en ese mismo barrio al final de la calle subiendo la pendiente; en *Rue Ramey* 75. Sin embargo, Millán y Vélez se animaron a acompañarnos hasta el sitio, Susanna se quedó ya descansando en el apartamento.

Aunque realmente era sencillo llegar al otro hotel (era calle arriba y siguiendo por la calle central de un cruce) íbamos un poco perdidos. Nos detuvimos en el cruce de *Rue Ramey* con *Rue Custine* para mirar el mapa. A esa hora de la noche, las calles estaban casi desiertas, así que le preguntamos a la única persona que pasaba por allí. Observamos, por su forma de hablar que también era extranjero, y rápidamente lo reconocimos como otro español. La sorpresa fue en aumento; era también andaluz y además de Málaga... del Puerto de la Torre... y encima ¡era actor!

Fue una gran casualidad; instantáneamente hicimos amistad con él. Se trataba de Pepe Muñoz, que estaba trabajando a nivel internacional en varios proyectos de renombre. Hablamos un rato con él, intercambiamos teléfonos y nos hicimos una foto allí mismo.

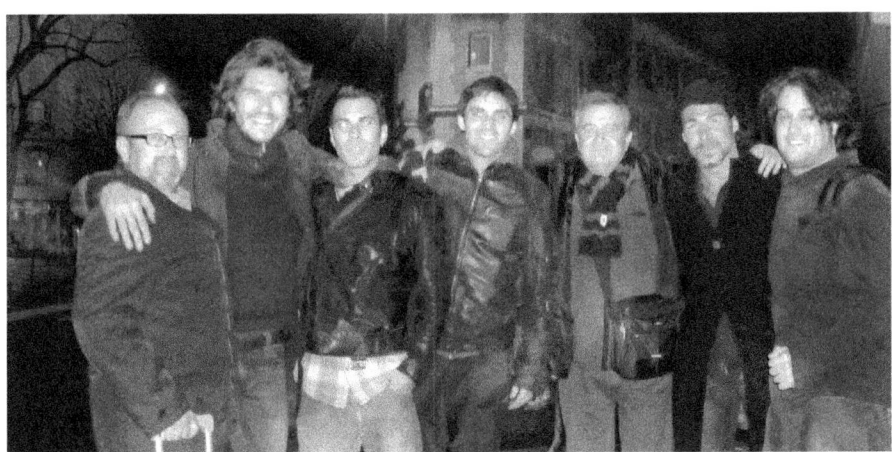

01:45 Llegamos a nuestro hotel, Millán y Vélez se despidieron y se fueron al apartamento. En la recepción del hotel había un ambiente agradable, mucha gente joven que estaban tomando copas en el bar. Un grupo jugaba al futbolín, otro grupo estaba con juegos de mesa y otro hablaba. Parecían que eran de varias nacionalidades.

El recepcionista nos atendió, miró nuestra reserva y después de gestionar los datos nos entregó las llaves; nos fuimos a dormir.

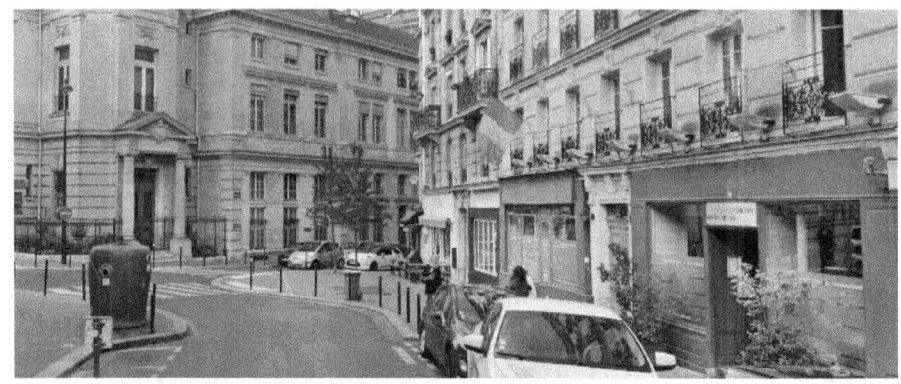
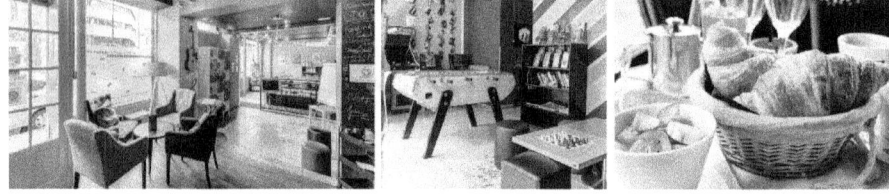

El lugar no era de lujo, ni mucho menos, sin embargo, lo encontré muy acogedor y práctico para aquellos días. Es uno de los alojamientos económicos mejor valorados que me recomendaron.

Capítulo 45
Viernes 11 de enero de 2013

06:00. Muy temprano, nos preparamos para salir. En mi mochila metí todo lo necesario para el rodaje. Desayunamos en el *buffet* del hotel. Allí nos reunimos con Vallejo, Vélez, Enrique, Paco y yo. Comimos los típicos *croissants* (qué gran diferencia con los que habitualmente se hacen en España). Disfrutamos mucho el desayuno porque estábamos muy animados. Enrique y Paco hicieron amistad con el encargado del buffet.

07:00. Paco Roma se quedó en el hotel para repasar el guion en su habitación porque no hacía falta que estuviese en el primer rodaje.

07:15. El resto, bajamos desde *Rue Ramey, Rue Clignancourt* y caminamos por el *Boulevard Rochechouart* hasta la *Place d'Anvers*.

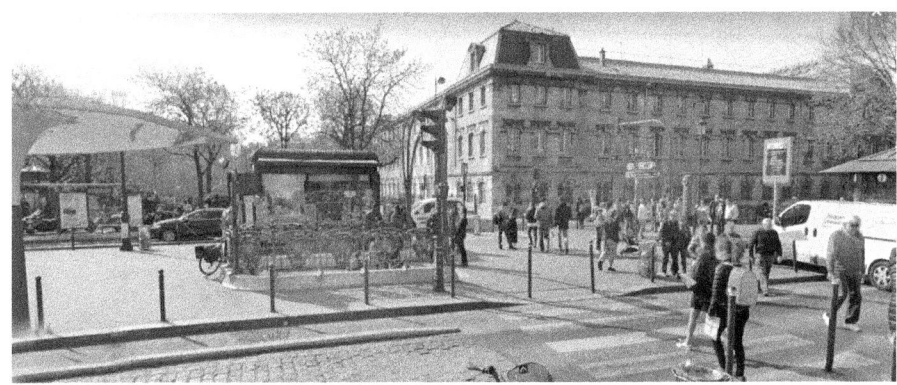

07:40. En la boca del metro de *Anvers* ya nos estaban esperando Millán y Susanna. Una vez reunidos, fuimos andando en dirección a la *Basilique Sacré-Cœur*, que está muy cerca. Mi idea era filmar en las largas y pronunciadas escaleras que están en el lateral izquierdo antes de entrar al parque del *Sacré-Cœur*. Son unas escaleras muy características que las he visto en muchas películas francesas, en *Les 400 coups* de Truffaut, *Les Ripoux* y *L'Animal* de Claude Zidi, en *La grande vadrouille* de Oury, en la reciente *Un sac de billes* de Joseph Joffo, y tantas otras más.

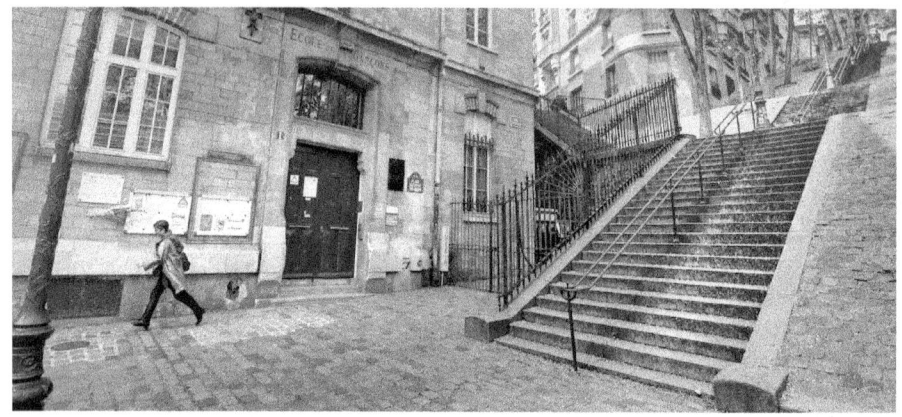

08:00. Cuando llegamos a las escaleras que están en la *Place Suzanne Valadon* (una minúscula plaza al lado del jardín de *Sacré-Cœur*) había un grupo de turistas bastante numeroso, así que tenía dos opciones: esperar a que se fuesen o ir a otro sitio. Yo tenía un plan B para casi todo en aquellos días; así que fuimos a una calle paralela, *Rue Chappe*, que yo ya sabía que tenía unas escaleras iguales y que tal como descubrimos, estaba desierta.
08:30. Llamé a Jordi Lagoutte y le dije que estábamos en *Rue Chappe*. Jordi es un fotógrafo parisino, una persona excepcional, gran amigo y gran profesional como nos demostró esos días. Además, teníamos la suerte de que habla español. Desde España ya habíamos planificado con Jordi que nos ayudaría durante esa semana.

Poco después llegó el actor Daniel De La Sobera (a quien ya habíamos conocido en España durante otra escena, pero que las casualidades le llevaron a vivir en París, con lo cual era perfecto volver a contar con él), y las actrices Aude Hermine y Hélène Pierre. Habíamos quedado con todos previamente, desde España. Decir de Aude que tiene unas fotos publicadas preciosas, por el conocido fotógrafo Paul Von Borax. Aude me encantó, muy simpática.

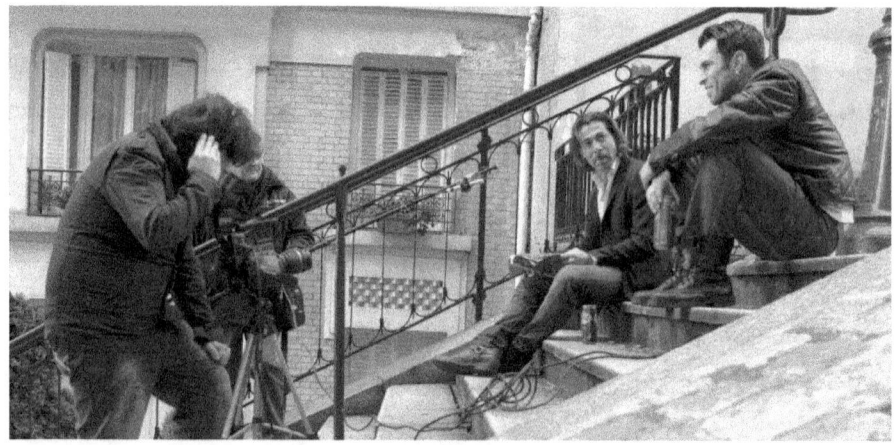

Allí, en las escaleras de *Montmartre*, rodamos con Vallejo y Vélez una conversación que mantienen sus personajes (los guardaespaldas Denis y Paul, sentados en las escaleras). Por cierto, Vallejo compró una revista y una lata de cerveza francesa en un kiosco como atrezo durante su escena. A continuación, Denis y Paul se levantan al ver pasar a Michelle (Susanna Pauw) y mantienen una discusión que se interrumpe por la aparición de los personajes que hacen Aude y Hélène.

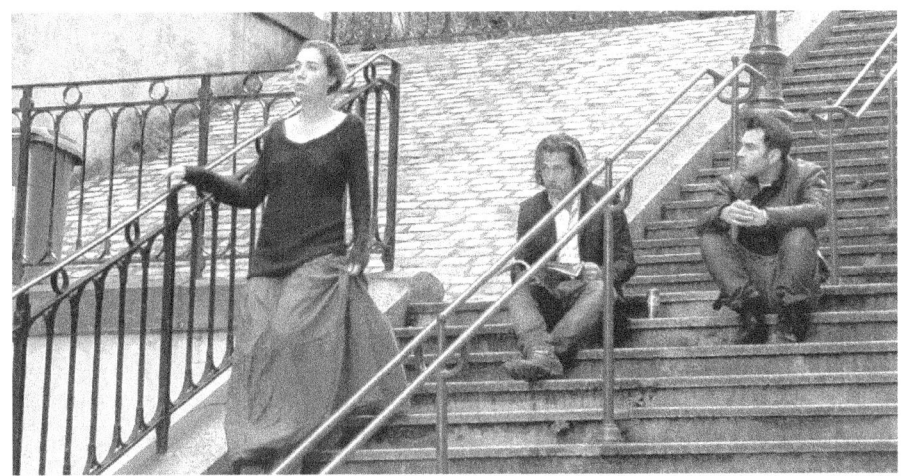

Fue especialmente bonito comprobar que las personas ajenas que pasaban por allí mantenían actitudes muy respetuosas. O muy educadamente esperaban la señal de "¡*Corten*!" para pasar, o se animaban voluntariamente a caminar de fondo como figuración de personas andando, sin mirar a la cámara. Empezamos con buen pie, todo salió de maravilla. Os aseguro que hubo un momento que se me congelaron las manos y no podía mover el dedo índice para darle al REC. Ese día la temperatura había bajado muchísimo y yo me había dejado los guantes dentro de la maleta.

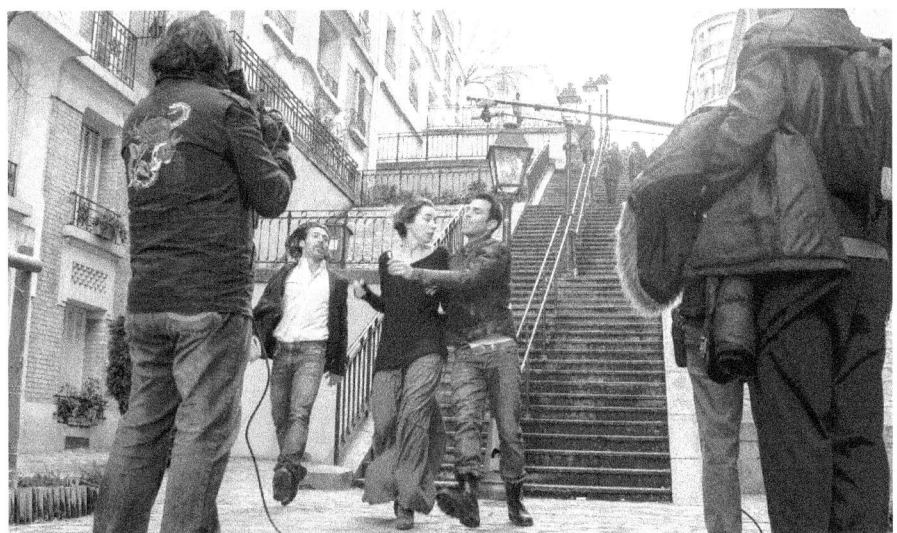

Vi a Enrique Muñoz con un termo de té en la mano y me preguntó: "*¿Quieres un poco?*". Lo que no se esperaba Enrique es que me eché un chorreón de té caliente en las manos; fue agradable y recuperé otra vez la movilidad.

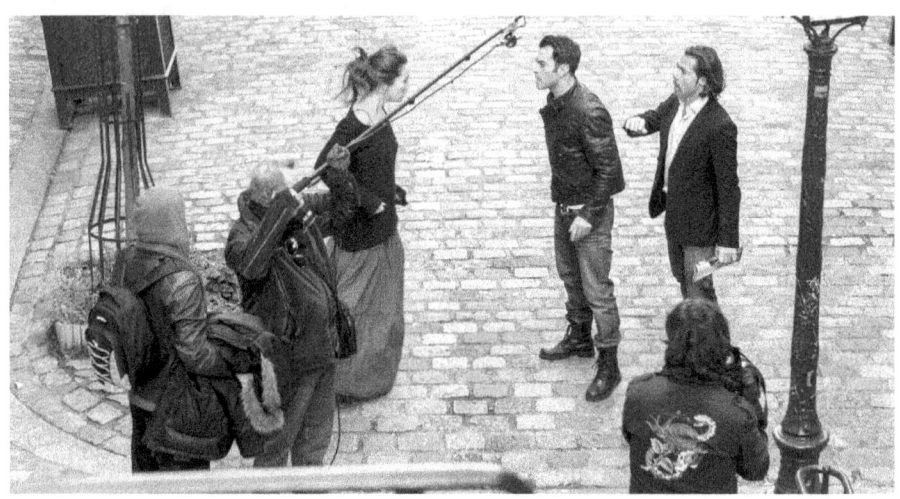

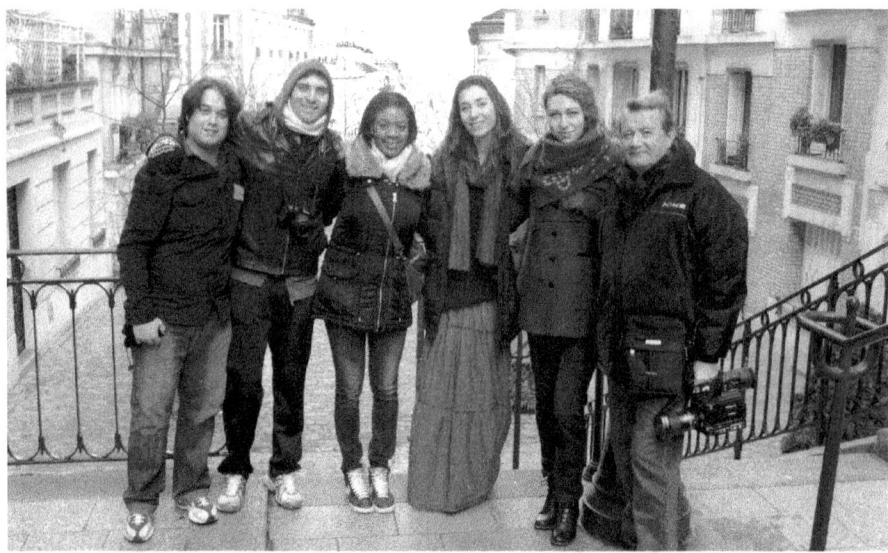

11:00. Desde las escaleras de *Montmartre* fuimos hasta la entrada al jardín de *Sacré-Cœur*. En la parte de abajo hay un carrusel, un tiovivo que yo quería aprovechar; también aparece en multitud de películas como *Amélie* o en los primeros minutos de *Itinéraire d'un enfant gâté* de Belmondo.

Allí nos esperaba Paco Roma, que se había ido solo desde el hotel hasta ese barrio. Frank Vélez y Jose Vallejo se marcharon para hacer turismo por París.

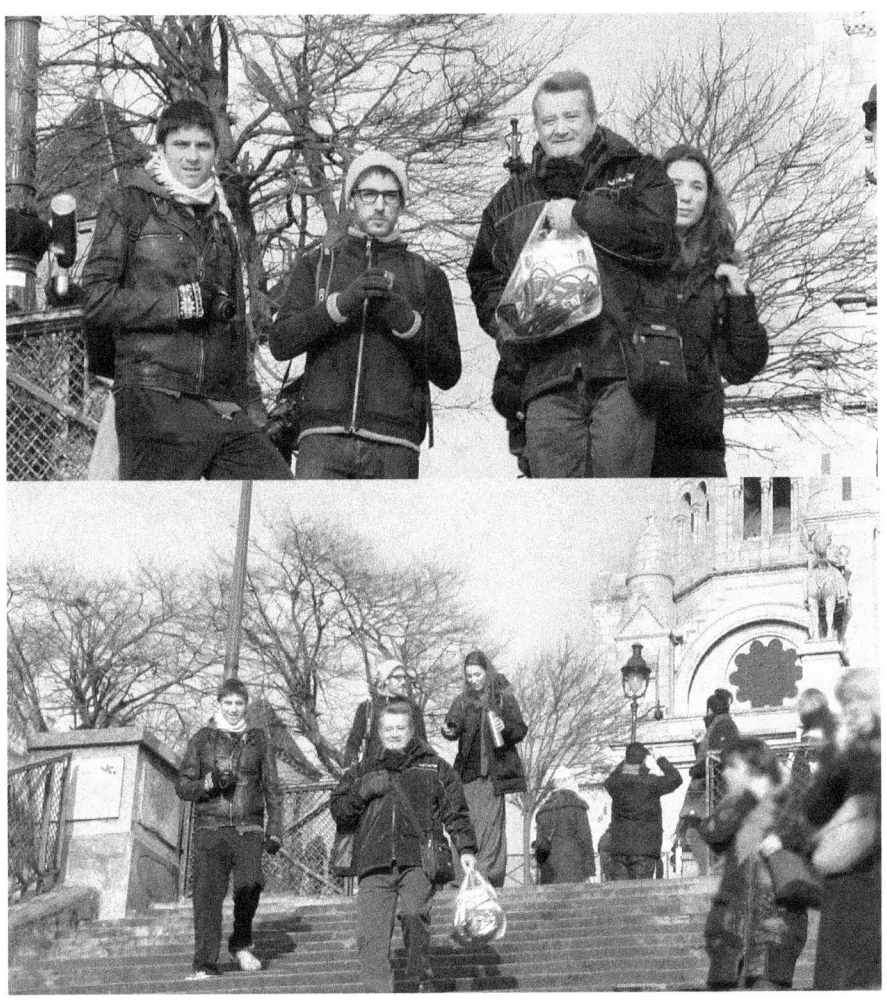

El resto del equipo nos desplazamos hasta la basílica, que estaba casi al lado. Allí, Susanna sacó otro termo de té y nos ofreció. Después, ella se fue con Millán a dar una vuelta y nos quedamos Enrique, Jordi, Paco y yo para seguir rodando.

12:00. Después de caracterizar a Paco con un poquito de sangre falsa en la nariz, comprobamos que ese día no había niños que se quisieran montar en el carrusel, así que no podía filmarlo en movimiento.

Nos acercamos al encargado de la atracción y le explicamos que estábamos filmando una película, que si podía encender el carrusel unos minutos tan sólo. Al hombre le gustó la idea y nos hizo el favor. Aproveché y rodé un plano general con un paneo en diagonal, empezando en el tiovivo y acabando en la barandilla superior, en la que el detective (Paco Roma) habla por teléfono con el *Sacré-Cœur* al fondo.

12:40. Filmamos cuatro planos desde abajo, después subí hasta donde estaba Paco y por el camino se me acercó a hablarme un hombre que estaba vendiendo sortijas. Jordi se acercó, me cogió del brazo y me alejó de allí, me dijo "*No les des conversación a los vendedores ambulantes...*".

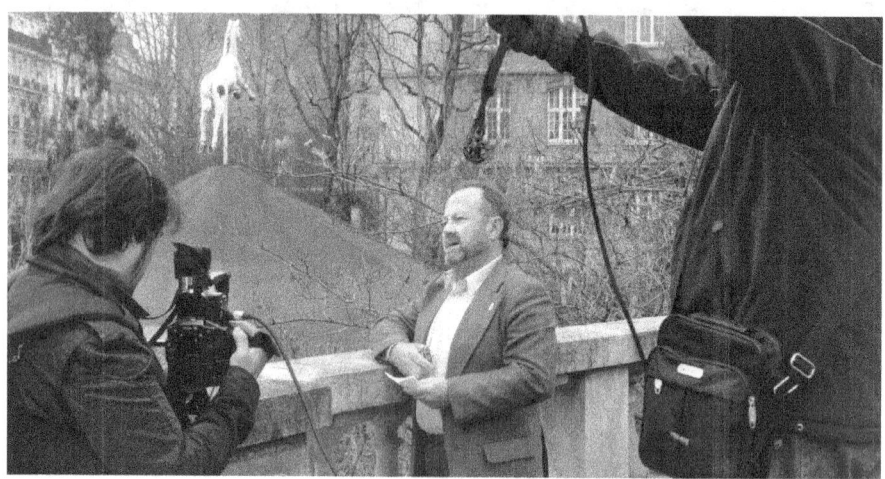

La grabación ante la basílica fue muy bien y muy rápida. Tuvo lugar una anécdota graciosa. Justo antes de filmar, Enrique, que tenía puestos los auriculares y sujetaba el micrófono, me dijo: "*Oigo un ruido extraño Fran... parecen interferencias*". Me acerqué a los auriculares y efectivamente se oían una especie de chasquidos raros. Revisé la cámara a ver si había algo mal conectado y entonces Enrique dijo: "*¡Ah! ¡Ya sé lo que es... son los dientes de Paco!*". Resulta que hacía tanto frío que Paco Roma estaba tiritando y castañeando los dientes y eso se estaba recogiendo por el micrófono.

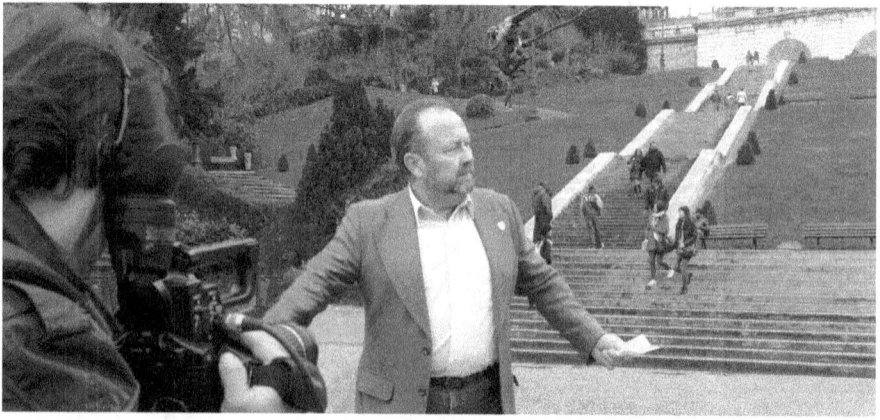

13:00. Cuando terminamos de filmar esa escena ante la basílica, bajamos hasta la parte derecha de la *Place Saint-Pierre*, que está a dos pasos. Mi idea, tal como decía el guion, era que el personaje de Paco (Pierre Lerosse) se montase en un taxi. Sin embargo resultó que ese día había huelga de taxistas, no veíamos ni uno. La fortuna quiso que pasase uno, que obviamente iba sin servicio. Paco salió corriendo hacia el coche y consiguió detenerlo.

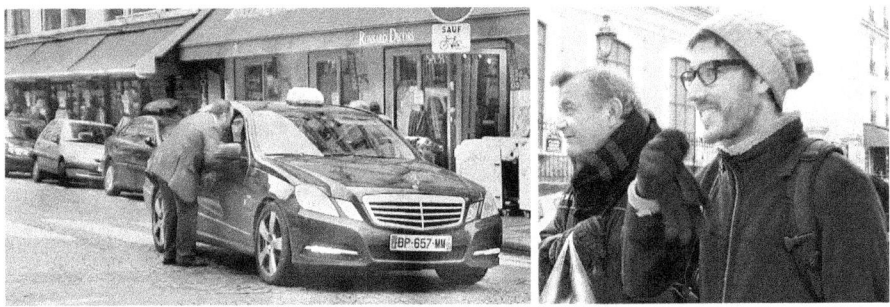

Trató de explicar al taxista, en español gesticulando mucho, pero finalmente fue Jordi Lagoutte quien se hizo cargo de pedirle, en francés, el favor de rodar unos segundos. El taxista accedió amablemente y grabamos a Paco montándose en el taxi.

13:30. Mientras esperábamos a Susanna y Millán, nos refugiamos en el café *Gigi*, que estaba allí cerca en *Rue Seveste*. En el café *Gigi* encontramos una estancia agradable y nos tomamos algo caliente. Me atreví (en francés) a pedir, a pagar y a solicitar el periódico.

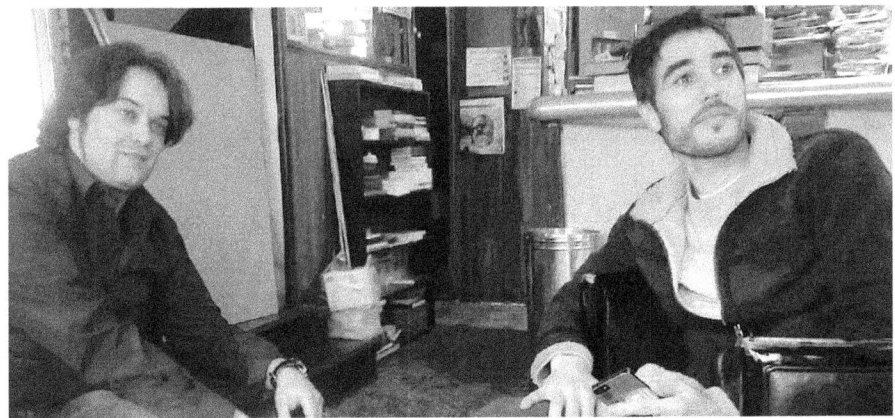

Sonó un tema musical de los años sesenta de Adamo, *Mes mains sur tes hanches*; y Paco y Enrique, comenzaron a cantarlo, pletóricos. El dueño del bar se unió y formaron un improvisado trío cantor, fue muy divertido.

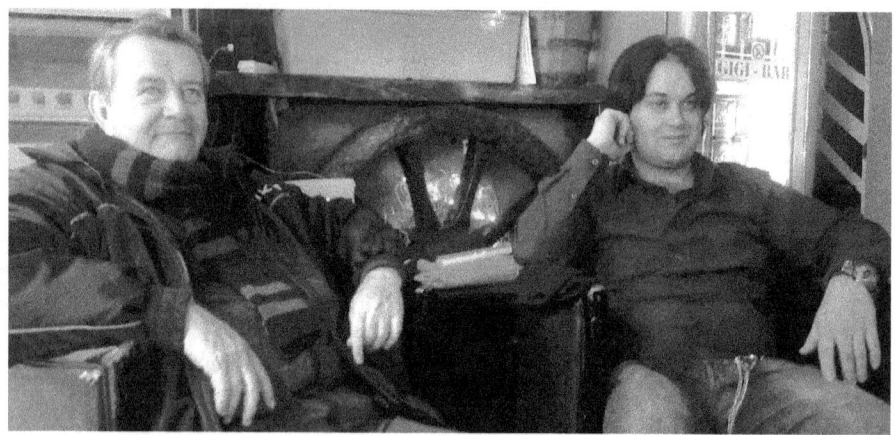

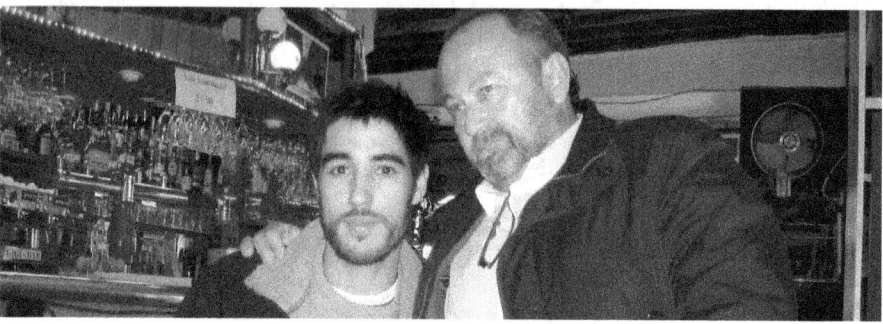

15:00. Desde allí, junto a Susanna y Millán, fuimos en metro a la zona de *Place de la Concorde*. En mi guion, el detective Pierre acude al edificio de la Policía Judicial, situado en el 36 *Quai des Orfèvres*. Un lugar muy especial para mí; como muchos saben, me gustan las novelas del comisario Maigret. Su autor, Georges Simenon, sitúa el despacho de Maigret en aquel lugar.

Allí hicimos algunos planos con Paco Roma, aproximándose al edificio, entrando y saliendo. Son planos generales muy sencillos; no quise entretenerme más allí porque es un sitio delicado, lleno de vigilancia y de presencia policial. Aunque yo tenía todos los permisos, decidí filmar allí rápido y molestar lo menos posible.

16:00. Era tarde y no habíamos podido sentarnos a comer con tranquilidad. Nos acercamos hasta la *brasserie Deux Palaces*, que está allí al lado, local que se menciona en mi guion. Me hacía gracia que pudiéramos comer en ese sitio. Pero vimos que estaban cerrando igual que el resto de *brasseries* de esa calle. Así que entramos a un bar de sándwiches que estaba a pocos metros.

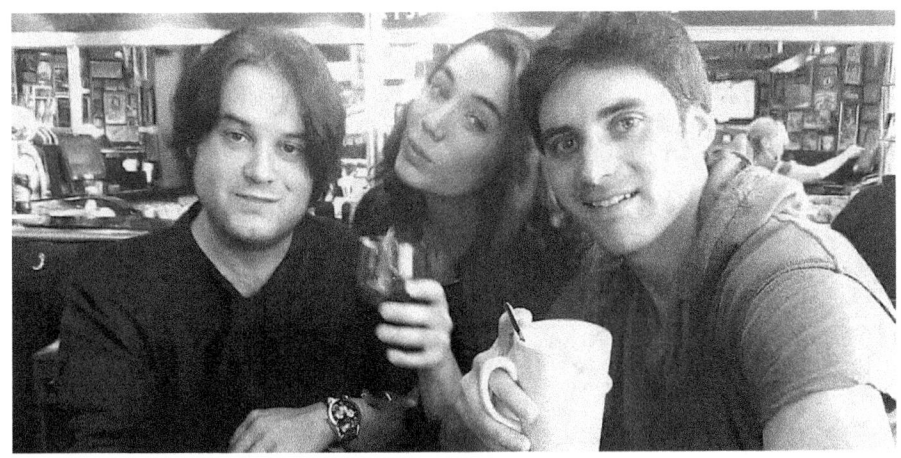

17:00. Tras la comida, fuimos paseando por *Rue Rivoli* hasta llegar al famoso *Pont Neuf*, para realizar otra secuencia con Max Millán y Susanna Pauw. Es un lugar muy emblemático para el mundo del cine, lugar del rodaje de *Les amants de Pont Neuf* de Leos Carax.

Cuando nos pusimos a rodar allí, notamos que había bastante tráfico y tránsito de personas. Pasó un bus lleno de turistas y un grupo numeroso de ciclistas que se detuvieron a mirarnos y hacernos fotos. Finalmente conseguimos filmar la escena completa, sin que nadie se interpusiera entre los actores y la cámara, en la que Alain (Millán) y Michelle (Susanna) se detienen en mitad del *Pont Neuf* y hablan por teléfono con Pierre.

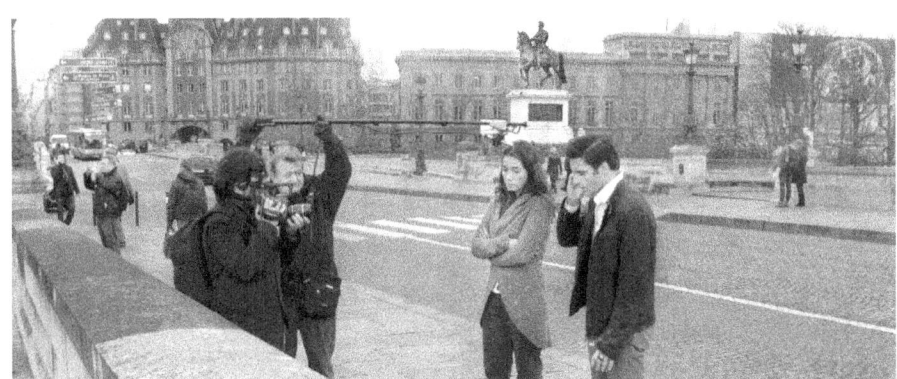

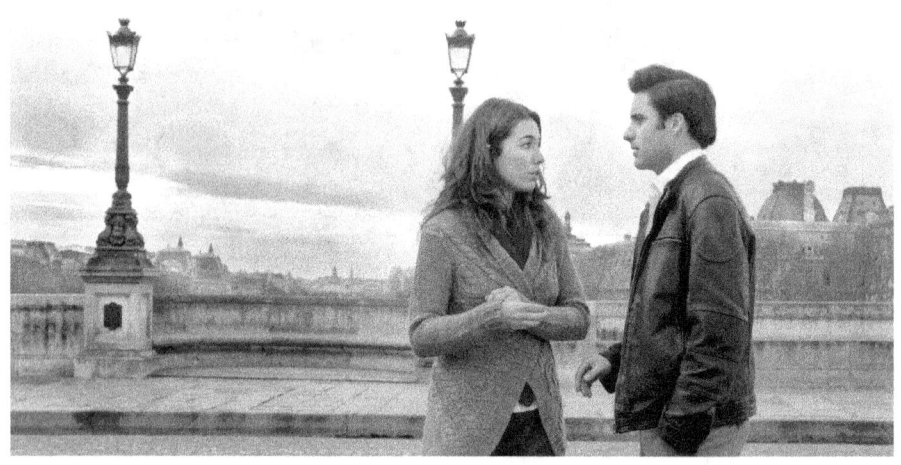

En uno de los planos, me arriesgué a ponerme de pie en un banco de piedra de uno de los miradores que tiene el puente. Con esa perspectiva, podía grabar un primer plano de los actores con todo el puente a sus espaldas. Aunque no era especialmente peligroso, daba un poco de miedo, así que pedí a Enrique y Paco que me sujetasen mientras yo grababa.

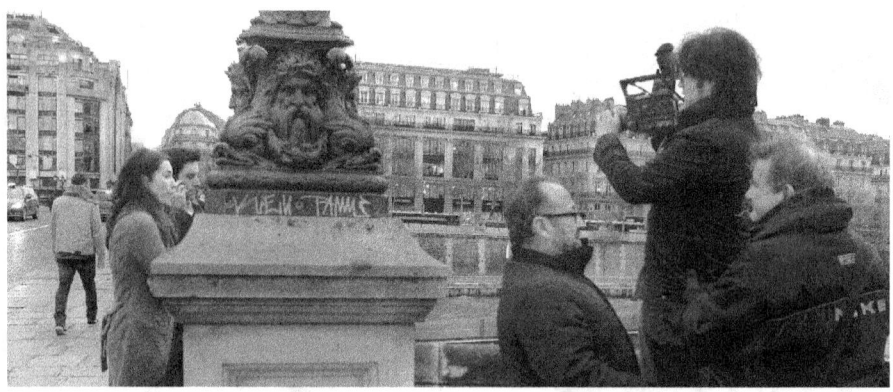

18:00. Jordi y yo nos fuimos un poco más lejos, al *Pont au Change* que está frente al *Pont Neuf*. Desde allí volvimos a grabar la misma escena, así tenía un punto de vista más lejano en un plano muy abierto. Establecimos que el *acción* sería con una llamada perdida; así podía indicar a los actores que ya estaba rodando y que podían comenzar.
19:00. Estaba anocheciendo. Nos volvimos a dividir; Susanna y Millán habían terminado su parte y podían dar una vuelta y descansar. Paco, Enrique, Jordi y yo fuimos a tomar un refrigerio antes de proseguir.
19:30. Fuimos a merendar al primer sitio que encontramos agradable, *Café La*

Colonnade, que está cerca, en *Rue Rivoli*. Allí tomamos unos dulces que eran típicos; yo probé una especie de bollito con canela y crema y también probé un trozo de una rosquilla blandita y rellena de crema de chocolate. Enrique se comió el resto de esa rosquilla y otro bollito de canela. Paco Roma pidió una porción de tarta y Jordi comió un *mille-feuille*.

20:30. Ya de noche, habíamos quedado para seguir grabando a las nueve en la zona de *Avenue Franklin-D.-Roosevelt*. Entramos en el metro en *Rue Rivoli*. Dentro, repartí los *tickets* de metro, como siempre hacía (todos los trayectos y comidas en París fueron asumidos por la producción), para que cada uno tuviese el suyo. Cuando Paco fue a pasar por la puerta automática (esa entrada no tenía torno, sino unas puertas muy altas de metal y plástico duro), resulta que no le funcionaba su ticket y se quedó atrás. Empezó a rebuscar por los bolsillos y sacó un puñado de *tickets* inservibles de anteriores viajes. Empezó a probar uno tras otro, bajo las miradas impacientes de la gente que hacía cola tras él. Estaba claro que el *ticket* válido se había perdido en el mar de *tickets* caducados. Enrique le gritaba son simpatía: "*Pero ¿por qué no tiras los tickets caducados?*". Entonces le dije que sacara otro *ticket* nuevo, que no perdiéramos más tiempo.

Paco se alejó hasta la máquina, nosotros seguíamos esperando al otro lado de la puerta automática. Entonces Paco regresó hasta la puerta, resulta que no tenía su cartera. Rebuscamos entre las mochilas con el vestuario y las cosas del rodaje y encontramos su cartera y sus gafas de sol. Como no cabía bajo la puerta, saqué un billete de cinco euros y se lo pasé bajo la estrecha ranura. Fue una divertida anécdota.

Tomamos la línea 7 y luego hicimos transbordo en la línea 9. Llegamos a la parada de *Saint Phillippe du Roule* donde habíamos quedado con Vallejo y Vélez.

21:00. Cuando ya estábamos todos reunidos, empezamos a rodar con Vallejo. El personaje salía del metro con premura y precupación, iba a reunirse con su compañero guardaespaldas.

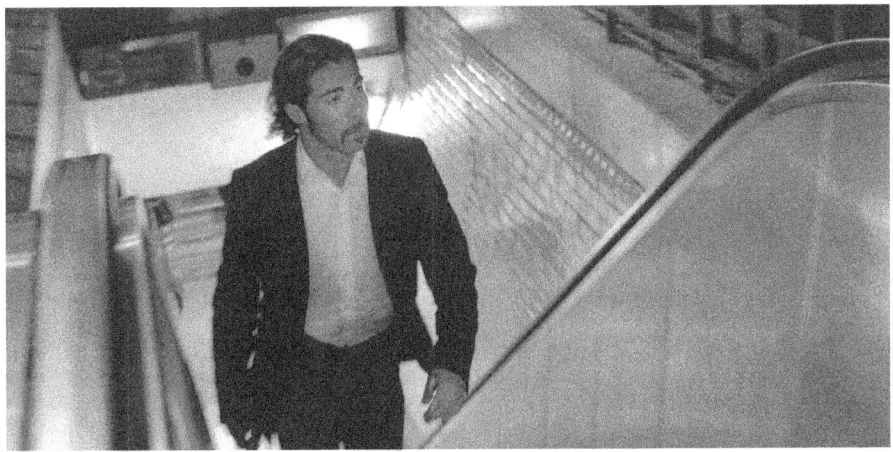

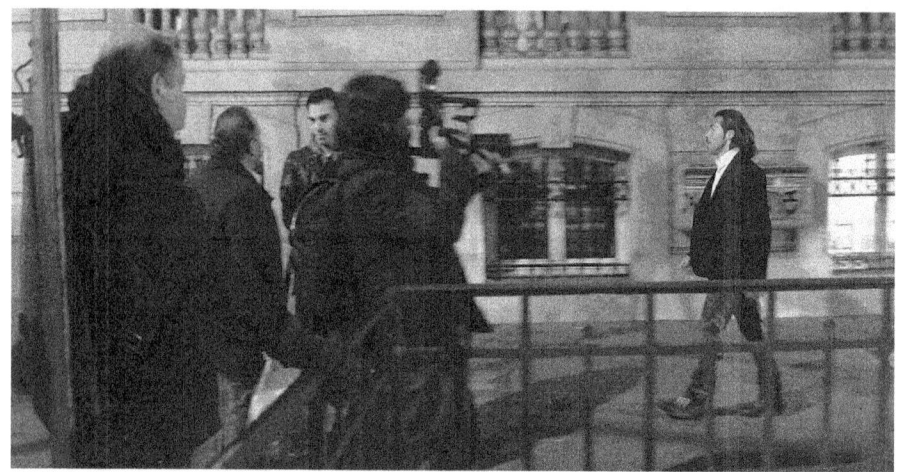

21:25. Elegimos el portal más cercano, junto al metro. Según el guion, Paco Roma debería acercarse, hacer como que sacaba una llave maestra y simular que abría... y ahí se cortaría el plano.

Paco se acercó a la puerta, miró por la cerradura, sin llegar ni a tocar la puerta y de repente salió un vigilante (con una porra en la mano). Empezó a increpar a Paco en francés, cortamos la grabación y fuimos todos a explicarle que era una interpretación para cine, pero el vigilante no quería problemas y nos echó. Jordi dijo: *"Se supone que este barrio no es el Bronx, más bien lo contrario..."* y Enrique añadió en voz alta: *"¡He pasado por 'descampaos' chabolistas con más educación!"*

Así que bajamos al siguiente portal, justo al lado, que era el número 61, donde está la famosa *Clinique du Rond-Point des Champs-Elysées*.

21:40. Esta otra puerta estaba abierta así que, para no repetir el mismo error, entré y encontré a un conserje. Le expliqué lo que queríamos hacer y nos dio permiso.

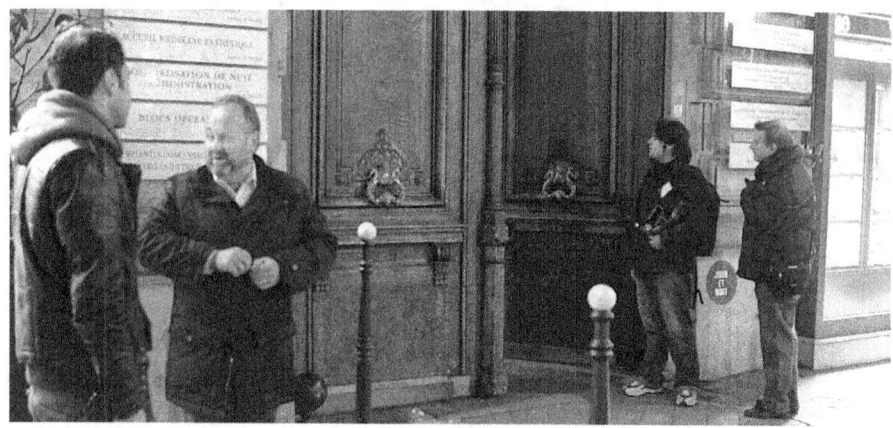

Hice un pequeño cambio de última hora, esa enorme puerta no se cerraba del todo y quedaba una ranura, le dije a Paco que íbamos a filmar así: su personaje encontraba la puerta entornada y simplemente entraba.

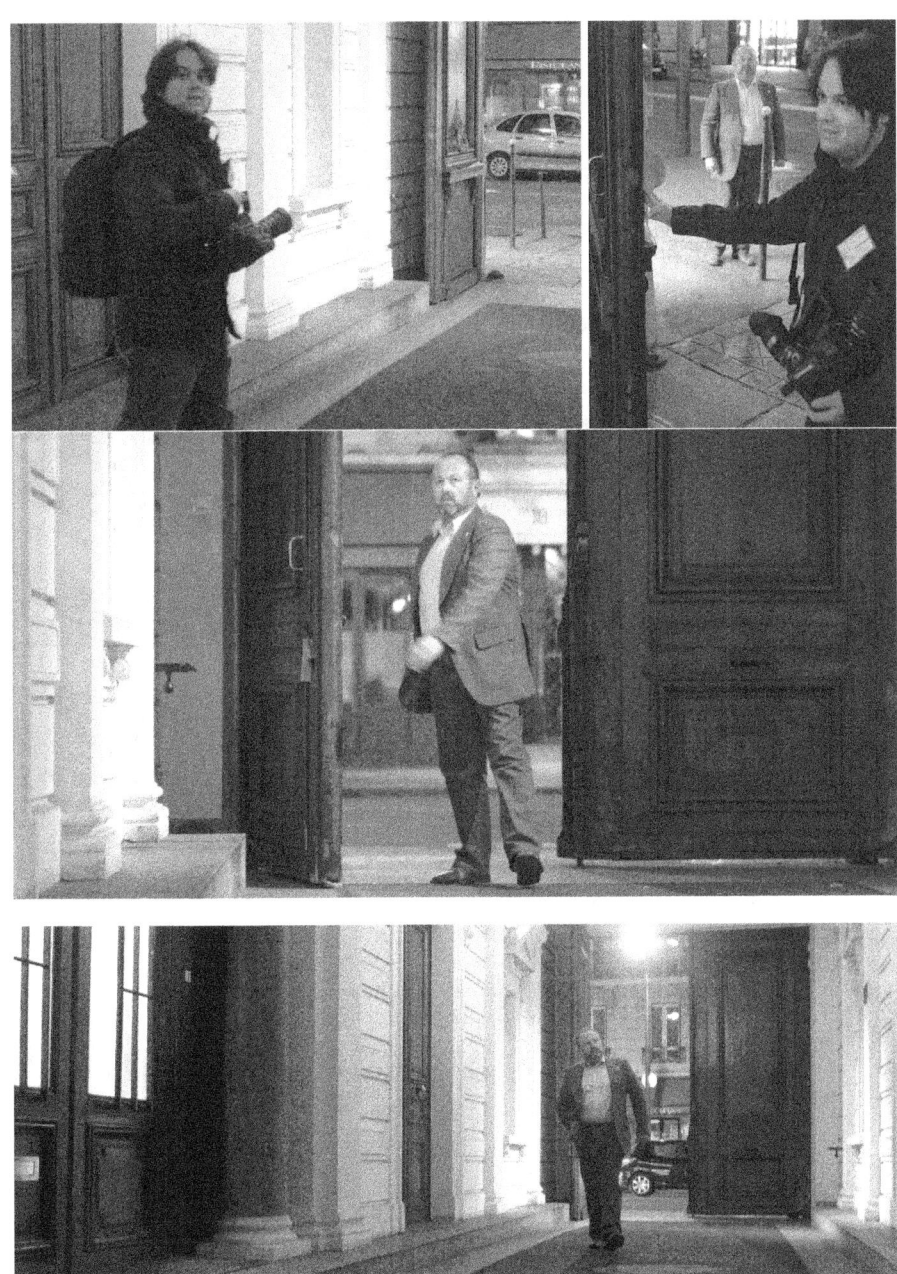

Quedó muy bien, hice un paneo desde la calle hasta que el personaje entra al portal.

También hice otro plano desde el interior, donde el personaje se adentra en el edificio con sigilo. Le dimos las gracias al conserje antes de salir y le dejamos una tarjeta.

Así que ese portal fue el que quedó como la supuesta vivienda del personaje de *Thérèse Voiron*. Yo ya había estudiado esa zona durante la documentación y no me importaba que esa localización estuviese más arriba o más abajo porque casi todas las puertas allí son iguales.

22:15. Después grabé de nuevo con Vallejo y Vélez. El personaje Paul cruzaba por en medio de la calle para reunirse con su compañero; al cruzar, sorteó un coche que iba lento, eso no estaba preparado, pero quedó muy bien para su personaje. Jordi nos hizo unas fotos muy buenas desde dentro del restaurante *Le Président*.

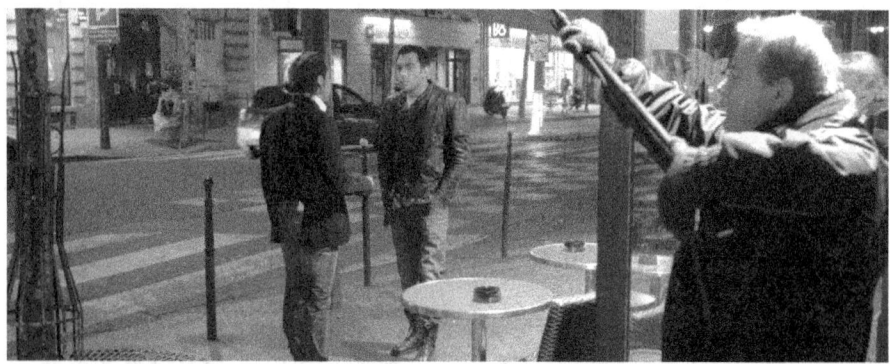

22:35. Antes de finalizar, vi que me faltaba otro plano, el de la llegada de Pierre (Paco Roma) en el taxi que había cogido en el *Sacré-Cœur*. Era el nexo entre una secuencia y otra. Teníamos el mismo problema: la huelga de taxistas. A Paco se le ocurrió hacer la misma táctica que hizo por la mañana, parar a un taxi y pedirle permiso para filmar unos segundos. Sin embargo, esta vez no hubo suerte, ningún taxi se detenía.

Mientras yo hablaba con Jordi Lagoutte sobre dónde conseguir un taxi disponible, Paco tuvo una ocurrencia. Cruzó la calle así, sin pensarlo, hasta un semáforo lejano y me gritó: "*¡Graba, graba!*". Al ver un taxi que estaba parado en un semáforo, ni corto ni perezoso se acercó hasta él por el lateral opuesto. Paco se agachó unos segundos, no se le veía; entonces se levantó, haciendo como que acaba de salir del taxi e hizo el gesto de cerrar la puerta, se alejó caminando tranquilamente hacia la acera. Quedó genial, realmente parecía que se había bajado del taxi. El taxista no entendía nada. El resto nos estábamos aguantando la risa y aunque está bien grabado, si la cámara se mueve ligeramente en ese plano es porque yo me estaba conteniendo de soltar una carcajada.

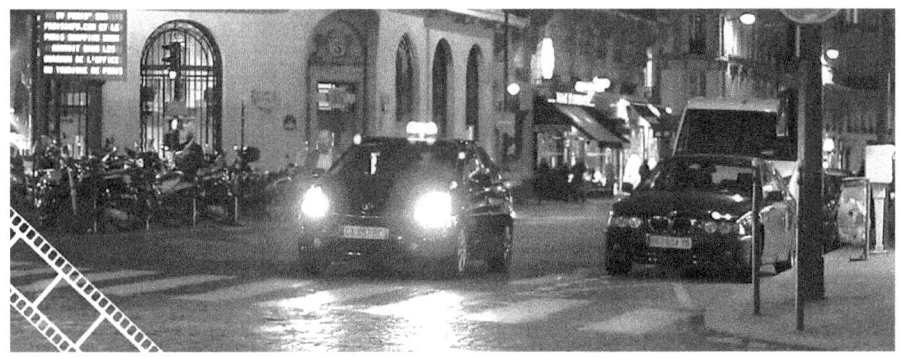

Cuando Paco regresó hasta nosotros, dijo su proverbial frase preferida: "*Todo tiene su momento y su porqué*". Después revisamos lo que filmé y con muchas sonrisas comprobamos que había quedado perfecto.

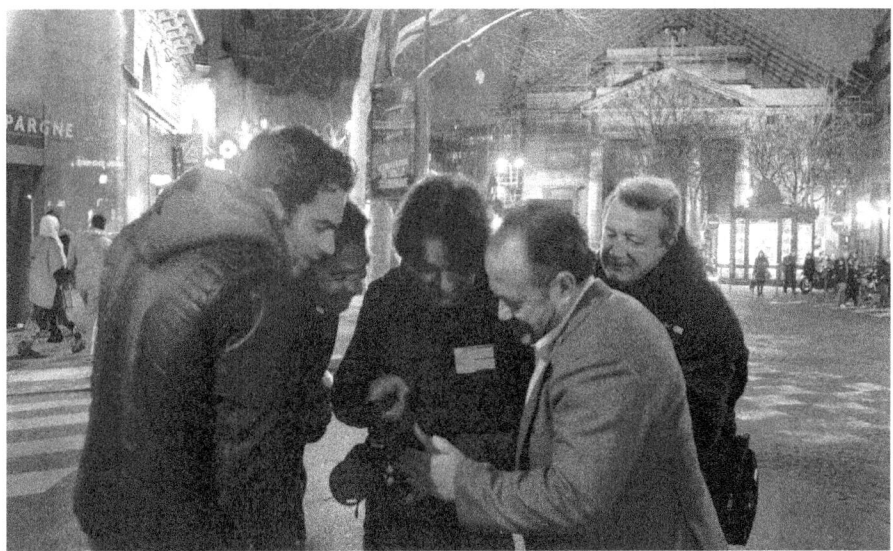

22:45. Nos montamos en el metro; Jordi se marchó hacia su casa y el resto regresamos al apartamento de *Clignancourt*. Ese día había sido muy largo y estábamos cansados, personalmente yo estaba agotado. Nos habíamos recorrido la ciudad desde las siete de la mañana, y, además, cargados con las mochilas del equipo.

Cenamos pizza y mientras recuperábamos fuerzas, Susanna me dijo que, según el plan de rodaje, teníamos que grabar los planos en los que Michelle corría delante del *Moulin Rouge*. Yo estaba súper cansado y pensé si eso se podía rodar en otro momento o al día siguiente, pero no habría otra nueva oportunidad para hacer esos planos. Así que, después de descansar diez minutos tumbado, me levanté nuevamente a rodar. Enrique, que también estaba cansadísimo, dijo que nos acompañaba, que no nos iba a dejar solos. Vélez también se animó, así ayudaba a Susanna con el vestuario.

23:00. Bajamos la cuesta hasta la *Place d'Anvers* y llegamos hasta el *Boulevard de Clichy*. Muy cerca de aquella zona estaba la calle donde mi padre tenía la filmoteca de Cine Español desde 1991 hasta 1995 (un sitio bastante especial que surtía de cine español al Instituto Cervantes y que tenía clientes como Marcello Mastroianni, Victoria Abril, Joselito...). Me quedé con las ganas de acercarme, aunque fuera para ver la calle, pero era de noche, estábamos cansados y teníamos que filmar.

Cuando pasamos delante de los cabarets, hombres y mujeres, ataviados con prendas *eróticas* invitaban a todo el que pasaba a entrar en los locales. A Frank Vélez le cogieron del brazo y se le insinuaron con seducción, pero él se escabulló con una sonrisa. Fue una anécdota divertida.

23:20. Llegamos frente al *Moulin Rouge*; nuevamente caracterización de Susanna, y rodaje ante la atenta mirada de muchos turistas. La verdad que llamaba la atención, porque la caracterización de Susanna consistía en sangre falsa en la blusa y en la nariz, pelo revuelto, brillos de sudor en la cara, ojeras y demacrada.

23:45. Grabamos los cuatro planos que hacían falta, los momentos finales de ese personaje; el resultado fue muy bueno.

Michelle (Susanna Pauw) que está en muy mal estado, corre por esa avenida, con el *Moulin Rouge* al fondo.

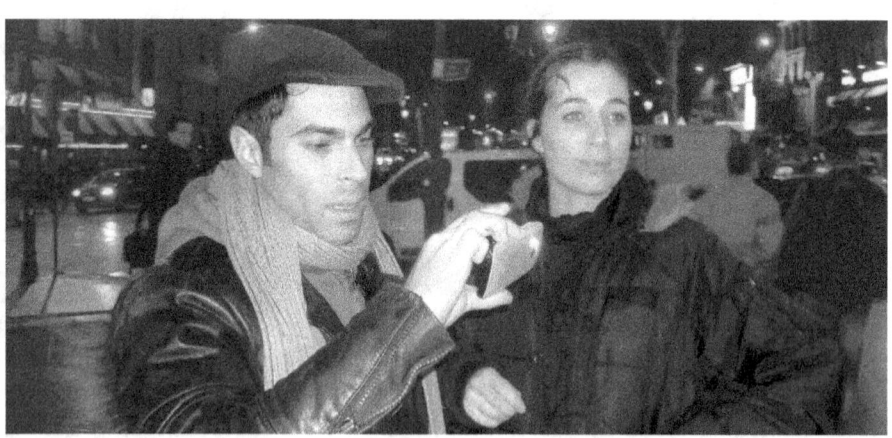

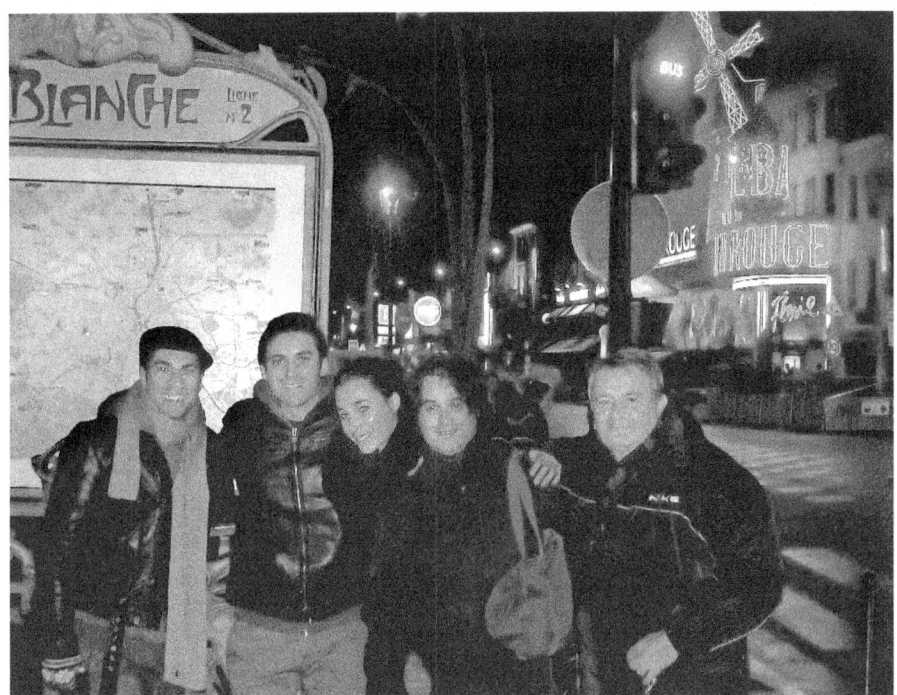

00:15. Al acabar, de camino al apartamento, Enrique vio un cartel enorme con la cara del actor *Louis De Funès*, era algún anuncio sobre la reedición de las películas clásicas del famoso actor francés. Enrique dijo que le encantaba, que era uno de sus actores favoritas. Nos contó que hacía muchos años fue a *Saint Tropez para* visitar el escenario de rodaje de la famosa gendarmería. Le hice algunas fotos a Enrique junto a la cara de *Louis De Funes*.

00:30. Regresamos al apartamento y desde allí, Enrique, Paco y yo fuimos a nuestro hotel en *Rue Ramey*. Estábamos totalmente agotados. Vallejo y Vélez se fueron de copas para disfrutar un poco de la noche, ellos ya habían terminado todas sus escenas así que les quedaba un día y medio para relajarse en París.

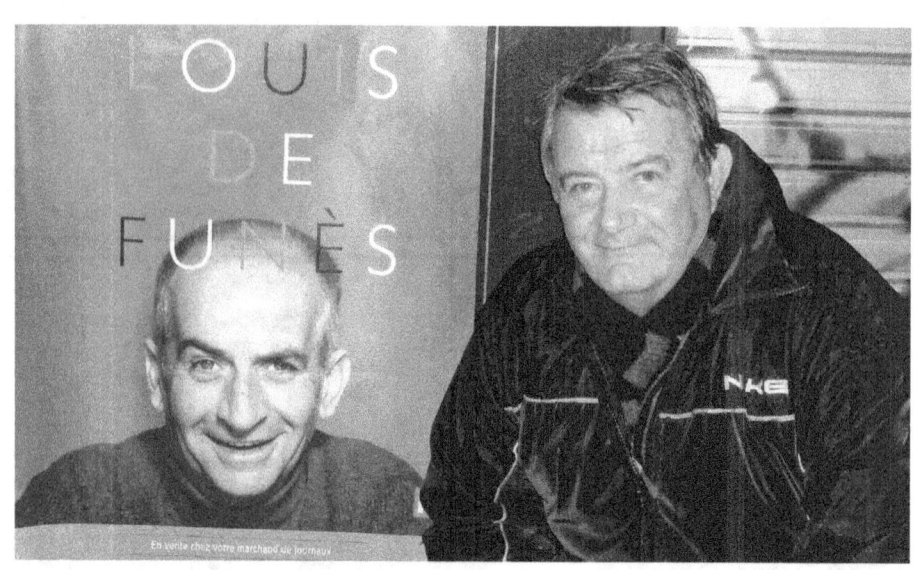
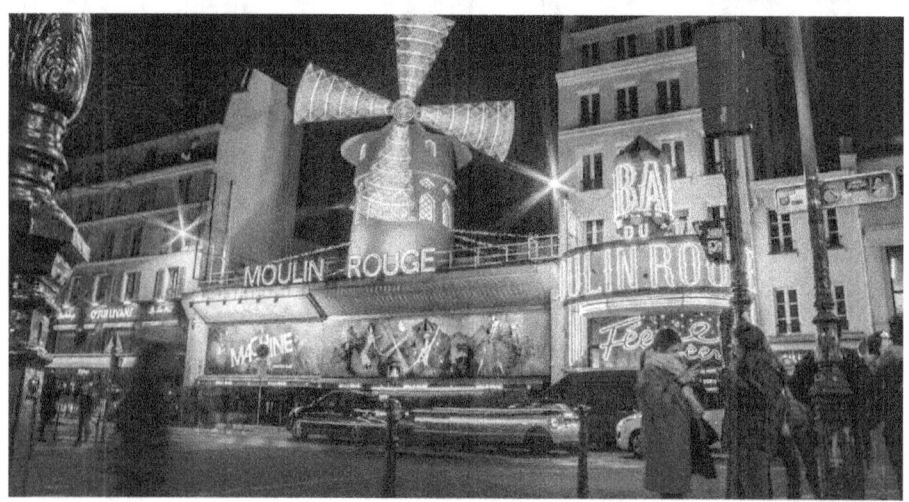

Capítulo 46
Sábado 12 de enero de 2013

06:00. Al día siguiente me costó levantarme, pero no falté a mi compromiso. Ducha y desayuno.

06:30. En el *buffet* de la recepción, tuve que beberme un café cargado (y eso que no me gusta el café), un vaso de zumo y dos *croissants* para reunir energías. Paco y Enrique saludaron a su nuevo amigo, el encargado del *buffet*.

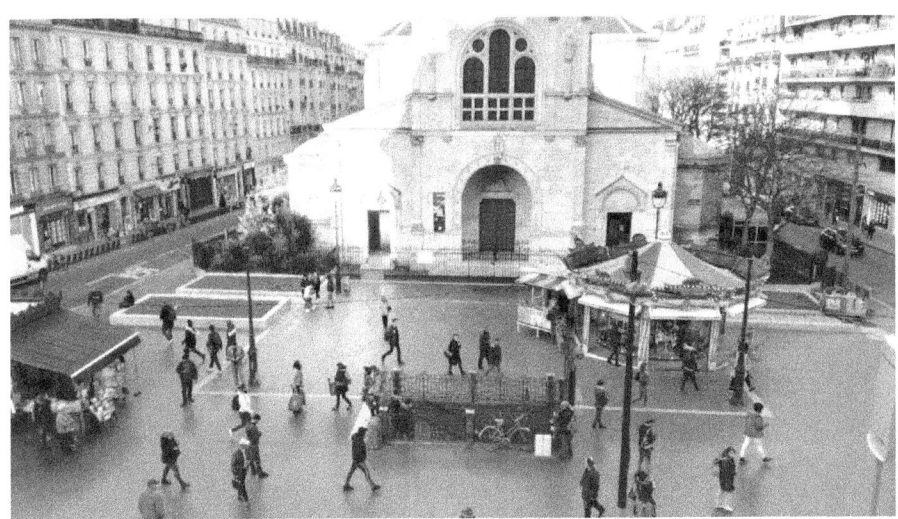

07:00. Subimos la calle hasta llegar a la parada de metro de *Place Jules Joffrin*. Jordi Lagoutte nos estaba esperando allí. He de contar, que al personaje de Alain lo ubiqué supuestamente en *rue Hermel*, ¡y esa calle justamente está allí! pasando delante de *Place Jules Joffrin*.

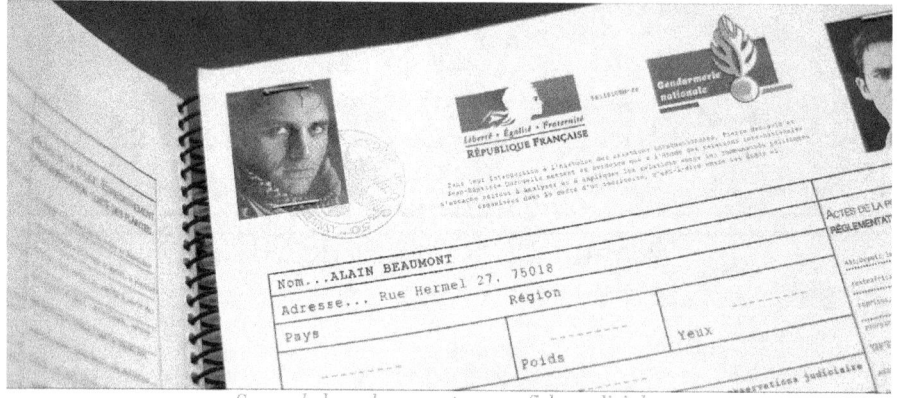

Se puede leer claramente en su ficha policial, durante la escena de la galería de tiro

Me hizo mucha gracia la casualidad: yo elegí esa ubicación cuando escribí el guion, como parte del atrezzo, cuando ni siquiera sabíamos que llegaríamos a París. Y resulta que, pisando ya en París, estábamos alojados muy cerca; es irónico que el actor Millán estaba durmiendo en el mismo barrio de donde se supone que dormía su personaje.

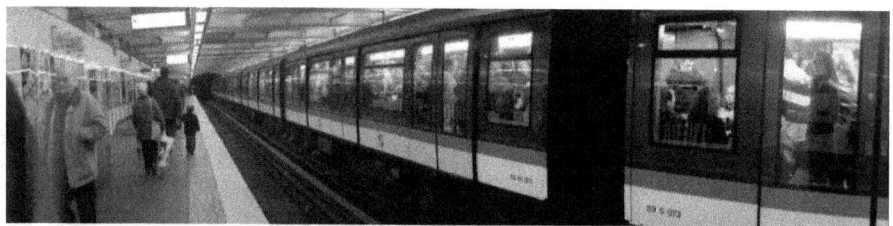

Desde *Jules Joffrin* hicimos transbordo en la *Place Clichy*. Entonces ocurrió un percance. Enrique, que llevaba el trípode y otra mochila, tropezó con unas de las patas del trípode justo cuando bajábamos las escaleras del metro. Cayó rodando por los peldaños, pasando ante nuestra mirada y bajando a toda velocidad hasta el rellano de abajo. Todos corrimos a socorrer a Enrique, incluso gente de alrededor lo ayudó a levantarse. Aunque fue bastante espectacular la caída, no le paso casi nada. Enrique se levantó con una sonrisa y dijo que casi no le dolía. Tuvo suerte en la caída y de alguna manera, las mochilas o el abrigo amortiguaron el golpe.

Yo me preocupé varias veces sobre su estado y siempre nos decía que estaba de maravilla; incluso gastaba bromas diciendo que, si hubiese rodado un poco más, hubiese pasado debajo del torno del metro sin pagar.

08:10. Nos montamos en la línea de metro que tiene un tramo aéreo, por encima de las calles y por fin llegamos a la misma zona que el día anterior, a la *Avenue Franklin-D.-Roosevelt*. Como allí habíamos situado la fachada de la casa de Thérèse Voiron (Beatriz Rico) era necesario rodar por la noche, tal como hicimos el día anterior, y también rodar por el día, como estábamos a punto de hacer.

08:30. Habíamos quedado con los actores Valérie Thénot y Daniel De La Sobera, allí mismo en la parada de *Saint Phillippe du Roule*. Valérie fue quien me presentó, semanas antes a través de internet, a Jordi Lagoutte.

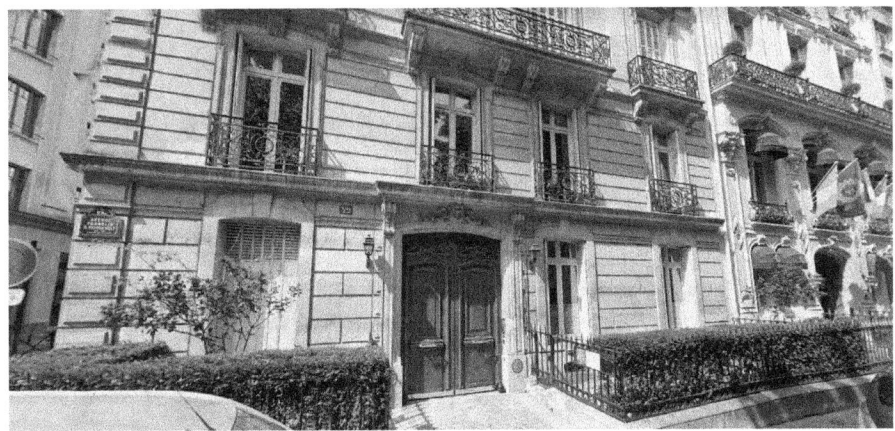

La razón por la que elegí esa avenida es porque se trata de una zona muy lujosa que encaja bien con el perfil de Thérèse y porque, casualmente, era donde mi padre vivió durante su infancia, en los años cincuenta y sesenta. Concretamente, mi padre vivió en el número 29 de la *Avenue Franklin-D.-Roosevelt*, una zona privilegiada, aunque él era de familia humilde: su madre (mi abuela) trabajaba de asistenta doméstica interna en una vivienda de lujo. Gracias a eso, mi padre pudo estudiar en uno de los mejores y más exclusivos colegios de París, no por la posición social sino por la ley que exige que los escolares acudan al colegio más cercano a su domicilio; y claro, sus compañeros de pupitre eran de ministros, de príncipes y de grandes magnates; los que se podían permitir vivir en esa zona de París en aquella época.

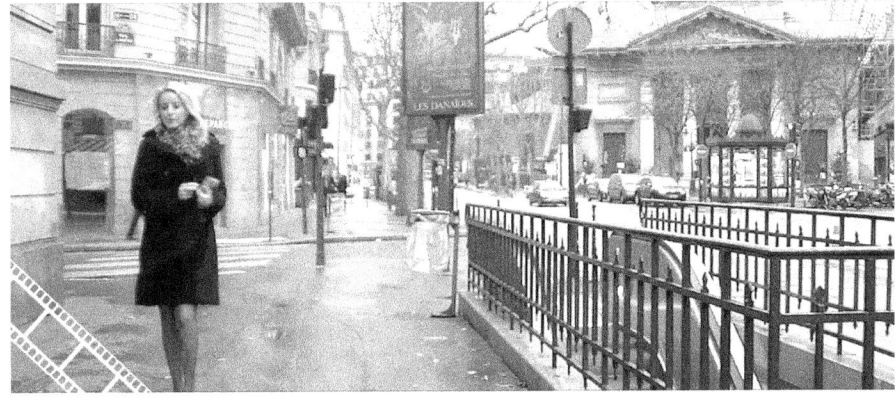

09:00. Comenzamos el rodaje, con Valérie. Hicimos algunos planos en los que ella salía de la boca del metro y caminaba con prisa.

09:10. Vamos hasta el número 61, la misma puerta en la que rodamos el día anterior y donde tan amablemente nos trató el conserje. Allí nos esperaba Daniel De la Sobera y Aude Hermine; solamente necesitaba de Valérie y de Daniel, pero Aude también nos acompañó.

La escena es breve, dos figurantes (Daniel y Valérie) se encuentran en el portal y entran; van a a la fiesta en casa de Thérèse (comienzo de la película). Este fragmento va situado al comienzo de la película, justo después del título. Es cuando empezamos a ver el mundo de la opulencia y los personajes adinerados.

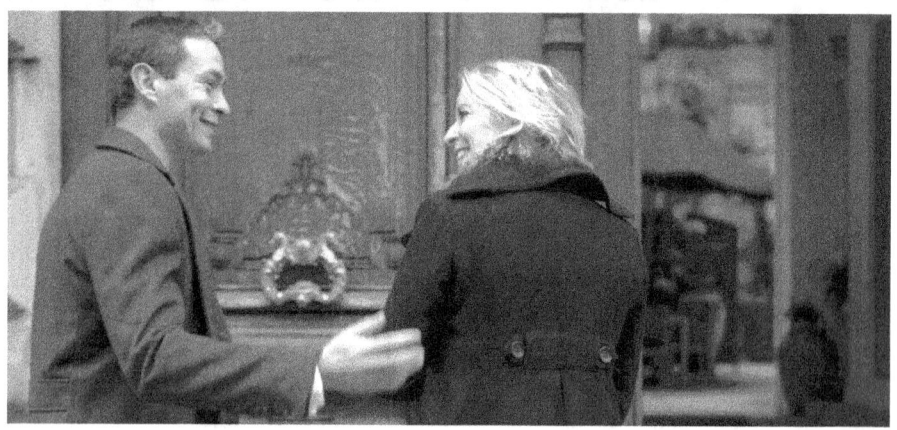

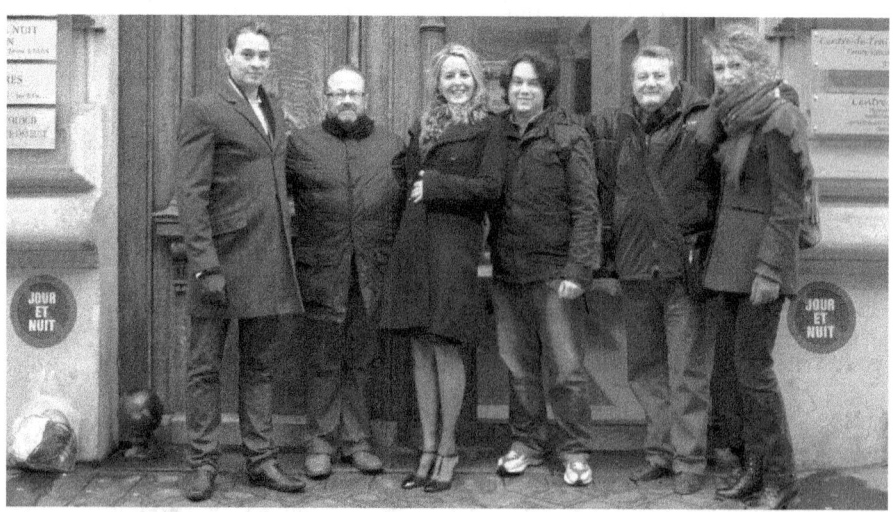

09:30. Al terminar, nos tomamos unos cafés y unos tés en el *Café Music Hall*, cafetería de interiores blancos plateados, que estaba justo al lado. Allí tuve interesantes conversaciones con Valérie sobre cómo funcionaba la distribución cinematográfica en Francia.

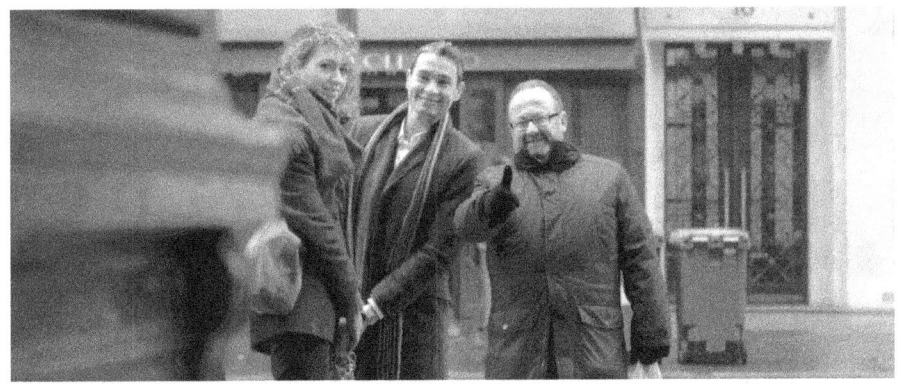

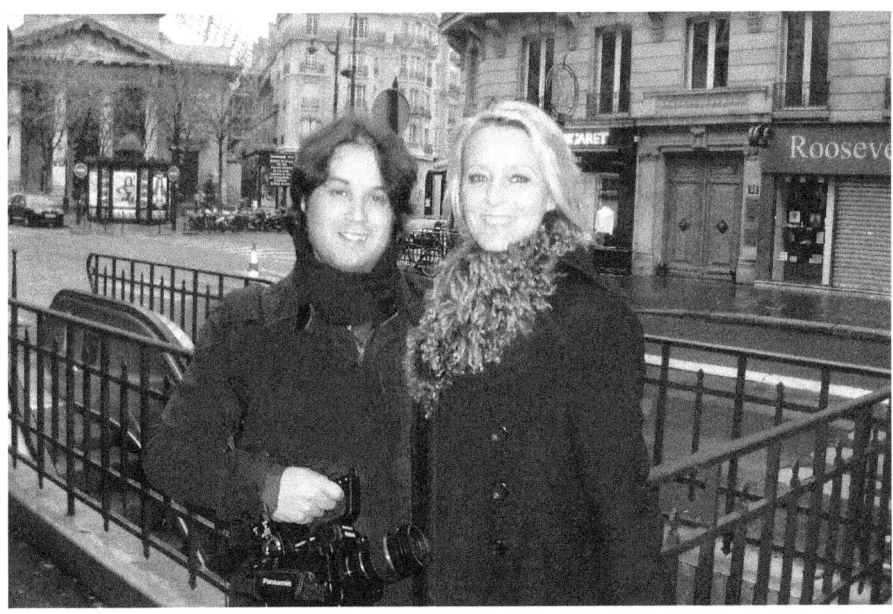

10:10. Nos despedimos de Valérie y Daniel; y Jordi, Paco, Enrique y yo nos subimos al metro rumbo al centro. Enrique le contó a Jordi varios chistes en español, fue muy divertido.

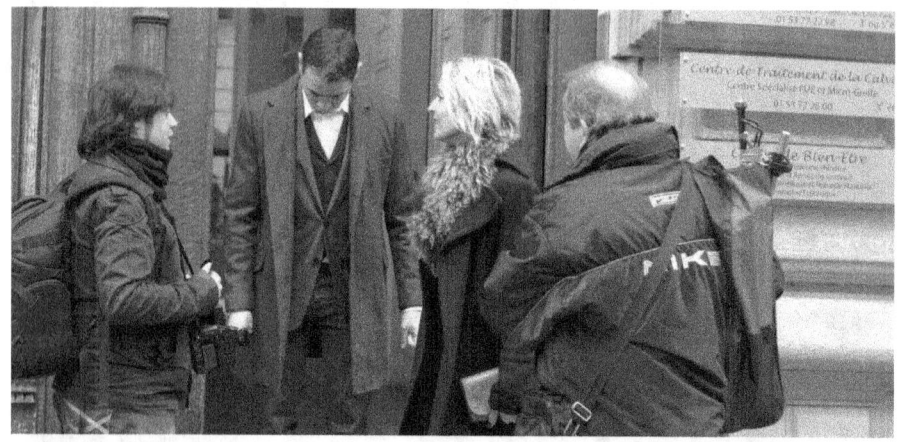

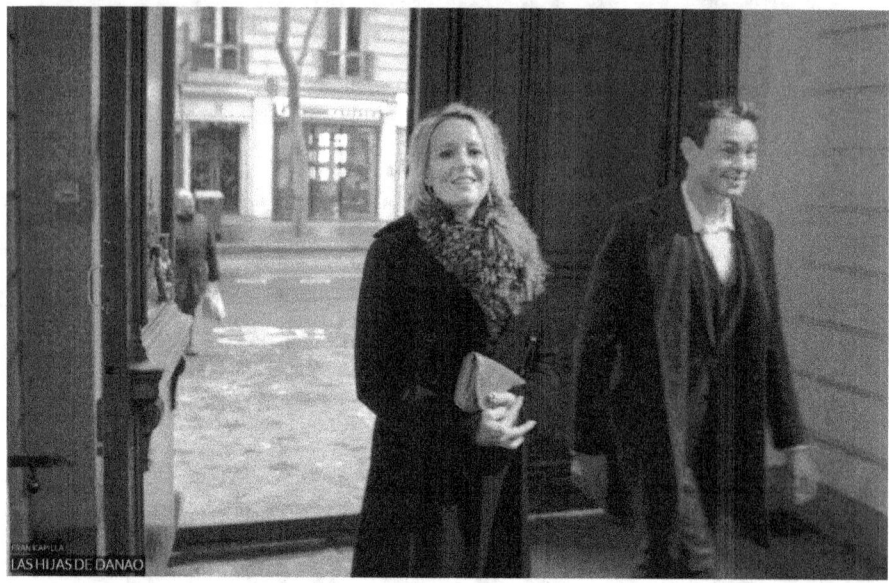

10:30. Llegamos a la *Place de l'Opéra*; donde nos esperaban Susanna y Millán. Aún hacía frío, había pocos turistas y casi todos los peatones se notaban que eran autóctonos que iban al trabajo.

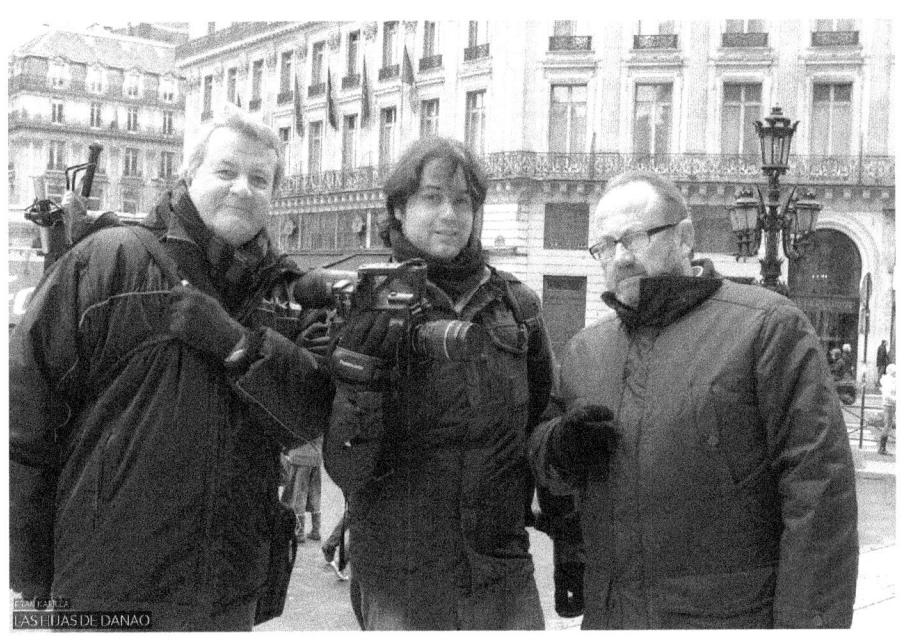

10:40. Paco y Millán interpretan a sus personajes cruzando la plaza y entrando en la Ópera. Hicimos varias tomas hasta que conseguimos que no hubiese gente entorpeciendo a los actores. Fue un paneo siguiendo a los personajes, viniendo de frente, y luego girando hasta quedar en sus espaldas. Así podía recoger el ambiente de la plaza y luego la fachada de la Ópera.

Millán vestía el chándal, las deportivas y el pañuelo palestino. Es el vestuario del comienzo de su personaje, Alain. Millán había traído ya preparado, debajo del chándal, tenía el segundo vestuario de su personaje, ya más elegante. Me hace gracia pensar que bajo la indumentaria deportiva está el traje encorbatado.

YO SENTÍA QUE ESTÁBAMOS CUMPLIENDO
UN SUEÑO Y AL MISMO TIEMPO
PASÁNDOLO BIEN.
FUE UNA AVENTURA GENIAL.

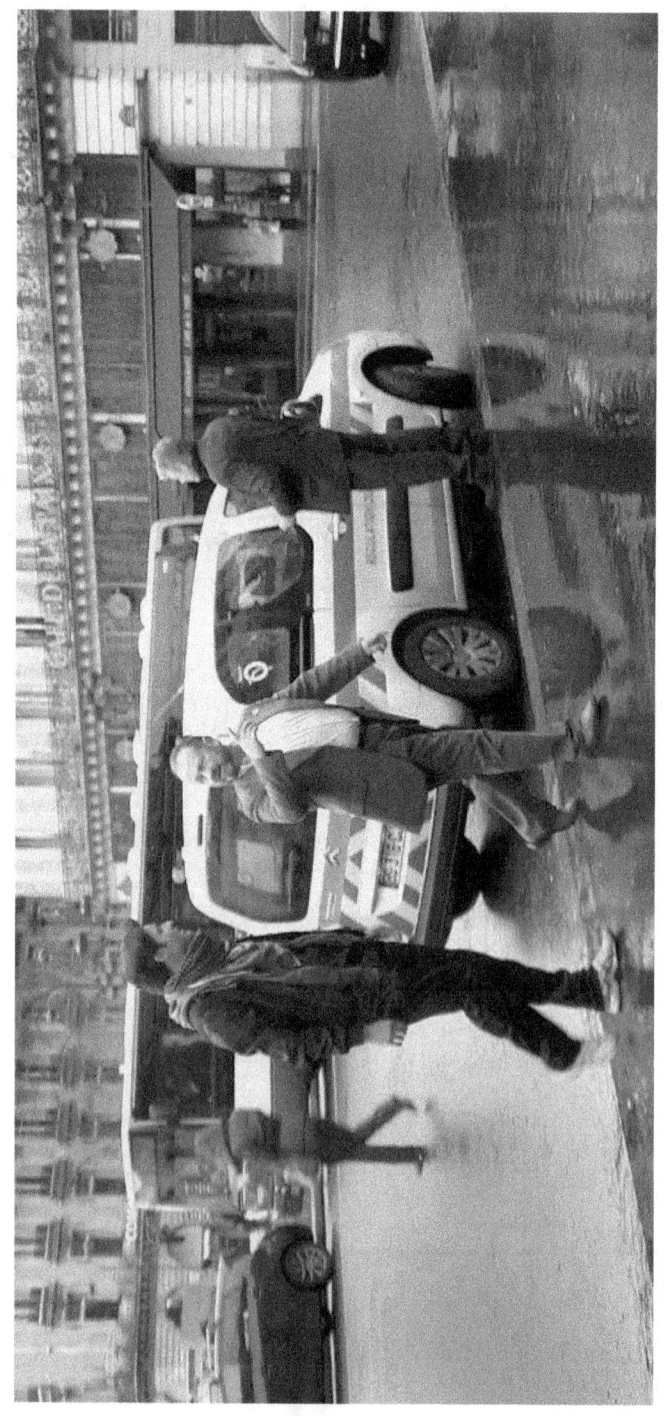

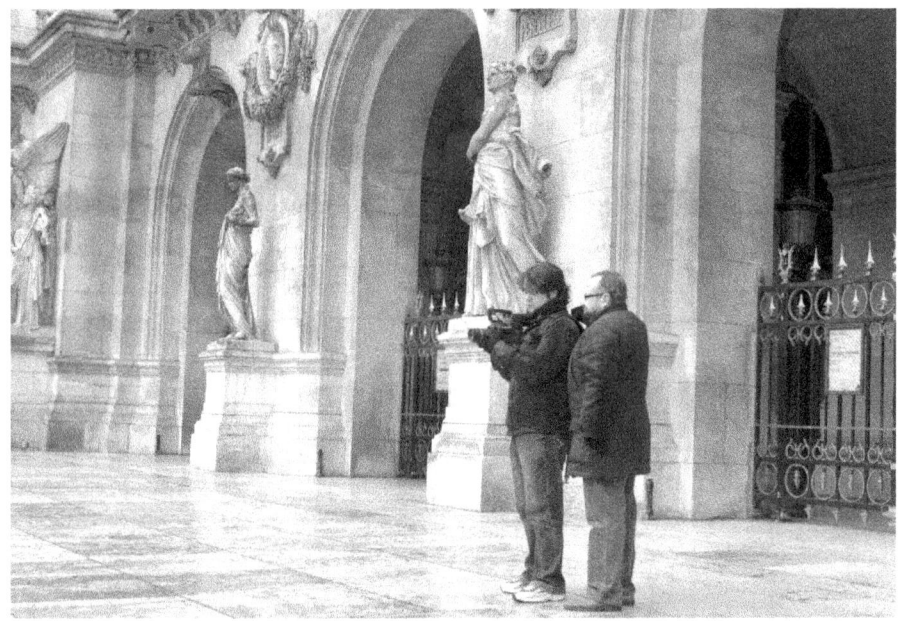

10:50. Al terminar de rodar esa escena, Millán entró al baño de la Ópera. Allí se cambió la ropa y salió con el nuevo atuendo: camisa, corbata, pantalones y los zapatos puestos.

Todos estos movimientos lo teníamos bien hablados y planificados, los cambios de vestuario, de caracterización de maquillaje, de comportamientos, etc, eran elementos que debían de aparecer teniendo en cuenta las secuencias que iban antes y después de cada una de las que se hicieron en París. Por eso mirábamos muchas fotografías de las escenas rodadas en Málaga.

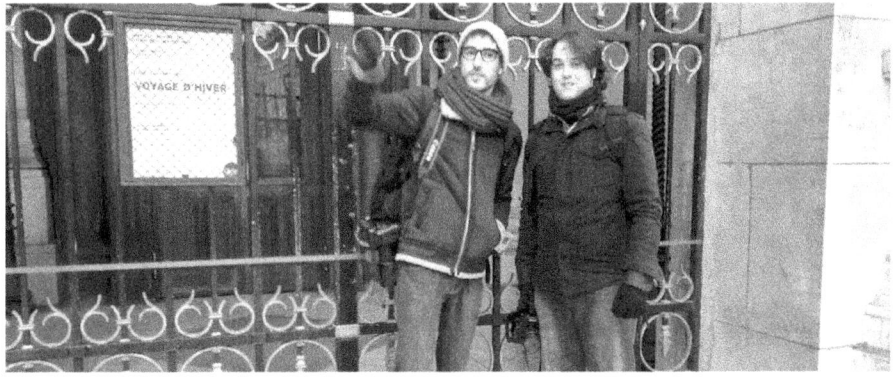

11:00. Entramos por el lateral que es por donde entran todos los turistas y no por donde entra el público cuando hay representaciones. Nos recibe un encargado y yo le enseño los permisos escritos que me dieron desde la embajada en Madrid para poder filmar con aquel equipo de gente. El encargado vio que todo estaba en orden, luego revisó las cámaras y finalmente dio el visto bueno. Nos otorgó la autorización final para poder rodar allí. Aquello era muy importante para mí, aunque todos los papeles estaban en regla, tenía temor que finalmente nos impidiesen grabar ese día por cualquier otra circunstancia.

Si me hubiesen dicho que no era posible, mi único plan B hubiese sido dejar todo mi equipo de filmación en consigna o al encargado y pedirle que si podíamos al menos grabar al menos como turistas. Entonces, con la Canon de Jordi, hubiésemos grabado algunos planos con más discreción, más breves y no tan buenos. Eso es lo que hubiera hecho como plan B, pero no hizo falta, tuvimos una gran suerte y me autorizaron a filmar lo que quisiera. Estuvimos tres horas dentro del *Garnier*, y pude sacar todos los planos posibles que hacían falta para mi guion.

11:15. El interior del *Garnier* es impresionante. Enrique dijo que es casi más bonito que Versalles, yo pienso que no pueden competir, son dos épocas y dos estilos diferentes; pero sí, la Ópera de París es impactante. Lo primero que hicimos fue dar una vuelta por todas las estancias. Fui señalando sobre el guion técnico donde estaba cada sitio y qué plano se rodaría en qué lugar. Jordi aprovechó para hacernos unas fotos geniales.

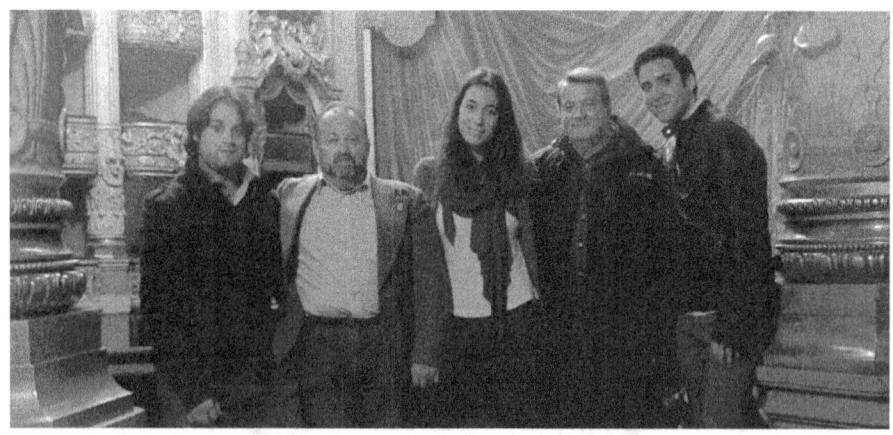

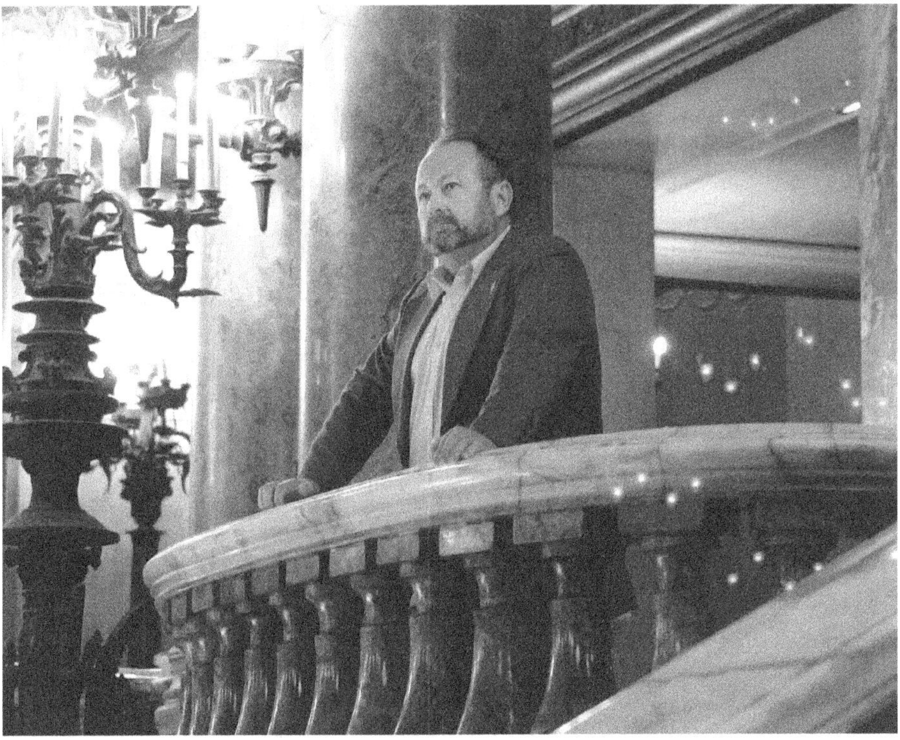

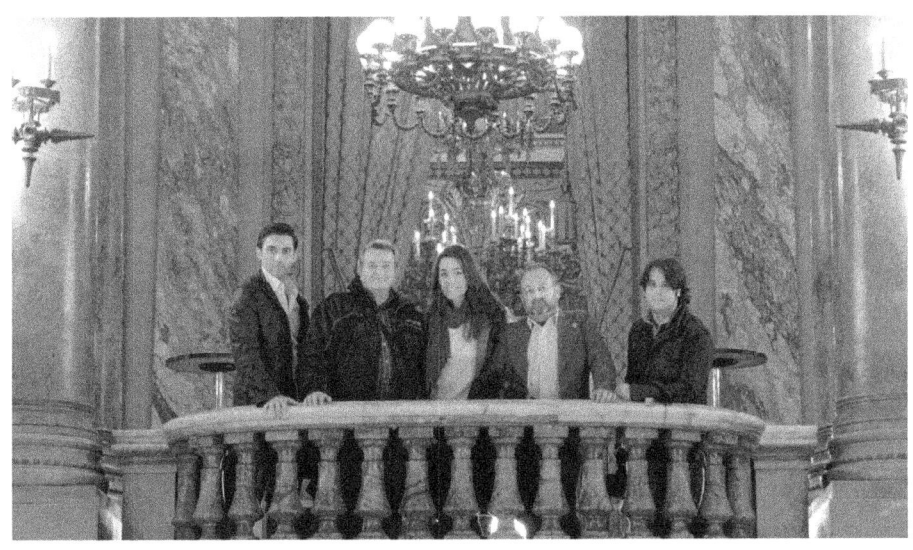

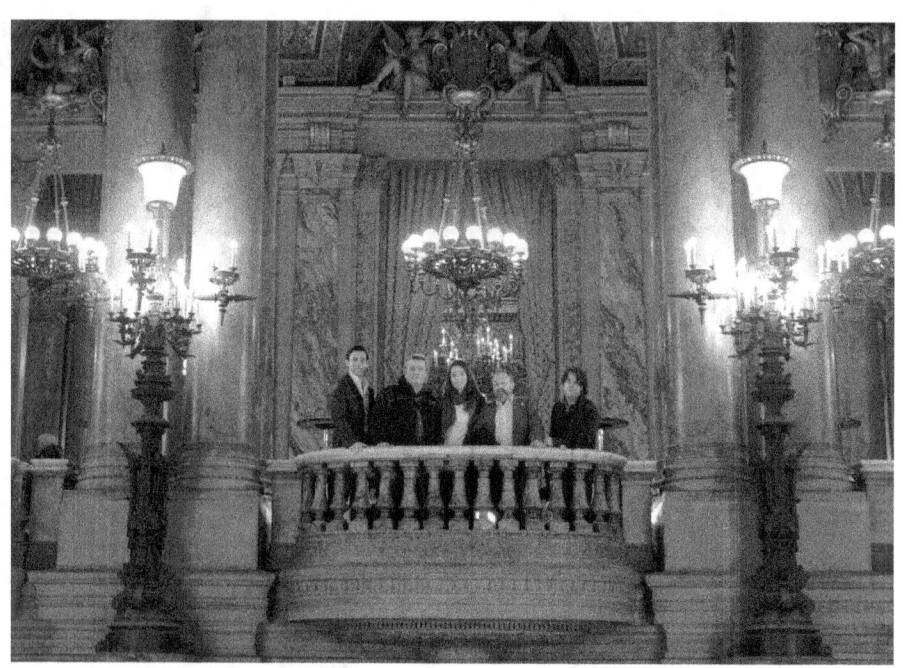
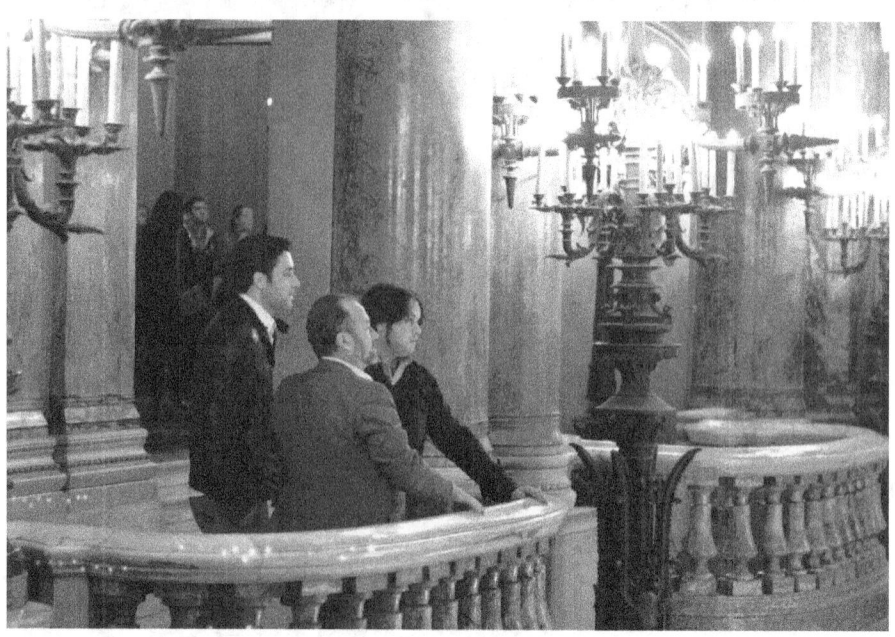

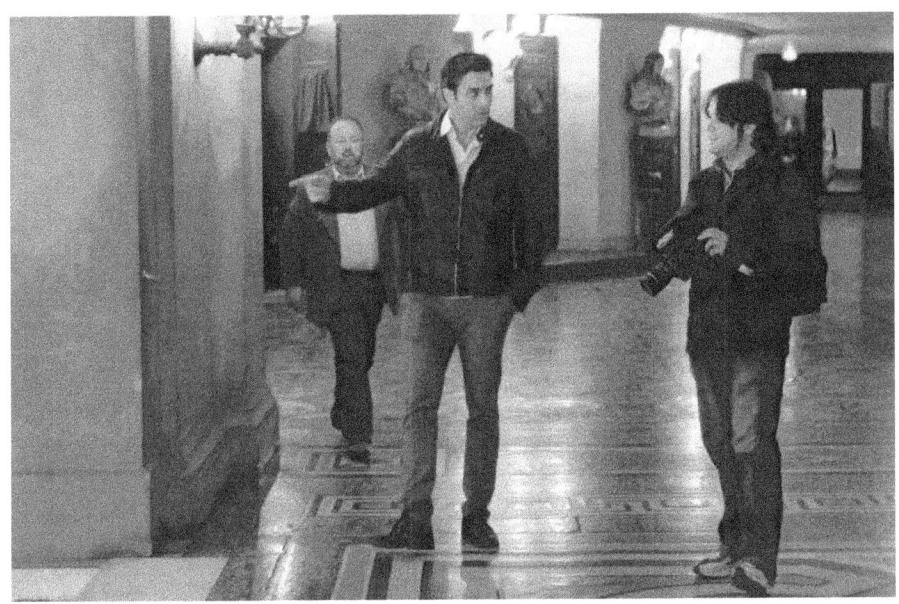

Siguiendo nuestro plan de rodaje; fuimos grabando los planos desde la planta abajo hasta la superior. La entrada de los dos personajes (Alain y Pierre) subiendo por la *Grand Escalier*. Después, andando por los pasillos de la primera planta (sin turistas), luego la conversación telefónica en el preciosa salón le *Grand Foyer*.

Por cierto, hay una buena anécdota allí. Por aquel salón pasaban muchos grupos de turistas que estropeaban el plano; no podía filmarlos y tampoco podía disponer de todo el espacio para mí. Rápidamente, comprobamos que los grupos seguían la misma ruta, entraban por una puerta que está junto a la lujosa chimenea. Así que Susanna y Jordi se pusieron detrás de aquella puerta, obstaculizando la entrada y, con todo respeto, pidiendo que aguardasen dos minutos.

Esos intervalos de tiempo me permitieron filmar varios planos en aquella sala preciosa sin ningún turista, sólo con Max y Paco actuando.

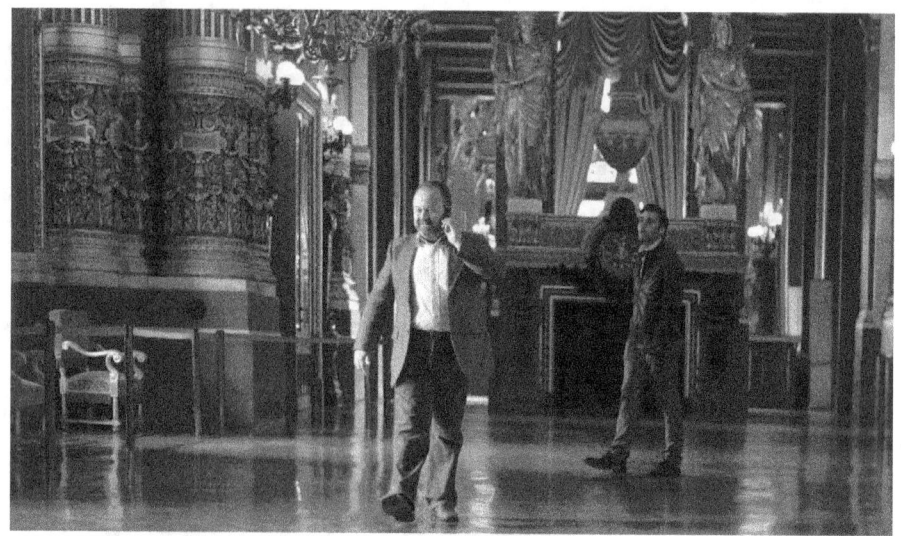

12:00. Visitamos varios palcos a distintas alturas, desde donde hice vídeos y fotografías para luego usarlas. La parte lírica de la ópera que ocurre en la película ya estaba filmada en varios lugares de Málaga, así que tan sólo tenía que seguir mis anotaciones para grabar diferentes ángulos para luego, con el ordenador, fusionar las grabaciones y simular que los cantantes se pasean por el escenario del auténtico *Garnier*. También grabé algunos recursos interesantes, estatuas, la gran lámpara del techo, etc.

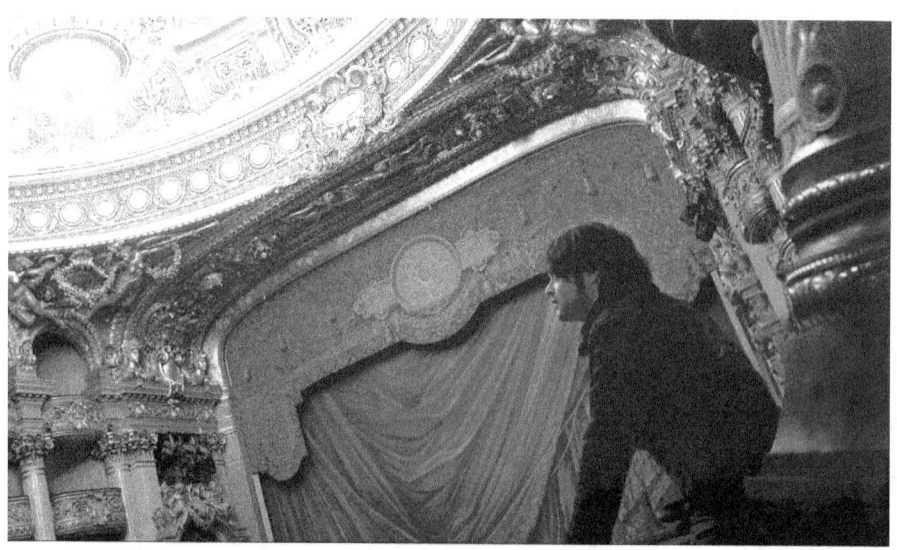

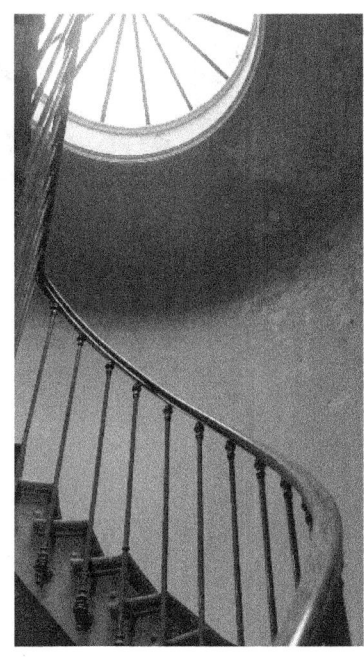

12:30. Jordi, Enrique y yo, vimos una puerta disimulada en una pared que está lejos de la zona turística. Me recordó a los pasadizos secretos, aunque no estaba tan oculta. Son las escaleras que llevan hasta la cúspide.

Subimos hasta el último piso por esas escaleras de caracol metálicas sin ningún tipo de decoración. Este acceso escondido, está restringido para los visitantes y sólo lo utilizan los trabajadores del *Garnier*.

Llegamos al enorme al piso superior y pude apreciar un precioso techo que desde abajo apenas se ve. Desde la punta arriba, filmé varios planos cenitales preciosos; un punto de vista que ningún turista puede captar. Desde allí, grabé a los actores, Max y Paco, que estaban en la parte de abajo. Jordi aprovechó para hacerles fotos únicas en el mundo (me atrevería a decir). También filmé recursos de las pinturas del techo, que, desde esa distancia tan cercana, me permitió encuadrar detalles que quizá pocos han visto de cerca.

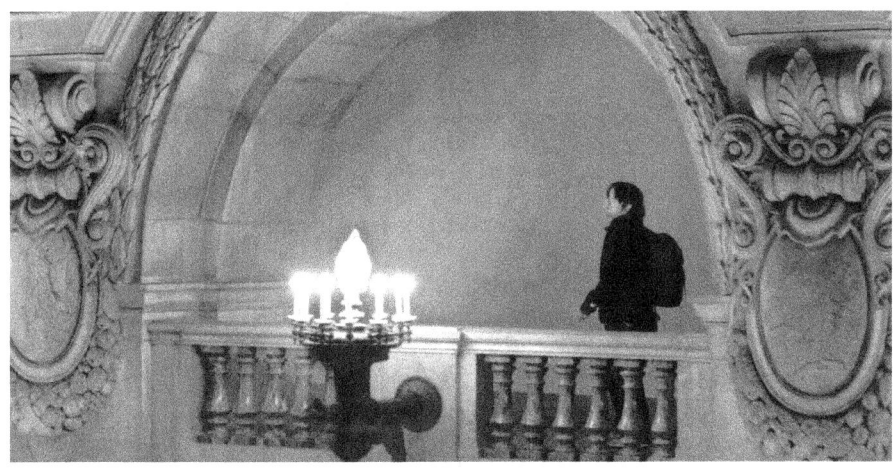

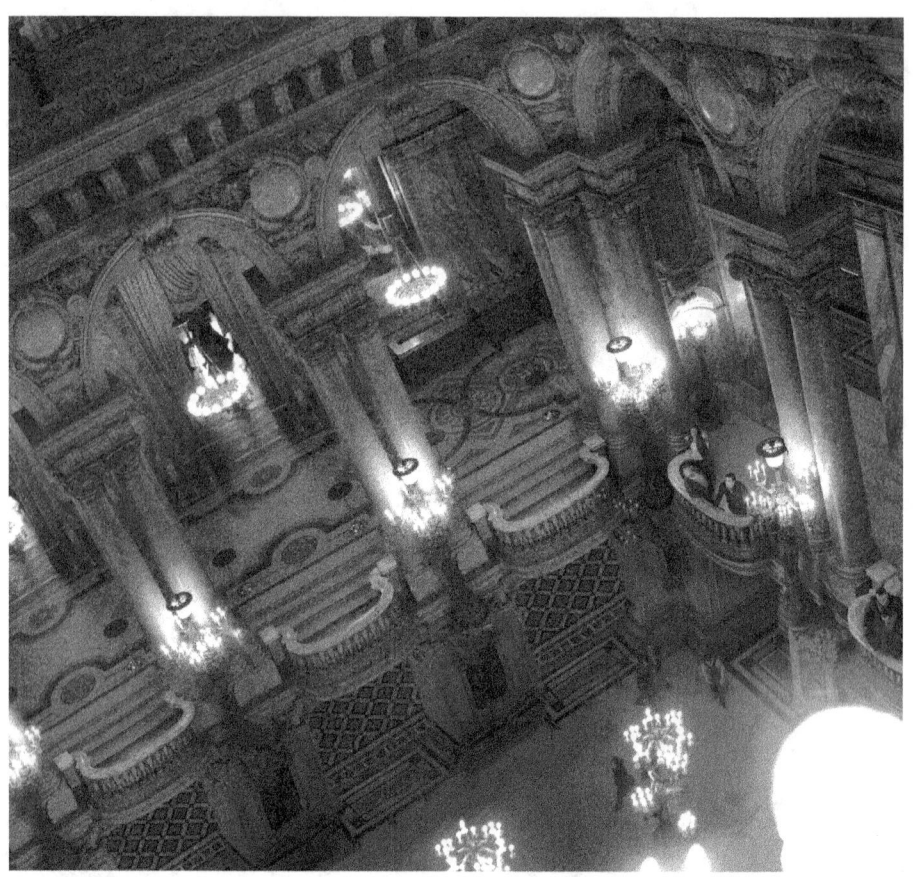

13:00. Dejamos para el final las escenas más comprometidas, las de Susanna Pauw. La actriz tenía que caracterizarse nuevamente con su atuendo demacrado, despeinada, sangre falsa, etc. Entonces, para no molestar ni alarmar a nadie, decidimos que eso debía ser lo último en filmarse.

Además, fue un gran acierto rodar a aquella hora porque notamos un descenso importante de los turistas, casi todos se marchaban porque era la hora de comer. Así que nos quedamos solos. Pude rodar varios planos con la llegada de Michelle (Susanna), con la máscara en la mano, caminando por los pasillos de la primera planta.

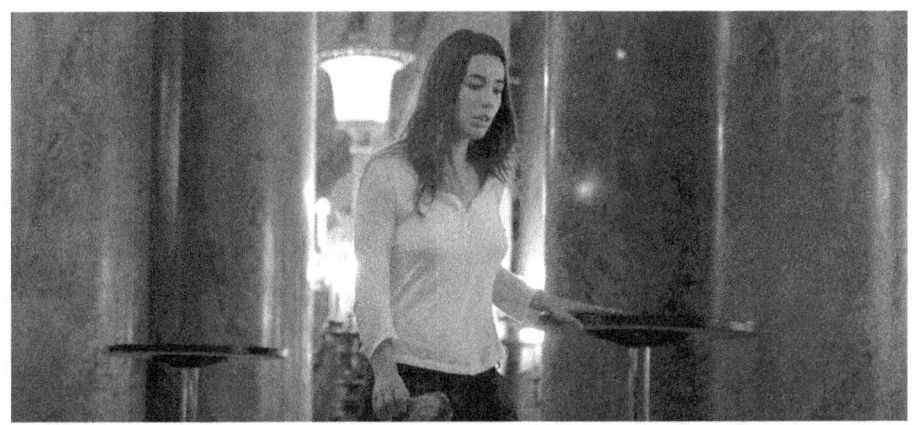

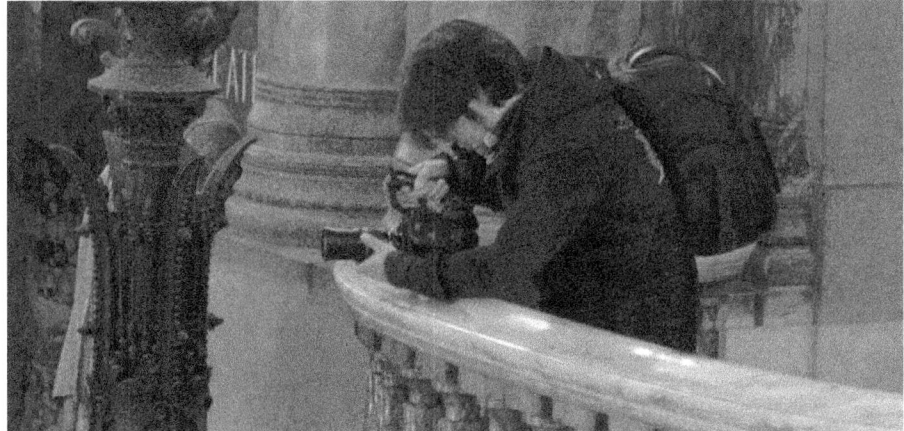

14:00. Terminamos el rodaje en la Ópera. Fue todo un éxito. Sentí que tenía un metraje muy especial y único. Susanna fue al baño, se quitó la sangre falsa, se peinó y se maquilló, y se vistió con los elementos que su personaje lleva en la trama el día anterior: su chaqueta, su gorro, etc. Salimos triunfantes del *Garnier* y nos vamos a comer a un pequeño restaurante moderno, al *Bagelstein* en *Rue Joubert*. Tomamos unos menús que hacen allí a base de ensaladas y mini hamburguesas *gourmets*.

15:00. Después de la comida fuimos andando a la catedral de *Notre-Dame* que estaba a una media hora. El plan era rodar frente a la catedral, la escena en la que Michelle y Alain hablan después de la persecución. Sin embargo, al llegar descubrimos un gran obstáculo con el que no contábamos ni sabíamos de ello...

15:30. Habían construido, frente a la catedral, un gran anfiteatro metálico azul en honor a los 850 años de la fundación de la catedral. Ni siquiera aparecía en *Google Maps*, ni Jordi sabía al respecto, así que supusimos que eso llevaba en pie poco tiempo.

Esa estructura tapaba totalmente la visión de la catedral, lo cual me pareció una mala idea de cara al turismo. Y, además, nos estropeaba el rodaje allí, justo en el *Point Zéro*, en el kilómetro cero. Tuvimos una reunión de urgencia allí mismo, frente a la catedral con un vasito de vino caliente en mano y pensamos otras alternativas.

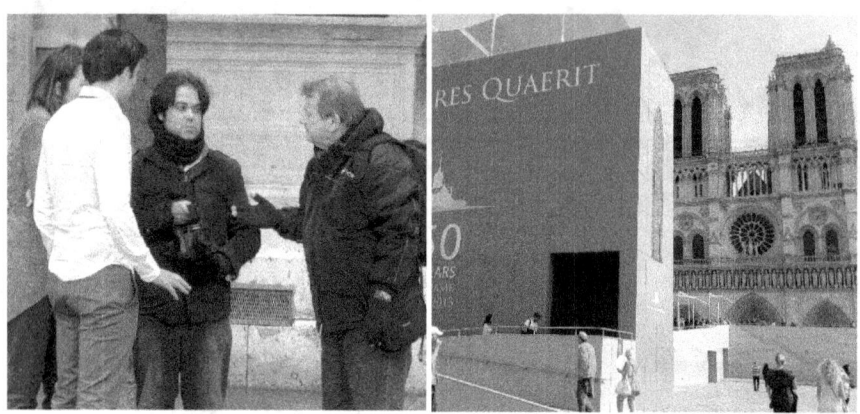

Parte del equipo dijo de olvidar la catedral y Susanna, que se estaba bebiendo un vasito de vino caliente, nos señaló que detrás de la catedral existía un parque precioso que daba a la cabecera exterior de la catedral.

15:45. Fuimos a verlo y al llegar vimos dos obstáculos más: unas obras en ese parque y un grupo de cuatro militares con grandes fusiles. Ambos elementos, los andamios y los militares tapaban la parte trasera de la catedral. Aquel enero de 2013 la catedral estaba bastante tapada.

16:10. Decidí que no quería dejar pasar la oportunidad de rodar un poco de la catedral, así que, en vez de colocarme de frente, me puse un poco angulado, lo justo para grabar una parte de la fachada y a los actores pasando por delante corriendo. La nueva idea era que Alain (Millán) y Michelle (Susanna) pasarían a toda velocidad y se detendrían más adelante en otro punto.

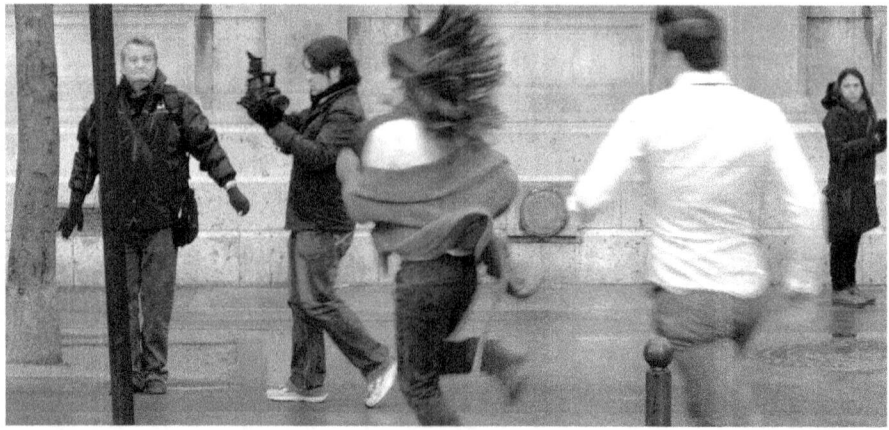

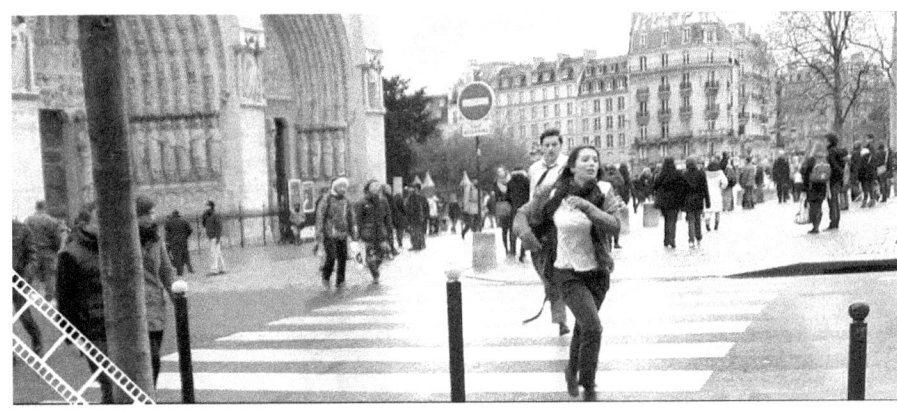

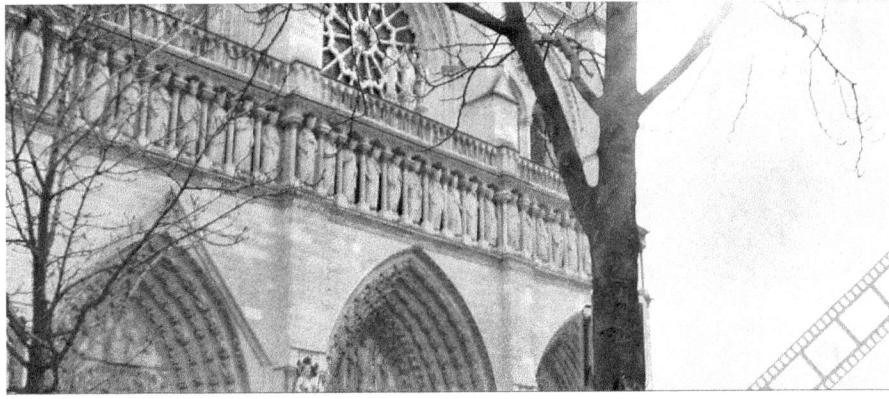

Ese plano me salió muy bien, hice un trávelin hacia atrás a pulso, cámara al hombro. Enrique me ayudó, sujetándome la espalda para no tropezar. Lo hice con tanta estabilidad que casi parece rodado con una *steadicam*.

17:15. Aún faltaba por rodar la conversación que no se hizo frente a la catedral, así que decidimos que tendría que ser en algún lugar cercano a *Notre-Dame*, en alguna calle paralela que fuese interesante. Dimos una vuelta por la zona.

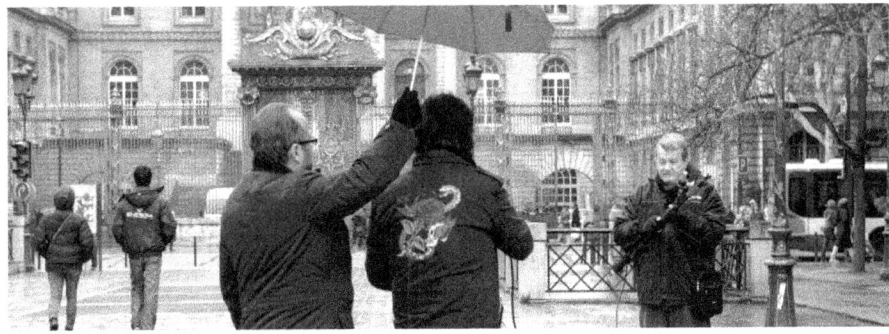

17:40. Encontramos una nueva localización que me encantó, a pocos metros, en la *Rue de Lutèce*, junto al Palacio de Justicia. Me pareció un lugar no sólo bello, sino además muy de acorde con la trama, ya que casualmente, junto al Palacio de Justicia está la *brasserie Deux Palaces*, que es el sitio donde, al comienzo del film, Pierre convence a Alain de iniciar la investigación y es en ese mismo sitio donde Michelle va a convencer a Alain de todo lo contrario. Era un lugar icónico que apareció sólo, por la casualidad del obstáculo de *Notre-Dame*.

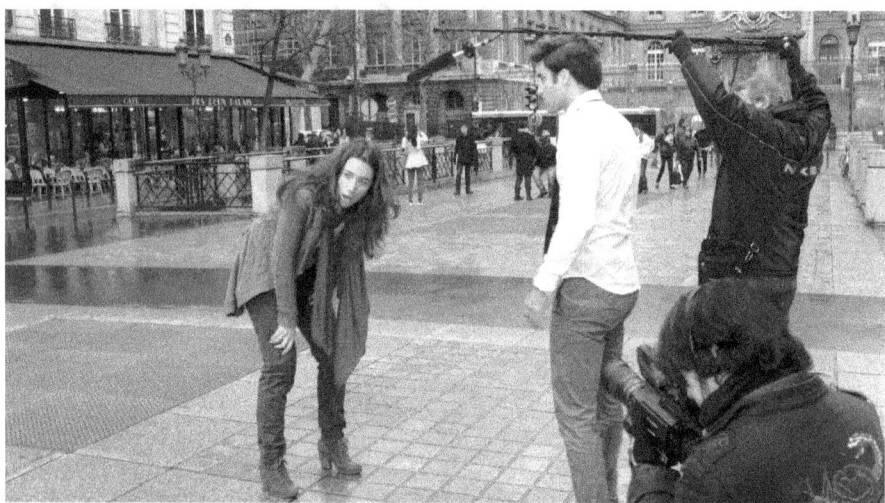

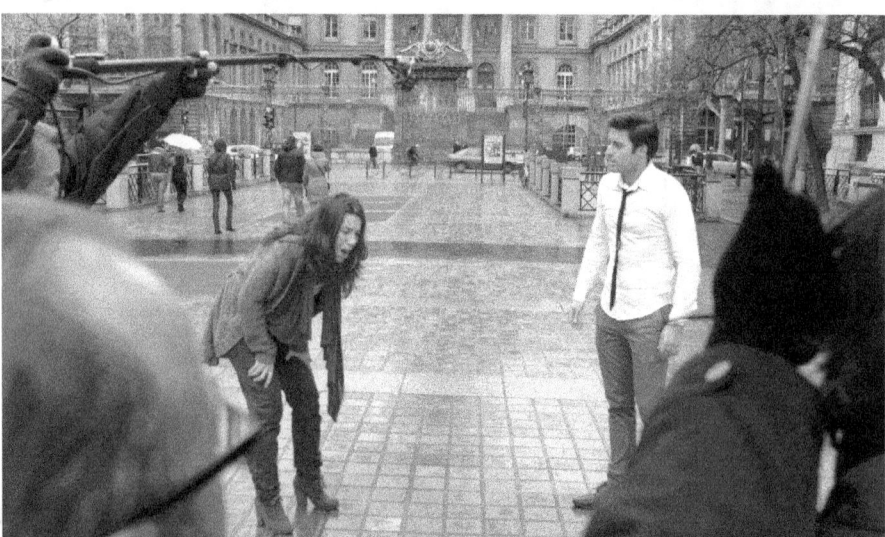

Había una ligera lluvia que por la cámara no se apreciaba; la temperatura había bajado mucho más. Susanna era la más desabrigada ya que, por motivos de continuidad, en esa escena debía vestir una blusa nada más y llegar corriendo junto a Millán. Las lágrimas y la congestión que tienen al terminar de correr en la charla son más que realistas. Cada vez que terminábamos una repetición abrigábamos a Susanna unos momentos; menos mal que lo filmamos rápido.

19:15. Nos encaminamos hasta el metro más cercano y al pasar delante del *Pont Saint-Michel,* decidimos hacernos una foto de grupo, es de las pocas en las que aparecemos casi todos los de París. Le dimos el móvil a un turista que accedió a hacernos esa foto donde se ve, al fondo, las torres de *Notre-Dame.*

Vallejo era el único que tenía conexión a internet en el móvil, así que compartió esa foto en las redes sociales, se convirtió en la primera imagen que publicamos de nuestra aventura.

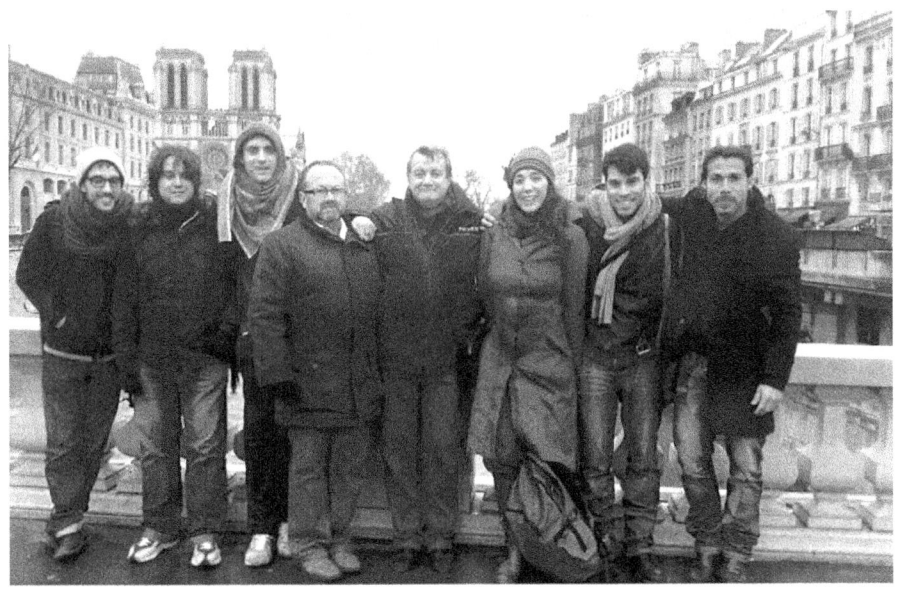

Por cierto, la anterior fotografía, esa que estamos todos juntos con la catedral de fondo, es especial porque fue la primera que publicamos del viaje a París y con el paso del tiempo se perdió el archivo original, yo la creía ya inexistente y la echaba mucho de menos. Volví a encontrarla en emails antiguos, ocho años después, una semana antes de publicar este libro. El destino era volver a encontrarla cuando hacía falta.

19:30. Viajamos en la línea 10 y hacemos transbordo a la 6, camino a la Torre *Eiffel.* Cogimos tantos metros que aquellos días me acordé de la película *Subway* de Luc Besson. Por el camino, Enrique comentó que tenía hambre porque lo que se pidió no le gustó mucho y había comido poco; como los demás querían tomar café (hacía mucho frío), Jordi nos condujo a un *McDonald's* en el barrio *La Muette.*

19:45. Entramos al *McDonald's* de la *Rue de l'Annonciation.* Habíamos quedado con

Valérie Thénot a las ocho bajo la Torre *Eiffel*. Como vi que íbamos mal de tiempo, llamé a Valérie para que estuviese preparada a las 20.30. Afortunadamente, ella vivía cerca; así que no le suponía problema.

Desde allí, Susanna, Vallejo y Vélez, que ya habían acabado de comer, se marcharon a comprar bebida y comida porque habíamos planeado hacer una pequeña fiesta en el apartamento aquella misma noche. Enrique, Paco, Millán, Jordi y yo seguimos el plan de rodaje.

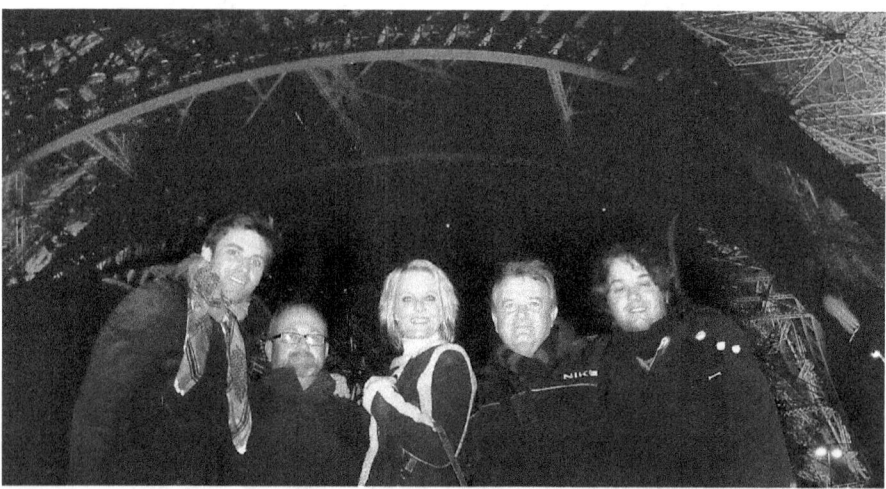

20:30. Llegamos a la Torre *Eiffel*, nos esperaba Valérie. Vimos un contingente de varios soldados militares como los de *Notre-Dame*; con metralletas grandes, equipados y caminando en formación alrededor de la torre. Valérie nos contó que existía una amenaza terrorista preocupante, según decían los informativos, por eso había tanta presencia militar. Saqué la cámara para evitar sospechas hacia nuestros bártulos, y que se viesen plenamente la cámara, los micrófonos, etc.

20:50. Sacamos rápidamente los *tickets* para la torre; recuerdo que la vez anterior que estuve allí (en 2005) la cola para comprar los *tickets* era enorme y lenta. Sin embargo, esta vez, fue muy rápida.

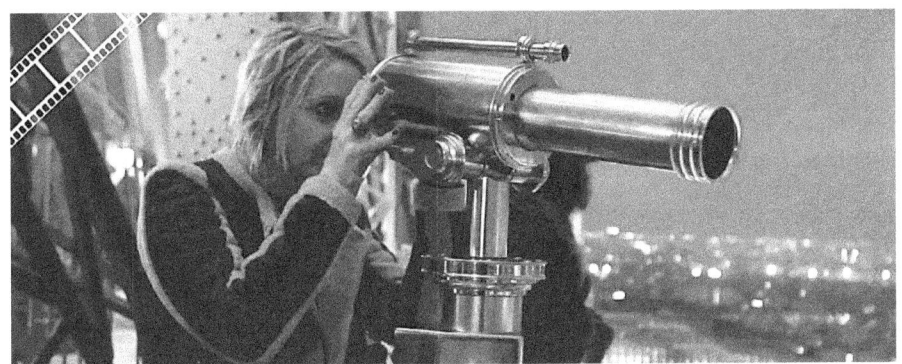

La escena que quería era rodar con Valérie a bordo del ascensor que sube a la Torre *Eiffel* y arriba, filmar con ella mientras miraba por el catalejo. Esta escena iba a usarse para los créditos del comienzo, sin embargo, no me convenció cómo quedó. Si hasta aquel momento habíamos tenido suerte de encontrarnos con pocos turistas, parecía que todos ellos estaban aquel día dentro de la torre. Había tal cantidad de gente que no podía grabar a gusto; era una aglomeración agobiante, a veces no podía ni levantar la cámara. Aunque la escena completa no me gustaba, algunos planos sí quedaron bonitos, de los que extraje fotogramas para promocionar en las redes. Estando arriba, me dijo Jordi que aquella era la primera vez que subía la torre y Valérie me dijo que era la segunda. Me resultó curioso cómo siendo parisinos han estado tan pocas veces en ese monumento. Para mí, también era mi segunda vez. Igualmente, disfruté mucho la visita, significaba mucho para mí.

21:50. Al salir de la torre, nos hicimos unas fotos de recuerdo y nos despedimos finalmente de Valérie y de Jordi; les invitamos a ambos a acompañarnos hasta el apartamento porque aquella noche íbamos a realizar una fiestecilla; sin embargo, no les era posible; Valérie tenía mucho trabajo y Jordi quería estar ya en su casa por la noche.

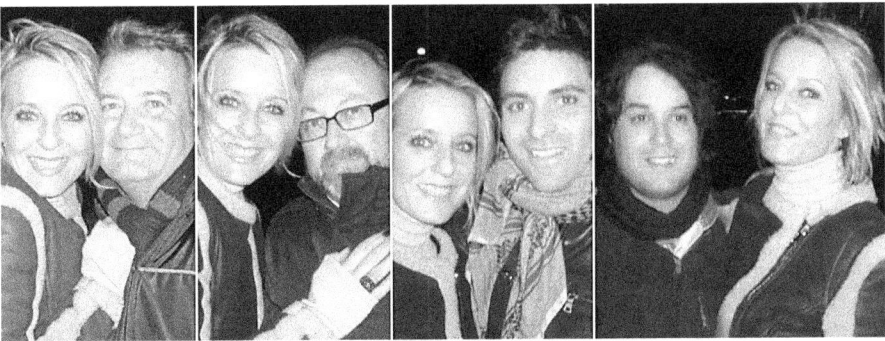

22:30. Enrique, Paco, Millán y yo llegamos al apartamento de *Clignancourt*, y la pequeña fiesta estaba ya preparada y lista para disfrutar, gracias a Susanna, Vélez y Vallejo. El ambiente era muy agradable, con velas aromáticas, música moderna, bebidas variadas, aperitivos y pizzas que estaban saliendo del horno... También había allí tres invitados más: Pepe Muñoz (aquel chico que encontramos el primer día que llegamos por la noche y que resultó ser de Málaga) y un matrimonio parisino que eran ciberamigos de Susanna desde hace tiempo y que habían quedado en verse aquella noche.

Nos hizo mucha gracia que precisamente aquel matrimonio se llamaban Michelle y Alain, que era justamente los nombres de los personajes de mi guion. Esta pareja traía frutos secos típicos cameruneses que estaban riquísimos. Al poco rato llegaron dos más, Aude Hermine y Daniel De la Sobera (aquellos chicos que actuaron como figurantes en las escaleras de Montmartre y en *Franklin-D.-Roosevelt*). Estábamos casi todos los implicados en la aventura parisina, fue maravilloso.

Vallejo fue a comprar más cerveza porque se terminó. Abrimos la botella de vino que Aude trajo, un vino francés que se llamaba "Aude" como ella, trajo esa marca para hacer la gracia.

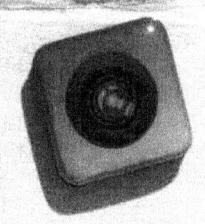

Acabamos con el vino, la cerveza, los refrescos. Pizzas, ensaladas, cosas cocinadas, frutos secos y aperitivos también fueron devorados entre interesantes charlas, brindis, chistes, risas, etc. Éramos doce personas en un apartamento pequeño, pero estábamos a gusto, habilitamos sillas y cojines en la tarima. Fue una velada genial; me di cuenta de que se trataba de una reunión de artistas muy especial, de muchos campos: fotografía, cine, teatro, música, literatura, etc. Después de las charlas culturales, hicimos muchas rondas de chistes españoles y franceses (con explicaciones finales).

En aquel momento de risas y charlas, Susanna me llamó para que fuese a la cocina. En el frigorífico encontró una plaquita metálica con un imán que tenía escrito: "*Ils ne savaient pas que c'était impossible, alors ils l'ont fait.* (Mark Twain)"; que significa: "*Ellos no sabían que era imposible, así que lo hicieron.*" Comentamos que parecía una señal porque nos sentíamos muy identificados con esa frase. Habíamos conseguido llegar a rodar en París y terminar una película que tenía mucha gente detrás creyendo que era imposible.

Muchos años después, mientras escribía este libro, me di cuenta que no existían fotografías de la fiesta con todos los que estuvimos y toda la decoración que se hizo. Pregunté a todos los que estuvieron en aquella preciosa cena de amigos, tanto de España como de Francia, y busqué entre las carpetas, pero no encontré ni una sola foto de aquel momento. Supongo que no hicimos fotos porque estábamos ya cansados de tanto filmar y las cámaras guardadas; se podrían haber hecho con móvil, pero era 2013, los móviles hacían peores fotos y la gente los usaba menos para esto. Yo no siquiera tenía *Smartphone* en aquel 2013 y creo que cuando uno está cansado no le apetece sacar la cámara grande. El caso es que lo pasamos genial, cena y bebida entre amigos; las imágenes quedan en el recuerdo.

02:00. Enrique y yo volvimos al hotel para dormir. Era tan tarde e iba tan cansado, que preferí dejar mi equipo de filmación en el apartamento. Millán se encargó de guardarla y poner todas las baterías en carga. Una de las pocas veces en mi vida que he dejado todo el equipo de cámara en manos ajenas, pero es que aquel día estaba sumamente agotado. Nos hacía falta dormir, aunque fuese unas horas.

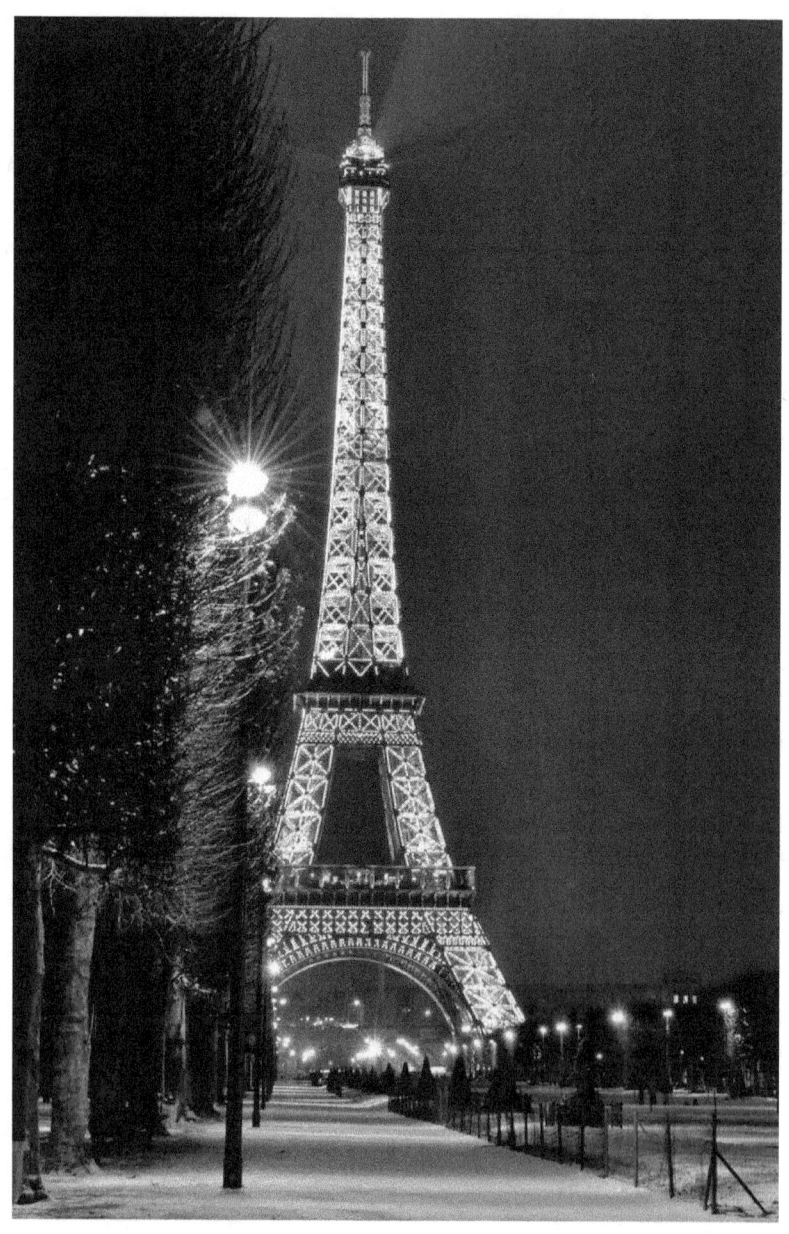

Capítulo 47
Domingo 13 de enero

06:00. Era el último día. Estaba súper extenuado. Otra vez ducha, café, zumos y dos *croissants*. Tenía cansando atrasado y nos esperaba otro día maratoniano, había que aprovechar nuestra última jornada en París. Cogimos todo el material imprescindible en nuestras mochilas. Vallejo se quedó durmiendo un rato más y le dejamos que fuera él quien se encargara de dos maletas grandes y de llevarlas hacia el aeropuerto al final del día.

07:50. Millán, Enrique, Paco y yo, nos metimos en el metro de *Jules Joffrin* para poner rumbo a *Trocadéro*. Resulta que con lo cansados que estábamos, nos equivocamos de vagón y viajamos en dirección contraria un par de paradas, nos dimos cuenta al ver que el metro se iba alejando hacia la periferia.

08:00. Bajamos y cambiamos de vagón. Perdimos unos diez minutos, pero no había problema, íbamos bien de tiempo. Mientras yo escribía un mensaje de texto a Jordi sobre nuestro pequeño retraso, ocurrió una anécdota sublime. Paco le comentó a Enrique: "*Mira... mira qué nariz tan grande tiene ese de allí...*". Enrique le contestó: "*Ese mete la nariz en el puchero para olerlo y lo deja sin caldo*". A Paco le hizo muchísima gracia el chiste y le dio por estallar de risa. Lo secundó Enrique y rápidamente la risa se fue expandiendo por todo el vagón. Fue alucinante, cómo en un metro parisino, a las ocho de la mañana de un día gris y frío, se contagió la risa. Hasta el de la nariz se estaba riendo sin saber de qué. Millán sacó el móvil y grabó las risas.

08:15. Llegamos a la estación de *Place du Trocadéro*. Estaba amaneciendo, la Torre *Eiffel* y los alrededores se veían preciosos. Jordi ya nos estaba esperando allí. El cielo estaba totalmente blanco, estaba bien cargado de nieve, teníamos muchas dudas llegaría a caer o no.

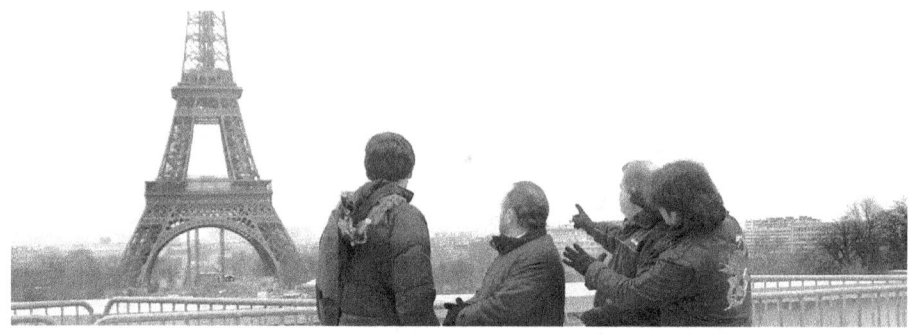

Estudiamos la zona y preparamos el plano tal y como los tenía diseñados en papel., que correspondían con el final, al cierre del largometraje. Una conversación entre Paco y Millán con la torre al fondo. Imágenes preciosas, miradas frías y serias. Yo estaba muy cansado, pero aun así saqué fuerzas desde el entusiasmo. Pude grabar incluso algunos planos recursos muy curiosos que me sirvieron muy bien durante el montaje.

Fue un acierto total ir temprano a filmar, no sólo por el ambiente frío del amanecer para la escena sino por el vacío total de turistas. La grabación quedó perfecta. Ahí filmé absolutamente el último plano que sale en la película. Jordi dijo que el día estaba muy gélido y que hubiese sido mejor filmarlo en verano o primavera, pero yo le respondí que no, que era perfecto, ese era justamente el ambiente que buscaba en la película y justamente el ideal para el final. Recuerdo que, en cuanto nos pusimos a recoger el equipo, aparecieron dos autobuses de turistas japoneses que llenaron el lugar, menos mal que acabamos antes.

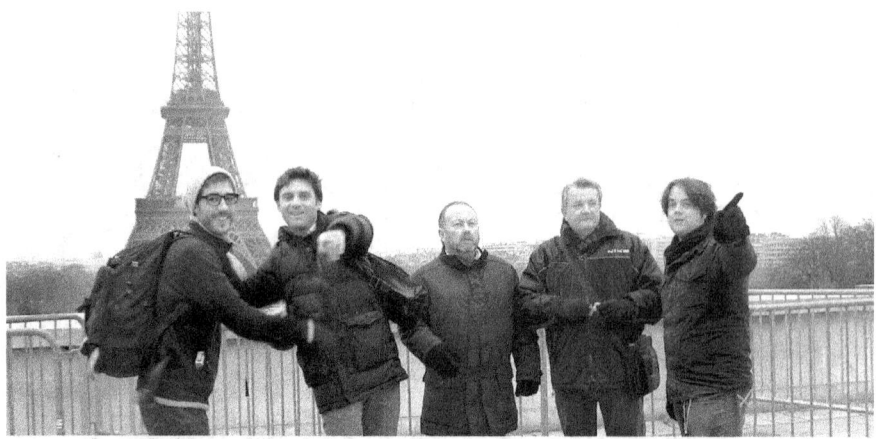

10:30. Ahora había que ir al famoso *Arc de Triomphe*. Decidimos ir caminando porque teníamos tiempo de sobra. Pasamos por la *Avenue d'Iéna,* delante de muchas casas de lujo, y otros lugares del estilo parisino más opulento: *Avenue du Président Wilson, Palais de Tokyo, Musée d'Art Moderne...* Filmé dos planos recursos que me sirvieron para intercalarlos en dos momentos de la película.

11.00. Entramos en el restaurante *Le Devez*, al comienzo de la *Avenue Georges V*. En la acera de enfrente, había un restaurante que se llamaba *Marius et Janette,* me hizo gracia porque claramente le habían puesto ese nombre en aludiendo a una película súper famosa en Francia llamada *Marius et Jeanette* (con una "e" de más). Una película de 1997 que me encanta. Como estaba cerrado, nos quedamos en *Le Devez*.

Esperamos a Susanna, que había devuelto la llave del apartamento y estaba a punto de llegar hasta nosotros, con su equipaje. Tomamos café todos juntos. Al salir del restaurante, me dijo Millán: "*Mira, vienen un montón de coches de la policía, ¡graba!*". Hice una panorámica de izquierda a derecha y pude grabar muchos furgones de la policía que pasaban a toda velocidad con las sirenas puestas. Esos planos me venían genial para las escenas de manifestaciones parisinas.

12:00. Paseamos por la *Avenue Georges V*; también por delante de la *Cathédrale Américaine*, y por las embajadas de China y España; y por la sede europea de *Christian Dior*. Cuando pasamos delante del prestigioso hotel *Georges V* se me ocurrió una idea, una broma. Le dije a Jordi que nos grabase con mi móvil: el equipo saldría por la puerta del hotel con las maletas y así parecía que habíamos pasado la noche en uno de los hoteles más lujosos del mundo. A casi todo el mundo le daba corte, excepto a Enrique y a mí, así que ambos, hicimos la pantomima de salir del hotel con nuestras maletas, caminando con una altivez exagerada. Nos reímos mucho pero ese vídeo no lo compartí en ningún sitio porque ciertamente era muy ridículo.

Paco Roma se encontró una pluma estilográfica dorada en el suelo, allí mismo me la regaló y dijo bromeando, que si funcionaba, la usase para firmar muchos autógrafos. La pluma aún la conservo, funciona muy bien y tiene unos adornos preciosos.

13:00. Salimos a la enorme *Avenue des Champs-Élysées*. A la altura del número 109 estaban las sedes de *Louis Vuitton y Hugo Boss* y en la acera de enfrente estaba la sede de *Mercedes-Benz* y el Museo de *Renault*.

Millán, que estaba alerta, de repente me dijo de nuevo: "*¡Graba, graba, que vienen coches de policía!*" Encendí la cámara, le di a grabar e hice una panorámica rápida sin llegar a ver ni lo que había captado. Acababa de grabar, sin saberlo, un plano providencial y maravilloso.

Días después, en España, pude ver que en ese plano había un coche de policía secreta con una sirena pequeña a gran velocidad. Lo increíble, lo sublime, era que se trataba de un coche muy semejante al mío, que ya lo habíamos usado meses antes como atrezzo y hasta con el mismo tipo de sirena. De esa manera pude crear una escena con una continuidad muy realista para la escena de la persecución de coches.

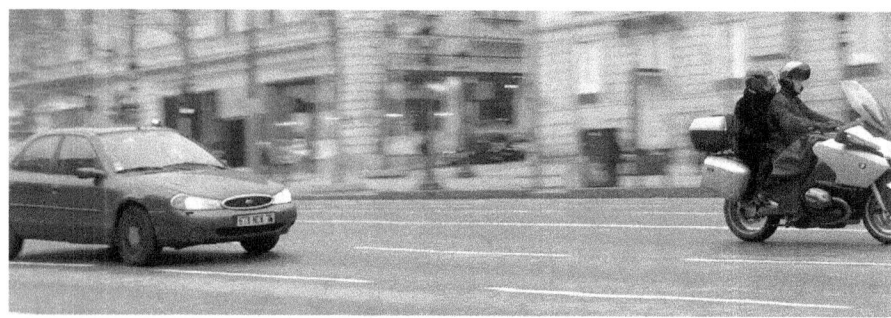

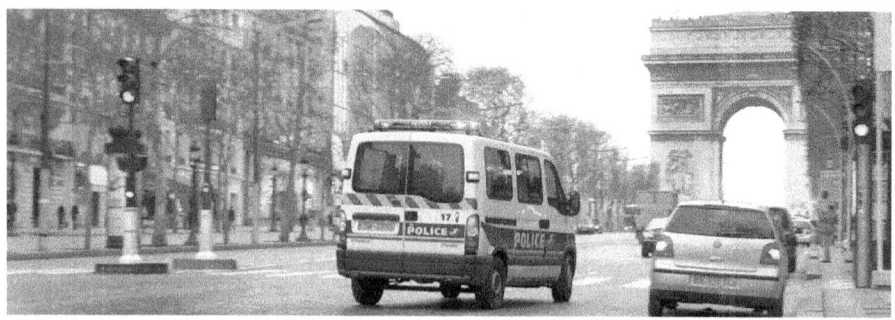

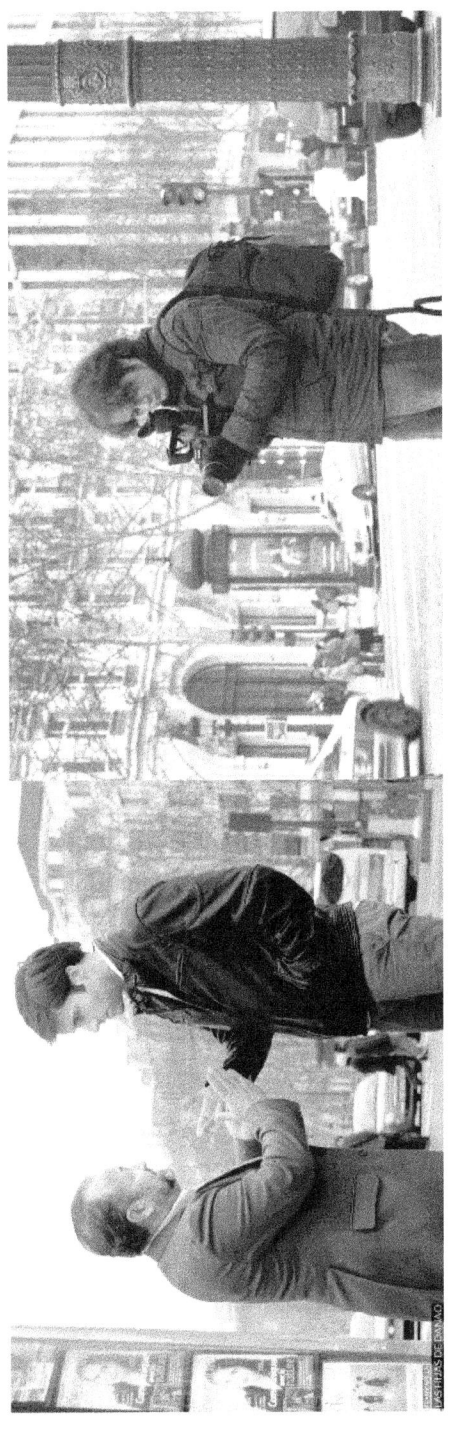

13:15. Mientras Paco y Millán repasaban su diálogo, Jordi y yo nos pusimos en medio de la *Avenue des Champs-Élysées*, justo en la estrecha mediana. Les hice señales a Paco y Millán para avisarles de que yo estaba listo para grabar y que cruzaran, actuando como sus personajes. Quedó fenomenal; justo cuando ambos personajes cruzan la calle, al fondo se ve el *Arc de Triomphe* y además una pareja de militares que cruzan al mismo tiempo.

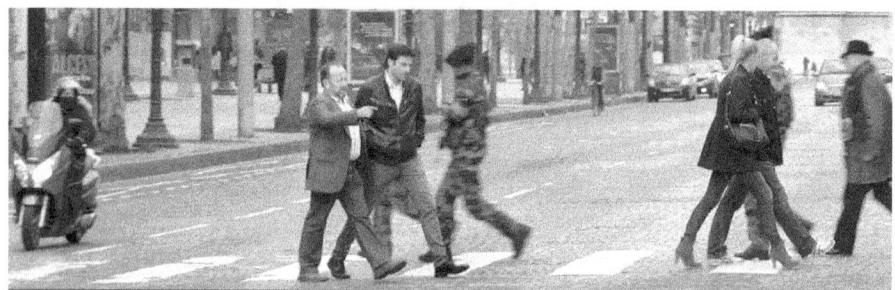

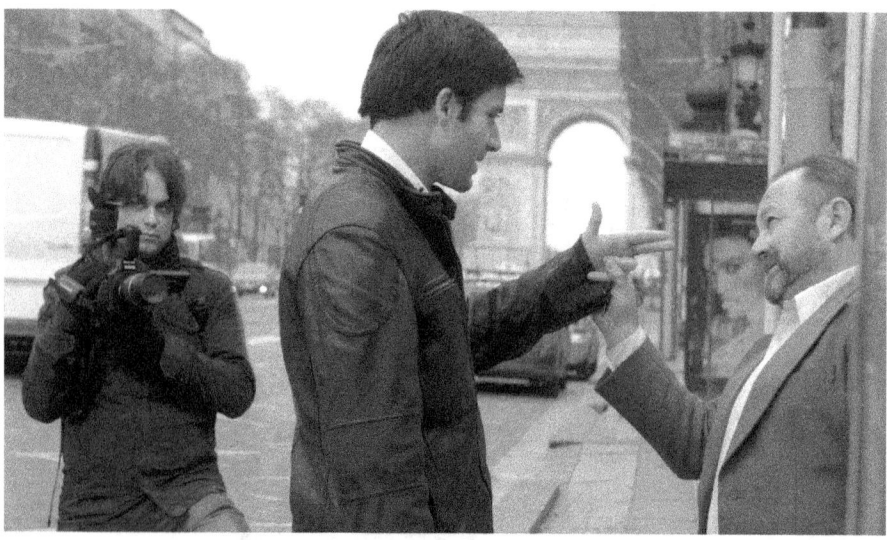

13:30. Ya en la otra acera, filmamos la escena en la que los protagonistas (Paco y Millán) hacen el gesto de la pistola con los dedos. En ese plano aparece un kiosco de prensa típico de París y al otro lado, parte de la avenida.

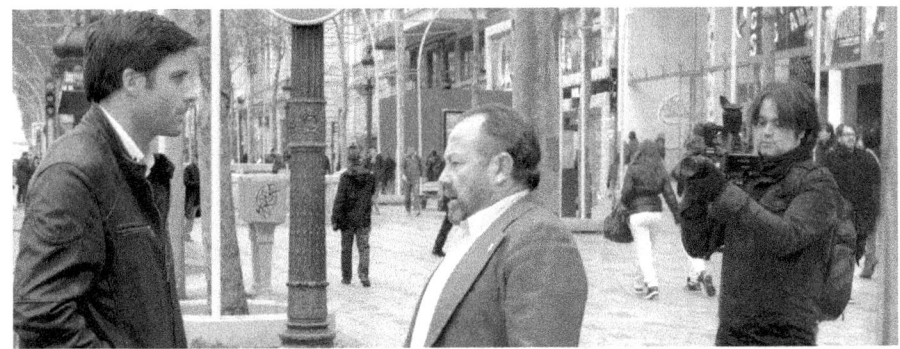

14:15. Tras el rodaje, entramos a un *Quick*, restaurante de comida rápida de Francia. Nos relajamos totalmente porque creíamos que ya no quedaba nada más por rodar.

15:30. Después de comer, descansamos en el sitio un rato, hasta las seis no había que coger el bus. Como estábamos en una zona muy tranquila, saqué la cámara para revisar un poco por encima los planos. Los actores estaban encantados de ver el resultado, aunque fuese en la pantalla pequeña.

16:00. En ese momento, notamos un fallo de rácord importante del que ninguno habíamos caído: resulta que el personaje de Millán no llevaba su cazadora negra, pero en la siguiente escena (que ya se filmó en Málaga) volvería a aparecer con la cazadora. El caso es que tal como lo tenía en ese momento, el personaje que iba con camisa blanca corriendo por París, llegaría luego a una casa con una cazadora negra encima de la camisa. ¿Cómo solucionarlo? No había mucho tiempo, nuestra idea era coger el metro desde allí mismo, para tomar el bus que partiría desde la *Porte Maillot* a las seis, hasta el aeropuerto.

16:15. A Millán se le ocurrió la idea de rodar un plano extra en el que él robaba una cazadora por la calle; y allí mismo, hacer ese plano sencillo. Sin embargo, yo quería que todo lo que se grabase en París fuese especial. En ese momento se me ocurrió lo siguiente: *"No estamos demasiado lejos de Porte Maillot incluso para llegar andando, y el Arc de Triomphe está en medio de la ruta; así que Vallejo, Vélez, Enrique y Paco: llevad nuestras maletas y nos vemos en la plaza del Arc de Triomphe dentro de un momento."* Max, Susanna, Jordi y yo salimos corriendo literalmente hasta la preciosa plaza, con las cámaras en la mano.

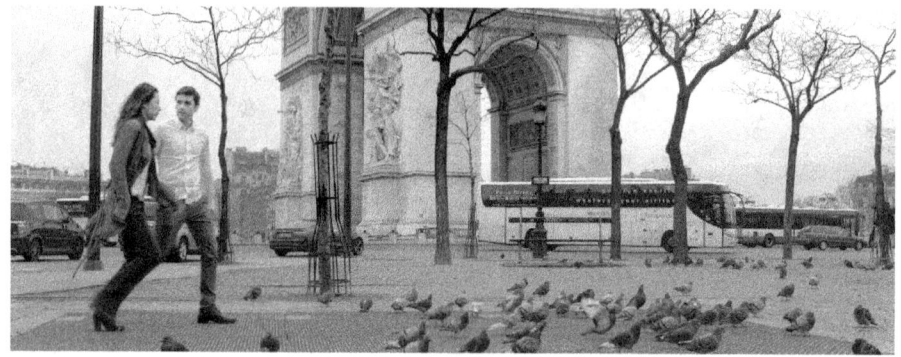

16:20. Teníamos poco tiempo para solucionar el fallo de rácord. Allí, en medio de la *Place Charles De Gaulle,* dije a Susanna y a Max que caminasen a paso ligero hacia la cámara desde cierta distancia, que anduvieran como si fuese el final de la trepidante persecución. Tuve el buen tino de ponerme a ras de suelo detrás de un grupo de palomas, que alzaron el vuelo cuando los actores se acercaban a la cámara. Y lo que rodé fue uno de los planos más bellos de la película.

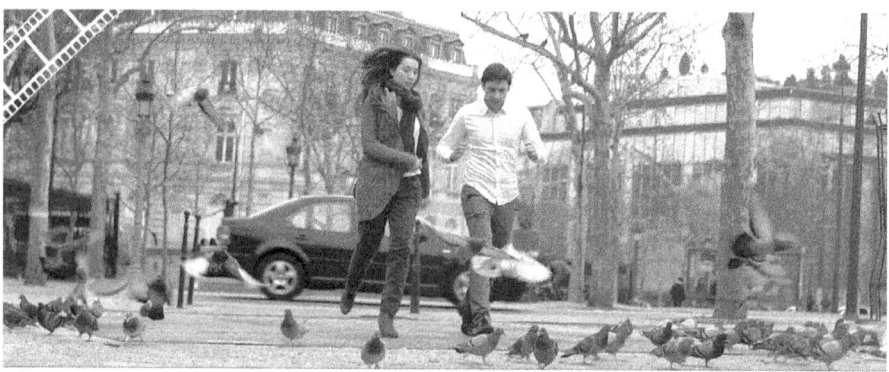

16:30. Después, colocamos al propio Jordi Lagoutte como figurante para arreglar el rácord de la cazadora. Jordi se prestó encantado de hacer un pequeño papel de figuración; simulando ser un turista o un fotógrafo que está mirando al *Arc de Triomphe* y que tiene su mochila y su cazadora apoyada en una barandilla.

Cuando los personajes de Susanna y Millán pasan por su lado, Millán le roba la cazadora y se la lleva. Esta acción era perfecta por dos motivos: solucionábamos el fallo de rácord para la siguiente escena y, además, quedaba muy bien en la forma de ser de Alain, el personaje de Millán. Lo habíamos conseguido en el último momento.

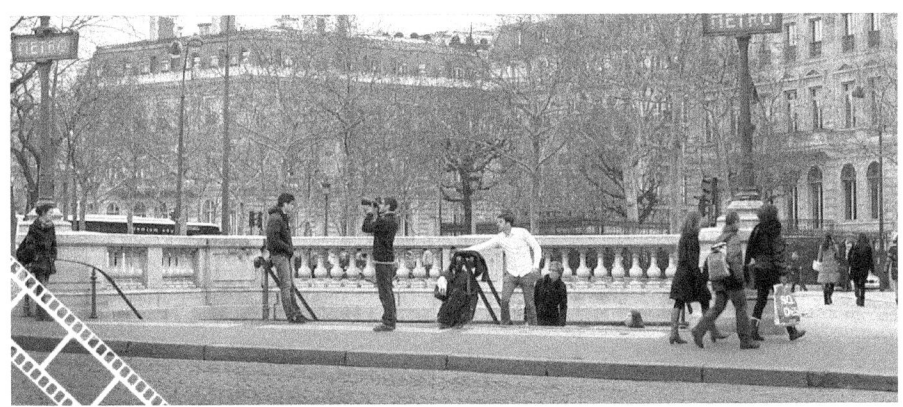

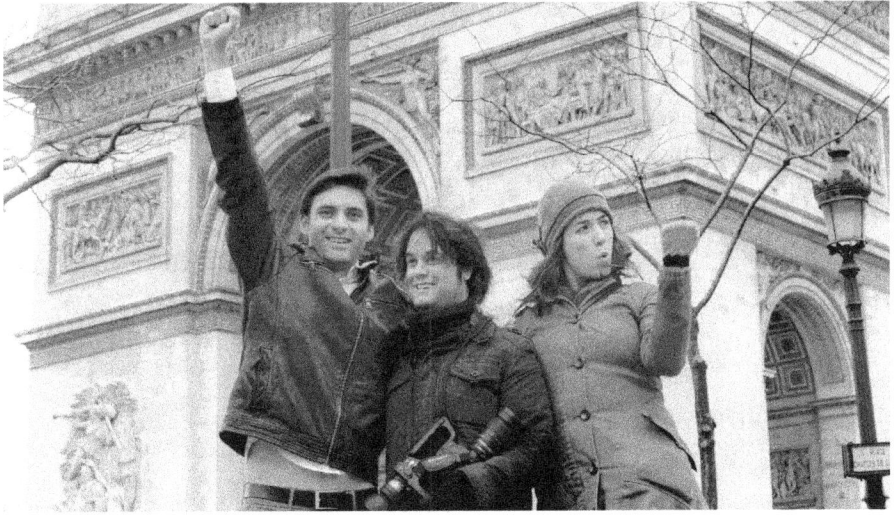

16:50. El resto del equipo llegó hasta donde estábamos, cargando con sus maletas y con las nuestras. Jordi nos explicó cómo llegar al *Palais du Congrés*. Ya no había más tiempo que perder, había que despedirse de nuestro amigo parisino y regresar a España. Nos hicimos una última foto delante del *Arc de Triomphe*. Le dimos muchos abrazos a Jordi Lagoutte, que se había convertido no sólo en uno de los mejores miembros del equipo técnico sino en un gran amigo. Aún hoy conservo su amistad.

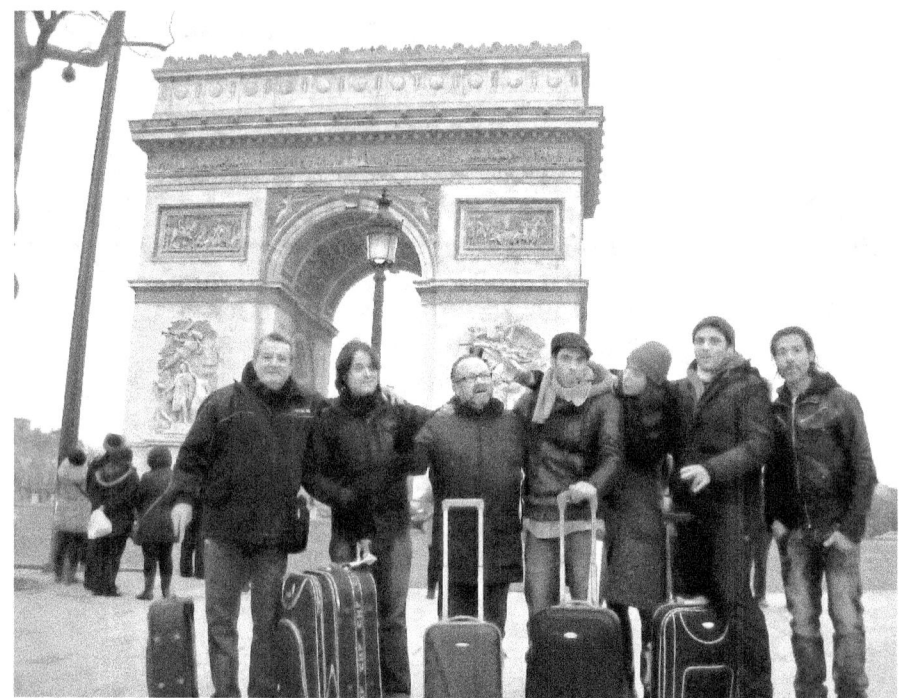

17:00. Nos despedimos y fuimos andando hasta *Porte Maillot*, que estaba más o menos cerca, pero con las maletas fue más de media hora caminando. No queríamos perdernos en el metro, así que nos arriesgamos a ir caminando a paso ligero.

17:40. Cuando llegamos a la rotonda del *Palais du Congrés*, ya íbamos con el tiempo justo. Hacía un frío enorme, pero ya teníamos hasta calor de lo que corríamos.

17:50. Cruzamos la rotonda corriendo a lo loco, aprovechando que no venían coches. Llegamos a la cochera de los autobuses justo a tiempo.

17:55. Allí cogimos el bus, que estaba a punto de salir rumbo al aeropuerto. Durante el trayecto, fue anocheciendo, el equipo cayó rendido, durmiendo. Dentro del bus sonó una canción de Jean-Jacques Godlman, *Pas toi*. Si la canción de nuestra llegada (*Un femme amoureuse*) la simbolicé como la ciudad de París convertida en una mujer que nos abría los brazos con amor, esta otra canción la tomé como una bonita despedida, la banda sonora final de nuestro viaje. París, Francia, me habían proporcionado una filmación maravillosa y experiencias inolvidables entre amigos. La letra de esta canción "Sin ti" echaba de menos a un ser querido en la distancia, así es como me sentía ya hacia mi querida París y las personas que dejábamos atrás.

18:40. Casi era de noche cuando llegamos al aeropuerto de *Beauvais-Tillé*. Tomamos un refresco; el equipo compró *souvenirs* en el *duty free*; *posters* de París, monedas con efigies, estuches de tabaco, botellas de vino, etc.

19.15. Embarcamos. Pasamos por el control policial, yo tuve que abrir la cámara y mostrar todos los accesorios, objetivos, tarjetas de memoria, plan de rodaje, atrezo, mostrar cómo funciona la cámara, el micrófono. Después de explicar nuestros motivos de estancia en París, me dejaron pasar. El resto del equipo también, control exigente, les hicieron abrir maletas de mano, accesorios de baño, etc.

20.00. El avión emprendió el vuelo y regresamos a casa, atravesando las nubes, viendo el anochecer. Me relajé en el asiento del avión, por primera vez en todo el rodaje, y me dormí tranquilo. Habíamos rodado una película con una gran cantidad de metraje en París, con muchos detalles preciosos, con buena calidad óptica, escenográfica e interpretativa, con muchas ayudas en país extranjero y con los sueños izados como bandera. Una calidad que tenía que estar a la altura del resto del metraje realizado en Málaga para completar *Las hijas de Danao*.

No olvidaremos este final de rodaje jamás, tan especial, que logramos pese a todo, y tan bien realizado, con planos preciosos. El día que regresamos desde París a Málaga, me parecía estar viviendo una nueva vida, donde todos los problemas pasados en esta película parecían haber quedado atrás, en un mundo lejano. Doy las gracias al fotógrafo Jordi Lagoutte que durante esos días nos hizo casi dos mil fotos maravillosas. Un material brillante que hemos mostrado durante años en diferentes medios y con el que hemos ilustrado este libro. Volveré a París, posiblemente a rodar de nuevo.

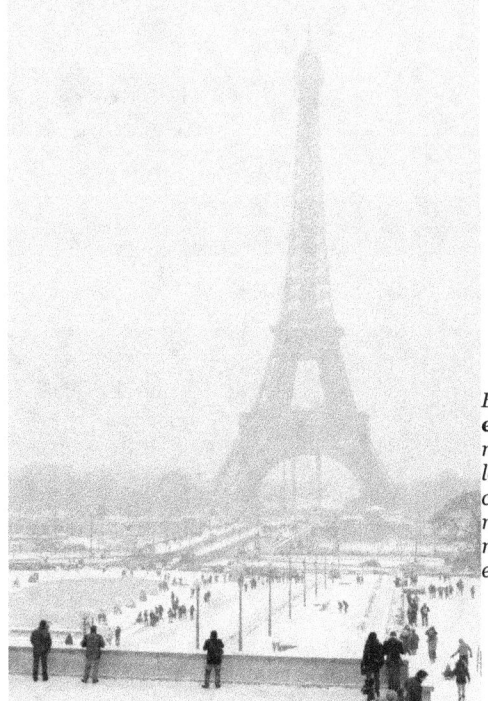

Esta foto, corresponde al **lunes 14 de enero** de 2013, justo un día después de marcharnos a España. Jordi Lagoutte nos la envió para decirnos que todo estaba completamente nevado. ¡Habíamos tenido mucha suerte! Con esta nevada monumental no hubiéramos podido encajar las escenas.

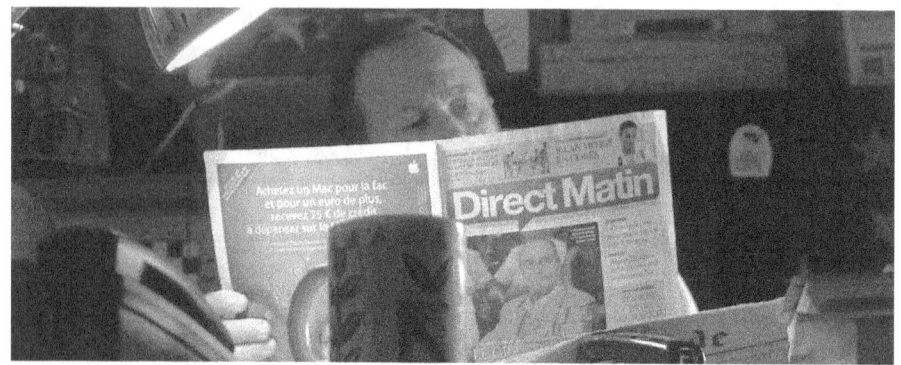

Utilizamos las revistas francesas que pudimos conseguir, son de

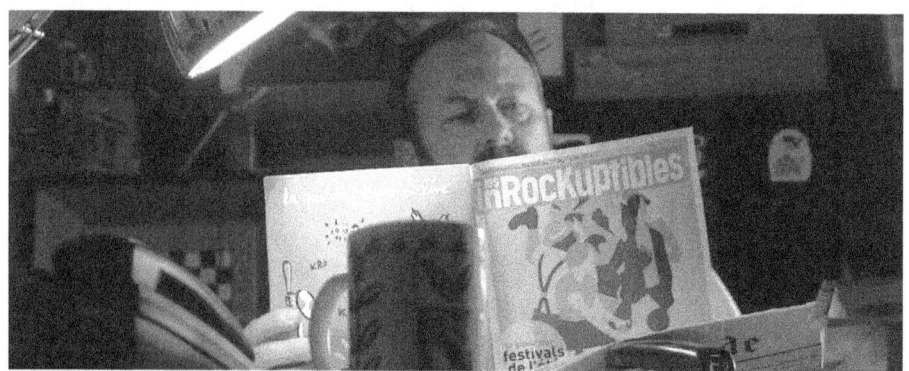

diferentes fechas (2004, 2011, 2013), es imperceptible el detalle.

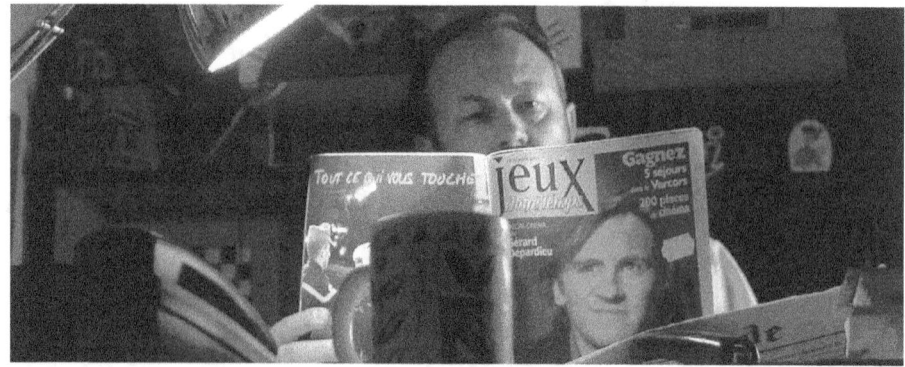

PARTE III
Posproducción y conclusiones

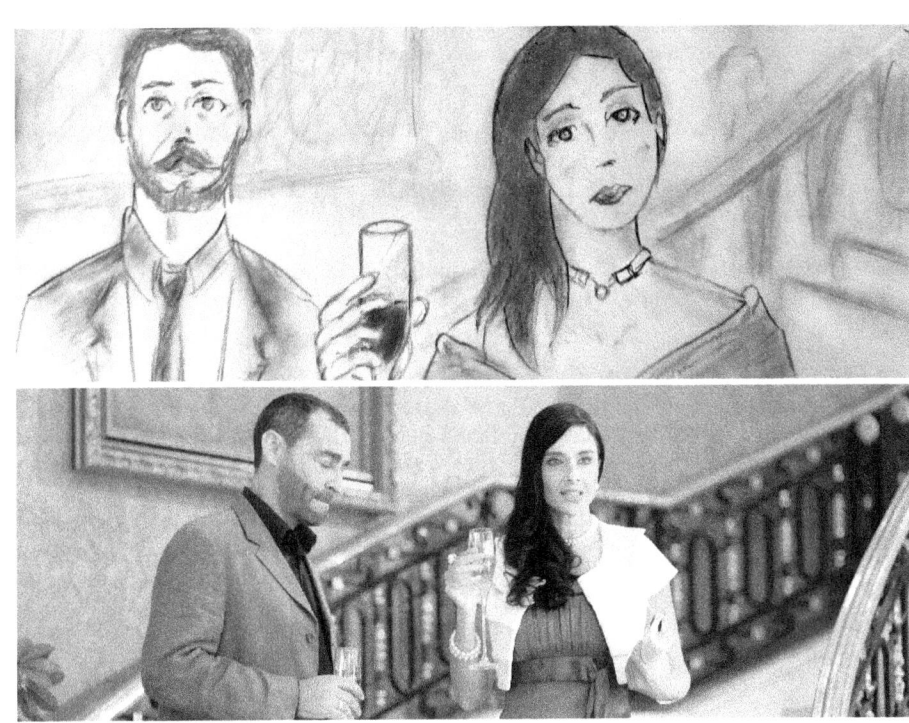

MEMORIA PERSONAL DE FRAN KAPILLA

Capítulo 48
El cartel oficial

Un buen cartel de película puede ser decisivo. Pongo mucho énfasis en conseguir unir una imagen bella, que además sea potente y que cuente con los elementos que quiero mostrar para que transmita el carácter de la película. No siempre es fácil.

Para *Las hijas de Danao* existen varios carteles en diferentes formatos y tamaños, cada uno se hizo para un propósito concreto. Pero a destacar hay dos carteles, los dos verticales que son los oficiales del film. El primero lo realicé en 2014, para el estreno. Aunque muestra todos los elementos básicos de la película, nunca me gustó del todo; además lo hice con cierta prisa.

El segundo cartel lo realicé en 2020 con motivo de la publicación de este libro y el lanzamiento del *director's cut* de la película. Personalmente, me parece mucho mejor el nuevo.

Pensé que era muy importante hacer un cartel nuevo, uno que no sólo estuviese correcto, sino que también estuviese a la altura de este nuevo y mejor montaje. Pedí consejo a mi amigo Juan Salvador Sanchís, que tiene mucha experiencia como grafista e ilustrador. Con sus indicaciones y sugerencias fui construyendo lo que yo quería mostrar en el cartel de 2020. También el actor Fernando De Mora, que tiene experiencia en producción audiovisual, me dio alguna buena idea, como la de realizar un cartel donde estuviesen solamente los personajes de la ópera, como cartel alternativo.

Medité mucho sobre qué elementos usar para el nuevo cartel, cotejando el material fotográfico antiguo que tenía de los actores y cotejando el uso de otras imágenes de archivo. Quería darle otro enfoque diferente, más potente, más estético y que a la vez tuviese el ambiente de misterio, aunque sin redundar sobre ello.

Me decanté por fijar en medio un elemento estético e icónico que no fuese un arquetipo, es decir, que no fuese algo demasiado obvio. Lejos de darle el toque de cartel antiguo policíaco, con caras flotando o sombras misteriosas, lo que hice fue colocar en todo el centro una escultura muy especial de la Ópera de París.

El nuevo cartel me gusta mucho más porque la estatua había pasado a tener una presencia que dota a la película de un icono original y representativo, muy musical a la vez que parisino; sin redundar tanto en la torre Eiffel como en nuestro primer cartel.

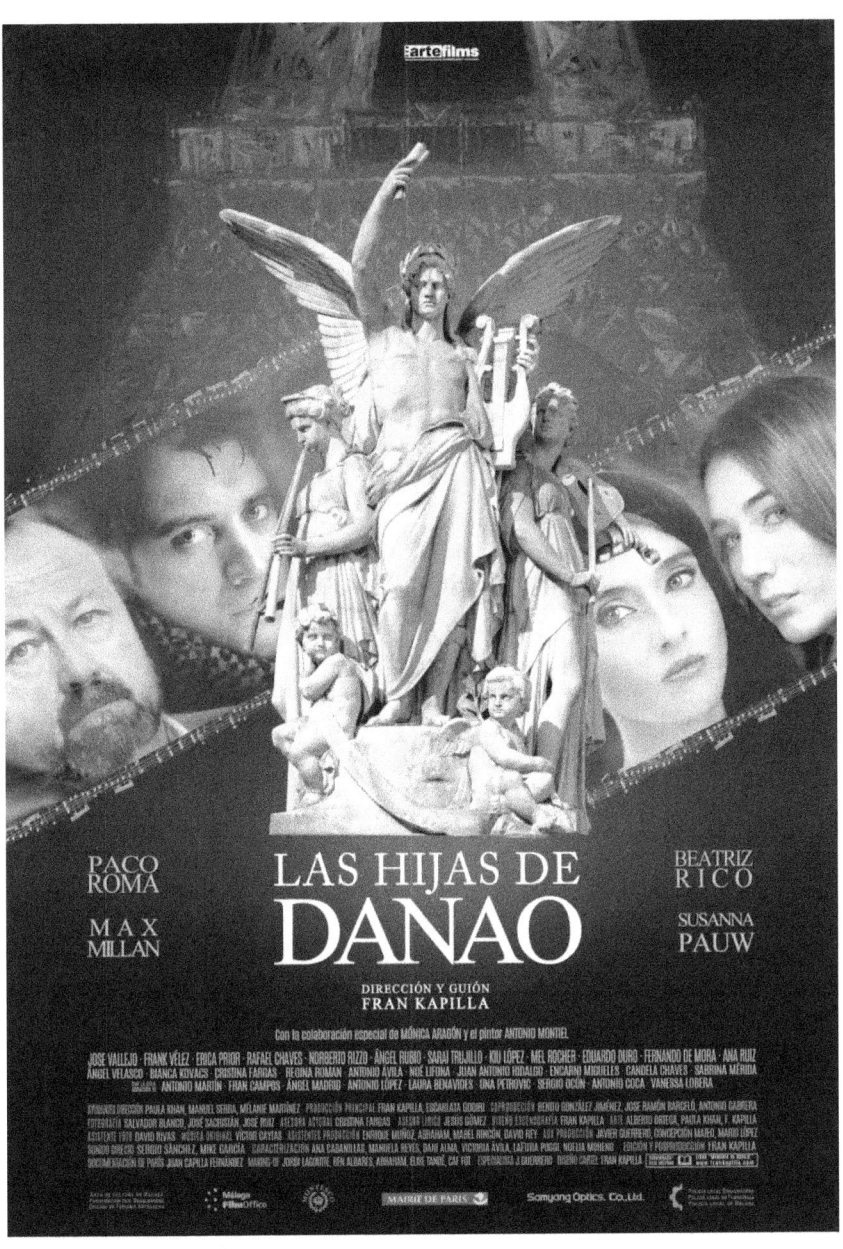

· *Composición: el equilibrio del cartel*

Hay muchas opciones para la composición de un cartel, opté por usar un esquema equilibrado en la disposición de los elementos.

Es cierto que, en *Las hijas de Danao*, el fotógrafo Ben Albares hizo una sesión de fotos promocionales muy buenas, a cada personaje por separado, pero esto no estaba ideado para formar un único cartel, por eso se me hizo muy difícil el uso de esas fotos en una misma composición.

A mí me hubiera gustado haber podido planificar la realización del cartel, dedicar varios días a prepararla y otro día más para la sesión de fotos, colocación de luces, de arquitectura de fondo, de elementos de atrezo, vestuarios y todo lo necesario para caracterizar a los personajes, así como dirigir sus poses. Ciertamente, este tipo de fotografía es como un cuadro pintado al detalle, y lleva su tiempo hacerlo. Afortunadamente, para mi cortometraje *Disonancias* sí pude realizar un cartel con este esmero y dedicación.

El problema que solían tener mis producciones es que cuando están a punto de acabar, los actores ya están metidos en otros proyectos, y muchos de ellos viven en otras ciudades, así que no me es posible hacer una sesión de fotos especial, al final, con los protagonistas.

Otra solución para meter las caras de los protagonistas en el cartel, es recurrir a fotografías del rodaje o incluso fotogramas si están a muy buena resolución. Sin embargo, este resultado no me gusta; normalmente suele aparecer el efecto "de caras flotantes"; caras que flotan en nubes del cielo o en agua o en montañas. Hay que atinar muchísimo para que esas caras no queden como entes translúcidos en un cartel enrarecido.

Rebusqué en el extenso archivo fotográfico que tengo de aquel rodaje (unas diez mil fotografías) e intenté hacer un *collage*: intentar unir personajes de cuerpo entero en una especie de foto en común. El resultado no me gustaba nada, no había cohesión porque cada foto se ha hecho con una cámara diferente, con objetivos diferentes, con iluminaciones muy diferentes, con fondos muy diferentes y con calidades muy diferentes. Intenté otra cosa, hacer una composición sólo con las caras, esto era más controlable, aunque no me gustaba el resultado. Se daba el típico *efecto de las caras flotantes*. Solamente me quedaba hacer dos cosas: o dibujar el cartel o hacer algo totalmente distinto sin los personajes. El recurso del dibujo quizá podría haber funcionado, pero no estoy seguro del todo. Los carteles dibujados tienen un fuerte arraigo al cine de aventuras o al de terror, son estilos heredados del arte de Drew Struzan o de los carteles expresionista de principios de siglo XX. Por eso, hice la única cosa que me quedaba y que me gustaba: jugar con una composición con figuras ajenas a los personajes.

Después de ver la película otra vez, me fui haciendo una lista de elementos que destacaban: la máscara, monumentos de París, el teatro, la nota anónima, etc. Colocar la máscara hubiese destapado demasiado la trama del final, además, la máscara por sí sola no representa bien la película. Me di cuenta de que había un elemento soterrado que se repetía dos veces: una de las esculturas de la puerta de la Ópera.

Se trata de la estatua que está justo en la puerta de entrada de la Ópera de París. Es la alegoría dedicada a la música orquestal, esculpida por el famoso Guillaume.

Busqué esta imagen a alta calidad y con paciencia, recorté la figura. Bajo la base de la escultura, encuadré el título perfectamente, quedaba todo en una columna maravillosa.

Alrededor de la omnipresente estatua, coloqué las caras de los cuatro principales, envueltos en una especie de marco creado por pentagramas. Abajo, el título y detrás, de manera muy difusa y con efecto de pinceladas, coloqué un trocito de torre Eiffel; no hacía falta colocarla entera, con poner una sección intermedia difuminada y con efecto de acuarela borrosa era suficiente, todo el mundo reconoce ese monumento y así el fondo, realmente se convierte en un fondo de cartel y no en un desfile de cosas flotando.

Casi toda la carga simbólica del cartel se encuentra dentro de la escultura. Las caras de los cuatro personajes no tienen tanto simbolismo, no obstante, aportan mucho contenido porque son los protagonistas y muestran rostros de preocupación, por lo que apuntan el género de la película, un drama de investigación. La torre Eiffel cumple su función única: la de enmarcar la historia en un lugar reconocido por todos. Este cartel es mucho mejor, más bello, más cohesionado y más sólido que el cartel antiguo.

· *El equilibrio*

El equilibrio visual produce una sensación de solidez, de fuerza y de nitidez conceptual. El desequilibrio compositivo provoca sensaciones de inestabilidad, de agonía, de ofuscación. El desequilibrio de la imagen también me gusta mucho, sin embargo, noto que el ambiente de mis guiones casa mejor con composiciones con un fuerte equilibrio visual.

Me gusta también este equilibrio compositivo propio del Renacimiento. En el Renacimiento, deja de usarse la composición hierática propia del arte Medieval, en el que se adivina un eje de simetría casi absoluto, es decir, figuras que tenían brazos y piernas en mismas disposiciones. A partir del Renacimiento empieza a crearse composiciones con un equilibrio diferente: jugando con el "peso visual" de los elementos.

El nuevo cartel combina tres disposiciones:
1. Disposición en forma de cruz: podría decir que la imagen se divide en dos ejes centrales, uno vertical y otro horizontal. En el eje vertical está la torre Eiffel arriba, la escultura en el centro y abajo el título. En el eje horizontal están las caras de los cuatro protagonistas que se extienden hacia los lados.
2. Disposición en zigzag: la disposición de las caras de personajes con la estatua parece formar un zigzag.
3. Disposición romboidal: Se puede trazar un rombo, donde la estatua queda en el centro, la punta superior coincide con la torre Eiffel, el vértice inferior coincide con el título y los de los lados coinciden con las caras de los protagonistas.

Las tres disposiciones en conjunto forman un diseño que centraliza la visión en primer lugar hacia la estatua, después al título, luego hacia las caras y, por último, a la torre Eiffel. El peso visual del cartel está totalmente equilibrado.

A pesar de realizar este cartel novedoso de 2020, no deseché del todo el cartel de 2014. Lo rehíce y lo mantuve como cartel alternativo, por la nostalgia. Tiene algunas correcciones, en cuanto a presentación del título, los párrafos del equipo, los logotipos, etc. En cualquier caso, ambos están muchísimo mejor. Del nuevo cartel, nacieron otras variantes, como el menú del Bluray/DVD, los banners horizontales para internet y la publicidad de este libro incluso.

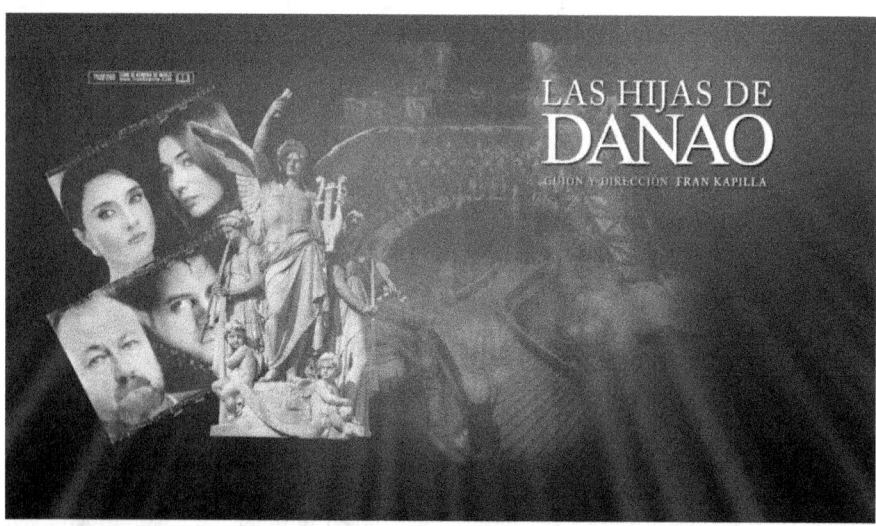

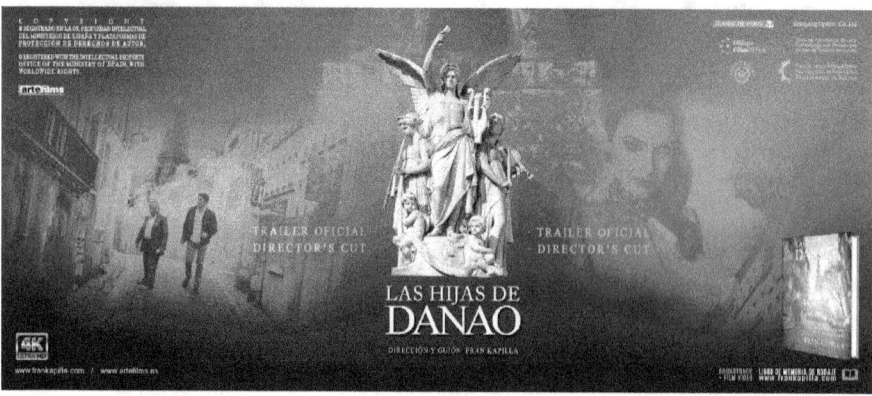

Capítulo 49
El tráiler

Comencé a trabajar en el tráiler en cuanto regresamos del rodaje en París (enero de 2013). Ya se había rodado toda la película y me di cuenta de que ante mí se presentaba una nueva y enorme tarea: la edición del largometraje, las inscripciones en los festivales de cine, la publicidad, el tráiler, la promoción, las redes sociales, la prensa, estudiar las posibilidades de distribución, las reuniones con posibles compradores... Un esfuerzo sobre otro esfuerzo, alentado por las palabras e ideas de apoyo de quienes sí han valorado todo este trabajo invisible.

Como tenía por delante varios meses de posproducción para montar todo el largometraje, tuve muy claro que debía comenzar con el tráiler, para ir generando expectación mientras trabajaba en todo lo demás. Me propuse presentar el tráiler a lo grande. Casualmente, el Festival tenía una sección para presentar proyectos de largometrajes nuevos durante 5 minutos al público. Así que me puse las pilas para trabajar en el tráiler y presentarlo en la edición del Festival de cine de Málaga de 2013. Me llevó 17 días de trabajo intensivo para editarlo, porque apenas si había empezado la edición de la película y había muchos planos "en bruto" que tuve que retocarlos por primera vez. (Para quien no lo sepa, es más sencillo "extraer" un tráiler de una película ya editada).
Por último, añadí una voz en off al tráiler, la del actor Ángel Madrid. Esta voz en *off* sólo está en la versión primera de aquel tráiler de 2013, es una narración muy buena y muy profesional, sin embargo, a fecha de hoy, prefiero mostrar el tráiler sin ninguna voz en off.

El tráiler se presentó en el Museo Thyssen durante el Festival de Málaga de 2013. Acudió tantísima gente a la cita que la calle se llenó de asistentes. La gente fue entrando al salón de actos y lo abarrotó, quedando gente de pie, grupos en rincones, grupos mirando desde el quicio de la puerta. Y no habían entrado ni la mitad de las personas que aún esperaban en la calle.

Ante tal magnitud de asistentes, hablé con los organizadores del Festival y les dije que, si era posible proyectar el tráiler, vaciar la sala y volverla a llenar de personas que estaban fuera, para que nadie se quedase sin verlo. Aceptaron la idea y así se hizo felizmente. En la mesa de presentación estaban los actores Paco Roma, Max Millán y Susanna Pauw; el asistente de producción Enrique Muñoz, la asesora actoral Cristina Fargas, el pintor Antonio Montiel, y yo. Dimos las gracias a los organizadores y a los asistentes y pasamos rápidamente a proyectar el tráiler. Los aplausos fueron muy entusiastas. Rápidamente pedimos a los asistentes, que salieran y dejaran entrar al resto. La sala del Thyssen volvió a llenarse con otros rostros, no cabía ni un alfiler y además seguía quedando gente fuera. Hicimos el acto de nuevo, presentación y proyección. Anuncié que quien se hubiese quedado sin ver el tráiler podría hacerlo esa misma semana en la página web.

Entre otros, acudieron el director del festival Juan Antonio Vigar y el concejal de cultura Damián Caneda (fallecido en 2019, descanse en paz).

El diario *La opinión de Málaga* publicó un bonito artículo titulado *El tráiler de*

Kapilla trae cola, con una foto de la plaza abarrotada que lo explicaba todo y unas palabras muy acertadas.

Tres días más tarde, publicamos el tráiler en internet. Recibí muchas reacciones positivas desde diferentes redes. También recibí muchos mensajes, privados y públicos. Fue sensacional y me dio mucha energía para seguir trabajando.

Más adelante, en septiembre de 2013, organizamos una rueda de prensa en una sala del cine Albéniz. El concejal de cultura Damián Caneda nos presentó en la mesa de ponencias, desde la que hablamos: el pintor Antonio Montiel (por su figuración especial como director de orquesta), el asistente de producción Enrique Muñoz y yo. También proyectamos el tráiler. A partir de ese momento, comenzó una etapa de entrevistas en los medios. Desde entonces, el tráiler se ha modificado dos o tres veces de manera sutil, con los mismos planos, pero con algún cambio tipográfico, o de color. También se han ido añadiendo los laureles de los festivales por donde fue pasando la película. Este tráiler ha sido baluarte de nuestra labor durante años.

· *El nuevo tráiler*

En 2020, con motivo del *Director's cut* y del lanzamiento de este libro, rehíce el tráiler. Es parecido al anterior pero aún más mejorado, usando una narrativa más moderna y utilizando la misma la tipografía elegante y estética que usé para el nuevo cartel, para cohesionar todo el producto.

El nuevo tráiler no contiene la voz en off porque es un elemento que ya no encaja con la nueva secuencia narrativa. La narrativa de planos es mejor, más dinámica y más exacta a la historia de la película. La calidad de la imagen es muy superior, está mucho más depurada, mejor etalonada y además en 4K, una resolución mayor que obtuve gracias a las nuevas tecnologías de reescalado por una novedosa e impresionante inteligencia artificial.

Es una nueva vida para la película, tanto por el nuevo montaje (mucho más depurado) como la nueva resolución que obtuve gracias a la última tecnología de procesado 3D.

Tráiler de la nueva edición *Director's Cut*
Resolución 4K. 2 minutos.

➢ https://vimeo.com/31448460

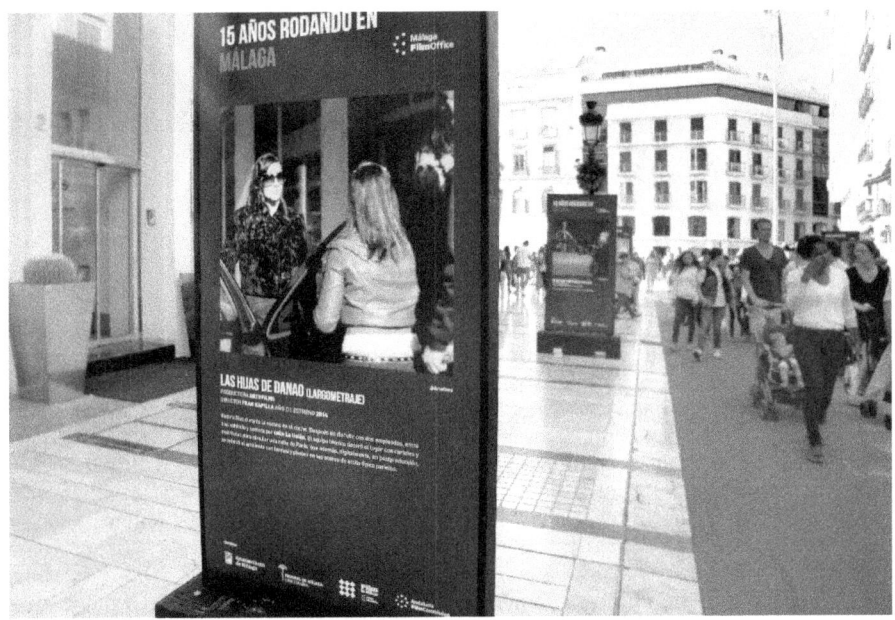

La exposición *15 años rodando en Málaga,* organizada por el Festival de cine de Málaga en la calle Larios, incluyó dos fotografías de *Las hijas de Danao* y una de *Matryoshka* entre las fotos presentadas al público.

➢ https://frankapilla.com/2016/04/23/1331/

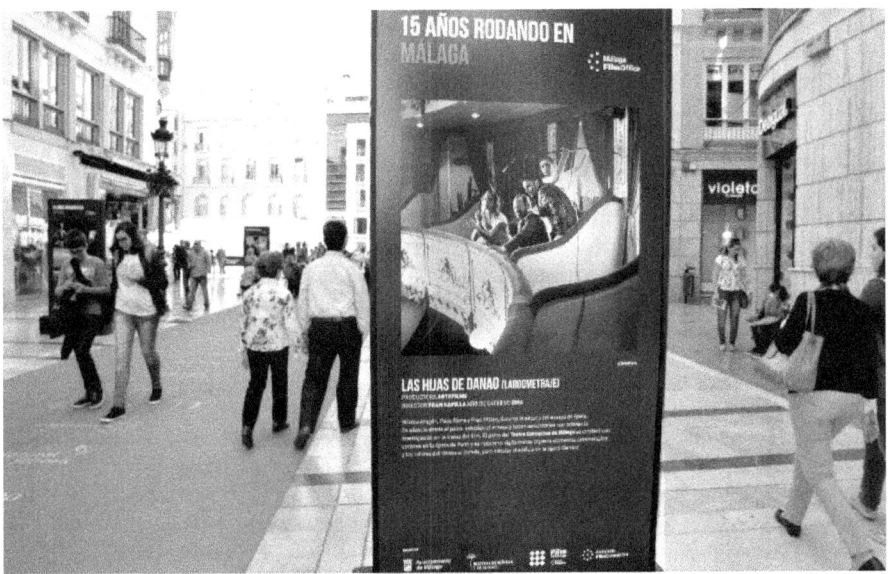

Capítulo 50
El montaje

"NO HAY OTRA FORMA DE ARTE COMO EL CINE QUE VAYA DIRECTO A NUESTRAS EMOCIONES" (INGMAR BERGMAN)

El montaje original me ocupó seis meses en 2013. Seis meses, totalmente enfrascado en esta labor.

Supongo que muchos de vosotros os dedicaréis al cine o a la televisión y que habréis trabajado en edición. La simple edición de una pieza corta de 10 o 20 minutos salen de unos *masters* filmados en varios días de rodaje. Pues bien, imaginad que esa dificultad se multiplica exponencialmente, con un material filmado a lo largo de 46 días de rodaje. Cientos de planos que hay que cortar, sincronizar, ajustar, etalonar, etc. Además, el trabajo de reajustes de sonido y de banda sonora y la adición de efectos digitales para multitud de planos. Una tarea ardua que conlleva mucho tiempo.

Se suele decir que cada minuto de metraje de una película, corresponde a 8 horas de rodaje y a tres o cuatro días de edición. Por eso, lo habitual es que exista un equipo de edición de varias personas. Sin embargo, en nuestro caso y con nuestros recursos de aquel momento, comprendí que tendría que ser yo mismo el editor principal; sabía que mi trabajo no había acabado con el rodaje, que debía seguir en solitario la odisea de la edición. Una postproducción diaria, trabajo constante y perfeccionista. Como mencioné en el capítulo 29 hubo planos filmados con el equipo inicial que no estaban bien iluminados. Yo podría haber dejado esos planos así sin más, añadiendo brillo y contraste y quedando más feos, más toscos; pero no consentí en dejarlo así, yo quería que la película estuviese lo más perfecta posible y que si yo podía arreglar el error cometido durante el rodaje, lo iba a hacer, aunque me costase semanas y semanas de edición.

Retocar esos planos fue una labor titánica de edición, por eso tardé casi un año en realizar toda la edición de la película, casi todo 2013. Editar esos planos era más parecido a dibujar con pinceles digitales que a *etalonar*, el asunto consistía en dibujar partes que estaban tan sobreexpuestas que no existían casi, inventando texturas y colores; y también en iluminar partes oscuras a las que luego había que pasar un filtro de reducción de *muaré*, de ruido de imagen y otro filtro de perfilado para no perder los contornos.

Fue una tarea muy grande de la que pocos tienen constancia y que invertí para dejar la película bien homogénea, para que esas escenas rodadas en los primeros meses se pareciesen a las que hicimos con el segundo equipo técnico.

Afortunadamente no toda la película estaba filmada de la misma manera. Estos planos defectuosos eran nueve y esos nueve planos eran importantes; el resto de planos, otros cientos que tiene la película, tanto del primer como del segundo equipo técnico están correctos y pude trabajar con ellos más a gusto.

Cuando terminé de salvar las escenas, arreglando esos planos defectuosos, me puse a realizar otro tipo de efectos más vistosos, más grandiosos y además más rápidos de realizar. La integración de los planos rodados en los exteriores de Málaga junto a planos rodados en exteriores de París. Fue todo sobre ruedas, nivelando brillos, colores y añadiendo algunos efectos que servían de nexo, quedaba todo muy bien.

Casi todos los exteriores se hicieron en París, pero algunos tuvieron que filmarse en Málaga, lo que hacía para unirlos bien, es recortar figuras (personas, coches, farolas, carteles, pivotes...) de los planos de París o de Málaga y al cambiar el plano volver a ponerlas, desenfocadas, o terminando de pasar de fondo, o repitiendo un cartel en francés en otra perspectiva.

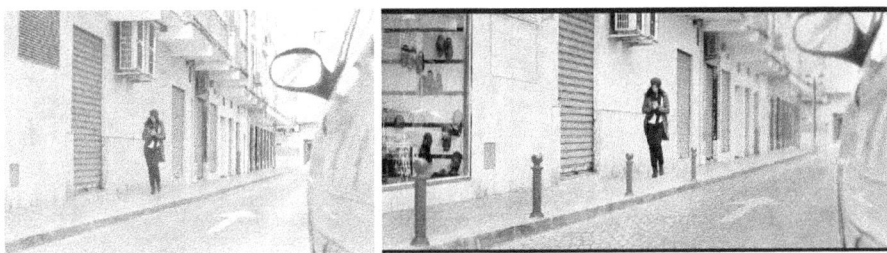

Esos detalles pasan totalmente inadvertidos porque los hice con mucha paciencia y delicadeza. El resultado es que los pocos planos exteriores hechos en Málaga se funden totalmente con la ciudad de París. Toda la película está llena de efectos digitales, bien integrados, quizá los del interior de la Ópera son los más vistosos.

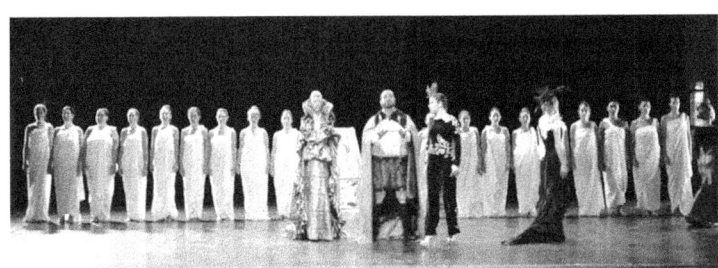

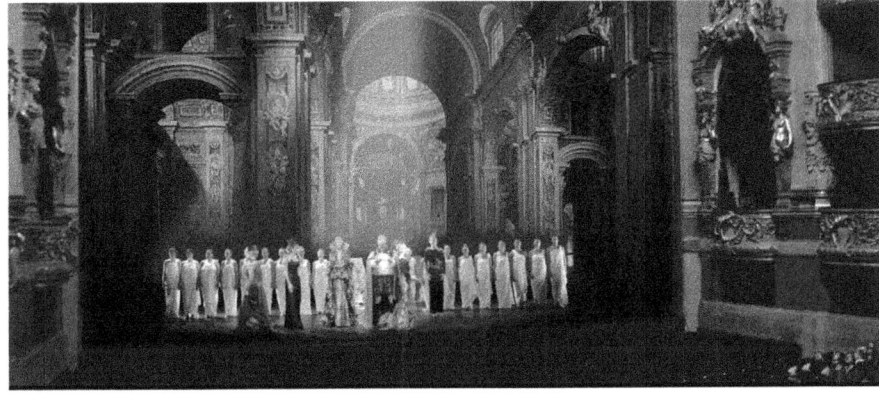

Esos planos tienen hasta veinte capas de efectos: cortinas que suben y bajan; gente en los palcos y en las butacas (realmente grabamos sin público), el escenario vacío grabado en la *Opéra Garnier* integrado con el escenario con actores grabado en Málaga, luces de focos que se mueven, pétalos de rosas que caen, decorados tras los actores que saqué de interiores de Versalles y de castillos del este de Francia (procesados con una técnica de contraluz recortados justo por donde caminan los personajes); y también algún que otro trávelin digital. Un resultado de edición muy depurado y realista, la prueba es que mucha gente me ha preguntado cómo habíamos conseguido grabar con los actores dentro de la Ópera de París.

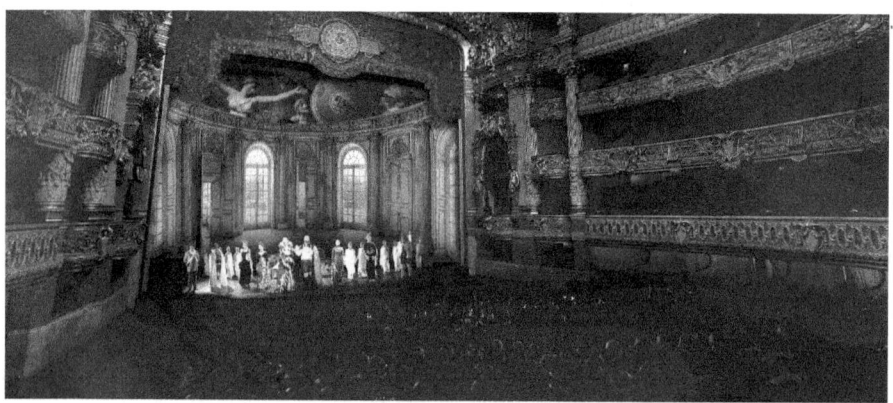

· *El Director's cut*

Siete años después, en 2020, reabrí el proyecto de edición. Busqué los antiguos discos duros y accedí a todo el material: los *masters* de la cámara principal, los recursos anexos, las músicas, los efectos digitales, etc. Nunca me hubiese imaginado que, tras el estreno de 2014, iba a reabrir la edición. Sin embargo, durante estos años me he hecho con un equipo informático mucho más potente que es capaz de editar en 4K de forma mucho más fluido y, además, mis conocimientos de edición son mucho mayores que entonces.

En las fotografías que he puesto de ejemplo para comprar cómo estaba en la edición de 2014 y cómo ha quedado en 2020, los cambios son muy sutiles ya que realmente en 2014 llegué a dejar la película muy bien. Sin embargo, se aprecian mucho más en pantalla grande las nuevas mejoras de imagen.

Esta última edición de 2020 pretende apurar toda la calidad posible que me permiten estos archivos de 2012 en HD. Retoqué cada una de las treinta y ocho secuencias que componen la película. Algunas las edité menos y otras más. Hubo planos que retoqué muchísimo hasta dejarlos como mejor se asemejaban a lo que yo esperaba, y otras partes de la película simplemente reajusté niveles, colores, brillos, etc.

Limpié aún más el *muaré*, es decir, quitar ruido de imagen que había en ciertas zonas oscuras, para así dejar las zonas en sombra limpias, suaves, sin ese hormigueo de *muaré*. También he retocado muchos planos por zonas, dividiendo los fotogramas en diferentes áreas y aplicando diferentes correcciones para mejorar el etalonaje.

También añadí algunos destellos de sol muy tenues en algunos planos exteriores de París cuando empieza a aterdecer. Los reflejos de los cristales de los coches los eliminé (me costó bastante) a base de recortar y clonar otros cristales y ponerlos encima de las zonas sobreiluminadas por el reflejo del sol.

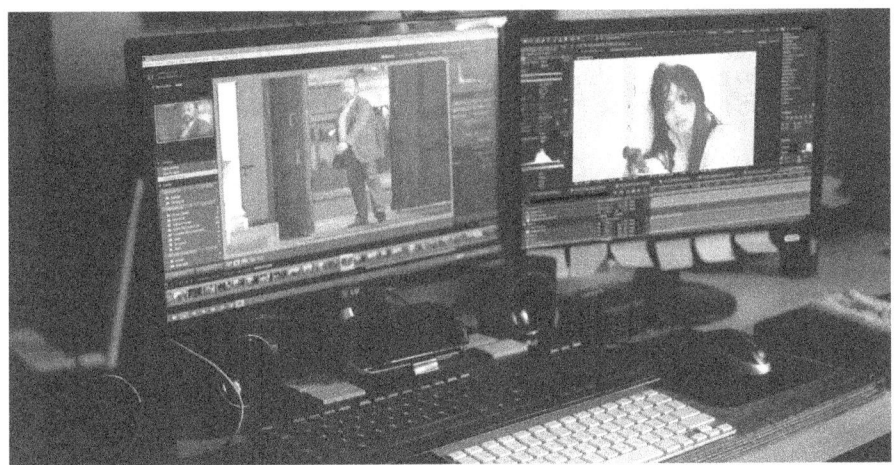

Aproveché para añadir, al inicio de la película, todos los logos de los festivales donde ha competido. También corregí los créditos del final del film. Antes, eran un poco caóticos. Ahora los créditos están mejor estructurados y, además, en consonancia con el nuevo cartel. También he retocado el sonido, limpiando un poco más los diálogos que tenían un leve siseo de fondo. Los volúmenes también los he reajustado mejor, antes había alguna música demasiado baja y otra demasiado alta. Incluso me he permitido añadir nuevos efectos sonoros que noté que faltaban, sonidos de pasos o de elementos que caen.

Todos los retoques esta edición, el *director's cut*, los hice a la par que fui escribiendo el libro. Ahora la película es más atractiva. Supone una mejora global, con un montaje más dinámico. Se ve mucho mejor: más nítida, mejor nivelada, sin áreas sobreexpuestas. Se oye mejor: sonido más limpio, nuevos efectos y audios mejor nivelados. En suma, aunque es la misma película, podría decirse que es "un lavado de cara total".

· *El reescalado a 4k*
(con inteligencia artificial)

Cuando hube terminado todo el nuevo montaje, con todas las mejoras que hice en edición, más o menos en la época del primer confinamiento por la pandemia (marzo, mayo 2020), vi en la prensa que un entusiasta del cine había pasado a 4K y 60 fps las antiguas películas de los hermanos Lumiere, de los orígenes del cine. Para ello había usado tecnología moderna de Inteligencia Artificial. Estudié el tema hasta que descubrí las herramientas necesarias. Lo que hacen es ampliar fotografías a cualquier escala mayor que se le indique. Y el resultado es sencillamente espectacular, no se ve igual de bien que una fotografía realizada en grande, pero, no obstante, se ve mucho mejor que el original. No se trata de un mero reescalado que duplica la resolución sin más, como podría haberlo hecho desde el programa de edición; se trata de un procesado complejo de imagen, una por una, en el que la tarjeta gráfica tiene mucha importancia. Al final se obtienen fotografías de mayor tamaño, sin pixelados, los bordes de cada objeto o persona quedan nítidos y limpios y el grano, el ruido de imagen también se puede limpiar en la medida que se le indique.

Me planteé si meterme en esta nueva tarea, de aumentar la resolución hasta 4K de esta manera tan genial. Algunos amigos me dijeron que no lo hiciera, que no perdiera más el tiempo con esta película, al fin al cabo se rodó en Full HD y el contenido del film es bonito, pero muestra nuestra capacidad de cineasta de hace muchos años. Era cierto, esta película es bonita pero algunas escenas las he superado técnicamente y hoy día no son el mejor ejemplo de mi capacidad actual. Sin embargo, yo quería hacer lo máximo posible por la película. Esta tarea, la del 4K, también fue una labor más para añadir a la lista de tareas que me ha llevado esta película. Comencé en septiembre de 2020 a trabajar con estas herramientas de I.A. Empecé procesando aquellos 162.613 fotogramas (que ya tenía exportados en alta calidad *Raw*) con un solo ordenador. Este PC es muy potente y me indicaba que procesaba a una velocidad de 8 segundos por imagen. Hice el cálculo y comprobé que necesitaría 18 o 19 días de trabajo ininterrumpido, y si lo apagaba de vez en cuando para descansar, podría tardar el doble o unos 38-40 días. Así que sin pensarlo compré rápidamente otro ordenador potente, a ambos les hice instalar la misma tarjeta gráfica de última generación. Este segundo ordenador procesaba a una velocidad de 11 segundos por imagen en vez de 9; pero aún así, era una velocidad muy buena, ya que otros ordenadores, de varios amigos que me hicieron el favor de probar el sistema, se ponían entre sobre 25 segundos por imagen, así que realmente conté con dos buenos equipos en mi casa. Al primer ordenador le puse a procesar el 70% de los archivos y el segundo ordenador se quedó trabajando el restante 40%. Esta división de archivos la hice a ojo pero fue muy correcta porque terminaron casi al mismo tiempo, trabajando uno a 9 segundos por imagen y el otro a 11.

Con ambos ordenadores encendidos, trabajando continuamente tardé 19 días en realizar todo el proceso. Solamente los apagué un día de un calor sofocante de septiembre en Málaga, con una temperatura de 41 grados y *terral*.

Aquellos últimos días de espera, m mientras los ordenadores trabajaban día y noche, fueron extraños. Había momentos agónicos en los que me impacientaba en querer sacar la película ya, algunos amigos me decían: *¿De verdad merece la pena que hagas tanto por esta película?... Oye Fran, es una peli que rodaste hace mucho con sus cosas buenas y malas, no merece la pena que la reescales a 4K... Fran no sabemos qué va a pasar con la pandemia, el virus, la gente quiere ver la película ya...*

Cada día pensaba eso mismo, si íbamos a poder vencer a esta pandemia vírica mundial, si la gente tendría salud y ganas de ver esta película, si llegaría a tiempo la película para difundirla junto al libro... Yo mismo dudaba si realmente merecía la pena el gran tiempo de trabajo de los ordenadores y la espera final. El libro estaba terminado desde agosto, la editorial esperando y los servidores de internet listos para subir la película. Incluso tenía el tráiler, el poster y un montón de fotos preparadas desde hacía un mes preparadas para ir difundiéndolas poco a poco con publicidad para la compra del libro o visualización online de la película.

Las amistades, los amigos de internet, los seguidores de nuestras humildes producciones, me animaban a que continuase. A que la dejase lo más bonita posible. Por las redes sociales iba anunciando cada día el número de fotogramas que iba avanzando con esta inteligencia artificial, más o menos a diez mil por día.

Tras dieciocho días completé los 162.613 fotogramas nuevos, en 4K y con muy buena calidad. El resultado es sorprendente, es casi milagroso; es lo más parecido a poder haber tenido mayor resolución en el 2012, es casi como enviar a través del tiempo una cámara 4K hasta aquel año para rodar ese metraje con mejor tecnología. Dar nueva vida a algo que se le ha puesto tanto cariño es único. Obviamente la calidad no es igual que con mis actuales cámaras. No es un fotograma filmado nativamente a 4K, pero eso lo noto si lo comparo con otro material; este resultado con I.A. es muy bueno, se ve todo mejor que el original Full HD. Merecía la pena el esfuerzo.

Estas herramientas modernas, que utilizan tecnología de Inteligencia Artificial, hasta hace poco no existían, por eso, si la película la hubiese lanzado públicamente tan solo seis o siete meses antes, no hubiese existido la versión 4K y dudo mucho que nadie hubiese perdido su tiempo y dedicación en realizar la conversión.

Procesé la película en cuatro formatos finales que pudiese guardar para el futuro, con buena calidad. Dos archivos de vídeo H.264 con un gran caudal de datos (en HD y en 4K). Y también guardé las dos enormes secuencias de imágenes sin compresión (con máxima calidad) a veinticinco fotogramas por segundo. Esta secuencia suma 162.613 fotogramas (en HD y en 4K); esa es la cantidad de imágenes que forman nuestro largometraje. También guardé las pistas de audio sin compresión en formato WAV (PCM, *pulse-code modulation*), que es la máxima calidad sonora.

Con este material resultante, en HD y 4K, retocado, mejorado y remontado, daba por finalizado mi trabajo de la nueva edición. Fue una tarea tremenda que fui combinado con la escritura de este libro durante medio año del 2020, fue tedioso en ocasiones, pero otras veces lo hice gustoso y con cierta ilusión. Como el autor que quiere a su obra, sentía que debía darle estas últimas pinceladas al film, dejarlo lo mejor posible, lo más perfecto posible hasta donde alcanzan mis medios y hasta donde alcanza el material filmado en aquel lejano 2012-2013.

Supongo que será la última vez que retoco esta película porque es una tarea que lleva mucho tiempo y porque se avecinan nuevas etapas, nuevos proyectos (si fuesen posibles) y porque creo haber llegado a una edición muy óptima para con este material.

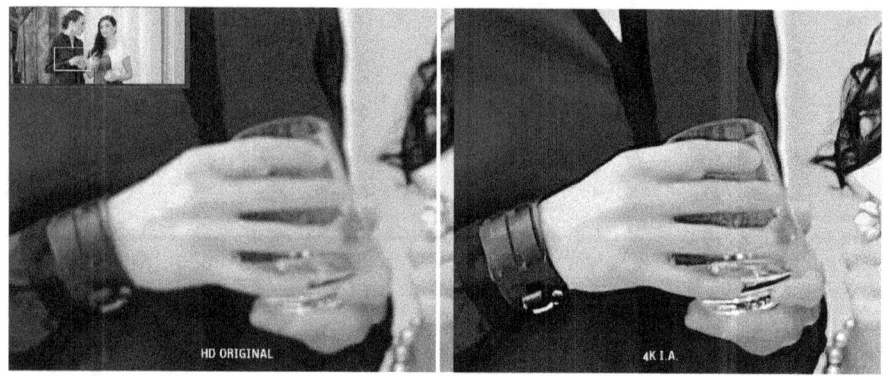

Ampliamos el fotograma final HD, hasta el límite de su nitidez; lo comparamos con el fotograma procesado a 4K. La inteligencia artificial ha reconstruido las estructuras.

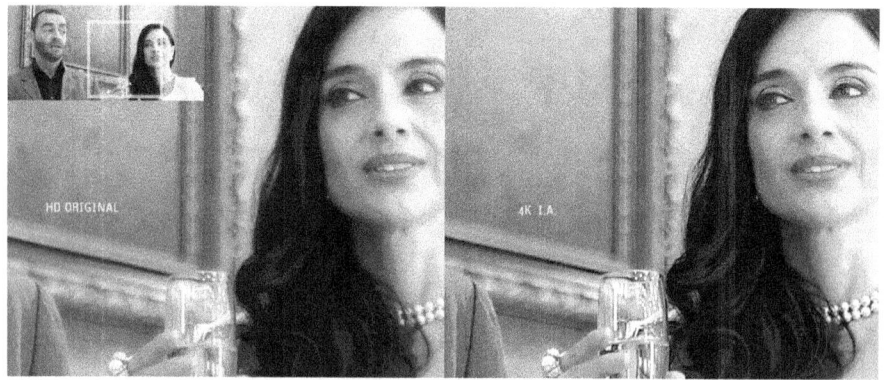

Ampliamos el fotograma final HD, hasta el límite de su nitidez; lo comparamos con el procesado a 4K. La inteligencia artificial ha reconstruido las estructuras y la nitidez.

Capítulo 51
La banda sonora

"LA MÚSICA ES LA ROPA DEL AMOR, Y EL AMOR
ES LO MÁS CERCANO A LO ETERNO." (PETER FONDA)

Decía el director de cine Milos Forman que la música es otro personaje más en su película *Amadeus*. Estaba totalmente en lo cierto: la música evoluciona, participa en la trama, muestra historias y sentimientos conjuntamente al resto de personajes.

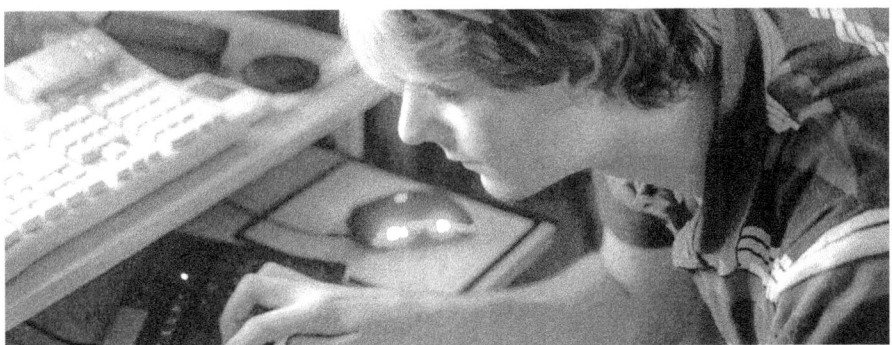

Nuestra película se acerca a eso. No es una ambientación sonora que suena en segundo plano. Para mí, también es un personaje relevante; un personaje que está desde el comienzo, todos hablan de la ópera de Salieri, la ensayan, la repiten, la corrigen, la estrenan y en los momentos finales más dramáticos, la misma música se erige trágica hasta el final de todo.

Las hijas de Danao se nutre de dos músicas: una banda sonora original realizada por el compositor Victor Caytas (al que nominaron como mejor música en los Premios Cinematográficos Andaluces ASECAN 2014) que consta de ocho temas; así como obras de Wolfgang Amadeus Mozart y Antonio Salieri.

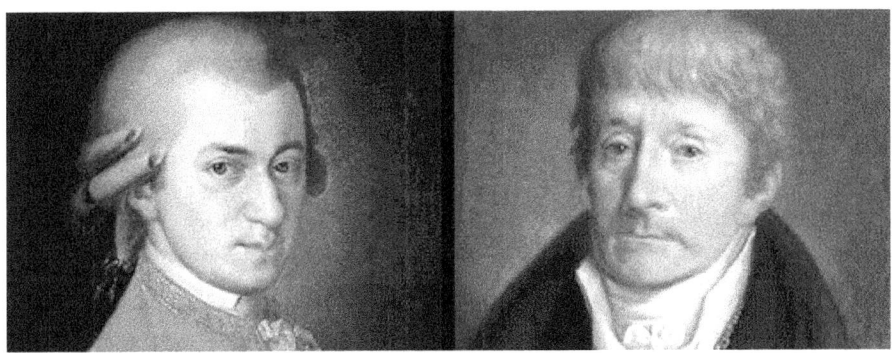

Elegí cinco temas de Mozart que suenan en los momentos más relajados; acompañan la creatividad artística del personaje de Michelle. Aunque uno de los temas, el *Lacrimosa* de su famoso Réquiem, lo usé para el clímax final de la película.

Temas de Wolfgang Amadeus Mozart:

1. *Concierto para violín nº3 en Sol Mayor K216 Allegro*
2. *Adagio, del concierto para clarinete en La Mayor K622*
3. *Ave Verum Corpus, motete en Re Mayor K618*
4. *Cuarteto para oboe y cuerdas en Fa Mayor K370*
5. *Lacrimosa, Réquiem en Re menor K626*

Y del otro famoso compositor, Antonio Salieri, elegí partes de la ópera de *Les Danaïdes*. Los fragmentos de esta ópera constituyen el tema musical central de la película (en el capítulo 13 lo detallo más). También, de Antonio Salieri usé un fragmento de su Réquiem, durante la persecución a pie de los personajes.

· *La música de Victor*

La banda sonora original de Victor Caytas realza la parte policial del guion y constituye el cincuenta por ciento de la banda sonora, seguido por los fragmentos de Salieri que está enmarcada siempre en la trama operística.

Tuve muchas reuniones con Victor Caytas. Es un gran compositor, un músico excelente, entregado a la música. Fuimos definiendo cada tema. Yo le fui pasando escenas y le hablaba de lo que buscaba. También le pasé referencias de otras películas. Con todo eso, Victor fue construyendo cada una de las canciones que salen a lo largo de la película.

Para los momentos de misterio, para los momentos nostálgicos y para las escenas de acción. Además, muchas de las canciones debían terminar con una semejanza la ópera de Salieri para que fuesen uniéndose poco a poco, por ejemplo, cuando combino planos de acción con planos de la ópera sobre el escenario. Fue un trabajo que Victor hizo muy bien y quedó maravilloso.

· *El sello musical NAXOS*

Las licencias de interpretación de los cinco temas clásicos de Mozart las compré a NAXOS, un sello discográfico que me hizo un buen precio, 320 euros, que ya era una minucia en comparación de todo el gasto económico que llevaba invertido en la película. No hubo problema con ellos y el papeleo se solventó en apenas unos días, todo muy ágil y transparente.

· *Los que intentaron cobrarme por la licencia (sin tenerla)*

Sin embargo, la licencia de la ópera de Antonio Salieri... fue una historia complicada y enrevesada. Si no tenía bastantes problemas ya con el rodaje, aquello me ocasionó más estrés y más pérdidas de tiempo.

Nos remontamos a la fecha de escritura del guion, año 2011. En el 2011, antes de comenzar la película, antes de rodar absolutamente nada, llamé por teléfono a un famoso sello discográfico italiano para hablarles de la futura película y para preguntarles si querían colaborar con nosotros tan sólo cediéndonos licencia para usar la música de la ópera, una grabación de 1983. Me contestó el director general. Hablaba español perfectamente. Me dijo que sí, que eran los dueños de la licencia y que podíamos usar la música del CD que compré. Por email me confirmó que colaborarían gustosos sólo a cambio de la publicidad, porque les gustaba la idea de la película. Eso fue el inicio de todo, a partir de ese momento comenzamos a rodar.

Un año después, septiembre de 2012. Ya habíamos rodado las partes de la ópera. Envié por email a los italianos algunos clips de la ópera para que viesen lo bonito que estaba quedando y que ellos eran parte de esta belleza; que la publicidad podría ser enorme. Entonces, ya sí, les pedí la licencia por escrito para usar algunos extractos de la ópera para el tráiler y así estar tranquilos. Me volvió a responder el director del sello discográfico, pero esta vez me habló que había una serie de "gastos" que iban a surgir y que sumaban mil quinientos euros. Me sorprendió mucho, nunca antes me dijo nada sobre cantidades, sólo hablamos de colaborar altruistamente a cambio de publicidad. Consideré que me estaban robando en las narices o al menos, que antes me habían mentido.

Me molestó bastante, les pedí una explicación sobre sus primeros emails y sobre el nuevo proceder y que nosotros ya habíamos realizado el rodaje de muchas escenas con el *playback* porque creíamos en la buena fe de los primeros emails. No me dio explicaciones claras y yo no le protesté más, les dije que sí, que lo pagaría pero que me diesen un plazo hasta terminar el rodaje y buscar el dinero. Les recordé nuevamente que se trataba de un largometraje de autor y casi sin presupuesto, pero no sirvió de nada, querían sus mil quinientos euros.

Pasaron los meses, regresamos de París, terminamos el rodaje. Enero 2013, y volví a escribir al sello italiano con más imágenes, esta vez de París. Pensé que si enviaba más material y más bonito se animarían a rebajar el precio o volver a la idea colaborativa inicial. Fue un gran error. Me contestó nuevamente el director de dicha discográfica y me dice que han valorado el coste de la licencia nuevamente y que debo pagar alrededor de cinco mil euros. Mi sorpresa (y enfado) fue mayúscula porque esa cantidad no iba a poder conseguirla.

Peligraba todo el proyecto, imaginaos que la trama entera se basa en la alusión a una ópera y que dicha música sale en siete momentos, que juntos forman 14 minutos musicales. Le dije a este señor que no estaba conforme y que me parecía que o había algún malentendido o que quizá querían jugar conmigo. Les recordé las características de este proyecto y les recordé las palabras iniciales que tuvimos en 2011 de colaborar artísticamente. El italiano siguió en su línea y me explicó que tenía que solicitar un papel que valía un dinero y que eran cinco mil euros.

Yo no sabía qué hacer. Hablé con parte del equipo y todos se mostraban preocupados. Intentamos buscar otra grabación y sólo encontré dos más (claro, es una ópera inusual). Una de las grabaciones databa de 1995 y pertenecía a *Warner Bros*. Conseguí ponerme en contacto con la Warner americana y me remitieron un presupuesto de seis mil euros. Era más caro y encima peor solución ya que esa ópera no encajaba con el *playback* de nuestras escenas.

Encontré otra ópera grabada como novedad en aquel enero de 2013 en Francia. Conseguimos un teléfono y mi padre llamó a la directora de la ópera; les habló en francés, le dijeron que no estaban interesados en vender para ninguna película porque estaban de gira. Estos ni siquiera ofertaron el producto. Era una situación incómoda y desesperante; maldije varias veces la hora inicial que llamé al sello italiano y maldije sus mentiras; aquella semana tiré el CD de la ópera al contenedor de reciclaje porque no me apetecía ni verlo en la estantería.

Ya era marzo, faltaba menos de un mes para la presentación del tráiler en el festival de Málaga de 2013. Presión por la cercanía del evento; presión por estar montando un tráiler a contrarreloj, presión con las negociaciones con estos italianos...

El actor Fernando De Mora me apoyó mucho y, gracias a sus consejos, me sacó del atolladero legal: Volví a escribir a los italianos contando nuestra situación desesperada con la banda sonora y que no me dejaban más remedio que ponerme en contacto con la propia Montserrat Caballé (que es una de las voces de la grabación de 1983) para contarle todo y llegar a un acuerdo con ella. Entonces me respondieron con algo totalmente distinto: me dijeron que se disculpaban porque habían cometido un error, que ellos no tenían permiso para negociar con esta licencia y que por lo tanto no podían vendérmela y que tan sólo Montserrat Caballé era quien tenía los permisos.

También consulté con un amigo abogado de Alicante y, me confirmó lo que apuntaba Fernando De Mora: que es una situación de alegalidad.

La situación de alegalidad es esta: El único sello discográfico del mundo que grabó ese concierto en 1983 y que vende el CD y derechos públicamente, se contradice diciendo que sí que colaboran y luego que no; después, para rematar, que ni siquiera eran los dueños de la licencia. Que nosotros habíamos procedido con buena fe en todos los sentidos; que en todo caso eran ellos los que tenían que temer una denuncia nuestra por daños y perjuicios e intento de estafa.
Hicimos copia de todos los acuerdos reflejados en los emails.

Mi error inicial fue el de fiarme inocentemente, el no haber exigido un documento firmado desde primera hora. En aquel 2011 yo era más ingenuo y esto me sirvió para aprender que todo acuerdo requiere una ratificación firmada, y no confiar en la palabrería y en vanas promesas.

Más tarde, en octubre de 2018, falleció por desgracia, la gran Montserrat Caballé. Sentí mucho su pérdida. Además, me había imaginado que algún día ella vería la película, que hablaríamos sobre los minutos musicales y que podría incluso gustarle. Espero que por lo menos, su familia pueda ver este film y que sepan lo gran admirador que siempre he sido de esta maravillosa soprano.

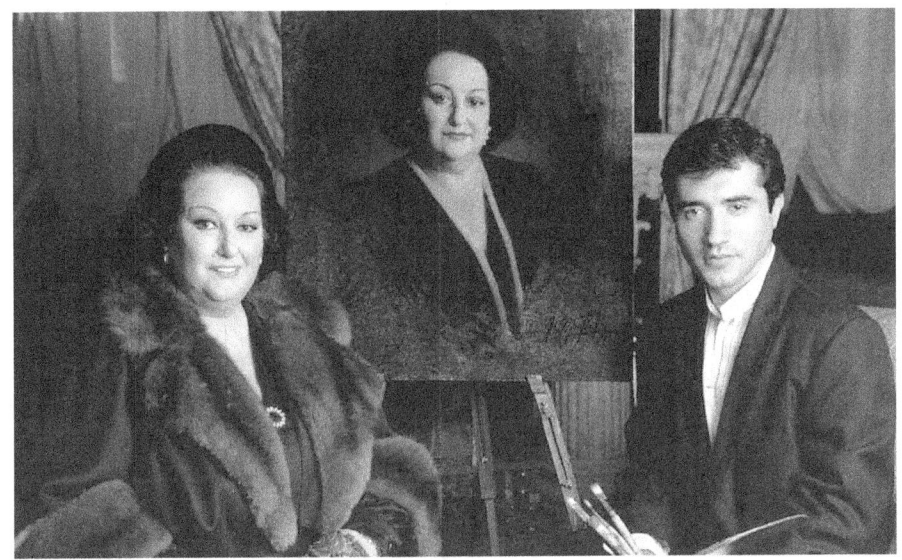

➢ *El pintor Antonio Montiel creó un maravilloso retrato de Montserrat. Hubiese sido un momento igualmente precioso hacer coincidir al gran pintor y la gran soprano entorno a la película.*

Capítulo 52
Las escenas inéditas

· *El atasco en la carretera*

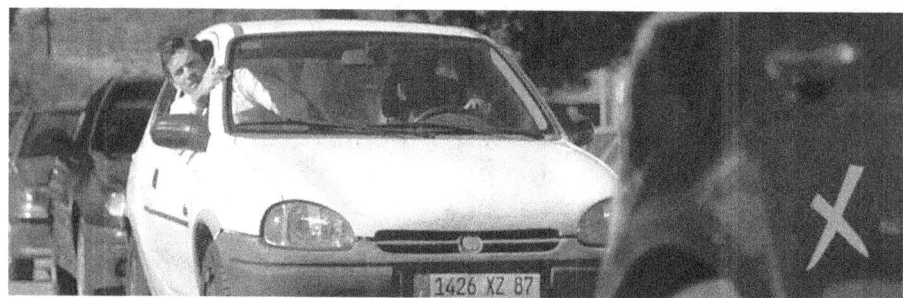

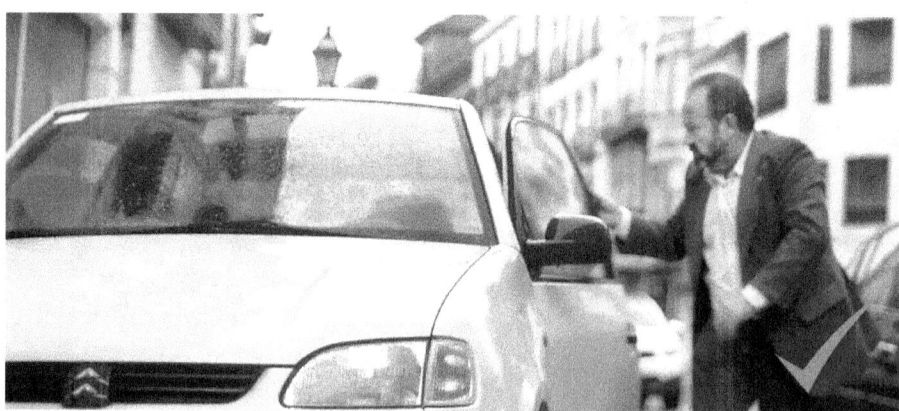

Esta escena se rodó con un coche anterior al que usamos finalmente, además, no me gustó nada la luz ni la ubicación que usamos. Se realizó con poquísimos medios durante los primeros meses y no quedó tan bien como quisiéramos. Aquel primer intento no parecía que estuviese ambientado ni en París ni en ninguna ciudad ya que se veían espacios demasiado grandes, con campos y montes al fondo.
Esta escena volvimos a rodarla más adelante, con otro coche y otros medios, sin embargo, no incluí el momento del atasco de coches, quité esos diálogos y esa acción y la hice más dinámica, con el coche siempre en movimiento hasta que llega a la casa de Michelle.

Los diálogos del atasco en la carretera hubiesen ido colocados antes de llegar a casa de Michelle. El coche se detiene debido a las manifestaciones en las calles. Lo interesante de esta secuencia es que reflejaría el carácter más conservador de Pierre frente al carácter más revolucionario de Alain. El veterano detective toca el claxon e increpa a los manifestantes, pero el joven acompañante se asoma por la ventanilla y los anima. Luego, Pierre y Alain intercambian algunas palabras sobre la necesidad de cambios y se ve la diferencia ideológica entre ambos. Tras el diálogo, Pierre, harto de esperar, hace una maniobra dando marcha atrás bruscamente, se sube a la acera y circula unos metros por zona indebida hasta salir a una calle despejada. Entonces se vería que Pierre queda convencido por la rebeldía de Alain.

"LA ÚNICA TÉCNICA ES EL ESFUERZO."
(JOSÉ ORTEGA Y GASSET)

· *La charla del detective Pierre y el inspector Mignon*

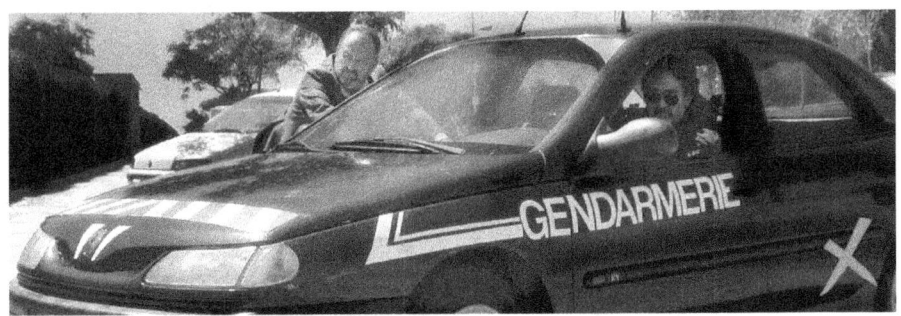

Esta escena la eliminé directamente y no volví a repetirla porque no aportaba demasiado y era difícil de rodar, necesitaba más figurantes para hacerla realista y necesitaba una ubicación mejor para simular que estábamos cerca de la Policía Judicial. Usé mi propio coche y quedó muy bien decorado, siguiendo con exactitud los modelos de algunos vehículos de la gendarmería.

La escena iría situada antes de la salida de Alain de la gendarmería. El inspector Mignon (Eduardo Duro) llama desde su coche al protagonista. Lo invita a pasar al vehículo y hablan sobre el caso. Mignon está enfadado por lo que le ha pasado y le dice que, si no fuera por la intervención de Pierre, no habrían soltado a Alain en seis meses. También tienen algunas palabras sobre los momentos pasados, los viejos tiempos. Luego se despiden porque Pierre ve salir a Alain de la gendarmería.

Los actores estaban muy bien pero el ambiente, la luz tan potente del verano malagueño, el sitio... me convencía poco. Es de las pocas escenas en mi vida que no he vuelto a repetir, consideré que tampoco era fundamental.

· *Secuencia del restaurante donde Alain se une a la investigación*

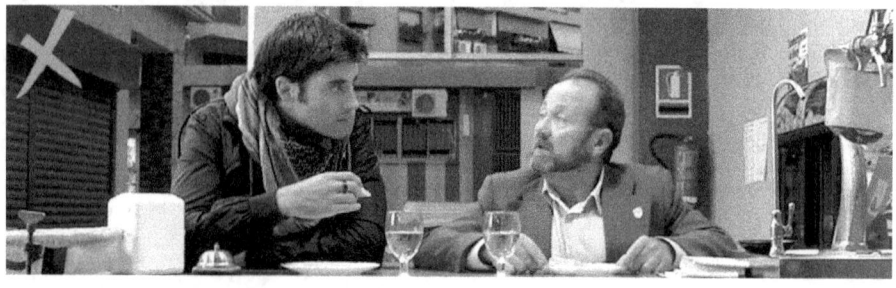

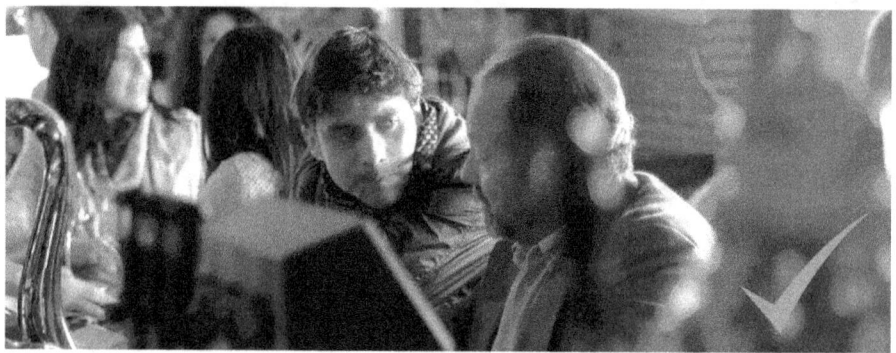

La escena del bar en la que hablan Alain (Max Millán) y Pierre (Paco Roma) se rodó dos veces. La primera vez no me gustó por el propio lugar de rodaje, una hamburguesería malagueña. Pero días después de rodar nos dejaron un restaurante de tipo norteño que parecía algo mucho más parisino que la hamburguesería.

En el primer bar, las paredes eran blancas, con sillas de plástico y una decoración a base de fotografías de hamburguesas. El segundo restaurante, en cambio, era más refinado, con cortinas bonitas, con sillones, mesas de piedra y cristal. Tenía una ambientación más acorde y metimos muchos figurantes, parecía realmente un local lleno. Rodamos nuevamente allí y quedó mucho mejor.

· *La pelea con los guardaespaldas en la calle*

Michelle (Susanna Pauw) se dirige a su barrio, los dos guardaespaldas (Frank Vélez y Jose Vallejo) la esperan para hostigarla. Pierre (Paco Roma) y Alain (Max Millán) los ven desde el coche; Pierre se baja y se enfrenta con uno de ellos. Alain atropella al otro matón con el coche y huye con Michelle. Esta escena se rodó a finales de 2011 en calle del Agua, Málaga. El resultado quedó más o menos decente... pero no me convinció. La localización no brillaba demasiado. La iluminación fue demasiado variable, porque atardecía y no había más material que reflectores. Cuando diez meses después la repetimos en Antequera, con otros técnicos, quedó precioso, lo superaba con creces. Al planificar mejor el rodaje, localizamos una calle de aspecto más Parisino, y que además tuviera tomas de corriente en establecimientos a pie de calle para los focos. También la interpretación lució mejor.

· *La segunda vez que Alain y Pierre entran en la Ópera*

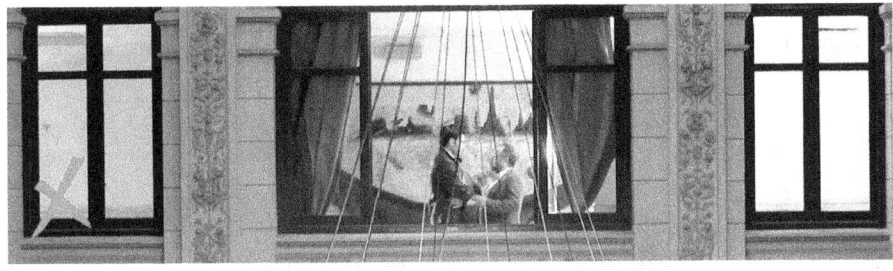

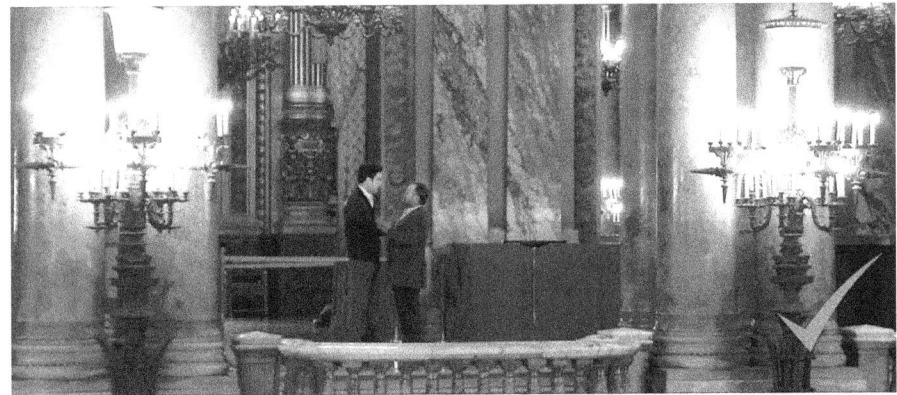

En octubre de 2012 rodamos esta secuencia dentro del antiguo Juzgado (lo que hoy es el hotel Miramar), sin embargo, en enero de 2013 conseguimos rodar esa misma secuencia dentro de la *Ópera Garnier* de París.

La escena que descarté era realmente buena, la iluminación que creó Salvador Blanco para el Juzgado fue maravillosa, mucho mejor que la penumbra del interior de la Ópera (y la consecuente sensibilidad lumínica ISO forzada en la cámara, que produce defectos en las zonas sombreadas de la imagen).

Sin embargo, merecía la pena sacrificar la calidad de imagen de la escena rodada en el antiguo Juzgado y usar esta otra toma dentro del auténtico *Garnier*, ya que dentro del Palacio el realismo era muy único. El movimiento de cámara era igual, un sencillo paneo siguiendo a los actores que van hablando.

· *Alain despierta en casa de Pierre*

Esta escena también tuvo que repetirse. La primera vez se filmó en mi casa. Las interpretaciones estaban bien, pero la producción, la luz y las elecciones de ópticas de cámara no me convencieron. Aunque en la repetición tuvimos que prescindir de algo que sí me gustaba de la primera vez: una televisión encendida emitiendo un informativo donde aparecía Jacques Chirac (presidente de la república francesa durante de 1995 a 2007) hablando de los altercados nocturnos.

Como algo anecdótico, también prescindí de que en la primera vez se rodó un momento divertido, en que mi gata Mica se paseaba por encima de Alain (Max Millán) mientras él despertaba en el sofá. Pero pese a esos dos elementos interesantes, el resultado general no me gustaba, por eso repetimos la secuencia.

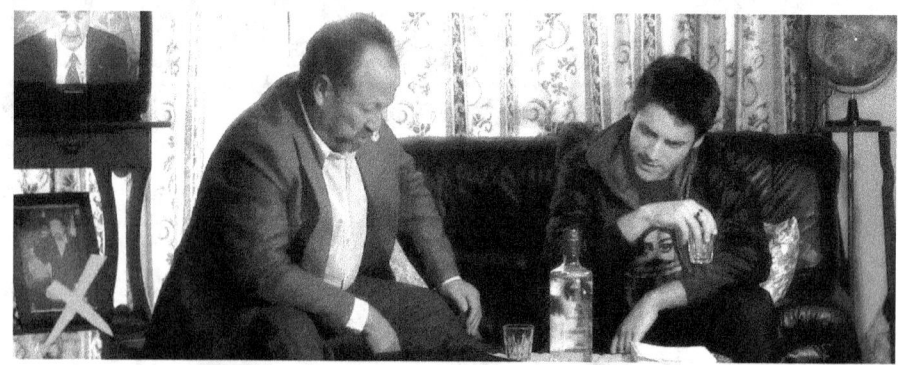

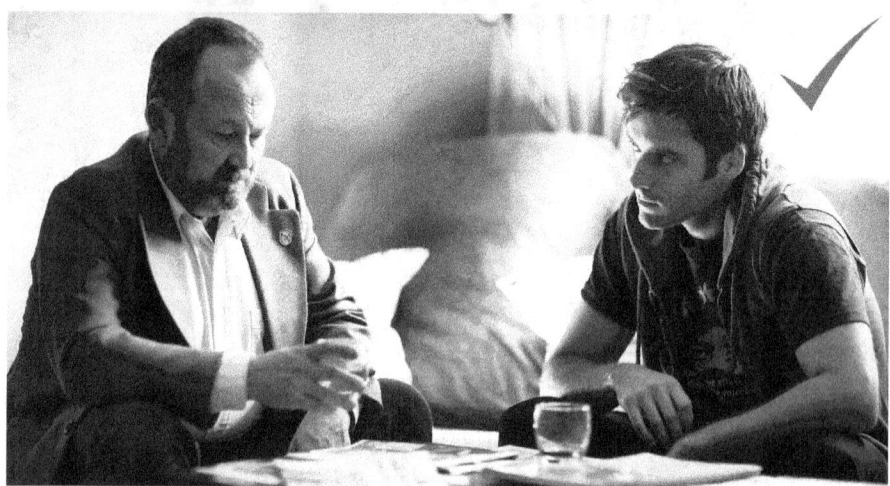

La segunda vez se rodó en casa de la caracterizadora Manuela Reyes. La amplitud era mucho mayor, y también obtuvimos una mejor iluminación.

· *Los consejos de Louis*

Después de la escena en el bar donde el comisario encarga la misión a Pierre (Paco Roma), Louis el barman (Fernando de Mora) se sienta junto a su amigo detective. Juntos beben una copita de licor. En la película, Louis sencillamente le dice que "ya sabe lo que tiene que hacer", se ríen y brindan. Sin embargo, es un metraje recortado. La interpretación estaba muy bien, pero era un juego de miradas demasiado largo que rompía la dinámica: recién expuesto el misterio circundante, el espectador espera que arranque la investigación.

En el guion original, Pierre se queja bastante de su edad, de las dificultades que entraña un caso así. Louis le anima y le dice que no se lo piense, que desempolve su artillería porque le va a hacer falta, etc. Luego, sonríen y brindan. Esa conversación suponía una pausa excesiva en el ritmo de la acción. Para dinamizar, corté un poco el diálogo, usé los mejores gestos, y concluí con el brindis.

· *La transición rápida tras la casa de Pierre*

En la escena 10, Alain habla con Pierre en casa de este último y pactan ayudarse mutuamente en la investigación. La escena acaba ahí, con una sonrisa de ambos. Sin embargo, existe un plano que se rodó y que no puse porque vi que no quedaba vienen el montaje, que alargaba innecesariamente al romper la dinámica.

Se trataba de un plano secuencia en el que la cámara se alejaba de los dos personajes sentados en el sofá de casa, luego salía por la puerta, después bajaba las escaleras del edificio, a continuación, salía a la calle y apuntaba al sol. La idea era ponerlo a una velocidad súper rápida y en dos o tres segundos que llegase al sol y luego ese sol se convertiría en un foco de la Ópera. Así se crearía una transición estética. Sin embargo, en montaje no me convenció porque no aportaba mucho y porque daba una sensación poco seria, casi bromista, de teleserie cómica. No me pareció adecuado para hacer la transición hacia la Ópera, mientras sonaba Mozart de fondo; así que finalmente descarté ese plano.

· *En el piso superior de la torre Eiffel*

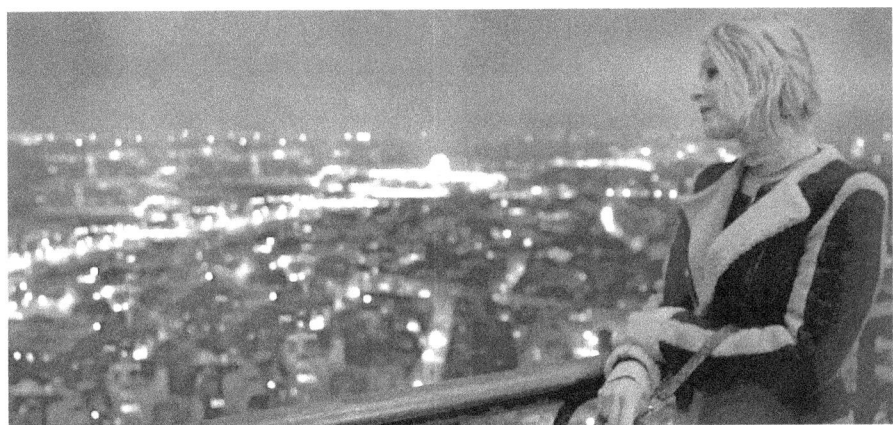

Esta es la escena inédita más bonita y que más pensé en si quitarla o no. Iba a ser el comienzo del largometraje. Os cuento como es la escena tal y como se rodó: primero se vería una panorámica de París nocturno, la cámara sigue girando hasta entrar en el balcón del piso superior de la torre Eiffel y vemos a una mujer rubia (Valérie Thénot) mirando por el catalejo. La actriz camina hacia los ascensores, entra, se cierra la puerta. Un plano general que rodé desde abajo donde se ve el ascensor bajando a lo largo de la torre y un otro plano interesante más dentro del ascensor, donde se ve el rostro de Valérie reflejado en el cristal y tras el cristal se ven los hierros de la torre pasando hacia arriba. Toda esta escena que os he contado sería para ubicar las letras del inicio, los créditos, el título, etc. Es un comienzo más sosegado, que daba más protagonismo a la ciudad de París.

Luego, la mujer sale del metro (esto sí que se ve en la película) y se reúne con un hombre (Daniel De La Sobera); y entran a una fiesta de gala.

Sin embargo, en el momento de edición pensé que era un inicio lento, a pesar de ser bello y coherente. Si después de la escena en la torre Eiffel hubiese venido otra más intensa en emociones, habría sido adecuado empezar de ese modo. Pero no era el caso, ya que la siguiente escena (la fiesta de gala) también es sosegada.

Así, decidí que la película empezara con más acción. Para ello entremezclé una escena de la orquesta de la ópera con otra de manifestaciones nocturnas, mientras se mostraban los créditos más significativos. Después, para el título de la película, puse un plano general en *time-lapse*, donde sale el sol en París. Se hace de día y engancho con Valérie Thénot saliendo del metro y encontrándose con Daniel De La Sobera. El resultado me convenció mucho más.

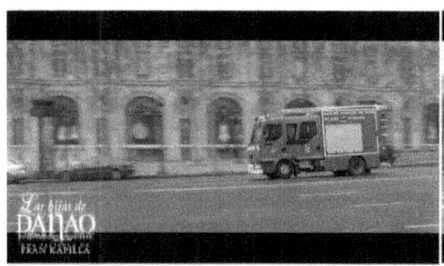 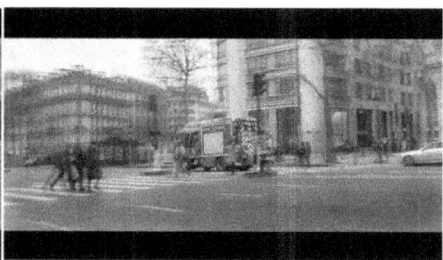

· *La administrativa de la Academia Musical*

A mitad de película, Pierre le cuenta a Alain que ha ido a la *Academia Musical Francesa* y que ha conseguido un documento. Esta escena se rodó en una sala anexa de la biblioteca pública de Fuengirola.

En dicha escena, actúa Sandra Mateo, haciendo de administrativa o encargada de documentación. Pierre (Paco) se presenta como un nuevo socio que viene a inscribirse y da un nombre falso, da el nombre de Philippe Noiret igual que el famoso actor de cine clásico francés. La secuencia era una especie de demostración por parte del personaje, el detective, de lo fácil que es sonsacar información y dar cualquier nombre por inverosímil que parezca. La mujer se ausenta un momento para traerle el nuevo carné de socio y es ahí cuando Pierre aprovecha para ver, en el ordenador, los datos del resto de socios.

La escena, luego en el montaje la resumí mucho y eliminé todo el sonido de la conversación. La secuencia me parecía demasiado larga y la localización no se parecía en nada al auténtico interior de la *Academia Musical de París*, así que dejé los planos muy ajustados y con la explicación (voz en off) de Pierre. Pese a esto, he de decir que Sandra Mateo actuó genial, me apenó no poder usar todo el metraje.

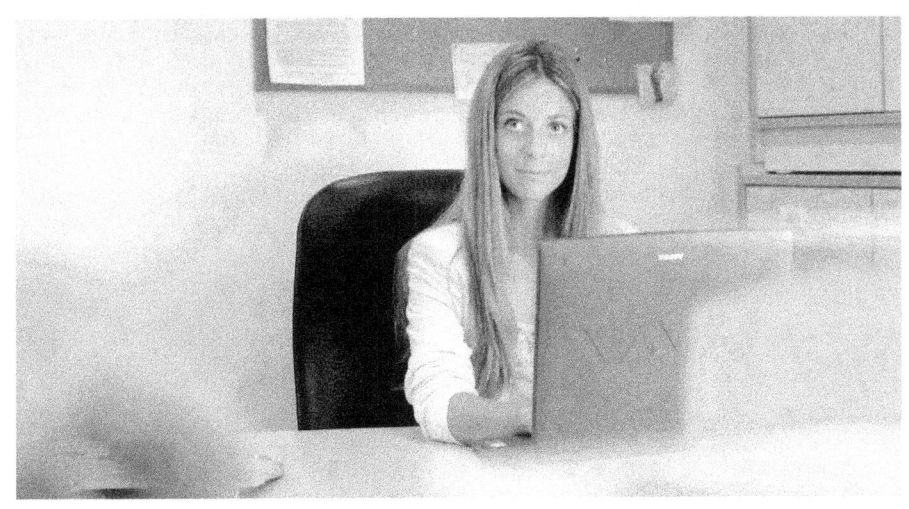

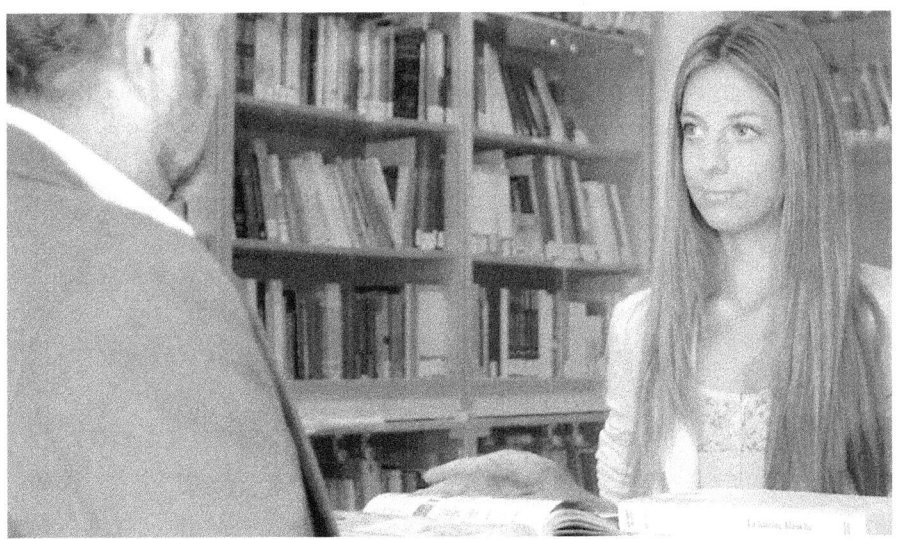

"LA IMAGINACIÓN ES LA VOZ DEL ATREVIMIENTO."
(HENRY MILLER)

· *Música de Irassema*

En la primera versión de la película, al final, sonaba un tema en francés de Irassema. El grupo me dio permiso para usar ese tema ("No hay") que daba un contrapunto optimista. Sin embargo, para el *Director's cut*, lo cambié por un tema de Mozart, para incidir en el suspense del final. Aunque me encanta la música de mi amiga Irassema, me decidí hacer cambio para subrayar la estética dramática ya que es lo que mejor le pegaba al nuevo montaje.

No obstante, dejo el enlace para escuchar la música de este genial grupo y el enlace de la canción en concreto que puse en la versión del estreno.

https://www.youtube.com/user/irassemamusic

· *Conclusión a las escenas eliminadas*

En cualquier película larga suele ocurrir esto porque luego haya algún elemento que no encaje bien o porque en la mesa de edición se opte por más dinamismo cortando algunas cosas que no son del todo necesarias. De todas maneras, las secuencias importantes eliminadas en *Las hijas de Danao* son pocas realmente: la ascensión a la torre Eiffel y la conversación dentro del coche entre (Millán/Eduardo Duro/Paco Roma); son las que (quizá) aportan algo nuevo a la trama, el resto son repeticiones o secuencias muy breves con algunos detalles bonitos pero que no aportaban mucho.

Además de estas escenas inéditas, hay también muchos pequeños planos o grupos de planos que quité; algunos formaban fragmentos por sí solos. Sin embargo, no os quepa duda que todo lo que eliminé o no estaba a la altura fílmica o no mantenía el ritmo que buscaba.

Pudimos hacerlo, pudimos permitirnos cortar algunas cosas y pudimos permitirnos incluso repetir escenas para mejorar la calidad final. Pudimos hacerlo porque quisimos, porque nos lo propusimos y porque creímos en el proyecto hasta el final.

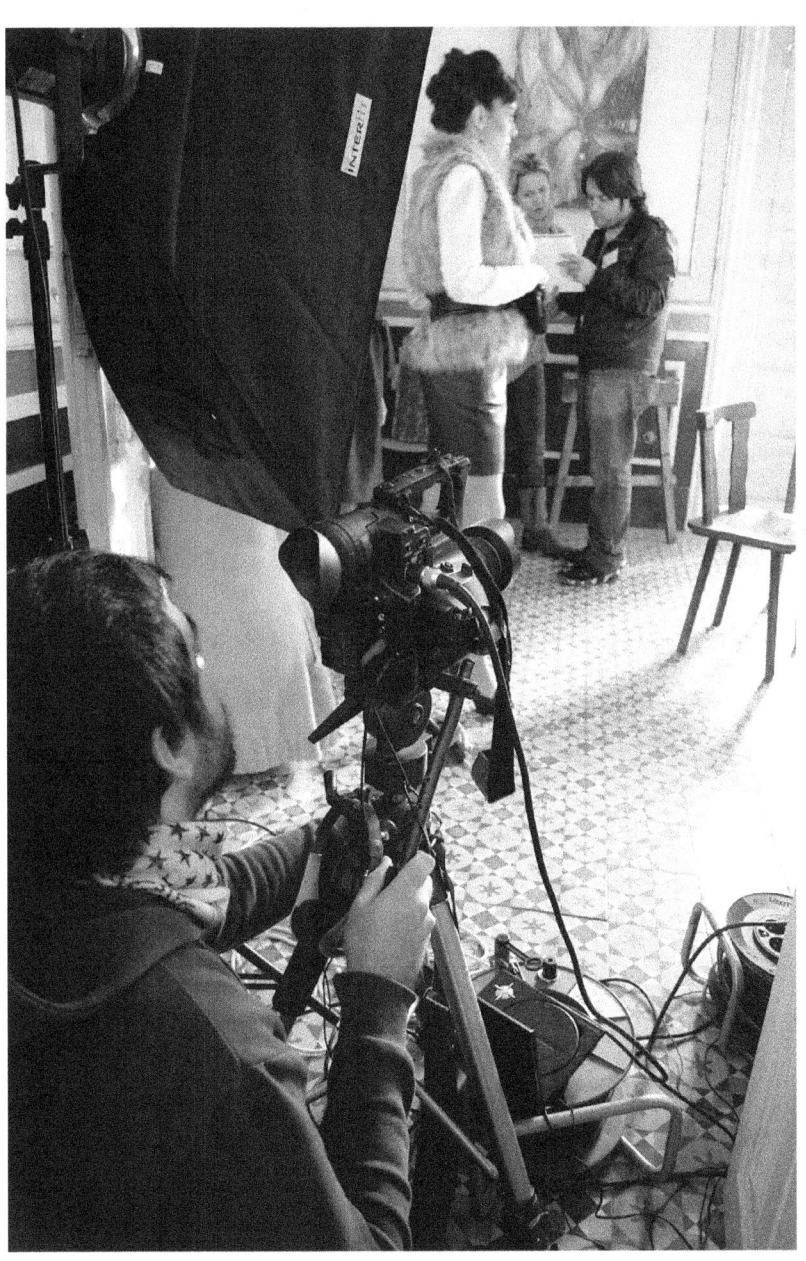

Capítulo 53
Epílogo: El valor de esta película

> "Los héroes pueden vencer o sucumbir,
> pero jamás abandonar" (Thomas Carlyle)

Muchas veces me han preguntado, después de hablar de algún proyecto: "¿Y cuántas visitas tiene el tráiler?" Cuando les digo que tiene poco menos de veinte mil, unos pueden decir que son bastantes, otros pueden decir que son pocas, comparados con otros vídeos de *memes* o de *influencers*... Podría decirles la cifra con otros términos, que las visitas del tráiler de esta película es la misma cantidad de espectadores del teatro griego de Atenas en época de Aristófanes, es decir, diecisiete mil. O que el número de visitas que tiene es el mismo número de espectadores de las óperas de Mozart durante los años de vida del compositor.

Cuantificar la calidad de un sueño, de un viaje mágico, de este proyecto basado en cifras de visitas o de ventas es algo con poca sustancia. El auténtico valor de la película radica en dos cosas: primero, en la del espectador que la ve y la disfruta. Segundo, en el mero hecho de que nuestra producción se haya terminado, eso ya es por sí mismo un triunfo. Como habéis podido comprobar, ha sido una odisea llegar al final del rodaje y del montaje.

Muchos contratiempos y muchas posibilidades de haberse caído el proyecto. Momentos de agotamiento o de *burnout*, de haber querido tirar la toalla. De hecho, como han pasado unos años yo mismo me había "casi olvidado" de esta película. Mi intención era dejarla en otras manos exclusivamente y seguir con otros proyectos sin gastar ni un minuto más en esta producción. Pero como la película estaba totalmente parada y sin un atisbo de difusión, tomé una decisión importante: otra odisea más, invertir otra vez unos meses de mi tiempo montar nuevamente la película, para disfrutarla mejor. No es que estuviese mal antes, pero ahora, con mis conocimientos actuales la he dejado mucho mejor, usando el material rodado preexistente.

Si yo, como director, en cualquier momento hubiese abandonado el proyecto, ¿cómo creéis que le habría sentado al resto de compañeros? Pensarían que habrían hecho una labor inútil. Yo no podía permitirme defraudarlos.

No obstante, ha habido veces que me he sentido decepcionado con algún compañero de rodaje que, cuando teníamos un triunfo, alardeaba con orgullo de "nuestra película" y, cuando había algún obstáculo, hablaba con desprecio de "la película de Fran". Cierto es que, como director y principal inversor, debo asumir mayor responsabilidad, pero no deja de ser cínico ese doble rasero sobre los logros y los fracasos.

Aun así, persistí en este proyecto hasta finalizarlo, por mi amor incondicional al cine, por mi amistad con muchas personas, por la memoria de los que ya no están y, sobre todo, por mi amor a Escarlata. Ella ha sido la persona que más me ha animado desde siempre.

> "Aunque caigas siete veces,

Si el primer logro ha sido finalizar la película, el segundo triunfo ha sido su recorrido en festivales de cine. Cuando empecé a enviarla, no sabía ni siquiera si sería aceptada por los comités de selección. No sabía nada sobre la modalidad de concurso de largometrajes, desconocía los requisitos y materiales que me solicitaban (más amplios que con un cortometraje). Enviaba la película a los festivales sin distribuidora, sin padrinos, sin patrocinadores, sin apoyos; pagando las cuotas de inscripción de mi propio bolsillo, gastando mi tiempo en enviar las copias que me pedían. Un amigo cineasta de Madrid me dijo que ese no era el método, que no podía enviar el largometraje en pendrives a los festivales o simplemente inscribirlo en plataformas; que no me iban a seleccionar en ningún sitio. No obstante, creyendo en nuestro proyecto, seguí adelante, enviando la película con mis propios medios. Resultó:

1. Seleccionada en marzo de 2014 en el *XVII Festival de Málaga de Cine Español*, (en el Cine Albéniz y en el Multicines Alfil Fuengirola).
2. Seleccionada en Sección Oficial en el *II Indian Cine Film Festival*, proyectándose en la gala de Bombay (India), el 27 de septiembre de 2014. Recibe el *Certificate of Excellence* del festival.
3. Seleccionada en Archidona (España) en la *XI Muestra de cine andaluz y del Mediterráneo*, proyectándose el 7 de octubre de 2014.
4. Ganadora del Primer Premio *Platinum Award* del Filmmakers of the Year Film Festival de Yakarta (Indonesia), el 15 de noviembre de 2014.
5. Seleccionada en Sección Oficial en el *XIX Festival de Cine de* Zaragoza (España), proyectándose el 26 de noviembre de 2014 en Cines Aragonia.
6. Seleccionada en el *V CinemAvvenire Film Festival*, proyectándose el 16 de diciembre de 2014 en Roma (Italia).
7. Nominada al *Narrative Feature Award* del *I International Film Festival* de Erie (Pensilvania, Estados Unidos) en diciembre de 2014.
8. Nominada al *Premio ASECAN Música 2015* de la *Asociación de Escritoras y Escritores Cinematográficos de* Andalucía (España).
9. Preseleccionada en el *X Festival Internazionale D'Arte Cinematografica Digitale* de Imperia (Italia), de abril de 2015.
10. Finalista *Best Feature Movies* en el *II Florida Movie Fest*. Se proyecta el 2 de mayo de 2015 en Casselberry (Florida, Estados Unidos).
11. Finalista *World Awards of Merit* en el *III World Film Awards* de Yakarta (Indonesia), de junio de 2015.
12. Tercer finalista *Feature Foreign Suspense-Thriller* en el *XX Indie Gathering International Film Festival* de Hudson (Ohio, Estados Unidos) de agosto de 2015.
13. Seleccionada en *La Rioja es de Cine: I Festival Internacional de Cortometraje y Cine Indie*. Se proyecta en Logroño (España) el 16 de septiembre de 2016.
14. Ganadora del *Premio a Mejor Actriz Nacional* a Beatriz Rico en el *I Festival de cine de autor y cine independiente de Mallorca*. Se proyecta en Palma (España) en enero de 2017.

15. Seleccionada en el *II The My True Story Film Festival* de Los Angeles (California, Estados Unidos). Se proyecta en *MovieScreenPro Screening Room* el 6 de marzo de 2020.
16. Seleccionada en el *II Detective Crime Thriller Film Festival The Crime Story Fest* de Los Angeles (California, Estados Unidos). Se proyecta en *MovieScreenPro Screening Room* el 17 de abril de 2020.
17. Seleccionada en el *I New Indie Film Festival Of London* (Londres, Reino Unido). Se cancela la proyección de mayo de 2020 debido a la pandemia de coronavirus.
18. Finalista en el *V Sacramento Underground Film & Arts Festival*. (California, Estados Unidos). Se cancela la proyección de julio de 2020 debido a la pandemia de coronavirus.

No esperando nada de nada, de repente empezamos ver nuestra película en las carteleras de festivales de varios países, en los catálogos, en las galas de clausura y en los vídeos y fotos de celebraciones de dichos festivales. Este humilde triunfo por los festivales y certámenes lo hemos disfrutado muchos años; tal vez, lo más bonito ha sido oír las felicitaciones de otros compañeros de cine sobre nuestra película.

El tercer triunfo de este proyecto es más personal; sirve a cada cual de los que hemos participado. Durante los años siguientes al estreno, hubo compañeros del equipo que me pidieron cartas de recomendación. La mayoría incluyeron esta película en sus currículos, he repartido fotos del rodaje y fragmentos de la película para sus *photobooks* y *videobooks*. Muchos compañeros me contaron que habían notado un impulso en sus carreras gracias a haber participado en esta película. Y, por último, hubo muchos realizadores que me llamaron pidiéndome recomendaciones sobre técnicos de nuestra película.

Para mí, también fue un triunfo en este sentido. Gracias a la existencia de esta película, al mero hecho de estar acabada, concursando en festivales, con su página web, su tráiler y su perfil en las redes sociales, conseguí varios trabajos interesantes por cuenta ajena: remontar un largometraje de autor que tenía graves problemas de edición, realización de spots, *videobooks*, grabación de espectáculos escénicos (teatro, danza, conciertos...) Pero el mayor triunfo con *Las hijas de Danao* fue conseguir tener credenciales suficientes para contactar a la actriz Ornella Muti. En 2014 conseguí su contacto y empezó a escuchar y leer mi nuevo guion después de ver *Las hijas de Danao*, fue entonces cuando ella vio que íbamos en serio y que podríamos trabajar juntos. En fin, esa es otra preciosa historia, donde también viajé a Roma para conocernos en persona. Espero algún día contar esa historia al completo, tanto si se rueda con ella aquel guion como si tenemos la oportunidad de trabajar juntos en otro proyecto.

Escribir este libro es una manera de homenajear esta película y a sus participantes. Este libro, así como el mantenimiento de las redes sociales de *Las hijas de Danao,* es la única promoción que puedo ofrecer al film.

Este libro y esta edición *Director's cut* es un final digno para *Las hijas de Danao*, pero espero que también sea un nuevo comienzo. Es otra oportunidad de ganar nuevos espectadores, nuevos visionados, nuevas promociones. No importa que la película tenga unos años y nuestras habilidades cinematográficas hayan mejorado desde entonces. Lo que importa es que *Las hijas de Danao* sigue siendo una gran película que aún tiene mucho que ofrecer.

Posiblemente me habrán quedado muchas cosas en el tintero, cosas que ahora no recuerdo, anécdotas que están en el fondo de la memoria; también habrá quedado gente sin citar y gente a la que he citado y quizá no he ahondado en su labor. Sin embargo, llevo a todos en el corazón y sus nombres están en los créditos esculpidos con el cincel del afecto.

Doy las gracias también a los que han aportado capital y materiales, atrezo, vestimentas... para sacar cada escena adelante. A los coproductores y mecenas que han creído en la posibilidad de esta película.

A mi socia en producción principal y compañera de vida, Escarlata Godiri que ha sido quien más me ha apoyado para que salga esta película adelante.

A los cientos de figurantes que aparecen en las escenas de manifestaciones, ópera, orquesta, etc. y que se desplazaron para colaborar en los rodajes de una manera entusiasta.

A los que ya no están en este mundo porque se agotó su tiempo vital pero que, de alguna manera, creo personalmente, que han visto con simpatía cómo este proyecto ha llegado a un final digno.

Y, por último, os doy las gracias a vosotros, lectores y espectadores, que habéis leído estas páginas y habéis visto esta película. Ahora conocéis los pormenores del rodaje, los detalles de nuestra pequeña odisea. Os doy las gracias por haber compartido conmigo este viaje a mis memorias de este rodaje desde Málaga a París.

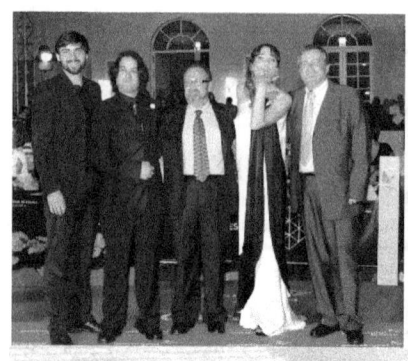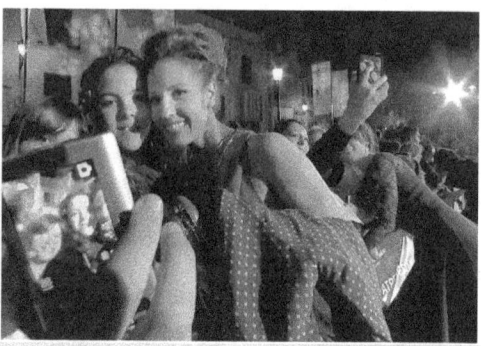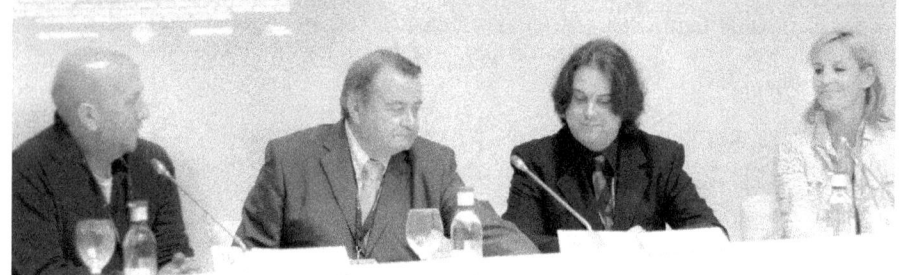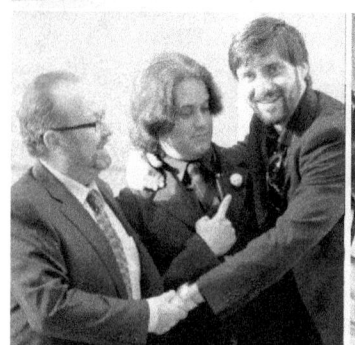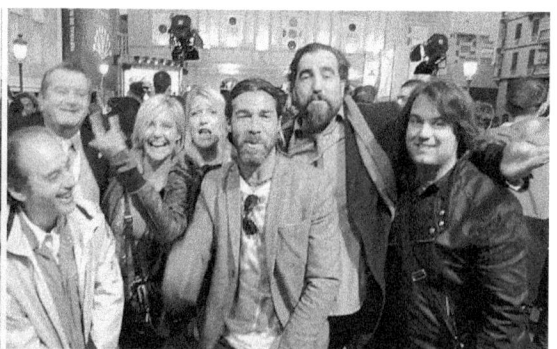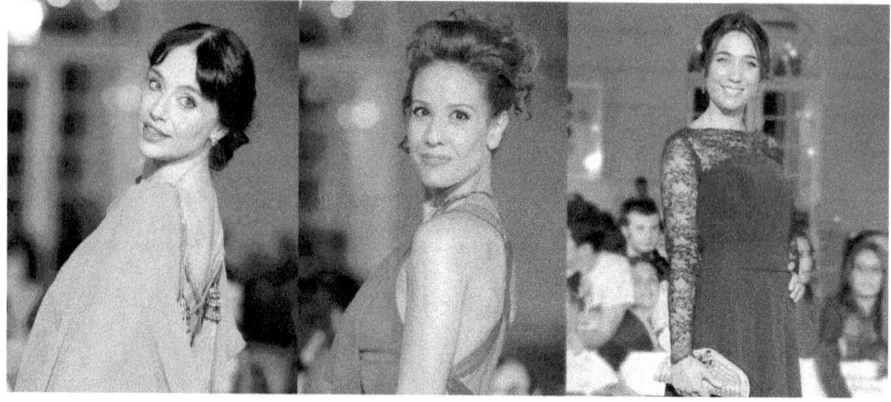

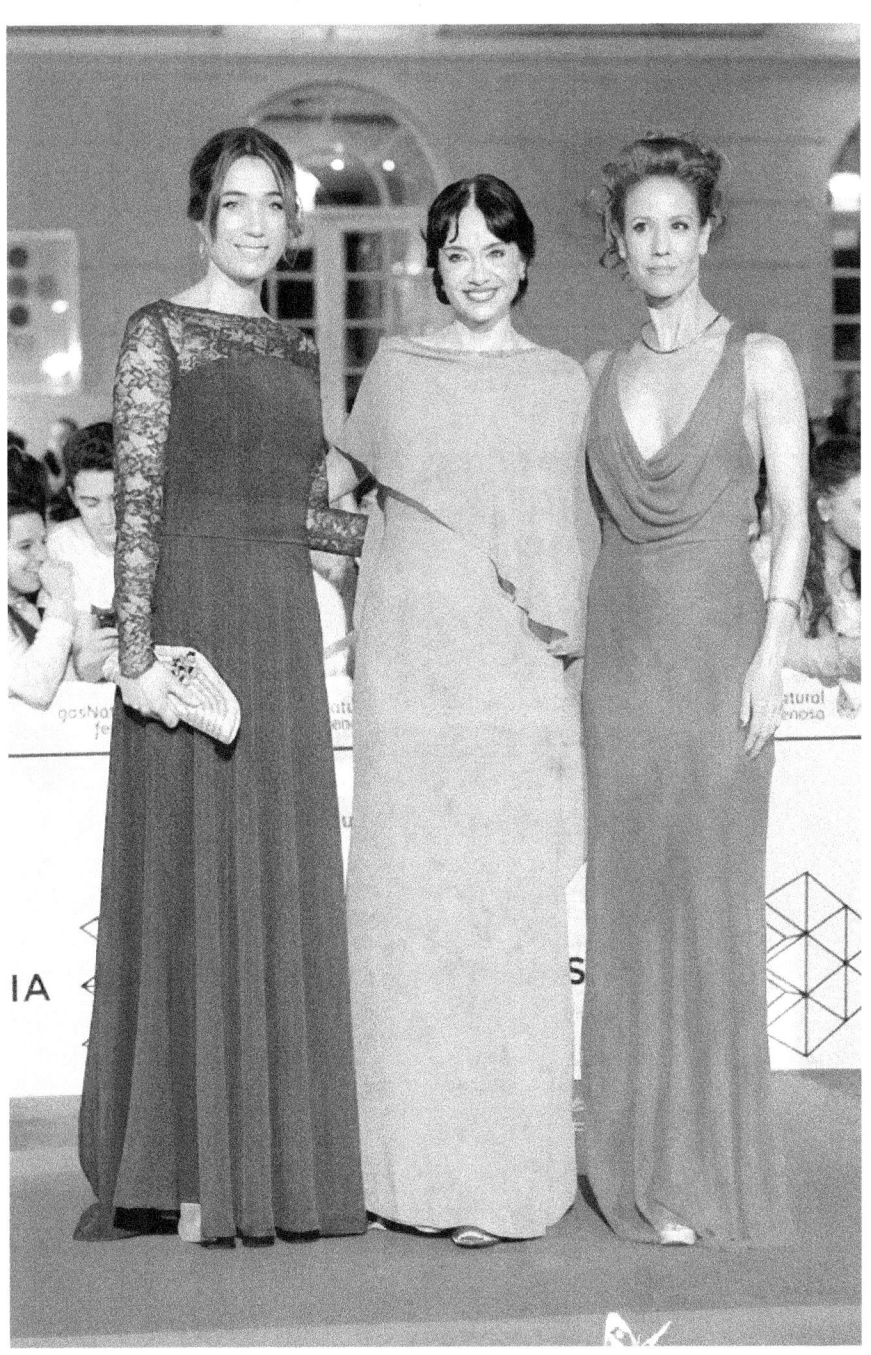

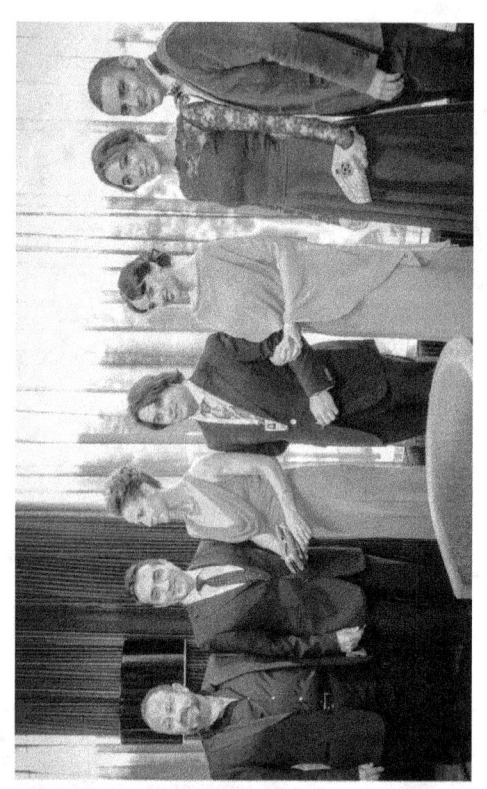
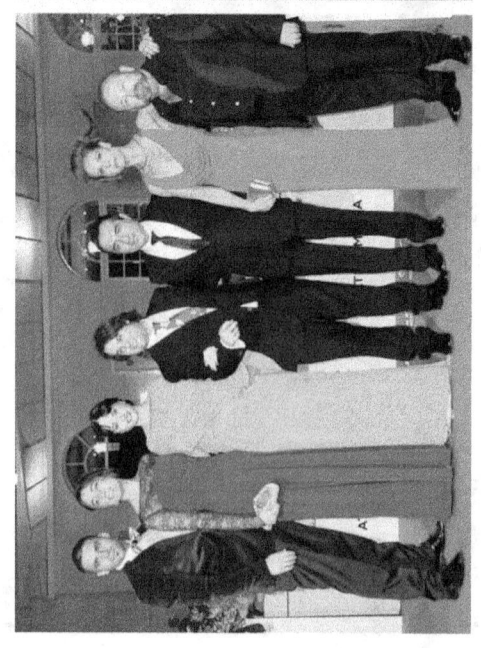

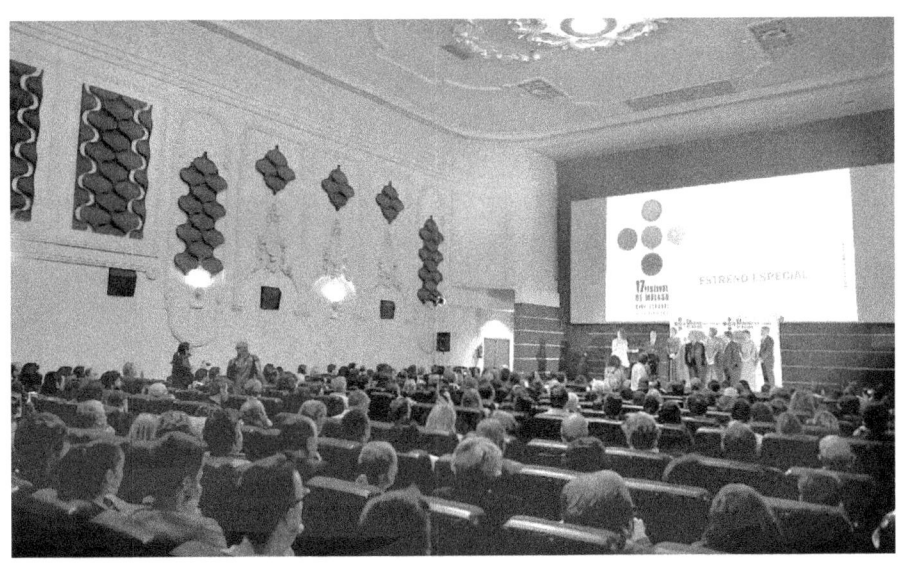
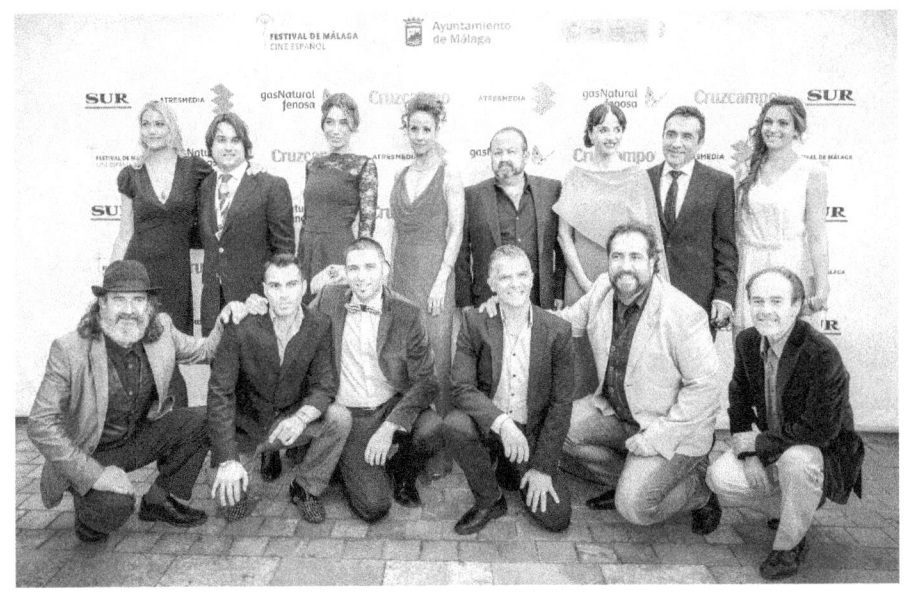

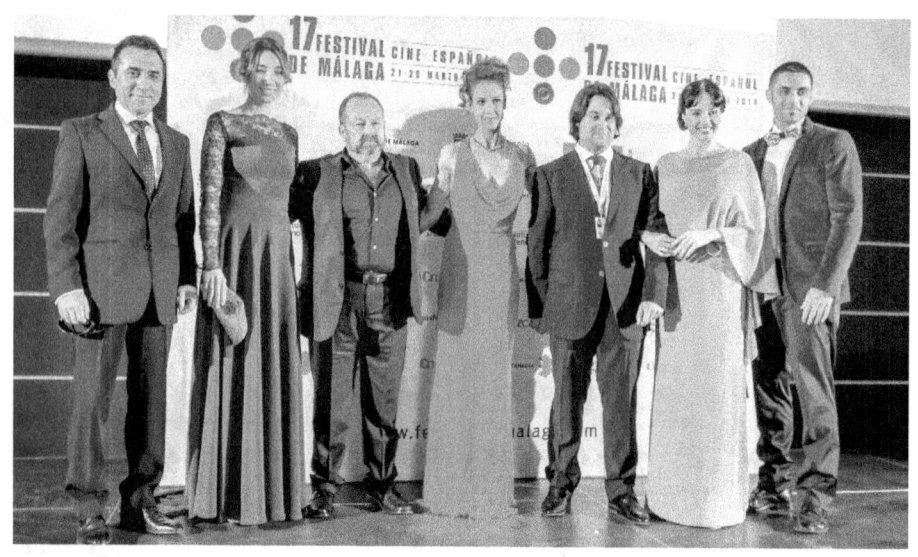
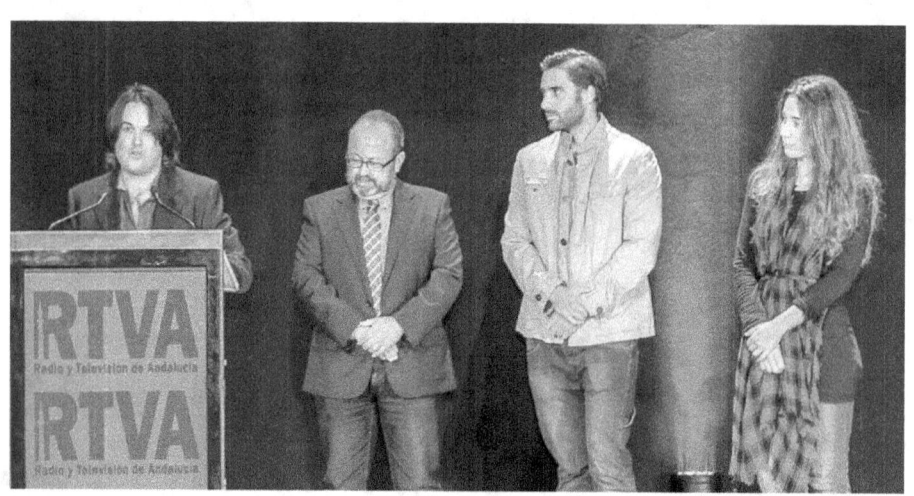

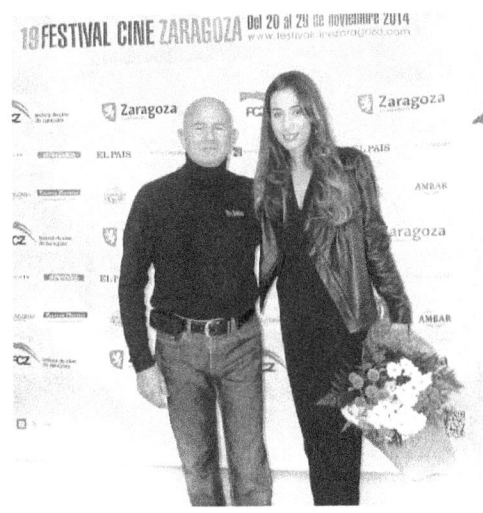
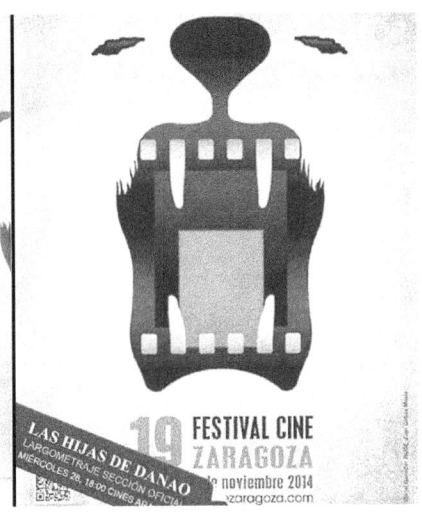
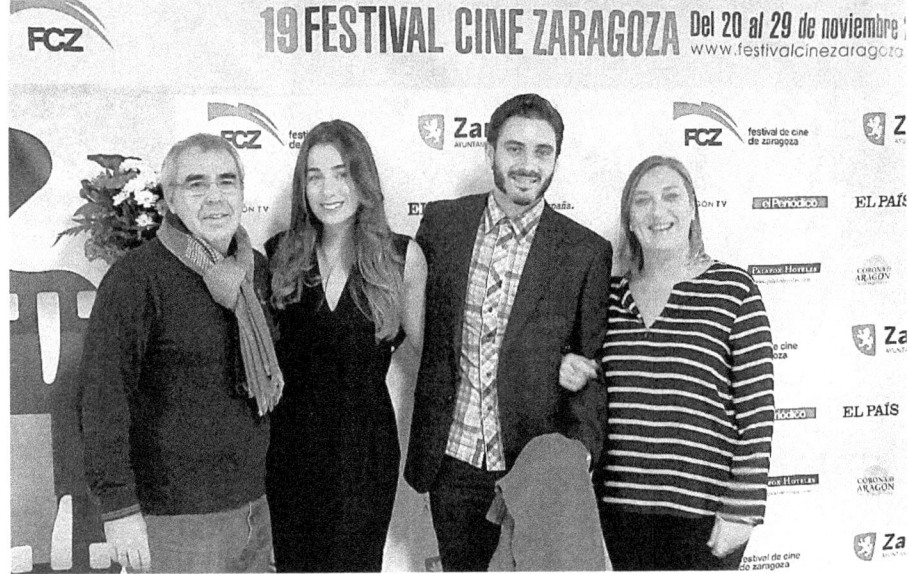

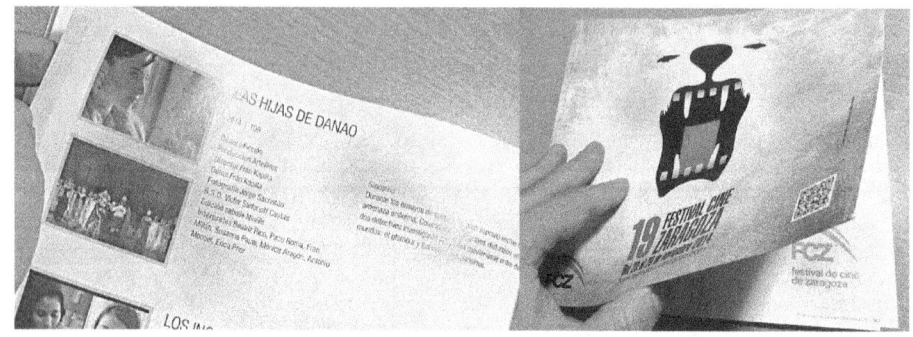

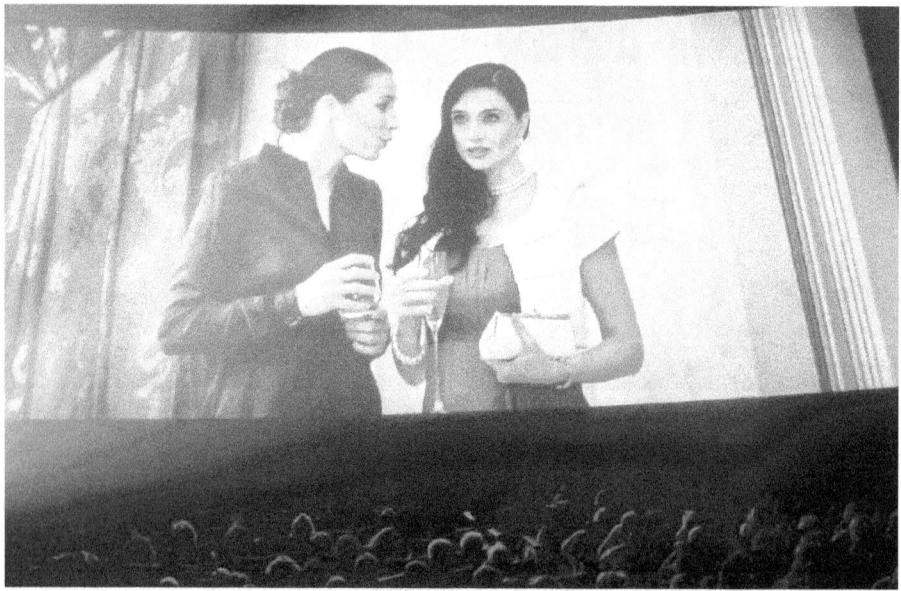

Proyección: Alguien hizo esta foto en el Festival de Zaragoza justo cuando salía nuestra película. Aunque es una foto con poca calidad, es emocionante recordar aquellos momentos en los que estábamos *de gira,* llevando nuestra película muchos festivales.

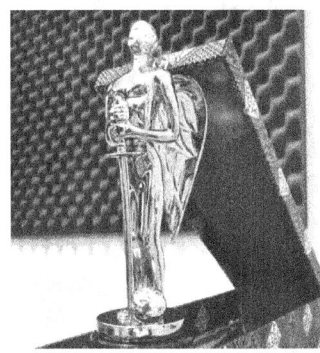
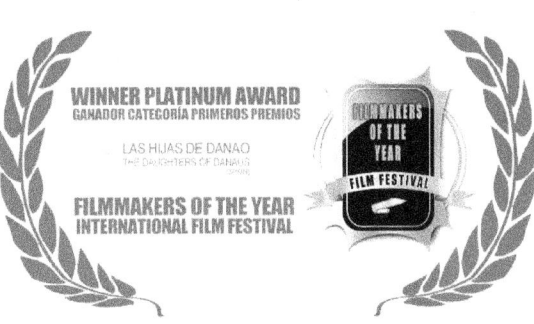
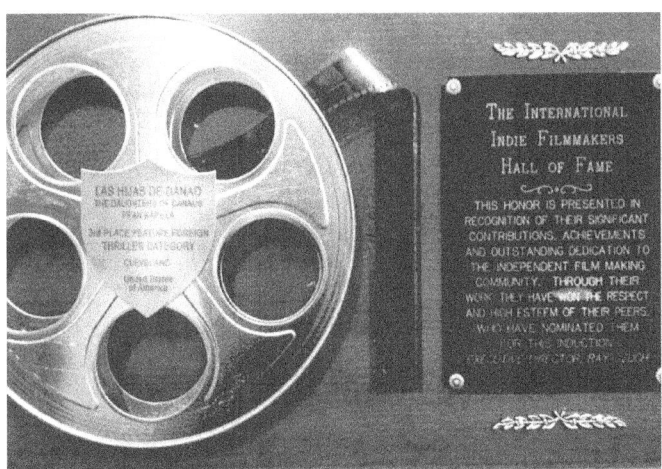
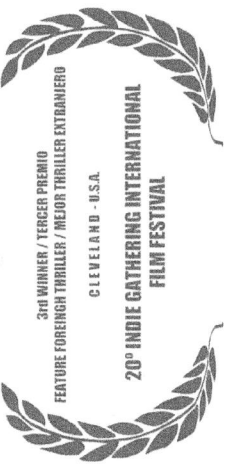
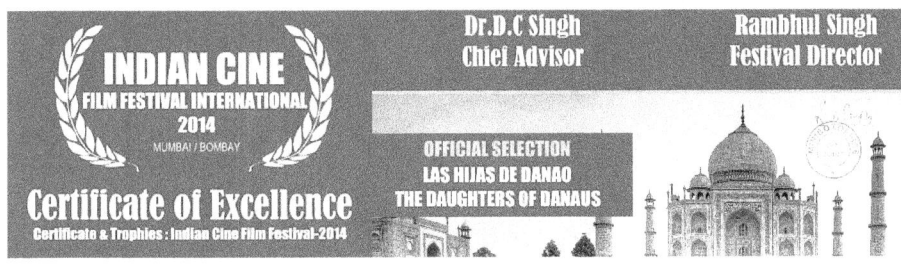

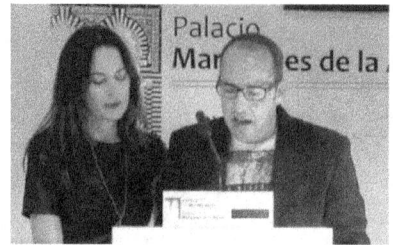
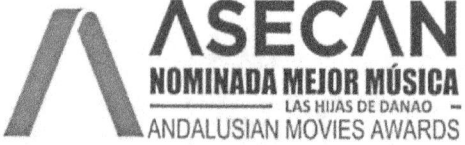
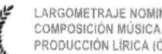

LARGOMETRAJE NOMINADO MEJOR MÚSICA "LAS HIJAS DE DANAO":
COMPOSICIÓN MÚSICA ORIGINAL: **VICTOR CAYTAS**
PRODUCCIÓN LÍRICA (ÓPERA):   **JESÚS GÓMEZ**
PRODUCCIÓN BANDA SONORA: **FRAN KAPILLA**

Normalmente hemos participado en festivales modestos (aunque con mucho prestigio), algunos internacionales. Sin embargo, para nosotros, cada selección, cada premio, cada mención, fuese de donde fuese, era parte del sueño maravilloso. Era la materialización de que había partes del mundo donde jurados y espectadores veían nuestra película, la disfrutaban, la criticaban, la premiaban y/o la valoraban.

Durante varios años he estado recibiendo comentarios y nuevas amistades de gente distante que en su día pudo ver nuestro largometraje en sus ciudades. Han sido años maravillosos moviendo esta película, demostrando que tuvimos el valor para terminarla.

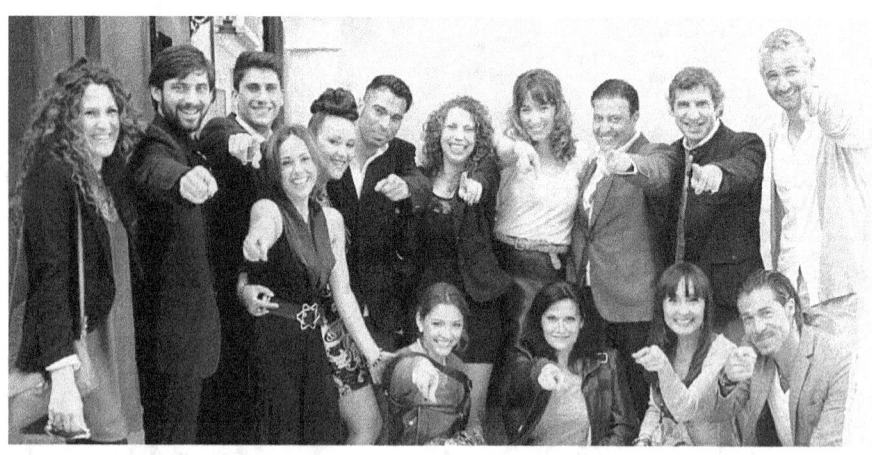

Si os gusta *Las hijas de Danao* y queréis aportar más, podéis recomendar estos productos a vuestros amigos y familiares, o también, realizar una **donación** a través del siguiente enlace QR:

Si das lo mejor de ti, el universo se ocupa de ayudarte a ti.

CADA APORTE O RECOMENDACIÓN NOS ANIMA A SEGUIR CREANDO CINE, ASÍ QUE CONSTRUYAMOS JUNTOS.

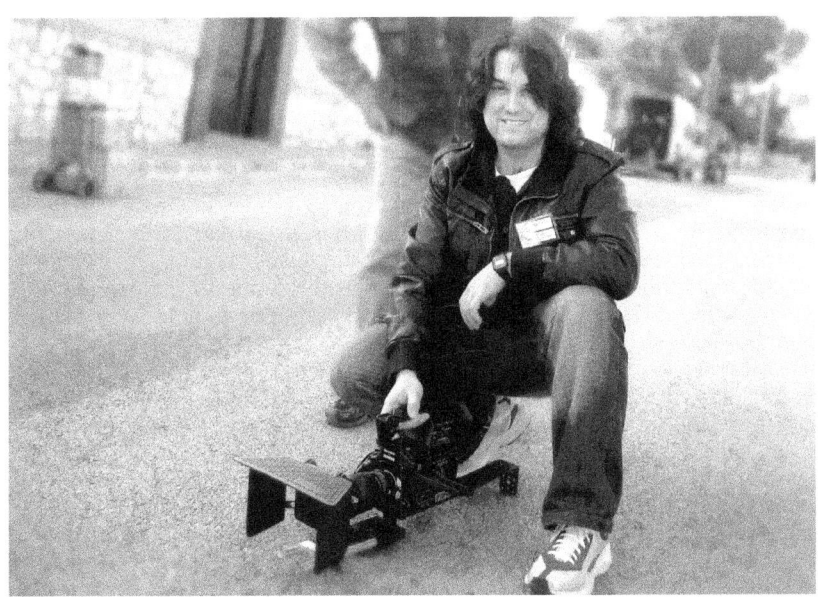

Capítulo 54
Gestión y participación

Mientras se iba rodando esta película, mi esposa (y socia) Escarlata Godiri iba actualizando una tabla que llamó "gestión general" en el que apuntaba: número de jornadas de rodaje, las personas que participaban en ellas, su categoría profesional, nuestros gastos de producción, y las aportaciones de los mecenas. El documento, comprendido en hojas de cálculo, contiene fórmulas que calculan la proporción del trabajo y las aportaciones de cada una de las personas que colaboraban y participaban, siguiendo un modelo exacto a una cooperativa. Realizar estas anotaciones en un documento de gestión era necesario por tres motivos: primero para saber cuánto íbamos gastando, segundo para saber cuánto había aportado cada persona (ya sea en trabajo humano o capital), y tercero para, en el caso futuro de que hubiese beneficios, saber cómo repartirlas.

Evidentemente no podíamos ser falsamente ecuánimes y decir "todo se reparte a partes iguales", porque sería muy injusto hacerlo así. No obstante, A TODOS LES DOY LAS GRACIAS, por su enorme labor o su pequeño granito de arena en la película, ya que todo el trabajo es indispensable, sea mucho o sea poco.

En abril de 2013, después de haberlo rodado todo y cuando ya estaba la posproducción en curso, cerramos este documento de gestión general. El archivo es extenso y muy preciso; basta con modificar un número de un día más o menos de rodaje o de modificar un puesto jerárquico, o de alguna pequeña cantidad de gasto, para que automáticamente calcule posibles repartos de beneficios. Así, si esta película se hubiese vendido por X euros, las fórmulas del documento habría calculado los dividendos a repartir a cada persona (una vez recuperada la inversión).

Aunque la película no generado beneficios propiamente dichos más que los de la recuperación de parte de las inversiones (gracias a las plataformas *streaming*), considero que toda esta aventura ha sido maravillosa y que la humilde presencia que consiguió la película en festivales y en redes, nos ha supuesto otras oportunidades cinematográficas. Mi trayectoria personal no pudo ser posible sin la existencia de *Las hijas de Danao*.

Aprendimos mucho de gestión económica durante un tiempo y, además, esta hoja de cálculo nos sirvió de guía para elaborar los créditos según el esfuerzo de cada miembro del equipo con respecto al proyecto.

Adjunto el resultado final de las jornadas realizadas por el equipo, obviando las fórmulas de la hoja de cálculo del documento de gestión general. Este resumen de datos es la principal tabla en el reparto de autoría del proyecto y de beneficios (si se originasen).

RESUMEN DE LOS DATOS EXTRAÍDOS DE LA HOJA DE CÁLCULO DEL DOCUMENTO DE GESTIÓN

Total de jornadas de rodaje: 46
42 jornadas en España + 4 jornadas en París.

15 jornadas (realmente válidas 14) por el equipo inicial,
+ 31 jornadas realizadas por el equipo definitivo.

Porcentaje de trabajo con el equipo inicial:
31% de metraje
Porcentaje de trabajo con el equipo definitivo:
69% de metraje

Inversión en capital estrictamente económico:

Productores principales: 2
Fran Kapilla: 35.5%
Escarlata Godiri: 35.5%

Coproductores: 3
José Ramón Barceló 13%
Benito Jiménez 11%
Antonio Cabrera 5%

Capital humano
Actores principales: 4
(Paco Roma, Max Millán, Beatriz Rico y Susanna Pauw)

Colaboraciones especiales: 2
(Mónica Aragón y Antonio Montiel)

Resto de reparto: 29
(Jose Vallejo, Frank Vélez, Rafa Chaves, Erica Prior, Norberto Rizzo, Ángel Rubio, Sarai Trujillo, Kiu López, Mel Rocher, Eduardo Duro, Fernando De Mora, Ángel Velasco, Ana Ruiz, Bianca Kovacs, Cristina Fargas, Regina Roman, Antonio Ávila, Noé Lifona, Juan Antonio Hidalgos, Encarni Migueles, Fran Campos, Escarlata Godiri y la colaboración de Antonio Martín)
Técnicos creativos: 20

Auxiliares técnicos: 17

· *Jornadas de rodaje detalladas*

NOVIEBRE 2011
Jornada 1: Manifestaciones en el polígono industrial
Jornada 2: Manifestación en plaza del obispo
Jornada 3: Conducción (Opel corsa blanco) → no válida
Jornada 4: Diálogo en la boutique calle Nosquera

DICIEMBRE 2011
Jornada 5: Peluquería del Rincón de la Victoria

Jornada 6: Bar del Rincón de la Victoria
Jornada 7: Sala de tiro, policía de Fuengirola

ENERO 2012
Jornada 8: Escenas con Beatriz Rico (Salón del hotel)
Jornada 9: Escenas con Beatriz Rico II (*Suite*)
Jornada 10: El comisario y el ministro (*Hall* del hotel)
Jornada 11: Casa Invisible I (Beatriz Rico y Susanna)
Jornada 12: Casa Invisible II (Rico, Susanna y Millán)
Jornada 13: El coche con Beatriz Rico (La Unión)

FEBRERO 2012
Jornada 15: Casa de Pierre (casa de Manuela Reyes)

MARZO 2012
Jornada 14: Casa Invisible III (pelea y tiroteo)

JULIO 2012
Jornada 16: Quinteto de orquesta (recursos)
Jornada 17: Desnudo en la ducha (casa de Cristina)
Jornada 18: Diálogos en el camerino (Estudio Blanco)
Jornada 19: Antiguo Juzgado I
Jornada 20: Antiguo Juzgado II

AGOSTO 2012
Jornada 21: Ópera I (teatro)
Jornada 22: Ópera II (teatro)
Jornada 23: Ópera III (castillo de las Águilas)
Jornada 24: Ópera IV y diálogos (Teatro Cervantes)

SEPTIEMBRE 2012
Jornada 25: Cafetería restaurante (Puerto de la Torre)
Jornada 26: Cafetería (Fuengirola)
Jornada 27: Atropello (calle Joaquín Fernández)
Jornada 28: Casa Invisible IV (más acción, Vallejo y Roma)

OCTUBRE 2012
Jornada 29: Antequera
Jornada 30: Biblioteca de Fuengirola
Jornada 31: Manifestaciones Marina

NOVIEMBRE 2012
Jornada 32: Manifestaciones (plaza Uncibay)
Jornada 33: Planos detalles (Paco Roma)
Jornada 34: Persecución de coches (Limonar)
Jornada 35: Persecución en acera
Jornada 36: Accidente de coches (Benalmádena)

ENERO 2013
Jornada 37: París I
Jornada 38: París II
Jornada 39: París III

Jornada 40: París IV

FEBRERO 2013
Jornada 41: Manifestación (calle Andrómeda)
Jornada 42: Restaurante (Puerto de la Torre)
Jornada 43: *Chroma* de Montiel (Estudio Blanco)
Jornada 44: Orquesta (Conservatorio de Música)

MARZO 2013
Jornada 45: Voz en *off* (escenas dobladas de la película)
Jornada 46: Voz en *off* (tráiler, promocionales, *making-of*)

Cuarenta y seis jornadas, para un largometraje que es *thriller* y contiene ópera y exteriores en París, es una muy buena cifra. Una película estándar varía en torno a esta cifra, normalmente consta de 25-50 días según las características del guion.

La única diferencia, es que en un largometraje estándar que cuenta con un presupuesto desde primera hora, todas las jornadas de rodaje se hacen casi seguidas, en dos o tres meses consecutivos. En cambio, nosotros tuvimos que alargarlo durante muchos meses, como cuento en el capítulo 32, pero al fin al cabo lo conseguimos realizar y además con un resultado muy celebrado.

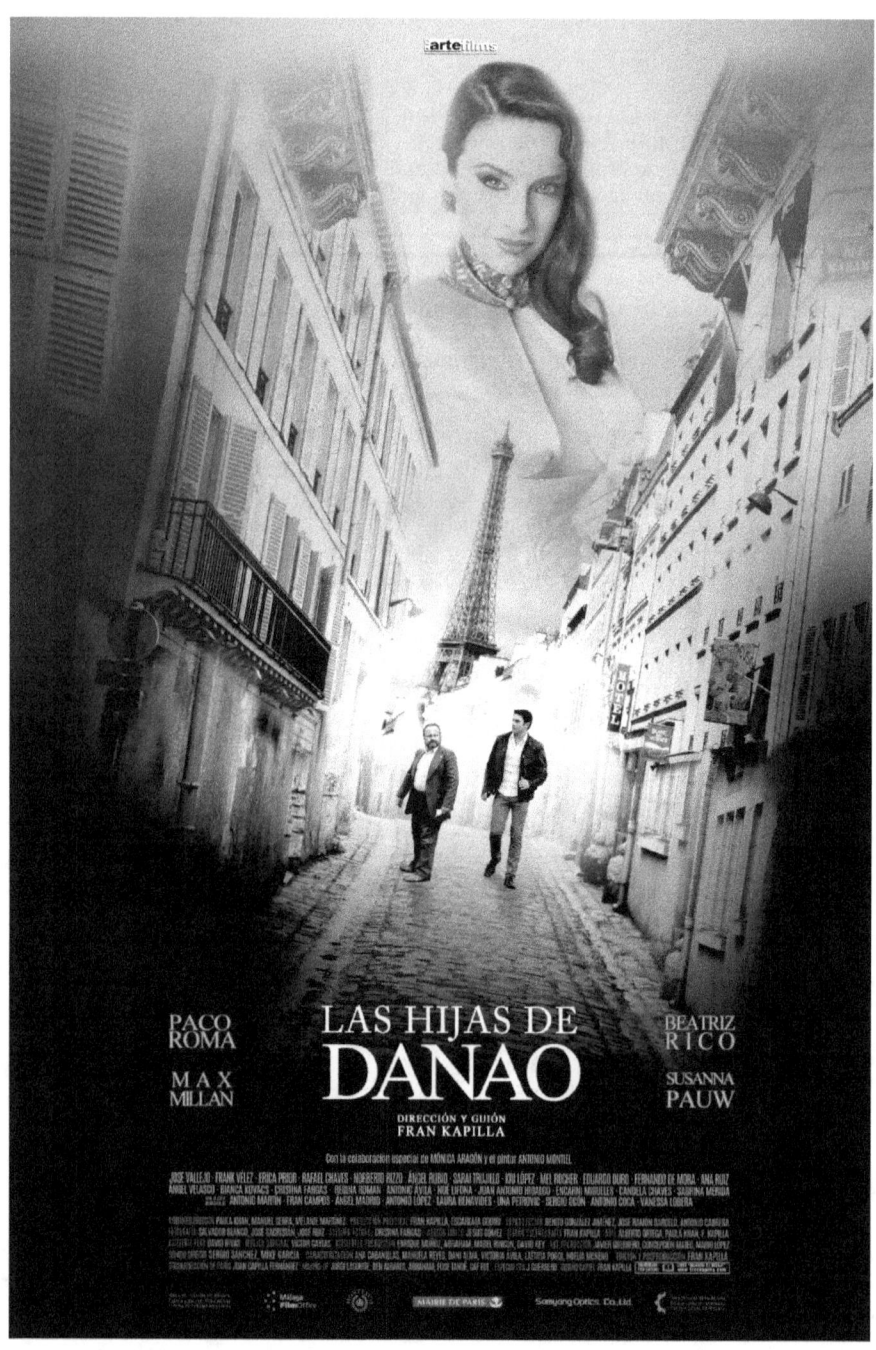

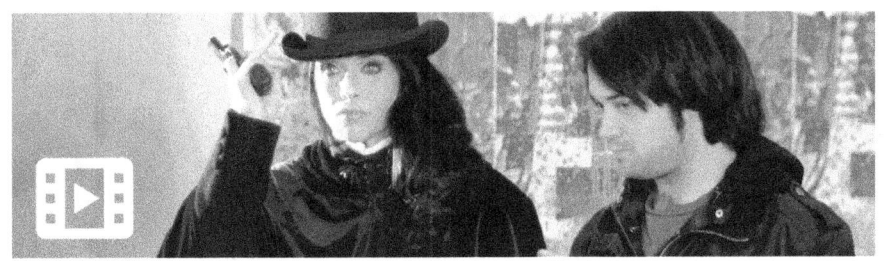

¿Quieres saber cómo se hizo?

Accede a los documentales Making-Of.
Aproximadamente 90 minutos.

www.frankapilla.com/makingdanao/

© TODOS LOS DERECHOS RESERVADOS SEGÚN LA CONVENCIÓN UNIVERSAL DE DERECHO DE AUTOR. PROHIBIDA SU COPIA, DISTRIBUCIÓN PARCIAL O TOTAL SIN LA AUTORIZACIÓN DEL TITULAR DE LA OBRA.
REGISTRO TERRITORIAL DE LA PROPIEDAD INTELECTUAL DE ANDALUCÍA EXPEDIENTE MA-501-11.

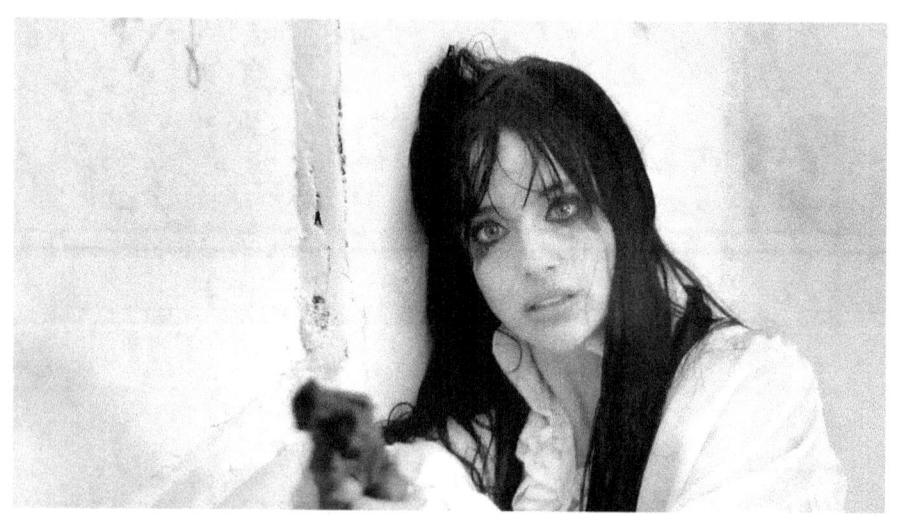

¿Quieres acceder a la galería de fotos?
(París y Málaga)

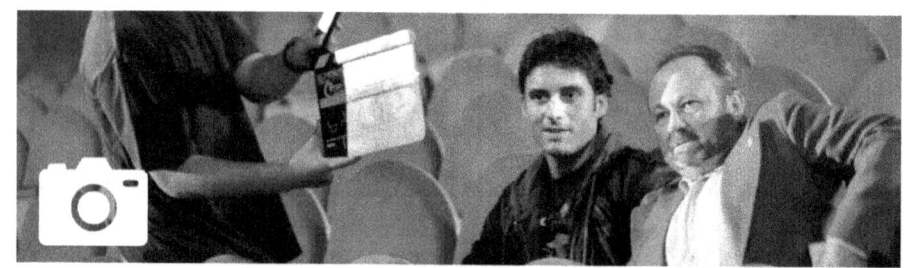

www.frankapilla.com/galeria-de-fotos-las-hijas-de-danao/

© TODOS LOS DERECHOS RESERVADOS SEGÚN LA CONVENCIÓN UNIVERSAL DE DERECHO DE AUTOR.

PROHIBIDA SU COPIA, DISTRIBUCIÓN PARCIAL O TOTAL SIN LA AUTORIZACIÓN DEL TITULAR DE LA OBRA.
REGISTRO TERRITORIAL DE LA PROPIEDAD INTELECTUAL DE ANDALUCÍA EXPEDIENTE MA-501-11.

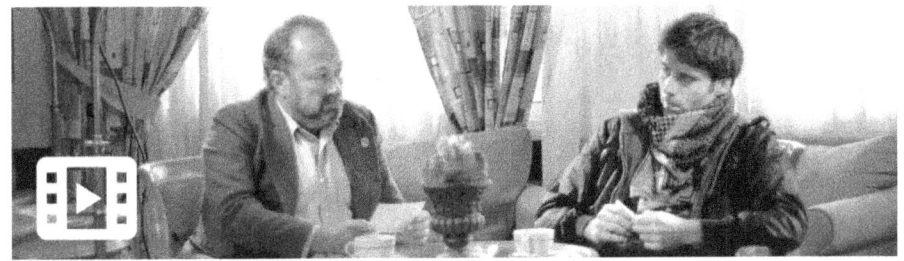

¿Quieres ver el tráiler?

Enlace al tráiler de la nueva edición *Director's Cut*
Resolución 4K. 2 minutos.

https://vimeo.com/31448460

PROTAGONISTAS
PACO ROMA
MAX MILLÁN
BEATRIZ RICO
SUSANNA PAUW

Colaboración especial
MONICA ARAGÓN
y el pintor ANTONIO MONTIEL

REPARTO
JOSE VALLEJO
FRANK VÉLEZ
ERICA PRIOR
RAFA CHAVES
NORBERTO RIZZO
ÁNGEL RUBIO
SARAI TRUJILLO
KIU LÓPEZ
MEL ROCHER
EDUARDO DURO
FERNANDO DE MORA
ENCARNI MIGUELES
ÁNGEL VELASCO
ANA RUIZ
BIANCA KOVACS
CRISTINA FARGAS
REGINA ROMAN
ANTONIO ÁVILA
NOÉ LIFONA
JUAN ANTONIO HIDALGO
ESCARLATA GODIRI (Voz)
ÉLISE TANDÉ (Voz)
Con la colaboración de ANTONIO MARTÍN

FIGURACIÓN ESPECIAL
Sabrina Mérida
Candela Chaves
Fran Campos
Una Petrovic
Laura Benavides
Ángel Madrid
Antonio López Luna
Sergio Ocón
Vanessa Lobera
Manu Torres
Eva Jiménez

FIGURACIÓN CORO DE ÓPERA
María Santaolalla Pineda
Mª Ángeles Ruiz
Alejandro Morales Téllez
Jose Andrés Gálvez Anguita
Salvador García Ruiz
Concepción Mateo Pacheco
Carmen Gil Cebrián
Beatriz Cervera Gallén
Ana Gardeta Gómez
Paula Vera Cerezo
Carmen Boatella Benítez-Donoso
Adrián Borrego Peña
Juan Carlos Montilla
Cecilia Torán Sánchez
Ana Picasso Díaz
Verónica Aida Otero
Mónica Rey
Adriana Cichello
Irene Garrido Moreno
Melanie Álvarez Bourbier
Carmen Vallejo Torremocha
Blanca Martín Fernández
Nueve Poveda
Carlos Puche Sánchez
Ana Iglesias Cumpián
Paz Mérida Del Pino
Charoll E. Rodriguez

FIGURACIÓN ORQUESTAL

VIOLÍN
Escarlata Godiri
Sophie Akopyan
Julia Arribère
Alejandro Romero
Jose Romero
Almudena López
Héctor Espiga
Laura Garrido Moreno
Javier Bocanegra

Rocío Casado
Victor Caytas
Mercedes Aparicio
Alejandro García
Pablo Mérida

VIOLA
Raquel Crespo
Lola Aguayo
Kevin Ruiz
Inmaculada González

VIOLONCHELO
Irene Delclós
Silvia Guerrero
Lucía Morales

FLAUTA
Nerea Ríos
Montse Carné
Angelines Pérez-Serrano
Carolina Vicente

CLARINETE
Naser Rodríguez
Rebeca Parra
Ana Ruiz
Rocío Díaz
Sofía Ochoa
Natalia Fernández
Isa Lasrand
Fran Cabrera
Marina Caro

OBOE
Mª Ángeles Mellado
Estela Almendro

FAGOT
Paula Pavón

VIENTO METAL
Arantxa Errasti
Pilar Benidiego
Jose Manuel Galán
Alejandro Orosa
Pablo Guarino

PERCUSIÓN
Pedro López

FIGURACIÓN GENERAL
Antonio Coca Sandina
Javier Estébanez Cano
Valérie Thénot
Aude Charrin
Hélène Pierre
Michele Taho
Joan Taho
Daniel de la Sobera
Jordi Lagoutte
Mike García
Pascal Güet Rey
Mario Gómez Baena
José María Aguirre
Diego Morales
Guillermo Jiménez Baco
Irene Garrido Moreno
Katarina Blom
Manuel Molina Benítez
Mar Sánchez González
Francisco Romero
Paco Escaño
Mª del Mar Martincasanova
Marte Fernández Maldonado
Mery Ruiz
Enrique Muñoz
José Antonio Herrán
José Mayo
Jorge Barber
Francisco Muñoz
Félix Rosado
Sonia Vargas
Rafa Taza Fernandez
Elizabeth C. Coco
Alberto Rodríguez «Tuti»
Lorena Blaze
Antonio Smiley
Daniel Santos Ávila
Jacqueline García
Miguel Guerra
Bicky León
Fran Díaz
Francisco Arrabal Moreno
Roberto Vázquez Casado
Miguel Camarena Navas
Jose Antonio Fernández Molina
Jesús Rodríguez Aguilera
Juan García Jiménez
Martín Luis Chamizo Moreno
Alba Azucena Ramírez Llorente
Cristina Fernández Escobar
Marian de los Ángeles
Lola Gil
Sascha Duvall
Desireé Beltrán
Bicky León
Manuela Reyes
Fran Reyes
Daniel Leguinagoicoa Muñoz
Pepe Moyano
Lini Wang
Daniel Triviño
Daniel Soguero
María Cuevas
Cristóbal Aragón
Daniel Bolaños
Alexandre Alexandrov Iliev
Jose Luis Cantón
Marisol Caravantes
Rodrigo Culotta
Mercedes Fernández Pérez
Sandra Mateo
Francisco Julio Sánchez
Esther Oliver
Jose Paulino Campos
Magdalena Baena
Mercedes Muñoz
Virginia Esteban
Mike García
Laura Gómez
Kevin González
Mario López
Mercedes Guillén
Alicia Merino
Raúl Blanco
Ricardo Fidalgo Ávila
Violeta Morán
Ángel Ortega
Raquel Parody
Mireia Pascual
Marta Pavón
Erika Pazo
Auba Ramis
Rocío Ramos
Cecilia Ríos
Carmen Tena
Laura Vázquez
José Manuel González
Carlos González
Paco Aguilar
Elena Barranco
Jesús Durán
Isaac Pérez
Juan Gallardo
Adahy Domínguez Nikander

Las hijas de Danao: Un rodaje desde Málaga a París
© Fran Kapilla
© Primera edición Nov.2020. Revisión Marzo 2021. Nueva revisión Junio 2023.

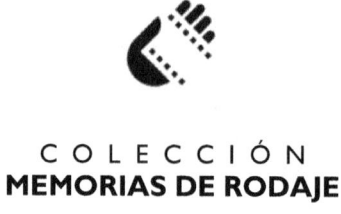

COLECCIÓN
MEMORIAS DE RODAJE

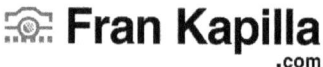

www.ingramcontent.com/pod-product-compliance
Lightning Source LLC
Chambersburg PA
CBHW072026230526
45466CB00020B/930